योग वासिष्ठ

योग वासिष्ठ

(स्वामी वेंकटेसानंद कृत 'सुप्रीम योग')

रूपांतरण

डा० बदरीनाथ कपूर

राधाकृष्ण प्रकाशन

ISBN : 978-81-8361-163-3

योग वासिष्ठ (स्वामी वेंकटेसानंद कृत 'सुप्रीम योग')

पहला संस्करण : 2007
चौथा संस्करण : 2024

मूल्य : ₹895

प्रकाशक
राधाकृष्ण प्रकाशन प्राइवेट लिमिटेड
जी-17, जगतपुरी, दिल्ली-110 051
शाखाएँ : अशोक राजपथ, साइंस कॉलेज के सामने, पटना-800 006
पहली मंजिल, दरबारी बिल्डिंग, महात्मा गांधी मार्ग, प्रयागराज-211 001
1, अनमोल सोराबजी संतुक लेन, धोबी तलाव, मरीन लाइंस, मुम्बई-400 002
वेबसाइट : www.radhakrishnaprakashan.com
ई-मेल : info@radhakrishnaprakashan.com

मुद्रक
बी.के. ऑफसेट
नवीन शाहदरा, दिल्ली-110 032

YOG VASHISHTHA
Translated by Dr. Badrinath Kapoor

जिनकी कृपा और आशीर्वाद
से यह पुस्तक फलीभूत हुई है, उन
श्री श्रीरविशंकर जी
को
सादर

भूमिका

'योग वासिष्ठ' भारतीय मनीषा के प्रतीक सर्वोत्कृष्ट ग्रंथों में है। विद्वत्‌जन इसकी तुलना 'भगवद् गीता' से करते हैं। दोनों उपदेश प्रधान ग्रंथ हैं। भगवद् गीता में स्वयं नारायण (श्रीकृष्ण) नर (अर्जुन) को उपदेश देते हैं जबकि 'योग वासिष्ठ' में नर (गुरु वसिष्ठ) नारायण (श्रीराम) को उपदेश देते हैं। दोनों ही ग्रंथों में अर्जुन और श्रीराम के माध्यम से दिए गए उपदेश मानवता के लिए कल्याणकारी हैं, उसे निराशा और अवसाद से उबारते हैं और उसे मूल ध्येय की ओर अग्रसर करते हैं।

सुख और दुख, जरा और मृत्यु, जीवन और जगत, जड़ और चेतन, लोक और परलोक, बंधन और मोक्ष, ब्रह्म और जीव, आत्मा और परमात्मा, आत्मज्ञान और अज्ञान, सत् और असत्, मन और इंद्रियाँ, धारणा और वासना आदि विषयों पर कदाचित् ही कोई ग्रंथ हो जिसमें योग वासिष्ठ की अपेक्षा अधिक गंभीर चिंतन तथा सूक्ष्म विश्लेषण हुआ हो। अनेक ऋषि-मुनियों के अनुभवों के साथ-साथ अनगिनत मनोहारी कथाओं के संयोजन से इस ग्रंथ का महत्त्व और भी बढ़ जाता है। स्वामी वेंकटेसानन्द जी का मत है कि इस ग्रंथ का थोड़ा-थोड़ा नियमित रूप से पाठ करना चाहिए। उन्होंने पाठकों के लिए 365 पाठों की माला बनाई है। प्रतिदिन एक पाठ पढ़ा जाए। पाँच मिनट से अधिक समय नहीं लगेगा। व्यस्तता तथा आपाधापी में उलझा व्यक्ति भी प्रतिदिन पाँच मिनट का समय इसके लिए निकाल सकता है। स्वामी जी का तो यहाँ तक कहना है कि बिना इस ग्रंथ के अभी या कभी कोई आत्मज्ञान प्राप्त नहीं कर सकता।

स्वामी जी ने इस ग्रंथ का सार प्रस्तुत करते हुए कहा है कि बिना अपने को जाने मोक्ष प्राप्त नहीं हो सकता। मोक्ष प्राप्त करने का एक ही मार्ग है आत्मानुसंधान। आत्मानुसंधान में लगे अनेक संतों तथा महापुरुषों के क्रियाकलापों का विलक्षण वर्णन आपको इस ग्रंथ में मिलेगा।

प्रस्तुत अनुवाद स्वामी वेंकटेसानन्द के अंग्रेजी अनुवाद 'सुप्रीम योग' का हिन्दी रूपांतरण है। स्वामी जी का अंग्रेजी अनुवाद 1972 में पहली बार छपा था। निश्चय ही यह अनुवाद चिंतन, अभिव्यक्ति और प्रस्तुति की दृष्टि से अनुपम है। विदेश (आस्ट्रेलिया) में छपने के कारण यह भारतीय पाठकों के समीप कम ही पहुँच पाया। हिंदी पाठक तो

इससे अभी तक वंचित ही रहे हैं। इसकी भाषा और शैली ने मुझे ऐसा मुग्ध किया कि मैं इसके हिंदी रूपांतरण का लोभ संवरण न कर सका। स्वामी जी के चिंतन, शब्द-चयन और भाषा-प्रवाह की झलक भी इस रूपांतरण से पाठकों को मिल सकी तो मैं अपना परिश्रम सफल समझूँगा। सुरुचिपूर्ण टंकन के लिए श्री अनिल कुमार सिंह को धन्यवाद। भाई अशोक महेश्वरी जी ने इसे भव्य रूप दिया है, उसके लिए आभार व्यक्त करता हूँ।

काशी के प्रतिष्ठित नागरिक तथा 'आर्ट ऑफ लीविंग' के प्रशिक्षक श्री राकेश टंडन जी अंग्रेजी अनुवाद की पुस्तक लेकर मेरे पास आए थे और कहने लगे कि श्री श्री रविशंकर जी की हार्दिक इच्छा है कि इस पुस्तक का हिंदी में अनुवाद हो। संभवतः उस महान आत्मा का ही आशीर्वाद है कि पुस्तक आप सबके हाथों में है। मैं गुरुजी को नमन करता हूँ और टंडन जी को हार्दिक धन्यवाद।

बदरीनाथ कपूर

शब्दलोक
47, लाजपत नगर
वाराणसी-221002

अक्षय तृतीय, 19 अप्रैल, 2007

जिस प्रकार पक्षी अपने दोनों परों से उड़ते हैं उसी प्रकार मोक्ष की प्राप्ति में कर्म और ज्ञान दोनों सहायक होते हैं।

संसार का स्वरूप भ्रम में डालनेवाला है। यहाँ तक कि नीला दिखाई पड़नेवाला आकाश भी दृष्टिभ्रम है।

अज्ञानी के लिए धर्मग्रंथों का ज्ञान भार होता है और जिसे आत्मज्ञान न हो उसके लिए जीवन भार होता है।

वह सच्चा वीर नहीं जिसने शक्तिशाली सेना पर विजय पाई हो। सच्चा वीर वह है जिसने मन और इंद्रियाँ रूपी सागर से पार पाया हो।

यह संसार कुम्हार के चाक के समान है। चाक खड़ा ही प्रतीत होता है जबकि वह द्रुत वेग से घूम रहा होता है।

किसी को इंद्रियों के विषय तभी तक प्रिय लगते हैं जब तक वह अपने अपरिहार्य विनाश से बेखबर रहता है।

इस संसार में जो कुछ भी प्राप्त किया जाता है वह अपने कर्म से किया जाता है।

वह मूढ़ है जो कहता है कि भाग्य मुझे घसीटे लिये जा रहा है।

जब कोई अपने दुख की बात अपने मित्र पर प्रकट करता है तो उसका दुख उसी प्रकार हलका हो जाता है जिस प्रकार काले घने बादल बरसने के बाद हलके हो जाते हैं।

ज्ञानी व्यक्ति गुणों या विशेषताओं के आधार पर नहीं जाना जाता। वह भ्रम और भ्रांति से रहित होता है।

जो लोग मन को जानते हैं वे कहते हैं कि मन ही 'मैं' है। जो अहंभाव आपमें उत्पन्न होता है वही मन है।

मूल कारण का निरसन ही उद्धार है। वही पतन से उत्थान की ओर ले जाता है। कोई और मार्ग उपयुक्त या प्रशंसनीय फलदायक नहीं।

मन संसार का रचयिता है। प्राणी में प्राणों का प्रवेश करानेवाला मन ही है।

जब इंद्रियाँ बाह्य जगत का अनुभव प्राप्त करने में रत रहती हैं तब आंतरिक धारणाओं का जगत अनिश्चित और अस्पष्ट रहता है।

'यह है' की भावना का ही नाम संसार है। इसकी समाप्ति मोक्ष है।

यह दृश्य संसार और कुछ नहीं मन का खेल है और मन भी सर्वशक्तिमान परमात्मा का ही खेल है।

दूषित मन को तो खंभा भी प्रेत जैसा दिखाई देता है।

भाग्य और देवताओं पर भरोसा करना मंदबुद्धि की देन है।

स्व को अमर्त्य माननेवाला मृत्यु से नहीं डरता।

जब मन अपनी हलचल से अलग-थलग हो जाता है तो मोक्ष की प्राप्ति होती है।

ज्ञानी व्यक्ति सुखों से आकृष्ट नहीं होते क्योंकि सुख दुख में परिवर्तित हो जाते हैं।

मन तो मात्र अज्ञान की उपज है।

1

जनवरी

उभाभ्याम् एव पक्षाभ्यां यथा खे पक्षिणः गतिः
तथैव ज्ञान कर्माभ्यां जायते परमं पदम् (7)

सुतीक्ष्ण ने अगस्त ऋषि से पूछा :

हे ऋषि, मुझे मोक्ष के संबंध में जानकारी दें और बताएँ कि कर्म और ज्ञान में से कौन मोक्ष की प्राप्ति में सहायक है।

अगस्त्य ऋषि ने उत्तर दिया :

जिस प्रकार पक्षी अपने दोनों परों से उड़ते हैं, उसी प्रकार मोक्ष की प्राप्ति में कर्म और ज्ञान दोनों सहायक होते हैं। न अकेले कर्म ही मोक्ष की प्राप्ति में सहायक हो सकता है और न अकेले ज्ञान ही। सुनो! तुम्हारे प्रश्न के उत्तर में मैं तुम्हें एक कथा सुनाता हूँ। कारुण्य नामक एक धर्मनिष्ठ व्यक्ति था। उसके पिता का नाम अग्निवेश्य था। धर्मग्रंथों के अध्ययन तथा मनन के फलस्वरूप कारुण्य जीवन के प्रति उदासीन हो गया था। अग्निवेश्य ने एक दिन अपने पुत्र से पूछा कि तुमने अपना नित्य नियम क्यों छोड़ दिया है। उत्तर में कारुण्य ने कहा, "हमारे धर्मग्रंथ एक बात तो यह कहते हैं कि शास्त्रों में उल्लिखित सभी कर्म करने चाहिए और साथ ही यह भी कहते हैं कि अमर पद प्राप्त करने के लिए सभी कर्मों का त्याग कर देना चाहिए। मेरे पिताजी! मेरे गुरुवर! मेरी समझ में नहीं आ रहा कि आखिर मैं क्या करूँ?" इतना कहकर कारुण्य चुप हो गया।

अग्निवेश्य ने उत्तर दिया :

मेरे बेटे, ध्यान से सुनो। मैं तुम्हें एक प्राचीन कथा सुनाता हूँ। उसके निष्कर्ष पर विचार करो और फिर जैसा तुम समझो वैसा करो। एक समय की बात है कि सुरुचि नामक अप्सरा हिमालय की एक चोटी पर बैठी थी। उसने देवताओं के राजा इंद्र के दूत को अपनी ओर आते हुए देखा। सुरुचि के पूछने पर उसने अपने आने का प्रयोजन बतलाया। उसने कहा कि राजर्षि अरिष्टनेमि ने अपना राज्य अपने पुत्र को सौंप दिया है और अब वे गंधमादन पर्वत पर घोर तपस्या में लगे हुए हैं। यह देखकर इंद्र ने मुझसे कहा कि अप्सराओं का झुंड लेकर जाओ और उन्हें स्वर्ग में ले आओ। उत्तर में मैंने कहा कि पुण्य आत्माओं को पुरस्कृत करने के लिए स्वर्ग उपयुक्त स्थल नहीं, क्योंकि पुण्य कर्मों के क्षीण होने पर उन्हें फिर मृत्युलोक में जाना पड़ता है। उन राजर्षि ने भी इंद्र का निमंत्रण अस्वीकार कर दिया और स्वर्ग जाने से भी इन्कार कर दिया। इंद्र ने मुझे पुनः राजर्षि के पास यह कहने के लिए भेजा है कि वे मेरा निमंत्रण ठुकराने से पहले महर्षि वाल्मीकि से परामर्श अवश्य कर लें।

राजर्षि का परिचय फिर महर्षि वाल्मीकि से हुआ। उन्होंने वाल्मीकि से पूछा, "जन्म-मरण के चक्कर से बच निकलने का उपाय क्या है?" उत्तर में वाल्मीकि ने राम और वसिष्ठ में हुई वार्ता का वर्णन किया।

जनवरी

अहं बद्धो विमुक्तः स्याम् इति यस्यास्ति निश्चयः
नात्यन्तम् अज्ञो नो तज् ज्ञः सोस्मिन् चास्त्रेधिकारवान् (2)

वाल्मीकि ने कहा :

राम और वसिष्ठ की वार्ता-संबंधी इस धर्मग्रंथ के अध्ययन का वही अधिकारी है जो यह अनुभव करे : "मैं बंधन में पड़ा हूँ और मुझे इस बंधन से अपने को मुक्त करना है"। ऐसा व्यक्ति न तो पूर्ण रूप से अज्ञानी होता है और न ज्ञानी ही। जो इस धर्मग्रंथ में उल्लिखित मोक्ष के उपायों पर मनन करता है वह निश्चय ही जन्म-मरण के चक्र से छुटकारा पा जाता है।

मैंने पहले रामकथा लिखी थी और उसका वर्णन अपने प्रिय शिष्य भरद्वाज से किया था। भरद्वाज जब एक बार मेरु पर्वत पर गए थे तो उन्होंने इसका वर्णन सृष्टिकर्ता ब्रह्मा से किया था। कथा से अत्यधिक प्रसन्न होने पर ब्रह्मा जी ने भरद्वाज से वर माँगने के लिए कहा था। भरद्वाज ने यह वर माँगा : "संसार के सभी मनुष्यों को दुखों से छुटकारा मिले।" साथ ही उन्होंने ब्रह्मा जी से यह भी कहा : "छुटकारा कैसे प्राप्त हो इसका उपाय भी कृपाकर बतलाएँ।"

ब्रह्मा जी ने भरद्वाज से कहा, "आप वाल्मीकि जी के पास जाएँ और उनसे प्रार्थना करें कि रामकथा का वर्णन निरंतर करते रहें और इस ढंग से कथा कहें कि सुननेवाला अज्ञान के अंधकार से मुक्त हो जाए।" भरद्वाज इससे संतुष्ट नहीं हुए। फिर ब्रह्मा जी भरद्वाज को साथ लेकर मेरे पास (वाल्मीकि के आश्रम में) आए। पहले मैंने (वाल्मीकि ने) ब्रह्मा जी की पूजा-अर्चना की। इसके बाद ब्रह्मा जी ने मुझसे कहा, "हे महर्षि, आपकी रामकथा उस बेड़े के तुल्य है जिससे मानव जाति संसार रूपी सागर का संतरण कर सकेगी। इसलिए आप इस कथा का वर्णन करते रहें और इसे पूर्ण करें।" इतना कहकर ब्रह्मा जी वहाँ से अदृश्य हो गए।

ब्रह्मा जी के आदेश से मैं आश्चर्यचकित था। अपने को सँभालते हुए मैंने भरद्वाज से पूछा कि ब्रह्मा जी ने आखिर क्या कहा? भरद्वाज ने ब्रह्मा जी के वचनों को दुहराया, "ब्रह्मा चाहते हैं कि आप रामकथा को इस ढंग से प्रकट करें जिससे सभी अपने दुखों से मुक्त हों। मैं भी आपसे प्रार्थना करता हूँ कि कृपया मुझे विस्तार से बतलाएँ कि राम, लक्ष्मण आदि सभी भाइयों ने दुख से किस प्रकार मुक्ति पाई।"

तब मैंने भरद्वाज को वह रहस्य बतलाया जिसके द्वारा राम, लक्ष्मण आदि सभी भाइयों ने तथा राज-परिवार के अन्य सदस्यों ने भी मुक्ति प्राप्त की थी। मैंने भरद्वाज से यह भी कहा, "मेरे पुत्र, यदि तुम भी उनकी तरह जीवन निर्वाह करो तो तुम भी दुख से मुक्ति अभी और यहीं प्राप्त कर लोगे।"

3

जनवरी

ब्रह्मस्य जागतस्यास्य जातस्याकाशवर्णवत्
अपुनः स्मरणं मन्ये साधो विस्मरणं वरम् (2)

वाल्मीकि ने आगे कहा :

संसार का स्वरूप भ्रम में डालनेवाला है। यहाँ तक कि नीला दिखलाई पड़नेवाला आकाश भी दृष्टि-भ्रम ही है। मेरा विचार है कि उससे (संसार से) मन न लगाया जाए बल्कि उसकी उपेक्षा की जाए। जब तक यह धारणा जाग्रत नहीं होती कि संसार का स्वरूप असत् है तब तक न तो दुखों से निवृत्ति मिल सकती है और न अपनी प्रकृति की ही अनुभूति हो सकती है। यह धारणा तभी जाग्रत होती है जब धर्मग्रंथों का अध्ययन मनोयोग से किया जाए। तभी व्यक्ति की दृढ़ धारणा बनती है कि यह दृश्य संसार भ्रम है तथा सत् और असत् का मिला-जुला रूप है। यदि कोई मनोयोग से धर्मग्रंथों का अध्ययन नहीं करता तो लाखों वर्षों में भी उसमें सच्चा ज्ञान उत्पन्न नहीं होता।

मोक्ष वस्तुतः संपूर्ण वासनाओं या मानसिक प्रवृत्तियों का त्याग है। वासनाएँ दो प्रकार की होती हैं–शुद्ध और अशुद्ध। अशुद्ध वासनाएँ जन्म का कारण होती हैं और शुद्ध वासनाएँ बार-बार होनेवाले जन्म से मुक्ति दिलाती हैं। अशुद्ध वासनाओं की प्रकृति अहं-प्रधान होती है। ये ऐसे बीज हैं जिनसे पुनर्जन्म का वृक्ष उत्पन्न होता है। जब इन बीजों को त्याग दिया जाता है तब शरीर को धारण करनेवाली मनःस्थिति की प्रकृति शुद्ध रहती है। ऐसी मनःस्थिति उन लोगों की भी होती है जिन्होंने अपने जीवनकाल में मुक्ति प्राप्त की होती है। यह पुनर्जन्म की ओर नहीं ले जाती। यह अपने पूर्वार्जित (पूर्व+अर्जित) आवेग से स्थित रहती है न कि वर्तमानकालिक प्रेरणा से।

राम ने किस प्रकार मुक्त ऋषि के रूप में अपना जीवन व्यतीत किया इसका अब मैं वर्णन करूँगा। इसे सुनकर सदा के लिए जन्म और मृत्यु-संबंधी सभी प्रकार के भ्रमों से तुम मुक्त हो जाओगे।

अपने गुरु के आश्रम से वापस आने पर राम अपने पिता के साथ राजमहल में रहने लगे और अनेक प्रकार से राजकाज में उनका सहयोग करने लगे। एक दिन संपूर्ण देश का भ्रमण करने और पवित्र तीर्थों के दर्शन करने की अपनी इच्छा उन्होंने महाराज दशरथ को बताई। महाराज ने तीर्थयात्रा का शुभ मुहूर्त निकलवाया और निश्चित दिन पिता तथा अन्य पूज्य लोगों से आशीर्वाद ग्रहण करके राम तीर्थयात्रा पर निकल पड़े।

राम अपने भाइयों के साथ हिमालय से दक्षिण तक संपूर्ण देश का भ्रमण करने के बाद राजधानी वापस पहुँचे तो प्रजा को अत्यधिक प्रसन्नता हुई।

4

जनवरी

कोपं विषाद कलनां विततं च हर्षं
नाल्पेन कारणवशेन वहन्ति सन्तः
सर्गेण संहृतिजीवेन विना जगत्यां
भूतानि भूप न महान्ति विकारवन्ति (5/15)

वाल्मीकि ने आगे कहा :

राजमहल में प्रवेश करने के उपरांत श्रीराम ने एक-एक करके अपने पिता, गुरु, वशिष्ठ अन्य आदरणीय व्यक्तियों को झुककर प्रणाम किया। आठ दिनों तक पूरी अयोध्या में राम के तीर्थयात्रा से लौटने के उपलक्ष में उत्सव मनाया गया।

कई दिनों तक श्रीराम राजमहल में ही रहे और अपने दैनिक कर्तव्यों का निर्वाह करते रहे। परंतु जल्दी ही उनके व्यवहार में बहुत बड़ा परिवर्तन दिखाई देने लगा। वे दिनोंदिन दुबले और कमजोर होते चले गए और उनका रंग भी पीला पड़ता गया। श्रीराम की आकृति और व्यवहार में इस अकस्मात् और अकारण परिवर्तन से महाराज दशरथ का चिंतित होना स्वाभाविक था। जब भी वे श्रीराम से उनके स्वास्थ्य के विषय में पूछते तो वे उत्तर देते कि कुछ भी तो नहीं हुआ। एक दिन दशरथ ने श्रीराम से पूछा, "मेरे बेटे, तुम्हें किस बात की चिंता है।" तो श्रीराम ने उत्तर दिया, "किसी बात की नहीं।" इतना कहकर श्रीराम चुप हो गए।

उत्तर जानने के लिए दशरथ महर्षि वसिष्ठ के पास गए। दुविधा में डालनेवाली इस स्थिति के संबंध में महर्षि ने कहा, "निश्चय ही कोई कारण होगा जिससे श्रीराम में यह परिवर्तन देखने को मिल रहा है। **संसार में कोई भी बड़ा परिवर्तन ऐसा नहीं होता जिसका कोई न कोई कारण न हो। किसी महापुरुष के व्यवहार में क्रोध, विषाद और हर्ष बिना किसी उपयुक्त कारण के प्रकट नहीं होते।"** दशरथ ने और आगे प्रश्न नहीं किया।

फिर कुछ ही समय बाद राजमहल में विश्वविख्यात राजर्षि विश्वामित्र का पदार्पण हुआ। महाराज दशरथ को उनके आने का समाचार जैसे ही मिला वे उनका स्वागत करने के लिए आगे बढ़े।

दशरथ ने कहा :

राजर्षि, आपका स्वागत है! स्वागत है!! इस अकिंचन आवास में आपके पधारने से मैं अत्यंत प्रसन्न हूँ। मुझे कुछ वैसी ही प्रसन्नता हो रही है जैसी अंधे को रोशनी मिलने से होती है, सूखी भूमि को वर्षा से होती है, बाँझ को पुत्र की प्राप्ति से होती है, मृतक को नवजीवन मिलने से होती है, व्यक्ति को अपनी खोई हुई संपत्ति मिलने से होती है। राजर्षि, मुझे आज्ञा दें, मैं आपकी क्या सेवा करूँ? प्रार्थना है कि आप जो भी इच्छा लेकर आए हैं मेरी ओर से उसे पहले से ही पूर्ण समझें। आप पूज्य हैं, देवस्वरूप हैं। मैं आपको दंडवत् करता हूँ।

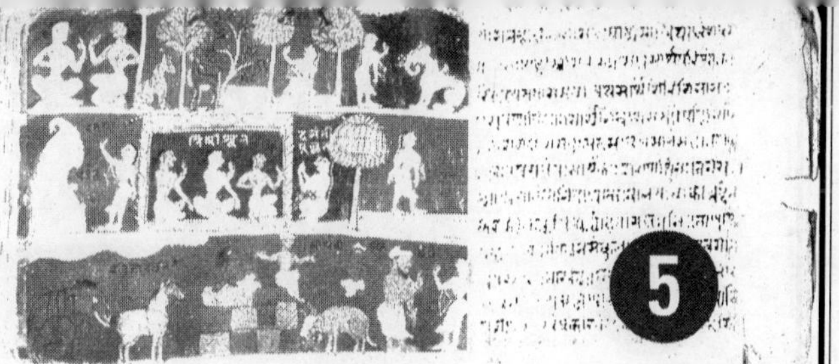

जनवरी

काले काले पृथग् ब्रह्मन् भूरि वीर्य विभूतयः
भूतेष्व् अभ्युदयं यान्ति प्रलीयन्ते च कालतः (8/29)

वाल्मीकि ने कहा :

महाराज दशरथ के वचन सुनकर विश्वामित्र हर्षित हुए। अयोध्या आने का अपना प्रयोजन व्यक्त करते हुए विश्वामित्र कहने लगे :

मैं अपने धार्मिक अनुष्ठान की सफल पूर्णाहुति के लिए आपकी सहायता चाहता हूँ। मैं जब भी यज्ञ करने के लिए बैठता हूँ खर और दूषण राक्षसों के अनुचर आक्रमण कर देते हैं, यज्ञ का ध्वंस और भूमि को अपवित्र कर देते हैं। धार्मिक अनुष्ठान के लिए किए हुए प्रण के फलस्वरूप मैं उन्हें शाप भी नहीं दे पाता।

आप मेरी सहायता कर सकते हैं। आपके पुत्र श्रीराम सरलता से इन राक्षसों को ठिकाने लगा सकते हैं। इस सहायता के बदले मैं उन्हें कई वरदान दूँगा जिनसे आपका गौरव और अधिक बढ़ेगा। पुत्र-प्रेम आपके कर्तव्य-निर्वाह में बाधक नहीं बनना चाहिए। महापुरुषों की दृष्टि में इस लोक में अपने साधनों से बढ़कर कोई और उपहार नहीं होता।

आप जिस क्षण हाँ करेंगे उसी क्षण में समझ लूँगा कि राक्षस ठिकाने लग गए। मैं इतना जानता हूँ कि राम कौन हैं? यह बात महर्षि वसिष्ठ भी जानते हैं और आपकी सभा के संत-महात्मा भी जानते हैं। कृपया इस संबंध में टाल-मटोल न करें और अविलंब राम को मेरे साथ जाने दें।

इस घोर अप्रत्याशित आग्रह को सुनकर महाराज कुछ क्षणों के लिए निरुत्तर और स्तब्ध हो गए। फिर उन्होंने अपने को सँभाला और कहा, "राजर्षि, राम अभी सोलह वर्ष का भी नहीं हुआ, इसलिए अभी वह युद्ध करने के योग्य नहीं है। उसने तो अभी कोई युद्ध देखा भी नहीं। मुझे अपने साथ चलने का आदेश दें। आदेश दें तो मेरी विशाल सेना राक्षसों का विनाश करने के लिए आपके साथ हो ले। परंतु मैं राम से पृथक् नहीं हो सकता। सभी प्राणी अपने बच्चों को स्वाभाविक रूप से प्यार करते हैं। बुद्धिमान लोग भी प्रेमवश अपने बालकों को असाधारण बखेड़ों से दूर ही रखते हैं। इस प्रकार वे अपना सुख, संपत्ति, पत्नियों को यहाँ तक कि बच्चों को त्यागते नहीं। नहीं, मैं राम को अपने से अलग नहीं करूँगा।

मैंने राक्षस रावण के बल के बारे में भी सुना है। क्या वही तो नहीं जो आपके अनुष्ठानों का ध्वंस करता हो। यदि ऐसा हो तो आपकी सहायता कैसे की जा सकती है। मुझे पता है कि देवता भी उसके आगे असहाय हैं। **समय-समय पर ऐसे महाबली इस धरती पर जन्म लेते रहते हैं और समय आने पर वे संसार के रंगमंच को छोड़कर चलते बनते हैं।**" इतना सुनते ही विश्वामित्र आग-बबूला हो उठे। यह देखकर महर्षि वसिष्ठ बीच में पड़े और अपने वचन से पीछे न हटने के लिए राजा से आग्रह किया और कहा : "राम को महर्षि के साथ जाने दें। महाराज आपके लिए अपने वचन से हटना शोभा की बात नहीं। विश्वामित्र की देख-रेख में राम सुरक्षित हैं। वे अत्यंत शक्तिशाली हैं और उनके पास अगणित अदृश्य प्रक्षेपास्त्र हैं।"

जनवरी

निरस्तास्थो निराशोसौ निरीहोसौ निरास्पदः
न मूधो न च मुक्तोसौ तेन तप्यामहे भृशम् (45)

वाल्मीकि ने कहा :

अपने गुरु वसिष्ठ की आज्ञा को शिरोधार्य करते हुए महाराज दशरथ ने अपने सेवक को राम को बुला लाने के लिए कहा। लौटकर सेवक ने कहा कि राम एक क्षण में आ रहे हैं। साथ ही उसने कहा : "राजकुमार विषादग्रस्त हैं और किसी से मिलना-जुलना उन्हें नहीं भाता।" इतना सुनना था कि दशरथ राम के सचिव की ओर यह जानने के लिए उन्मुख हुए कि राम की मनोदशा और स्वास्थ्य कैसा है।

सचिव देखने में चिंताग्रस्त था। कहने लगा : "स्वामी, राम जब से तीर्थयात्रा से लौटे हैं तब से उनमें बहुत बड़ा परिवर्तन आया है। उनकी न नहाने-धोने में रुचि है, न देवताओं की पूजा-अर्चना करने में। वे राजमहल में भी किसी से मिलकर प्रसन्न नहीं होते। उनकी हीरे-मोतियों में भी कोई रुचि नहीं दिखाई पड़ती। जब सुंदर उपहार दिए जाते हैं तो भी उन्हें खुशी नहीं होती। नर्तक-नर्तकियों को भी अपने पास फटकने नहीं देते। उन्हें वे आततायी बतलाते हैं। वे गूँगे-बहरे स्वचालित यंत्र की तरह खाते-पीते, चलते-फिरते और नहाते-धोते हैं। प्रायः बुदबुदाते हुए अपने से कहते हैं, "धन और संपत्ति का क्या प्रयोजन! विपदा या घर का क्या प्रयोजन! सब-कुछ मिथ्या है।" प्रायः हर समय मौन ही रहते हैं और उन्हें किसी प्रकार का मनोरंजन भी नहीं सुहाता। उन्हें एकांत ही अच्छा लगता है। वे हर समय अपने विचारों में ही खोए रहते हैं। पता नहीं प्यारे राजकुमार को क्या हो गया है! न जाने कौन-सी बात उनके मस्तिष्क में घूमती रहती हैं? आखिर वे चाहते क्या हैं? दिनोंदिन दुबले होते चले जा रहे हैं।

बार-बार उनके होठों से एक ही गीत फूटता है, 'खेद है कि उस परम को प्राप्त करने का प्रयास न करके हम तरह-तरह से अपने जीवन का क्षय कर रहे हैं। लोग चिल्लाते हैं, कष्ट भोगते हैं, और दुखी हैं, परंतु कोई उनके कष्टों को दूर करने की सोचता तक नहीं।' यह सब देख-सुनकर उनके हम अनुचर-सेवक भी अत्यंत दुखी रहते हैं। समझ में नहीं आता कि करें तो क्या करें। **वे आशा से रहित हैं, इच्छा से विहीन हैं, न किसी से जुड़े हैं और न ही किसी पर आश्रित। न वे भ्रमित हैं न विक्षिप्त। ऐसा भी नहीं लगता कि वे आत्मज्ञानी हों।** 'धन-संपत्ति कैसी? बंधु-बाँधव कैसे? राज-पाठ कैसा? इच्छा और आशा कैसी?' इस तरह के प्रश्न उनके मन में उठते हैं? महाराज आप ही राजकुमार की व्याधि का पता लगा सकते हैं और सही उपचार भी कर करा सकते हैं।"

जनवरी

किं नामेदं वत सुखं येयं संसारसन्ततिः
जायते मृतये लोको मृयते जननाय च (12/7)

विश्वामित्र ने कहा :

यदि ऐसी बात है तो राम को सभा में बुला लें। उनकी वर्तमान स्थिति किसी भ्रम के कारण नहीं बल्कि पूर्ण रूप से बुद्धिमत्तापरक तथा वैराग्यजन्य है और आत्मबोध की सूचक है। उन्हें यहाँ बुलाइए। हम उनका विषाद दूर कर देंगे।

वाल्मीकि ने कहा :

तब राजा दशरथ ने अपने सचिव से कहा कि राम को सभा में ले आएँ। इसी बीच राम भी अपने पिता से मिलने के लिए तैयार हुए। उन्होंने जब दूर से ही पिता और ऋषियों को देखा तो उनका सादर अभिवादन किया। ऋषियों ने देखा कि यद्यपि राम अभी युवा हैं तो भी उनके मुखमंडल से प्रौढ़ता और शांति झलक रही है। पास आने पर राम ने राजा के चरण छूकर प्रणाम किया और राजा ने उन्हें गले से लगाया और कहा, "मेरे बेटे क्यों इतने उदास रहते हो। विषाद तो तरह-तरह के दुखों को खुला आमंत्रण देता है।" वसिष्ठ तथा विश्वामित्र दोनों ऋषियों ने भी राजा के कथन की पुष्टि की।

राम ने कहा :

पूज्यवर, आपके प्रश्न के उत्तर में निवेदन है कि महलों में मैं आनंदपूर्वक पला-बढ़ा हूँ। योग्य शिक्षकों से मुझे शिक्षा दिलाई गई है। कुछ दिन पहले मैं तीर्थयात्रा पर निकला था। उन दिनों मेरे मन को कुछ विचारों ने जकड़ लिया और सारी आशाओं को मुझसे छीन लिया। मेरे हृदय में यह प्रश्न उठा : **आप लोग जिसे सुख कहते हैं वह क्या संसार के हर क्षण बदलते रहनेवाले पदार्थों से प्राप्त किया जा सकता है? सबसे बड़ा दुख तो यह है कि हर प्राणी इस संसार में जन्म लेता है और मरता है, मरता है और जन्म लेता है।** हर क्षण बदलनेवाली ये परिस्थितियाँ ही दुखों और पापों का मूल हैं। मुझे इनमें कुछ सार नहीं दिखाई देता। जिन लोगों का परस्पर कोई संबंध नहीं होता वे एक साथ हो लेते हैं और आपस में नाता जोड़ लेते हैं। इस संसार की हर वस्तु का संबंध मन से बल्कि मनोदशा से होता है। ध्यान से देखें तो मन भी असत् प्रतीत होता है। परंतु हम उसी पर मुग्ध हैं। लगता है कि हम अपनी मृगतृष्णा बुझाने और जल की प्राप्ति के लिए रेगिस्तान में मरीचिका के पीछे दौड़े चले जा रहे हैं।

पूज्यवर, यद्यपि हम किसी स्वामी के बँधुआ दास नहीं हैं तो भी हम दासता का ही जीवन व्यतीत कर रहे हैं। स्वतंत्रता नाम को प्राप्त नहीं। हम सत्य से अभिज्ञ नहीं। हम इस संसार रूपी घने जंगल में बेमतलब घूमते फिर रहे हैं। यह संसार क्या है? जो आता है, बढ़ता है और फिर छीजता है। यह दुख कैसे दूर हो? मेरा हृदय यह सोचकर अत्यंत व्यथित रहता है। अपने मित्रों की भावनाओं के प्रति आदर होने के कारण मैं रोता भी नहीं।

जनवरी

भारोविवेकिनः शास्त्रं भारो ज्ञानं च रागिणः
अशान्तस्य मनो भारो भारोनात्मविदो वपुः (14/13)

राम ने आगे कहा :

उतनी ही व्यर्थ है यह धन–संपत्ति भी क्योंकि यह अज्ञानी को भ्रमित करती है। अस्थिर और चंचल यह लक्ष्मी भी अनेक चिंताओं को जन्म देती है और अधिक धन–प्राप्ति की लालसा भी जगाती है। स्वयं धन–संपत्ति में लोगों के प्रति कोई आदर–भाव नहीं रहता। भले और बुरे दोनों धनी हो सकते हैं। लोग होते तो हैं सज्जन, उदार और करुणामय परंतु तभी तक जब तक उनका हृदय धन की दौड़ में लगने से कठोर नहीं हो जाता। धन तो बुद्धिमान अध्येता, जननायक, कृतज्ञ, कुशल तथा मधुरभाषी व्यक्ति के मन को भी कलुषित कर देता है। धन और सुख एक साथ नहीं रहते। ऐसे धनी व्यक्ति विरल ही होते हैं जिनके प्रति षड्यंत्र रचनेवाले प्रतिस्पर्धी या शत्रु न हों। सज्जन रूपी कमल के लिए संपत्ति रात्रि के समान है, दुख रूपी श्वेतकमल (कुमुदिनी) के लिए चंद्रिका के समान है, निर्मल अंतर्दृष्टि के लिए आँधी के समान है, वैर रूपी लहर के लिए बाढ़ के समान है, भ्रम के मेघ के लिए अनुकूल वायु है, विषाद के विष को तीव्रतर करनेवाला कारक है। वह कुविचार रूपी सर्प के समान है, दुखियों को भयभीत करनेवाली है, विराग रूपी लता को नष्ट करनेवाली बरफबारी है, कुविचार रूपी उल्लू के लिए सांध्यवेला है, ज्ञानरूपी चंद्र के लिए ग्रहण है। उसकी उपस्थिति से व्यक्ति का सद्–स्वभाव तौबा कर उठता है। लगता है कि संपत्ति उसी का चयन करती है जिसका चयन पहले से मृत्यु ने किया होता है।

यही स्थिति हमारे जीवनकाल की भी है। इसकी अवधि पत्ते पर पड़ी जल की बूँद जैसी है। उन्हीं का जीवनकाल सार्थक होता है जो आत्मज्ञान प्राप्त कर लेते हैं। हम लोग भले ही वायु को घेरने में, आकाश को तोड़ने में, माला में लहरों को पिरोने में सफल हो जाएँ पर हम अपने जीवनकाल पर भरोसा नहीं कर सकते। व्यक्ति व्यर्थ ही अपने जीवनकाल को बढ़ाने का प्रयास करता है परंतु वह अपने लिए और अधिक दुख बढ़ा लेता है और दुख की अवधि को भी लंबी कर लेता है। जीता वही है जो आत्मज्ञान प्राप्त करने के लिए सचेष्ट रहता है। आत्मज्ञान ही इस संसार में प्राप्त करने योग्य एक मात्र वस्तु है। इसी से भावी जन्मों पर लगाम लगाई जा सकती है। अन्य तो गधों की तरह जीवन जीते हैं। **अज्ञानी के लिए धर्मग्रंथों का ज्ञान भार होता है, इच्छाओंवाले के लिए भी ज्ञान भार होता है और जिसे आत्मज्ञान न हो उसके लिए भी जीवन भार होता है।**

समय रूपी मूषक जीवनकाल को निरंतर कुतरता चलता है, रोगों की दीमक जीव के मर्म अंगों को चाटती चलती है। जिस प्रकार बिल्ली चूहे को दबोचने के लिए सजग और सन्नद्ध रहती है वैसे ही मृत्यु जीवनकाल पर आँख लगाए होती है।

जनवरी

चित्तं कारणम् अर्थानां तस्मिन् सति जगत् त्रयं
तस्मिन् क्षीणे जगत् क्षीणं तच् चिकित्स्यं प्रयत्नतः (16/25)

राम ने आगे कहा :

ज्ञान के भयावह शत्रु अहं को अस्तित्व ग्रहण करते हुए देखता हूँ तो मैं हतप्रभ और त्रस्त हो उठता हूँ। यह अज्ञान के अंधकार में जन्म लेता है और अज्ञान में ही फलता-फूलता है। यह असंख्य आपराधिक प्रवृत्तियों और कार्यों का मूल है। निश्चय ही सभी प्रकार की यातनाएँ इस अहं की देन हैं। मनोव्यथा का भी यही एक मात्र कारण होता है। अहं से पीड़ित होनेवाला 'मैं' होता है। मैं समझता हूँ कि अहं ही मेरा सबसे बड़ा रोग है। हर्ष-मनोरंजन के सांसारिक पदार्थों का जाल फैलाकर यही अहं प्राणियों को फँसा लेता है। सचमुच संसार की सभी महामारियों को जन्म देनेवाला यही अहं है। इसी के कारण व्यक्ति आत्मसंयम खो बैठता है, सद्गुणों को तिलांजलि दे देता है और मन की शांति भी गँवा बैठता है। 'मैं राम हूँ' अहं की इस धारणा को त्यागकर और अपनी सभी इच्छाओं को त्यागकर मैं 'स्व' में रहना चाहता हूँ। मैं समझता हूँ कि अहं की भावना से जो कुछ भी करता हूँ वह व्यर्थ होता है। जो अहं नहीं है वही सत्य है। जब मैं अहं से प्रभावित होता हूँ तो दुखी रहता हूँ और जब अहं से अप्रभावित रहता हूँ तो सुखी रहता हूँ। अहं लालसाओं को बढ़ावा देता है, उसके बिना वे लालसाएँ विनष्ट हो जाती हैं। बिना किसी कारण के यही अहं अपना पारिवारिक जाल और सामाजिक संबंधों को फैलाकर अनजान आत्मा को अपनी पकड़ में ले आता है। मैं सोचता हूँ कि मैं अहं से मुक्त हूँ फिर भी मेरी स्थिति दयनीय है। मुझे कृपया ज्ञान दें।

जिन्हें संत पुरुषों की सेवा और संगति प्राप्त नहीं होती वे मलिन मस्तिष्क पवन की तरह चंचल रहते हैं। उन्हें जो भी मिलता है, उससे वे असंतुष्ट रहते हैं और दिन-प्रतिदिन और अधिक अस्थिर और व्यग्र होते जाते हैं। जिस प्रकार छलनी कभी जल से नहीं भरती उसी प्रकार चाहे जितने सांसारिक पदार्थ क्यों न उपलब्ध हो जाएँ मन को उनसे कभी संतुष्टि नहीं मिलती है। मन हर समय चारों ओर भागता रहता है परंतु उसे सुख कहीं नहीं मिलता। आगे चलकर नरक में मिलनेवाली घोर यातनाओं से बेखबर मन यहाँ सुख के लिए आतुर है, लेकिन उसे वह प्राप्त नहीं कर पाता। अपनी स्वतंत्रता खो चुके तथा पिंजरे में बंद बाघ की तरह मन सदा अस्थिर रहता है। उसे अपनी वर्तमान स्थिति में सुख सुलभ नहीं।

पूज्यवर, अपने मन द्वारा बुने हुए जाल की इच्छा रूपी गाँठों से मैं जकड़ा हूँ। जिस प्रकार नदी का तेज प्रवाह अपने तट पर जमे वृक्षों को उखाड़ देता है उसी प्रकार अस्थिर मन ने मेरे पूर्ण अस्तित्व को उखाड़ दिया है। जिस प्रकार सूखे पत्ते को वायु उड़ा ले जाती है उसी प्रकार मन मुझे उड़ाए लिए चला जा रहा है। **यही वह मन है जो संसार के सभी पदार्थों का एकमात्र कारण है। तीनों लोकों का अस्तित्व भी मनःसृजित पदार्थों से ही है। जब मन का अस्तित्व नहीं रहता तो ये लोक भी अपना अस्तित्व खो बैठते हैं।**

जनवरी

भीषयत्य् अपि धीरं माम् अन्धयत्य् अपि सेक्षणम्
खेदयत्य् अपि सानन्दं तृष्णां कृष्णेव शर्वरी (16)

राम ने कहा :

वस्तुस्थिति यह है कि जब मन लालसा से आक्रांत रहता है तो अज्ञान के अंधकार में असंख्य भूलें कर बैठता है। यह लालसा मन और हृदय के सद्गुणों और स्वभावजन्य शालीनता को चूस लेती है और मुझे कठोर तथा क्रूर बना देती है। अज्ञान के अंधकार में यह चुड़ैल रूपी लालसा तरह-तरह के नृत्य करती है।

यद्यपि मैं लालसा को संयत करने के लिए तरह-तरह के उपाय करता हूँ परंतु वह क्षण भर में ही मुझ पर अपना अधिकार जमा लेती है और मुझ असहाय को उसी प्रकार भटका देती है जिस प्रकार आँधी एक तिनके को उड़ा ले जाती है। जब भी अनासक्ति आदि गुणों के विकसित होने की आशा मन में जगती है तब लालसा उस आशा को उसी प्रकार काट देती है जिस प्रकार चूहा धागे को काट देता है। और इस प्रकार मैं विवश होकर लालसा के चक्र में फँसकर चक्कर खाने लगता हूँ। जाल में फँसे पक्षी की तरह हम असहाय हो जाते हैं। यद्यपि पक्षी की तरह हमारे पास भी पंख होते हैं और हम आत्मज्ञान रूपी अपने गृह या ध्येय तक उड़ान भी भर सकते हैं। भले ही हम अमृत का घूँट क्यों न पी लें यह लालसा कभी तुष्ट नहीं होती। इस लालसा की एक खूबी यह भी है कि इसकी कोई एक दिशा नहीं होती। एक क्षण में तो यह मुझे एक दिशा में दौड़ाती है और दूसरे ही क्षण मुझे दूसरी दिशा में दौड़ने के लिए विवश करती है। इस प्रकार यह मुझे पागल घोड़े की तरह दौड़ा-दौड़ाकर मारती है। यह पुत्र, मित्र, पत्नी, भाई-भतीजों आदि का विशाल जाल हमारे सामने फैलाए रहती है।

यद्यपि मैं वीर हूँ यह लालसा मुझे भीरु बना देती है, यद्यपि दृष्टि-संपन्न हूँ यह मुझे अंधा बना देती है, यद्यपि मैं आनंदस्वरूप हूँ यह मुझे दयनीय बना देती है- लालसा भयावह चुड़ैल के समान है।

यही भयावह चुड़ैल रूपी लालसा हमारे बंधन और दुर्भाग्य के लिए उत्तरदायी है। यह मनुष्य का हृदय तोड़ देती है और उसमें भ्रांति उत्पन्न कर देती है। इस चुड़ैल द्वारा पकड़े हुए होने के कारण मनुष्य उन सुखों को भी प्राप्त नहीं कर पाता जो उसकी पहुँच के अंदर होते हैं। यद्यपि ऐसा प्रतीत होता है कि यह लालसा सुख के लिए है परंतु यह न तो सुख प्राप्त करा पाती है और न जीवन को सफल बना पाती है। इसके विपरीत यह व्यर्थ की भाग-दौड़ में प्रवृत्त करती है और हर तरह के अमंगल को न्योता दे डालती है। जीवन रूपी रंगमंच पर अनेक स्थितियाँ विभिन्न अभिनेताओं के रूप में अभिनय करती हैं परंतु यह लालसा बूढ़ी अभिनेत्री की तरह कुछ भी उत्तम और शुभ करने में असमर्थ रहती है। अपना किरदार निभाने में विफल रहती है और हर मोड़ पर मज़ा किरकिरा कर देती है। तो भी यह मंच पर अपना भद्दा नाच दिखाने से बाज़ नहीं आती।

लालसा एक क्षण आकाश में ले जाती है और अगले ही क्षण पाताल में पटक देती है। यह सदा व्यग्र रहती है। कारण यह कि यह मन की रिक्तता की उपज है। मन में ज्ञान का प्रकाश एक क्षण के लिए चमकता है परंतु अगले ही क्षण भ्रम सामने खड़ा हो जाता है। ऋषि-मुनि इसे आत्मज्ञान की तलवार से काटने में सफल होते हैं!

बद्धास्था ये शरीरेषु बद्धास्था ये जगत्स्थितौ
तान् मोह मदिरोन्मत्तान् धिग्धिग् अस्तु पुनः पुनः (52)

राम ने कहा :

नसों, नाड़ियों, स्नायुओं आदि से बनी यह दयनीय काया पीड़ा का भी स्रोत है। यह निश्चेष्ट लगती है पर है समझ-बूझ वाली। लगती है चेतन पर है यह अचेतन। यह केवल भ्रम में डालनेवाली है। थोड़ी सी संतुष्टि से यह हर्षित हो जाती है और छोटी-मोटी परेशानी से यह तिलमिला उठती है। यह काया सचमुच अत्यंत हेय है। इस शरीर की तुलना केवल वृक्ष से की जा सकती है। शाखाएँ ही बाहें हैं, तना ही धड़ है, छिद्र ही नेत्र हैं, फल ही सिर है और पत्ते तरह-तरह की बीमारियाँ हैं। यह जीवों का विश्राम-स्थल है। कौन कह सकता है कि यह मेरा अपना है? इससे संबद्ध आशा और निराशा निष्फल है। यह किसी को दी हुई नाव के समान है जिससे वह जन्म-मरण के सागर का संतरण कर सके। परंतु इसे कदापि स्व या आत्मरूप नहीं मान लेना चाहिए।

शरीर रूप में यह वृक्ष संसार (जिसमें बार-बार आवागमन होता है) रूपी वन में उत्पन्न होता है, चंचल बंदर (मन) इस पर खेलता है, यह टिड्डियों का (चिंताओं का) आवास होता है, इसका भक्षण कीड़े (अगणित कष्ट) निरंतर करते हैं, यह विषैले नाग (लालसा) को आश्रय देता है और यह जंगली कौए (क्रोध) का भी बसेरा है। इस पर (हँसी के) फूल लगते हैं, इसके फल अच्छे और बुरे होते हैं, वायु (प्राण-शक्ति) इसे प्राणवान बनाती है, ये पक्षियों (इंद्रियों) का सहारा है, यह यात्री (कामना या इच्छा) को छाया (सुख) प्रदान करती है, बलशाली गीध (अहं) इस पर बैठा हुआ है और यह रिक्त तथा खोखला है। निश्चय ही यह सुख बढ़ानेवाला नहीं है। इसकी उम्र लंबी हो या थोड़ी, यह है बेकार ही। यह रक्त और मांस से बना है। यह बुढ़ापे और मृत्यु के अधीन है। मैं इस पर मोहित नहीं हूँ। यह गंदे पदार्थों से भरी है और अज्ञान से ग्रस्त है। यह मेरी आशाओं की पूर्ति कैसे कर सकती है?

यह शरीर रोगों का घर है, मनोभावों, मनोदशाओं और मनोव्यथाओं का क्षेत्र है। मैं इस पर मोहित नहीं। धन क्या है, राज्य क्या है, शरीर क्या है? काल (मृत्यु) ने इसे निर्दयतापूर्वक सीमित कर रखा है। मृत्यु के समय यह कृतघ्न काया उस आत्मा को त्याग देती है जो इसमें वास करती तथा इसकी रक्षा करती थी। ऐसी काया पर मैं क्या भरोसा करूँ! निर्लज्जतापूर्वक बार-बार बँधी-बँधाई क्रियाओं में प्रवृत्त रहती है। इसका अंतिम प्रयोजन यही है कि इसे जला दिया जाए। कोई व्यक्ति चाहे अमीर हो या गरीब, रहता है वह जरा और मृत्यु से बेखबर ही, और रहता है धन और सत्ता के फेर में। **उन लोगों के लिए शर्म की बात है जो अज्ञान रूपी मदिरा से बेसुध इस शरीर से बँधे रहते हैं। उन लोगों के लिए भी शर्म की बात है जो इस संसार से बँधे हैं।**

जनवरी

अशक्तिर् आपदस् तृष्णा मुकता मूढ़बुद्धिता
गृध्नुता लोलता दैन्यं सर्वं बाल्ये प्रवर्तते (2)

राम ने आगे कहा :

भूल से जिस बचपन को लोग सुख और आनंद का काल कहते हैं वह भी दुखों से भरा है। **असहायावस्था, दुर्घटनाएँ, लालसाएँ, अपने को अभिव्यक्त करने की अक्षमता, घोर मूर्खता, खिलवाड़पन, अस्थिरता, अशक्तता आदि बाल्यावस्था की ही तो विशेषताएँ हैं।** बच्चा जल्दी खीझ उठता है, उसे जल्दी गुस्सा भी आ जाता है। जल्दी आँसू भी बहाने लग जाते हैं। इस तथ्य का उल्लेख जोरदार ढंग से किया जा सकता है। किसी मरणासन्न, वृद्ध या रुग्ण व्यक्ति की तुलना में बालक की व्यथा अधिक भयावह है। बाल्यावस्था में बालक की स्थिति ठीक वैसी ही होती है जैसी दूसरों पर आश्रित रहनेवाले जीव की।

बच्चे के चारो ओर इतनी घटनाएँ होती हैं जो उसे विचलित और भ्रमित कर देती हैं, उसे भयभीत कर देती हैं और सनकी बना देती हैं । बालक जल्दी प्रभावित होता है और बुरी बातों का प्रभाव उस पर और भी जल्दी पड़ता है। फल यह होता है बालक अपने माता-पिता द्वारा प्रताड़ित और दंडित होता है। बाल्यावस्था पराधीनता की अवधि के अतिरिक्त और कुछ नहीं।

यद्यपि देखने में बालक निरीह होता है, परंतु सच्चाई यह है कि सभी प्रकार के दोष, आपराधिक प्रवृत्तियाँ, बावली चेष्टाएँ उसके अंदर उसी प्रकार छिपी तथा सुप्त रहती हैं जिस प्रकार दिन के उजाले में उल्लू अँधेरे छिद्र में छिपा रहता है। महर्षि! मुझे उन लोगों पर दया आती है जो कहते हैं कि बाल्यावस्था उत्तम काल है।

चंचल मन से बढ़कर और क्या व्यथा हो सकती है? बच्चे का मन अत्यंत चंचल होता है। यदि बालक को नई वस्तु प्रतिदिन नहीं मिलती तो वह दुखी हो जाता है। चिल्लाना और रोना उसके मुख्य क्रियाकलाप हैं। यदि बालक को मनचाही वस्तु नहीं मिलती तो लगता है कि जैसे उसका दिल टूट गया हो। जब बच्चा विद्यालय जाता है, तो उसे अध्यापक से दंड मिलता है। ये सब उसके कष्टों को बढ़ाते हैं।

जब बालक चिल्लाता है तो उसके माता-पिता उसे सारा संसार ला देने की बात करते हैं। यहीं से बालक में संसार के पदार्थों के प्रति आकर्षण उत्पन्न होता है और उसमें सांसारिक वस्तुओं को प्राप्त करने की इच्छा बलवती हो उठती है। माता-पिता कहते हैं : "इस खिलौने के बदले तुम्हें चाँद ला देंगे।" बालक उनकी बातों पर विश्वास करता है और सोचता है कि मैं अपने हाथों से चाँद को पकड़ लूँगा। इस प्रकार छोटे बालकों के नन्हें हृदय में भी भ्रांति के बीज बो दिए जाते हैं।

बालक गर्मी और सर्दी को सहता है परंतु वह उसका परिहार नहीं कर सकता। तब कैसे कह सकते हैं कि वह वृक्ष से उत्तम है? पशुओं और पक्षियों की तरह बालक हर चीज को प्राप्त करने का निरर्थक प्रयास करता है क्योंकि उसे घर के हर बड़े व्यक्ति का भय बना रहता है।

उद्बोधयति दोषार्तिं निकृन्तति गुणावलिम्
नराणां यौवनोल्लासो विलासो दुष्कृतश्रियाम् (29)

राम ने आगे कहा :

बचपन के पश्चात् व्यक्ति जवानी प्राप्त करता है परंतु अपनी व्यथा को पीछे छोड़ नहीं पाता। उसे तरह-तरह की अनेक मानसिक प्रक्रियाओं से गुजरना पड़ता है और वह एक कष्ट के बाद दूसरे बड़े कष्ट की ओर बढ़ता चलता है। वह समझदारी छोड़ देता है और लालसा रूपी उस भयावह चुड़ैल का आलिंगन करता है जो उसके हृदय में वास करती है। उसका जीवन इच्छाओं और चिंताओं से भरा होता है। समझदारी ने जिनका साथ नहीं छोड़ा होता वे भीषण प्रहारों को झेल लेते हैं।

मैं इस क्षणिक युवास्था पर भी मोहित नहीं हूँ जिसे थोड़े समय के सुख के बाद लंबे समय तक चलनेवाला दुख आ घेरता है और परिवर्तनोन्मुखी व्यक्ति अपरिवर्तनशील हो जाता है। इससे भी बुरी बात यह है कि युवावस्था में वह ऐसे क्रियाकलापों में प्रवृत्त होता है जिनसे दूसरों को कष्ट उठाना पड़ता है।

जिस प्रकार वृक्ष का भक्षण जंगल की आग कर लेती है उसी प्रकार लालसा की ज्वाला प्रिय द्वारा परित्यक्त युवा हृदय का भक्षण करती है। युवा व्यक्ति अपने हृदय को निर्मल बनाने का चाहे जितना प्रयत्न क्यों न करे वह रहता मलिन ही है। जब उसकी प्रिया उपस्थित न भी हो तो भी उसके सौंदर्य का विचार उसका ध्यान बटाए रखता है। लालसाओं से भरा व्यक्ति सज्जन पुरुषों की दृष्टि में अपनी प्रतिष्ठा खो बैठता है।

युवावस्था शारीरिक रोगों और मानसिक व्यथाओं का घर है। इसकी तुलना उस पक्षी से की जा सकती है जिसके कार्य रूपी पंख अच्छे और बुरे हों। यौवन बालू की उस आँधी के समान है जो व्यक्ति के गुणों को तितर-बितर और अंतर्धान कर देता है। **यौवन हृदय की सभी बुराइयों की जड़ है और आंतरिक सद्गुणों का दमन करनेवाला है। इस प्रकार यह बुराई को बढ़ावा देनेवाला है।** यौवन, भ्रांति और आसक्ति उत्पन्न करता है यद्यपि यह शरीर को बहुत अच्छा लगता है। यह मन का विनाशक है। युवावस्था में व्यक्ति सुख की मरीचिका से ललचा उठता है और उसे पाने के प्रयास में दुखों के गर्त में जा गिरता है। इसीलिए मैं युवावस्था पर मोहित नहीं हूँ।

जब युवावस्था शरीर को छोड़कर जाने को होती है तो उसके द्वारा जगाया हुआ कामभाव और भी तेजी से भड़क उठता है और व्यक्ति के शीघ्र विनाश का कारण बनता है। जो यौवन में हर्षित होता है वह निश्चय ही मनुष्य नहीं बल्कि मनुष्य के वेश में पशु है।

जो व्यक्ति युवावस्था की बुराइयों से बचे रहते हैं और विभिन्न प्रकार के प्रलोभनों से भी बच निकलते हैं वही आदरणीय हैं, वही महान आत्माएँ हैं और वही मनुष्य भी हैं। विशाल समुद्र को लाँघना आसान है परंतु यौवन के राग-द्वेष पर बिना विजय पाए युवावस्था को लाँघना अत्यंत कठिन है।

जनवरी

न जिताः शत्रुभिः संख्ये प्रविष्टा येद्रिकोटरे
ते जरा जीर्ण राक्षस्या पश्यासु विजिता मुने (22/31)

राम ने कहा :

युवावस्था में व्यक्ति कामासक्त होता है। जिस शरीर में मांस, रक्त, हड्डी, बाल और त्वचा के योग के अतिरिक्त कुछ नहीं रहता उसमें उसे सौंदर्य और आकर्षण दिखाई देता है। यदि यह सौंदर्य स्थायी होता तब भी उसके सोच को उचित ठहराया जाता परंतु दुख की बात यह है कि वह अधिक समय तक नहीं रहता। इसके विपरीत जो मांस सौंदर्य का सूचक था, प्रिया के सौंदर्य और आकर्षण का आधार था वही सबसे पहले झुर्रियों से भरे बुढ़ापे की कुरूपता में बदल जाता है और फिर उसे या तो आग के हवाले कर दिया जाता है या गीध, कीड़े-मकोड़े आदि खा जाते हैं। जब तक यह शरीर रहता है कामवासना व्यक्ति के दिल और दिमाग दोनों को खाती रहती है। इसके द्वारा सृष्टि का परिचालन होता है। परंतु जब इसका आकर्षण समाप्त हो जाता है तो यह संसार भी समाप्त हो जाता है।

जब बालक अपनी बाल्यावस्था से असंतुष्ट होता है जवानी आ विराजती है और जब जवानी असंतोष और कुंठा से त्रस्त हो उठती है तो बुढ़ापा अपना अधिकार जमा लेता है। जीवन कितना क्रूर है! जिस प्रकार वायु पत्ते पर से बूँद को गिरा देती है उसी प्रकार बुढ़ापा शरीर को नष्ट कर देता है। जिस प्रकार विष की बूँद शरीर में प्रवेश करते ही फैल जाती है उसी प्रकार जरा (बुढ़ापा) भी संपूर्ण शरीर में व्याप्त हो जाती है, उसे तोड़ देती है और उसे हँसी का पात्र बना देती है।

यद्यपि वृद्ध व्यक्ति शारीरिक दृष्टि से अपनी इच्छाओं की पूर्ति करने में असमर्थ रहता है तो भी इच्छाएँ उसकी फूलती-फलती रहती हैं। वह अपने से पूछता है, "मैं कौन हूँ? मुझे क्या करना चाहिए?" आदि आदि। परंतु तब तक अपने जीवनक्रम को बदलना उसके लिए असंभव हो जाता है। इस प्रकार न वह अपनी जीवनशैली को बदल पाता है और न उसे सार्थक ही बना पाता है। जरा का प्रारंभ होते ही कफ, सफेद बाल, साँस की परेशानी, बदहज़मी, दुर्बलता आदि कष्टप्रद लक्षण प्रकट होकर व्यक्ति का समय-पूर्व ही स्नायविक निपात कर देते हैं।

जब बूढ़े व्यक्ति के सफेद सिर को यम तरबूज की तरह देखता है तो उसकी ओर लपक पड़ता है। जिस प्रकार बाढ़ नदी तट पर खड़े पेड़ की जड़ों को काट देती है उसी प्रकार बुढ़ापा तेजी से जीवन की जड़ों को काट देता है। फिर मौत आती है और उसे उठा ले जाती है। बुढ़ापा उस राजसी अग्रदूत की तरह है जो मृत्यु रूपी सम्राट के आगे-आगे चलता है।

बुढ़ापा कितना रहस्यमय और स्तब्धकारी है! जिन्हें शत्रु जीत नहीं पाते और जो लोग अगम्य पर्वत शिखरों पर जाकर निवास करते हैं, उन्हें भी यह जरा राक्षसी दबोच लेती है।

युग वत्सर कल्पाख्यैः किंचित् प्रकटतामं गतः
रूपैर् अलक्ष्य रूपात्मा सर्वं आक्रम्य तिष्ठति (23/7)

राम ने आगे कहा :

संसार के सभी विनोद-मनोरंजन भ्रम हैं वैसे ही जैसे फलों को चखने और स्वाद लेनेवाले पागल की शीशे में दिखाई देनेवाली परछाईं। व्यक्ति की सभी आशाएँ निरंतर काल द्वारा नष्ट की जा रही हैं। हे महर्षि! काल इस संसार की सभी वस्तुओं का क्षय कर देता है। कुछ भी इस सृष्टि में ऐसा नहीं जिस तक उसकी पहुँच न हो। काल ही अनंत ब्रह्मांडों की उत्पत्ति करता है और अल्पकाल में ही हर वस्तु को नष्ट भी कर देता है।

काल अपनी आंशिक झलक वर्ष, युग और कल्प के रूप में दिखाता है परंतु उसकी असली प्रकृति छिपी ही रहती है। यह काल हर चीज पर हावी होता है।

काल निर्दय है, निर्मम है, क्रूर है, लोभी है और अतृप्त है। काल सबसे बड़ा मायावी है तिकड़मी छलिया है। इस काल का विभाजन नहीं किया जा सकता। कितना ही विभाजन क्यों न करें इसका विनाश नहीं होता है। इसकी भूख कभी शांत होनेवाली नहीं। यह सब-कुछ खा जाता है। यह क्षुद्र कीट-पतंग भी खा जाता है विशाल पर्वत भी लील जाता है। स्वर्ग के सम्राट को भी नहीं बख्शता। यह बालक की भाँति गेंद से खेलते हुए अपना मनोविनोद भी करता है। यह जिन दो गेंदों से खेलता है वे सूरज और चाँद हैं। अकेला काल ही है जो ब्रह्मांड को ही नष्ट नहीं करता बल्कि विश्व के स्रष्टा ब्रह्मा, स्वर्ग के सम्राट इंद्र और धन के देवता कुबेर का भी नाश करता है। यह काल ही बार-बार सृष्टि की रचना करता है और सृष्टि का विलय भी। जिस प्रकार बड़े से बड़े पहाड़ की भी जड़ें पृथ्वी में होती हैं उसी प्रकार काल ने भी अपने को परब्रह्म में स्थापित कर रखा है।

यद्यपि काल अनंत ब्रह्मांडों की रचना करता है फिर भी वह न दुखी होता है न सुखी ही। न वह कहीं आता है न कहीं जाता है, न वह उगता है और न वह डूबता ही है।

काल जब देखता है कि सूरज के ताप से कोई वस्तु पूरी तरह पक गई है तो वह उसका स्वाद ले लेकर उपभोग करता है। हर युग को काल के मनोरंजन के लिए रत्नों जैसे चमचमाते जीवों से सँवारा-सजाया जाता है और खेल ही खेल में उनका सफाया भी कर दिया जाता है।

यौवन रूपी कमल के लिए काल रात्रि के समान है और जीवनकाल रूपी हाथी के लिए बाघ के समान। चाहे छोटी हो या बड़ी इस संसार में कोई भी ऐसी वस्तु नहीं है जिसे काल नष्ट न करता हो। सब-कुछ नष्ट हो जाता है परंतु काल नष्ट नहीं होता। जिस प्रकार कोई व्यक्ति दिन भर काम करने के बाद विश्राम करता है उसी प्रकार काल सृष्टि के विलय के बाद विश्राम करता है। नई सृष्टि उसी में छिपी होती है। कोई नहीं जानता कि यह काल है क्या?

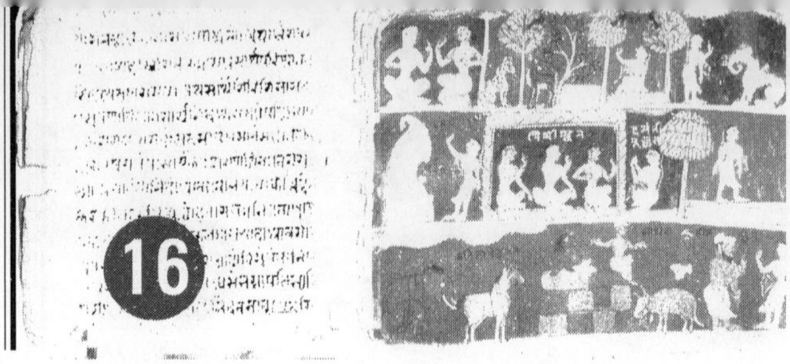

जनवरी

दानवा अपि दीर्यन्ते ध्रुवाप्यध्रुव जीविताः
अमरा अपि मार्यन्ते कैवास्था मादृशे जने (27/27)

राम ने आगे कहा :

मैंने जिस काल का उल्लेख किया है उससे अलग एक और काल भी है जो जन्म और मरण के लिए उत्तरदायी है। लोग उसे मृत्यु का देवता कहते हैं। काल का एक और पक्ष भी है जिसे 'क्रांत' कहते हैं। 'क्रांत' का अर्थ है–क्रिया का अंत, अनिवार्य परिणाम या फल। यह क्रांत नर्तक के समान है और इसकी पत्नी का नाम है नियति। ये दोनों मिलकर सभी जीवों को उनके कर्मों का फल देते हैं। जब तक किसी ब्रह्मांड का अस्तित्व रहता है ये अथक परिश्रम करते हैं, बिना पलक झपके चौकसी करते हैं और उत्साह से भरे रहते हैं।

जब काल नृत्य करते हुए इस सृष्टि की उत्पत्ति और विनाश में रत रहता है तो हम किस आशा की पूर्ति की बात सोचें। क्रांत उन पर भी आधिपत्य जमा लेता है जो अपने विश्वास पर दृढ़ होते हैं। समय उनको भी हिलाकर रख देता है। क्रांत के ही कारण इस संसार की हर वस्तु में परिवर्तन होता रहता है। यहाँ स्थायित्व का प्रश्न ही नहीं।

इस संसार का कोई भी जीव बुराई से अछूता नहीं। सभी नाते बंधन हैं। सभी मनोरंजन महारोग हैं और सुख की इच्छा मरीचिका है। व्यक्ति की अपनी इंद्रियाँ ही उसका शत्रु हैं। जो वास्तविकता है उसका उसे ज्ञान नहीं। अपना मन ही अपना महाशत्रु बन बैठा है। अहं ही बुराई का सबसे बड़ा कारण है। बुद्धि क्षीण है। सभी कर्म दुखों की ओर घसीट ले जाते हैं। सुख यौन-आधारित है। लोगों की बुद्धि अहं संचालित होती है। अतः मन को न शांति ही मिलती है न सुख ही। यौवन का क्षय हो रहा है। धर्मात्माओं का संग विरल है। दुख से बचने का कोई मार्ग नहीं। सत्य की अनुभूति कहीं दिखाई नहीं देती। दूसरों को सुखी तथा संपन्न देखकर कोई प्रसन्न नहीं होता। किसी के हृदय से करुणा भी प्रस्फुटित नहीं होती। दिनोंदिन लोग अधम से अधमतर हो रहे हैं। दुर्बलता ही शक्ति मानी जाती है। भीरुता साहस पर हावी है। दुष्टों का साथ आसानी से होता है सज्जन का संग जल्दी मिलता ही नहीं। कहीं ऐसा तो नहीं कि काल मानवता को भगा देना चाहता हो!

सृष्टि पर शासन करनेवाली यह रहस्यपूर्ण शक्ति बड़े-बड़े राक्षसों को नष्ट कर देती है। जो कुछ शाश्वत समझकर संजोया जाता है उसे भी छीन लेती है। जो अमर होते हैं उन्हें भी ले बीतती है। क्या मुझ जैसे साधारण जन के लिए कोई आशा बची है? यह मायावी शक्ति सबमें निहित दिखाई पड़ती है। इसका वैयक्तिक स्वरूप ही तो अहं है। कुछ भी ऐसा नहीं जिसे यह नष्ट न कर देता हो। सारी सृष्टि इसके नियंत्रण में है। केवल इसी की इच्छा बलवती है।

जनवरी

तरन्ति मातंग घटा तरंगं रणांबुद्धिं ये मयि ते न शूराः
शूरास्त एव मनसस्तरंगं देहेन्द्रियांबोधिम् इमं तरन्ति (9)

राम ने कहा :

हे महर्षि, सुख का भोग न बचपन में, न जवानी में और न बुढ़ापे में ही संभव है। संसार का कोई भी पदार्थ किसी को सुख देने के लिए नहीं बना है। मन व्यर्थ ही संसार की वस्तुओं में सुख खोजने में लगा है। वही सुखी है जो अहं से मुक्त है और जो इंद्रियों के सुख के लिए अपनी इच्छाओं में बहता नहीं। परंतु ऐसा व्यक्ति इस संसार में अत्यंत विरल है। निश्चय ही **मैं उसे वीर नहीं मानता जिसने शक्तिशाली सेना पर विजय पाई हो। मैं तो उसे वीर मानता हूँ जिसने मन और इंद्रियों के रूप-सागर से पार पाया हो।**

मैं उसे लाभ नहीं मानता जिसे जल्दी ही गँवा दिया जाता हो। लाभ वही है जिसे कभी खोया न जाए। परंतु ऐसा कोई लाभ इस संसार में सुलभ नहीं। भले ही कोई कितना परिश्रम क्यों न करे। दूसरी तरफ क्षणिक लाभ और अल्पकालिक विपदाएँ उसे अनचाहे प्राप्त होती हैं। हे महर्षि, जब मैं व्यक्ति को दिन भर इधर-उधर भागते-फिरते और अपने स्वार्थ-साधन में लिप्त देखता हूँ तो मैं यह जानकर हतप्रभ हो जाता हूँ कि दिन भर की भाग-दौड़ के बाद भी उसके हाथ कुछ सार्थक लगा नहीं, फिर भी वह रात को सो जाता है।

यह ठीक है कि व्यस्त व्यक्ति अपने सभी संसारी शत्रुओं पर विजय पा लेता है, अपने चारों ओर संपत्ति का अंबार लगा लेता है, सुखी होने की डींगें भी मारता है पर मौत उस पर आ विराजती है। मौत कैसे उसका पता लगा लेती है, ईश्वर ही जाने!

अज्ञानवश व्यक्ति अपने को पत्नी, पुत्रों, मित्रों से बाँध लेता है। वह नहीं जानता कि यह संसार एक बहुत बड़े तीर्थस्थल के समान है जहाँ अगणित व्यक्ति संयोगवश इकट्ठे होते हैं। जिन्हें वह पत्नी, पुत्र और मित्र समझता है वे उन्हीं में से होते हैं।

यह संसार कुम्हार के चाक के समान है। देखने में चाक स्थिर प्रतीत होता है जबकि वह द्रुत वेग से घूम रहा होता है। इसी प्रकार भ्रमित व्यक्ति को यह संसार अचल दिखाई देता है जबकि निरंतर इसमें परिवर्तन होता चल रहा है। यह संसार विष-वृक्ष के समान है। जब व्यक्ति इसके निकट आता है तब वह विस्मित और बेसुध होकर गिर पड़ता है। संसार को देखने का दृष्टिकोण ही दूषित है। सभी देश बुराई के घर हैं। संसार के सभी लोग मृत्यु के अधीन हैं। सभी क्रियाएँ धोखेधड़ी से भरी हैं।

अनेक कल्प अस्तित्व में आए और विलीन हुए। वे सभी काल के क्षण के समान थे। तत्त्वतः कल्प और क्षण में कुछ अंतर नहीं। दोनों समय के मान हैं। देवताओं की दृष्टि से कल्प भी क्षण के समान है। इसके अतिरिक्त पूरी पृथ्वी भी तो भू-तत्त्व का परिवर्तित रूप है। इस पर विश्वास करना और इससे आशा करना निरर्थक है!

जनवरी

इति मे दोषदावाग्नि दग्धे महति चेतसि
प्रस्फुरन्ति न भोगाशा मृगतृष्णा सरःस्व् इव (29/1)

राम ने आगे कहा :

हे महर्षि, इस संसार में जो कुछ भी स्थायी या क्षणिक दिखाई देता है वह सब स्वप्न के समान है। आज जो खाल (गड्ढा) है वह पहले पहाड़ था, जो पहले पहाड़ था वह कुछ समय बाद खाल में बदल गया, जो आज घना जंगल है वह जल्दी बड़ा नगर बनेगा, आज जो उर्वर भूमि है वह मरुभूमि बन जाएगी। इसी प्रकार व्यक्ति के शरीर, जीवनशैली और भाग्य में भी परिवर्तन होते हैं।

यह जीवन और मरण का चक्र उस कुशल नर्तकी के समान है जिसकी घघरी जीवंत आत्माओं से बनी है और जिसकी मुद्राएँ आत्माओं को कभी ऊपर स्वर्ग में भेजने की सूचक होती हैं, कभी पाताल के गड्ढे में फेंक देने की और कभी धरती पर वापस ले आने की। व्यक्ति जो-जो बड़े कर्म या धर्म-कर्म यहाँ करता है वे सभी उसकी स्मृति में अनुस्यूत हो जाते हैं। मनुष्य कभी पशु के रूप में जन्म लेता है और कभी पशु मनुष्य का चोला धारण करता है। देवता भी अपना देवत्व खो बैठते हैं। क्या कुछ ऐसा है जिसमें यह परिवर्तन नहीं होता? सृष्टिकर्ता ब्रह्मा, पालक विष्णु, उद्धारक रुद्र तथा ऐसे ही अटल समझे जानेवालों का भी क्षय हो रहा है। इस संसार में किसी को इंद्रियों के विषय तभी तक प्रिय लगते हैं जब तक वह अपने अपरिहार्य विनाश से बेखबर होता है। जिस प्रकार बालक मिट्टी के लोंदे को तरह-तरह के आकार प्रदान करता है उसी प्रकार ब्रह्मांड का नियंता नई-नई वस्तुएँ बनाता चलता है और जल्दी ही उनको विनष्ट भी कर देता है।

संसार के दोषों की अवधारणा ने मेरे मन की अवांछनीय प्रवृत्तियों को नष्ट कर दिया है, इसलिए मेरे मन में इंद्रियों के विषयभोग की इच्छा उसी प्रकार उत्पन्न नहीं होती जिस प्रकार जल के तल पर मरीचिका नहीं दिखाई देती। यह संसार और इसके सुख मुझे कटु प्रतीत होते हैं। मैं सुखदायी उद्यानों में विचरण करना पसंद नहीं करता, मुझे लड़कियों की संगति भी पसंद नहीं, और न धन बटोरने को ही अच्छा समझता हूँ। मैं एकांत में शांतिपूर्वक रहना पसंद करता हूँ। मैं बराबर इस प्रश्न का उत्तर प्राप्त करने के लिए प्रयत्नशील रहता हूँ कि इस परिवर्तनशील संसार का ख्याल भी मेरे मन में न आए। न मुझमें जीने की ही कामना है और न मरने की ही। मैं जैसा हूँ वैसा ही रहना चाहता हूँ– लालसा के ज्वर से मुक्त। इस राज्य, सुखों और धन का मैं क्या करूँगा? ये सभी उस अहं के खेलने की वस्तुएँ हैं जो मुझमें है ही नहीं।

यदि मुझे अब ज्ञान नहीं होता तो फिर न जाने इसे कब प्राप्त करने का अवसर मिले। इंद्रियों के विषयभोगों में डुबकी लगाने से चढ़नेवाला ज्वर अनेक जन्मों तक प्रभावी रहता है। आत्मज्ञानी ही इससे मुक्त होता है। हे महर्षि, इसलिए आपसे मेरी प्रार्थना है कि मुझे ऐसी शिक्षा दें कि मैं सदा के लिए क्रोध, भय और दुख से मुक्त हो सकूँ। आपके उपदेश का प्रकाश ही मेरे हृदय का अज्ञान रूपी अंधकार नष्ट करेगा।

जनवरी

अपहस्तित सर्वार्थम् अनवस्थितिर् आस्थिता
गृहीत्वोभृज्य चात्मानं भवस्थितिर् अवस्थिता (30/8)

राम ने आगे कहा :

प्राणियों को दुख के भयानक गड्ढे में गिरा देखकर मैं उनके दयनीय भाग्य पर विचार करता हूँ। मेरा मन भ्रमित है मैं काँप उठता हूँ और कोई भी पग उठाने से डरता हूँ। **मैंने सब-कुछ छोड़ दिया है तो भी मुझे ज्ञान नहीं हुआ है, इसलिए मैं अंशतः मुक्त हूँ और अंशतः बंधनग्रस्त भी।** मैं उस पेड़ की तरह हूँ जो कट तो चुका है परंतु जो अभी अपनी जड़ों से अलग नहीं हुआ है। मैं अपने मन को संयमित करना चाहता हूँ परंतु कैसे करूँ इसका मुझे ज्ञान नहीं।

इसलिए कृपया मुझे बतलाएँ कि वह कौन-सी स्थिति या अवस्था है जिसमें दुख की अनुभूति नहीं होती! मुझ जैसा जो व्यक्ति संसार और उसके क्रियाकलापों से जुड़ा है वह कैसे शांति और आनंद की सर्वोच्च अवस्था तक पहुँच सकता है। वह कौन-सी मनोदशा है जिसमें व्यक्ति विभिन्न क्रियाकलापों और अनुभवों से प्रभावित नहीं होता। कैसे मन को वासनाओं से छुटकारा मिले, कैसे वह संसार को आत्मरूप देखे तथा उसे घास की पत्ती से भी अधिक मूल्यवान न समझे! कैसे कोई इस संसार में रहे? हे महर्षि, मुझे ऐसा ज्ञान दें जिससे मेरा चंचल मन पहाड़ की तरह स्थिर हो जाए। आप ज्ञानी हैं, मुझे उपदेश दें जिससे मैं फिर कभी दुख में न डूबूँ।

सचमुच यह संसार दुखों और कष्टों से भरा है। कैसे यह आनंद का स्रोत बने? मन कुविचारों से भरा है। कैसे इन कुविचारों को दूर किया जाए? मन की शुद्धि के लिए क्या उपाय किया जाए? यहाँ कैसे रहें जिससे प्रेम और घृणा के थपेड़ों से बचा जा सके? क्या ऐसा कोई रहस्य है जिससे संसार के दुखभोगों से बचकर रहा जा सके? ठीक वैसे ही जैसे पारा आग में डाल दिए जाने पर भी वैसे का वैसा रहता है। वह रहस्य क्या है? वह कौन-सा रहस्य है जिससे मन की उस प्रवृत्ति का प्रतिरोध किया जा सके जो इस ब्रह्मांड में फैली हुई है?

वे कौन से महापुरुष हैं जिन्होंने अपने को इस भ्रम से मुक्त कर लिया है? उन्होंने अपने को मुक्त करने के लिए कौन-कौन से उपाय किए? यदि आप सोचें कि मैं यह सब-कुछ जानने के लिए उपयुक्त या पात्र नहीं हूँ तो मैं आमरण उपवास करूँगा।

वाल्मीकि ने कहा :

राम इतना कहकर चुप हो गए।

जनवरी

सकल लोक चमत्कृति कारणोऽपि अभिमतं यदि राघवचेतसः
फलत्ति नो तद् इमे वयं एवहि स्फुटतरं मुनयो हतबुद्धयः (30/8)

वाल्मीकि ने कहा :

राम के बुद्धिमत्तापूर्ण और प्रेरणादायक शब्द सभा में उपस्थित महानुभावों के मनोभ्रम को दूर करने में समर्थ थे। उन्हें लगा कि जैसे हमारे सभी भ्रमों और संदेहों का निराकरण हुआ है और उन्हें राम के द्वारा शब्दामृत पान कराया गया है। उनकी प्रसन्नता का ठिकाना नहीं था। जब वे सभा में बैठे हुए राम को सुन रहे थे तो उन्हें ऐसा लगा कि जैसे हम जीवित प्राणी ही न हों, मात्र चित्रित आकृतियाँ हों। सचमुच सभी ने पूरी एकाग्रता से राम के वचनों को सुना।

राम की बातें किसने सुनीं? वसिष्ठ और विश्वामित्र जैसे ऋषियों ने, मंत्रियों ने, राज-परिवार के सदस्यों ने, स्वयं राजा दशरथ ने, नागरिकों ने, साधु-संतों ने, सेवकों ने, पिंजरे में बंद पक्षियों ने, पालतू पशुओं ने, राजकीय अश्वशाला के घोड़ों ने, स्वर्ग के देवताओं और संगीतज्ञों ने। निश्चय ही स्वर्ग और पाताल के प्रमुखों ने भी सुनीं।

राम की बातें सुनकर सभी ने एक स्वर से वाह-वाह की। सारा वातावरण आनंद से झूम उठा। राम पर स्वर्ग से फूल बरसाए गए। सभा में उपस्थित सभी लोगों ने तालियाँ बजाईं। कहने लगे कि राम जैसा अनासक्त ही ऐसे वचन कह सकता था। कोई और ऐसा नहीं कह सकता था—देवताओं के गुरु भी नहीं। हम लोगों का बहुत बड़ा सौभाग्य है कि हमने राम का वचनामृत सुना। जब हम राम की बातें सुन रहे थे तो ऐसा प्रतीत हो रहा था कि यहाँ सुख है ही नहीं। यहाँ तक कि स्वर्ग में भी सुख नहीं।

सभा में उपस्थित **ऋषियों-मुनियों** ने कहा :

राम के महत्त्वपूर्ण और बुद्धिमत्तापूर्ण प्रश्नों के जो उत्तर दिए जाएँगे उन्हें ब्रह्मांड के सभी प्राणियों को सुनने का अधिकार है। सभी संतों, ऋषियों, मुनियों का हम आवाहन करते हैं कि वे राजा दशरथ के राज-दरबार में आएँ और महामुनि वसिष्ठ के वचनों को सुनें।

वाल्मीकि ने कहा :

इतना सुनते ही संसार के सभी ऋषि-मुनि शीघ्रता से राज दरबार में पहुँचने लगे। उनका आदरपूर्वक स्वागत किया गया और उन्हें उपयुक्त आसन दिए गए। निश्चय ही, **यदि हमारा मन राम के उच्च विद्वत्तापूर्ण विचारों पर विचार नहीं करता तो हम अभागे होंगे। योग्यता और सामर्थ्य होने पर भी सिद्ध यही होगा कि हम अपनी विचारशक्ति खो बैठे हैं।**

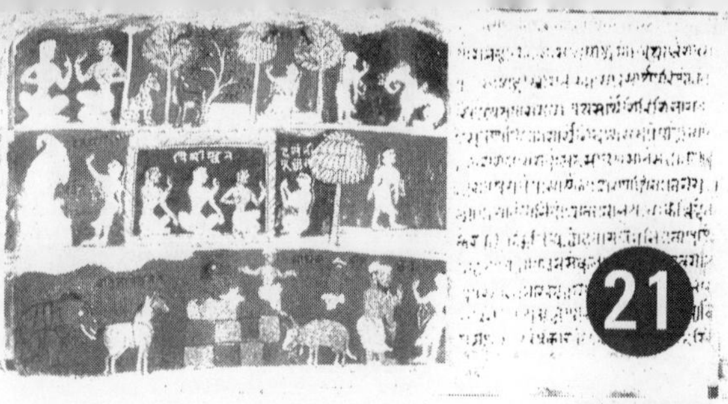

जनवरी

यशः प्रभृतिना यस्मै हेतुनैव विना पुनः
भुवि भोगा न रोचन्ते स जीवन्मुक्त उच्यते (2/8)

विश्वामित्र ने कहा : हे राम, तुम बुद्धिमानों में श्रेष्ठ हो। कुछ और ऐसा नहीं जिसे तुम्हें बताने की आवश्यकता हो। हाँ, तुम्हारे ज्ञान की पुष्टि की जानी चाहिए। ठीक वैसे ही जैसे शुकदेव के ज्ञान की राजा जनक ने पुष्टि की थी। जनक की पुष्टि के बाद ही शुकदेव को शांति मिली थी।

तुम्हारी ही तरह गहन चिंतन के द्वारा शुकदेव सृष्टि के सत्य तक पहुँचे थे। इससे पहले वे सत्य के चरम सत्य होने की पुष्टि नहीं कर सकते थे। यह ठीक है कि उन्होंने साधना द्वारा वैराग्य की असीम और सर्वोच्च स्थिति प्राप्त कर ली थी। एक दिन शुकदेव अपने पिता महर्षि व्यास के पास पहुँचे और प्रश्न किया : "पूज्यवर, इस सृष्टि में विविधता कैसे आई और यह कैसे दूर होगी?" महर्षि व्यास ने इस प्रश्न का विस्तार से उत्तर दिया परंतु शुकदेव को लगा : "यह सब तो मैं पहले से जानता हूँ, इसमें आखिर नया क्या है?" फिर पिता ने कहा : "मेरे बेटे, मैं इससे अधिक नहीं जानता। परंतु इस धरती पर राजा जनक ऐसे महापुरुष हैं जो इससे अधिक जानते हैं। तुम उन्हीं के पास जाओ।"

फिर शुकदेव राजा जनक के प्रासाद में पहुँचे। युवा शुकदेव के आने की सूचना राजा जनक को दी गई। राजा ने उस सूचना की उपेक्षा की। शुकदेव एक सप्ताह तक धैर्यपूर्वक प्रतीक्षा करते रहे। अगले सप्ताह राजा जनक ने शुकदेव को अंदर महल में बुलाया। राजा उस समय नर्तकों और संगीतकारों के बीच बैठे थे। यहाँ भी शुकदेव धैर्य धारण किए और शांतिपूर्वक बैठे रहे। कुछ देर बाद जब राजा शुकदेव की ओर उन्मुख हुए तो कहने लगे : "तुम सत्य तो जान गए हो, मैं तुम्हें और क्या बताऊँ। यह विविधता मानसिक विचार-भिन्नता के कारण आती है और जब वह खत्म होगी तो यह भी खत्म हो जाएगी।" जब जनक द्वारा शुकदेव के विचार की पुष्टि हो गई तो उन्हें शांति मिली और उन्होंने निर्विकल्प समाधि धारण की।

शुकदेव की तरह राम ने भी सर्वोपरि ज्ञान प्राप्त कर लिया है। इसकी सबसे बड़ी पहचान है कि व्यक्ति संसार के सुखों के प्रति अनासक्त रहता है और यहाँ तक कि उसकी सूक्ष्म प्रवृत्तियाँ भी नहीं रह जातीं। जब ये प्रवृत्तियाँ सबल होती हैं तो बंधन रहता है और जब ये नहीं होतीं तो मुक्ति प्राप्त हो जाती है। **वही सच्चा मुक्त संत है जो स्वभावतः इंद्रियसुखों से विचलित नहीं होता, जो न तो यश की भावना से प्रेरित होता है और न प्रलोभनों से ही। मैं महर्षि वसिष्ठ से प्रार्थना करता हूँ कि वे राम के विचारों की पुष्टि करें और साथ ही हम लोगों को भी इस मार्ग पर आगे बढ़ने के लिए प्रेरित करें।**

वसिष्ठ ने कहा : मैं आपकी आज्ञा का पालन करता हूँ। हे राम, अब मैं तुम्हें वह शिक्षा दूँगा जो मुझे दिव्य सृष्टिकर्ता ब्रह्मा ने स्वयं दी थी। हे राम, असंख्य ब्रह्मांड अस्तित्व में आए और विलीन हुए। इस समय भी जितने ब्रह्मांड अस्तित्व में हैं उनकी गणना करना संभव नहीं। इस बात की अनुभूति सहसा हृदय में हो जाती है कि हृदय में उत्पन्न होनेवाली इच्छाओं के कारण ही इन सृष्टियों का जन्म उसी प्रकार होता जिस प्रकार हवा में महल बना लिए जाते हैं। न संसार के पदार्थ ही वास्तविक हैं और न ही उनको बनाने की विधियाँ ही वास्तविक हैं, जबकि जीवित और मृत दोनों इस बात का अनुभव करते हैं कि वास्तविक हैं। इस सत्य का अज्ञान ही रूप धारण करता है।

जनवरी

परम पौरुषम् आश्रित्य दन्तैर् दन्तान् विचूर्णयन्
शुभेनाशुभं उद्युक्तं प्राक्तनं पौरुषम् जयेत् (5/9)

वसिष्ठ ने आगे कहा :

हे राम, जैसे पानी पानी ही रहता है, भले ही उसमें लहरें उठें अथवा न भी उठें। वैसे ही मुक्त संत की आकृति चाहे कैसी भी रहे उसका ज्ञान अपरिवर्तित रहता है। अंतर सिर्फ अज्ञानी दर्शक को ही दिखाई पड़ता है। हे राम, जो बात मैं कहने जा रहा हूँ उसे ध्यान से सुनो। मेरी यह शिक्षा अज्ञान के अंधकार को निश्चय ही दूर कर देगी।

इस संसार में जो कुछ भी प्राप्त किया जाता है वह अपने कर्म से किया जाता है। जहाँ विफलता दिखाई दे वह हमारी अपनी कमी के कारण होती है और जिसे भाग्य कहा जाता है वह दिखाई तो नहीं पड़ता परंतु है वह मनगढ़ंत ही।

स्वकर्म 'मनसा, वाचा कर्मणा' होता है और ऐसे संत की शिक्षा के रूप में होता है जिसे धर्मशास्त्र का ज्ञान होता है। ऐसे ही कर्म के फलस्वरूप इंद्र स्वर्ग का राजा बना, ब्रह्मा सृष्टि का रचयिता बना और इसी प्रकार अन्य देवता भी अपने-अपने उच्च पद प्राप्त कर सके।

स्वकर्म की भी दो कोटियाँ हैं। एक का संबंध पिछले जन्मों से है और दूसरे का इस जन्म से। वर्तमानकालिक कर्म पूर्वजन्मों के कर्मों के प्रभाव को जोरदार ढंग से निष्क्रिय करता है। भाग्य पूर्वजन्म के स्वकर्म से भिन्न कुछ नहीं। इस जन्म में दोनों के बीच निरंतर संघर्ष चलता रहता है और इन दोनों में से जो अधिक प्रबल होता है उसकी विजय होती है।

जो स्वकर्म धर्मग्रन्थों के अनुसार नहीं होता वह भ्रम से प्रेरित होता है। जब स्वकर्म के सफलीभूत होने में बाधा आए तो देखना चाहिए कि कहीं वह भ्रम-प्रेरित तो नहीं। अगर ऐसा हो तो उसे तत्क्षण सुधार लेना चाहिए। **इसलिए व्यक्ति को दृढ़तापूर्वक सत्कर्म रूपी पथ पर ही आगे बढ़ना चाहिए। इस प्रकार वह बुराई और भाग्य पर विजय पा लेगा।**

आलसी व्यक्ति गर्दभ से भी बढ़कर निकृष्ट होता है। व्यक्ति को कभी आलस्य नहीं करना चाहिए परंतु मुक्ति प्राप्त करने के लिए चेष्टा करनी चाहिए। उसे देखना चाहिए कि जीवन का ह्रास हो रहा है। व्यक्ति को मल रूपी इंद्रियभोगों में उस तरह मग्न नहीं होना चाहिए जिस तरह कीड़ा मवाद में मगन रहता है।

जो व्यक्ति कहता है : "भाग्य मुझे घसीटे लिए जा रहा है" वह मूढ़ है और भाग्य देवता उसका परित्याग कर देता है। अतः अपने प्रयास से ज्ञान प्राप्त करना चाहिए और इस बात की अनुभूति भी करनी चाहिए कि स्वकर्म ही हमारा अंतिम उद्देश्य नहीं बल्कि अंतिम उद्देश्य है सत्य की प्रत्यक्ष अनुभूति करना। यदि आलस्य रूपी बुराई का भयावह स्रोत इस धरती पर न होता तो यहाँ अशिक्षित और निर्धन कैसे होते? आलस्य के कारण ही इस धरती पर लोग गरीबी का जीवन, दयनीय और पशुवत् जीवन व्यतीत करते हैं।

वाल्मीकि ने कहा : सांध्य प्रार्थना का समय हो रहा है और आज की सभा यहीं विसर्जित होती है।

जनवरी

शास्त्रैः सदाचार विजृंभित देशधर्मैर्
यत्कल्पितं फलम् अतीव चिर प्ररूढं
तस्मिन् हृदि स्फूर्ति कोपनं एति चित्तम्
अंगावली तद् अनु पौरुषम् एतद् आहुः (6/40)

वसिष्ठ जी ने दूसरे दिन चर्चा प्रारंभ करते हुए कहा :

हे राम, जैसा कर्म होता है वैसा उसका फल होता है। स्वकर्म का यही अर्थ है और इसे ही भाग्य भी कहते हैं। दुखों से त्रस्त होने पर लोग चिल्लाते हैं, 'कैसी त्रासदी है, कैसा मेरा भाग्य है'। इन दोनों का एक ही अर्थ है। जिसे भाग्य या ईश-इच्छा कहा जाता है वह विगत कर्मों के अतिरिक्त और कुछ नहीं। वर्तमान निश्चित रूप से अधिक प्रभावशाली होता है। वे निश्चय ही मूर्ख हैं जो अपने विगत कर्मों के फल से संतुष्ट होते हैं (जिसे वे ईश-इच्छा मानते हैं) और अब स्वकर्म में प्रवृत्त नहीं होते।

कभी-कभी ऐसा होता है कि बिना प्रयास के ही कोई बहुत बड़ा लाभ प्राप्त कर लेता है। उदाहरण के लिए राजकीय हाथी किसी भिक्षुक को उस राज्य का राजा चुन लेता है जिसके राजा की अकाल मृत्यु होती है और जिसका कोई उत्तराधिकारी नहीं होता। निश्चय ही यह क्रिया न तो संयोग ही है और न ईश्वरीय ही बल्कि भिक्षुक के पूर्वजन्मों के स्वकर्मों का फल है।

कभी-कभी ऐसा होता है कि ओले पड़ने से किसान की फसल नष्ट हो जाती है। निश्चय ही ओलों की शक्ति किसान के प्रयास से बढ़कर है और अब किसान को पहले से अधिक प्रयास करना होगा। उसे अपरिहार्य हानि पर आँसू नहीं बहाने चाहिए। अगर वह अपना दुख न्यायोचित मानता है तो वह मृत्यु की अपरिहार्यता पर क्यों नहीं प्रतिदिन रोता। ज्ञानी इतना जानता है कि स्वकर्म से क्या प्राप्त किया जा सकता है और क्या नहीं। इस प्रकार बाहरी शक्ति को दोष देना सही नहीं। यह कहना भी ठीक नहीं कि ईश्वर मुझे स्वर्ग या नरक में भेजता है या कोई शक्ति मुझसे यह या वह काम करा रही है। ऐसे अज्ञानी पुरुष से बचना चाहिए।

व्यक्ति को रुचियों और कुरुचियों से बचना चाहिए, चरम सत्य की प्राप्ति के लिए प्रयासरत रहना चाहिए और यह समझना चाहिए कि स्वकर्म ही ईश-इच्छा का दूसरा नाम है। हम नियतिवादी की खिल्ली उड़ाते हैं। **स्वकर्म वही है जो सद्ज्ञान से उद्भूत हो। सद्ज्ञान उस व्यक्ति के हृदय में ही प्रकट होता है जिसने धर्मनिष्ठ महानुभावों के चरित्र का अनुसरण किया होता है।**

हे राम, व्यक्ति को रोगमुक्त और व्यथामुक्त रहने के लिए स्वकर्म करना चाहिए और परम सत्य तक पहुँचना चाहिए जिससे उसे पुनः यहाँ जन्म न लेना पड़े। ऐसे स्वकर्म की तीन प्रकार की जड़ें हैं और तीन ही फल हैं—अंतर्जागर्ति होना, मन में निश्चय होना और शारीरिक क्रिया करना।

जनवरी

अशुभेषु समाविष्टं शुभेष्वेवावतारयेत्
प्रयत्नाच् चिन्तं इत्येष सर्व शास्त्रार्थ संग्रहः (7/12)

वसिष्ठ ने कहा :

स्वकर्म के तीन आधार हैं–धर्मग्रन्थों का ज्ञान, गुरु की शिक्षा और अपना प्रयास। यहाँ भाग्य का प्रवेश नहीं। इसलिए जो मोक्ष प्राप्त करना चाहता है **उसे अपने मलिन मन को बार-बार प्रयत्नपूर्वक शुभ कर्मों में लगाना चाहिए–सभी धर्मग्रन्थों का यही एक सार है।**

पिछले जन्मों की जो प्रवृत्तियाँ हम साथ लाते हैं, वे दो प्रकार की होती हैं–शुद्ध और अशुद्ध। जो शुद्ध हैं वे मोक्ष की ओर अग्रसर होने में हमारी सहायक होती हैं और जो अशुद्ध होती हैं कष्टों को आमंत्रित करती हैं। तुम स्वयं चेतन हो, कोई जड़ भौतिक पदार्थ नहीं। तुम स्वयं ही अपने आपको किसी कार्य में लगाते हो। कोई दूसरा नहीं लगाता। इसलिए तुम अपनी शुद्ध सुप्त प्रवृत्तियों को अशुद्ध प्रवृत्तियों की अपेक्षा कहीं अधिक सबल बना सकते हो। धर्मनिष्ठ महापुरुष कहते हैं : शाश्वत कल्याण की ओर ले जानेवाले मार्ग पर हठपूर्वक चलो। बुद्धिमान साधक जानता है कि मेरे प्रयास से जो फल मिलने को है वह मेरे स्वकर्म की सशक्तता पर निर्भर है न कि भाग्य पर या किसी देवी-देवता के आदेश पर। व्यक्ति जो कुछ भी प्राप्त करता है वह स्वकर्म से ही प्राप्त करता है। जब वह अथाह दुख में डूबा होता है, तब लोग उसे ढाढस बँधाने के लिए कहते हैं कि यह भाग्य का खेल है। परंतु सच्चाई यह नहीं है। कोई विदेश जाता है और अपनी भूख भी शांत करता है। कैसे? यात्रा के द्वारा और खाद्यपदार्थों के द्वारा। यह सब भाग्य के कारण नहीं होता। किसी ने ऐसे भाग्य या देवता को नहीं देखा परंतु हर एक को इस बात का अनुभव अवश्य है कि कैसे कोई (अच्छा या बुरा) कर्म किसी (अच्छे या बुरे) फल को दिलाता है। इसलिए व्यक्ति को अपने शैशव से ही अपने सच्चे कल्याण (मोक्ष) के लिए प्रयासरत रहना चाहिए। इसके लिए उसे धर्मग्रंथों का बुद्धिमत्तापूर्वक अध्ययन करना चाहिए साधु-संतों का संग करना चाहिए और स्वकर्मों का नियोजन भले कामों में करना चाहिए।

भाग्य या देवकृपा मात्र रूढ़ कथन है। बार-बार इनका कथन होते रहने के कारण ये सत्य प्रतीत होने लगते हैं। यदि भाग्य या देवकृपा ही इस संसार के सभी काम करने में सक्षम होते तो स्नान करना, जप करना, दान देना आदि कार्यों से क्या अभिप्राय होता और किसी को क्या शिक्षा ही देते? नहीं, इस संसार में मृतक को छोड़कर हर वस्तु सक्रिय है और हर सक्रियता अपना उचित परिणाम लाती है। किसी को आज तक भाग्य या देवकृपा के अस्तित्व की अनुभूति नहीं हुई। लोग अवश्य इस तरह की उक्तियों का प्रयोग करते हैं : 'भाग्य या देवकृपा ने इस काम के लिए मुझे प्रेरित किया है' परंतु ऐसा वे आत्मसंतोष के लिए ही करते हैं। परंतु यह ठीक नहीं है। उदाहरण के लिए यदि कोई ज्योतिषी यह भविष्यवाणी करता है कि अमुक युवा व्यक्ति विद्वान बनेगा तो क्या वह बिना अध्ययन के ही विद्वान बन जाएगा। नहीं, तो हम देवकृपा पर क्यों विश्वास करते हैं?

हे राम, संत विश्वामित्र जी अपने स्वकर्म के बल पर ब्रह्मऋषि बने हैं। और सबने आत्मज्ञान की प्राप्ति मात्र अपने स्वकर्मों के द्वारा ही की है। इसलिए भाग्यवाद का त्याग करो और स्वकर्मों पर ध्यान दो।

जनवरी

इमाम् मोक्ष कथाम् श्रुत्वा सह सर्वैर विवेकिभिः
परम् यास्यसि निर्दुःखं नाशो यत्र न विद्यते (8)

वसिष्ठ ने कहा :

जिस ब्रह्मांडीय व्यवस्था को लोग भाग्य, दैव या नियति कहते हैं वह हर कर्म के लिए उचित फल की ही निश्चायक है। यह इस सिद्धांत पर आधारित है कि ब्रह्म सर्वव्यापक और सर्वशक्तिमान ज्ञानराशि है। अब अपनी इंद्रियों और मन को संयत करो। अपने को शांत और एकाग्र करके जो मैं कह रहा हूँ वह ध्यान से सुनो।

यह वर्णन मोक्ष की प्राप्ति के विषय में है। यहाँ उपस्थित तथा एकत्र अन्य बुद्धिमान साधकों के साथ सुनने से तुम्हें यह अनुभूति होगी कि सर्वोच्च सत्ता अर्थात् परमात्मा वहीं होता है जहाँ न दुख होता है और न विनाश ही। विगत युग में यह बात ब्रह्मा ने मुझे स्वयं बतलाई थी।

हे राम, यह सर्वव्यापक ज्ञानराशि (परमात्मा) अनंतकाल से सभी प्राणियों में प्रकाश रूप में लक्षित होती है। जब उस परमात्मा में स्पंदन होता है, विष्णु का जन्म होता है। यह वैसे ही होता है जैसे सागर के तल के विक्षुब्ध होने पर उसमें लहरें उत्पन्न होती हैं। उस विष्णु से ब्रह्मा का जन्म होता है। ब्रह्मा रचयिता है। ब्रह्मा इस ब्रह्मांड में असंख्य सजीव और निर्जीव, चेतन और अचेतन जीवों की सृष्टि करता है। इस प्रकार वह ठीक वैसा ही रूप धारण कर लेता है जैसा उसका रूप प्रलय से पूर्व था।

ब्रह्मा ने देखा कि इस ब्रह्मांड के सभी प्राणी रोग और मृत्यु के अधीन हैं। दुख और कष्ट उठा रहे हैं। यह देखकर उसके हृदय में करुणा जगी और वह ऐसा मार्ग खोजने लगा जिससे प्राणी संसार के दुखों और कष्टों से बच सकें। फिर उसने तीर्थों की स्थापना की जो तप, दान, सत्य और सदाचार जैसे उत्तम गुणों के केंद्र बने। परंतु इनसे भी बात नहीं बनी। ये अस्थायी रूप से तथा अल्पकाल के लिए ही दुखों-कष्टों से राहत दिलाने में सफल होते हैं। दुखों से पूर्ण छुटकारा दिलाने में नहीं।

फिर ब्रह्मा ने सोच-विचार कर मुझे रचा। मुझे अपने पास बुलाया और मेरे हृदय पर पड़े अज्ञान के पर्दे को हटाया। फलतः मुझे अपनी गलत पहचान और गलत स्वभाव से मुक्ति मिली। मेरी स्थिति दयनीय थी। मैंने अपने पिता ब्रह्मा से प्रार्थना की कि मुझे दुखों से बाहर निकलने का रास्ता दिखलाओ। दुखों में डूबे होने के कारण मैं कुछ करने के लिए अनिच्छुक भी था और असमर्थ भी। इस प्रकार मैं आलसी भी हो गया था और निष्क्रिय भी।

मेरी प्रार्थना सुनकर मेरे पिता ने मुझे सत्य का ज्ञान कराया जिससे मेरे अज्ञान का वह पर्दा तत्क्षण उठ गया जिसे उन्होंने मेरे ऊपर फैलाया था। ब्रह्मा ने तब मुझसे कहा, "मेरे बेटे, मैंने जिस ज्ञान को आवरण में रखा था, उसे मैंने तुम पर इस उद्देश्य से प्रकट किया है कि उसकी महत्ता का अनुभव तुम कर सको। ऐसा होने पर ही तुम अज्ञानियों के घोर दुख देख पाओगे और उनकी सहायता कर सकोगे।" इस ज्ञान को प्राप्त करने के बाद मैं यहाँ हूँ और तब तक यहीं रहूँगा जब तक इस सृष्टि का लाभ नहीं होता।

जनवरी

मोक्षद्वारे द्वारपालाश्चत्वारः परिकीर्तिताः
शमो विचारः संतोषस् चतुर्थः साधुसंगमः (59)

वसिष्ठ ने कहा :

इसी प्रकार हर युग में ब्रह्मा अनेक संतों और मुझमें प्रकट होकर सभी प्राणियों को आध्यात्मिक ज्ञान प्रदान करता है। ऐसे सभी संत अपने कर्तव्य का निर्वाह कर सकें इसके लिए ब्रह्मा बुद्धिमान और न्यायशील राजाओं को भी उत्पन्न करता है जो धरती के विभिन्न भागों पर न्यायपूर्वक शासन करते हैं। फिर भी ये राजा सत्ता और सुख की भूख से भ्रष्ट हो जाते हैं, परस्पर हितों के संघर्ष के कारण इनमें युद्ध भी होते हैं जिनके फलस्वरूप दावों को बढ़ावा मिलता है। उनका अज्ञान दूर हो इसलिए संत उन्हें आध्यात्मिक ज्ञान प्रदान करते हैं। प्राचीन काल में राजा इस ज्ञान को सहर्ष प्राप्त करते थे। इसलिए इस विद्या को राज-विद्या कहा जाता था।

हे राम, तुम्हारे हृदय में अनासक्ति की उच्च भावना शुद्ध विवेक के फलस्वरूप उत्पन्न हुई है। यह भावना परिस्थितिजन्य अथवा कुंठाजन्य आसक्ति की भावना से ऊँची है। ऐसी अनासक्ति ईश्वर की कृपा से ही उत्पन्न होती है। बल्कि यों कहना चाहिए कि शुद्ध विवेक का साक्षात्कार होने पर ही उत्पन्न होती है।

जब तक सर्वोच्च ज्ञान का हृदय में उदय नहीं होता, प्राणी जन्म-मरण के चक्र में पड़ा रहता है। हे राम, मेरे इस विवेचन को ध्यान से सुनो।

ज्ञान अज्ञान के वन को नष्ट कर देता है। इस वन में घूमते रहने पर प्राणी भ्रमों में पड़ा रहता है और असीम दुख में डूबा रहता है। इसलिए उसे किसी ज्ञानी गुरु के पास जाना चाहिए। सही मनोदशा से तथा प्रासंगिक प्रश्नों के द्वारा उससे पूछना चाहिए और साथ ही उसकी शिक्षा भी निष्ठापूर्वक ग्रहण करनी चाहिए। तभी वह प्राणी के जीवन का अंग बनती है। मूर्ख लोग बिना आदर की भावना से अप्रासंगिक प्रश्न पूछते हैं और सबसे बड़ा मूर्ख वह होता है जो संत के ज्ञान का मखौल उड़ाता है। निश्चय ही वह संत नहीं होता जो मूर्खों के मूर्खतापूर्वक पूछे गए व्यर्थ के प्रश्नों का उत्तर देता हो।

हे राम, निश्चय ही तुम सभी साधकों में उत्तम हो क्योंकि तुमने सत्य पर सही ढंग से चिंतन-मनन किया है और अनासक्ति के फलस्वरूप उत्तम की प्राप्ति के लिए प्रेरित हुए हो। मुझे विश्वास है कि मैं तुमसे जो कुछ भी कहूँगा उसे तुम अपने हृदय में दृढ़तापूर्वक धारण करोगे। निश्चय ही हर एक को अपने हृदय में ज्ञान को विराजमान करने के लिए सकारात्मक प्रयास करना चाहिए क्योंकि मन बंदर की तरह चंचल होता है। एक बात और, प्राणी को मूर्खों की संगति से भी दूर रहना चाहिए।

हे राम, मोक्ष के राज्य के द्वार पर चार द्वारपाल हैं। वे हैं-आत्मसंयम, अनुसंधान, संतोष और सत्संग। बुद्धिमान साधक को इनसे प्रयत्नपूर्वक मित्रता करनी चाहिए। कम से कम एक से तो करनी ही चाहिए।

प्रसन्ने चित्तत्वे हृदि शमभवे वल्गाति परे
शमा भोगी भूतास्वखिल कलना दृष्टिषु पुरः
समं याति स्वान्तःकरण घटना स्वादित रसम्
धिया दृष्टे तत्त्वे रमणमटनं जागम् इदम् (12/21)

वसिष्ठ ने कहा :

हे राम, शुद्ध हृदय और ग्रहणशील मन से, शंकाओं से रहित होकर और मन की चंचलता को त्याग कर अब तुम प्रकृति के विवेचन और मोक्ष के उपायों के संबंध में सुनो। जब तक उस परमात्मा की आत्मानुभूति नहीं होती तब तक जन्म-मरण के भायनक दुखों का अंत संभव नहीं। यदि अज्ञानपूर्ण जीवन रूपी इस घातक सर्प पर यहीं और अभी विजय नहीं पा ली जाती तो इस जन्म में ही नहीं बल्कि अनंत जन्मों में भी असीम दुखों को भोगना होगा। इन दुखों की अवहेलना तो नहीं की जा सकती पर इन पर बुद्धिमत्तापूर्वक विजय प्राप्त की जा सकती है। मैं तुम्हें यह शिक्षा दूँगा।

हे राम, यदि तुम बार-बार होनेवाले आवागमन से मुक्ति पा लेते हो तो तुम इस धरती पर परमात्मा, ब्रह्मा या विष्णु के समान रह सकते हो। जब भ्रम चला जाता है, जब अपनी प्रकृति के अध्ययन द्वारा सत्य की अनुभूति हो जाती है। **जब मन शांत हो जाता है और परम सत्य की ओर लपक उठता है, जब मन को विचलित करनेवाली विचार-तरंगें शांत हो जाती हैं, जब शांति की अजस्र धारा बहने लगती है, जब हृदय परमात्मा के आनंद से भर उठता है और जब हृदय में सत्य के दर्शन होते हैं तब यही संसार आनंद का धाम बन जाता है।**

ऐसे व्यक्ति के लिए न तो कुछ करना शेष होता है और न वह किसी चीज से भाग ही खड़ा होता है। वह जीवन-संबंधी दोषों से बचा रहता है और दुखों से अछूता भी रहता है। वह फिर जन्म ग्रहण नहीं करता। वह कहीं जाता भी नहीं, भले ही देखनेवालों की दृष्टि में वह आता-जाता हो। उसके लिए धार्मिक अनुष्ठान भी आवश्यक नहीं होते। पूर्वजन्मों की प्रवृत्तियों से भी वह प्रभावित नहीं होता। वे प्रवृत्तियाँ अपनी गति खो चुकी होती हैं। उसके मन में अब किसी प्रकार की चंचलता नहीं होती। अब उसे वह आनंद प्राप्त होता है जो उसका वास्तविक स्वभाव है। यह आनंद आत्मज्ञान से ही प्राप्त होता है, किसी अन्य साधन से नहीं। इसलिए व्यक्ति को आत्मज्ञान प्राप्त करने के लिए निरंतर प्रयत्नशील रहना चाहिए। यही एकमात्र उसका कर्तव्य है।

जो पवित्र धर्मग्रंथों और संत महापुरुषों का अनादर करता है वह आत्मज्ञान नहीं प्राप्त कर पाता। यह मूर्खता उन सभी मूर्खताओं से अधिक हानिकर है जिन्हें व्यक्ति इस संसार में करता है। इसलिए व्यक्ति को धर्मग्रंथों को भक्तिभावपूर्वक सुनना चाहिए क्योंकि धर्मग्रंथ आत्मज्ञान की प्राप्ति में सहायक होते हैं। जो इन्हें ग्रहण कर लेता है वह पुनः अज्ञान के अंधकारपूर्ण कूप में नहीं गिरता। हे राम, अगर तुम अपने को संसार के दुखों से, आवागमन के चक्र से मुक्त करना चाहते हो, तो तुम्हें मुझ जैसे ऋषियों से शुभ उपदेशों को ग्रहण करना चाहिए।

जनवरी

स्थितोपि न स्थित इव न हृष्यति न कुप्यति
यः सुषुप्तसमः स्वस्थः स शान्त इति कथ्यते (76)

वसिष्ठ ने कहा :

इस संसार रूपी अगम्य सागर को पार करने के लिए व्यक्ति को उसे पकड़ना होगा जो अनंत है और अपरिवर्तनशील है। हे राम, वही मनुष्यों में श्रेष्ठ है जिसका मन उस अनंत में अवस्थित है, अतः पूर्ण रूप से नियंत्रित और शांत है। वह देखता है कि सुख और दुख एक दूसरे का पीछा करते हैं और एक-दूसरे को काटते भी हैं। ऐसी स्थिति में समझदारी इसी में है कि आत्मनियंत्रण और शांति बनाई रखी जाए। जिसमें यह समझदारी नहीं वह उस व्यक्ति के समान है जो जलते हुए घर में सोता है।

यहाँ जिसे अनंत का ज्ञान प्राप्त हो जाता है वह इस संसार से मुक्ति प्राप्त कर लेता है। फिर वह दुबारा अज्ञानवश जन्म धारण नहीं करता। किसी को संदेह हो सकता है कि ऐसे अपरिवर्तनशील सत्य का कहीं अस्तित्व ही न हो। यदि अस्तित्व न भी हो, तो भी व्यक्ति को जीवन की प्रकृति के संबंध में अनुसंधान से किसी प्रकार की हानि नहीं होती। अनंत की इच्छा (इश्वरेच्छा) का पता लग जाने से जीवन की हलचलों से होनेवाले दुख हलके हो जाते हैं। यदि वह बना भी रहता है तो उसे ईश्वरेच्छा मान लेने से व्यक्ति मुक्त हो जाता है। अनंत की प्राप्ति न कर्मकांडों से होती है, न तीर्थयात्राओं से और न ही धन से। वह केवल ज्ञान के अर्जन के द्वारा अपने मन पर विजय पाने से होती है? इसलिए सभी को–व्यक्ति हो या राक्षस, देवता हो या उपदेवता––चलते-फिरते और उठते-बैठते निरंतर मन पर विजय तथा आत्मनियंत्रण प्राप्त करने के लिए प्रयत्नशील रहना चाहिए। ये दोनों ज्ञान के ही फल हैं।

जब मन इच्छाओं से रहित, भ्रम या भ्रांति से मुक्त, नीरव, शांत और निर्मल होता है तब उसमें किसी प्रकार की न लालसा ही रहती है न किसी के प्रति राग-द्वेष ही। यही आत्मनियंत्रण या मनोविजय है। मोक्ष के जिन चार द्वारपालों का उल्लेख मैंने पहले किया है यह उनमें से एक है।

जो कुछ भला या शुभ होता है वह आत्मनियंत्रण से प्रवाहित होता है। सभी बुराइयाँ आत्मनियंत्रण से दूर होती है। आत्मनियंत्रण से प्राप्त होनेवाले आनंद की तुलना इस संसार या स्वर्ग के किसी सुख या लाभ से नहीं की जा सकती। आत्मनियंत्रण से जिस आनंद का अनुभव होता है वह अतुलनीय है। तत्क्षण उस पर किसी को भी विश्वास होता है। दैव और राक्षस भी उससे मुख नहीं मोड़ते।

हे राम, सब प्रकार के शारीरिक कष्टों और मनोव्यथाओं की उत्तम औषधि आत्मनियंत्रण ही है। जब आत्मनियंत्रण होता है तब तुम जो भोजन करते हो वह स्वादिष्ट लगता है अन्यथा कड़वा लगता है। जो आत्मनियंत्रण का कवच धारण कर लेता है उसका दुख कुछ बिगाड़ नहीं पाता। वही आत्मनिग्रही है जो किसी अच्छी या बुरी चीज को देखते-सुनते, छूते-सूँघते, या चखते-खाते समय न तो हर्षित होता है और न विषादग्रस्त ही। ऐसा आत्मनिग्रही व्यक्ति सुख और दुख संबंधी स्पंदनों को नियंत्रित रखने के कारण सभी प्राणियों को समान दृष्टि से देखने में समर्थ होता है। ऐसा व्यक्ति **यद्यपि सबके बीच रहता है तो भी उनसे अप्रभावित रहता है। किसी को देखकर वह न फूल ही उठता है और न किसी के प्रति उसके मन में घृणा ही होती है। ऐसा व्यक्ति आत्मनियंत्रित या आत्मनिग्रही होता है।**

जनवरी

विचाराज् ज्ञायते तत्त्वं तत्त्वाद् विश्रान्तिर् आत्मनि
अतो मनसि शान्तत्वं सर्व दुःख परिक्षयः (76)

वसिष्ठ ने आगे कहा :

मोक्ष के द्वार का दूसरा द्वारपाल है अनुसंधान। अनुसंधान का कार्य निरंतर चलना चाहिए। धर्मग्रंथों का गहराई से अध्ययन करने पर जब बुद्धि निर्मल होती है तभी अनुसंधान में गति आती है। अनुसंधान से बुद्धि में प्रखरता आती है और इस प्रकार वह परमसत्ता का बोध प्राप्त करने में सफल होती है।

अतः कहा जा सकता है कि संसार रूपी चिरकालिक रोग का उत्तम उपचार अनुसंधान ही है।

समझदार व्यक्ति शक्ति, बुद्धि, कार्यक्षमता और समय पर होनेवाली कार्रवाई को अनुसंधान के पुरस्कार का फल कहते हैं। निश्चय ही राज्य, संपदा, सुखभोग और अंतिम मुक्ति भी अनुसंधान के ही पुरस्कार या फल हैं। अनुसंधान की भावना व्यक्ति को उन विपत्तियों से सुरक्षित रखती है जिनसे अविचारशील मूर्ख घिरा रहता है। अनुसंधान के अभाव में बुद्धि भोथरी हो जाती है। उसे फिर चंद्रमा की शीतल किरणें भी घातक अस्त्रों-सी प्रतीत होने लगती हैं और तिस पर खाज में खुजली यह कि उसकी बचकानी कल्पना अपने चारों ओर फैले हुए गहरे अँधियारे में एक ऐसे प्रेत का भी सर्जन कर लेती है जो उसे और अधिक नचा मारता है। अनुसंधान से रहित मूर्ख दुखों का घर होता है। अनुसंधान के अभाव के फलस्वरूप व्यक्ति ऐसे काम करने लगता है जो उसके लिए भी हानिकर होते हैं और दूसरों के लिए भी। ऐसे व्यक्ति को शरीर और मन की बीमारियाँ भी घेर लेती हैं। इसलिए ऐसे लोगों की संगति से बचना चाहिए।

जिनमें अनुसंधान की प्रवृत्ति होती है वे सदा जाग्रत रहते हैं, संसार में प्रकाश फैलाते हैं, जो संपर्क में आते हैं उन्हें ज्ञान देते हैं, अज्ञानी मन द्वारा उपजाए हुए भ्रम को दूर भगाते हैं और इंद्रियों तथा उनके विषयों से मिलनेवाले सुखों को असार बताते हैं। हे राम, अनुसंधान से ही परमसत्ता की अनंत और अपरिवर्तनशीलता का बोध होता है। अनुसंधान न कुछ और प्राप्त करने की इच्छा ही जाग्रत करता है न किसी चीज से पीछा छुड़ाने ही की। व्यक्ति भ्रम और मोह से विमुक्त हो जाता है, न वह निश्चेष्ट ही रहता है और न किसी काम में डूबता ही है। वह इस संसार में रहता और कार्य करता है और अपने स्वाभाविक जीवनकाल की समाप्ति पर परम स्थिति को प्राप्त करता है।

आध्यात्मिक अनुसंधान रूपी आँख सभी क्रियाकलापों के बीच भी कभी अपनी दृष्टि नहीं खोती। जिसे यह आँख नहीं होती उसपर दया आती है। कीचड़ के मेंडक, गोबर के कीड़े या बिल के साँप के रूप में जन्म लेना अच्छा लेकिन बिना इस आँख के मनुष्य का जन्म लेना अच्छा नहीं। अनुसंधान क्या है? यह जानना कि 'मैं कौन हूँ और यह संसार और बार बार का जन्म-मरण कैसे अस्तित्व में आया।' यही सच्चा अनुसंधान है। ऐसे अनुसंधान से सत्य का ज्ञान होता है, इससे व्यक्ति का क्षोभ दूर होता है और तब परम शांति उत्पन्न होती है, जो समझदारी में प्रवेश करती है और सभी प्रकार के दुखों का अंत करती है।

(विचार या अनुसंधान तर्कण या विश्लेषण नहीं, यह सीधे अपने अंदर अवलोकन है।)

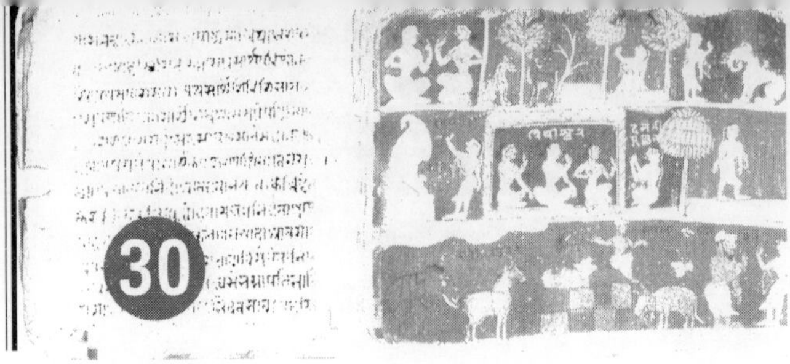

जनवरी

संतोषः परमो लाभः सत्संगः परमा गतिः
विचारः परमं ज्ञानं शमो हि परमं सुखम् (16/19)

वसिष्ठ ने आगे कहा :

मोक्ष के द्वार का एक और द्वारपाल है–संतोष। जिसने संतोष के अमृत के घूँट का पान कर लिया हो उसे फिर इंद्रियों से मिलनेवाले सुखों की चाह नहीं रहती। इस संसार में कोई ऐसा सुख नहीं जो संतोष की उपलब्धि से प्राप्त होनेवाले सुख के समान मधुर हो। यह सभी पापों का शमन करनेवाला है।

संतोष क्या है? ऐसी सभी इच्छाओं का त्याग करना जिनके लिए हाय-तौबा करनी पड़ती हो और आप-से-आप पूरी होनेवाली इच्छाओं से संतुष्ट रहना। ऐसा होने पर न तो व्यक्ति फूल ही उठता है और न ही खिन्न होता है। यही संतोष है। जब तक कोई आत्मा से संतुष्ट नहीं होता वह दुखों के अधीन रहता है। संतोष के बढ़ने से व्यक्ति का निर्मल हृदय खिल उठता है। संतुष्ट व्यक्ति संसार के किसी पदार्थ पर अपना अधिकार नहीं जतलाता।

मोक्ष का एक और द्वारपाल है–सत्संग। सत्संग व्यक्ति की बौद्धिक क्षमता बढ़ाता है, अज्ञान को दूर करता है, और उसकी मनोवैज्ञानिक व्यथाओं को नष्ट करता है। चाहे जितना व्यय हो, चाहे जितना कष्ट उठाना पड़े, मार्ग में कितनी ही बाधाएँ क्यों न आएँ सत्संग की कभी उपेक्षा नहीं करनी चाहिए। जीवन-पथ को प्रकाशित करनेवाली यह एकमात्र ज्योति है। दान, तप, तीर्थयात्रा और धार्मिक कर्मकांड की तुलना में निश्चय ही सत्संग सबसे उत्कृष्ट है।

जिस पवित्रात्मा को सत्य की अनुभूति हो चुकी हो और जिसके हृदय से अंधकार निकल चुका हो उस पूर्ण पुरुष की सेवा-अर्चना व्यक्ति को तन-मन से करनी चाहिए। जो लोग पूर्ण महापुरुषों का अनादर करते हैं वे अपने लिए घोर दुखों को आमंत्रण देते हैं।

संतोष, सत्संग, अनुसंधान और आत्मनियंत्रण–ये ऐसे चार उपाय हैं जो संसार सागर में डूबते हुए की रक्षा करने में निश्चित रूप से सफल होते हैं। **संतोष इनमें से सर्वोत्तम उपाय है, सत्संग गंतव्य तक पहुँचानेवाला उत्तम साथी है। अनुसंधान अपने में सबसे बड़ा ज्ञान है और आत्म-नियंत्रण है चरम सुख।** यदि तुम इन चारों को एक साथ व्यवहार में लाने में समर्थ नहीं हो तो किसी एक को अपनाओ। एक को दक्षतापूर्वक कार्य में परिणत करने पर अन्य तीन भी तुममें आ जाएँगे। पूर्ण ज्ञान तुममें आप-से-आप प्रवेश पा जाएगा। इन उत्तम गुणों के द्वारा जब तक तुम अपने मन रूपी जंगली हाथी को पालतू नहीं बना लेते तुम्हारी प्रगति उस परम पिता की ओर नहीं होगी, भले ही तुम देवता क्यों न बन जाओ। इसलिए हे राम, तुम्हें इन महान गुणों को अपने में विकसित करने का प्रयास करना चाहिए। जो इन गुणों से युक्त होता है वही मेरी उन शिक्षाओं को ग्रहण कर पाएगा जिन्हें मैं तुम पर प्रकट करूँगा। हे राम, तुम सचमुच इन गुणों से संपन्न हो।

युक्ति युक्तम् उपादेयं वचनं बालकादपि
अन्यत् तृणं इव त्याज्यं अप्युक्तं पद्मजन्मना (18/3)

वसिष्ठ ने आगे कहा :

जो इस धर्मग्रंथ के ज्ञान का बीज बोता है उसे जल्दी ही सत्य की अनुभूति होती है। सत्य का उद्घाटन मानवकृत हो तो भी वह स्वीकार्य होना चाहिए अन्यथा दैवीय रहस्योद्घाटन भी स्वीकार किया जाना चाहिए। छोटे बालक के वचन ज्ञान से युक्त हों तो उन्हें स्वीकार कर लेना चाहिए अन्यथा सृष्टिकर्ता के वचन भी तिनके के समान फेंक दिए जाने चाहिए। जो धर्मग्रंथों का प्रतिपादन सुनता है और उसपर चिंतन-मनन करता है, वह अथाह ज्ञानराशि से आनंदित होता है, उसकी धारणा दृढ़ होती है और उसे अकूत शांति की प्राप्ति होती। वह शीघ्र ही ऐसा मुक्त संत बन जाता है जिसकी महिमा अवर्णनीय है।

जो धर्मग्रंथों का अध्ययन करता है और उनकी शिक्षाओं को ग्रहण करता है उसे फिर संसार के पदार्थ अपनी ओर आकृष्ट नहीं करते। जब उसे प्रतीति होती है कि सर्प की तरह जानलेवा ये सांसारिक पदार्थ जीते-जागते चित्र के समान है तो फिर वह इनसे भयभीत नहीं होता। जब संसार इस रूप में दिखाई देता है तो फिर इससे किसी प्रकार के सुख-दुख की अनुभूति नहीं होती। कितने दुख की बात है कि ऐसे धर्मग्रंथ सुलभ होने पर भी लोग इंद्रियभोगों में लगे रहते हैं और घोर दुख पाते हैं।

हे राम, जिस सत्य की अनुभूति व्यक्ति को स्वयं न हुई हो उसका विवेचन उसे तब तक समझ में नहीं आता जब तक उसे उद्धरण देकर न समझाया जाए। ऐसे उद्धरणों का प्रयोग इस ग्रंथ में निश्चित उद्देश्य से परंतु सीमित आशय से किया गया है। न उनका शाब्दिक अर्थ है ग्रहण करना चाहिए और न उनके अर्थ की खींचातान उनके आशय से अधिक करनी चाहिए। जब धर्मग्रंथों का इस प्रकार अध्ययन किया जाता है तो यह जगत स्वप्न सदृश प्रतीत होता है। इन उद्धरणों का इतना ही आशय और प्रयोजन है। विकृत बुद्धिवालों को धर्मग्रंथों के उद्धरणों की गलत व्याख्या नहीं करनी चाहिए।

इसके अतिरिक्त तब तक इस धर्मग्रंथ का अध्ययन निरंतर करते रहना चाहिए जब तक सत्य की अनुभूति न हो। जब तक पूर्ण बोध न हो जाए तब तक अध्ययन-अनुशीलन बंद नहीं करना चाहिए। किसी धर्मग्रंथ के अल्प ज्ञान से अत्यधिक भ्रम उत्पन्न हो सकता है। हृदय से परम शांति के अस्तित्व को न मानने से और काल्पनिक आधारों पर वास्तविकता को स्वीकार कर लेने से बात नहीं बनती। अपूर्ण ज्ञान और विकृत तर्कबुद्धि से ही ऐसी स्थिति उत्पन्न होती है।

जैसा कि हम जानते हैं कि सभी लहरों का आधार सागर होता है उसी प्रकार सभी प्रमाणों का आधार प्रत्यक्ष अनुभव होता है यही बात सत्य के होनेवाले प्रत्यक्ष अनुभव से भी है। अनुभवकारी बुद्धिमत्ता ही आधार होती है जो स्वयं क्रिया बनती है और अनुभव भी बनती है।

हम जानते हैं कि वायु में गति अंतर्निहित होती है और उसकी जानकारी भी अनुभवकारी बुद्धि-मता में अंतर्निहित होती है। अज्ञान से आवृत होने पर भी देखनेवाला मन विचारता है : 'मैं वह हूँ' और फलतः वही बन जाता है। किसी भी पदार्थ का अनुभव उसके आधार में ही होता है अन्यत्र नहीं।

फरवरी

यथा रसः पदार्थेषु यथा तैलं तिलादिषु
कुसुमेषु यथामोदस् तथा द्रष्टरि द्रश्यधीः (43)

वसिष्ठ ने कहा :

हे राम, अब मैं सृष्टि और उसके रहस्य का वर्णन करूँगा। बंधन तभी तक बना रहता है जब तक सांसारिक पदार्थों में वास्तविकता देखने की प्रवृत्ति बनी रहती है। जैसे ही यह प्रवृत्ति समाप्त होती है इसके साथ बंधन भी समाप्त हो जाता है। इस सृष्टि में जो उत्पन्न होता है वह पनपता है, छीजता है और फिर स्वर्ग या नरक में जाता है अथवा मोक्ष प्राप्त करता है।

जब प्रलय होता है तो संपूर्ण-पदार्थ सत्ता (वस्तुजगत) उस परम पुरुष में विलीन हो जाती है। इसी को प्रज्ञावान आत्मा, ब्रह्म, सत्य आदि नामों से अभिहित करते हैं। ऐसा विचार-विमर्श और वार्तालाप को सुगम बनाने के लिए कहा जाता है। यही शाश्वत आत्मा अपने में द्वैत की भावना, मैं और अन्य की भावना कर लेती है। तभी मन की उत्पत्ति वैसे ही होती है जैसे शांत सागर का तल क्षुब्ध होने पर लहर उत्पन्न होती है। परंतु, इस बात का ध्यान रखना चाहिए कि जैसे सोने का कंगन सोना ही होता है वैसे ही रची गई सृष्टि की प्रकृति और शक्ति सृष्टिकर्ता में ही निहित होती है। मन असीम आत्मा से भिन्न नहीं होता अर्थात् मन का कोई स्वतंत्र अस्तित्व नहीं होता।

जिस प्रकार मरीचिका नदी की वास्तविक धारा प्रतीत होती है, उसी प्रकार यह सृष्टि भी पूर्णतया वास्तविक दिखाई पड़ती है। और जब तक व्यक्ति 'मैं और तू' की धारणा को वास्तविक मानता है तब तक मुक्ति का प्रश्न नहीं उठता। मौखिक रूप से इस सत्ता को अस्वीकृत कर देने से इसका अस्तित्व नष्ट नहीं होता बल्कि ऐसी अस्वीकृति और अधिक कठिनाइयों को बढ़ा देती है।

हे राम, यदि यह सृष्टि वास्तविक है तो इसके नष्ट होने की कोई संभावना नहीं। शाश्वत नियम यह है कि जो अवास्तविक है उसकी वास्तविक सत्ता नहीं। और जो वास्तविक है वह कभी नष्ट नहीं होता। फलतः तप, ध्यान और इस प्रकार की अन्य क्रियाएँ न उसको नष्ट ही कर सकतीं हैं और न ही निर्वाण प्राप्त करा सकती हैं। जब तक सृष्टि की धारणा बनी रहती है, तब तक निर्विकल्प समाधि भी संभव नहीं। यदि यह संभव भी होती, तो व्यक्ति जैसे ही समाधि से बाहर निकलता तो यह सृष्टि अपने दुखों सहित उसके मन में उत्पन्न होती। विचार की गति ही सृष्टि के पदार्थों की धारणा को उत्पन्न करती है।

सभी पदार्थों में सारतत्त्व रहता है जैसे तिल के बीजों के तेल, फूलों में गंध। ठीक इसी प्रकार द्रष्टा में पदार्थों को ग्रहण करने की क्षमता रहती है।

जिस प्रकार स्वप्नद्रष्टा को स्वप्न में दिखाई पड़नेवाली वस्तुओं की अनुभूति होती है उसी प्रकार द्रष्टा को इंद्रियों द्वारा पदार्थों को ग्रहण करने की अनुभूति होती है। जैसे समय आने पर बीज से अंकुर निकलता है वैसे ही यह शक्ति भी सृष्टि की धारणा के रूप में प्रकट होती है।

फरवरी

आतिवाहिकम् एवान्तर् विस्मृत्या दृघरूपया
आधिभौतिकबोधेन मुधा भाति पिशाचवत् (3/22)

वसिष्ठ ने कहा :

सृष्टिकर्ता में न तो द्रष्टा का भाव ही है और न पदार्थ के बोध का भाव ही। तब भी वह स्वयंभू जाना जाता है। वह ब्रह्मांडीय चेतना में उसी प्रकार प्रकाशित होता है जिस प्रकार चित्रकार के मन में चित्र उपस्थित होता है।

सृष्टिकर्ता में पिछली बातों की स्मृति नहीं होती, क्योंकि उसके पिछले कर्म भी नहीं होते। यहाँ तक कि उसका अपना शरीर भी नहीं होता। वह अजन्मा है और आध्यात्मिक तत्त्व से बना होता है। मरणधर्मा प्राणियों के दो शरीर होते हैं। एक भौतिक और दूसरा आध्यात्मिक। परंतु अजन्मे सृष्टिकर्ता का एक ही शरीर अर्थात् आध्यात्मिक शरीर होता है। क्योंकि भौतिक शरीर को जन्म देनेवाला कारण उसमें उपस्थित ही नहीं।

वह उत्पन्न नहीं किया गया बल्कि सभी प्राणियों को उसने उत्पन्न किया है। कंगन की भाँति रचित पदार्थ भी उसी तत्त्व के बने हैं जिस प्रकार वह स्वयं (सोना) है। इस विविध सृष्टि का कारण सृष्टिकर्ता का विचार ही है। जिस प्रकार सृष्टिकर्ता का कोई शरीर नहीं उसी प्रकार यह सृष्टि भी भौतिक नहीं। अतः यह तो विचार-रूप प्रकृति है।

सृष्टिकर्ता में स्पंदन होता है और यही ब्रह्मांड के रूप में फैला होता है। यह स्पंदन सभी प्राणियों के सूक्ष्म शरीर को अस्तित्व प्रदान करता है और यह सूक्ष्म शरीर मात्र विचार से बना होता है जबकि लोग समझने लगते हैं कि हम वास्तविक हैं। सच्चाई यह है कि यह प्रतीति कल्पनाजन्य वास्तविकता मात्र है। तो भी यह उसी प्रकार वास्तविक परिणाम उत्पन्न करती है जिस प्रकार स्वप्न में सहवास का आनंद मिलता है। इस प्रकार भले ही सृष्टिकर्ता की काया न हो परंतु लगता है कि वह सशरीर ही है।

सृष्टिकर्ता की प्रकृति भी दुहरी है—चेतना और विचार। चेतना शुद्ध है परंतु विचार भ्रम से प्रभावित होता है। अतः लगता है कि उसने अस्तित्व धारण कर रखा है। वह बुद्धि है जो संपूर्ण विश्व का आधार है। उस बुद्धि में उत्पन्न होनेवाला हर विचार रूप या आकृति को जन्म देता है। **यद्यपि वे सभी रूप शुद्ध चेतना की प्रकृति के रूप हैं तो भी तथ्य-संबंधी अपनी विस्मरणशीलता के कारण और विचार के भौतिक रूप के फलस्वरूप वे भौतिक काया धारण कर लेते हैं। वैसे ही जैसे प्रेत रूप-विहीन होते हैं परंतु द्रष्टा के भ्रम के कारण सशरीर दिखाई पड़ते हैं।**

तो भी सृष्टिकर्ता इस भ्रम से भ्रमित नहीं होता। अतः उसकी सदा आध्यात्मिक प्रकृति ही रहती है भौतिक नहीं। सृष्टिकर्ता आध्यात्मिक है इसलिए उसकी सृष्टि भी सार रूप में आध्यात्मिक है। इस सृष्टि का कोई कारण नहीं। अतः यह सृष्टि तत्त्वतः उसी प्रकार आध्यात्मिक है जिस प्रकार परम सत्ता ब्रह्म है। सृष्टि का भौतिक स्वरूप हवाई किले के जैसा है—अपने मन से उत्पन्न किया हुआ और भ्रामक।

सृष्टिकर्ता ही मन है। मन या शुद्ध ज्ञान ही उसका शरीर है। विचार उसके मन में अंतर्निहित है। द्रष्टा में पदार्थ का बोध भी अंतर्निहित होता है। क्या किसी को इन दोनों में विभेद की प्रतीति हुई है?

फरवरी

न दृश्यं अस्ति सद्रूपं न द्रष्टा न च दर्शनम्
न शून्यं जडं नोचिच्छान्तं एवेदं आततम् (70)

वाल्मीकि ने कहा :

भगवान सूर्य अस्ताचल को जा रहे हैं। ऐसा लगता है कि वे महर्षि के वचनों पर चिंतन-मनन करने के लिए उत्सुक हैं। उन्हें विश्व के अन्य भागों को भी प्रकाशित करना है। संध्या-पूजन के निमित्त सभा विसर्जित की जाती है। कल प्रात: हम सभी इस सभा में सम्मिलित होंगे।

अगले दिन **राम** ने कहा :

हे महर्षि, मेरी प्रार्थना है कि आप मुझे बताएँ कि आखिर मन है क्या?

वसिष्ठ ने कहा :

जिस प्रकार यह आकाश रिक्त-निश्चेष्ट सूनेपन जैसा है वैसे मन भी रिक्त सूनापन है। मन वास्तविक है या अवास्तविक इसका बोध (उसकी) इंद्रियों के विषयों से होता है। हे राम, विचार ही मन है। इन दोनों में कोई अंतर नहीं। आध्यात्मिक काया रूपी वस्त्र से आवृत्त स्व को ही मन कहते हैं। यही भौतिक शरीर को अस्तित्व में लाता है। अज्ञान, संसार, मूर्खतापूर्ण विचार, बंधन, मलिनता, अंधकार और जड़ता ये सभी पर्याय हैं। मात्र अनुभव ही मन है, इंद्रियबोध से भिन्न कुछ नहीं।

जो चेतना हर परमाणु में रहती है उससे भिन्न संपूर्ण ब्रह्मांड में कुछ और नहीं है, न था न होगा। ठीक वैसे जैसे आभूषण सोने से भिन्न नहीं होता। जिस प्रकार आभूषण वस्तुत: स्वर्ण में अवस्थित रहता है उसी प्रकार पदार्थ कर्ता में अवस्थित रहता है। परंतु जब पदार्थ-संबंधी इस धारणा को दृढ़तापूर्वक निरस्त किया जाता है और कर्ता से अलग कर दिया जाता है तब मात्र चेतना अस्तित्व में रह जाती है तथा पदार्थ-तत्त्व के बिना भी उसकी प्रतीति होती है। जब इसका बोध होता है तो आकर्षण-विकर्षण, राग-द्वेष जैसी विकृतियाँ हृदय में नहीं रह जातीं। तब संसार की झूठी धारणा तथा मेरे-तेरे का भेदभाव भी नहीं रह जाता। यहाँ तक कि पदार्थ-संबंधी भाव भी मिट जाता है। यही मुक्ति है।

राम ने कहा :

हे महर्षि, पदार्थ का बोध यदि वास्तविक हुआ तब तो यह समाप्त नहीं होता परंतु जब यह अवास्तविक होता है, तब भी हम इसे अवास्तविक नहीं समझते। इस कठिनाई पर विजय कैसे पाएँ?

वसिष्ठ ने कहा : हे राम, हम देखते हैं कि ऐसे महापुरुष तब भी हैं जिन्होंने इस पर विजय पाई है। **आकाश आदि बाह्य पदार्थ तथा मैं आदि मनोवैज्ञानिक कारक मात्र नाम में ही अवस्थित हैं। वास्तव में, न तो वस्तु जगत ही है, न ही इन्हें देखनेवाला स्व, न बोध जैसा ही कुछ है, न शून्य है, न ही जड़ता का कोई अस्तित्व है। बस है एक ही ब्रह्मांडी चेतना।**

मन ही है जो विभिन्नताओं, विविध चेष्टाओं तथा अनुभवों का सृजन कर लेता है तथा बंधन की अवधारणा और मुक्ति की इच्छा का मायाजाल फैला लेता है।

4

फरवरी

यस्माद् विष्ण्वादयो देवाः सूर्यादिव मरीचयः
यस्माज् जगन्त्य् अनन्तानि बुद्बुदा जलधेर् इव (5/9)

राम ने पूछा :

हे महर्षि, मन का उद्गम क्या है और यह कैसे उत्पन्न होता है? कृपया मुझे अवगत कराएँ।

वसिष्ठ ने उत्तर दिया :

सृष्टि के प्रलय के बाद और नए युग के पूर्व यह दृश्य-जगत पूर्ण साम्यावस्था में रहता है। तब सर्वोच्च सत्ता के रूप में परमात्मा शेष रहता है जो शाश्वत, अजन्मा और दीप्तिमान होता है। वही सब-कुछ होता है। वही सर्वशक्तिमान होता है। वह विचार और वर्णन से परे होता है। वह आत्मा आदि अनेक नामों से जाना तो जाता है परंतु यह दृष्टिकोण भी सत्य नहीं। वह है इस शरीर में ही। वह दूर नहीं, परंतु उसकी प्राप्ति नहीं हो पाती।

उसी प्रकार विष्णु आदि असंख्य देवता उद्भूत होते हैं जिस प्रकार सूर्य से असंख्य रश्मियाँ निकलती हैं। उसी से अनंत विश्व भी उसी प्रकार उत्पन्न होते हैं जिस प्रकार सागर के तल पर अनंत लहरें उत्पन्न होती हैं।

वह ब्रह्मांडीय बुद्धि है जिसमें असंख्य इंद्रियगोचर पदार्थों का निवेश होता है। वह ऐसा प्रकाश है जिसमें विश्वात्मा प्रकाशित होती है। वही रची जानेवाली हर वस्तु के गुणों के संबंध में आदेश देता है। उसी में उसी प्रकार विश्व प्रकट और लुप्त होते हैं जिस प्रकार मरीचिका बार-बार प्रकट और लुप्त होती है। वह सभी में बसता है। वह छिपा भी रहता है। परंतु सबसे जुड़ा भी रहता है। उसकी मात्र उपस्थिति से यह जड़ भौतिक संसार और उसके रहनेवाले सक्रिय रहते हैं। वह सर्वव्यापी और सर्वशक्तिशाली है और उसकी सर्वज्ञता ही विचारों को मूर्त रूप प्रदान करती है।

हे राम, बिना ज्ञान के इस परम पुरुष की प्राप्ति नहीं हो सकती। धार्मिक कर्मकांडों से भी नहीं हो सकती। यह आत्मा न दूर है और न पास ही। यह न कहीं दूर ही है और न पहुँच के बाहर ही। यह आनंद के अनुभव के रूप में अपने में ही प्रकट होती है और इसलिए इसकी अनुभूति अपने अंदर ही होती है।

संचय, तप, दान और धार्मिक क्रियाकलाप परमात्मा की प्राप्ति की ओर अग्रसर नहीं करते। इस काम में केवल संतों की संगति और धर्मग्रंथों का अध्ययन ही सहायक होता है। क्योंकि यही अज्ञान और भ्रम दूर करते हैं। परंतु यदि किसी को विश्वास हो जाए कि यह आत्मा ही वास्तविक है तो वह दुखों से पार जा सकता है और मुक्ति के मार्ग पर आगे बढ़ सकता है।

शुचिता और तपस्या स्वतः अपने पर थोपे हुए दुख हैं। उस दान का क्या लाभ जो अनुचित उपायों से प्राप्त किया गया हो। उन्हें इस दान का मात्र फल ही मिलता है। धार्मिक कर्मकांड तो मिथ्याभिमान बढ़ाते हैं। परमात्मा-संबंधी अज्ञान का एक ही उपाय है—दृढ़ता से इच्छाओं और इंद्रिय सुखों का त्याग पूरी तरह से किया जाए।

5

फरवरी

द्रष्ट दृश्य क्रमो यत्र स्थितोपि अष्टमयंगतः
यद् अनाकाशं आकाशं तद् रूपं परमात्मनः (21)

राम ने पूछा :

यह परमात्मा कहाँ रहता है और मैं कैसे उस तक पहुँचूँ?

वसिष्ठ ने उत्तर दिया :

जिसे परमात्मा कहा जाता है वह बहुत दूर नहीं है वह ज्ञान या बुद्धिमत्ता है जो शरीर में वास करती है। वही ब्रह्मांड है जबकि ब्रह्मांड वह नहीं है। वह शुद्ध ज्ञान है।

राम ने कहा :

कोई छोटा बालक भी कह सकता है कि परमात्मा ज्ञान है। इस संबंध में विशेष निर्देश क्या हो सकते हैं?

वसिष्ठ ने उत्तर दिया :

जो यह जानता है कि यह पदार्थ–सत्ता या वस्तुनिष्ठ संसार ही शुद्ध ज्ञान है वह कुछ नहीं जानता। ब्रह्मांड चेतन है और जीव (आत्मा) भी चेतन है। यह चेतना ही जानने योग्य पदार्थों को उत्पन्न करती है और दुखी होकर उन्हीं में उलझी रहती है। जब जानने योग्य पदार्थों का अंत हो जाता है तब चेतना का प्रवाह अज्ञात (शुद्ध ज्ञान) की ओर बढ़ता है। तब संतृप्ति होती है और दुखों से पार पहुँचा जाता है।

जो ज्ञेय है उसका अंत हुए बिना उसकी ओर से ध्यान पूरी तरह से नहीं हटता। जीव को संसार में अपनी ग्रस्तता की मात्र जानकारी से भी कुछ लाभ होनेवाला नहीं। परंतु यदि परमात्मा को जान लिया गया है तो सभी दुखों का अंत हो जाता है।

राम ने कहा :

हे महर्षि, परमात्मा का वर्णन करें।

वसिष्ठ ने उत्तर दिया :

जिसे ब्रह्मांड–संबंधी ज्ञान कहा जाता है वह परमात्मा में विलीन हो जाता है। **उसमें कर्ता और विधेय जैसा संबंध नहीं रह जाता। वह ऐसा शून्य है जिसमें ब्रह्मांड का अस्तित्व प्रतीत होता है।** उसमें ब्रह्मांडीय चेतना भी पर्वत की तरह स्थिर हो जाती है।

राम ने पुनः पूछा :

हमें परमात्मा का बोध कैसे हो और जिस ब्रह्मांड को हम आज तक वास्तविक मानते चले आ रहे हैं उसे अवास्तविक कैसे जानें?

वसिष्ठ ने उत्तर दिया :

परमात्मा का बोध तभी हो सकता है जब कोई संसार की असारता को दृढ़तापूर्वक स्वीकार कर लेता है, ठीक वैसे ही जैसे वह आकाश की नीलिमा को अवास्तविक मानता है। द्वैत अद्वैत की पूर्वकल्पना करता है और अद्वैत द्वैत की ओर संकेत करता है। जब जान लिया जाता है कि सृष्टि पूर्णतः अस्तित्वविहीन है तभी परमात्मा का बोध होता है।

फरवरी

यो जागर्ति सुषुप्तस्थो यस्य जाग्रन् ना विद्यते
यस्य निर्वासनो बोधः स जीवन्मुक्तः उच्यते (9/7)

राम ने पूछा :

हे महर्षि, वह कौन-सी पद्धति है जिससे मैं यह जान पाऊँ कि और क्या जानूँ जिससे जानने योग्य शेष न रहे?

वसिष्ठ ने उत्तर दिया :

निरंतर दोषपूर्ण चिंतन करते रहने के फलस्वरूप यह दोषपूर्ण धारणा हमारे भीतर घर कर चुकी है कि यह संसार वास्तविक है। तो भी इसे दूर किया जा सकता है। इसके लिए तुम्हें नित्य संतों-महात्माओं की संगति करनी होगी और पवित्र धर्मग्रंथों का अध्ययन करना होगा। सभी धर्मग्रंथों में 'महारामायण' (सबसे) उत्तम है। जो इसमें प्राप्त होता है वह अन्य ग्रंथों में भी प्राप्त हो जाता है परंतु जो इसमें सुलभ नहीं वह अन्यत्र भी सुलभ नहीं। परंतु यदि कोई इसका अध्ययन न करना चाहे वह किसी अन्य धर्मग्रंथ का भी अध्ययन कर सकता है। इस संबंध में कोई आपत्ति नहीं।

जब दोषपूर्ण धारणा दूर हो जाती है और सत्य का बोध हो जाता है तो यह बोध व्यक्ति को इतना सराबोर कर देता है कि फिर वह उसी के संबंध में विचारता रहता है, उसी की चर्चा करता रहता है, उसी में खोया रहता है और उसी का उपदेश देता रहता है। ऐसे लोगों को कभी-कभी जीवनमुक्त भी कहा जाता है और कहीं-कहीं विदेहमुक्त भी कहते हैं।

राम ने पूछा :

हे महर्षि, जीवनमुक्त की क्या-क्या विशेषताएँ हैं और विदेहमुक्त की क्या-क्या?

वसिष्ठ ने उत्तर दिया :

सामान्य जीवन व्यतीत करते हुए जो इस संपूर्ण विश्व को शून्य समझता है उसे जीवनमुक्त कहते हैं। वह जाग्रत तो है परंतु वह गहरी निद्रा की शांति अनुभूत करता है। सुख और दुख से वह प्रभावित नहीं होता। **वह गहरी निद्रा में भी जागता है, परंतु संसार के लिए कभी वह जाग्रत अवस्था में नहीं होता। उसका ज्ञान प्रच्छन्न प्रवृत्तियों से भी कभी आवृत्त नहीं होता।** ऐसा प्रतीत होता है कि वह राग-द्वेष और भय से प्रभावित होता है। परंतु नहीं, वह आकाश की तरह निरपेक्ष रहता है। उसमें न इच्छाशक्ति होती है और न ही अहं ही। किसी क्रिया के करने या न करने में उसकी बुद्धि संलिप्त नहीं होती। कोई उससे भयभीत नहीं होता और न ही उसे किसी से भय लगता है। समय पाकर जब उसका शरीर छूट जाता है तब वह विदेहमुक्त हो जाता है।

न मैं ही अभी विदेहयुक्त हूँ और न कोई और ही। वह सूर्य है जो प्रकाश देता है, वह विष्णु है जो सबकी रक्षा करता है, वह रुद्र है जो सबका संहार करता है। वह आकाश है, वह भूमि है, वह जल है और वह अग्नि है। वास्तव में वह ब्रह्मांडीय चेतना है जो सभी प्राणियों में व्याप्त रहती है। जो कुछ भूत में था, वर्तमान में है और भविष्य में होगा-निश्चय ही वही वह सब है और एकमात्र वही है।

7

फरवरी

द्रष्ट दर्शन दृश्यानां मध्ये यद् दर्शनं स्थितम्
साधो तद् अवधानेन स्वात्मानं अवबुद्ध्यसे (75)

राम ने पुनः पूछा :

मेरी बुद्धि डाँवाँडोल हो रही है। जिस स्थिति की आपने चर्चा की है उसे कैसे प्राप्त करूँ?

वसिष्ठ ने उत्तर दिया :

हे राम, जिसे मुक्ति कहते हैं वह निश्चय ही परमतत्त्व और एकमात्र परमतत्त्व है। जिन्हें 'मैं' और 'तुम' के रूप में जानते हैं, उनकी मात्र प्रतीति ही होती है। उनका सर्जन कदापि नहीं हुआ। कैसे कह सकते हैं कि ब्रह्म ही से यह सारा विश्व बना है?

हे राम, जिस प्रकार आभूषणों में स्वर्ण, लहरों में जल, वायु में केवल गति, आकाश में केवल शून्यता, मरीचिका में मात्र उष्णता के अतिरिक्त कुछ नहीं रहता, उसी प्रकार ब्रह्म ही परमतत्त्व है। यह संसार नहीं है।

इन संसारों की धारणा अनादि अज्ञान से जुड़ी है जिसे सत्य के अन्वेषण के द्वारा नष्ट किया जा सकता है। नाश उसी का होता है जिसने अस्तित्व ग्रहण किया होता है। यह संसार वास्तव में कभी अस्तित्व में आया ही नहीं, भले ही इसकी प्रतीति क्यों न हो। इस तथ्य का उद्घाटन सर्जन-संबंधी निम्नलिखित प्रकरण में सम्मिलित है।

विगत प्रलय के समय जो कुछ पहले से अवस्थित था, वह सबका सब नष्ट हो गया। तब वह परम तत्त्व अकेला ही बचा। न उसका कोई रूप था न शून्यता ही, न वह दृश्य था न देखने में ही आया। कोई यह भी नहीं कह सकता कि वह था क्या? अथवा क्या था और क्या नहीं था। न उसके कान हैं, न आँखें हैं, और न जिह्वा ही परंतु वह सुनता भी है, देखता भी है और खाता भी है। न तो किसी ने उसका सर्जन किया था न ही उसके घटित होने का कोई कारण था। फिर भी वह सभी का कारण उसी प्रकार है जिस प्रकार जल लहरों का कारण होता है। यह असीम और अनंत प्रकाश सब के पीछे है और इसी के द्वारा तीनों लोक मरीचिका की भाँति प्रकाशित होते हैं।

जिस प्रकार जलती हुई लकड़ी को घुमाने से अग्निचक्र (गोला) प्रकट होता है और उसका घुमाना बंद करने पर वह चक्र समाप्त हो जाता है उसी प्रकार उस असीम में स्पंदन होने पर ये संसार प्रकट होते हुए और उसके निस्पंद होने पर ये संसार जलमग्न होते हुए प्रतीत होते हैं।

समय भी उसी से है, दृश्य पदार्थों की धारणा भी उसी से है। क्या तुम समझते हो कि क्रिया, रूप, स्वाद, गंध, ध्वनि, स्पर्श और यहाँ तक कि चिंतन भी एकाकी है? तुम इन सबको उसी के द्वारा जानते हो। **वही द्रष्टा है, वही दृश्य है, और वही दर्शन है अर्थात् वही दिखाई पड़ता है। जब तुम यह जान लोगे तो तुम्हें आत्मबोध हो जाएगा।**

8

फरवरी

पूर्णात् पूर्णं प्रसरति संस्थितं पूर्णं एव तत्
अतो विश्वं अनुत्पन्नं यच् चोत्पन्नम् तद् एव तत् (29)

राम ने कहा :

हे महर्षि, आप कैसे कहते हैं कि न वह रिक्त ही है, न प्रकाशमान और न अंधकारपूर्ण ही? इन परस्पर-विरोधी कथनों से मैं भ्रमित हो रहा हूँ।

वसिष्ठ ने उत्तर दिया :

राम, तुम बच्चों जैसे प्रश्न कर रहे हो। तो भी मैं तुम्हें सही आशय बतलाता हूँ।

जिस प्रकार बिन-तराशी हुई प्रतिमा किसी शिलाखंड में सदा विद्यमान रहती है उसी प्रकार यह संसार भी उस परम सत्ता में निहित रहता है। इससे कोई अंतर नहीं पड़ता कि तुम इसे वास्तविक मानो या अवास्तविक। इस दृष्टि से वह रिक्त नहीं। जैसे कोई कहे कि इस शांत महासागर में कोई लहर नहीं वैसे ही परम सत्ता इस संसार से रहित नहीं। परंतु इन उदाहरणों का प्रयोग एक सीमा तक ही करना चाहिए। अधिक खींचतान की आवश्यकता नहीं।

सच यह है कि यह संसार न तो परम सत्ता से उद्भूत होता है और न उसमें विलीन ही। केवल परमसत्ता का ही अस्तित्व रहता है। वह पहले भी थी और सदा रहेगी भी।

जब कोई सोचता है कि यह संसार शून्य है तो इसका कारण है कि उसे लगता है कि यह शून्य नहीं। और जब कोई सोचता है कि यह शून्य नहीं तब उसे लगता है कि यह शून्य है।

वह परमसत्ता भौतिक नहीं अतः सूर्य, चंद्र आदि भौतिक स्रोत उसे प्रकाशित नहीं कर सकते। वह स्वतः प्रकाशित है इसलिए वह जड़ या अंधकारपूर्ण भी नहीं। इस परमसत्ता का बोध या अनुभव किसी अन्य के द्वारा नहीं हो सकता। इसका बोध तो स्वयं परम सत्ता को ही हो सकता है।

यह असीम चेतना असीम प्रकाश से भी अधिक शुद्ध है। संसार तो ससीम है। परंतु जिसने मिर्च को नहीं चखा वह उसका स्वाद भी नहीं जानता। उसी प्रकार व्यक्ति वस्तुनिष्ठा के अभाव में उस असीम में चेतना का अनुभव भी नहीं कर पाता। इसीलिए यह चेतना भी उसे निर्जीव और जड़ लगती है और संसार जैसा है वैसा ही लगता है। जिस प्रकार भौतिक जगत रूपी सागर में भौतिक लहरें दिखाई पड़ती हैं उसी प्रकार निराकार ब्रह्म में संसार भी निराकार रूप में स्थित रहता है। **असीम से असीम उद्भूत होता है और उसी में असीम रूप में रहता है। अतः संसार का सर्जन कभी हुआ ही नहीं। यह वैसा ही है जैसा वह है अर्थात् जिसमें से यह उद्भूत हुआ है।**

विचार रूपी ईंधन का आहरण कर लेने पर जब स्व की धारणा समाप्त हो जाती है, तो शेष असीम सत्ता होती है। जो सुप्त या जड़ नहीं वह असीम सत्ता है। उस असीम सत्ता के कारण ही ज्ञान, ज्ञाता और ज्ञात तीनों एक हैं।

फरवरी

आदाव् एव हि यन् नास्ति कारणासंभवत् स्वयं
वर्तमानेपि तन् नास्ति नाशः स्यात् तत्र कीदृषः (13)

राम ने पूछा :

हे महर्षि, प्रलय के समय दिखाई देनेवाला यह संसार कहाँ चला जाता है?

वसिष्ठ ने उत्तर दिया :

यह बताओ कि किसी बांझ औरत को बच्चा कैसे प्राप्त होता है और कहाँ चला जाता है। सत्य यह है कि बाँझ के पुत्र का अस्तित्व कभी हुआ ही नहीं। इसी प्रकार इस संसार का भी कभी जन्म नहीं हुआ। इस तुलना से तुम्हें भ्रम होना स्वाभाविक है क्योंकि तुम इस संसार को पहले ही सत्य मान बैठे हो।

जरा विचार करो कि क्या सोने के कंगन में कंगनपन है? क्या यह सोना ही तो नहीं है? तुम जिसे आकाश कहते हो क्या वह शून्य से अलग है? इसी प्रकार चाहे कोई भी वस्तु हो वह परम सत्ता ब्रह्म से अलग नहीं। जिस प्रकार शीतलता को बर्फ से अलग नहीं किया जा सकता उसी प्रकार इस संसार को भी ब्रह्म से अलग नहीं किया जा सकता।

मरीचिका में से जल अस्तित्व ग्रहण नहीं करता और न ही कहीं जाता है। उसी प्रकार यह संसार भी उस ब्रह्म से नहीं निकलता और न ही कहीं जाता है। **संसार की सृष्टि का कोई कारण नहीं, इसलिए यह अनादि है। और इस समय भी इसका अस्तित्व नहीं इसलिए इसका विनाश कैसा!**

यदि तुम कहो कि इस संसार की सृष्टि ब्रह्मा से नहीं हुई और इस बात को जोर देकर कहो कि यह ब्रह्म का ही वास्तविक रूप है तब भी इसका अस्तित्व नहीं। मात्र ब्रह्म का ही अस्तित्व है। यह स्वप्न के सदृश्य है। अज्ञान की अवस्था में व्यक्ति की बुद्धि में असंख्य स्वप्निल पदार्थ प्रकट होते हैं। वे सभी बुद्धि के अतिरिक्त कुछ नहीं होते। उसी प्रकार जिसे हम सृष्टि का आरंभ कहते हैं उसमें ऐसी उपस्थिति होती है परंतु वह ब्रह्म से भिन्न नहीं होती, और न वह ब्रह्म से अलग होती है। अतः वह अस्तित्वविहीन है।

राम ने कहा :

हे महर्षि, अगर ऐसा है तो फिर इस संसार की वास्तविकता स्वीकार कर लेने के पीछे तर्क क्या है? जब तक देखनेवाला रहेगा तब तक दिखाई पड़नेवाला पदार्थ भी रहेगा और इसी प्रकार जब तक दिखाई पड़नेवाला पदार्थ रहेगा तब तक उसका देखनेवाला भी होगा। और जब ये दोनों ही नहीं रहेंगे तभी तो मुक्ति होगी। जिस प्रकार स्वच्छ आरसी किसी न किसी चीज को हर समय परावर्तित करती रहती है उसी प्रकार द्रष्टा में से वह सृष्टि बार-बार उद्भूत होती रहेगी। यदि सृष्टि के अनस्तित्व का ज्ञान हो जाता है तो द्रष्टा नहीं रहेगा। परंतु ऐसा बोध होना सरल नहीं।

वसिष्ठ ने कहा :

अभी मैं तुम्हारे इस भ्रम को दूर करने के लिए एक नीति-कथा सुनाता हूँ। तब तुम्हें इस सृष्टि के अनस्तित्व का बोध हो जाएगा और तुम इस संसार में ज्ञानियों की तरह जीवन व्यतीत कर सकोगे।

10

फरवरी

जगतः पंचकम् बीजं पंचकस्य चिद् अव्यया
यद् बीजं तत् फलं विद्धि तस्माद् ब्रह्ममयं जगत् (13/9)

वसिष्ठ ने कहा :

हे राम, अब सुनो कि सृष्टि उस एक शुद्ध अखंड ब्रह्मांडीय सत्ता से कैसे उत्पन्न हुई। यह उसी प्रकार उत्पन्न हुई जिस प्रकार सोते हुए व्यक्ति की चेतना में तरह-तरह के स्वप्न उत्पन्न होते हैं।

वस्तुतः यह ब्रह्मांड उस शाश्वत और असीम प्रकाशवान चेतना के रूप में है जो अपने में उस जानने योग्य (परमपुरुष ब्रह्म) को उत्पन्न करती है (जिसे उसके वास्तविक रूप में जाना जा सकता है), उसके आकार-प्रकार (आकाश) के बारे में सोच भी उत्पन्न करती है और साथ ही अपने को जानने की जिज्ञासा भी उत्पन्न करती है। इस प्रकार आकाश अस्तित्व में आया। बहुत समय बीतने के बाद सर्जन की चेतना उस परम पुरुष में बलवती हो उठी। हिरण्यगर्भ नामक सजीव ब्रह्मांडीय आत्मा भावी जीव के रूप में उसी में उद्भूत हुई। फिर हुआ यह कि उस परमपुरुष ने अपनी परमावस्था को छोड़ दिया और अपने को जीव में सीमित कर लिया। तो भी वह ब्रह्म असीम और शाश्वत बना रहा। इस अवस्था में भी उसका वास्तविक स्वरूप बना रहा। उसमें किसी प्रकार का परिवर्तन नहीं हुआ।

आकाश में ध्वनि अपने को अभिव्यक्त करती है। तब अहं उत्पन्न होता है (जो और आगे सर्जन करने के लिए आवश्यक होता है) और इसके साथ ही समय रूपी घटक भी पैदा होता है। यह सब-कुछ मात्र उस सर्जनात्मक विचार से उत्पन्न होता है जो उस परमपुरुष में अंतर्निहित है। तो भी उस असीम में वास्तविक परिवर्तन नहीं होता।

इस सर्जनात्मक विचार की ही वैसी ही हलचल से वायु उत्पन्न होती है। इन सबसे घिरी हुई चेतना ही जीव कहलाती है जो इस संसार में सभी प्रकार के तत्त्वों को उत्पन्न करती है।

इस सृष्टि के चौदह तल हैं। उन सबमें अपने-अपने ढंग के वासी है। और ये सभी चेतना के सर्जनात्मक विचार की अभिव्यक्ति हैं। ऐसा होने पर भी जब चेतना सोचती है कि मैं प्रकाश हूँ तो उसी क्षण सूरज आदि प्रकाश के स्रोत पैदा हो जाते हैं। इसी प्रकार जल और पृथ्वी भी उत्पन्न हुए।

ये सभी मूलभूत तत्त्व एक दूसरे के साथ अनुभवकर्ता और अनुभव के रूप में क्रिया-प्रतिक्रिया करने लगे और समुद्रतल पर उत्पन्न होनेवाली लहरों की तरह यह सारी सृष्टि अस्तित्व में आ गई। और ये तत्त्व एक दूसरे में इस प्रकार मिश्रित तथा गुत्थमगुत्था हो जाए कि उन्हें प्रलयकाल तक एक दूसरे से अलग करना असंभव हो गया। इन भौतिक पदार्थों का रूप-परिवर्तन सदा होता रहता है और वह परम सत्ता एक रूप ही रहती है। क्योंकि ये सभी चेतना से जुड़े होते हैं इसलिए ये तत्क्षण भौतिक पदार्थों का ठोस रूप धारण कर लेते हैं। यद्यपि हैं ये सभी असीम चेतना ही–वह चेतना जिसमें किसी प्रकार का कभी परिवर्तन नहीं होता।

ये पाँच वे तत्त्व हैं जिनसे यह वृक्ष रूपी संसार बना है और शाश्वत चेतना उन तत्त्वों का बीज है। जैसा ही बीज है वैसा ही फल (वृक्ष) है। इसलिए संसार कुछ और नहीं परमसत्ता ब्रह्म ही है।

फरवरी

असत्यां सत्यसंकाशां ब्रह्मास्ते जीवशब्दवत्
इत्थं जीवशब्दार्थः कलनाकुलताम् गतः (13/33)

वसिष्ठ ने कहा :

अब मैं तुम्हें बतलाऊँगा कि जीव (जीवित आत्मा) शरीर में कैसे वास करने लगा।

जीव ने सोचा, 'मेरी प्रकृति और स्थिति परमाणु रूप है' इसलिए वह परमाणु बन गया। परंतु ऐसा ऊपर से देखने भर को ही हुआ। कल्पना के कारण ऐसा हुआ जो था मिथ्या ही। वैसे ही जैसे कोई स्वप्न देखे कि मैं मर गया हूँ और मुझे दूसरा शरीर मिल गया है। फिर जिस जीव का अत्यंत सूक्ष्म शरीर था उसने अपनी पहचान स्थूल रूप में की और इस प्रकार वह स्थूल हो गया। ठीक वैसे ही जैसे शीशे में पर्वत का बिंब परावर्तित होने पर ठीक पर्वत जैसा दिखाई देता है। जीव बाह्य पदार्थों और क्रियाओं को परावर्तित करने लगा और जल्दी ही सोचने लगा कि ये सभी मेरे अंदर हैं और मैं ही क्रियाओं का कर्ता हूँ और अनुभवों का अनुभवकर्ता हूँ।

जब जीव में देखने की इच्छा होती है तो स्थूल शरीर में आँखें उत्पन्न हो जाती हैं। त्वचा, कान, जिह्वा, नाक और हाथ-पैर इसी प्रकार विभिन्न प्रकार की इच्छाओं के उत्पन्न होने पर बन गए। इस प्रकार अत्यंत सूक्ष्म चेतनावाला जीव शरीर में वास करने लगा। उसे तरह-तरह के बाह्य भौतिक तथा विविध आंतरिक मनोवैज्ञानिक अनुभव होने लगे। **इस प्रकार ब्रह्म जो था तो वास्तविकता परंतु अवास्तविकता में वास करने से, अपने को जीव समझने लगा और भ्रमित भी होने लगा।**

ब्रह्म अब भौतिक काया प्राप्त कर लेने पर अपने को ससीम जीव मानने लगा। वह इस भौतिक संसार को अज्ञानवश पदार्थ निर्मित समझकर पकड़ने लगा। कोई तो सोचता है कि मैं ब्रह्म हूँ और कोई अपने को कुछ और समझता है। जीव निर्णय नहीं कर पाता कि मैं क्या हूँ और क्या नहीं, इस प्रकार सांसारिक भ्रमजाल में बँधता चला जाता है।

राम, यहाँ न तो एक जीव है, न बहुत से और न ही जीवों का पुंज है। जीव केवल नाम है। जिसका अस्तित्व है वह केवल ब्रह्म है। क्योंकि वह सर्वशक्तिमान है उसके विचार मूर्त रूप धारण कर लेते हैं। एक ही वह अज्ञानवश नानाविध रूपों में दिखाई देता है। हमें इस अज्ञान का अनुभव नहीं। परंतु इसे जानने की इच्छा होने पर यह उसी प्रकार विलीन हो जाता है जिस प्रकार प्रकाश के आने पर अंधकार विलीन हो जाता है। ब्रह्म ही एकमात्र ब्रह्मांडीय आत्मा (महाजीव) है और अरबों की संख्या में जीव भी। इससे भिन्न कुछ और नहीं।

परंतु यह सब कल्पना या विचार मात्र है। अब तक कुछ भी सर्जित नहीं किया गया है। मात्र शुद्ध असीम आकाश ही अस्तित्व में है। प्रलय से पहले जैसा संसार था उसे ब्रह्मा भी सर्जित नहीं कर सकता क्योंकि तब के ब्रह्मा ने मोक्ष प्राप्त कर लिया है। ब्रह्मांडीय चेतना इस समय भी अस्तित्व में है और सदा अस्तित्व में रहेगी। उसमें न कोई संसार है न सर्जित प्राणी ही। वह चेतना अपने में परावर्तित होती है और परिणामस्वरूप नवसृष्टि की प्रतीति होती है। जिस प्रकार अवास्तविक दुःस्वप्न भी यथार्थ परिणाम देते हैं, लगता है उसी प्रकार अज्ञानवश हमें यह संसार भी सत्य का आभास कराता है। जब यथार्थ ज्ञान उद्भूत होता है तो यह अयथार्थ वास्तविक लुप्त हो जाता है।

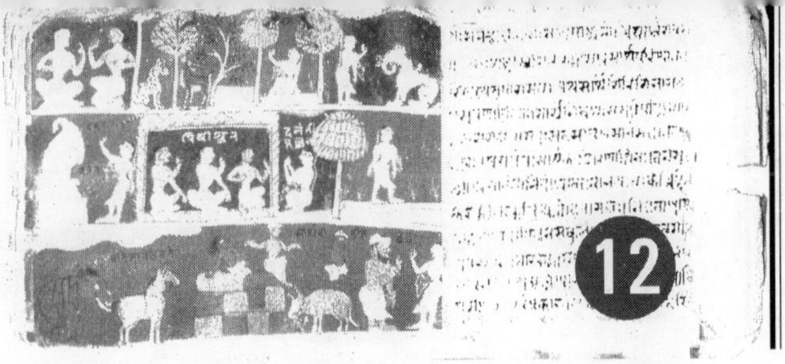

फरवरी

चेत्य संवेदनात् जीवो भवत्यायाति संसृतिम्
तद् असंवेदनाद् रूपं समयाति समं पुनः (36)

वसिष्ठ ने कहा :

इंद्रियों द्वारा ग्रहण किए हुए या जानने योग्य की अवधारणा करने पर चेतना जीव बन जाती है और आवागमन के चक्र में स्पष्टतः अंतर्ग्रस्त हो जाती है। जब ज्ञाता (चेतना) और ज्ञेय (संसार) के बीच मिथ्या धारणा नष्ट हो जाती है तो वह (चेतना) अपनी पूर्व अवस्था (साम्यावस्था) प्राप्त कर लेती है।

अनिर्वचनीय और चमत्कारिक ढंग से नाम और रूप-संबंधी विविध पदार्थों को उत्पन्न करनेवाली हमारी चेतना की रहस्यमय शक्ति को अहं कहते हैं। जब अहं उत्पन्न होता है तो (वह चेतना से भिन्न न होने पर भी) वह अनेक ऐसे तत्त्वों की अवधारणा कर लेता है जो इस ब्रह्मांड की रचना करते हैं। और फिर वे ब्रह्मांड उत्पन्न हो जाते हैं। इस प्रकार एक से अनेक बनने लगते हैं। हे राम, इसलिए मैं और तुम की मिथ्या अवधारणाओं का त्याग करो। इसके लिए तुम्हें जीव और उसकी उत्पत्ति की अवधारणाओं का भी त्याग करना होगा। जब इन सब अवधारणाओं का अंत हो जाएगा तो तुम्हें सत्य का बोध होगा। यह बोध वास्तविक और अवास्तविक के बीच होता है।

यह चेतना अज्ञेय है अर्थात् इसे जाना नहीं जा सकता। जब यह अपने को जनाना चाहती है तब यह ब्रह्मांड का रूप धारण कर लेती है अर्थात् तब यह ज्ञेय हो जाती है। मन, बुद्धि, अहं, पाँचों तत्त्व और संसार ये सभी उस एकमात्र चेतना के ही असंख्य नाम और रूप हैं। व्यक्ति, उसके जीवन और उसके कार्यों में अलगाव नहीं किया जा सकता। जो कुछ चल या अचल है वह एक ही घटक के प्रकट रूप हैं। जीव, मन आदि सभी चेतना के स्पंदन हैं। यही सत्य है।

जब ज्ञेय को जानने की यह बाह्य अवधारणा समाप्त हो जाती है, आत्मज्ञान उत्पन्न होता है। यदि इसमें जड़ता या अज्ञान की अवधारणा रहती है तो इसे तंद्रा आक्रांत कर लेती है। जब सभी स्थितियों में चेतना का ही अस्तित्व रहता है तब यह कहा जा सकता है कि आकाश है भी और नहीं भी, संसार है भी और नहीं भी।

जिस प्रकार ताप अग्नि में, श्वेतता शंख में, अचलता पर्वत में, तरलता जल में, मक्खन दूध में, शीतलता बर्फ में, चमक प्रकाश-सज्जा में, तेल तिलों में, प्रवाह नदी में, मिठास शहद में, सोना आभूषण में और गंध फूल में निहित होती है उसी प्रकार इस ब्रह्मांड में चेतना निहित है। संसार इसलिए है कि चेतना है। संसार इसी चेतना की काया है। इन दोनों में भेद, विभेद या विभाजन नहीं। अतः इस ब्रह्मांड को वास्तविक भी कह सकते हैं और अवास्तविक भी। चेतना की वास्तविकता के कारण वास्तविक। चेतना अपने में वास्तविकता ही है। और अवास्तविक इसलिए कि ब्रह्मांड ब्रह्मांड के रूप में अवस्थित नहीं—यह चेतना के अधीन है। ब्रह्मांड के अवास्तविक होने पर भी यह नहीं कहा जा सकता कि इसका कारण चेतना भी अवास्तविक है। ऐसे वक्तव्य का कुछ अर्थ नहीं। यह अनुभव के विपरीत है और चेतना के अस्तित्व को नकारा नहीं जा सकता। (इस समय तीसरी संध्या आरंभ हो चुकी थी इसलिए उस दिन की सभा विसर्जित की गई।)

13

फरवरी

वर्जयित्वाज्ञविज्ञानं जगच्छब्दार्थ भाजनम्
जगद् ब्रह्म स्व शब्दानामर्थे नास्त्येव भिन्नता (10)

वसिष्ठ ने कहा :

हे राम, जिस प्रकार स्वप्न में दिखाई पड़नेवाले पदार्थ ठोस प्रतीत होते हैं और जागने के बाद उनका भौतिक रूप नहीं रहता उसी प्रकार यह संसार भी जो भौतिक रूप में दिखाई पड़ता है वह वास्तव में शुद्ध चेतना ही है। **जिस प्रकार मरीचिका में अस्थायी या सूक्ष्म नदी नहीं होती उसी प्रकार संसार का वास्तविक अस्तित्व नहीं रहता बल्कि वह तो शुद्ध चेतना होती है। संसार, ब्रह्म, असीम (या अनंत) अथवा स्व (या आत्मा) में अर्थ के विचार से कोई अंतर नहीं।** ब्रह्म के विचार से यह संसार उतना ही सत् है जितना जाग्रत अवस्था में देखे हुए स्वप्न का नगर। अत: 'संसार' और 'ब्रह्मांडीय चेतना' पर्याय हैं।

इस तथ्य को स्पष्ट करने के लिए मैं तुम्हें मंडप ऋषि की कथा सुनाता हूँ। ध्यान से सुनो।

हे राम, बहुत पहले इस धरती पर पद्म नाम का राजा राज करता था। वह सभी दृष्टियों से पूर्ण था और अपने स्वभाव तथा आचरण से उसने अपने वंश का नाम भी उज्ज्वल किया था। धार्मिक परंपराओं के प्रति उसका वैसा ही आदरभाव था जैसा तट के आधिपत्य के प्रति समुद्र में आदरभाव रहता है। उसने अपने शत्रुओं का विनाश वैसे ही कर डाला था जैसे सूरज अंधकार का विनाश कर डालता है। जिस प्रकार अग्नि घास को भस्म कर देती है वैसे ही उसने समाज की बुराई को भस्म कर डाला था। साधु-संतों का वह वैसे ही सहारा था जैसा सहारा देवताओं के लिए स्वर्ग होता है। वह गुणों की खान था। जिस प्रकार झंझा से बेल काँप उठती है उसी प्रकार रणभूमि में शत्रु उसके आगमन से काँप उठते थे। वह उच्चकोटि का पंडित भी था और कलाओं का मर्मज्ञ भी। उसके लिए कुछ भी प्राप्त करना वैसे ही सहज था जैसे भगवान नारायण के लिए कुछ भी अप्राप्य नहीं।

उसकी पत्नी का नाम लीला था। वह अत्यंत सुंदर भी थी और अत्यधिक गुणवती भी। ऐसा लगता था कि इस धरती पर वह नारायण की प्रिया देवी लक्ष्मी हो। वह मधुर-भाषिणी थी। गति उसकी मंथर थी और लालित्यपूर्ण भी। उसकी मुस्कान से शीतल चंद्रिका के समान प्रसन्नता निसृत होती थी। वह गोरी-चिट्टी थी। शहद के समान उसकी बोली थी। उसकी भुजाएँ मृदु और सुकुमार थीं। उसकी काया वैसे ही पवित्र थी जैसे गंगा का जल। जिस प्रकार गंगा का स्पर्श भर करने से आनंद की अनुभूति होती है उसी प्रकार उसे स्पर्श करने पर भी आनंद की अनुभूति होती थी। वह अपने पति राजा पद्म के प्रति पूर्ण रूप से समर्पित थी और उसे प्रसन्न रखना तथा उसकी सेवा करना भी जानती थी।

वे दो शरीर और एक जान थे। पत्नी पति के सुख-दुख की पूर्ण सहभागिनी थी। उसे अपने पति का घनिष्ट मित्र भी कह सकते हैं, परंतु इतना अवश्य है जब पति क्रुद्ध हो उठता था तो वह भय से काँपने लगती थी।

14

फरवरी

चित्ताकाशं चिदाकाशं आकाशं च तृतीयकम्
द्वाभ्यां शून्यतरं विद्धि चिदाकाशं वरानने (17/10)

वसिष्ठ ने कहा :

राजा पद्म और रानी लीला आदर्श जीवन व्यतीत करते थे। वे सदाचारपूर्ण ढंग से रहकर जीवन का आनंद प्राप्त करते थे। वे देवताओं की तरह सदा युवा थे। उन दोनों में एक दूसरे के प्रति सच्चा और उत्कट प्यार था। उसमें किसी प्रकार की कृत्रिमता या छलछंद नहीं था। एक दिन रानी लीला के मन में विचार उठा कि मेरा पति मुझे अपनी जान से भी अधिक प्रिय है इसलिए कौन-सा उपाय किया जाए जिससे हम सदा-सदा के लिए जीवन का आनंद उठाते रहें? मेरी यह इच्छा पूर्ण हो इसके लिए मुझे संतजन जो-जो धार्मिक कृत्य करने के लिए कहेंगे उन्हें मैं करूँगी। वह संतों के पास गई। उन्होंने उससे कहा, "हे रानी, धार्मिक क्रियाओं या तप, मंत्रजप, और अनुशासित जीवन से तो तुम वही सब-कुछ प्राप्त करने में समर्थ होगी जिसे इस संसार में प्राप्त करना किसी के लिए संभव होता है। परंतु इस संसार में काया की अमरता प्राप्त करना संभव नहीं।"

अपने पति से विचार-विमर्श किए बिना रानी देवी सरस्वती की आराधना में तत्काल जुट गई। सरस्वती ने उसे दर्शन दिए और कहा कि जो वर चाहो, माँग लो। लीला ने प्रार्थना की : "हे देवी माँ, मुझे दो वर दें। एक तो यह कि जब मेरे पति का शरीर छूटे तो उसकी आत्मा इसी राजमहल में रहे और दूसरे यह कि जब मैं तुम्हारी आराधना करूँ तब तुम मुझे दर्शन दो।" सरस्वती ने रानी को ये दोनों वर दिए और वे अदृश्य हो गईं। समय बीतता चला गया। राजा पद्म युद्ध में आहत हुए और फिर एक दिन राजमहल में उनके प्राण-पखेरू उड़ गए। रानी पर दुख का पहाड़ टूट पड़ा। वह दुख में बेसुध थी। तभी देवी सरस्वती के शब्द उसके कानों में पड़े। देवी सरस्वती ने कहा : "मेरी पुत्री, पति के शव को फूलों से ढक दो। तब उसका क्षय नहीं होगा। वह इस राजमहल को नहीं छोड़ेगा।"

लीला ने सरस्वती से पूछा : "कृपया बताएँ कि मेरा पति इस समय कहाँ है?"

सरस्वती ने कहा : "अरी लीला, तीन प्रकार के आकाश हैं–मनोवैज्ञानिक आकाश, भौतिक आकाश और चेतना का अनंत आकाश। इन तीनों में सबसे उपयुक्त चेतना का अनंत आकाश है। चेतना के इस अनंत आकाश में ध्यान एकाग्र करने पर तुम उस व्यक्ति (जैसे पति) को देख तथा अनुभूत कर सकोगी जिसका शरीर अनंत आकाश में विलीन हो चुका हो और जिसे भले ही तुम इस संसार में न देख पाती हो। हमारी सीमित बुद्धि जब एक बिंदु से दूसरे बिंदु पर जाती है तो उन दोनों बिंदुओं के बीच अनंत आकाश होता है। यदि तुम निर्विचार हो जाओ तो तुम्हें इन सभी में एकता की अनुभूति होगी। सामान्यत: जिसे ब्रह्मांड के अनस्तित्व की अनुभूति हो उसे ही ऐसा अनुभव प्राप्त हो सकता है। तुम मेरे अनुग्रह से ऐसा कर सकोगी।"

वसिष्ठ ने कहा :

लीला ध्यान करने लगी। एकाग्रता द्वारा उसकी निर्विकल्प समाधि लगी। वह चेतना के अनंत आकाश में पहुँची। वहाँ उसने पुन: राजा को देखा। राजा सिंहासन पर बैठे थे और अनेक मंत्री और दरबारी उनके प्रति आदर-सम्मान प्रकट कर रहे थे। परंतु उन सबने लीला को नहीं देखा। लीला हैरान थी। उसे लगा कि क्या ये सभी मर चुके हैं। फिर देवी सरस्वती की कृपा से अपने महल में लौट आई और अपने सभी अनुचरों को सोते हुए पाया। उसने उन्हें जगाया और कहा कि सभी सदस्यों को सूचित करें कि इसी समय राजदरबार में एकत्र हों।

15

फरवरी

आदर्शेन्तर्बहिचैव यथा शैलोनुभूयते
बहिरन्ताश्चिद् आदर्शे तथा सर्गोनुभूयते (15/5)

वसिष्ठ ने कहा :

सभी सदस्यों को राजसभा में उपस्थित देखकर रानी लीला घबरा गई। उसने सोचा : "कितनी विचित्र बात है कि ये सभी लोग एक ही समय में दो विभिन्न स्थानों पर उपस्थित हैं। ध्यान में मैंने जिस प्रदेश को देखा था ये उसमें भी थे और और मेरे सामने भी हैं। **जिस प्रकार पहाड़ शीशे में भी दिखाई देता है और उसके बाहर भी उसी प्रकार यह संसार चेतना में भी दिखाई देता है और उसके बाहर भी।** इसमें कौन सत् है और कौन प्रतिबिंब? इसे सरस्वती देवी से पूछूँगी।" उसने सरस्वती देवी की आराधना की और उसे अपने सामने वहीं विराजमान पाया।

लीला ने पूछा : कृपया मुझे बतलाएँ कि जिसमें संसार परावर्तित होता है वह पूर्णतः शुद्ध और अविभक्त है और वह ज्ञान का विषय भी नहीं है। यह संसार परावर्तित रूप में उसमें भी रहता है और बाहर भी ठोस पदार्थ के रूप में रहता है। इनमें से कौन सत् है और परावर्तन?

सरस्वती ने कहा : पहले यह बताओ कि तुम किसे सत् समझती हो और किसे असत्?

लीला ने उत्तर दिया : यह मैं और मेरे सामने तुम हो। मैं इसे सत् समझती हूँ। जिस प्रदेश में इस समय मेरे पति हैं उसे मैं असत् समझती हूँ।

सरस्वती ने कहा : सत् का परिणाम असत् कैसे हो सकता है? कारण ही तो परिणाम होता है–दोनों में मौलिक अंतर नहीं होता। हम देखते हैं कि (मिट्टी का) पात्र तो जल धारण कर लेता है परंतु उसका कारण (मिट्टी) ऐसा नहीं कर पाता। ऐसा अंतर सहकारी कारणों से होता है। तुम्हारे पति के जन्म का भौतिक कारण क्या था? भौतिक परिणाम तो भौतिक कारणों से ही होते हैं। इसलिए इसका कारण भूतकाल में रहा–स्मृति। स्मृति आकाश की तरह है–रिक्त। संपूर्ण सृष्टि रिक्तता का ही परिणाम है। अतः यह सृष्टि भी रिक्त है। जिस प्रकार तुम्हारे पति का जन्म स्मृति का असत् परिणाम है उसी प्रकार यह सब-कुछ भी कल्पना का असत् परिणाम है।

मैं तुम्हें एक कथा सुनाती हूँ जो सृष्टि की स्वप्न-सदृश प्रकृति को द्योतित करती है। शुद्ध चेतना में-- दूसरे शब्दों में ब्रह्मा के मन के कोने में जीर्ण-शीर्ण देवस्थल था जो नीले गुंबद से आवृत था। चौदह संसार उसके कमरे थे। उसमें जो तीन छेद थे वे आकाश के तीन विभाग थे। वहाँ सूर्य का प्रकाश था। उसमें तीन बाँबियाँ (नगरियाँ) थीं, मिट्टी की छोटी-छोटी ढेरियाँ (पहाड़ियाँ) थीं और छोटे-छोटे जल के ताल (समुद्र) भी थे। यही सृष्टि है। इसे ही ब्रह्मांड कहते हैं। इसके कोने-कतरे में एक धर्मी व्यक्ति अपनी पत्नी और बच्चों के साथ रहता था। वह अपने धार्मिक और सामाजिक कर्तव्यों का निर्वाह अच्छी तरह करता था।

इस धर्माता का नाम वसिष्ठ था। इसकी पत्नी का नाम अरुंधती था। उसने एक शोभयात्रा देखी जिसमें राजा हाथी पर आरूढ़ था और उसके पीछे-पीछे मंत्री, सचिव, सैनिक आदि चल रहे थे। इसे देखकर वसिष्ठ के मन में एक इच्छा उत्पन्न हुई। मुझे भी कभी क्या शाही हाथी पर सवारी करने का अवसर मिलेगा और इस प्रकार लाव-लश्कर मेरे पीछे चलेगा?"

16

फरवरी

यथैतत् प्रतिभामात्रं जगत् सर्गावभासनम्
तथैतत् प्रतिभामात्रं क्षणकल्पावभासनम् (20/29)

सरस्वती ने कहा :

समय बीतने पर धर्माता वृद्ध हुए और यमराज इन्हें उठा ले गए। इनकी पतिव्रता पत्नी ने मुझसे प्रार्थना की और वही वर माँगे जो तुमने माँगे हैं। वह यह कि मेरे पति की आत्मा मेरे घर से बाहर न जाए। मैंने उसे यह वर प्रदान कर दिया। वे धर्मात्मा दिव्य प्राणी थे और विगत जीवनकाल की अपनी दृढ़ संकल्पना के कारण बलवान राजा बने और उन्होंने पृथ्वी पर स्वर्ग-सदृश एक बड़े राज्य पर शासन किया। शरीर त्यागने के बाद अरुंधती का भी मिलन अपने पति से हुआ। इस घटना को घटे आठ दिन हुए हैं।

लीला, यह वही धर्मात्मा हैं जो अब तुम्हारे पति हैं और राजा हैं। तुम भी अरुंधती हो जो इनकी पत्नी थी। अज्ञान और भ्रम के कारण ऐसा प्रतीत होता है कि यह सब-कुछ असीम चेतना में घटा है पर सच्चाई यह कि कुछ हुआ ही नहीं। मैं झूठ नहीं कहती। सच कह रही हूँ। सुनने में अविश्वसनीय है परंतु ऐसा प्रतीत होता है कि राज्य प्राप्ति की इच्छा के कारण ही उन धर्मात्मा की झोंपड़ी में राज्य निर्मित हुआ। भूतकाल की स्मृति प्रच्छन्न होती है। तुम दोनों ने फिर से जन्म लिया है। मृत्यु स्वप्न से निवृत्त होने की अवस्था है। जन्म यदि इच्छा से हो तो वह इच्छा या मरीचिका की लहरों के समान ही असत् है। इस सारी सृष्टि के बाद भी उन धर्मात्मा का घर पहले की तरह है। निश्चय ही हर परमाणु के अंदर संसार-दर-संसार है।

लीला ने पूछा : हे देवी, आपने कहा है कि उन धर्मात्मा को मरे अभी आठ ही दिन हुए हैं जबकि मैं और मेरे पति तो दीर्घकाल से जीवन यापन कर रहे हैं। इस विसंगति को कैसे दूर करेंगी?

सरस्वती ने कहा :

हे लीला, जिस प्रकार आकाश असीम और अपार है उसी प्रकार समय भी असीम और अपार है। **जिस प्रकार यह संसार और सृष्टि मात्र रूपाकृतियाँ (रूप+आकृतियाँ) हैं उसी प्रकार क्षण और युग भी काल्पनिक है,** सत् नहीं। आँख झपकने भर में जीव को मृत्यु के अनुभव का भ्रम हो जाता है। वह भूल जाता है कि पहले क्या हुआ और अनंत चेतना में वह सोचने लगता है कि मैं यह हूँ, मैं उसका बेटा हूँ, मेरी इतनी उम्र है आदि आदि।

स्वप्न में थोड़ी देर में ही जन्म, मृत्यु, संबंध-निर्वाह घटित होता है और प्रिया के बिना एक रात भी युग-सी प्रतीत होती है। पलक झपकते-झपकते ही अनुभूत अथवा अननुभूत पदार्थों का ज्ञान जीव को होता है और उसके बाद वह कल्पनावश उन पदार्थों को सत् भी मान लेता है। स्वप्न में तो ऐसे पदार्थ भी दिखाई देते हैं जिन्हें जीव ने पहले कभी देखा या सुना तक नहीं होता।

यह संसार और यह सृष्टि भी निरी स्मृति है, स्वप्न है। समय और दूरी के पैमाने सभी भ्रामक हैं। स्मृति एक प्रकार का ज्ञान है। ज्ञान का दूसरा प्रकार वह है जो भूतकालिक अनुभवों पर आधारित नहीं। चेतना में होनेवाले परमाणुओं के सांयोगिक मिलन से यह उत्पन्न होता है तथा अपना अलग ही परिणाम दरशाता है।

17

फरवरी

महाचिद्रूपम् एव त्वं स्मरणं विद्धि वेदनम्
कार्यकारणता तेन स शब्दो न च वास्तवः (23)

सरस्वती ने कहा :

इस प्रकार हम कह सकते हैं कि ब्रह्मांड के पूर्ण अनस्तित्व का बोध ही मुक्ति या मोक्ष है। अहं और ब्रह्मांड के अस्तित्व के मात्र खंडन की बात से यह बात अलग है। वह अधूरा ज्ञान है। मोक्ष तो वस्तुतः इस बात का बोध है कि जो कुछ भी है वह शुद्ध चेतना भर है।

मनु और उनकी पत्नी को सृष्टि-संबंधी पहले-पहल जो ज्ञान हुआ था वह विभ्रम था। वह सृष्टिकर्ता ब्रह्मा का विचार-रूप था। ब्रह्मा प्रच्छन्न विचार-रूप (स्मृति) से रहित थे। सृष्टि से पहले प्रलय हुआ था और उस समय ब्रह्मा मुक्ति प्राप्त कर चुके थे। इस युग के आरंभ में जिसे सृष्टि करने का अधिकार मिलता है और वह सोचता है कि मैं नया सृष्टिकर्ता हूँ। इसे शुद्ध संयोग ही माना जाना चाहिए। यह तो ठीक उसी प्रकार है कि कौआ नारियल के पेड़ पर बैठे और नारियल गिर जाए। ये दोनों भिन्न-भिन्न बातें हैं एक दूसरे से स्वतंत्र। हाँ, यह नहीं भूलना चाहिए कि जो कुछ भी होता है **वह विचार-रूप या अनुभव एकमात्र असीम चेतना ही है, न कोई कारण होता है न ही जिसे उसका परिणाम कहा जा सकता है। ये (कारण और परिणाम) मात्र शब्द हैं, तथ्य नहीं।** असीम चेतना सदा असीम चेतना ही रहती है।

लीला ने कहा :

हे देवी, आपके शब्द सचमुच सच्चा ज्ञान कराते हैं। मैंने ऐसी बातें पहले कभी नहीं सुनी थीं इसलिए ठीक से मन में बैठ नहीं रही हैं। महर्षि वसिष्ठ के असली घर को देखने की इच्छा है।

सरस्वती ने कहा :

अरी लीला, अपने इस वर्तमान रूप को पहले त्यागो और शुद्ध आध्यात्मिक अंतर्दृष्टि प्राप्त करो। सिर्फ ब्रह्म को ही ब्रह्म का दर्शन और बोध हो सकता है। मेरी काया शुद्ध प्रकाश, शुद्ध चेतना से बनी हुई है। तुम्हारी काया ऐसी नहीं। तुम अपनी इस काया से अपनी कल्पना के स्थान भी जब नहीं देख सकती तब फिर तुम कैसे दूसरे की कल्पना का स्थान देख सकती हो। परंतु यदि तुम प्रकाश-काया प्राप्त कर लो तो तुम सहज ही महर्षि के घर को देख सकती हो। दृढ़ निश्चय करो कि मैं अपनी काया यहीं छोड़ती हूँ। और प्रकाश-काया ग्रहण करती हूँ। धूपबत्ती की गंध के समान काया धारण करके तुम महर्षि का घर देख सकती हो। मैं भी उनके घर चलूँगी। जिस प्रकार जल जल में मिल जाता है उसी प्रकार तुम भी चेतना-क्षेत्र में मिलकर एक हो जाओगी।

इस ध्यान का डटकर अभ्यास करने से तुम्हारी काया शुद्ध चेतना में रूपांतरित हो जाएगी और अति सूक्ष्म रूप धारण कर लेगी। मैं तो अपनी सूक्ष्म काया को भी देख सकती हूँ। तुम इस प्रकार नहीं देख सकती। तुम पदार्थ रूपी संसार ही देख सकती हो। अज्ञानवश अपनी इच्छा से ही इस अज्ञान का वरण किया जाता है और बुद्धिमत्ता तथा अनुसंधान के द्वारा इसे हटाया भी जाता है। तथ्य यह है कि ऐसे अज्ञान का अस्तित्व ही नहीं है। न यहाँ अबुद्धिमत्ता है न अज्ञान, न बंधन और न ही मोक्ष। बस है तो केवल शुद्ध चेतना।

18

फरवरी

तच्चिन्तनं तत्कथनं अन्योन्यं तत् प्रबोधनम्
एतद् एक परत्वं च तद् अभ्यासं विदुर् बुधः (24/24)

सरस्वती कहती हैं :

प्यारी लीला, स्वप्न में स्वप्निल काया वास्तविक लगती है परंतु जागने पर उस काया का अस्तित्व नहीं रह जाता। इसी प्रकार स्मृति तथा सुप्त प्रवृत्तियों द्वारा पोषित हमारी यह भौतिक काया भी हमें उस समय असत् लगती है जब हम जान जाते हैं कि स्मृति और प्रवृत्तियाँ भी असत् हैं। जिस प्रकार स्वप्न के उपरांत तुम अपने भौतिक शरीर को देखती हो उसी प्रकार इन प्रवृत्तियों का अंत हो जाने पर अपनी दिव्य काया दिखलाई पड़ने लगती है। स्वप्न का अंत होने पर गहरी नींद आती है। जब विचारों के बीज नष्ट होते हैं तब मुक्ति प्राप्त होती है। मुक्तावस्था में विचार-बीजों का अस्तित्व नहीं होता। यदि कोई मुक्त संत रहता या सोचता हुआ दिखाई देता है तो बस ऐसा करता हुआ ही वह प्रतीत होता है। ठीक वैसे ही जैसे कोई जला हुआ कपड़ा जमीन पर पड़ा हो। यह न गहरी नींद के समान है न बेहोशी के समान ही। इन दोनों में विचार-बीज छिपे हैं।

अभ्यास के द्वारा अहं शांत हो जाता है। उसके बाद तुम अपनी चेतना में विश्राम कर सकती हो। ऐसी अवस्था में यह दृश्य-संसार लुप्त होता हुआ प्रतीत होगा। अभ्यास क्या है? **उसी एक का चिंतन, उसी एक का कथन, औरों से उसी की चर्चा, उसी एक के प्रति पूर्ण समर्पण।** इसे ही बुद्धिमान लोगों ने अभ्यास की संज्ञा दी है। बुद्धि सौंदर्य और आनंद से परिपूर्ण हो, दृष्टिकोण विशाल हो, इंद्रिय सुखों की चाह अनुपस्थित हो–इसी अवस्था की प्राप्ति का प्रयास ही अभ्यास है। किसी की ऐसी पुष्ट धारणा बने कि विश्व का कभी सर्जन नहीं हुआ, इसलिए इसका अस्तित्व भी नहीं। 'यह संसार है, यह मैं हूँ' इस तरह के प्रश्न भी मन में न उठें–यही अभ्यास है। ऐसी अवस्था में आकर्षण-विकर्षण उत्पन्न नहीं होते। इच्छाशक्ति द्वारा आकर्षण-विकर्षण पर विजय पाना तप कहलाता है। इसे ज्ञान नहीं कहते।

(इस समय तक परछाइयाँ फैलने लगी थीं। सभा विसर्जित हुई। अगले दिन सुबह फिर सभा की कार्रवाई आरंभ हुई। वार्ता का आरंभ वसिष्ठ जी ने किया।)

वसिष्ठ ने कहा :

हे राम, फिर तत्काल देवी सरस्वती और रानी लीला गहरे ध्यान में बैठ गईं। उनकी निर्विकल्प समाधि लगी। वे दोनों शारीरिक चेतना से ऊपर उठीं। उन दोनों ने संसार-संबंधी सभी धारणाओं का त्याग किया था। इसलिए वे पूर्णतः उनकी चेतना से लुप्त हो चुकी थीं। वे दोनों अपनी ज्ञान-काया में विचरण करने लगीं। यद्यपि ऐसा लगता था कि उन्होंने हजारों मील की आकाश में यात्रा संपन्न की है परंतु वे अब भी उसी अपने कमरे में बैठी थीं। वे जिस तल पर विचरण कर रही थीं, वह चेतना का तल था। उन्होंने वह सब देखा जो सरस्वती के मन में था और जिसे वह लीला को दिखाना भी चाहती थीं।

लीला ने समुद्र देखे, पहाड़ देखे, ब्रह्मांड के पालक देखे, देवताओं का राज्य देखा, आकाश और कटोरदान की तरह धरती देखी और देखा उसने अपना घर भी।

फरवरी

परमाणौ परमाणौ सर्गवर्गा निरर्गलम्
महाचितेः स्फुरन्त्य् अर्करुचीव त्रसरेणवः (27/29)

वसिष्ठ ने कहा : हे राम, तब वे दोनों स्त्रियाँ महर्षि के घर में प्रविष्ट हुईं। पूरा परिवार शोक संतप्त था। शोक के कारण घर का वातावरण विषादपूर्ण था। ज्ञान योग के अभ्यास से लीला ने अपने विचारों को तत्क्षण कार्य रूप में परिणत करने की शक्ति अर्जित कर ली थी। उसने चाहा, "मेरे ये संबंधी मुझे और सरस्वती को सामान्य स्त्रियों की भाँति देखें।" फिर दोनों शोकसंतप्त परिवारों के लोगों के समक्ष सामान्य स्त्रियों के रूप में खड़ी थीं। उनके शरीर से निकलनेवाले दिव्य प्रकाश ने घर में फैले हुए विषाद को दूर कर दिया। मृत पति-पत्नी के बड़े लड़के से उन्होंने पूछा : 'हमें बताएँ कि शोक का कारण क्या है? इसने तो पूरे घर को ग्रस्त कर रखा है।'

उस लड़के ने कहा : "देवियों, इस घर में एक धर्मात्मा और उसकी स्वामिभक्त पत्नी रहते थे। दोनों का जीवन धर्म-कर्म में लगा था। कुछ समय पहले उन्होंने अपने बच्चों और पोते-पोतियों का त्याग किया था तथा अपने घर और ढोरों को छोड़कर स्वर्ग सिधारे थे। इसके परिणामस्वरूप हमें यह संसार ही रिक्त लगने लगा।" इतना सुनते ही लीला ने उसके सिर पर हाथ रखा और तत्क्षण उसका सारा विषाद जाता रहा। लीला ने सरस्वती से पूछा कि यह कैसे संभव हुआ कि मेरे इस परिवार ने मुझे यहाँ देख लिया जबकि उस समय मेरा पति मुझे नहीं देख पाया।

सरस्वती ने उत्तर दिया : तब तुम अपनी इस धारणा से ग्रस्त थीं कि मैं लीला हूँ। अब तुमने शारीरिक चेतना पर विजय पा ली है। जब तक चेतना का द्वैतभाव समाप्त नहीं होता तब तक तुम असीम चेतना में सक्रिय नहीं हो सकती। तुम उसी तरह उस चेतना को समझने में असमर्थ रहोगी जिस प्रकार धूप में खड़ा व्यक्ति पेड़ की छाया की शीतलता को नहीं समझ पाता। यदि अब तुम अपने पति के पास जाओ तो तुम उससे पहले जैसा व्यवहार कर सकती हो। लीला, तुम्हारे और तुम्हारे पति के बहुतेरे जन्म हो चुके हैं। इनमें तीन तो तुम जान गई हो। इस जन्म में राजा सांसारिकता के गहरे जाल में फँस चुके हैं और सोचते हैं कि मैं राजा हूँ, मैं शक्तिशाली हूँ, मैं सुखी हूँ आदि। आध्यात्मिक दृष्टिकोण से तो संपूर्ण ब्रह्मांड का अनुभव यहीं से हो जाता है परंतु भौतिक दृष्टिकोण से विभिन्न लोकों में सहस्रों मीलों की दूरी है। **असीम चेतना में, उसके हर परमाणु में ब्रह्मांड वैसे ही बनते और मिटते चलते हैं जिस प्रकार छत पार करनेवाली किरण में धूल के कण आते और जाते हैं।** इनका समुद्र की लहरों के समान आना-जाना लगा रहता है।

लीला को स्मरण हुआ, हे प्रभु! जबसे असीम चेतना में परछाईं के रूप में मेरा प्रवेश हुआ है तब से मैं ८०० जन्म ले चुकी हूँ। यह मैं आज देख रही हूँ। मैं परी भी रही, दुष्ट मानव स्त्री भी रही, सर्प रही, आदिवासी वन्य स्त्री रही, अपने दूषित कर्म के कारण लता भी बनी और संतों की संगति करके एक संत की पुत्री भी बनी। मैं राजा भी बनी। अपने शासनकाल में मैंने ऐसे दुष्कर्म किए कि मुझे मच्छर के रूप में जन्म लेना पड़ा। मैं मधुमक्खी, हिरन, पक्षी, मछली और पुनः अप्सरा बनी। इसके बाद कछुआ, हंस और पुनः मच्छर बनी। पुनः अप्सरा बनी और अनेक देवता मेरे पैर छूते थे। जिस प्रकार तराजू की डांडी नीची-ऊँची होती है उसी प्रकार मैं भी आवागमन के चक्कर में पड़ी रही।

फरवरी

इहैवांगुष्टमात्रान्ते तद् व्योम्न्येव पदम् स्थितम्
मद् भर्तृ राज्य समवगतं योजनकोटिभाक् (29/36)

राम ने पूछा : हे महर्षि, कृपया बताएँ कि कैसे वे दोनों स्त्रियाँ ब्रह्मांड की विभिन्न आकाश गंगाओं में जाने में समर्थ हुईं और रास्ते की बाधाओं को उन्होंने कैसे पार किया?

वसिष्ठ ने उत्तर दिया :

हे राम, कहाँ का ब्रह्मांड, कहाँ की आकाश-गंगाएँ और कहाँ की बाधाएँ? दोनों स्त्रियाँ रानी के अंत:पुर में ही रहीं। वहीं पर धर्मवेत्ता वसिष्ठ विदुरथ नामक राजा के रूप में शासन करता था। वही, पहले राजा पद्म था। यह सब शुद्ध आकाश में हुआ। यहाँ न ब्रह्मांड है, न पुरी है और न बाधाएँ ही।

आपस में बातें करती हुईं दोनों स्त्रियाँ कमरे से बाहर निकलीं और गाँव की तरफ बढ़ीं। यह गाँव पहाड़ की चोटी पर स्थित था।

ज्ञानयोग के सतत अभ्यास के फलस्वरूप लीला ने भूत, वर्तमान और भविष्य का ज्ञान प्राप्त कर लिया था। उसने पिछली घटनाएँ स्मरण करते हुए सरस्वती से कहा : 'हे देवी, कुछ समय पहले मैं और मेरे पति दोनों अज्ञानियों की तरह रहते हुए जीवन बिताते थे। हमने आत्मज्ञान की प्राप्ति का प्रयत्न नहीं किया था।' इतना कहकर लीला ने सरस्वती को अपना पुराना घर दिखलाया और कहने लगी : 'देखें, यह मेरी प्यारी बछिया है। मुझसे बिछड़ने के कारण पिछले आठ दिनों से यह निरंतर रो रही है। यहीं से मेरे पति संसार का शासन करते थे। क्योंकि वे जल्दी ही चक्रवर्ती नरेश बनना चाहते थे, और वे इन आठ दिनों में सम्राट बन भी गए हैं परंतु लगता ऐसा है कि जैसे चिरकाल व्यतीत हो गया हो। इस घर में मेरे पति अदृश्य रूप में रहते हैं। **यहाँ, अँगूठे के आकार के स्थान में अवस्थित मेरे पति का राज्य है जिसकी कल्पना हम लोग हजारों वर्ग मील में फैले होने की करते थे।** हे देवी, निश्चय ही मैं और मेरे पति दोनों शुद्ध चेतना हैं तो भी रहस्यमय मायावी शक्ति के कारण मेरे पति के राज्य के अंतर्गत सैकड़ों पहाड़ दिखाई देते हैं। यह सचमुच चमत्कारी है। मैं अपने पति द्वारा शासित राज्य की राजधानी में जाना चाहती हूँ। आइए, हम लोग वहीं चलें।

सरस्वती और लीला आकाश की ओर बढ़ीं। उन्हें संपूर्ण सृष्टि दिखाई पड़ी। उसके परे थी शुद्ध चेतना। उस असीम चेतना की मूलभूत प्रकृति के कारण ब्रह्मांड, जीव और भिन्न-भिन्न आकृतियाँ बनती और मिटती हैं तथा अपनी चिंतन शक्ति से साम्यावस्था भी प्राप्त करती हैं। यह सब-कुछ बच्चों का-सा सहज खेल लगता है।

हे राम, उन अगणित ब्रह्मांडों में कुछ ऐसे भी हैं जहाँ केवल वनस्पतियाँ हैं, कुछ ऐसे हैं जहाँ ब्रह्मा, विष्णु और महेश देवता के रूप में पूजे जाते हैं और कुछ ऐसे भी हैं जहाँ कुछ है ही नहीं। कुछ ऐसे भी हैं जहाँ पशु-पक्षी ही रहते हैं। कुछ में कीटाणुओं का ही राज है। कुछ घोर अंधकार से भरे हैं। कुछ में देवदूत रहते हैं। कुछ ज्योतिर्मय हैं। कुछ आकाश में गिरते और नष्ट होते हुए से लगते हैं क्योंकि चेतना सभी जगह विराजमान रहती है इसलिए इन ब्रह्मांडों की सृष्टि और विनाश भी सदा लगा रहता है। ये सभी ब्रह्मांड किसी रहस्यमय सर्वव्यापक शक्ति के द्वारा एक में बँधे रहते हैं। हे राम, एक असीम चेतना में सब-कुछ विद्यमान रहता है, उससे सब-कुछ उत्पन्न भी होता है और वही सब-कुछ रहती भी है।

21

फरवरी

यथा संवित् तथा चित्तं सा तथावस्थितिं गता
परमेण प्रयत्नेन नीयतेन्यदशां पुनः (40/13)

वसिष्ठ ने कहा :

यह सब देख चुकने के बाद लीला महल के उस कमरे में गई जिसमें फूलों से ढका हुआ राजा का शव रखा गया था। यहाँ उसके मन में अपने पति के जीवन के दूसरे पक्ष को देखने की तीव्र इच्छा उत्पन्न हुई। तत्क्षण ब्रह्मांड की चोटी को चीरते हुए वह वहाँ पहुँची जहाँ वह वर्तमान में शासन कर रहा था। ठीक उसी समय महाबली सिंधु नरेश उसके पति के राज्य की घेरेबंदी कर रहा था। जैसे ही वे दोनों स्त्रियाँ आकाश मार्ग से रणभूमि के ऊपर से गुज़र रही थीं तो उन्होंने अगणित दिव्य प्राणियों को देखा जो उन महान योद्धाओं के कारनामों को देखने के लिए एकत्र हुए थे जो युद्ध में सम्मिलित हुए थे।

हे राम, लीला ने भी आकाश से देखा कि दोनों सेनाएँ एक दूसरे की ओर बढ़ रही हैं और युद्ध के लिए सन्नद्ध हैं।

शाम हो चली थी। लीला के पति अपने मंत्रियों के साथ दिन भर की घटनाओं की समीक्षा कर रहे थे। इसके बाद वे सोने चले गए।

दोनों स्त्रियाँ फिर राजा के शयनकक्ष में पहुँची। राजा सोया हुआ था।

हे राम, जिसमें यह विचार बद्धमूल है कि मेरा भौतिक शरीर है वह कैसे किसी सूक्ष्म छिद्र से बाहर निकल सकता है। 'मैं शरीर हूँ और यह शरीर ही अग्रगति में बाधक हैं।' वस्तुतः यह दृढ़ धारणा बाधा के रूप में प्रकट होती है। जब शरीर की धारणा नहीं रहती तब कोई बाधा भी नहीं रहती। क्योंकि वैयक्तिक चेतना अर्थात् मन और ब्रह्मांडीय आकाश भी तो वही होते हैं जो असीम चेतना होती है। इसलिए दिव्य काया कहीं भी प्रविष्ट हो सकती है और उस जगह पहुँच सकती है जहाँ पहुँचने का विचार उसमें होता है।

जिस प्रकार जल सदा जल ही रहता है और प्रवाहित होता है, जिस प्रकार अग्नि ऊपर उठने की प्रकृति नहीं त्यागती उसी प्रकार चेतना सदा चेतना ही रहती है। परंतु जिसे इस बात की अनुभूति न हो वह अपनी सूक्ष्म सत्ता या सत् प्रकृति को नहीं जान पाता। **जैसी जिसकी समझ होती है वैसा ही उसका मन होता है क्योंकि समझ ही मन होता है। तो भी महत् प्रयास द्वारा उसकी दिशा परिवर्तित की जा सकती है।** सामान्यतः व्यक्ति की क्रियाएँ उसके मन (अर्थात् उसकी समझ) के अनुरूप ही होती हैं।

हे राम, हर व्यक्ति की चेतना की ऐसी ही प्रकृति और शक्ति है। हर व्यक्ति की चेतना में संसार संबंधी विचारों में विचित्रता होती है। मृत्यु तथा इसी तरह के अन्य अनुभव प्रलय के सूचक हैं और चेतना के लिए रात्रि के समान हैं। जब इनका अंत हो जाता है तब हर व्यक्ति अपनी मानसिक सृष्टि के प्रति सजग हो उठता है। इसे ही वैयक्तिक विचारों, धारणाओं और भ्रमों का मूर्तिकरण कहते हैं। जिस प्रकार ब्रह्मांडीय प्राणी प्रलय के बाद नई सृष्टि रचता है उसी प्रकार व्यक्ति भी मृत्यु के बाद अपना संसार रच लेता है।

22

फरवरी

दीर्घ स्वप्नम् इदं विश्वं विद्ध्यहन्तादि संयुतम्
अत्रान्ये स्वप्न पुरुषा यथा सत्यास् तथा शृणु (42/8)

वसिष्ठ ने कहा : उन दोनों स्त्रियों ने देवियों की तरह राजा के कक्ष में प्रवेश किया। वे चंद्रमा की तरह प्रकाशमान थीं। सरस्वती ने राजा के मंत्री से पूछा कि यह राजा कौन है तो मंत्री ने उत्तर दिया कि ये राजा विदुरथ हैं। तब सरस्वती ने राजा के सिर पर हाथ रखा और उसे आशीर्वाद दिया। सरस्वती ने राजा को इस बात के लिए प्रेरित किया कि वे अपने विगत जन्मों का स्मरण करें। तत्क्षण राजा को सब याद हो आया और उसने सरस्वती से पूछा–'मैं तो अभी कल ही मरा हूँ परंतु ऐसा लगता है कि पिछले सत्तर वर्षों से मैं इस वर्तमान रूप में हूँ।'

सरस्वती ने उत्तर दिया : तुम्हारी मृत्यु के क्षण में और मृत्यु के स्थल पर जो सब घटा वह तुम सब यहीं देख रहे हो। यह सब वहाँ घटा जहाँ महर्षि वसिष्ठ रहते थे–अर्थात् पर्वतीय प्रदेश के एक गाँव में। यह उनका संसार है और उसी संसार में राजा पद्म का भी संसार है और उसी में इस समय तुम स्थित हो। इसमें रहते हुए तुम सोचते हो : 'ये मेरे संबंधी हैं, यह मेरी प्रजा है, ये मेरे मंत्री हैं और ये मेरे शत्रु हैं।' तुम सोचते हो कि मैं शासन करनेवाला राजा हूँ, तुम धर्मकर्म में भी लगे हो, तुम यह भी सोचते हो कि मैं अपने शत्रुओं से लड़ रहा हूँ और उनसे लड़ते हुए हार भी गया हूँ। वास्तव में न तुम जन्म ही लेते हो और न मरते ही हो। ज्ञानी व्यक्ति के लिए असीम चेतना के अतिरिक्त, कुछ है ही नहीं। और इसमें 'मैं हूँ' और 'ये हैं' की अवधारणा है ही नहीं। (इतनी चर्चा होते होते सायंकाल उपस्थित हो गया। सभा विसर्जित हुई।)

कोई अपरिपक्व और बचकाना व्यक्ति जब अपनी यह दृढ़ धारणा बना लेता है कि यह संसार वास्तविक है तो उसके लिए संसार वास्तविक ही बना रहता है। जो महलों, हाथियों और नगरों की महिमा देखता है वह असीम चेतना को नहीं देख पाता। मात्र चेतना ही सत् है। ब्रह्मांड तो दीर्घकालिक स्वप्न है। **अहं भावना और कल्पनावश जिन पदार्थों को वास्तविक समझ लिया जाता है वे वस्तुतः स्वप्निल पदार्थ हैं।** एकमात्र वास्तविकता असीम चेतना ही है जो सर्वव्यापक, शुद्ध, शांत तथा सर्वशक्तिमान है और जिसकी काया अखंड चेतना है। इस दृष्टि से वह कोई पदार्थ नहीं है। अतः उसे जाना भी नहीं जा सकता। वह अज्ञेय है। यह चेतना जहाँ भी और जिस रूप में भी प्रकट होती है वह वही (चेतना) रहती है। क्योंकि इसका अधःस्तर (निचली तह) सत् है इसलिए इसके ऊपर जो भी स्थित है वह सत् रूप प्राप्त कर रहा है। ऐसा अधःस्तर के फलस्वरूप संभव है। यह ब्रह्मांड और उसमें रहनेवाले सभी प्राणी दीर्घकालिक स्वप्न हैं। मेरे लिए तुम वास्तविक हो और तुम्हारे लिए मैं वास्तविक हूँ। इसी आधार पर दूसरे भी तुम्हारे और मेरे लिए वास्तविक हैं। इस प्रकार यह सापेक्ष वास्तविकता वस्तुतः स्वप्निल पदार्थों की वास्तविकता जैसी है।

हे राजा, तुम्हारी इस युद्ध में मृत्यु होगी और तुम पुनः अपना विगत राज्य प्राप्त करोगे। इस शरीर में तुम्हारी मृत्यु होने के बाद तुम फिर अपने पुराने नगर में अपनी कन्या और मंत्रियों के साथ जाओगे। हम भी अब जैसे आए थे वैसे जाएँगे। आप सब भी समय आने पर हमारा अनुगमन करेंगे। ऐसा इसलिए कि घोड़े, हाथी और ऊँट की चाल की प्रकृति अलग-अलग होती है।

फरवरी

मृतिर् जन्मन्यसद्रूपा मृत्यां जन्माप्यसन्मयम्
विशरेद् विशरारुत्वाद् अनुभूतेश् च राघवः (44/26)

वसिष्ठ ने कहा : सरस्वती ने राजा से अभी इतना कहा ही था कि राजा का एक दूत दौड़ा हुआ आया और उसने घोषणा की कि शत्रु की सेना नगर में घुस आई है और वह भारी उत्पात मचा रही है।

इतने में वहाँ रानी भी आ पहुँची। प्रतिहारी ने राजा को रानी के आने की सूचना दी। उसने कहा : 'महाराज, अंतःपुर की अन्य सभी स्त्रियों को सेना बलात् घसीटते हुए ले गई है। अकथनीय विपदा ने घेर लिया है, आप ही हमारा उद्धार कर सकते हैं।'

राजा ने सरस्वती के प्रति सम्मान में सिर झुकाया और क्षमा की प्रार्थना करते हुए कहा, 'मैं स्वयं रणभूमि में जाऊँगा। हे देवी, जब तक मैं लौटकर नहीं आता तब तक मेरी रानी तुम्हारी शरण में रहेगी।'

ज्ञानस्वरूप लीला यह देखकर आश्चर्यचकित हुई कि रानी मेरी ही सटीक प्रतिमूर्ति है। उसने सरस्वती से पूछा : 'हे देवी, यह कैसे हुआ कि जैसी वह है वैसी मैं। मैं अपनी युवावस्था में जैसी थी ठीक वैसी अवस्था में वह आज है। इसका क्या रहस्य है? और ये जो मंत्री हैं ये भी वहीं हैं जो हमारे दरबार में थे? यदि ये हमारी कल्पना के पदार्थ या परावर्तन हैं तो क्या ये वास्तविक हैं और चेतना से युक्त भी?'

सरस्वती ने उत्तर दिया : अरी लीला, जो भी कल्पना अपने में उत्पन्न होती है वह तुरंत अनुभूत होती है। चेतना स्वयं भी ज्ञान का विषय बन जाती है। जब चेतना में संसार का बिंब उदित होता है तब उसी क्षण वैसी बन जाती है। समय, आकाश, अवधि और वास्तविकता पदार्थ से उत्पन्न नहीं होते। यदि ऐसा हो तो वे पदार्थ बन जाएँगे। जो कुछ व्यक्ति की चेतना में परावर्तित होता है वह बाहर भी प्रकाशित होता है।

जाग्रत अवस्था में जिस वास्तविक वस्तुजगत का अनुभव होता है वह स्वप्न में दिखनेवाले संसार से अधिक वास्तविक नहीं होता। नींद में संसार होता ही नहीं और जाग्रत अवस्था में स्वप्न का भी अस्तित्व नहीं रहता। इसी प्रकार मृत्यु जीवन का खंडन तो करती है जबकि जीवित अवस्था में मृत्यु का भी कोई अस्तित्व नहीं रहता। इसी प्रकार मृत्यु में जीवन अवस्थित नहीं रहता। दोनों छोरों को एक साथ रखनेवाला अनुभव कभी एक होता है कभी नहीं होता।

कोई यह नहीं कह सकता कि यह सत् है या वह सत् है। वह यही कह सकता है कि उनका अधःस्तर सत् है। ब्रह्मांड ब्रह्म में एक शब्द या विचार के रूप में ही रहता है। वह न सत् होता है न असत् ही। ठीक वैसे ही जैसे रस्सी में प्रतीत होनेवाला साँप न सत् होता है न असत् ही। ठीक ऐसी ही स्थिति जीव की है। यह जीव अपनी इच्छाओं का ही स्वाद लेता है। वह कल्पना करता है और जिसका अनुभव हो चुका होता है उसे पुनः अनुभूत करता है तथा कुछ नए अनुभव भी प्राप्त करता है। कभी उन अनुभवों में समानता होती है और कभी विषमता भी।

ये सभी अनुभव यद्यपि असत् होते हैं परंतु लगते सत् हैं। यही स्थिति इन मंत्रियों तथा अन्य लोगों की भी है। इसी प्रकार यह लीला भी चेतना के प्रतिबिंब की उपज के रूप में विद्यमान है। ऐसे ही तुम भी, मैं भी और अन्य सब भी हैं। यह जान लो और शांतिपूर्वक रहो।

24

फरवरी

तपो वा देवता वापि भूत्वा स्वैव चिदन्यथा
फलं ददात्यथा स्वैरं नभः फल निपातवत् (45/19)

दूसरी लीला सरस्वती से कहने लगी :

हे देवी, मैं सरस्वती की आराधना करती थी और सरस्वती भी स्वप्न में मुझे दर्शन दिया करती थी। तुम मुझे ठीक वैसी ही लग रही हो। मैं सोचती हूँ कि तुम वही हो। मैं तुमसे विनयपूर्वक प्रार्थना करती हूँ कि मुझे यह वर दो : 'जब मेरा पति रणभूमि में मृत्यु का वरण कर ले और फिर जिस लोक में भी वह जाए उस लोक में उसके साथ इसी शरीर में मैं भी जाऊँ।

सरस्वती ने कहा :

तुमने दीर्घकाल तक मेरी गहन आराधना की है इसलिए जो तुमने माँगा है वह वर मैं तुम्हें देती हूँ।

पहले वाली लीला सरस्वती से कहने लगी :

निश्चय ही, तुम्हारे वचन मिथ्या नहीं जाते और जो आप चाहती हैं वह होकर रहता है। मुझे बतलाएँ कि आपने मुझे एक लोक से दूसरे लोक में उस काया से जाने की अनुमति क्यों नहीं दी।

सरस्वती ने उत्तर दिया :

मेरी प्यारी लीला, वस्तुतः मैं किसी के लिए कुछ भी नहीं करती। हर जीव अपने कर्मों से ही अपनी स्थिति प्राप्त करता है। मैं तो सिर्फ एक देवता के रूप में हर जीव की बुद्धि का नियंत्रण करती हूँ। मैं उसकी चेतना की शक्ति हूँ उसकी जीवनदायी शक्ति हूँ। जीवित प्राणी में जिस प्रकार की शक्ति उसके अंदर अवस्थित होती है वह समय पाकर अपना परिणाम दरशाती है। यदि तुमने मुक्ति की इच्छा की है तो तुम्हें वह मिली है। **तुम इसे देवता की पूजा या आराधना या तप मान लेती हो परंतु यह एकमात्र चेतना ही है जो तुम्हें देवता की पूजा, आराधना या तप का फल प्रदान करती है। ठीक वैसे ही जैसे फल गिरता तो पेड़ से है परंतु तुम मान लेती हो कि आकाश से टपका है।**

वसिष्ठ ने कहा :

यह चर्चा चल ही रही थी कि राजा विदूरथ रथ पर चढ़े और रणक्षेत्र की ओर चल पड़े। दुर्भाग्य से उन्होंने तब तक अपनी और शत्रुसेना की सापेक्ष शक्ति का अनुमान नहीं लगाया था इसलिए वे सीधे शत्रुसेना के अधिकारियों से जा भिड़े।

दोनों लीला, सरस्वती तथा राजकुमारी भी राजमहल के उस कक्ष से युद्ध देख रही थीं।

आकाश दोनों पक्षों के क्षेप्यास्त्रों से पटा था। सभी जगह योद्धाओं की चीख-पुकार सुनाई पड़ रही थी। पूरे नगर पर धूल और धुएँ के बादल छा गए थे।

जब दोनों सेनाओं के अस्त्र टकराते थे तब खट-खट, टक-टक और झन-झन का शब्द होता था।

फरवरी

यो यथा प्रेरयति मां तस्य तिष्ठामि तत् फला
न स्वभावोन्यतां धत्ते वह्नेरौष्ण्यमिवैष मे (47/5)

वसिष्ठ ने कहा : दूसरी लीला ने सरस्वती से पूछा : हे देवी, कृपा करके मुझे बताएँ कि आप का आशीर्वाद मिलने पर भी मेरा पति युद्ध में क्यों नहीं जीत पाया?

सरस्वती ने उत्तर दिया : इसमें संदेह नहीं कि राजा विदूरथ ने मेरी अर्चना आराधना खूब की, परंतु उसने युद्ध में विजयी होने के लिए प्रार्थना नहीं की। हर व्यक्ति की बुद्धि में चेतना का निवास रहता है, मैं व्यक्ति को वही देती हूँ जिसे वह प्राप्त करना चाहता हूँ। **व्यक्ति कुछ भी चाह सकता है, मैं उसे वही प्रसाद रूप में प्रदान करती हूँ। अग्नि ताप देगी, यह तो स्वाभाविक ही है।** उसने मुक्ति माँगी, उसे मुक्ति प्राप्त होगी। इसके विपरीत सिंधु नरेश ने भी मेरी पूजा-आराधना की और युद्ध में विजय के लिए प्रार्थना की। इसलिए राजा विदुरथ युद्ध में मारे जाएँगे और समय पाकर वे आप दोनों से मिलेंगे और मुक्ति प्राप्त करेंगे। सिंधु नरेश युद्ध में विजयी होंगे और वे देश पर शासन करेंगे।

एक स्थिति ऐसी भी उत्पन्न हुई कि दोनों नरेश रथों से विरथ हो गए। विदूरथ दूसरे नए रथ पर सवार होने को ही था कि सिंधु नरेश ने उसे काट डाला। नरेश को गिरते देखकर दूसरी लीला मूर्च्छित हो गई। पहली लीला ने सरस्वती से कहा : "हे देवी, देखें मेरा पति अब प्रेत रूप में प्रकट होगा।"

सरस्वती ने कहा : मेरी प्यारी लीला, यह भयानक युद्ध, सारा विनाश और मृत्यु स्वप्नवत् सत्य है। न तो यहाँ राज्य ही है न भूमि ही। यह सभी कुछ पवित्रतात्मा वसिष्ठ की पहाड़ी पर स्थित आवास के अंदर घटा है। इस महल, इस रणभूमि और इस सब-कुछ का अस्तित्व कहीं और नहीं बल्कि तुम्हारे महल के अंदरूनी कक्ष में है। वस्तुतः संपूर्ण ब्रह्मांड ही वहीं है। उस पवित्रात्मा के आवास के भीतर ही राजा पद्म का संसार है और उस लोक में राजा के महल के अंदर ही घटी सब घटनाओं को तुमने देखा है। यह सब कल्पना है, भ्रम है। एकमात्र वास्तविकता तो यह है—न कुछ पैदा ही हुआ और न कुछ नष्ट ही। यह तो असीम चेतना है जो अज्ञानी को ब्रह्मांड दिखाई देती है। जिस प्रकार स्वप्न देखनेवाले को संपूर्ण नगर अपने अंदर दिखाई देता है उसी प्रकार ये तीन लोक छोटे से एक परमाणु में स्थित हैं। निश्चय ही उन लोकों में परमाणु हैं और उनमें से हर परमाणु में तीनों लोक स्थित हैं। दूसरी लीला जो मूर्च्छित होकर गिरी है वह उस लोक में जा पहुँची है जिसमें तुम्हारे पति का शव पड़ा है।

लीला ने कहा : हे देवी, मुझे बताएँ कि वह पहले से ही वहाँ कैसे पहुँची हुई है और उससे वहाँ के लोग क्या-क्या कह रहे हैं?

सरस्वती ने उत्तर दिया : जिस प्रकार आप दोनों राजा के लिए प्रिय वस्तुएँ थीं उसी प्रकार स्वयं राजा और मैं भी स्वप्निल पदार्थ हैं। जो यह जानता है वे उन्हें पदार्थ के रूप में नहीं देखता। असीम चेतना में हम, एक दूसरे को कल्पना में उत्पन्न कर लेते हैं। वह दूसरी सुंदरी लीला निश्चय ही तुम्हीं हो। उसने मेरी आराधना की और प्रार्थना की कि मैं कभी विधवा न होऊँ। अतः राजा दम तोड़ता उससे पहले ही उसने महल छोड़ दिया। प्यारी लीला, तुम सभी ब्रह्मांडीय चेतना की विशिष्ट ईकाइयाँ हो परंतु मैं ब्रह्मांडीय चेतना हूँ और यह सब-कुछ घटने देती हूँ।

26 फरवरी

तस्मिन् प्रथमतः सर्गे या यथा यत्र संविदः
कचितास् तास् तथा तत्र स्थिता अद्यापि निश्चलाः (54/13)

वसिष्ठ ने कहा :

हे राम, जिस दूसरी लीला ने सरस्वती से वर प्राप्त किया था वह आकाश में पहुँची और वहाँ उसकी भेंट उसकी अपनी लड़की से हुई। लड़की ने लीला को अपना परिचय दिया। और लीला ने उससे कहा कि मुझे मेरे पति से मिला दो। फिर वह लड़की अपनी माँ के साथ उड़कर वहाँ जा पहुँची।

इस ब्रह्मांड को पार करते समय लीला ने इस ब्रह्मांड को घेर रखनेवाले सागरों तथा अन्य अनेक तत्त्वों को पार किया और असीम चेतना में प्रविष्ट हुई। असीम चेतना में ऐसे अगणित ब्रह्मांड है जो एक दूसरे के अस्तित्व से अनभिज्ञ हैं। लीला उनमें से एक में प्रविष्ट हुई। उसी में उसके पति का शव फूलों से ढका हुआ पड़ा था। उसने सोचा : "सरस्वती की कृपा से मैं सशरीर यहाँ पहुँची हूँ। मैं अत्यंत सौभाग्यशालिनी हूँ।" वह राजा के शरीर को पंखे से हवा करने लगी।

सरस्वती ने पहलेवाली लीला से कहा :

राजा, राजमहल के सभी परिजन आदि सभी असीम चेतना हैं। इन सभी का अधःस्तर भी असीम चेतना का ही परावर्तन है। फिर इस अनोखी सृष्टि के क्रम के संबंध में पहले से दृढ़ धारणा चली आ रही है इसलिए लोग एक दूसरे को पहचानते हैं। वह अपने भौतिक शरीर से किसी नए लोक में नहीं जा सकती क्योंकि प्रकाश और अंधकार एक साथ रह ही नहीं सकते। जब अपने सूक्ष्म शरीर की जानकारी हो जाती है तो फिर भौतिक शरीर मिथ्या प्रतीत होने लगता है। मैंने उसे जो वरदान दिया था यह उसका परिणाम है। वरदान प्राप्त करनेवाला सोचता है : "वर देनेवाले ने मुझे जो वर दिया है अब मैं वह हूँ।" इसलिए वह सोचती है कि मैं अपने भौतिक शरीर से ही अपने पति के आवास पर पहुँची हूँ। सिर्फ जिसे ज्ञान हो जाता है वही सूक्ष्म जगतों में प्रवेश पाता है। हे लीला, कोई और प्रवेश नहीं पाता। इस लीला को वह ज्ञान प्राप्त नहीं है इसलिए इसने कल्पना भर कर ली है कि मैं उस नगर में जा पहुँची हूँ जिसमें मेरा पति रहता है।

ज्ञानी **लीला** ने कहा : कृपया मुझे बतलाएँ कि विभिन्न पदार्थ अलग-अलग विशिष्ट गुण कैसे प्राप्त कर लेते हैं, जैसे अग्नि में ताप होता है; बर्फ में शीतलता होती है, पृथ्वी में घनता होती है आदि।

सरस्वती ने कहा :

प्यारी लीला, ब्रह्मांडीय प्रलय के दौरान संपूर्ण ब्रह्मांड विलीन हो जाता है केवल असीम ब्रह्म का ही अस्तित्व रहता है। वह सृष्टि के अस्तित्व की कल्पना कर लेता है।

जो भी, जहाँ भी और जैसी भी कल्पना असीम चेतना ने पूर्व सृष्टि में की होती है वह सब उसी रूप में, और उन्हीं गुणों से युक्त रहती है और वहीं आज भी है। वस्तुतः यह क्रम असीम चेतना में अंतर्निहित है। ये सभी पदार्थ तथा उनके गुण उसमें प्रच्छन्न रूप से वर्तमान थे। प्रलय के दौरान भी वर्तमान थे। वे विलीन होते भी तो किसमें? फिर कोई पदार्थ अस्तित्वहीन कैसे हो सकता है? कंगन के रूप में प्रतिष्ठित होनेवाला सोना पूर्णतः आकार-रहित नहीं हो सकता।

ऐसी ही ब्रह्मांड की व्यवस्था (नियति) है, जिसमें कोई अभी तक परिवर्तन नहीं ला सका।

27

फरवरी

जीव इत्युच्यते तस्य नामाणोर् वासनावत:
तत्रैवास्ते स च शवागारे गगनके तथा (55/6)

सरस्वती ने कहा :

जो क्रम या व्यवस्था पहली सृष्टि में अस्तित्व में आई थी उसमें मनुष्यों को एक, दो, तीन या चार सौ वर्ष का जीवनकाल प्रदान किया गया था। इस जीवनकाल की बढ़ती या घटती में कई कारक होते हैं जैसे देश, काल, क्रियाकलाप, प्रयुक्त तथा व्यय की जानेवाली सामग्री। जो धर्मग्रंथों के आदेशों का अनुसरण करता है उसके लिए उस जीवनकाल की गारंटी रहती है। छोटे या बड़े जीवनकाल तथा मृत्यु की प्राप्ति का यही आधार है।

ज्ञानी **लीला** ने कहा : हे देवी, मुझे मृत्यु के संबंध में जानकारी कराएँ। यह सुखद होती है या दुखद? मृत्यु के बाद क्या होता है?

सरस्वती ने कहा : प्यारी लीला, तीन तरह के मनुष्य होते हैं। एक मूर्ख, दूसरे एकाग्रता और ध्यान का अभ्यास करनेवाले और तीसरे योगी (प्रबुद्ध)। अंतिम दोनों प्रकार के लोग एकाग्रता और ध्यान-संबंधी योग के द्वारा अपना शरीर त्यागते हैं और अपनी इच्छा तथा प्रसन्नता से विदा होते हैं। परंतु जो एकाग्रता और ध्यान से वंचित रह जाते हैं वे मूर्ख उन शक्तियों की दया पर निर्भर होते हैं जो उनसे बाहर होती हैं। ऐसे लोग मृत्यु के आने पर बहुत कष्ट पाते हैं।

यह क्रम या व्यवस्था असीम चेतना ने सृष्टि के आरंभ में बनाई थी। जब श्वास के प्रवाह में विघ्न आता है तो उस व्यक्ति का जीवन समाप्त हो जाता है। परंतु यह सब काल्पनिक है। कैसे असीम चेतना अपना अस्तित्व खो सकती है? व्यक्ति असीम चेतना ही है कुछ और नहीं। कौन मरता है और कब मरता है? यह असीम चेतना किससे संबद्ध है और कैसे? लाखों व्यक्तियों के मरने के बाद भी इस चेतना में कोई कमी नहीं आती।

जब श्वास रुक जाता है तो किसी व्यक्ति की चेतना पूर्ण रूप से अक्रिय हो जाती है। लीला, यह सदा याद रखो कि चेतना शुद्ध है, शाश्वत और असीम है। न यह जनमती है और न मरती ही। चल और अचल प्राणियों में रहती है। यह आकाश में रहती है, पहाड़ पर रहती है, आग में रहती है और वायु में भी रहती है। जब श्वास रुक जाता है तो कहा जाता है कि यह शरीर मर गया या निश्चेष्ट हो गया। श्वास/प्राण अपने मूल स्रोत वायु में मिल जाते हैं और स्मृतियों और प्रवृत्तियों से मुक्त होकर चेतना आत्मा के रूप में रहती है।

उस सूक्ष्म वायवीय परमाणु कण को जीव कहते हैं जो इन स्मृतियों और प्रवृत्तियों से युक्त होता है और उसी आकाश में ही स्वत: स्थित रहता है जिसमें मृत शरीर रहता है। लोग उसे प्रेत (विगत आत्मा) कहते हैं। वह जीव अब अपने विचारों को त्याग देता है, जो कुछ देखा करता था उसे देखना छोड़ देता है और और-और चीजें उसी प्रकार देखने लगता है जैसी स्वप्न या दिवास्वप्न में दिखती रहती हैं।

क्षणिक रूप से चेतना का लोप होने से जीव दूसरे शरीर, दूसरे लोक और दूसरे जीवनकाल की कल्पना करने लग जाता है।

न तु जाड्यं पृथक् किंचिद् अस्ति नापि च चेतनम्
नात्र भेदोस्ति सर्गादौ सत्ता सामान्यके न च (57)

सरस्वती ने कहा :

जीव जो कुछ देखता है उसका अनुभव भी करता है। क्योंकि असीम चेतना के इस रिक्त आकाश में समय, क्रिया आदि नाम कुछ हैं नहीं। तब जीव कल्पना करता है कि मृत्यु के द्वारा यमराज ने मुझे स्वर्ग (या नरक) में भेजा है और मैंने स्वर्ग का आनंद उठाया है (या नरक के कष्ट झेले हैं) तथा यमराज के ही आदेश से मेरा जन्म पशु आदि के रूप में हुआ है। ऐसा क्रम तब तक निरंतर चलता रहता है जब तक जीव स्वज्ञान द्वारा निर्वाण प्राप्त नहीं कर लेता।

पर्वत, वन, भूमि और आकाश ये सभी कुछ और नहीं असीम चेतना ही हैं। अकेली वही इन सबमें स्थित है। वही इन सबकी वास्तविकता है। अत: बिल्कुल आरंभ में विशुद्ध चेतना जो रूप धारण करना चाहती वह उसी रूप में प्रकट हो जाती है। इस समय तक वह वैसी ही बनी है। जब पिंड (शरीर) में प्राण तत्त्व प्रविष्ट होता है और उसके फलस्वरूप उसके विभिन्न अंगों में स्पंदन होता है तब कहा जाता है कि वह पिंड (शरीर) जीवित है। सृष्टि के आरंभ में भी ऐसे सजीव पिंड (कायाएँ) विद्यमान थे। जिन पिंडों (शरीरों) में प्राण तत्त्व तो प्रवेश करता है परंतु उनमें स्पंदन नहीं होता उन्हें पेड़ और वनस्पतियाँ कहते हैं। असीम चेतना का अल्पांश ही इन पिंडों में बुद्धिमत्ता के रूप में प्रकट होता है। यह बुद्धिमत्ता पिंडों में नेत्र आदि विभिन्न अवयवों को अस्तित्व प्रदान करती है।

असीम चेतना का बुद्धिमत्ता के रूप में प्रकट होनेवाला अंश ही कल्पना करता है कि मैं वृक्ष हूँ तो वह वृक्ष बन जाता है, यदि वह सोचता है कि मैं चट्टान हूँ तो वह चट्टान बन जाता है और यदि वह सोचता है कि मैं घास हूँ तो वह घास बन जाता है। **जागरूक और सुप्त, समझदार और मूर्ख जैसा कोई भेद नहीं होता और न ही पदार्थों के सार में अंतर होता है।** कारण यह है कि असीम सत्ता सभी जगह समान रूप से व्याप्त रहती है। अंतर है तो उस बुद्धिमत्ता के कारण जो अपनी पहचान विभिन्न पदार्थों के रूप में करती है।

और यही असीम चेतना विभिन्न पदार्थों में विभिन्न नामों से जानी जाती है। इसी प्रकार यही असीम चेतना कीट-पतंगों, चींटियों और पक्षियों के रूप में प्रकट होती है। इनमें उसकी तुलना या भेद का प्रश्न वैसे ही नहीं उठता जैसे उत्तरी ध्रुव में रहनेवाले लोग दक्षिणी ध्रुव के लोगों को या दक्षिणी ध्रुव में रहनेवाले उत्तरी ध्रुव के लोगों को नहीं जानते। इसी बुद्धिमत्ता के फलस्वरूप हर पिंड अपनी स्वतंत्र पहचान रखता है जबकि अन्य पिंडों से वह भिन्न नहीं होता। उन्हें चेतना या जड़ के भेद से अभिहित करना वैसे ही है जैसे पत्थरों में उत्पन्न मेंडक और अन्यत्र उत्पन्न मेंडक को अलग-अलग मानना।

हे लीला, मैं सोचती हूँ कि राजा विदूरथ के मन में यह इच्छा उत्पन्न हो रही है कि राजा पद्म की काया में प्रवेश करूँ। वह इसी ओर बढ़ रहा है। पद्म के हृदय में अहं-सिद्धांत को समस्वरित करते हुए वह नए लोक की ओर उन्मुख है। हम लोग भी अब अपने पथ पर चलें क्योंकि कोई किसी के रास्ते पर नहीं चल पाता।

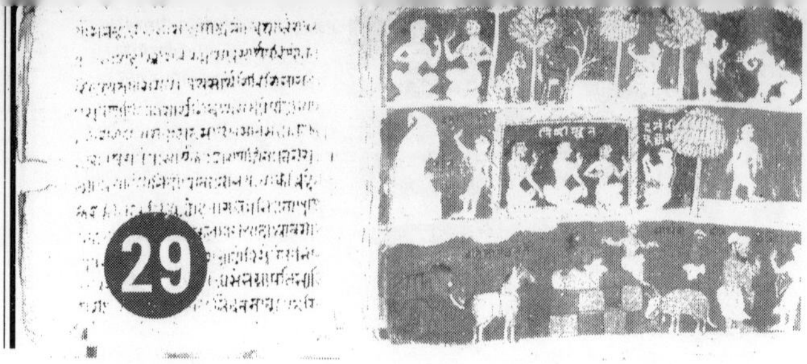

फरवरी

देहाद् देहान्तर प्राप्तिः पूर्व देहं विना सदा
आतिवाहिक देहेस्मिन् स्वप्नेस्विव विनश्वरी (57/22)

वसिष्ठ ने कहा :

इसी बीच राजा विदूरथ के प्राण-पखेरू उड़ गए। उसकी बुद्धिमत्ता सूक्ष्म रूप में आकाश में जा पहुँची। लीला और सरस्वती ने उसे देखा और उसकी ओर बढ़ीं। कुछ ही क्षणों में शव-परीक्षा की अवधि बीतने पर अचेतना दूर हुई और वह सूक्ष्म रूप चेतनायुक्त हो गया। लीला और सरस्वती ने पुनः उस सुंदर राजमहल के उस कक्ष में प्रवेश किया जिसमें पद्म नरेश का शव रखा गया था। सभी राजकीय परिचर उस समय गहरी नींद में सोए थे। वहाँ उन दोनों ने देखा कि शव के पास बैठी दूसरी लीला श्रद्धाभाव से राजा को पंखा कर रही है। परंतु उसने इन दोनों को नहीं देखा।

राम ने कहा :

आपने पहले कहा था कि पहली लीला ने अस्थायी रूप से अपनी काया राजा के शव पर छोड़ी थी और सूक्ष्म रूप धरकर सरस्वती के साथ हो ली थीं परंतु अब पहली लीला की काया का कुछ उल्लेख नहीं।

वसिष्ठ ने उत्तर दिया :

जब पहली लीला को ज्ञान प्राप्त हो गया तब उसकी सूक्ष्म कायाजन्य अहंमन्य कल्पना का संबंध स्थूल भौतिक शरीर से छूट गया। वह उसी प्रकार घुल गया जैसे बर्फ घुल जाती है। वस्तुतः यह लीला की भ्रमपूर्ण कल्पना ही थी, जो वह अपने को भौतिक शरीर समझती थी। भ्रमित व्यक्ति के मन में असत् अपने को प्रकट करता है। और जब भ्रम दूर होता है तो फिर अज्ञानजन्य कल्पना भी नहीं रह जाती। असत् को सत् मान लेने की यह सनक-भरी धारणा बार-बार की कल्पना से अपनी जड़ें जमा लेती है।

इसके बिना नष्ट हुए भी कोई एक सूक्ष्म शरीर से दूसरे सूक्ष्म शरीर में वैसे ही जा सकता है जैसे स्वप्न में अपना पूर्व शरीर छोड़कर कोई नया शरीर धारण कर लेता है। योगी की काया अज्ञानी को दिखाई पड़ने पर भी वस्तुतः अदृश्य और सूक्ष्म ही होती है। ऐसा ही अज्ञानी सोचता और कहता है : 'योगी मर गया है'। क्योंकि अब शरीर है कहाँ? क्या बचा और क्या मरा? जो है सो है, केवल भ्रम ही नष्ट होता है।

राम ने पूछा :

क्या योगी की भौतिक काया सूक्ष्म काया हो जाती है?

वसिष्ठ ने उत्तर दिया :

हे राम, मैंने कितनी बार तुम्हें बतलाया है परंतु इस बात को तुम हृदयंगम नहीं कर पाए। बार-बार की कल्पना से ही प्रतीत होता है कि सूक्ष्म शरीर भौतिक शरीर से जुड़ा है परंतु है यह पूर्णतः अलग। जिस प्रकार अपने को भौतिक शरीर मात्र समझनेवाला अज्ञानी व्यक्ति जब मरता है तो उसका शरीर जला दिया जाता है तब वह सूक्ष्म शरीर धारण करता है। उसी प्रकार योगी जब ज्ञानी होता है तब वह जीवित अवस्था में भी सूक्ष्म शरीर धारण कर लेता है।

1 मार्च

सद् वसनस्य रुधयम् अतिवाहिक सम्विदि
देहो विस्मृतिं अयति गर्भसम्स्थेव यौवने (58/16)

वसिष्ठ ने कहा :

इसी बीच सरस्वती ने जीव रूपी विदूरथ को राजा पद्म की काया में प्रविष्ट होने से रोका।

ज्ञानी **लीला** ने सरस्वती से पूछा :

हे देवी, कितना समय हुआ होगा, जब से मैं यहाँ बैठी सोच-विचार कर रही हूँ?

सरस्वती ने उत्तर दिया :

प्यारी लीला, तुम एक महीने से चिंतन-मनन में लगी हो। पहले पंद्रह दिनों में प्राणायाम के द्वारा निसृत तीव्र ताप से तुम्हारी काया का वाष्पीकरण हुआ। तब वह सूखे पत्ते के सदृश गिर पड़ी। फिर वह कठोर और ठंडी हुई। मंत्रियों ने सोचा कि तुमने अपनी इच्छा से शरीर त्यागा है और तब शव को जला दिया गया। अब तुम अपनी इच्छा से अपनी सूक्ष्म काया में यहाँ उपस्थित हो। अब न तुममें विगत जीवन की स्मृति है और न पिछले जन्म की प्रवृत्तियाँ ही। **जब बुद्धिमत्ता धारणा में घर कर लेती है तो सूक्ष्म शरीर का विचार भी जाता रहता है। ठीक वैसे ही जैसे कोई युवावस्था में अपनी भ्रूण-अवस्था को भूल जाता है।** आज इकतीसवाँ दिन है और तुम यहीं हो। चलो यह रहस्य दूसरी लीला को भी बतलाया जाए।

जब दूसरी लीला ने इन्हें अपने सम्मुख देखा तो वह इनके चरणों पर गिर पड़ी और उसने इनकी पूजा की। सरस्वती ने उससे पूछा : 'बताओ कि यहाँ कैसे आई हो।'

दूसरी **लीला** ने उत्तर दिया :

जब मैं विदूरथ के महल में गिर पड़ी थी तो कुछ समय तक मुझे पता न चला कि हुआ क्या है। फिर मैंने देखा कि मेरा सूक्ष्म शरीर उठकर आकाश में पहुँचा और वायुयान के द्वारा मैं यहाँ लाई गई। और यहाँ आकर मैंने देखा कि विदूरथ पुष्पोद्यान में पड़े हैं और सो रहे हैं। मुझे ऐसा लगा कि युद्ध के कारण अत्यधिक थक गए हैं। मैंने उन्हें हिलाया-डुलाया नहीं बल्कि उनके पास बैठकर पंखा करने लगी।

सहसा सरस्वती ने विदूरथ के जीव को काया में प्रवेश करने दिया। एकाएक राजा वैसे ही उठा जैसे कोई नींद से उठा हो। दोनों लीलाओं ने उसे नमस्कार किया। राजा ने ज्ञानी लीला से पूछा : 'तुम कौन हो, यह कौन है और यह कहाँ से आई है?' ज्ञानी लीला ने उत्तर दिया : 'स्वामी पिछले जन्म में मैं तुम्हारी पत्नी थी तुम्हारी निरंतर सहचरी रही। यह लीला भी तुम्हारी दूसरी पत्नी है। यह मेरी अपनी परछाईं हैं। तुम्हारी प्रसन्नता के लिए मैंने इसे उत्पन्न किया है। और जो स्वर्ण सिंहासन पर बैठी हुई हैं वे स्वयं सरस्वती देवी हैं। वे यहाँ हमारे सौभाग्य से उपस्थित हुई हैं।' यह सुनकर राजा उठ खड़ा हुआ और सरस्वती का उसने सादर अभिवादन किया।

सरस्वती ने दीर्घजीवी, धनी और ज्ञानी होने का आशीर्वाद दिया।

हे राम, यह लीला की कथा है। इसे मैंने तुम्हें विस्तार से सुनाया है। इस कथा पर मनन करने पर तुम्हारे मन में दृश्य जगत के प्रति जो थोड़ा-बहुत विश्वास है वह दूर हो जाएगा।

मार्च

दु:खितस्य निशा कल्प: सुखि तस्यैव च क्षण:
क्षण स्वप्ने भवेत कल्पश् च भवति क्षण: (60/22)

राम ने कहा :

प्रार्थना है कि मुझे काल का रहस्य समझाएँ। लीला की कथा में पूरा जीवनकाल आठ दिनों में व्यय हो गया। आठ दिन के बजाए कभी एक महीना भी लग जाता है। मेरी समझ में कुछ नहीं आ रहा। मैं परेशान हूँ। क्या ऐसा तो नहीं विभिन्न ब्रह्मांडों में काल-संबंधी भिन्न-भिन्न मानदंड अपनाए जाते हों?

वसिष्ठ ने उत्तर दिया :

हे राम, व्यक्ति केवल उसी का अनुभव करता है जिसका चिंतन वह अपने भीतर अपनी बुद्धि में करता है। **दुखी व्यक्ति के लिए एक रात एक कल्प के समान होती है और मौज-मस्ती की रात क्षण भर में व्यतीत हो जाती है। स्वप्न में एक क्षण भी एक कल्प के समान होता है।** परंतु जिस संत की चेतना ने सीमाओं को पार कर लिया हो, उसके लिए न दिन है और न रात ही।

राम ने कहा :

'मैं' और 'संसार' की भ्रमपूर्ण धारणाएँ अकारण क्यों उत्पन्न होती हैं?

वसिष्ठ ने उत्तर दिया :

बुद्धि का वास सभी चीजों में समान रूप से होता है इसलिए हर समय और हर दृष्टि से सभी कुछ असर्जित और स्व या आत्मा ही सब-कुछ है। यहाँ 'सभी कुछ' पदबंध का प्रयोग किया गया है जो वस्तुत: आलंकारिक प्रयोग मात्र है। केवल असीम चेतना या ब्रह्म ही विद्यमान रहता है। जिस प्रकार कंगन और सोने में कोई भेद नहीं उसी प्रकार असीम चेतना और ब्रह्मांड में भी कोई भेद नहीं। असीम चेतना स्वयं ही तो ब्रह्मांड है। परंतु ब्रह्मांड को असीम चेतना नहीं कहा जा सकता। ठीक वैसे ही जैसे कंगन तो सोने का बना होता है परंतु सोना कंगन का नहीं बना होता।

उस असीम चेतना में ही उसकी असीम प्रकृति भी अनाम रूप से अंतर्निहित रहती है। वही 'मैं' और 'संसार' के रूप में अभिव्यक्त होती है। जिस प्रकार बिन-तराशे शिलाखंड में भी प्रतिमा स्थित रहती है उसी प्रकार 'मैं' और 'संसार' की धारणाएँ असीम चेतना में विद्यमान रहती हैं। इसी को 'सृष्टि' कहते हैं। 'सृष्टि' से कुछ और तात्पर्य नहीं होता। उस परमसत्ता या असीम चेतना में कोई सृष्टि नहीं होती। असीम चेतना की सृष्टि में संलग्नता नहीं होती। उनमें परस्पर संबंध-विभाजन की भी बात नहीं।

असीम चेतना की अपने हृदय में अपनी बुद्धिमत्ता होती है। परंतु यह बुद्धिमत्ता उस असीम चेतना से उसी प्रकार भिन्न नहीं होती जिस प्रकार वायु अपनी गति से भिन्न नहीं होती। जिस क्षण कृत्रिम विभेद या अलगाव होता है ठीक उसी समय चेतना में आकाश तत्त्व की धारणा उत्पन्न होती है। यह बात ठीक है कि यह आकाश तत्त्व चेतना की शक्ति से ही प्रकट होता है। फिर यही आकाश तत्त्व अपने को वायु और अग्नि भी मानने लगता है। इसी धारणा से अग्नि और प्रकाश अस्तित्व प्राप्त करते हैं। फिर इसी से नई धारणा जल के रूप में प्रकट होती है जिसकी अंतर्निहित शक्ति स्वाद है। फिर यही शक्ति अपने को पृथ्वी मानने लगती है जिसकी विशेषताएँ हैं—गंध और घनता। इस प्रकार जल और पृथ्वी नामक तत्त्व उत्पन्न हुए।

3

मार्च

नास्तमेति न चोदेति क्वचित् किंचित् कदाचन
सर्वं शान्तं अजं ब्रह्म चिद्घनं सुशिलाघनम् (31)

वसिष्ठ ने कहा :

उसी समय उस असीम चेतना में आँख झपकने में लगनेवाले समय के दस हजारवें अंश की धारणा जाग्रत हुई और फिर इसी से समय का मापक्रम कल्प के रूप में विकसित हुआ जिसमें चार युगों की कई-कई आवृत्तियाँ होती हैं। इसे ही ब्रह्मांडीय सृष्टि का जीवनकाल कहते हैं। असीम चेतना स्वयं इस सबमें अंतर्ग्रस्त नहीं क्योंकि यह बनती-मिटती नहीं जबकि समय के सभी मापक्रम बनते-मिटते हैं। परंतु असीम चेतना का न आदि है, न अंत है और न मध्य ही।

मात्र असीम चेतना ही वास्तविकता है। वह सदा जाग्रत और प्रबुद्ध रहती है और सृष्टि में भी वैसे ही रहती है। असीम चेतना ही इस सृष्टि का अज्ञानजनित रूप है। इस सृष्टि के बाद भी वे सदा वैसी ही रहती है। वह सदा एकरूप रहती है। जब किसी को अपने स्व में स्व के द्वारा बोध होता है कि चेतना ही ब्रह्म है तब उसे हर पदार्थ का अनुभव भी होता है। उसे यह भी अनुभव होता है कि एक ही शक्ति है जो सभी अवयवों में विद्यमान है।

यह कहा जा सकता है कि देखने में संसार चेतना के प्रकट रूप में तथा प्रत्यक्ष अनुभव की दृष्टि से वास्तविक है और अवास्तविक तब है जब इसे मस्तिष्क तथा इंद्रियों से समझा-बूझा जाता है। वायु को वास्तविक उसकी गति के कारण कहा जाता है और जब उसमें गति नहीं होती तब उसे अविद्यमान माना जाता है। इसी तरह संसार को भी दोनों वास्तविक और अवास्तविक माना जाता है। मरीचिका के समान तीनों लोकों के स्वरूप की विद्यमानता परब्रह्म से भिन्न नहीं है।

जिस प्रकार बीज में अंकुर, जल में तरलता, दूध में मिठास और मिर्च में तीतापन विद्यमान होता है उसी प्रकार ब्रह्म में सृष्टि भी विद्यमान होती है। परंतु अज्ञानवश वह ब्रह्म से भिन्न प्रतीत होती है। ऐसा कोई कारण नहीं कि परब्रह्म में सृष्टि शुद्ध बिंब के रूप में वर्तमान हो। जब सृष्टि की अवधारणा होती है तब सृष्टि अस्तित्व ग्रहण करती है और जब सृष्टि की अवधारणा नहीं होती तब सृष्टि भी नहीं होती।

न तो कुछ कभी कहीं बनाया जाता है और न ही कभी किसी चीज का अंत ही होता है। परब्रह्म ही सब-कुछ है। वही परम शांति है, अनादि और शाश्वत शुद्ध चेतना है। हर परमाणु के अंदर संसार-में-संसार प्रतीत होते हैं। क्या कारण है और क्यों उत्पन्न होते हैं?

जब कोई 'मैं' और 'संसार' की अवधारणा से अलग होता है, वह मुक्त हो जाता है। 'मैं यह हूँ' की अवधारणा ही एकमात्र बंधन का कारण है। जो जानते हैं कि असीम चेतना ही अनाम, निराकार ब्रह्मांड का अधोस्तर है वह संसार पर विजय प्राप्त कर लेते हैं और आवागमन के चक्र से छूट जाते हैं।

4

मार्च

अस्तीह नियतिर् ब्राह्मी चिच्छक्तिः स्पन्दरूपिणि
अवश्य भवितव्यैक सत्ता सकल कल्पगा (62/8)

राम ने पूछा :

हे महर्षि, यह तो स्पष्ट है कि ब्रह्म ही की मात्र सत्ता है तो फिर इन संत-महापुरुषों और बुद्धिमान लोगों का अस्तित्व क्यों है? क्या ईश्वर के आदेश से तो नहीं? और ईश्वर क्या है?

वसिष्ठ ने उत्तर दिया :

असीम चेतना की शक्ति या ऊर्जा हर जगह अस्तित्व में रहती है और सदा गतिशील भी रहती है। केवल वही सभी भावी घटनाओं की वास्तविकता है। वह समय के विचार से हर युग में प्रविष्ट रहती है। ब्रह्मांड के हर पदार्थ को इसी के द्वारा आदेश प्राप्त होते हैं। इसी शक्ति (चित् शक्ति) को महासत्ता, महाचिती, महाशक्ति, महादृष्टि, महाक्रिया, महोभाव और महास्पद भी कहते हैं। अपने चारित्रिक गुणों के कारण यह शक्ति सब-कुछ प्रदान करती है। परंतु यह शक्ति परब्रह्म से भिन्न या अलग नहीं है। यह पूर्ण रूप से सत् है। संत-महात्मा मौखिक रूप से ब्रह्म और इस शक्ति में अंतर करते हैं और इस संसार को उसी शक्ति की सृष्टि भी कहते हैं।

यह भेद शाब्दिक ही है। उसी तरह जैसे कोई पूरे शरीर के बारे में कहे और उसके अवयवों के बारे में भी। असीम सत्ता उसी प्रकार अपनी इस अंतर्निहित शक्ति के प्रति जागरूक रहती है जिस प्रकार व्यक्ति अपने शरीर के अंगों के प्रति जागरूक रहता है। इसी शक्ति को नियति कहते हैं अर्थात् प्रकृति का नियमन करनेवाली परमसत्ता की शक्ति।

तुम जो प्रश्न कर रहे हो वह नियति द्वारा आदेशित हैं। तुम मेरे उपदेश के अनुसार चलोगे यह भी नियति द्वारा आदेशित है। यदि कोई कहता है : 'ईश्वर मुझे भोजन देगा' और वह करता-धरता भी है तो यह कार्य भी नियति का ही है। इस नियति को शिव जैसे देवता भी अप्रभावी नहीं कर सकते। परंतु ज्ञानी व्यक्ति को तिसपर भी अपना प्रयास बंद नहीं कर देना चाहिए क्योंकि नियति स्वप्रयास के माध्यम से ही कार्य करती है। नियति के दो पक्ष हैं—मानवीय और अतिमानवीय। मानवीय वहाँ दिखाई देती है जहाँ स्वप्रयास से सुफल प्राप्त होता है और अतिमानवीय वहाँ दिखाई देती है जहाँ स्वप्रयास से सुफल प्राप्त नहीं होता।

यदि कोई निठल्ला रहे और यह सोचे कि सब-कुछ नियति ही करेगी तो उसे शीघ्र ही लगेगा कि मैं मृत हूँ। क्रियाशीलता ही जीवन है। वह उच्च अतिचेतन सत्ता में प्रवेश करके अपना श्वास रोक सकता है और मोक्ष प्राप्त कर सकता है। तब यह उसका बहुत बड़ा स्वप्रयास होगा।

यह असीम चेतना ही एक स्थान पर एक वस्तु के रूप में दिखाई देती है और दूसरे स्थान पर दूसरी वस्तु के रूप में। चेतना और उसकी शक्ति में कोई अंतर नहीं रहता। ठीक वैसे ही जैसे लहरों और जल तथा अवयवों और शरीर में भेद नहीं रहता। यह भेद अज्ञानी को ही भासित होता है।

मार्च

ब्रह्मणः स्फुरणं किंचिद् यद् अवातांबुधेर् इव
दीपस्येवापि अवातस्य तं जीवं विद्धि राघव (64/8)

राम ने कहा :

जब असीम चेतना और उसकी गतिमान शक्ति ही एक मात्र वास्तविकता है तो जीव कैसे दृश्य सत्ता प्राप्त करता है?

वसिष्ठ ने कहा :

यह जीव उस भयावह प्रेत की तरह है जो मात्र अज्ञानी के मन में परावर्तित सत्ता के रूप में प्रकट होता है। कोई संत-महात्मा या विद्वान भी निश्चयपूर्वक नहीं बतला सकता कि यह जीव क्या है। क्योंकि इसमें कोई ऐसा लक्षण नहीं है जो इसकी प्रकृति का सूचक हो।

असीम चेतना रूपी दर्पण में अगणित बिंब दिखाई देते हैं जो संसार के विविध रूपों के घटक होते हैं। यही जीव हैं। **ब्रह्म रूपी सागर के तल पर उठनेवाले हलके से विक्षोभ से ही जीव की तुलना की जा सकती है या फिर किसी निर्वात कक्ष में दीए की लौ की हलचल से।** हलके से विक्षोभ में असीम चेतना की असीमता प्रच्छन्न रहने के कारण चेतना की सीमितता दिखने लगती है। यह भी असीम चेतना में अंतर्निहित रहती है। और चेतना की यही ससीमता जीव कहलाती है।

जिस प्रकार किसी ज्वलनशील पदार्थ के साथ चिंगारी का संपर्क होते ही स्वतंत्र लपट फूट पड़ती है उसी प्रकार चेतना की यह सीमितता प्रच्छन्न प्रवृत्तियों और स्मृतियों का आहार प्राप्त करने पर अहं अर्थात् मैंपन के रूप में संघनित होने लगती है। यह मैंपन कोई ठोस वास्तविकता नहीं है। परंतु जीव इसे उसी तरह वास्तविक मान बैठता है जिस तरह आकाश के नीलेपन को स्वीकारता है। जब अहं अपनी धारणाओं का सत्कार करने लगता है तो जो विचार-सामग्री तैयार होती है। उसी से स्वतंत्र और अलग जीव की अवधारणा बन जाती है। इसी जीव को मन, माया, ब्रह्मांडीय भ्रांति, ब्रह्मांडीय प्रकृति आदि भी कहते हैं।

उक्त धारणाओं का सत्कार करनेवाली बुद्धिमत्ता प्राकृतिक तत्त्वों (जल, थल, पावक, गगन और समीर) में मेल बैठाती है। इनके सहयोग से वही बुद्धिमत्ता प्रकाश की चिंगारी बन जाती है जबकि वह वास्तव में ब्रह्मांडीय प्रकाश होती है। तब यह अनेक रूपों में घनीभूत होती है और कहीं वृक्ष, कहीं पक्षी, कहीं प्रेत, कहीं देवता बन जाती है। इनमें उसका पहला रूप-परिवर्तन कर्ता ब्रह्म का होता है और वह फिर अन्य रूपों का सर्जन अपनी इच्छा या विचार से करता है। इस प्रकार जीव, कर्म, देवता और सब-कुछ चेतना का ही स्पंदन मात्र है।

(मन की) सृष्टि भी चेतना का स्पंदन ही है। संसार मन में ही उत्पन्न होता है। यह अपूर्ण दृष्टि तथा अपूर्ण समझ के कारण ही दिखाई पड़ता है। सच यह है कि यह दीर्घ स्वप्न से अधिक कुछ नहीं। यदि यह बात समझ में आ जाए तो सारे का सारा द्वैत समाप्त हो जाए। फिर ब्रह्म, जीव, मन, माया, कर्ता, क्रिया और संसार ये सब अद्वैत असीम चेतना के ही पर्याय लगने लगेंगे।

6

मार्च

चिद्घनेनैकताम् एत्य यदा तिष्ठति निश्चलः
शाम्यन व्यवहरन् वापि तदा संशान्त उच्यते (66/12)

वसिष्ठ ने कहा :

हे राम, एक कभी अनेक नहीं हुआ। जब बहुत से दीए एक-दूसरे की सहायता से जला लिए जाते हैं तो उन सब में एक ही लौ रहती है। इसी प्रकार एक ब्रह्म ही अनेक प्रतीत होता है। जब कोई अनेकता की अवास्तविकता पर विचार करता है तो वह दुखों से मुक्त हो जाता है।

जीव चेतना की सीमितता के अतिरिक्त और कुछ नहीं। जब सीमितता जाती रहती है तब शांति विराजती है। वैसे ही जैसे जूता पहने हुए व्यक्ति को सारी पटरी ही चर्ममय प्रतीत होती है। यह संसार क्या है? आकृति के सिवा कुछ नहीं। वैसे ही जैसे केले के तने में पत्तों के सिवा कुछ नहीं होता। जिस प्रकार मदिरा के प्रभाव से किसी को रिक्त आकाश में तरह-तरह के दृश्य दिखाई देने लगते हैं वैसे ही व्यक्ति को मन एकता में अनेकता देखने के योग्य बनाता है। जिस प्रकार मदिरासेवी को पेड़ चलता हुआ दिखाई पड़ता है उसी प्रकार अज्ञानी संसार में हलचल देखता है।

जब मन द्वैत के दर्शन करता है तब वहाँ द्वैत के साथ उसका प्रतिरूप अद्वैत भी उपस्थित रहता है। जब मन से द्वैत का भाव समाप्त हो जाता है तब न द्वैत ही रहता है न अद्वैत ही। **जब कोई असीम चेतना के अद्वैत में अपने को दृढ़ता से स्थिर कर लेता है तब वह अपने आप को शांति में स्थित समझता है। फिर भले ही वह चुपचाप बैठा ही रहे अथवा कोई काम ही क्यों न करता रहे।** जब कोई अपने को परमावस्था में स्थित कर लेता है तब वह स्वयं अस्तित्व विहीन हो जाता है। उस अवस्था को शून्यता के ज्ञान की अवस्था कहते हैं।

मन में हलचल या विक्षोभ होने के फलस्वरूप चेतना वस्तुज्ञान के रूप में प्रतीत होने लगती है। तब मन में तरह-तरह की मिथ्या धारणाएँ (जैसे मैं जनमा हूँ) उत्पन्न होती हैं। यह ज्ञान मन से भिन्न नहीं होता। इसलिए इसे अज्ञान या भ्रम कहा जाता है।

इस संसार रूपी रोग से छुटकारा पाने के लिए ज्ञान या स्वज्ञान के अतिरिक्त कोई और साधन नहीं है। ज्ञान से ही साँप और रस्सी में का भ्रम दूर हो सकता है। जब ऐसा ज्ञान प्राप्त होता है तो अज्ञान को बढ़ावा देनेवाली इंद्रियभोग की मन की लालसा भी नहीं रहती। अतः यदि लालसा रह भी जाती है भी तो उसकी पूर्ति मत करो। इसमें कौन-सी परेशानी है?

जब मन पदार्थों की कल्पना करता है तब मन में हलचल या विक्षोभ होता है। यदि पदार्थ या विचार मन में नहीं रहता तो न हलचल ही रहती है। जब हलचल है तब संसार भी दृश्य होगा जब हलचल नहीं होगी तब संसार भी नहीं रहेगा। विचार की हलचल को ही जीव, कार्य और कारण कहते हैं। संसार की प्रतीति का यही कारण है। उसके बाद काया की सृष्टि होती है।

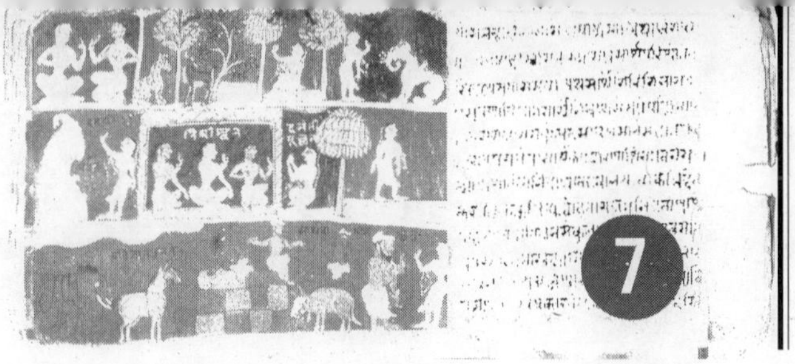

मार्च

यथा संपद्यते ब्रह्मा कीटः संपद्यते तथा
कीटस्तु रूढभूतौघ वलनात् तुच्छ कर्मकः (69)

वसिष्ठ ने कहा :

इन अनेक कारणों से विचारजन्य गतिशीलता आती है। कोई तो एक जन्म में इससे छुटकारा पा जाता है और कोई इससे हजारों जन्मों बाद छुटकारा पाता है। जब विचार उत्पन्न होते हैं, तब व्यक्ति सत्य नहीं देख पाता। तब उसमें 'मैं हूँ' का बोध रहता है। वह कहता है कि यह 'मेरा' है।

संसार की प्रतीति चेतना की जाग्रत अवस्था है। अहं स्वप्न अवस्था है। मनःसामग्री सुषुप्ति अवस्था है और चौथी अवस्था है शुद्ध चेतना या अखंड सत्य। इस चौथी अवस्था के बाद चेतना की परम शुद्धता रहती है। उसमें अवस्थित होने पर व्यक्ति दुखों से परे हो जाता है।

संसार की प्रतीति का कारण उसी प्रकार परब्रह्म माना जाता है जिस प्रकार पेड़ की वृद्धि का कारण आकाश माना जाता है। वैसे वह (आकाश) पेड़ की वृद्धि में न तो बाधक होता है, न सहायक ही और न उसका कारण ही होता है। सच्चाई यह है कि ब्रह्म प्रभावी कारक नहीं। इसका पता हम अनुसंधान से लगा सकते हैं। जब कोई धरती को खोदता चलता है तो काफी दूर तक उसे आकाश ही दिखाई पड़ता है। इसी प्रकार अनुसंधान जारी रहने से इस सत्य का पता चलता है कि जो कुछ है वह असीम चेतना के अतिरिक्त कुछ नहीं।

राम ने पूछा : कृपया बताएँ कि इस सृष्टि का इतना अधिक विस्तार कैसे हुआ।

वसिष्ठ ने कहा : असीम चेतना में जो स्पंदन होता है वही स्पंदन उस चेतना (जीव) में होता है। उस स्पंदन से जिस प्रकार जीव प्रकट होता है उसी तरह जीव से मन प्रकट होता है। ऐसा इसलिए कि जीव विचार करता है। मन पाँच तत्त्वों की धारणा करता है और वह अपने को उनमें बदल देता है। मन जो कुछ भी सोचता है, बस उसे उतना ही दिखाई देता है। इसके बाद एक-एक करके जीभ, आँखें, नाक, स्पर्शानुभूति प्राप्त करता है। इन इंद्रियों और मन में किसी प्रकार का कारण-कार्य जैसा संबंध नहीं होता परंतु विचार और इंद्रियों के स्वप्रकटीकरण का संयोग अवश्य होता है। ठीक वैसे ही जैसे कौआ नारियल के पेड़ पर बैठे और नारियल गिर पड़े। लगता है कि कौए ने नारियल को गिराया हो। इस प्रकार पहला ब्रह्मांडीय जीव अस्तित्व में आया।

राम ने पूछा : यदि सत्य में अज्ञान का अस्तित्व नहीं तो व्यक्ति क्यों मुक्ति चाहता है या फिर क्यों अनुसंधान करता है?

वसिष्ठ ने उत्तर दिया : हे राम, ऐसा विचार समय आने पर उत्पन्न होगा, अभी नहीं। समय आने पर ही फूल खिलते हैं और फल पकते हैं।

ब्रह्मांडीय जीव 'ओम्' का उच्चारण करता है और शुद्ध इच्छा शक्ति के द्वारा अनेक पदार्थों का सर्जन करता है। जिस प्रकार सृष्टिकर्ता ब्रह्मा का सर्जन इच्छाशक्ति से हुआ, उसी प्रकार कीटाणु का भी हुआ है; कीटाणु मलिनता से ग्रस्त हैं इसलिए उसकी क्रिया नगण्य होती है। वस्तुतः यह अंतर भ्रामक है। सच्चाई यह है कि न कोई सृष्टि ही है और न उसमें किसी प्रकार का विभेद ही।

मार्च

स्वार्थ क्रियोग्र सामर्थ्याद याति भावनायन्यताम्
पदार्थोभिमतां शाद्यो निःश्वासेनेव दर्पणः (70/19)

वसिष्ठ ने कहा : इस संबंध में एक प्राचीन कथा है, जिसे मैं तुम्हें सुनाता हूँ।

एक समय की बात है कि हिमालय के उत्तर में कर्कटी नाम की एक दानवी रहती थी। वह देखने में भयावह, काली-कलूटी और भारी-भरकम थी। उस दानवी को कुछ खाने को न मिला और वह बहुत भूखी थी। उसने सोचा, "यदि एक ही बार में जंबूद्वीप के सभी लोगों का भक्षण कर लूँ तभी मेरी भूख मिटेगी। इससे पहले मैं तपस्या करूँ, क्योंकि तपस्या के द्वारा वह सब-कुछ प्राप्त किया जा सकता है जो अन्यथा प्राप्त नहीं हो पाता।"

फिर वह एक बर्फीली चोटी पर जा चढ़ी और उसने तपस्या आरंभ कर दी। कुछ समय बाद वह सूखकर काँटा हो गई और ऐसी दिखाई पड़ने लगी कि जैसे पारदर्शी त्वचा कंकाल को लपेटे हुए हो।

एक हजार वर्ष बीत गए। उसकी तपस्या से प्रसन्न होकर ब्रह्मा उसके समक्ष उपस्थित हुए। कर्कटी मन ही मन उनके आगे नतमस्तक हुई। उसने सोचा : "मुझे प्रार्थना करनी चाहिए कि मैं फौलाद की जीवित विषूचिका (हैजा) बन जाऊँ अर्थात् रोग का मूर्तरूप। इस वरदान से मैं सभी प्राणियों के हृदय में प्रवेश पाने में समर्थ हो जाऊँगी। इस प्रकार अपनी इच्छा भी पूरी कर लूँगी और अपनी भूख भी मिटा लूँगी।" जब ब्रह्मा ने उससे कहा, "मैं तुम्हारी तपस्या से प्रसन्न हूँ, कोई वर माँग लो।" तो उसने अपनी इच्छा प्रकट की। ब्रह्मा ने कहा, "ऐसा ही हो, तुम विषूचिका होगी। सूक्ष्म शरीरधारी होने के नाते तुम उन लोगों के हृदय में प्रवेश पा सकोगी तथा उन्हें पीड़ा पहुँचाओगी जो अभक्ष्य पदार्थ खाते हैं और व्यभिचारपूर्ण जीवन जीते हैं।"

हे राम, फिर सहसा उस दानवी का शरीर सूखने लगा और धीरे-धीरे सुई के आकार का हो गया। फिर वह इतनी सूक्ष्म हो गई कि उसके अस्तित्व की कल्पना भर की जा सकती थी। निरंतर विषूचिका (हैजा) वाली दूसरी काया भी उसका पीछा करती रही। यद्यपि वह सूक्ष्म और अदृश्य थी तो भी उसकी दानवी मानसिकता में कोई परिवर्तन न हुआ। विषूचिका प्रफुल्ल थी और फूल की गंध के समान सूक्ष्म भी। दूसरों की जीवनशक्ति पर आश्रित होने के कारण वह अपने काम में दत्तचित्त रही। उसे भी अपनी इच्छा से चलने का वर मिला था परंतु सभी प्राणियों के भक्षण की इच्छा पूरी न कर सकी। क्योंकि उसका आकार तो सुई का ही था। कितनी विचित्र बात है कि भ्रमित प्राणी में दूरदर्शिता नहीं होती। **स्वार्थी व्यक्ति का अपने स्वार्थ को साधने का उग्र प्रयास उसी प्रकार कुछ और ही परिणाम देता है, जिस प्रकार दर्पण की ओर दौड़ते-हाँफते व्यक्ति को दर्पण में अपना मुख नहीं दिखाई देता क्योंकि दर्पण मुँह से निकलनेवाली भाप के कारण धुँधला पड़ जाता है।**

विषूचिका उन लोगों के शरीर में प्रवेश करती थी जो पहले से रोगग्रस्त होते थे, जिनका शरीर क्षीण हो चुका होता था या फिर जो मुटा गए होते थे। शरीर में प्रविष्ट होने के बाद वह विषूचिका रूप धारण करती थी। किसी के हृदय में स्वस्थ और प्रबुद्ध व्यक्ति की तरह वह प्रवेश करती थी और उसकी बुद्धि को विकृत कर देती थी। कुछ ऐसे भी उदाहरण हैं कि जब वह व्यक्ति औषध या मंत्रों के द्वारा उपचार करवाता था तो वह उसे छोड़कर चली जाती थी।

9

मार्च

आपतद् हि मनो मोहं पूर्वमापत् प्रयच्छति
पश्चाद् अनर्थ विस्तार रूपेण परिजंभृते (71/72)

वासिष्ठ ने कहा :

सूचिका के लिए छिपने के अनेक स्थान थे। उनमें से भूमि पर पड़ी धूल और गर्द, (गंदी) उँगलियाँ, कपड़े के धागे, शरीर के अंदर की मांसपेशियाँ, धूल से लथपथ त्वचा, हथेली की मैली रेखाएँ तथा (बुढ़ापे के कारण) शरीर के वे अंग जहाँ मक्खियों का जमघट लगा रहता हो। कांतिविहीन शरीर में, सड़े-गले पत्तों के ढेर में, स्वस्थ वृक्षों से रहित क्षेत्र में, मैले-कुचले कपड़ों में, गंदी आदतों वाले लोगों में, वनोन्मूलन के कारण ठूँठ वृक्षों में जिनमें मक्खियाँ अंडे देती हैं, खड़े पानी के गड्ढों में, सड़कों पर बहती गंदी नालियों में, यात्रियों की धर्मशालाओं में और उन नगरों में (जिनमें हाथी, घोड़े आदि बहुत से पशु रहते हों) वह वास करती थी।

बिना किसी उकसावे या विघ्न-बाधा के सूचिका विनाश-कार्यों में लगी रहती थी। सूचिका को जीव-सूचिका भी कहा जाता था। वह सभी शरीरों में प्राण और अपान की सहायता से जीवन-शक्ति के रूप में व्याप्त रहती थी। जीव को गठिये के फलस्वरूप तीव्र पीड़ा और कष्ट देती है और उसका मानसिक संतुलन बिगाड़ देती थी। (सुई की तरह) पैरों में चुभती थी और खून पीती थी। दुष्ट लोगों की तरह दूसरों को सताती थी और ऐसा करके उन्हीं की तरह प्रसन्न होती थी।

[इस समय तक सायंकाल की छाया अपने पंख फैला चुकी थी। एक दिन और यहीं समाप्त हुआ।]

अगले दिन **वासिष्ठ** ने कहा :

लंबे समय तक यह क्रम चलता रहा। आखिर कर्कटी को अपनी भूल जान पड़ी। उसे लोगों का भक्षण करने की अपनी इच्छा पर अफसोस हुआ। क्या इसी के लिए उसने हजार वर्ष की तपस्या की थी और सुई का क्षुद्र रूप धारण किया था! अत: वह अपने इस स्वाकांक्षित दुर्भाग्य पर रुदन करने लगी :

"हाय, कहाँ मेरी पहाड़ जैसी काया और कहाँ यह सुई-सा शरीर! मुझसे भूल हुई। मेरी बुद्धि गुम हो चुकी है और मेरी इंद्रियाँ काम नहीं कर रहीं। **जो मन विपत्ति की ओर अग्रसर होता है वह पहले विभ्रम और दुष्टता उत्पन्न करता है और फिर यही दुख और दुर्भाग्य का रूप धारण करते हैं।** मैं कभी स्वतंत्र नहीं हूँ, सदा दूसरों की दया पर निर्भर हूँ। मैं दूसरों के हाथ में खेल रही हूँ और वे जैसा नचाते हैं वैसा नाच रही हूँ। मैं दानवी रूपी इच्छा को संतुष्ट करना चाहती हूँ कि सब को खा जाऊँ। परंतु परिणाम यह हुआ कि उपचार रोग से भी अधिक भयावह निकला और और भी बड़ी राक्षसी ने जन्म ले लिया। निश्चय ही मैं निरी मूर्ख निकली और अपनी विशाल काया फेंक बैठी और जान-बूझकर इस सुई रूपी तुच्छ काया का चुनाव कर बैठी।"

तत्क्षण कर्कटी ने सभी प्राणियों के भक्षण की इच्छा का त्याग किया और हिमालय को लौट गई। फिर वह एक पैर पर खड़ी होकर तपस्या करने लगी। इस तपस्या से उसकी पूरी काया पूर्णत: निर्मल हुई और उसको परम ज्ञान की प्राप्ति हुई। उसकी तपस्या की ऊर्जा से हिमालय जल उठा। स्वर्ग के राजा इंद्र ने नारद ऋषि से कर्कटी की अपूर्व कथा सुनी।

मार्च

विदित परम करणाद्य जाता स्वयं अनुचेतन संविदं विचार्य
स्वमनन कलनानुसार एकस्त्विह हि गुरुः परमो न राघवान्यः (74/28)

वसिष्ठ ने कहा : इंद्र ने वायु से इस बात का पता लगाने के लिए कहा कि सूचिका कहाँ रहती है। वायु ने उसे हिमालय की एक चोटी की तरह सूचिका को खड़े देखा। वह सूख कर बिल्कुल काँटा हो गई थी। जब वायु ने उसके मुख में प्रवेश किया तो उसने उसे बार-बार बाहर फेंका। उसने अपनी जीवन-शक्ति को ललाट में संचित कर लिया था और पूर्ण योगिनी की तरह खड़ी थी। वायु देव सीधे स्वर्ग को लौट गए और उन्होंने इंद्र को पूरा विवरण दिया। तब इंद्र ब्रह्मा के पास गए। ब्रह्मा प्रार्थना को सुनकर उस स्थान पर गए जहाँ सूचिका तपस्या कर रही थी।

इसी बीच सूचिका तपस्या के द्वारा पूर्ण निर्मल हो चुकी थी। उसे प्रत्यक्ष ज्ञान प्राप्त हो चुका था तथा बिना किसी कारण के जो सबका कारण है उसकी जिज्ञासा का उत्तर उसे अपने अंदर ही मिल चुका था। विचार की सभी गतिविधियों की जानकारी करनेवाला परम गुरु अपनी चेतना ही होता है। इसके अतिरिक्त और कोई नहीं। ब्रह्मा ने उससे कहा : 'वर माँगो।' उसने अपने मन में विचार किया कि मुझे उस परम की अनुभूति हो चुकी है। अब वर माँगकर क्या करूँगी?'

ब्रह्मा ने कहा : "हे योगिनी, शाश्वत व्यवस्था को दरकिनार नहीं किया जा सकता। व्यवस्था के अनुसार तुम्हें फिर अपनी पहलेवाली काया धारण करनी होगी, दीर्घकाल तक सुख से रहना होगा और तब मोक्ष प्राप्त करोगी। तुम अब ज्ञानमय जीवन व्यतीत करोगी। दुष्टों और पापियों पर ही प्रहार करोगी और उन्हें भी कम से कम हानि पहुँचाओगी और वह भी अपनी प्राकृतिक भूख मिटाने भर के लिए।" फिर सूचिका रूपी काया पहाड़-सी काया में बदल गई।

कर्कटी ने अपना दानवी रूप पुन: प्राप्त किया। जब तक उसका शरीर रहा उसे स्वाभाविक भूख और प्यास लगती रही। उसने आकाशवाणी सुनी : "हे कर्कटी, अज्ञानी और भ्रमित लोगों के पास जाओ और उनमें बुद्धिमत्ता जगाओ। ज्ञानी व्यक्ति का यही उद्दिष्ट कार्य होता है। जिसे तुम ज्ञान दोगी अगर वह अपने उद्देश्य में विफल होता है तो वह तुम्हारे भक्षण के लिए उपयुक्त है।

इतना सुनते ही वह उस घने जंगल में प्रविष्ट हुई जिसमें पहाड़ी जातियाँ और शिकारी रहते थे। वहाँ के राजा का नाम विक्रम था। वहाँ की प्रथा के अनुसार राजा अपने मंत्री सहित रात के समय अपनी प्रजा के रक्षार्थ चोर-डाकुओं की पकड़-धकड़ के लिए निकलता था। कर्कटी ने दो व्यक्तियों को देखा। उसने विचार किया : निश्चय ही ये दो व्यक्ति मेरी क्षुधा की पूर्ति के लिए उपस्थित हुए हैं। ये अज्ञानी हैं इसलिए पृथ्वी पर भारस्वरूप हैं। ऐसे व्यक्ति यहाँ भी कष्टभोग करते हैं और इन्हें आगे भी कष्टभोग करना पड़ेगा। कष्टभोग ही इनके जीवन का उद्देश्य है। मृत्यु ही इनके लिए कष्टभोग से छुटकारा है। संभव है कि मृत्यु के उपरांत इनमें जागर्ति आए और ये मोक्ष की प्राप्ति का प्रयास करें। जो कोई भी पूर्ण सुख, कीर्ति और दीर्घ जीवन चाहता है उसे अच्छे लोगों का मान और पूजा करनी चाहिए। उसे वह सब-कुछ अर्पित करना चाहिए जो वे चाहते हैं। मुझे इनकी बुद्धि की परीक्षा करनी चाहिए। यदि वे बुद्धिमान हैं तो इनपर प्रहार नहीं करूँगी। बुद्धिमान और भले व्यक्ति मानवता के महान हितैषी होते हैं।

11 मार्च

संरंभ द्वारम् उत्सृज्य समता स्वच्छया धिया
युक्त्या च व्यवहारिण्या स्वार्थः प्रज्ञेन साध्यते (78/25)

वसिष्ठ ने कहा : कर्कटी ने चिल्लाकर कहा : "इस घने जंगल में घूमनेवाले दो कीड़े-मकोड़ो, तुम कौन हो? जल्दी से बतलाओ नहीं तो मैं तुम्हें खा जाऊँगी।"

राजा और मंत्री ने उस भयावह दानवी को देखा। बिना जरा भी भयभीत हुए मंत्री ने उससे कहा : 'हे दानवी, तुम नाराज क्यों हो? भोजन की खोज हर प्राणी को स्वभावतः होती है। परंतु अपने स्वाभाविक कार्यों का निर्वाह करते समय व्यक्ति को अहंकारी नहीं होना चाहिए। **बुद्धिमान व्यक्ति तो अपना-अपना स्वार्थ साधने में भी साधन तथा व्यवहार की उपयुक्तता पर ध्यान देते हैं, क्रोध और विक्षोभ से बचते हैं और शांत तथा खुले दिमाग से काम लेते हैं।** हमने तुम्हारे जैसे हजारों कीड़े-मकोड़ों को देखा है और उनके साथ न्यायपूर्ण व्यवहार किया है। राजा का यह कर्तव्य होता है कि वह दुष्टों को दंड दे और भलों की रक्षा करे। अपना क्रोध छोड़ो और ठंडे दिमाग से अपना कार्य करो। यही उचित व्यवहार है। किसी को अपने लक्ष्य की प्राप्ति हो या न हो उसे शांत रहना चाहिए। तुम्हें जो चाहिए वह हमसे माँग सकती हो। हमने कभी किसी भिखारी को खाली हाथ नहीं लौटाया।

कर्कटी ने दोनों व्यक्तियों के साहस और बुद्धिमत्ता की प्रशंसा की। उसने सोचा : "इस अवसर का मुझे लाभ उठाना चाहिए और मेरे मन में जो संदेह है उसे दूर करना चाहिए। क्योंकि वह मूर्ख होता है जो बुद्धिमानों की संगति प्राप्त करने के उपरांत भी अपना संदेह दूर नहीं करता।" उसने उन दोनों से कहा : "यदि तुम दोनों को आत्मज्ञान प्राप्त नहीं है, तब मैं अपने स्वभाव के अनुसार तुमको खा जाऊँगी। इस तथ्य का पता लगाने के लिए मैं तुमसे कुछ प्रश्न करूँगी। मुझे ठीक उत्तर दो।

"हे राजा, वह क्या है जो एक है फिर भी अनेक है और जिसमें करोड़ों ब्रह्मांड विलीन हो जाते हैं? जो शुद्ध आकाश है वह क्या है, जबकि वह ऐसा प्रतीत नहीं होता? वह क्या है जो मुझमें और तुममें है और तुममें और मुझमें है? वह क्या है जो सक्रिय है फिर भी क्रिया नहीं करता? वह क्या है जो है तो शिला फिर भी चेतन है? वह क्या है जो शून्य आकाश में तरह-तरह की चालें चलता है? वह क्या है जो न सूर्य है, न चाँद, न अग्नि ही, फिर भी सदा चमकता है? वह कौन-सा परमाणु है जो देखने में तो बहुत दूर है परंतु रहता पास ही है? चेतना की प्रकृति कैसी है और क्या वह जानी ही नहीं जा सकती? वह क्या है जो सब में है पर इनमें से कोई नहीं? वह क्या है जो सबकी आत्मा है, जो अज्ञान से ढकी रहती है और जिसे अनेक जन्मों के गहन और निरंतर प्रयास द्वारा प्राप्त किया जाता है? वह क्या है जो है तो परमाणु रूप परंतु जिसमें पर्वत समाहित रहता है और जो तीनों लोकों को घास की पत्ती में बदल देता है? वह कौन-सा अणु है जिसमें प्रलय के समय बीज के समान संपूर्ण ब्रह्मांड विश्राम करता है?

"वह क्या है जो ब्रह्मांड के सभी तत्त्वों के क्रिया-कलापों के लिए उत्तरदायी है परंतु जो करता कुछ नहीं? वह क्या है जिससे द्रष्टा, दृष्टि और दृश्य बने हैं? वह क्या है जो त्रिगुणात्मक सृष्टि को आच्छादित और अभिव्यक्त करता है? किसमें प्रतीत होनेवाले तीनों काल-विभाग स्थित हैं? वह क्या है जो बार-बार व्यक्त और तिरोहित होता रहता है?"

12

मार्च

सर्वात्मकत्वान् नैवासौ शून्यो भवति कर्हिचित्
यद् अस्ति न तद् अस्थीति वक्ता मन्ता इति स्मृतः (10)

मंत्री ने उत्तर दिया :

हे देवी, मैं निश्चय ही तुम्हारे प्रश्नों का उत्तर दूँगा। तुम्हारे प्रश्न जिसको संदर्भित करते हैं वह परम आत्मा (परमात्मा) है।

वह आत्मा सूक्ष्म आकाश से भी अधिक सूक्ष्म है। उसका कोई नाम नहीं है इसलिए उसकी व्याख्या नहीं हो सकती। न ही मन और न ही इन्द्रियों की उस तक पहुँच है और न ही वे उसे समझ पाते हैं। वह विशुद्ध चेतना है। संपूर्ण ब्रह्मांड चेतना रूपी अणु में उसी प्रकार स्थित है जिस प्रकार वृक्ष बीज में स्थित होता है। उस अवस्था में ब्रह्मांड चेतना रूप में ही स्थित होता है ब्रह्मांड रूप में नहीं। चेतना विद्यमान रहती है क्योंकि यही सभी का अनुभव है, क्योंकि यही सभी की आत्मा है। क्योंकि यह विद्यमान है इसलिए अन्य सभी भी विद्यमान हैं।

वह आत्मा आकाश की तरह शून्य है। परंतु वह शून्यता नहीं है क्योंकि वह चेतना है। वह विद्यमान है परंतु मन और इंद्रियों द्वारा उसका अनुभव नहीं होता। सभी की आत्मा होने पर भी उसका किसी को अनुभव नहीं होता। एक होने पर भी सृष्टि के अनंत अणुओं द्वारा वह परावर्तित होती है इसलिए अनेक रूपों में प्रकट होती है। यद्यपि यह प्रकटीकरण उसी प्रकार असत् है जिस प्रकार सोने में कंगन की कल्पना असत् होती है। सोना ही सत् होता है। परंतु आत्मा अवास्तविक भी है। **क्योंकि वह शून्य या शून्यता नहीं है। क्योंकि वह सभी आत्माओं की आत्मा है। वह हर उसकी आत्मा है जो कहता है कि मैं हूँ या मैं नहीं हूँ।** इसके अतिरिक्त उसकी उपस्थिति का अनुभव अप्रत्यक्ष रीति से उसी प्रकार होता है जिस प्रकार गंध से कपूर का। वही आत्मा सभी में चेतना के रूप में विराजमान है और वही वह पदार्थ है जो संसार के रूप में संभव हुआ है।

चेतना रूपी इस अनंत सागर में भँवर की तरह जाने-माने तीनों लोक सहसा और स्वभावतः वैसे ही उत्पन्न होते हैं जैसे भँवर बहते जल की प्रकृति के परिणाम होते हैं। क्योंकि चेतना मन और इंद्रियों की पहुँच से परे है इसलिए वह शून्य प्रतीत होती है। परंतु उसे आत्मज्ञान कहा जा सकता है इसलिए वह शून्य नहीं है। चेतना के विभाग नहीं हो सकते इसलिए मैं तुम हूँ और तुम मैं हो। परंतु अविभक्त चेतना न तुम ही है न मैं ही। जब मैं और तुम की गलत धारणाएँ त्याग दी जाती हैं तो यह जागर्ति उत्पन्न होती है कि न तो तुम हो न मैं हूँ न कुछ और ही है। शायद सब-कुछ एक ही है।

आत्मा असीम है। उसमें गति है परंतु वह गतिमान नहीं और सृष्टि के अणु-अणु में स्थित है। वह न ही कहीं जाती है और न ही आती ही है। आकाश और समय चेतना से ही अस्तित्व पाते हैं। आत्मा कहाँ जाएगी जब सब-कुछ उसी में स्थित है? जब एक पात्र को उठाकर दूसरी जगह ले जाया जाता है तब उसके अंदर का आकाश एक स्थान से दूसरे स्थान पर नहीं जाता, क्योंकि हर वस्तु सदा से आकाश में ही तो स्थित है।

13

मार्च

यावत् कटकसंवित्तिस् तावन् नास्तीव हेमता
यावच्च दृश्यतापत्तिस् तावन् नास्तीव सा कला (48)

मंत्री ने कहा :

प्रकृति से आत्मा शुद्ध चेतना है परंतु जब वह जड़ पदार्थों से संबद्ध होती है तो ऊपर से अक्रिय और निश्चेष्ट दिखाई पड़ती है। अनंत आकाश में यह असीम चेतना अनंत पदार्थों को उत्पन्न करती दिखती है। यद्यपि यह सब निर्मित लगता है परंतु यह निरी कल्पना या भ्रम ही है। कुछ भी निर्मित नहीं किया गया। अतः यह चेतना भी है और जड़ता भी है, कर्ता भी है और अकर्ता भी।

वास्तविकता यह है कि आग भी आत्मा या चेतना ही है यद्यपि आत्मा न स्वयं जलती ही है और न जलाई ही जा सकती है। वह सभी में है और असीम है। वह शाश्वत प्रकाश ही है जो सूर्य, चंद्र और आग को प्रकाशित करता है परंतु उनसे है अलग। वह तब भी चमकता है जब सूरज-चाँद डूब जाते हैं या आग बुझ जाती है। वह सभी के अंदर है और अंदर से ही प्रकाशित करता है। वही एक ज्ञान है जो पेड़ों, पौधों, लताओं में विद्यमान है और उन्हें सुरक्षा प्रदान करता है। सामान्य दृष्टि से आत्मा या असीम चेतना सृष्टिकर्त्री है, रक्षा करनेवाली है और स्वामिनी है परंतु परम तत्त्व की दृष्टि से वह सबकी आत्मा है और उसकी कोई सीमित भूमिका नहीं होती। कोई ऐसा संसार नहीं जो आत्मा से स्वतंत्र हो। अतः पर्वत पारमाण्विक (परमाणु-रूप) आत्मा है। उसमें भी क्षणिक कल्पनाएँ भी उत्पन्न होती हैं और युगीन कल्पनाएँ भी। ये सभी कल्पनाएँ ठीक उसी प्रकार समय के पैमाने पर वास्तविक भी लगती हैं जिस प्रकार स्वप्न के समय पदार्थ वास्तविक प्रतीत होते हैं। आँख झपकने की देर हुई नहीं कि एक नया युग उपस्थित हुआ नहीं। छोटे से शीशे में पूरा शहर दिखाई देता है न! कुछ ऐसा ही होता है। कैसे दृढ़तापूर्वक कहा जा सकता है कि वास्तविकता द्वैत है या अद्वैत? यह पारमाण्विक आत्मा या असीम चेतना स्वयं ही कभी क्षण या युग प्रतीत होती है, कभी पास और कभी दूर दिखाई देती है। कुछ भी उससे अलग नहीं। ये बातें एक दूसरी को काटनेवाली भी नहीं हैं।

जब तक कोई कंगन को कंगन के रूप में देखता है तब तक उसे सोना नहीं दिखाई देता। परंतु जब यह ज्ञान होता है कि कंगन शब्द है वास्तविक नहीं तब सोना दिखाई देता है। उसी प्रकार जब संसार को वास्तविक मान लिया जाता है **तब आत्मा नहीं दिखाई देती और जब इस मान्यता को नकार दिया जाता है तो चेतना की अनुभूति होती है।** वही सब-कुछ है इसलिए वास्तविक है उसका अनुभव नहीं होता इसलिए अवास्तविक है।

जो दिखाई देता है वह बस माया का जादू है। यही माया का जादू चेतना को कर्ता और पदार्थ में विभाजित करता है। यह स्वप्न-नगरी की तरह वास्तविक है। न यह वास्तविक ही है और न अवास्तविक ही बल्कि दीर्घकालिक भ्रम है। यही अनुमानजन्य विभाजन विविधता उत्पन्न करता है जो ब्रह्मा से लेकर क्षुद्र कीट तक दिखाई देता है। जिस प्रकार अकेले एक बीज में वृक्ष की विभिन्न विशिष्टताएँ विद्यमान रहती हैं उसी प्रकार आत्मा में भी भिन्न-भिन्न विशिष्टताएँ हर समय विद्यमान रहती हैं। परंतु ये विशिष्टताएँ रहती हैं चेतना के रूप में ही।

14

मार्च

आत्मा यत्नशतप्राप्यो लब्धेस्मिन् न च किंचन्
लब्धं भवति तच् चैतत् परमं वा न किंचन (9)

कर्कटी ने कहा :

हे राजा, मैं आपके मंत्री के उत्तर से प्रसन्न हूँ। अब मैं तुम्हारे उत्तर सुनना चाहती हूँ।

राजा ने कहा :

हे देवी, आपके प्रश्न उस शाश्वत ब्रह्म से संबद्ध हैं जिसकी विशुद्ध सत्ता है। वह तभी समझ में आता है जब मन से विचारों की हलचल जाती रहती है। उसकी अभिव्यक्ति का विस्तार और आहरण ही लोक में ब्रह्मांड का सर्जन और संकुचन माना जाता है। जब ज्ञान का अंत हो जाता है तब उसकी अभिव्यक्ति मौन से होती है क्योंकि वह हर अभिव्यक्ति से परे है। वह दोनों छोरों के मध्य अत्यंत सूक्ष्म रूप है। उस मध्य के भी दो पहलू हैं। ब्रह्मांड की विविधता के कारण वह विविध रूप में विभाजित लगता है पर है वह अविभाजित ही।

जब इस ब्रह्म में इच्छा होती है, वायु चलने लगती है। यह वायु भी कुछ और नहीं शुद्ध चेतना है। जब ध्वनि का विचार होता है तो ध्वनि उत्पन्न होती है। सूक्ष्म परमाणु रूप में वह सर्वोच्च सत्ता सब-कुछ है और कुछ भी नहीं है। उसकी सर्वशक्तिमत्ता से ही यह सब दिखाई देता है।

इस आत्मा की प्राप्ति सैकड़ों मार्गों या साधनों से की जा सकती है। जब इसे प्राप्त कर लिया जाता है तो कुछ भी प्राप्त नहीं किया जाता। यही परमात्मा है, कुछ भी नहीं। इस संसार रूपी जंगल से—इस आवागमन के चक्र से—तब तक निस्तार नहीं होता जब तक उस ज्ञान का उदय नहीं होता जो अज्ञान के मूल को नाश करने में समर्थ होता है तथा जिसमें संसार वास्तविक प्रतीत होता है। परंतु सच्चाई यह है कि यह असीम चेतना ही है जो अपने में ही ब्रह्मांड को देखती है। ऐसा वह अपनी माया नामक शक्ति से करती है।

आत्मा अत्यंत सूक्ष्म तथा परमाणु-रूप होती है और उसकी प्रकृति भी होती है मूलतः शुद्ध चेतना-रूप। फिर भी वह होती है संपूर्ण ब्रह्मांड में व्याप्त। इस व्याप्ति द्वारा उसकी सत्ता संसार को रूपायित करती है और उसे अपनी धुन पर नचाती भी है। इस प्रकार जो बाल की नोक के सौंवे भाग से भी अधिक सूक्ष्म है वह बड़े से भी बड़ा है—अपनी सर्वव्याप्ति के कारण।

आत्मज्ञान का प्रकाश ही सभी अनुभवों को आलोकित करता है। यह आंतरिक प्रकाश बाह्य प्रतीत होता है और बाहरी पदार्थों को प्रकाशित करता है। प्रकाश के अन्य स्रोत अज्ञान के अंधकार से निश्चय ही भिन्न नहीं हैं और सिर्फ चमकते हुए लगते हैं। चेतना का प्रकाश सदा रात-दिन अंदर और बाहर जगमगाता रहता है। रहस्य की बात यह भी है कि वह बिना अज्ञानजन्य अंधकार को हटाए अज्ञान के परिणामों को रोशन करता है।

चेतना के पारमाण्विक आकाश में सभी अनुभव उसी प्रकार विद्यमान रहते हैं जिस प्रकार शहद की बूँद में फूलों, पत्तों और फलों का सूक्ष्म सार रहता है। सभी अनुभव एक चेतना से प्राप्त करते हैं क्योंकि एकमात्र अनुभवकर्ता तो स्वयं चेतना ही होती है। सचमुच यह सब-कुछ असीम चेतना ही है और सभी आँखें तथा हाथ उसी के अपने हैं, यद्यपि वह इतनी सूक्ष्म है कि उसके अवयव नहीं होते।

मार्च

द्रष्टा दृश्यतया तिष्ठन् द्रष्टृतां उपजीवति
सत्याम् कटकसंवित्तौ हेम काञ्चनतां इव (80)

राजा ने आगे कहा :

आँख झपकते-झपकते इस असीम चेतना को उसी प्रकार अपने अंदर एक युग के अनुभव प्राप्त हो जाते हैं जिस प्रकार छोटे से सपने में जवानी, बुढ़ापा और यहाँ तक कि मृत्यु का भी अनुभव हो जाता है। चेतना में दिखाई देनेवाले ये सभी पदार्थ वस्तुतः चेतना से भिन्न नहीं होते। इस प्रकार आत्मा न क्रियाओं को करती ही है और न उनका उसे अनुभव ही होता है। चेतना ही सभी क्रियाओं को करती है और वह उनकी अनुभवकर्त्री भी है। कुछ भी उससे भिन्न नहीं। असीम चेतना के अणु में ही कर्तापन और अनुभवकर्ता अंतर्निहित हैं।

संसार का वस्तुतः कभी निर्माण नहीं किया गया है न ही यह कभी तिरोहित हुआ। इसे सापेक्षिक दृष्टिकोण से ही अवास्तविक माना जाता है। चरम दृष्टिकोण से ही यह असीम चेतना से बिल्कुल भिन्न नहीं है।

संत आंतरिक और बाह्य के संबंध में ही कहते हैं। ये दोनों शब्द ही हैं। इन दोनों शब्दों के समान पदार्थ नहीं होते। इनका प्रयोग अज्ञानियों को शिक्षा देने के लिए किया जाता है। द्रष्टा स्वयं अदृश्य रहता है, अपने को देखता है परंतु द्रष्टा कभी चेतना के लिए दृश्य पदार्थ नहीं बनता। द्रष्टा मात्र दृश्य है और जब अप्रकट आत्मा के प्रभावों का क्षय हो जाता है तो द्रष्टा पुनः अपना विशुद्ध अस्तित्व प्राप्त कर लेता है। जब बाह्य पदार्थ की कल्पना की जाती है, द्रष्टा उत्पन्न हो जाता है। यदि द्रष्टा न हो तो कोई विषय भी नहीं होता। बिना पिता के पुत्र कहाँ। कर्ता ही विषय बनता है। कोई विषय (दृश्य) बिना द्रष्टा के नहीं होता। फिर कर्ता तभी तक कर्ता है जब तक विषय है। जब पुत्र है तो उसे जन्म देनेवाला पिता होगा ही। जो हो द्रष्टा विशुद्ध चेतना है वह पदार्थ की कल्पना कर लेता है। इसका उलटा नहीं होता। पदार्थ कर्ता को उत्पन्न नहीं कर सकता। इस प्रकार मात्र द्रष्टा ही वास्तविक है, पदार्थ भ्रम है। सोना ही वास्तविक है कंगन तो नाम और रूप भर है। जब तक कंगन की धारणा रहती है तब तक शुद्ध सोने की बात नहीं होती और जो दिखाई दे रहा है वही दिखाई देता रहता है। परंतु **जब सोने को–कंगन में रहनेवाली चेतना को–अपने सोनेपन की अनुभूति होती है तो कर्ता (द्रष्टा) पदार्थ (दृश्य) के रूप में अभिव्यक्त हो जाता है और अपने कर्तापन का भी उसे बोध होने लगता है।** एक दूसरे का परावर्तन है। वास्तविक द्वैत है ही नहीं। पदार्थ के कारण ही कर्ता है और पदार्थ कर्ता का परावर्तन है। यदि एक न हो तो द्वैत भी नहीं होगा। फिर जब एक ही है तो फिर एकता की बात का प्रश्न ही नहीं उठता। जब उचित रीति से अनुसंधान और समझ के द्वारा सच्चा ज्ञान प्राप्त होता है तब इस ज्ञान की अभिव्यक्ति शब्दों द्वारा संभव नहीं होती।

विभाजन एकता का खंडन नहीं। इस एकता और विविधता के संबंध में होनेवाला सोच-विचार मात्र दुख पर विजय पाने के लिए होता है। जो इन सबसे परे है वह सत्य है, वही परमात्मा है।

16

मार्च

महताम् एव संपर्कात् पुनर् दुःखं न बाधते
को हि दीपशिखा हस्तस् तमसा परिभूयते (82/8)

वसिष्ठ ने कहा :

राजा के समझदारी भरे वचन सुनकर कर्कटी शांत हुई और उसका दानवी स्वभाव जाता रहा। उसने उनसे कहा : "हे ज्ञानी पुरुषों, आप ऐसे लोग हैं जिनकी सभी को पूजा तथा सेवा करनी चाहिए। मैं आप दोनों की संगति से लाभान्वित हुई हूँ। **जो लोग ज्ञानियों की संगति करते हैं वह उसी प्रकार इस संसार में दुख नहीं पाते जिस प्रकार जिसके हाथ में दीया होता है उसे कहीं अंधकार नहीं दिखाई देता।**

राजा के अनुरोध करने पर कर्कटी ने सुंदर युवा स्त्री का रूप धारण किया और राजा का अतिथि बनकर रहने लगी। हर रात को वह दानवी रूप ग्रहण कर लेती और उन अपराधियों और पापियों का भक्षण करती जिन्हें राजा उसके पास भेजत। दिन भर वह लुभावनी सलोनी बनी रहती।

हे राम, मैंने तुम्हें यह कहानी इसलिए सुनाई कि मुझे कर्कटी के प्रश्न और राजा के उत्तर स्मरण थे। जिस प्रकार बीज पेड़ (डालियों, पत्तों, फूलों, फलों आदि) में विस्तार पाता है उसी प्रकार एक असीम चेतना ही विविध रूपों में लक्षित होती है।

हे राम, मेरी इन बातों से तुम्हें ज्ञान प्राप्त होगा, इसमें मुझे कुछ भी संदेह नहीं। यह जान लो कि ब्रह्मांड की उत्पत्ति ब्रह्म से होती है और यह ब्रह्म अकेला है। धर्मग्रंथों में शब्दों का प्रयोग ज्ञान प्रदान करने के उद्देश्य से होता है। कारण और कार्य, आत्मा और परमात्मा, भेद और अभेद, ज्ञान और अज्ञान, सुख और दुख ये सभी द्वंद्व अज्ञानी को प्रशिक्षित करने के लिए आविष्कृत किए गए हैं। ये अपने में सत्य नहीं। जब तक सत्य को द्योतित करने के लिए शब्दों का प्रयोग होगा तब तक द्वैत अनिवार्य है। परंतु यह द्वैत सत्य नहीं है। सभी विभाजन भ्रामक होते हैं।

एक बार मैंने ब्रह्मा से पूछा था कि प्रथम बार कैसे इस ब्रह्मांड का सर्जन हुआ? उन्होंने निम्नलिखित उत्तर दिया था।

ब्रह्मा ने कहा :

मेरे पुत्र, एक मन ही है जो इन सभी रूपों में दिखलाई देता है। पिछले कल्प के अंत में ब्रह्मांडीय रात्रि थी। रात के बीतने पर जैसे मैं उठा, मैंने सुबह की प्रार्थना की, चारों ओर देखा और ब्रह्मांड का सर्जन करने की इच्छा हुई। मुझे अनंत शून्य दिखाई दे रहा था जो न तो प्रकाशमय ही था और न प्रकाशविहीन ही। मैंने हृदय में सूक्ष्म स्वप्न-चित्र देखे। मैंने अपने मन से अपने में अनेक ब्रह्मांड देखे। उन सभी में मैंने अपने अनेक कर्ता रूप देखे। उन ब्रह्मांडों में मुझे सभी तरह के प्राणी दिखाई दिए। यह सब देखकर मैं घबरा गया। मेरी समझ में न आया कि कैसे अपने मन से मैं महाशून्य में यह सब देख रहा हूँ। अनेक सौर मंडलों में से एक के सूर्य से मैंने प्रश्न पूछा।

मार्च

सद् असदिति कलाभिराततं यत् सदसदबोध विमोहदायिनीभि:
अविरतरचनाभिर् ईश्वरात्मन् प्रविलसतीह मनो महन् महात्मन् (85/39)

सूरज ने उत्तर दिया :

हे प्रभु तुम इस सृष्टि के सर्वशक्तिमान कर्ता हो, तुम हमारे स्वामी हो। यह एकमात्र मन ही है जिसकी प्रतीति इस अनवरत और अंतहीन सभी सर्जनात्मक क्रियाकलापों में होती है। व्यक्ति अपने अज्ञान से भ्रमित होकर यह सोचने लगता है कि यह वास्तविक है या वह वास्तविक है। निश्चय ही आप सत्य को जानते हैं। प्रभु, आपने मुझसे पूछा है। इस संबंध में मेरा उत्तर इस प्रकार है :

हे महाप्रभु, कैलास पर्वत के समीप आपके पुत्रों ने सुवर्णजट नामक एक नगर बसाया था। इसमें इंदु नामक पवित्रात्मा रहते थे। वे कश्यप ऋषि के वंशज थे। उन्हें सभी सुख प्राप्त थे परंतु उनके संतान नहीं थी। उन्होंने शिव से प्रार्थना की। शिव ने उन्हें वर दिया।

थोड़े ही समय बाद उस पवित्रात्मा की पत्नी ने दस पुत्रों को जन्म दिया। सभी बालक तेजस्वी थे। धीरे-धीरे वे बालक युवा हुए। सात वर्ष की अवस्था में ही उन्होंने सभी शास्त्रों का अध्ययन पूरा कर लिया। कुछ समय बाद उनके माता-पिता का शरीर छूट गया और उन्हें मोक्ष प्राप्त हो गया।

माता-पिता के निधन से वे युवा अत्यंत दुखी हुए। एक दिन वे एक साथ बैठकर विचार-विमर्श करने लगे : "इस धरती के रहनेवालों का सबसे बड़ा लक्ष्य क्या है, और कष्टभोगों से बचने के लिए उसे कैसे प्राप्त किया जा सकता है। राजा हो जाना, सम्राट हो जाना, इंद्र का पद प्राप्त कर लेना और स्वर्ग का देवता बन जाना ये सभी तुच्छ बातें हैं। ब्रह्मा के जीवनकाल के डेढ़ दिन तक ही इंद्र को स्वर्ग का राज करने का अवसर मिलता है। इसलिए हमें सृष्टिकर्ता के पद की प्राप्ति का ही प्रयास करना चाहिए, क्योंकि उसका समय कल्प के अंत तक रहता है।"

सभी भाइयों ने इस वक्तव्य का स्वागत किया। उन्होंने अपने से कहा : "हम लोग जल्दी ही ब्रह्मा का पद प्राप्त कर लेंगे, जिसे जरा और मृत्यु भी प्रभावित नहीं करतीं।"

सबसे बड़े भाई ने कहा : "कृपया वैसा ही करें, जैसा मैंने कहा है। अब आगे से इस प्रकार चिंतन करें : "मैं ब्रह्म हूँ और पूर्ण विकसित कमल पर बैठा हुआ हूँ।" सभी भाई अब इस प्रकार ध्यान करने लगे : "मैं ब्रह्म हूँ, सृष्टि का कर्ता हूँ, विद्या की देवी सरस्वती आदि सभी देवी-देवता अपने स्वरूप में मुझमें हैं। स्वर्ग भी अपनी विभूति सहित मुझमें है। पहाड़, महाद्वीप और समुद्र भी मुझमें हैं। अब सृष्टि की रचना हो रही है। अब सृष्टि अस्तित्व में आ चुकी है। अब उसके विलय का समय है। कल्प का अंत हो रहा है। ब्रह्मा की रात्रि होने को है। मुझे आत्मज्ञान प्राप्त हो गया है और मैं मुक्त हो गया हूँ।

18

मार्च

तथैव कर्मकरणे कामना नास्ति धीमताम्
तथैव कर्मसंत्यागे कामना नास्ति धीमताम् **(88/12)**

सूरज ने आगे कहा :

इस प्रकार वे सभी अत्यंत एकाग्र भाव से ब्रह्मांड के कर्ता का ध्यान करते रहे। फिर उनके शरीर विदीर्ण हो गए और जो कुछ भी शेष रहा उसका जंगली जानवरों ने भक्षण कर डाला। परंतु वे अपनी अशरीरी अवस्था में भी दीर्घकाल तक अर्थात् तब तक ध्यानमग्न रहे, जब तक कल्प का अंत नहीं हुआ। कल्प के अंत के समय सूरज का ताप प्रखर और असह्य हो गया, बादल भी महागर्जन के साथ फट पड़े और फिर सब-कुछ नष्ट हो गया। परंतु वे पवित्रात्मा अशरीरी अवस्था में भी यह सोचकर ध्यानावस्थित रहे कि हमें ब्रह्मांड का कर्ता बनना है।

नवीन सृष्टि के प्रभातकाल में भी वे पवित्रात्मा उसी स्थिति में रहे तथा उनकी वही अकांक्षा भी रही। वे सृष्टिकर्ता बन गए। वे दस सृष्टिकर्ता थे और उनके अपने-अपने ब्रह्मांड थे। हे प्रभु, मैं उनमें से एक सूरज हूँ जो उनके द्वारा सर्जित ब्रह्मांडों में प्रकाश करता हूँ।

वसिष्ठ ने उस सूरज से कहा : हे सूर्यदेवता, जब इन दस सृष्टिकर्ताओं द्वारा ब्रह्मांडों का निर्माण किया ही जा चुका है तब मेरे लिए करने को क्या है?

सूरज ने उत्तर दिया :

हे प्रभु, न आपकी कोई आकांक्षा है न कोई प्रयोजन ही। अतः आपको कुछ करने की आवश्यकता नहीं। ब्रह्मांड को निर्मित करने से आपको अंततः कौन-सा लाभ ही होने को है। आपके ब्रह्मांड की सृष्टि प्रयोजनहीन खेल के जैसी है।

सूर्य बिना इच्छा या संकल्प के चमकता है, ताल का जल बिना चाहते हुए सूर्य के प्रकाश को परावर्तित करता है, उसी प्रकार आपकी इच्छा या संकल्प के बिना भी सृष्टि आपसे उत्पन्न होगी। जिस प्रकार सूर्य बिना चाहे बारी-बारी से निरंतर रात-दिन प्रकाश उत्पन्न करता है उसी प्रकार आप भी बिना इच्छा या संकल्प के सृष्टि में लगें। अपने प्रकृत प्रकार्यों को त्यागने से भी आपको क्या मिल सकता है। **बुद्धिमान व्यक्ति में कुछ करने की न इच्छा ही होती है और न ही उसमें कुछ न करने की इच्छा होती है।**

प्रभु, उन पवित्रात्माओं द्वारा सर्जित इस ब्रह्मांड को आप अपने मानसी चक्षुओं से देख ही रहे हैं। अपने मन में सर्जित पदार्थों को अपनी आँखों से ही देखा जा सकता है, कोई और उन्हें नहीं देख सकता। जो पदार्थ मन से सर्जित किए जाते हैं वे अविनाशी होते हैं। विनाश उन्हीं पदार्थों का होता है जो भौतिक वस्तुओं को जोड़-जाड़कर बनाए जाते हैं। अपने मन में जो सत्य दृढ़तापूर्वक स्थापित होता है व्यक्ति उसी से बना होता है। वही वह होता है कुछ और नहीं।

19

मार्च

मनो हि जगतां कर्तृ मनो हि पुरुषः परः
मनः कृतं कृतं लोके न शरीरकृतं कृतम् (1)

सूरज ने आगे कहा :

स्वामी, संसार को सर्जित करनेवाला अकेला मन ही है और मन ही सर्वोच्च पुरुष है। मन जो करता है वह क्रिया है और जो शरीर करता है वह क्रिया नहीं है। मन की शक्तियों को देखें। उस पवित्रात्मा के पुत्र निश्चयबद्ध होकर ध्यान करने से ब्रह्मांड के कर्ता बन गए। इसके विपरीत जब व्यक्ति सोचता है कि मैं क्षुद्र प्राणी हूँ तो वह मरणधर्मा बन जाता है। एक की चेतना बहिर्मुखी होकर सुख और दुख का अनुभव करती है और जिस योगी की चेतना अंतर्मुखी होती है उसमें सुख और दुख का विचार ही उत्पन्न नहीं होता। इससे संबद्ध एक प्राचीन कथा है, जिसे मैं आपको सुनाता हूँ।

मगध नामक देश में इंद्रद्युम्न नाम का राजा था। उसकी पत्नी का नाम था अहल्या। वहीं इंद्र नाम का एक दुराचारी रहता था। रानी ने एक दिन बातचीत के दौरान स्वर्ग के राजा इंद्र और अहल्या की प्रसिद्ध कथा सुनीं। परिणाम यह हुआ कि रानी में इंद्र नामक युवा के प्रति उत्कट प्रेम उत्पन्न हो गया। अहल्या इंद्र के प्रेम में पागल हो उठी और एक दिन अपनी एक दासी से उसे अपने यहाँ बुलवा लिया। फिर इंद्र और अहल्या बराबर चोर-महल में एक-दूसरे से मिलते रहे और मौज-मस्ती करते रहे।

अहल्या इंद्र के प्रेम में इतनी डूबी थी कि उसे वह हर जगह दिखाई देता था। इंद्र का विचार आते ही उसका मुख चमक उठता था। जैसे-जैसे उनका प्यार बढ़ता गया, जगजाहिर होता गया और फिर एक दिन राजा को भी भनक लग ही गई।

इस प्रेम-प्रपंच को समाप्त करने के लिए उन दोनों को तरह-तरह से प्रताड़ित तथा दंडित किया गया। उन्हें बर्फ के पानी में डुबोया गया, गरम तेल में उन्हें झोंका गया, हाथी के पाँवों से उन्हें बाँधा गया और कोड़े भी लगाए गए। इंद्र ने हँसते हुए राजा से कहा :

"हे राजा, यह संपूर्ण ब्रह्मांड मेरी प्रिया के आगे हेय है। अहल्या का भी ऐसा ही सोच है। इसलिए इन सबसे हम अप्रभावित हैं। महाराज, मैं केवल मन हूँ और मन ही व्यक्ति होता है। आप शरीर को तो दंडित कर सकते हैं परंतु मन को नहीं और न उसमें परिवर्तन ला सकते हैं। यदि मन किसी चीज में पूरी तरह से डूबा हुआ है तो शरीर पर कुछ भी क्यों न बीते मन उस सबसे अछूता ही रहता है। मन उसी प्रकार वरदानों और अभिशापों से भी अप्रभावित रहता है जिस प्रकार किसी तुच्छ जंगली जानवर के सींगों द्वारा पर्वत हिलाए नहीं हिलता। शरीर मन को उत्पन्न नहीं करता परंतु मन शरीर को उत्पन्न करता है। मन ही वह बीज है जिससे शरीर उत्पन्न होता है। पेड़ नष्ट हो जाता है परंतु बीज नहीं। परंतु जब बीज नष्ट होता है तो पेड़ भी उसके साथ नष्ट हो जाता है। जब शरीर नष्ट हो जाता है तब मन अपने लिए अन्य शरीर उत्पन्न कर लेता है।

20

मार्च

प्रतिभासम् उतांयाति यद्यद् अस्य हि चेतसः
तत्तत् प्रकटतां एति स्थैर्यं सफलताम् अपि (91/17)

सूरज ने आगे कहा :

हे स्वामी, राजा फिर भरत ऋषि के यहाँ गया और उनसे प्रार्थना की कि इस अवज्ञाकारी जोड़े को शाप देकर दंडित करें। ऋषि ने शाप दिया। उस जोड़े ने ऋषि और राजा से कहा : "खेद है कि आप लोगों को जरा भी समझ नहीं! शाप देकर आपने अपनी घोर तपस्या का पुण्य क्षीण कर लिया। आपका अभिशाप निश्चय ही हमारी काया को नष्ट कर देगा। परंतु इससे हमारा कुछ बिगड़ेगा नहीं। कोई दूसरे के मन को नष्ट नहीं कर सकता।" ऋषि के शाप से यद्यपि उनके शरीर नष्ट हो गए, फिर दोनों ने पशुयोनि में जन्म लिया। तदुपरांत पक्षी योनि प्राप्त की। एक बार फिर मानव योनि में धर्मनिष्ठ परिवारों में जन्म लिया। एक दूसरे के प्रति निष्ठापूर्ण प्रेम के फलस्वरूप वे पति-पत्नी बने। उनके उत्कट प्रेम से वन के वृक्ष भी प्रेरित और प्रभावित हुए। ऋषि का अभिशाप भी इनके मन में बदलाव न ला पाया। इसी प्रकार आप भी पवित्रात्मा के दस पुत्रों की सृष्टि में हस्तक्षेप नहीं कर सकते। वे अपनी सृष्टि में जिस प्रकार व्यस्त हैं उसमें आपकी कोई हानि भी नहीं। उन्हें अपनी सृष्टि में रत रहने दीजिए। आप उन्हें नष्ट नहीं कर सकते भले ही स्फटिक में दिखनेवाले प्रतिबिंब को दूर कर लें।

स्वामी, आप अपनी चेतना के बल पर जैसी सृष्टि चाहें उत्पन्न कर सकते हैं। सच्चाई यह है कि असीम चेतना, मन (वैयक्तिक चेतना) और अनंत आकाश सभी एक ही पदार्थ से बने हैं। सबमें असीम चेतना व्याप्त है। उन युवाओं ने चाहे जैसी सृष्टि की हो, आप भी जितने लोकों की सृष्टि करना चाहे कर सकते हैं।

ब्रह्मा ने वसिष्ठ से कहा :

सूरज के इस परामर्श को सुनकर मैं भी अपने अस्तित्व की प्रकृति के अनुरूप लोकों का निर्माण करने लगा। मैंने सूरज से प्रार्थना की कि मेरे पहले प्रयास में वह भी मेरा सहयोगी हो। मेरी नव सृष्टि में वही सूरज बना और उसने मानव जाति की सृष्टि के पूर्व पुरुष के रूप में मेरी सहायता भी की। वह अपनी दोनों भूमिकाएँ सफलतापूर्वक निभाने लगा। मेरी आकांक्षाओं के अनुरूप उसने लोकों की सृष्टि की। जो कुछ भी अपनी चेतना में प्रतीत हुआ, उसके उत्पन्न होने की प्रतीति हुई, वह स्थापित हुआ, और फलने-फूलने लगा। मन की ऐसी ही शक्ति है। जिस प्रकार अपनी मन:शक्तियों के द्वारा पवित्रात्मा के पुत्रों ने सृष्टिकर्ता का पद प्राप्त किया उसी प्रकार मैं भी सृष्टिकर्ता बना। यह मन ही है जो यहाँ पदार्थों की प्रतीति कराता है। वही शरीर की भी प्रतीति कराता है। कोई और उस शरीर से अवगत नहीं होता।

21

मार्च

कथ्यते जीव नाम्नैतच् चित्तं प्रतनुवासनम्
शान्त देह चमत्कारं जीवं विद्धि क्रमात् परम् (23)

सृष्टिकर्ता ब्रह्मा ने कहा :

चेतना (मन) में बहुत-सी अंतर्निहित शक्तियाँ भी उसी प्रकार होती हैं जिस प्रकार मसालों में अपना-अपना स्वाद होता है। वह चेतना स्वत: सूक्ष्म या वायवीय काया ग्रहण करती हुई प्रतीत होती है और जब वह स्थूल हो जाती है तो भौतिक रूप धारण कर लेती है। **विशिष्टीकृत चेतना की शक्ति जब अत्यंत सूक्ष्म रूप धारण करती है तो उसी का नामकरण जीव या वैयक्तिक आत्मा किया जाता है और जब इस जीव का सारा मायाजाल समाप्त हो जाता है तब वह परमपुरुष की तरह प्रकाशित होता है।** इस ब्रह्मांड में न मैं ही हूँ और न कोई और ही है। यह सब-कुछ असीम आत्मा है। जिस प्रकार युवाओं में आकांक्षा प्रकट होती है उसी प्रकार असीम चेतना में यह सब-कुछ प्रकट होता है। जिस प्रकार अपनी आकांक्षा के बल पर युवा लोग अपने को कर्ता समझ बैठते हैं वैसे ही मैं भी अपने को कर्ता समझ बैठा हूँ।

शुद्ध और असीम चेतना ही पहले अपने को जीव और मन समझती है और फिर काया। जब स्वप्न-सदृश कल्पना लंबी खिंचती है तो यह स्वप्न ही वास्तविकता प्रतीत होने लगता है। यह वास्तविक भी है और इसलिए यह वास्तविक है परंतु अंतर्निहित विसंगति के कारण अवास्तविक भी। मन सचेत इसलिए है कि यह चेतना पर आधारित है। जब यह चेतना से भिन्न दिखता है तो यह जड़ और भ्रामक होता है। जब बोध होता है तब मन उस पदार्थ की भूमिका निभाता है, जिसका बोध होता है। परंतु यह वास्तविकता नहीं। ठीक वैसे ही जैसे जो दिखाई पड़ता है वह कंगन है परंतु वास्तविकता यह है कि वह सोना है।

सब-कुछ ब्रह्म ही है। यहाँ तक कि जो जड़ है वह भी विशुद्ध चेतना है। परंतु हम सब, ये फूल और पत्थर सभी अव्याख्येय हैं–न ये जड़ हैं न चेतन ही। पूर्णत: दो भिन्न वस्तुओं का बोध असंभव है। द्रष्टा और दृश्य में समानता हो तभी बोध संभव है। जो अव्याख्येय है और जिसका अस्तित्व निश्चित नहीं, वह जड़ है या चेतन इसकी व्याख्या संभव नहीं। वस्तुत: ये मात्र शब्द हैं और इनका सार कुछ नहीं। मन में द्रष्टा चेतन प्रतीत होता है और दृश्य जड़ पदार्थ। इस प्रकार भ्रम में फँसा जीव चक्कर खाता है। सच्चाई यह है कि यह द्वैत भी मन का उपजाया हुआ है। यह ठीक है कि हम पूरी दृढ़ता से नहीं कह सकते कि ऐसा भ्रम है भी कि नहीं। मात्र असीम चेतना का ही अस्तित्व है।

जब यह भ्रामक विभाजन जैसा है वैसा नहीं प्रतीत होता तब मिथ्या अहं उत्पन्न होता है। परंतु जब मन अपनी प्रकृति का निरीक्षण करता है तो यह विभाजन नष्ट हो जाता है। असीम चेतना की अनुभूति होती है और आनंद की प्राप्ति होती है।

22

मार्च

मनसैव मनस् तस्मात् पौरुषेण पुमान् इह
स्वकम् एव स्वकेनैव योज्येत् पावने पथि (28)

वसिष्ठ ने ब्रह्मा से पूछा :

स्वामी, यह कैसे संभव हुआ कि ऋषि के शाप से इंद्र की काया तो प्रभावित हुई पर मन प्रभावित नहीं हुआ। यदि काया मन से अभिन्न नहीं तब शाप का प्रभाव मन पर भी तो पड़ना चाहिए था। कृपया बताएँ कि मन क्यों प्रभावित नहीं हुआ या वह भी प्रभावित हुआ।

सृष्टिकर्ता ब्रह्मा ने उत्तर दिया :

प्रियवर, ब्रह्मांड में ब्रह्मा से लेकर पर्वत तक हर साकार पिंड की दोहरी काया या शरीर होता है। पहला तो मनःशरीर है जो चंचल है और तुरंत प्रतिक्रिया करता है। दूसरा मांसल शरीर है जो वस्तुतः कुछ नहीं करता। इस दूसरे शरीर पर ही शाप और वर का प्रभाव दिखाई देता है। यह मूक, शक्तिहीन निर्बल तथा कमलपत्र पर पड़े जलकण की तरह अस्थायी है और पूरी तरह से भाग्य, नियति तथा कुछ ऐसे ही कारकों पर आश्रित भी। जबकि मन होता तो है स्वतंत्र परंतु आश्रित प्रतीत होता है। जब यह मन विश्वासपूर्वक किसी स्वप्रयास में लगता है तब किसी दुख की उस तक पहुँच नहीं होती। जब भी वह प्रयास करता है उसे अपने प्रयास का फल मिलता है।

भौतिक शरीर कुछ भी प्राप्त नहीं कर पाता जबकि मनःशरीर को फल की प्राप्ति होती है। जो विशुद्ध है यदि मन उसमें निरंतर वास करता है तो वह शाप से सुरक्षित रहता है। शरीर आग या कीचड़ में गिर सकता है परंतु मन वही अनुभव करता है जिसका वह चिंतन करता है। यह इंद्र ने प्रदर्शित किया है। यही प्रदर्शन दीर्घतपा नामक ऋषि ने भी किया है। अपने धार्मिक क्रिया-कलापों के लिए सामग्री एकत्र करते समय वह कुएँ में जा गिरा। उसने मानसिक रूप से सभी क्रियाएँ कीं और वही फल प्राप्त किया जो उन क्रियाओं को शरीरतः करने से प्राप्त होता है। पवित्रात्मा के दसों पुत्र अपने मानसिक प्रयास से ही ब्रह्मपद पाने में सफल हुए। ऐसा करने में मैं भी उन्हें न रोक सका।

मानसिक या शारीरिक व्याधि तथा कुदृष्टि और अभिशाप भी उस मन को स्पर्श नहीं करते जो स्व के प्रति निष्ठावान होता है तथा उस कमल (पुरुष) की तरह होता है जिसके गिरने से ही चट्टान भी दोटूक हो जाती है। **इसलिए हर व्यक्ति को प्रयासरत रहना चाहिए कि उसका मन विशुद्ध पथ पर अग्रसर हो अर्थात् आत्मा स्वनिर्मित विशुद्ध पथ पर ही चले। मन जिस वस्तु का भी चिंतन करता है वह तत्क्षण मूर्तिमान हो जाती है।** गहन चिंतन के द्वारा वह अपने में आमूल परिवर्तन ला सकता है तथा अपने उस त्रुटिपूर्ण दृष्टिकोण में भी सुधार ला सकता है जिसके फलस्वरूप मिथ्या भी उसे वास्तविक प्रतीत होता है। चाँदनी में बैठे हुए व्यक्ति को भी असह्य ताप का अनुभव करा सकता है और जो धूप में जलते हुए को शीतलता का अनुभव भी करा सकता है।

मन की ऐसी ही रहस्यमय शक्ति है।

मार्च

एषा जगज् जांगल जीर्णवल्ली सम्यक् समालोक कुठारकृत्ता
वल्लीव विक्षुब्ध मनःशरीरा भूयो न संरोहति रामभद्र (93/24)

वसिष्ठ ने कहा :

परब्रह्म अभेद अवस्था में सबमें व्याप्त रहता है और हर वस्तु भी अभेद रूप में रहती है। परंतु जब वह अपनी इच्छा से घनीभूत होता है तो ब्रह्मांडीय मन उत्पन्न होता है। उस मन में विभिन्न तत्त्वों की उत्पत्ति का संकल्प अत्यंत सूक्ष्म रूप में होता है। इसका समेकित प्रभाव ज्योतिर्मय ब्रह्मांडीय पुरुष के रूप में होता है जिसे ब्रह्मा कहते हैं और जो सृष्टिकर्ता होता है। अतः यह सृष्टिकर्ता भी ब्रह्मांडीय मन के अतिरिक्त और कुछ नहीं।

हे राम, इस ब्रह्मांड के जितने भी पदार्थ हैं वे उसी प्रकार परम ब्रह्म में ही उत्पन्न होते हैं जिस प्रकार समुद्र में लहरें उत्पन्न होती हैं। ब्रह्म के मन के इस अनुत्पन्न (अन् + उत्पन्न) ब्रह्मांड में सृष्टिकर्ता अपने को अहंभाव के रूप में देखता है और फिर ब्रह्मांडीय मन रूपी ब्रह्मा ब्रह्मांड का सृष्टिकर्ता रूपी ब्रह्मा बन जाता है। ब्रह्मांडीय मन की शक्ति ही ब्रह्मांड में विभिन्न रूपों में दिखाई देती है। तरह-तरह के अनंत जीव-जंतु इस ब्रह्मांडीय मन में उत्पन्न होते हैं जिन्हें विभिन्न नामों से जाना जाता है।

जब ये विभिन्न जीव चेतना के अनंत आकाश में उत्पन्न होते हैं तब ये तत्त्वों से रचे हुए प्रतीत होते हैं। चेतना हर एक काया में जीवन-शक्ति के रंध्र के द्वारा प्रवेश करती है और तब शरीरों के बीज रूपायित होते हैं। ये चल भी होते हैं और अचल भी। तब एक-एक का जन्म इकाई के रूप में होता है। हर जीव का विभिन्न शक्तियों से संयोगजन्य संबंध भी स्थापित होता है। जिस प्रकार कौए के पेड़ पर बैठने से नारियल गिर पड़ता है उसी प्रकार ये संयोगजन्य शक्तियाँ ही कारण और कार्य के नियमन को अभिव्यक्त करती हैं। यही विकास का उद्भव और प्राभव है। इसके उपरांत इच्छा ही इन सबका कारण होती है।

हे राम, इस प्रकार यही मन **दृश्य-संसार के रूप में जाना जाता है। जो अनुसंधान रूपी आरे से इसकी असली जड़ को काट देता है वह इससे मुक्त हो जाता है।** कुछ लोगों की समझ में यह बात जल्दी ही आ जाती है और कुछ की समझ में लंबे समय पर।

हे राम, अब मैं तुम्हें बतलाऊँगा कि कैसे इस सृष्टि के आरंभ में उत्तम, अधम और मध्यम वर्ग के जीवों का विभाजन हुआ। श्रेष्ठ आचरणवाले जीवों ने प्रथम वर्ग में जन्म लिया। वे प्रकृति से ही अच्छे-अच्छे काम करनेवाले हैं। ऐसे लोग कुछ ही जन्मों में मुक्ति प्राप्त कर लेते हैं। उनमें पवित्रता और प्रकाश अर्थात् सत्वगुण की प्रधानता होती है।

मध्यवर्ग में वे प्राणी आते हैं जो इच्छा और क्रियाशीलता से भरपूर होते हैं। यही राजसिक हैं। ये लोग मुक्ति प्राप्त करने के समीप होते हैं। इस संसार को त्यागने के बाद उस तक पहुँचते हैं। इनमें, सत्त्व और राजस् दोनों गुण होते हैं।

जो सहस्रों जन्म लेने के बाद भी अंधकार में रहते हैं, जाग नहीं पाते वे अंधकार के प्राणी तमस् गुणी होते हैं। उन्हें मुक्ति प्राप्त करने के लिए लंबा समय लगता है। अनंत ब्रह्म की इच्छा के अनुसार ये जीव उसमें उत्पन्न और विलीन होते रहते हैं।

मार्च

कर्मनाशे मनोनाशो मनोनाशो ह्यकर्मता
मुक्तस्यैष भवत्येव नामुक्तस्य कदाचन (95/36)

वसिष्ठ ने कहा :

जब परब्रह्म में ब्रह्मांडीय मन प्रकट हुआ तब उसी क्षण भिन्न-भिन्न प्राणियों की सहज प्रवृत्तियों और व्यवहारों ने भी अस्तित्व ग्रहण किया। काया या शरीरधारी यही प्राणी जीव कहलाए। मन और क्रिया में कोई भेद नहीं। जिसे क्रिया कहते हैं वह पहले मन में ही उत्पन्न होती है। क्रिया की अपनी काया मन ही है। इस प्रकार क्रिया कुछ और नहीं चेतना में ऊर्जा की मात्र हलचल ही है और यह निश्चित रूप से अपना परिणाम भी दरशाती है। जब इस प्रकार की क्रिया समाप्त होती है, तो उसके साथ-साथ मन भी समाप्त हो जाता है और जब मन नहीं रह जाता तब क्रिया भी नहीं रहती। ऐसा मुक्त संतों के साथ होता है अन्यों के साथ नहीं।

मन वस्तुतः इंद्रियों के द्वारा होनेवाला बोध ही है और बोध है चेतना में होनेवाली हलचल। इस हलचल की अभिव्यक्ति ही क्रिया है। इसके बाद होती है फल की प्राप्ति। मन जो कुछ भी विचार करता है, क्रिया करनेवाले अवयव उसे उपलब्ध कराने की चेष्टा करते हैं। अतः पुनः कह सकते हैं कि मन ही क्रिया है। तो भी मन, बुद्धि, अहंकार, वैयक्तिक चेतना, क्रिया, कल्पना, जन्म और मरण, सुप्त प्रवृत्तियाँ, ज्ञान, प्रयत्न, स्मृति, इंद्रियाँ, प्रकृति, माया, गतिविधि तथा ऐसे ही अन्य शब्द शब्द भर ही हैं और जिनका सत्ता से कोई संबंध नहीं। एकमात्र सत्ता असीम चेतना ही है जिसमें ये अवधारणाएँ विद्यमान प्रतीत होती हैं।

अज्ञान से आवृत्त यही चेतना विक्षुब्ध अवस्थाओं में विभिन्नताएँ देखती हैं और उन्हीं के रूप में अपनी पहचान कर लेती है। इसे ही मन कहते हैं। जब यह मन किसी बोध को दृढ़धारणा के रूप मान लेता है तो उसे बुद्धि कहते हैं। जब यह मूर्खतावश अपने को अलग ईकाई मान लेता है तो इसे अहंकार कहते हैं। जब यह अनवरत अनुसंधान को त्याग देता है, और अपने को उठते-मिटते असंख्य विचारों से एकाकार कर लेता है तो इसे वैयक्तिक चेतना कहते हैं।

बिना कर्ता के विशुद्ध चेतना में होनेवाली शुद्ध हलचल ही क्रिया है परंतु जब यह क्रिया फल का पीछा करने लगती है तब यह कर्म बन जाती है। जब वह यह सोचने लगती है कि 'मैंने इसे पहले भी देखा है' भले ही पहले देखा हो या न भी देखा हो, तो वह स्मृति बन जाती है। जब पिछले भोगों का प्रभाव चेतना के दायरे में बना रहता है, भले ही ये प्रभाव दृष्टिगोचर न हों तो उसे प्रसुप्त प्रवृत्ति (या अंतनिर्हित शक्ति) कहते हैं। जब यह सत्य के प्रति चैतन्य होती है और दृष्टिभेद को अज्ञानजन्य मानती है तो इसे ज्ञान कहते हैं। इसके विपरीत जब यह आत्मविस्मृति की गलत राह पकड़ती है और मिथ्या कल्पनाओं में डूबी रहती है तो इसे अशुद्धि या मलिनता कहते हैं। जब यह अंतर्वासी की आवभगत संवेदनशीलता से करती है तो इसे इंद्रिय कहते हैं। जब यह ब्रह्म में अप्रकट रहती है तो इसे प्रकृति कहते हैं। जब यह आकृति और वास्तविकता में भ्रम उपजाती है तो इसे माया कहते हैं। जब यह अनंत में विलीन हो जाती है तो इसे मोक्ष कहते हैं। जब यह सोचती है कि 'मैं बंधन में हूँ' तब यह बंधन है और जब यह सोचती है कि 'मैं मुक्त हूँ' तब यह मुक्ति है।

25

मार्च

यतः कुतश्चिद् उत्पन्नं चित्तं यत् किंचिद् एव हि
नित्यम् आत्म विमोक्षाय योजयेद् यत्नतोनघ (98/1)

वसिष्ठ ने कहा :

हे राम, आकाश त्रिरूप है। अनंत आकाश अविभाजित चेतना है, सीमित आकाश विभक्त चेतना है और जिस आकाश में भौतिक संसार अवस्थित है वह भौतिक आकाश भूताकाश है।

अविभक्त चेतना का अनंत आकाश, चिदाकाश (चित् + आकाश) वह है जो सभी में विद्यमान है, बाहर भी है भीतर भी है और जो वास्तविक है अथवा जिसकी प्रतीति होती है और जो विशुद्ध साक्षी है। चेतना का विभक्त आकाश चित्ताकाश है जो समय का विभाजन करता है, जिसमें सभी प्राणी रचे-बसे हैं और जो सभी जीवों का हितैषी है। भौतिक आकाश वह है जिसमें अन्य तत्त्व (वायु आदि) अवस्थित हैं। अंतिम दोनों की निर्भरता पहले पर ही है। सच्चाई यह है कि अंतिम दोनों विद्यमान हैं ही नहीं।

हे राम, मन की उत्पत्ति चाहे जैसे हुई हो और चाहे वह जो कुछ भी हो उसे सदा स्वप्रयास में मुक्ति की प्राप्ति के लिए लगाए रखना चाहिए। विशुद्ध मन अंतर्निहित प्रवृत्तियों से स्वतंत्र रहता है इसलिए वह आत्मज्ञान प्राप्त करता है। संपूर्ण ब्रह्मांड ही मन में है इसलिए मोक्ष और बंधन की धारणाएँ भी मन में होती हैं। इस संबंध में एक कथा है जिसे स्वयं ब्रह्मा ने मुझे सुनाई थी। उसे ध्यान से सुनो।

एक विशाल जंगल था जो परमाणु के अंदर होनेवाले आकाश की तरह हजारों मीलों में फैला था। उसमें एक ही प्राणी रहता था जिसकी हजारों बाँहें तथा अन्य अवयव थे। वह सदा से अशांत था। उसके हाथ में गदा थी जिससे वह स्वयं अपने को पीटा करता था और पिटाई के भय से इधर-उधर भागता-फिरता रहता था। एक बार वह एक अन्य जंगल में चला आया। फिर वह उससे बाहर निकला, अपने को पीटा, फिर भाग निकला। वह एक अंधे कुएँ में गिर पड़ा। फिर उसमें से निकला। फिर उसने अपने को पीटा, फिर भागने लगा। इस बार वह कदलीवन में जा पहुँचा। यद्यपि वहाँ कोई और नहीं था जिससे वह डरता परंतु डर के मारे वह ज़ोर-ज़ोर से रोने और चिल्लाने लगा। वह पहले की तरह दौड़ता भी रहा और अपनी पिटाई भी करता रहा।

मैंने उसे मन ही मन देखा और अपनी इच्छा शक्ति से उसे क्षण भर के लिए रोका। मैंने उससे पूछा : "तुम कौन हो"। परंतु वह इतना त्रस्त था कि उसने मुझे अपना शत्रु कहा, ज़ोर से चिल्लाया और फिर ज़ोर से हँसा भी। तब वह अपने शरीर के अवयवों का एक-एक करके त्याग करने लगा।

ठीक इसके बाद, मैंने एक और व्यक्ति को उसी व्यक्ति की ओर भागते हुए देखा। वह भी अपने को पीट रहा था और रो और चिल्ला भी रहा था। मैंने उसे भी रुकने को कहा तो वह भी गालियाँ देने लगा और वैसे ही भाग निकला। ऐसे ही मुझे और भी व्यक्ति दिखाई दिए। कुछ ने मेरी बात सुनी और जीवन का अपना पुराना ढर्रा छोड़ा और आत्मज्ञानी बन गए। अनेकों ने मेरी बात अनसुनी कर दी और मुझे घृणा से देखा भी। कुछ ने तो अंधकूप और घने जंगल से बाहर निकलने से ही इन्कार कर दिया।

हे राम, यह ऐसा महान वन है जिसमें कोई चाहे जैसा भी जीवन का ढर्रा अपनाए उसे यहाँ विश्राम स्थल नसीब नहीं होता। आज भी इस संसार में तुम्हें ऐसे लोग दिखाई देंगे और तुमने अज्ञान और भ्रम में पड़े हुए ऐसे लोगों को देखा भी होगा। युवा और अज्ञानी होने के कारण तुम इन्हें समझ नहीं पाए।

26

मार्च

करणं कर्म कर्ता च जननं मरणं स्थितिः
सर्वं ब्रह्मैव नह्यस्ति तद्विना कल्पनेतरा (100/30

वसिष्ठ ने कहा :

हे राम, यह विशाल जंगल अधिक दूर नहीं है और न ही वह विचित्र व्यक्ति किसी विचित्र संसार में है। यह संसार स्वयं ही वन है। यह विशाल शून्य है परंतु यह शून्य अनुसंधान के प्रकाश में ही दिखाई देता है। नीति कथा में अनुसंधान का प्रकाश 'मैं' है। इसे कुछ लोग स्वीकारते हैं और कुछ नकार देते हैं। नकारनेवाले दुख भोगते रहते हैं। जो स्वीकारते हैं वे आत्मज्ञानी होते हैं।

हजार बाहोंवाला व्यक्ति मन है और हजारों उसके प्रकट रूप हैं। यह मन अपनी अंतनिर्हित प्रवृत्तियों के कारण अपने को दंडित करता है और अशांत होकर इस संसार में भागता-फिरता है। इस कथा में अंधकूप ही नरक है और कदलीवन स्वर्ग। कँटली झाड़ियोंवाला घना जंगल ही सांसारिक व्यक्ति का जीवन है। पत्नी, बच्चे, संपत्ति आदि काँटों की तरह हर समय उसे दुख देते रहते हैं। मन है जो कभी नरक में घूमता-फिरता है तो कभी स्वर्ग में और कभी इस लोक में। जब भ्रमित व्यक्ति के मन पर ज्ञान का प्रकाश पड़ता है तो उसे मूर्खतावश वह अस्वीकृत कर देता है। उसे लगता है कि ज्ञान मेरा शत्रु है। तब वह दुख के कारण रोने और चिल्लाने लगता है। कभी-कभी उसमें कुछ-कुछ जागर्ति होती है और फिर बिना ठीक से समझे वह संसार के सुखों को त्याग देता है। यह त्याग भी भारी दुख का स्रोत बन जाता है। परंतु जब पूरी समझ के फलस्वरूप त्याग किया जाता है, अर्थात् मन की प्रकृति की जाँच-पड़ताल करने के फलस्वरूप ज्ञान प्राप्त होता है तो त्याग परम सुख की प्राप्ति कराता है। ऐसा मन भूतकालिक सुखों की अवधारणा पर विचार करके हैरान होता है। जिस प्रकार व्यक्ति के अंग कटने पर गिर जाते हैं और विलीन हो जाते हैं उसी प्रकार संसार का त्याग करनेवाले व्यक्ति की अंतर्निहित प्रवृत्तियाँ भी उसके मन से अंतर्धान हो जाती हैं। ज़रा अज्ञान के खेल को तो देखो जो अपनी इच्छा के परिणामस्वरूप ही अपने को क्षति पहुँचाता है और व्यक्ति को बिना प्रयोजन आतंकित करके भटकने में विवश करता है।

जब ज्ञान की प्राप्ति हो जाती है तो व्यक्ति उसे चिरकाल तक सुरक्षित रखता है और अनुसंधानपूर्वक उसमें लगा रहता है तो उसे दुख का अनुभव नहीं होता। अनियंत्रित मन ही दुख का स्रोत होता है। जब यह बात अच्छी तरह समझ ली जाती है तो दुख उसी प्रकार भाग जाता है जिस प्रकार सूर्य के उदय होने पर धुंध अदृश्य हो जाती है।

परम ब्रह्म सर्वशक्तिमान होता है। ऐसा कुछ नहीं जो उसके बाहर हो। उसकी अपनी शक्ति या ऊर्जा ही सब में व्याप्त है। शरीरधारियों में वह चेतना या ज्ञान की परिचायक चित्-शक्ति है। यह वायु में गति है, पृथ्वी में स्थिरता है, आकाश में शून्यता है और सर्जित जीवधारियों की आत्मचेतना की शक्ति (मैं हूँ) है तो भी यह सब-कुछ कुछ और नहीं बल्कि परम ब्रह्म की शक्ति है। **कर्म के उपकरण, कर्म और कर्ता, जन्म, मृत्यु और अस्तित्व ये सभी ब्रह्म हैं। अन्य कुछ भी नहीं, कल्पना में भी कुछ नहीं।** भ्रम, लालसा, लोभ और आसक्ति का अपना अस्तित्व नहीं। जब द्वैत नहीं तो इनका अस्तित्व भी कैसा? जब बंधन का भी अस्तित्व नहीं तो निश्चय ही मुक्ति भी मिथ्या है।

27

मार्च

संकल्पजालकलनैव जगत्समग्रम् संकल्पमेव ननु विद्धि विलासचेत्यम्
संकल्पमात्रमलम् उत्सृज्य निर्विकल्प माश्रित्य निश्चयम् अवाप्नुहि राम शांतिम् (39)

वसिष्ठ ने कहा :

इस संबंध में एक रोचक कथा है। इसे ध्यान से सुनो। एक बालक ने अपनी नानी से कहानी सुनाने के लिए कहा। नानी ने उसे कहानी सुनाई। बालक ने अत्यंत एकाग्रचित्त होकर वह कहानी सुनी।

एक था नगर, जिसका अस्तित्व ही नहीं था। उसमें तीन राजकुमार थे जो वीर भी थे और सुखी भी। उनमें से दो ने जन्म ही नहीं लिया था और एक अभी गर्भ में भी नहीं आया था। दुर्भाग्य से उनके सभी संबंधियों का निधन हो चुका था। उन राजकुमारों ने अपना नगर छोड़ दिया और अन्यत्र चले गए। सूर्य का उत्कट ताप वे न सह सके और कुछ समय के लिए मूर्च्छित हो गए। तप्त बालू के कारण उनके पैरों में फफोले पड़ गए और घास की पत्तियों की नोकों से वे फूट भी गए। वे तीन वृक्षों की छाया तले पहुँचे। इनमें से दो का अस्तित्व ही नहीं था और तीसरा बोया ही नहीं गया था। थोड़ी देर वहाँ विश्राम करने तथा उन पेड़ों के फल खाने के बाद वे फिर आगे बढ़े।

वे तीन नदियों के तटों पर पहुँचे। इनमें से दो सूखी थीं और तीसरी में जल था ही नहीं। राजकुमारों ने उनमें मज़े से स्नान भी किया और अपनी प्यास भी बुझाई। फिर वे ऐसे नगर में पहुँचे जिसका अभी निर्माण होने को था। उसमें प्रवेश करने पर उन्हें तीन अति रम्य राजप्रासाद दिखाई पड़े। इनमें से दो बने ही नहीं थे और तीसरे की दीवारें ही नहीं थीं। उन्होंने उनमें प्रवेश किया और उन्हें सोने की तीन तश्तरियाँ दिखाई पड़ीं। इनमें से दो तो दो-दो टुकड़ों में थीं और तीसरी चकनाचूर थी। जो चकनाचूर थी उसे उन्होंने उठा लिया। उन्होंने सौ ग्राम में से निन्यानबे ग्राम छोड़कर चावल पकाए। तब उन्होंने तीन धर्मनिष्ठ व्यक्तियों को अतिथि रूप में आमंत्रित किया। इनमें से दो अशरीरी थे और तीसरे का मुँह ही नहीं था। जब ये तीनों धर्माता भोजन कर चुके तो तीनों राजकुमारों ने भी बचे हुए भोजन का भक्षण किया। उन्हें पूर्ण तृप्ति हुई। इस प्रकार वे उस नगर में दीर्घ काल तक शांति से और आनंदपूर्वक रहे। मेरे पुत्र, यह अत्यंत सुंदर कथा है। इसे सदा स्मरण रखना और फिर तुम ज्ञानी पुरुष हो जाओगे।

हे राम, जब उस बालक ने यह कथा सुनी तो अत्यंत हर्षित हुआ।

संसार की जिस सृष्टि को हम जानते हैं वह उक्त बालक की कथा से अधिक वास्तविक नहीं। यह संसार शुद्ध भ्रम के अतिरिक्त और कुछ नहीं। यह एक विचार के अतिरिक्त और कुछ नहीं। अनंत चेतना में ही सृष्टि का विचार उत्पन्न होता है। और यह है भी वही। **हे राम, यह संसार विचार से अधिक कुछ नहीं, इस संसार में चेतना के सभी पदार्थ विचार मात्र ही हैं। विचारणा की भूल (धूल) का त्याग करो, विचारों से मुक्त हो, सत्य से जुड़े रहो और शांति प्राप्त करो।**

मार्च

अबद्धो बद्ध इत्युक्त्वा किम् शोचसि मुधैव हि
अनन्तस्यात्मतत्त्वस्य किं कथं केन बध्यते (9)

वसिष्ठ ने कहा :

कोई समझदार नहीं बल्कि मूर्ख ही अपने विचारों से भ्रमित होता है। वह मूर्ख ही है जो अविनाशी को विनाशी समझता है और भ्रमित होता है। अहंकार भी एक विचार ही है जो आत्मा और भौतिक तत्त्वों के मिथ्या साहचर्य पर आधारित होता है। जब असीम चेतना ही किसी का वास्तविक स्वरूप है तो फिर यह अहंकार उत्पन्न हुआ तो कैसे? सच्चाई यह है कि जिस प्रकार मरीचिका में जल का अस्तित्व नहीं रहता उसी प्रकार अहंकार का भी असीम चेतना में कोई अस्तित्व नहीं। इसलिए हे राम, अपने ऐसे अपूर्ण दृष्टिकोण का त्याग करो जो तथ्याधारित नहीं है। पूर्ण दृष्टिकोण में विश्राम करो क्योंकि यही आनंद की प्रकृति है और सत्य पर आधारित है।

सत्य की प्रकृति का अनुसंधान करो। झूठ को छोड़ो। **तुम सदा मुक्त हो? तुम अपने को बंधनग्रस्त क्यों कहते और दुखी होते हो। सत्य असीम है। वह क्यों, कैसे या किसके द्वारा बँध सकता है?** आत्मा के विभेद नहीं होते। परब्रह्म ही सब-कुछ है तो फिर बंधन क्या और मोक्ष क्या? यह मात्र अज्ञानजन्य स्थिति है कि हम सोचते हैं और दुख का अनुभव करते हैं, जबकि दुख तुम्हें छू तक नहीं गया है। ये चीजें आत्मा में नहीं होतीं।

यह शरीर रहे या न रहे अथवा किसी अन्य ब्रह्मांड में चला जाए पर जब मैं इस शरीर में आबद्ध नहीं हूँ तो मैं इससे प्रभावित कैसे हो सकता हूँ। जैसा संबंध बादल और हवा अथवा कमल और भ्रमर में होता है वैसा ही संबंध शरीर और आत्मा में होता है। जब बादल छँट जाते हैं तब हवा और आकाश एक हो जाते हैं। जब कमल बिखर जाता है तब भ्रमर उड़कर आकाश में चला जाता है। शरीर के नष्ट होने पर आत्मा नष्ट नहीं होती। और मन का अंत भी तब तक नहीं होता जब तक वह आत्मज्ञान की आग में जल नहीं जाता। आत्मा से इसका कोई संबंध नहीं।

काल और स्थान के उस आवरण को मृत्यु कहते हैं जो आत्मा को ढक देता है। मूर्ख लोग ही मृत्यु से डरते हैं। आकाश में उड़ने की इच्छा होने पर जिस प्रकार पक्षी अंड-कवच को तोड़ देता है उसी प्रकार अपनी अंतर्निहित प्रवृत्तियों को त्यागो। अपार दुख देनेवाली अज्ञानजन्य इन प्रवृत्तियों को नष्ट करना अत्यधिक कठिन होता है। आत्मा को सीमाबद्ध कर देनेवाली मन की यह अज्ञानजन्य प्रवृत्ति असीम को ससीम मान लेती है। तो भी जिस प्रकार सूरज कोहरे को नष्ट कर देता है उसी प्रकार आत्मा को प्रकृति के संबंध में होनेवाला अनुसंधानात्मक स्वप्रयास अज्ञानजन्य आत्मा को सीमित करनेवाली प्रवृत्ति को नष्ट कर देता है। तप आदि क्रियाएँ इस संबंध में निष्प्रयोजन होती हैं। जब मन का शुद्धीकरण हो जाता है तो ज्ञान का उदय होता है और वह अपनी पुरानी प्रवृत्तियों का त्याग कर देता है। अपने को आत्मा में विलीन करने के लिए ही मन आत्मा की खोज करता है। ऐसी ही मन की प्रकृति है। यही परम लक्ष्य है। हे राम, इसी के लिए प्रयास करो।

मार्च

तीव्रमन्दत्व संवेगाद् बहुत्वाल्पत्व भेदतः
विलंबनेन च चिरं न तु शक्तिम् अशक्तितः (103/15)

वसिष्ठ ने कहा :

असीम चेतना में प्रकट होने पर मन अपनी प्रकृति के अनुसार अपने को बाहर की ओर फैलाता है। पुनः अपनी प्रकृति के ही अनुसार बड़े की प्रतीति छोटे में और छोटे की प्रतीति बड़े में कराता है और अपने को कभी एक रूप में और कभी दूसरे रूप में प्रतिष्ठित करता है। जिन छोटी वस्तुओं को भी वह छू देता है वे विशाल हो जाती हैं और उसी की हो जाती हैं। आँख झपकने भर की देर में वह उन्हें नष्ट कर डालता है। जिस प्रकार कोई योग्य अभिनेता एक के बाद एक कई भूमिकाएँ निभाता है उसी प्रकार मन भी एक के बाद एक अनेक भूमिकाएँ निभाता है। यह वास्तविक की प्रतीति अवास्तविक में और अवास्तविक की प्रतीति वास्तविक में कराता है। इन्हीं सबके कारण वह आह्लादित भी होता है और दुखी भी होता है। उसे जो सहज भाव से उपलब्ध होता है वह उस पर झपटता है। परिणामस्वरूप उसमें स्वामित्व का मिथ्या भाव उत्पन्न होता है और वह उसका परिणाम भोगता है।

ऋतु-परिवर्तन के कारण समय में परिवर्तन आता है, जिसके फलस्वरूप पेड़-पौधों में भी परिवर्तन आते हैं। इसी प्रकार मन भी अपनी विचार-शक्ति के कारण एक वस्तु को दूसरा रूप देने में सक्षम होता है। इस प्रकार समय और स्थान तथा अन्य पदार्थ मन के नियंत्रण में होते हैं। तीव्रता या मंथरता के फलस्वरूप तथा सर्जित या प्रभावित पदार्थों के आकार-प्रकार के कारण मन वही करता है जो उसे जल्दी या देर से करने को होता है। वह कुछ भी करने के लिए अक्षम नहीं।

हे राम, इस तथ्य को स्पष्ट करने के लिए मैं तुम्हें एक अन्य पुराकथा सुनाता हूँ।

उत्तरापांडव नाम का एक देश था जिसके घने जंगलों में ऋषि-मुनि रहते थे। वहाँ के गाँव सुंदर और समृद्ध थे। वहाँ के राजा का नाम था लवण। यह राजा प्रसिद्ध हरिश्चंद्र के वंशजों में से था। राजा सदाचारी, नेक, वीर और दानी था और सही माने में योग्य राजा था। अपने सभी शत्रुओं पर उसने विजय पाई थी।

एक दिन राजा लवण दरबार में आए और सिंहासन पर विराजमान हुए। जब सब मंत्री बारी-बारी से राजा का अभिवादन कर चुके तो एक मदारी वहाँ आया और उसने भी राजा का अभिवादन किया। मदारी ने राजा से कहा : "मैं आपको कुछ आश्चर्यजनक खेल दिखाना चाहता हूँ। फिर उसने मोरछल को हवा में लहराया। मोरछल के लहराते ही एक घुड़सवार अत्यंत सुंदर घोड़े के साथ दरबार में प्रविष्ट हुआ। उसने राजा से कहा कि इसे उपहार के रूप में स्वीकार करें और इस पर सवार होकर अपने इच्छानुसार इस लोक में स्वतंत्रतापूर्वक भ्रमण करें। राजा ने भी उस घोड़े को देखा।

इसके बाद राजा ने आँखें बंद कीं और स्थिर होकर बैठ गया। यह देखकर दरबार में उपस्थित सभी व्यक्ति शांत हो गए। दरबार में पूर्ण शांति विराज रही थी। किसी में भी राजा की शांति भंग करने का साहस नहीं था।

मार्च

अनभ्यस्त विवेकं हि देशकालवशानुगम्
मन्त्रौषधिवशं याति मनो नोदारवृत्तिमत् (103/15)

वसिष्ठ ने कहा :

हे राम, कुछ समय बाद राजा ने आँखें खोलीं और ऐसे काँपने लगा कि जैसे भयभीत हो। वह गिरने को ही था कि मंत्रियों ने उसे सँभाला। भयभीत राजा ने उनसे पूछा : "आप कौन हैं और मेरे साथ क्या कर रहे हैं।" चिंतित मंत्रियों ने राजा से कहा : "स्वामी, आप अत्यंत बलशाली और विवेकशील नरेश हैं फिर भी मायाजाल ने आपको जकड़ लिया है। आपके मन को क्या हुआ है? आप तो परमात्मा के अनुरागी हैं। मानसिक भ्रम तो उन लोगों को होता है जिनका संबंध छोटी-मोटी चीजों या झूठे नातों से होता है। **इसके अतिरिक्त, जिसने अपने ज्ञान को परिष्कृत नहीं किया होता वही सम्मोहन, नशे आदि का शिकार होता है और जिसका मन पूर्ण रूप से विकसित होता है वह अप्रभावित ही रहता है।**

इतना सुनने पर राजा की कुछ-कुछ सुधि लौटी। यद्यपि जादूगर की ओर देखते समय वह कुछ भयभीत-सा लगा। राजा ने जादूगर से पूछा : हे जादूगर तुमने मेरे साथ क्या किया? तुमने मेरे ऊपर कैसी माया बिखेरी? सचमुच, समझदार व्यक्ति भी माया के झाँसे में आ जाते हैं। यद्यपि मैं अब भी इस शरीर में हूँ परंतु अल्पकाल में मैंने आश्चर्यजनक भ्रांत दृश्य देखे।" फिर दरबार में सदस्यों की ओर उन्मुख होकर राजा ने पिछले घंटे में हुए अपने अनुभव सुनाए।

"जैसे ही मैंने मदारी को मोरछल घुमाते हुए देखा, मैं अपने सामने खड़े घोड़े पर कूदकर चढ़ बैठा और मेरे मस्तिष्क में भ्रमजाल उत्पन्न होने लगा। तब मैं शिकार के लिए निकल पड़ा। घोड़ा मुझे ऐसे जंगल में ले गया जहाँ सूखा पड़ा था। जहाँ न कोई वनस्पति ही थी और न कोई वहाँ रहता ही था। वहाँ पानी भी नहीं था। ठंड बहुत अधिक थी। मुझे वहाँ बहुत कष्ट हुआ। दिन भर मैंने वहीं बिताया। फिर उस घोड़े पर चढ़कर मैंने उस जंगल को पार किया और दूसरे जंगल में प्रविष्ट हुआ। यह जंगल पहलेवाले जंगल से कुछ कम भयानक था। एक पेड़ के नीचे मैंने विश्राम किया। इतने में वहाँ से घोड़ा भाग निकला। मैंने कुछ देर और वहीं विश्राम किया। तब तक सूरज डूब चला था। मैं भयभीत था, एक झाड़ी के पीछे जा छिपा। रात युग से भी अधिक लंबी थी।

दिन चढ़ा। सूरज निकला। काले कपड़ों में एक काली लड़की फलों की तश्तरी हाथ में लिए हुए उधर से निकली। मैं उसके पास गया और उससे खाने के लिए कुछ माँगा। मैं भूखा था। उसने मेरी उपेक्षा की। वह आगे बढ़ी। मैंने उसका पीछा किया। अंत में उसने कहा : "मैं तुम्हें खाने के लिए तभी दूँगी, जब तुम मुझसे विवाह करने का वचन दोगे। मैंने वचन दिया। सबसे पहले जान की रक्षा करनी ही होती है। उसने मुझे भोजन दिया। फिर उसने मेरा परिचय अपने पिता से कराया। उसकी शक्ल और भी अधिक भयावह थी। फिर हम तीनों उनके गाँव पहुँचे। वहाँ रक्त और मांस की नदी बह रही थी। उस कन्या के पति के रूप में मेरा परिचय सबको दिया गया। सबने मेरा अत्यधिक आदर किया। अनेक भयानक कहानियाँ सुनाकर मेरा मनोरंजन भी किया। सभी कहानियाँ दुखी करनेवाली थीं। राक्षसी उत्सव में मेरा विवाह उस कन्या से हुआ।"

मार्च

आक्रुष्टमुद्धरतरं रुदितं विपत्सु भुक्तं कदन्नमुषितं हतपक्वणेषु
कालान्तरं बहु मयोपहतेन तत्र दुर्वासनानिगड बन्धगतेन सभ्याः (107/48)

राजा ने आगे कहा :

थोड़े ही समय के बाद मैं उस जनजाति का सदस्य बन गया। मेरी पत्नी ने एक कन्या को जन्म दिया। यह घटना मेरे दुख का बड़ा कारण बनी। समय बीतने पर तीन बच्चे और हुए। मैं उस कबीले में अच्छा-खासा गृहस्थ बन गया। अनेक वर्ष मैंने उस कबीले में बिताए। पत्नी और बच्चों के पालन-पोषण तथा रक्षण में जो झंझट होते हैं उन्हें मैंने झेला। मैं ईंधन के लिए लकड़ी काटता था और कुछ अवसरों पर रात को मुझे पेड़ के नीचे भी सोना पड़ता था। सर्दी बढ़ती तो उससे बचने के लिए मैं झाड़ी में जा छिपता था। सुअर का मांस ही मेरा मुख्य आहार था।

समय बीतता चला गया और मैं वृद्ध हो गया। मैं गोश्त का कारोबार करने लगा। विन्ध्य पहाड़ियों पर मैं मांस बेचने के लिए जाता और बढ़िया मांस वहीं बेचता। जो अच्छे दाम पर न बिकता उसका मैं कीमा बनाता और अत्यंत गंदे स्थान पर उसे सुखाता। जब भूख से पीड़ित होता तो मांस के टुकड़े के लिए कबीले के अन्य लोगों से लड़ता-भिड़ता। मेरा शरीर कालिख की तरह स्याह हो गया था।

पापकृत्यों में लगे रहने के कारण मेरा मन भी पापकर्म में लीन था। शुभ विचार और भाव मुझसे किनारा कर चुके थे। जिस प्रकार साँप अपनी केंचुली छोड़ देता है उसी प्रकार मेरे हृदय ने करुणा का त्याग कर दिया था। जिन जालों और फंदों को मैं काम में लाया करता था उनमें पशु-पक्षियों को भी घोर कष्ट होता था।

मात्र कछौटा पहने भिन्न-भिन्न मौसमों की मार सहता रहा। इस प्रकार सात वर्ष बीत गए। **दूषित प्रवृत्तियों से आक्रांत मैं क्रोध से पागल हो उठता, गाली-गलौज का प्रयोग करता, अपने दुर्भाग्य पर रोता और सड़ा-गला भोजन करता। इस प्रकार चिरकाल तक उस स्थान पर रहा।** हवा में सूखे पत्ते की तरह यहाँ-वहाँ भटकता रहा। ऐसा लगता था कि मेरे जीवन का एकमात्र उद्देश्य पेट भरना ही रह गया हो।

उस क्षेत्र में सूखा पड़ा था। हवा इतनी गरम हो गई कि लगता था कि उससे लपटें निकल रही हों। वन में आग लग गई। शेष राख ही रही। भुखमरी फैली। लोग पानी समझकर मरीचिका के पीछे दौड़ने लगे। रोड़े-पत्थरों को लोग मांसपिंड समझकर चबाने लगे।

कुछ लोग ऐसे भी थे जो शवों को खाने लगे। कुछ तो ऐसा करते समय अपनी उन उँगलियों को भी चबा जाते जो शवों का मांस नोचने के फलस्वरूप खून से लथपथ पहले से थीं। भुखमरी के कारण उनकी दुर्गति हो रही थी। एक समय जो हरा-भरा जंगल था वह मरघट के रूप में बदल चुका था। जिसकी कुंजों में कभी किलकारियाँ गूँजती थीं आज वहाँ चीखें सुनाई दे रही थीं।

अप्रैल

मनोविलासः संसार इति यस्यां प्रतीयते
सर्वशक्तेरनन्तस्य विलासो हि मनो जगत् (25)

राजा ने कहा :

इस प्रकार अकाल-पीड़ित बहुत से लोगों ने अपना देश छोड़ दिया और अन्य देशों को चले गए। परंतु जो लोग अपने बीवी-बच्चों के अत्यधिक मोह में पड़े थे वे वहीं नष्ट हो गए। कइयों को जंगली जानवरों ने खा डाला।

मैं भी अपने बीवी-बच्चों के साथ दूसरे देश को चल पड़ा। सीमा-पार पहुँचने पर हरे-भरे पेड़ की शीतल छाँह ने मुझे आकृष्ट किया। अपनी गोद में लिए हुए बच्चे को मैंने पेड़ के नीचे रखा और स्वयं भी विश्राम करने लगा।

हमारा छोटा बच्चा अभी काफी छोटा था और मुझे अत्यधिक प्यारा भी था। भूख से विकल उस बच्चे ने कुछ खाने को माँगा। वह मांस के टुकड़े के लिए जिद कर रहा था। अत्यधिक भूखा तो वह था ही। हताशा भरे स्वर में मैंने उससे कहा : "ठीक है, तुम मेरा माँस खाओ"। उस निरीह बालक ने बिना विचारे कहा : "लाओ, दो"।

मोह और आसक्ति से मैं पसीज उठा। जब मैं न देखा कि अब और अधिक भूख को बच्चा सह नहीं सकता तो मैंने सोचा कि इन सब दुखों से छुटकारा पाने के लिए अच्छा यही है कि मैं ही अपना शरीर त्याग दूँ। फिर मैंने आस-पास से लकड़ियाँ इकट्ठी कीं, चिता बनाई और जैसे ही उस पर चढ़ा, मैं काँप उठा-और मैंने अपने को पुनः राजदरबार में पाया और आप सबको अभिवादन करते हुए देखा।

(जैसे ही राजा ने यह वृत्तांत सुनाया, मदारी वहाँ से अंतर्धान हो गया।)

मंत्रियों ने कहा :

स्वामी, वह मदारी नहीं हो सकता। क्योंकि बदले में उसे धन की प्राप्ति की इच्छा नहीं थी। लगता है कि कोई दिव्य शक्ति आपको तथा हम सबको भी ब्रह्मांडीय माया का दर्शन कराना चाहती है। **इस सबसे स्पष्ट है कि दृश्य-संसार और कुछ नहीं मन का खेल है। मन स्वयं भी तो सर्वशक्तिमान असीम परमात्मा का खेल ही है।** बड़े-बड़े बुद्धिमानों को भी मन मूर्ख बना देता है। कहाँ सभी विद्याओं में निष्णात राजा और कहाँ भरमानेवाली माया!

यह मदारी का करतब नहीं हो सकता। मदारी तो कुछ पैसा पाने के लिए काम करता है। निश्चय ही यह माया का खेल है। इसलिए बिना पुरस्कार प्राप्त किए मदारी यहाँ से अंतर्धान हो गया।

वसिष्ठ ने कहा :

हे राम, मैं उस समय उस दरबार में उपस्थित था इसलिए मुझे यह जानकारी प्रत्यक्ष रूप से हुई। इस प्रकार मन आत्मा की वास्तविक प्रकृति को ओट में कर देता है और ऐसी भ्रामक माया उत्पन्न कर देता है जिसकी अनेक शाखाएँ-प्रशाखाएँ, फूल-फल आदि होते हैं। ज्ञान से इस भ्रम (माया) का निवारण करो और शांति से जीवन व्यतीत करो।

2

अप्रैल

मनोमात्रं जगत् कृत्स्नं मनः पर्यन्तमण्डलम्
मनो व्योम मनो भूमिर् मनो वायुर् मनो महान् (15)

वसिष्ठ ने कहा :

दूषित मन को तो खंभा भी प्रेत जैसा दिखाई पड़ता है। वह सभी संबंधों को भी बिगाड़ देता है तथा मित्रों में संदेह उत्पन्न कर उसी प्रकार उन्हें अपना शत्रु बना लेता है जिस प्रकार नशे में चूर व्यक्ति को अपने चारों ओर संसार घूमता हुआ प्रतीत होता है। दुखी मन भोजन को ज़हर कर देता है जिससे बीमारी और मौत को न्योता मिलता है। दूषित मन (प्रवृत्तियों से ग्रस्त) उन्माद और भयजनित भ्रांतियाँ उत्पन्न करता है। व्यक्ति को इनके उन्मूलन के लिए प्रयासरत रहना चाहिए। जिसे व्यक्ति कहते हैं वह मन ही है। **मन ही संपूर्ण विश्व है, मन ही वातावरण है, मन ही आकाश है, मन ही भूमि है, मन ही वायु है और मन ही महान है।** जिसका मन मूर्खता भरा होता है उसे ही मूर्ख कहते हैं। जब शरीर को बुद्धिमत्ता (मृत्यु आदि के समय) छोड़ देती है तो शव को मूर्ख नहीं कहा जाता। मन ही समय का विस्तार निर्धारित करता है। राजा लवण के लिए एक घंटे से कुछ कम की अवधि मानो पूरे जीवनकाल के समान विस्तृत हो गई।

हे राम, और अधिक रहस्यपूर्ण बात यह है कि मन सर्वव्यापक, शुद्ध, शाश्वत और असीम चेतना को ढकने में समर्थ होता है और इस जड़ भौतिक शरीर से तुम्हें भरमा देता है न? मन स्वयं गतिशील तत्त्व में वायु, तेजस्वी में तेज, पृथ्वी में घनता और आकाश में शून्य के रूप में प्रकट होता है।

यदि मन 'कहीं और हो' तो उसे न तो खाए जानेवाले पदार्थ के स्वाद का ठीक से पता चलता है और न ही उसे सामने होती हुई घटना का पता चलता है। इंद्रियाँ मन की ही उपज हैं परंतु मन इंद्रियों की उपज नहीं।

मूर्खों के ही दृष्टिकोण से मन और शरीर में विभेद किया जाता है। वास्तव में वे भिन्न हैं नहीं। वह एक मन ही है। उन ऋषियों को बार-बार धन्यवाद जिन्हें इस तथ्य की अनुभूति हुई।

जिन ऋषियों को यह अनुभूति हुई वे स्त्री के द्वारा आलिंगित किए जाने पर भी विक्षुब्ध नहीं हुए। उन्हें ऐसा लगा कि जैसे शरीर से लकड़ी के टुकड़े का स्पर्श मात्र हुआ हो। यदि उनकी बाँह भी काट दी जाती तो इसका भी उन्हें अनुभव न होता। वे हर दुख को आनंद में बदलना जानते थे।

जिस प्रकार कोई अभिनेता भिन्न-भिन्न महानुभावों के चरित्र का निर्वाह करता है तो उसका मन चेतना की विभिन्न स्थितियों को उत्पन्न करने में वैसे ही समर्थ होता है जैसे उसके लिए सोना और जागना होता है। मन कैसा रहस्यमय है जो राजा लवण को यह अनुभव करा देने में समर्थ है कि वह प्राचीन जनजाति का व्यक्ति है। मन वही अनुभूत करता है जिसे वह स्वयं रचता है। मन विचारों का समाहार होता है। इसे जान लो फिर जैसा चाहो वैसा करो।

जो व्यक्ति अपने मन को सुखद पदार्थों में विचरण नहीं करने देता वह उसे नियंत्रित कर लेता है। जिस प्रकार खंभे से बँधा हुआ व्यक्ति हिल-डुल नहीं पाता उसी प्रकार नीतिवान सत्य से इधर-उधर नहीं होता। वही सच्चा मानव है, अन्य कीड़े-मकोड़े ही हैं। वह निरंतर ध्यान के द्वारा परमात्मा को प्राप्त कर लेता है।

अप्रैल

यत् तु चंचलताहीनं तन् मनो मृतम् उच्यते
तद् एव च तपः शास्त्र सिद्धान्तो मोक्ष उच्यते (112/8)

वसिष्ठ ने आगे कहा :

जब व्यक्ति आत्मज्ञान प्राप्त कर लेता है और मन की इच्छाओं तथा भोगों की लालसा को त्याग देता है तब वह मन रूपी प्रेत पर स्वप्रयास से विजय प्राप्त कर लेता है। यह कार्य बड़ी सरलता से किया जा सकता है। इसके लिए कुछ मेहनत भी नहीं करनी पड़ती। जिस प्रकार बच्चे का ध्यान किसी दूसरी तरफ लगाया जाता है उसी तरह उचित वृत्ति विकसित करने की आवश्यकता भर होती है। उसका दुर्भाग्य ही समझना चाहिए जो लालसाओं को नहीं छोड़ता क्योंकि यही एकमात्र साधन है जिसके द्वारा हम अपना चरम लक्ष्य प्राप्त कर सकते हैं। तीव्र स्वप्रयास से मन पर विजय पाना संभव है और तब सहज ही वैयक्तिकता के विघटन होने पर ब्रह्मांडीय चेतना में वैयक्ति चेतना मिल जाती है। यह सरल प्रक्रिया है और सरलता से इसकी सिद्धि भी होती है। जो इसे नहीं कर सकते वे निश्चय ही मनुष्य रूप में गिद्ध हैं।

भाग्य और देवताओं पर अपना भरोसा छोड़ो। यह तो मंदबुद्धि लोगों की देन है। स्वप्रयास और स्वज्ञान द्वारा मन को अमन बनाओ। असीम चेतना को ससीम मन निगलने दो और तब हर वस्तु के पार जाओ। तुम्हारी बुद्धिमत्ता अर्थात् प्रज्ञा परमात्मा से जुड़ी रहे और तुम उस अविनाशी आत्मा को पकड़े रहो।

इस प्रकार पूर्ण रूप से अनुद्विग्न रहकर मन को जीत लो तो तीनों लोकों की विजय तुम्हारे लिए निरर्थक है। तुम्हें मात्र स्वज्ञान चाहिए। धर्मग्रंथों के अध्ययन की आवश्यकता अथवा शीर्षासन करने की आवश्यकता नहीं। तुम इसे क्यों कठिन समझते हो? यदि यह किसी को कठिन ही लगता हो तो फिर तो स्वज्ञान के बिना इस संसार में जीना भी उसके लिए संभव नहीं।

जो आत्मा को अमर्त्य मानता है वह फिर मृत्यु से क्यों डरेगा। और न ही वह किसी इष्ट–मित्र या संबंधी के बिछोह से ही प्रभावित होगा। यह अनुभूति कि 'यह मैं हूँ' और 'यह मेरा है' यह मन है। जब इसे हटा दिया जाता है तब मन रहता ही नहीं। तब व्यक्ति निर्भय हो जाता है। तलवार आदि शस्त्र भय उपजाते हैं परंतु प्रज्ञा रूपी शस्त्र अहं को नष्ट करता है और निर्भयता उत्पन्न करता है।

मन जिस ओर भी प्रचंड गति से अग्रसर होता है उसे उसी में लालसा की तृप्ति दिखती है। यह ठीक है कि हलचल से रहित अवस्था में मन भी नहीं रहता। हलचल ही मन की मूल प्रकृति है। यह मन की हलचल ही है जो असीम चेतना का आधार पाकर इस लोक के रूप में दृश्य होती है। हे राम, यह निश्चय ही मन की शक्ति है। परंतु **जब मन अपनी हलचल में अलग–थलग पड़ जाता है, तब वह मृत मन कहा जाता है। यह भी एक प्रकार का तप है जो धर्मग्रंथों और मोक्ष द्वारा समर्थित है।**

हे राम, मन निरंतर लोलक की भाँति वास्तविकता और अवास्तविकता (रूप) तथा चेतना और जड़ता के बीच झूलता रहता है। जब मन जड़ पदार्थों के संबंध में अधिक समय तक चिंतन करता है तो वह जड़ता के लक्षणों से ग्रस्त हो जाता है। जब वही मन अनुसंधान और ज्ञान की ओर प्रवृत्त होता है तो सभी बातों को परे हटा देता है और शुद्ध चेतना रूपी अपनी मूल प्रकृति प्राप्त कर लेता है।

4

अप्रैल

मा वाकर्ता भव प्राज्ञ किम् अकर्तुतये हिते
साध्यं साध्यम् उपादेयं तस्मात् स्वस्थो भवानघ (7)

वसिष्ठ ने आगे कहा :

मनोवैज्ञानिक प्रवृत्ति (मनोवृत्ति) असत् है तो भी मन में इसका उदय होता है। अज्ञान से होनेवाली उपज अज्ञानी व्यक्ति के लिए सत् होती है। समझदार के लिए मात्र भाषागत अभिव्यक्ति। ठीक वैसे ही जैसे वंध्या का पुत्र। हे राम! समझदार बनने का प्रयत्न करो और इस मनोवृत्ति से ग्रस्तता छोड़ो।

यहाँ तुम किसी कार्य के कर्ता नहीं हो। इसलिए क्या तुम्हें कर्तापन ओढ़ना चाहिए? जब एक का ही अस्तित्व है तो सब-कुछ करनेवाला कैसे और कौन? परंतु अकर्मण्य भी मत बनो। कुछ न करने से कुछ प्राप्त नहीं होता। जो करना है वह करना ही होगा। इस प्रकार अपने में अवस्थित रहो। सहज भाव से जो कर्म तुम करते हो, यदि तुम्हें उससे आसक्ति नहीं तो तुम सचमुच अकर्ता हो। यदि तुम कुछ कर नहीं रहे हो और अपने को उसका कर्ता मानते हो तो तुम कर्ता बन जाते हो। यह सारा संसार जादूगर की जादूगरी की तरह है। फिर क्या छोड़ा जाए और क्या चाहा जाए? इस संसार की प्रतीति का बीज अज्ञान है। इस अज्ञान (या मनोवृत्ति) को मनुष्य बिना किसी प्रयास के ही अर्जित कर लेता है और फिर उसे लगने लगता है कि इससे सुख मिलेगा। परंतु है वह दुख देनेवाला ही। वह पूर्ण समग्र आत्मज्ञान ढककर सुख की भ्रांति उत्पन्न करता है। इस प्रकार राजा लवण को एक घंटे से भी कम समय में यह अज्ञान आभास करा देता है कि अवधि का विस्तार कई वर्षों का रहा।

इस अज्ञान (या मनोवृत्ति) का अस्तित्व क्षणभर ही रहता है। परंतु इसमें प्रवाह है इसलिए धारा की तरह चिरस्थायी प्रतीत होता है। क्योंकि यह सच्चाई को ढकने में समर्थ है इसलिए यह सत् प्रतीत होता है। परंतु जब तुम इसे समझ लेते हो तो यह रहता ही नहीं। फिर भी इन गुणों के कारण वह संसार में शक्ति और दृढ़ता उसी प्रकार ग्रहण कर लेता है जिस प्रकार क्षुद्र रेशे जब रस्सी के रूप में एक में बट दिए जाते हैं तो उनमें अत्यधिक मजबूती आ जाती है। यह असामान्यता फलती-फूलती प्रतीत होती है परंतु ऐसा वस्तुतः होता नहीं। जब तुम इसे समझने का प्रयास करोगे तो यह लौ के सिरे की तरह अदृश्य हो जाती है। ठीक वैसे ही जैसे हमें आकाश नीला प्रतीत होता है। इसमें भी वास्तविकता जैसी प्रतीति होती है। इसकी उत्पत्ति वैसे ही होती है जैसे द्विबिंब रोग के कारण एक और चाँद दिखाई देता है। स्वप्निल पदार्थ की ही तरह इसका अस्तित्व है और इसलिए यह विभ्रांति उत्पन्न करनेवाला है। ठीक वैसे ही जैसे चलती नाव में बैठे हुए लोगों को किनारे चलते हुए लगते हैं। जब यह सक्रिय होता है तो यह स्वप्न-रूपी संसार की दीर्घकालिक प्रतीति कराता है। यह सभी संबंधों और अनुभवों को भ्रष्ट कर देता है। यही अज्ञान या सृष्टि तथा द्वैतबोध का कारण है, विभेद का कारण है और परिणामतः बोध और अनुभव के भ्रमपूर्ण होने का भी कारण है।

जब अज्ञान या मनोवृत्ति की अवास्तविकता को जान लिया जाता है तथा उसे नियंत्रित कर लिया जाता है तो मन का अस्तित्व नहीं रहता। ठीक वैसे ही जैसे नदी के सूख जाने पर उसका प्रवाह रुक जाता है।

अप्रैल

नाहं ब्रह्मेति संकल्पात् सुदृढाद् बध्यते मनः
सर्वं ब्रह्मेति संकल्पात् सुदृढान्मुच्यते मनः (23)

वसिष्ठ ने आगे कहा :

हे राम, जिस प्रकार प्रकाश के सम्मुख होने पर अँधेरा विलुप्त हो जाता है उसी प्रकार आत्मप्रकाश के सम्मुख अज्ञान विलुप्त हो जाता है। जब तक आत्मज्ञान के प्रति स्वाभाविक आकांक्षा उत्पन्न नहीं होती तब तक यह अज्ञान (या मनोवृत्ति) विविध सृष्टि-रूपों को धारा के रूप में प्रवाहित करता चलता है। जैसे प्रकाश के आने पर छाया तिरोहित हो जाती है वैसे ही आत्मज्ञान के सम्मुख होने पर अज्ञान भी नष्ट हो जाता है।

हे राम, सृष्टिकर्ता ब्रह्मा से लेकर घास की पत्ती तक सब-कुछ और कुछ नहीं, मात्र आत्मा है। अज्ञान अस्तित्त्वरहित अवास्तविकता है। कोई दूसरी चीज ऐसी है ही नहीं जिसे मन कहा जाए। उस आत्मा में विचाररूपी पक्षी के फड़फड़ाने से कर्ता और कर्म का ध्रुवीकरण होता है और असीम चेतना ही तब मन के रूप में जानी जाती है। उस असीम चेतना में जो विचार उठता है उसे ही आवर्त्त (आवरण) कहते हैं। मन इसी विचार से उत्पन्न होता है और वह तिरोहित भी होता है इसी विचार के साथ अर्थात् विचार की समाप्ति पर।

'मैं परम ब्रह्म नहीं हूँ' यह दृढ़ धारणा मन को बंधन में डालनेवाली है और मन की मुक्ति इस धारणा से होती है कि 'हर पदार्थ परम ब्रह्म है'। विचार बंधन है और उसका अंत होना मुक्ति है। इसलिए उससे मुक्त रहो और जो कुछ करना हो उसे तत्क्षण करो। 'विचार' को आकाश नीला दिखाई पड़ता है उसी प्रकार मन को संसार सत् दिखाई देता है।

जो व्यक्ति अभ्यासपूर्वक विचारों को अपने मन में वास नहीं करने देता तथा आत्मा के प्रति सजग रहता है उसे शांति प्राप्त होती है। जो आरंभ में नहीं था वह इस समय भी अस्तित्व में नहीं है। जो पहले था वह परब्रह्म आज भी है। इस प्रकार सोचने पर शांति प्राप्त होती है क्योंकि ब्रह्म शांति है। कभी भी किसी समय किसी को कोई अन्य बात नहीं सोचनी चाहिए। व्यक्ति को अपनी पूरी शक्ति और प्रज्ञा द्वारा भोग की आशा का उन्मूलन करना चाहिए। आशा और आसक्ति की शाखाएँ-प्रशाखाएँ अज्ञान के कारण फूटती हैं। इस रिक्त भौतिक काया में 'मैं' है कहाँ? हे राम, सच तो यह है कि 'मैं' और 'मेरा' का कोई अस्तित्व नहीं। आत्मा ही सर्वकालिक सत्य है।

हे राम, यह बड़े आश्चर्य की बात नहीं कि लोग भूल जाते हैं कि एक परब्रह्म ही सत्य है और इसके विपरीत अवास्तविक और अस्तित्त्वहीन अज्ञान की सत्ता पर विश्वास कर बैठते हैं। हे राम, अज्ञान के अस्तित्व के मूर्खतापूर्ण विचार को अपने अंदर जड़ मत जमाने दो। इस प्रकार यदि चेतना प्रदूषित होती है तो वह अंतहीन दुखभोग को आमंत्रित करती है। यद्यपि यह अवास्तविक है परंतु वास्तविक दुखभोग का कारण होती है। अज्ञान के कारण ही मरीचिका जैसे भ्रम होते हैं और स्वर्ग तथा नरक के अनुभव भी होते हैं। इसलिए अज्ञान या मनोवृत्ति को त्यागो क्योंकि यही द्वैतभाव के लिए उत्तरदायी है। पूर्ण रूप से सामान्य स्थिति में रहो। तभी तुम सब पर अतुलनीय श्रेष्ठता प्राप्त कर सकोगे।

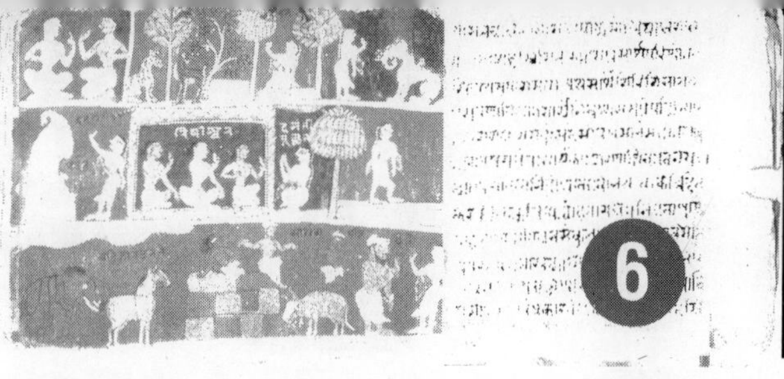

6

अप्रैल

सर्वेषु सुखदुःखेषु सर्वासु कलनासु च
मनः कर्तृ मनो भोक्तृ मानसं विधि मानवम् (24)

कुछ क्षण चिंतन में डूबे रहने के बाद **राम** ने कहा :

महर्षे, कितनी आश्चर्यजनक बात है कि अस्तित्त्वहीन अज्ञान भ्रम उत्पन्न करता है जिससे यह अस्तित्वहीन संसार वास्तविक प्रतीत होता है। कृपया इस संबंध में विस्तार से बतलाएँ कि ऐसा कैसे होता है। कृपया यह भी बतलाएँ कि क्या राजा लवण को तरह-तरह के दुख भोगने पड़े? कृपया यह भी बतलाएँ कि कौन है जो यह सब दुख भोगता है?

वसिष्ठ ने उत्तर दिया :

हे राम, यह भी सत्य नहीं कि चेतना किसी प्रकार शरीर से संबद्ध है। चेतना स्वप्न की भाँति इस काया की कल्पना कर लेती है। अपनी ऊर्जा से आवृत्त चेतना जब अपने को सीमित कर लेती और अपने को जीव मान बैठती है तब यही जीव उस ऊर्जा से अस्थिर हुआ संसार के कार्यों में उलझ पड़ता है।

शरीर धारण करनेवाले को ही पिछले कर्मों के फल के रूप में सुख और दुख होता है। जो विविध प्रकार के शरीर धारण करता है उसे अहं, मन या जीव भी कहते हैं। न तो शरीर को ही दुखभोग झेलने पड़ते हैं और न आत्मज्ञानी को ही। दुखों का भोग करनेवाला अज्ञानी मन ही होता है। निद्रा की तरह यह अज्ञानावस्था में ही मन दृश्य संसार का स्वप्न देखता है, जाग्रत अवस्था में या आत्मज्ञान होने पर ऐसा कुछ नहीं होता। अतः शरीरधारी प्राणी को ही यहाँ कष्टभोग सहना पड़ता है और इसी को मन, अज्ञान, जीव, मानसिक आबद्धता (mental conditioning) और विशिष्टीकृत चेतना भी कहते हैं।

शरीर निर्जीव है इसलिए न वह मौज ही करता है न दुख ही भोगता है। अज्ञान असावधानी और मूर्खता को बढ़ावा देता है इसलिए सुख-दुख भोगनेवाला मात्र अज्ञान ही है। सच्चाई यह है कि अकेला मन ही है जो जनमता है, मरता है, रोता है, दूसरों को अपशब्द कहता है आदि। यह सब काम शरीर नहीं करता। चाहे सुख और दुख का अनुभव हो, चाहे कल्पना या भ्रम हो, सब-कुछ करनेवाला मन ही है। इस सब-कुछ का अनुभव मन ही करता है। मन ही मनुष्य है।

राजा लवण के कष्टभोग के कारण का विवरण सुनो। लवण महाराज हरिश्चंद्र का वंशज था। लवण ने सोचा : "मेरे पितामह ने महायज्ञ किया था और महामानव हुए थे। मैं भी वही यज्ञ करूँगा।" उसने आवश्यक सामग्री एकत्र की, पुरोहितों को बुलाया और मानसिक रूप से अपने ही उपवन में बैठे-बैठे एक वर्ष तक यज्ञ किया।

उसने मानसिक रूप से यज्ञ किया था तो उसके फल का वह अधिकारी बना। हे राम, इस प्रकार मन ही तो सभी कर्मों का कर्ता हुआ और परिणामतः सभी सुखों-दुखों का भोक्ता भी वही हुआ। हे राम, इसलिए अपने मन को मोक्ष के पथ पर चलाओ।

7

अप्रैल

बीजजाग्रत् तथा जाग्रन् महाजाग्रत् तथैव च
जाग्रत् स्वप्नस् तथा स्वप्नः स्वप्न जाग्रत् सुषुप्तकम्
इति सप्तविधो मोहः पुनरेव परस्परम् (117/12)

वसिष्ठ ने कहा :

मैं स्वयं राजा लवण के दरबार के उस दृश्य का साक्षी था। जैसे ही वह जादूगर सहसा अदृश्य हुआ, लोग जानना चाहते थे कि वह आखिर था कौन? मैंने अपनी सूक्ष्म दृष्टि से उसे जान लिया कि वह देवताओं का दूत था। उन दिनों ऐसी परंपरा थी कि जब कोई राजा लवण की तरह कोई विशिष्ट धार्मिक कृत्य मानसिक रूप से करता था तो इंद्र उसकी परीक्षा लेने के लिए तरह-तरह की बाधाएँ उसके मार्ग में खड़ा करता था। उसने जो भ्रांतियाँ उत्पन्न कीं उसी का परिणाम देखने को मिला। कर्मकांड भी मन से किए गए थे और भ्रांति भी मन से अनुभूत की गई थी।

जब यही मन पूर्णतः विशुद्ध होता है तब वह स्वतः सर्जित द्वैत और विविधता से छुटकारा पा जाता है।

हे राम, मैं तुम्हें पहले ही आवागमन की प्रक्रिया के संबंध में बतला चुका हूँ और यह भी बतला चुका हूँ कि कैसे व्यक्ति 'मैं' और 'मेरा' की मिथ्या धारणा से ग्रस्त हो जाता है। ज्ञानयुक्त होने पर वह योग में परिपूर्णता में प्राप्त करने के लिए क्रमशः सात चरण क्रमशः उठाता है, 'मैं' और 'मेरा' से अपना पीछा छुड़ा लेता है और मोक्ष प्राप्त कर लेता है।

राम ने पूछा :

महर्षे, ये कौन से सात चरण हैं?

वसिष्ठ ने उत्तर दिया :

हे राम, सात चरण अज्ञान से संबद्ध हैं और सात ही चरण ज्ञान से संबद्ध भी। अब उनके संबंध में तुम्हें बतलाता हूँ। आत्मज्ञान में स्थित हो जाना ही मोक्ष है। जब इसमें बाधा आती है तब अहं और बंधन उत्पन्न होते हैं। आत्मज्ञान की स्थिति में न मन में बाधा ही आती है, न विकर्षण होता है, न मंदता होती है, न अहं होता है और न विविधता का बोध ही होता है।

आत्मज्ञान को आवृत्त करनेवाला भ्रम सात अवस्थाओं या परतों वाला होता है। पहली परत है बीजजाग्रत दूसरी जाग्रत, तीसरा महाजाग्रत, चौथी जाग्रत स्वप्न, पाँचवीं स्वप्न, छठी स्वप्न जाग्रत और सातवीं निद्रा। विशुद्ध चेतना में जब मन और जीव की स्थिति नाम को होती है तो उसे बीजजाग्रत अवस्था कहते हैं। जब 'मैं' और 'यह' की धारणा उत्पन्न होती है तो उसे जाग्रत अवस्था कहते हैं। जब ये धारणा विगत जन्मों की स्मृति से पुष्ट होती है तब उस स्थिति को महाजाग्रत अवस्था कहते हैं। जब मन अपनी कल्पनाओं के प्रति जाग्रत रहता है और उन्हीं में खोया रहता है तो यह जाग्रत स्वप्न अवस्था कहलाती है। निद्रा में मिथ्या धारणाओं का वास्तविक प्रतीत होना स्वप्न है। स्वप्न जाग्रत अवस्था में विगत अनुभव वर्तमान में वास्तविक प्रतीत होते हैं। जब इन सबके बदले जड़ता अपना ली जाती है तो वह निद्रावस्था है। इन सभी के कई-कई उपविभाग भी हैं।

8

अप्रैल

ज्ञानभूमिः शुभेच्छाख्या प्रथमा समुदाहृता
विचारणा द्वितीया तु तृतीया तनुमानसा (50)
सत्त्वापत्तिश् चतुर्थी स्यात् ततोसंसक्तिनामिका
पदार्थाभावनी षष्टी सप्तमी तुर्यगा स्मृता (50)

वसिष्ठ ने कहा :

हे राम, अब मैं तुम्हें बुद्धिमत्ता, प्रज्ञा या ज्ञानभूमि के सात अवस्थाओं या स्तरों के संबंध में बतलाऊँगा। उनको जान लेने पर तुम कभी भ्रम में नहीं पड़ोगे। **पहली अवस्था शुद्ध इच्छा या संकल्प, दूसरी अनुसंधान, तीसरी अवस्था वह है जब मन सूक्ष्म हो जाता है, चौथी सत्य में अवस्थिति, पाँचवीं है आसक्ति या बंधन से पूर्ण मुक्ति, छठी है वस्तुनिष्ठा की समाप्ति और सातवीं स्थिति उक्त सब से परे की स्थिति।**

'क्यों मैं मूर्ख बना रहूँ? मेरी आसक्ति जाती रही है इसलिए मैं संतों और शास्त्रों से ज्ञान अर्जित करूँगा।' ऐसी इच्छा का होना पहली अवस्था है। इसके बाद व्यक्ति सीधे जानकारी प्राप्त करने के लिए अग्रसर होता है। यह दूसरी स्थिति है, इसके बाद उसमें अनासक्ति का भाव जाग्रत होने लगता है और मन सूक्ष्म और पारदर्शी होने लगता है। यह तीसरी अवस्था है। इन तीनों अवस्थाओं में साधक की प्रगति होने पर उसमें इंद्रियजनित सुखों के प्रति विमुखता और सत्य के प्रति स्वाभाविक आस्था होती है। यह चौथी अवस्था है।

जब इन सबमें साधक की पैठ हो जाती है तब पूर्ण रूप से अनासक्ति उत्पन्न होती है और साथ ही सत्य की प्रकृति में निष्ठा भी। यह पाँचवीं अवस्था है। इसके उपरांत व्यक्ति अपने आत्मसुख में मग्न हो उठता है, और विविधता संबंधी आंतरिक तथा बहिर्गत अवधारणाओं का क्षय हो जाता है और व्यक्ति दूसरों की प्रेरणा से जो प्रयास करता है उससे प्रत्यक्ष आध्यात्मिक अनुभव के क्षेत्र में परिणाम दृष्टिगत होने लगता है।

इसके बाद न सहायता की आवश्यकता रहती है और न द्वैत और विविधता ही शेष रहती है और ज्ञान सहज प्राकृतिक और अखंड रूप से प्राप्त होने लगता है। यह सातवीं अवस्था है। यह इंद्रियातीत अवस्था है। यह ऐसे व्यक्ति की अवस्था है जो इस लोक में रहते हुए अपने को मुक्त कर चुका है। इसके बाद की अवस्था उसे प्राप्त होती है जिसमें वह शरीर के भी परे जा चुका होता है।

हे राम, इन अवस्थाओं तक पहुँचनेवाले महान लोग संत-महात्मा होते हैं। ये मुक्त होते हैं तथा सुख और दुख की दलदल से अलग रहते हैं। ये कुछ करते-धरते भी रहते हैं और पूर्णतः अक्रिय भी होते हैं। ये आत्मा से आनंद प्राप्त करते हैं और दूसरों को प्रसन्न करने में बाधक या साधक नहीं होते।

चेतना की सर्वोच्च अवस्था सभी प्राप्त कर सकते हैं। पशु भी प्राप्त कर सकते हैं और आदिवासी भी। जो शरीरी हैं अथवा जिन्होंने शरीर त्याग दिया होता है वे भी इस अवस्था को प्राप्त कर सकते हैं क्योंकि इस अवस्था को प्राप्त करने के लिए मात्र ज्ञान चाहिए। निश्चय ही जो चेतना की सर्वोच्च अवस्था प्राप्त करते हैं वे महान लोग होते हैं। वे वंदनीय हैं। उनकी तुलना में सम्राट भी घास की पत्ती के समान होता है। क्योंकि वे लोग यहाँ और अभी मुक्त हो जाते हैं।

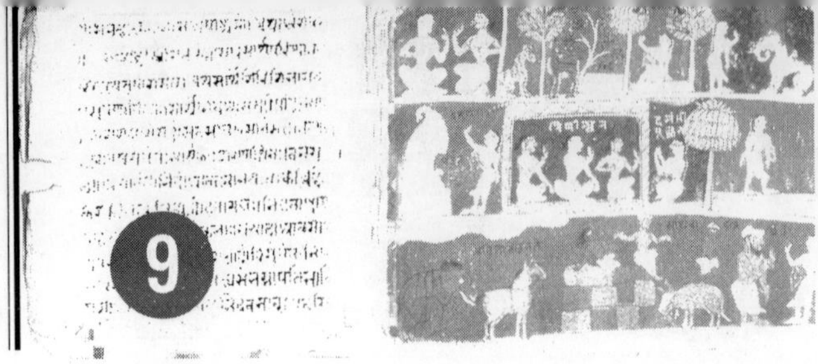

9

अप्रैल

त्वत्ताहन्तात्मता तत्ता सत्तासत्ता न काचन
न क्वचिद् भेदकलना न भावो न च रंजना (21)

वसिष्ठ ने आगे कहा :

आत्मा अज्ञानवश अहंपूर्ण सत्ता की कल्पना वैसे ही कर लेती है, जैसे स्वर्ण अपनी स्वर्णता को भूल जाता है, अपने को अँगूठी मान बैठता है और फिर रोता-कलपता है, "हाय, मैं अपनी स्वर्णता खो बैठा हूँ।"

राम ने पूछा :

हे महर्षे, आत्मा में ये अज्ञान और अहं कैसे उत्पन्न होता है?

वसिष्ठ ने उत्तर दिया :

व्यक्ति को वही प्रश्न पूछने चाहिए जिनका संबंध वास्तविकता से हो न कि अवास्तविकता से। जब सुनार अँगूठी बेचता है तो वह सोने को तौलता है, क्योंकि वह सोना है। यदि कोई अँगूठी में अँगूठीपन की चर्चा करे अथवा असीम चेतना में ससीम चेतना की चर्चा करे तो उसकी तुलना बाँझ औरत के पुत्र से ही की जानी चाहिए। अवास्तविक की सत्ता अवास्तविक होती है। यह अज्ञानजनित होती है और जब इसके संबंध में जानकारी प्राप्त कर ली जाती है तो यह लुप्त हो जाती है। अज्ञान के कारण ही सीपी की भीतरी परत में चाँदी का भ्रम होता है, परंतु यह चाँदी क्षण भर के लिए भी टिकाऊ नहीं होती। जब तक सीपी की सच्चाई का बोध नहीं होता तब तक भ्रम बना रहता है। जिस प्रकार कोई बालू से तेल नहीं निकाल सकता और जिस प्रकार कोई अँगूठी से मात्र सोना ही निकाल पाता है उसी प्रकार इस ब्रह्मांड में दो वस्तुएँ नहीं है। एक असीम चेतना ही है जो सभी नामों और रूपों में दिखाई देती है।

निरे अज्ञान की कुछ ऐसी ही प्रकृति है। ऐसी ही प्रकृति भ्रांति और संसार-चक्र की भी है। अहं की भ्रामक धारणा भी बिना वास्तविक सत्ता के है। यह अहं असीम आत्मा में नहीं होता। असीम आत्मा में न कोई कर्ता होता है, न समय, न सत्ता और न विनाश ही होता है। **न तुम होते हो न मैं होता हूँ, न आत्मा होती है, न कोई और होता है। न कुछ सत् है न कुछ असत्। न द्वैत की धारणा होती है न सोच-विचार की और न सुखभोग की ही।** जो भी है और जो कुछ ब्रह्मांड के रूप में जाना जाता है वह परम शांति है। न आरंभ है, न मध्य है और न अंत ही है। जो है वह सदा सदा के लिए है—मन और वाणी के क्षेत्र से परे है। सृष्टि का भी प्रश्न नहीं। असीम कभी अपनी असीमता नहीं छोड़ता। वह सागर की तरह है, परंतु उसमें सागर की गति नहीं। वह सूर्य की तरह स्वतः ज्योतिर्मय है परंतु उसमें किसी प्रकार की क्रियाशीलता नहीं। अज्ञान में परमात्मा को पदार्थ के रूप में देखा जाता है। ठीक वैसे ही जैसे आकाश में आकाश रहता है। आकाश में भी जो सृष्टि दिखाई देती है वह भी ब्रह्म में ब्रह्म ही है। दूर और समीप की धारणा, विविधता की धारणा यहाँ और वहाँ की धारणा की इतनी ही वैधता है जितनी उस दर्पण में दो वस्तुओं के बीच की दूरी रहती है जिसमें सारा नगर देखा जाता है।

10

अप्रैल

इत्येवं राघवाविद्या महती भ्रमदायिनी
असत् सत्तां नयत्याशु सच्चासत्तां नयत्यलम् (121/10)

वसिष्ठ ने कहा :

विभ्रांतिजनक अनुभव होने के एक दिन बाद राजा लवण ने सोचा : "मुझे उन स्थानों को चलकर देखना चाहिए जो मुझे विभ्रांति में दिखाई पड़े थे। शायद उनकी वास्तविक सत्ता हो।" तुरंत उसने अपने अनुचरों को साथ लिया और दक्षिण दिशा की ओर चल पड़ा। जल्दी ही उसे वे स्थान और वे लोग दृष्टिगोचर हुए जिनकी उसे विभ्रांति हुई थी। वह उन लोगों से भी मिला जो आदिवासी जीवन में उसके साथ थे। उसने अपने दीन-हीन बच्चों को भी देखा।

वहाँ उसे एक औरत दिखाई पड़ी जो रोते-चिल्लाते हुए कह रही थी, "मेरे प्यारे पति हम सबको अकेले छोड़कर कहाँ चले गए हो। मैं अपनी उस सुंदर कन्या को भी गँवा चुकी हूँ जिसे सौभाग्यवश राजकुमार पति रूप में प्राप्त हुआ था। वे सब कहाँ चले गए? हाय, मैंने उन सबको खो दिया।" राजा उसके पास गया और उसने उसका ढाढस बँधाया। उसी से उसने जाना कि यह मेरी आदिवासी पत्नी की माँ है। करुणावश राजा ने उसे ढेर-सा धन दिया। जिससे वह अपनी आवश्यकताएँ पूरी कर सके और सूखे से पीड़ित राज्य में अपनी रक्षा कर सके। वह कुछ समय तक उसके साथ रहा और फिर अपने राजमहल को लौट पड़ा।

अगले दिन राजा ने मुझसे इस संपूर्ण रहस्य को स्पष्ट करने के लिए कहा। इस संबंध में मैंने (वसिष्ठ ने) जो उत्तर दिया उससे राजा मुझे संतुष्ट लगा। **हे राम, सच तो यह है कि अज्ञान की शक्ति अपने ही बल पर सत् और असत् में भयावह भ्रम उत्पन्न करने में समर्थ है।**

राम ने पूछा :

हे महर्षे, सचमुच यह विक्षोभजनक है। यह कैसे संभव है कि जो बात स्वप्न में या भ्रांति के कारण दिखाई देती है वह जाग्रत अवस्था में भी वास्तविकता के रूप में अनुभूत हो।

वसिष्ठ ने कहा :

हे राम, यह है सब-कुछ अज्ञान ही। समीप और दूर की धारणा, क्षण और युग की धारणा ये सभी भ्रांतियाँ हैं। अज्ञान में सत् असत् प्रतीत होता है और असत् सत् प्रतीत होता है। संसक्ति (घोर आसक्ति) के कारण वैयक्तिक चेतना जो देखना चाहती है वही देखती है। अज्ञान के कारण जब अहं की धारणा उत्पन्न होती है तो उसी के साथ उसी क्षण आरंभ, मध्य और अंत की अवधारणा भी उत्पन्न होती है। इस प्रकार जो भ्रमित होता है वह सोचता है कि मैं जीव हूँ और जीव होने का अनुभव करता हूँ। यह सब-कुछ विशुद्ध संयोग से होता है। ठीक वैसे ही जैसे एक उड़ता हुआ कौआ नारियल के वृक्ष पर बैठता है, उसके बैठते ही नारियल गिर पड़ता है और लगता है कि कौए ने उसे गिराया हो। सच्चाई यह है कि कौए ने उसे गिराया ही नहीं। इसी प्रकार विशुद्ध संयोग से अज्ञान में असत् सत् प्रतीत होता है।

11

अप्रैल

अविद्यात्मतत्त्वस्य सम्बन्धो नोपपद्यते
संबंधः सदृषानां च यः स्फुटः स्वानुभूतितः (33)

वसिष्ठ ने आगे कहा :

सम्मोहित अवस्था में राजा लवण ने अपनी चेतना में परावर्तित राजकुमार और आदिवासी का विवाह देखा और उसे ऐसा लगा कि यह विवाह मेरे साथ हो रहा है। अपने आरंभिक जीवन में किए हुए कर्मों को व्यक्ति भूल जाता है भले ही उनमें उसने कितना ही समय और शक्ति क्यों न लगाई हो। इसी प्रकार वह यह भी सोचता है कि मैंने ऐसा कुछ किया ही नहीं भले ही उसने पहले क्यों न किया हो। इस तरह की विसंगतियाँ स्मृति के संबंध में प्रायः दिखाई पड़ती हैं।

ऐसे ही भूतकाल में स्वप्न में कभी देखी हुई घटना वर्तमान में भासित हो जाती है। राजा लवण को ऐसा ही घटनाक्रम भासित हुआ जो उसके आदिवासी जीवन की किसी घटना से संबद्ध था। ऐसा भी संभव है कि विंध्य की ढालों पर के आदिवासियों को कुछ ऐसा भासित हुआ हो जो लवण की चेतना में उद्भूत हुआ हो। यह भी संभव है कि लवण और आदिवासियों को जो अनुभव हुए हों वे एक दूसरे के हों। ये भ्रांतियाँ जब अनेकों को होती हैं तो वास्तविकता बन जाती हैं। ठीक वैसे ही जैसे बहुत से लोगों के द्वारा कही हुई बात सही मान ली जाती है। जब ऐसी बातों को कोई अपने जीवन में ढाल लेता है तो ये अपनी वास्तविकता ग्रहण कर लेती हैं। संसार की वस्तुओं से संबद्ध सत्य वही तो होगा जो अपनी चेतना में अनुभूत हुआ हो। अज्ञान उसी प्रकार वास्तविकता नहीं होता जिस प्रकार रेत में तेल नहीं होता। **अज्ञान और आत्मा में भी संबंध नहीं होता क्योंकि संबंध तो एक-सी या समान इकाइयों में होता है। ऐसा अनुभव हर एक को होता ही है।** क्योंकि चेतना असीम है इसलिए इस ब्रह्मांड की हर वस्तु ज्ञेय है। ऐसा नहीं कि कोई पदार्थ किसी अन्य पदार्थ को प्रकाशित कर रहा हो क्योंकि पदार्थ में अपना प्रकाश नहीं होता। वस्तुतः चेतना ही सब-कुछ है, इसलिए हर पदार्थ स्वप्रकाशित है। उसे इसके लिए बुद्धिमत्ता की आवश्यकता नहीं होती। चेतना के प्रभाव से वह अपने आप प्रकाशित होता है और आपसे आप उसमें बुद्धिमत्ता भी प्रकट होती है। परंतु जड़ पदार्थ के साथ चेतना के संयोग से ऐसा नहीं होता।

यह कहना ठीक नहीं कि यह ब्रह्मांड चेतन और जड़ का मिश्रण है क्योंकि इन दोनों का मिश्रण होता ही नहीं। सभी पदार्थ चेतना से भरपूर है और जब वैयक्तिक चेतना अपने को समझने लगती है तो ज्ञान उत्पन्न होता है। पेड़ और चट्टान को जड़ मान लेने पर उनमें संबंध प्रतीत होता है। यह संबंध उनके मूलभूतों घटकों में रहता है जिनमें कुछ विशिष्ट परिवर्तन होने के कारण ही एक पेड़ बन जाता है और दूसरा चट्टान। यही बात रसेंद्रिय (जिह्वा) के संबंध में भी है। पदार्थ के स्वाद के प्रति होनेवाली जिह्वा के तंतुओं की अनुक्रिया का कारण उन तंतुओं के गठन की समानता ही है।

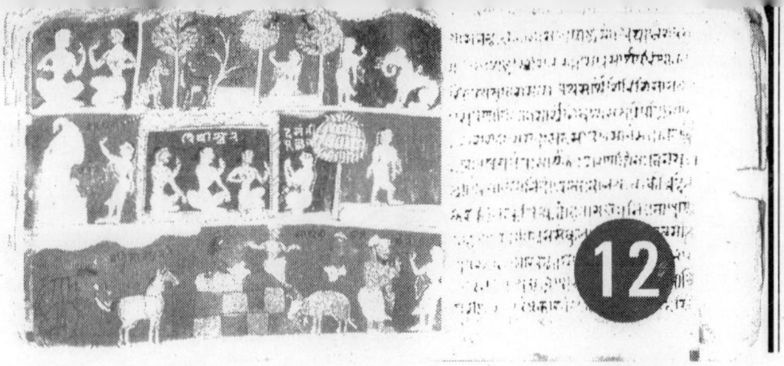

12 अप्रैल

अपरिज्ञायमानैषा महामोहप्रदायिनी
परिज्ञाता त्वनन्ताख्या सुखदा ब्रह्मदायिनी (122/29)

वसिष्ठ ने आगे कहा :

पहले से विद्यमान एकता ही सभी संबंधों का बोध कराती है और इस बोध का कारण है कर्ता और पदार्थ के विभाजन के विषय में होनेवाली पहले की मिथ्या और भ्रामक धारणा।

दृश्य और दर्शन के बीच भी संबंध होता है जिसे स्थापित करनेवाले को द्रष्टा कहते हैं। जब द्रष्टा, दृश्य और दर्शन के बीच का भेद समाप्त हो जाता है तब वह परमात्मा है। जब मन एक देश से दूसरे देश जाता है तब उन देशों के बीच ब्रह्मांडीय बुद्धिमत्ता होती है। वह सदा रहती ही है। जिस प्रकार तुम भविष्य में होनेवाले गाँव के कार्य-व्यापार में अपने को नहीं लगाते, उसी प्रकार मन की वृत्तियों से भी अलग रहो। असीम चेतना में कहीं मन है ही नहीं। जो कुछ अस्तित्वहीन मन द्वारा किया जाता है वह भी अवास्तविक है। इस बात को दृढ़तापूर्वक समझ लो। मैंने मन से संबद्ध सत्य का अनुसंधान अति दीर्घकाल तक किया है। हे राम, मुझे वह कहीं नहीं मिला। मात्र असीम चेतना ही विद्यमान है।

अज्ञान की अंतहीन धारा को संत-महात्माओं की निरंतर संगति में रहकर ही पार किया जा सकता है। ऐसी संगति से ही इस बात का ज्ञान उत्पन्न होता है कि किसकी खोज करनी चाहिए और किससे बचना चाहिए। इसके बाद ही मोक्ष की प्राप्ति की इच्छा जाग्रत होती है। इससे व्यक्ति गंभीरतापूर्वक अनुसंधान में लगता है। इससे मन सूक्ष्म होता है क्योंकि यह अनुसंधान संसक्ति (घोर आसक्ति) को क्षीण कर देता है। शुद्ध ज्ञान के उदित होने पर व्यक्ति की चेतना वास्तविकता में विचरण करने लगती है। फिर संसक्ति लुप्त हो जाती है और अनासक्ति उत्पन्न होती है। कर्मों से होनेवाला बंधन भी छूटता है और उसके फल भी समाप्त हो जाते हैं। सत्य में पूर्ण रूप से ध्यान अवस्थित होता है और जो मिथ्या है उसका भय घट जाता है। फिर ऐसी अवस्था को प्राप्त व्यक्ति इस संसार में रहते और काम करते हुए भी वही करता है जो उसे करना चाहिए। वह जब सोता भी है तो उसके मन में संसार या उसके सुखभोगों की चिंता नहीं होती। कुछ वर्षों तक इस प्रकार रहने से व्यक्ति पूर्ण रूप से मुक्त हो जाता है, सभी अवस्थाओं को पार कर लेता है। वह जीते जी ही मुक्त हो जाता है।

जब संसक्ति पर विजय प्राप्त कर ली जाती है और मन पूर्ण रूप से शांत हो जाता है तो अज्ञानी की भ्रांति दूर हो जाती है। यह बात समझ लेनी चाहिए कि यही भ्रांति माया (महाभ्रम) की जननी है। **जब इसे स्पष्ट रूप से समझ लिया जाता है तो इसका असीम रूप दृष्टिगत हो जाता है और फिर यह आनंद का स्रोत बन जाती है और परब्रह्म को अनुभूत करने का स्रोत भी।** आत्मा, ब्रह्म आदि का उल्लेख तो धर्मग्रंथों द्वारा शिक्षित करने के निमित्त होता है परंतु सच्चाई यह है कि ये एक ही हैं। यह विशुद्ध चेतना है, शरीरी नहीं। भले ही कोई जाने या न जाने कि यह शरीरी है या अशरीरी। इस संसार में जितने भी दुख-कष्ट हैं वे शरीर के ही हैं और आत्मा जो इंद्रियों की पकड़ से परे है उसे दुख-कष्ट छू भी नहीं सकते। आत्मा में कोई इच्छा नहीं होती और न उसमें भासित होनेवाले संसार की ही अपनी कोई इच्छा या आकांक्षा होती है। हे राम, मेरे इन विचारों से सृष्टि और उसके अस्तित्व की मिथ्या धारणा दूर हो जाती है। तुम्हारी चेतना विशुद्ध हो चुकी है। अब उसमें द्वैत नहीं रहा।

13

अप्रैल

साकार बट धानादावंकुराः संति युक्तिमत्
नाकारे तन्महाकारं जगदस्तीत्ययुक्तिकम् (1/33)

राम ने पूछा :

ऐसा कहा जाता है कि परब्रह्म में ब्रह्मांड बीज स्थिति में विद्यमान रहता है जो नए युग में पुनः प्रकट होता है। ऐसा कैसे होता है? जिन लोगों का ऐसा दृष्टिकोण हो उन्हें ज्ञानी कहा जाए या अज्ञानी?

वसिष्ठ ने कहा :

जो लोग कहते हैं कि प्रलय के बाद यह ब्रह्मांड बीज स्थिति में रहता है उनका इस ब्रह्मांड की वास्तविकता में दृढ़ विश्वास होता है। यह विशुद्ध अज्ञान है। हे राम, यह गुरु और शिष्य दोनों को विभ्रमित करनेवाला भ्रष्ट दृष्टिकोण है। किसी पौधे का बीज भावी वृक्ष का धारक होता है। ऐसा इसलिए कि बीज और अँखुआ दोनों भौतिक पदार्थ हैं जिन्हें इंद्रियों और मन के द्वारा जाना जाता है। परंतु जो मन और इंद्रियों की पहुँच से परे हो वह कैसे संसारों का बीज हो सकता है? जो आकाश से भी सूक्ष्म हो उसमें कैसे ब्रह्मांड का बीज स्थित हो सकता है? यदि ऐसा है तो यह ब्रह्मांड कैसे उस परमात्मा से उद्भूत हो सकता है?

कुछ नहीं में कुछ कैसे स्थित हो सकता है? यदि कुछ ब्रह्मांड के रूप में उसमें हो तो फिर वह दिखाई क्यों नहीं देता? किसी पात्र के खाली स्थान (आकाश) में पेड़ कैसे फुदक पड़ता है? कैसे दो विपरीत वस्तुएँ–ब्रह्म और ब्रह्मांड–एक साथ रह सकती हैं? क्या प्रकाश में अंधकार रह सकता है? **यह कहना उचित होगा कि पेड़ बीज में स्थित होता है क्योंकि इन दोनों के उपयुक्त रूप हैं। परंतु जिस ब्रह्म का रूप ही न हो उसमें कैसे यह ब्रह्मांड स्थित हो सकता है।** इसलिए यह मानना पूरी मूर्खता ही है कि ब्रह्म और संसार में किसी प्रकार का आकस्मिक संबंध है। सत्य यह है कि मात्र ब्रह्म की ही सत्ता है और संसार के रूप में जो दिखाई देता है वह भी वही है। यह उतना ही वास्तविक है जितना कि दिवास्वप्न, क्योंकि इसका जन्म आधारहीन है, इसे उत्पन्न करनेवाला भी कोई नहीं और न ही ऐसे साधन हैं जिनसे यह उत्पन्न किया जा सके।

हे राम, यदि प्रलय के समय ब्रह्म में यह ब्रह्मांड बीज रूप में स्थित होता तब इसके पुनः प्रकटीकरण में कोई कारण भी सहायक होता। यह मानना कि बिना ऐसे कारण के बिना ब्रह्मांड का प्रकटीकरण हुआ वैसे ही है जैसे बाँझ स्त्री की लड़की का अस्तित्व ग्रहण कर लेना। किसी युग के प्रलय के अंत में सृष्टिकर्ता का जाग्रत हो उठना, स्मृति से अधिक कुछ नहीं। उस स्मृति से जो विचार उत्पन्न होते हैं वही संसार को रूप देते हैं। कुछ वैसा ही है जैसे आकाश में पैसे का मिलना। जिस स्मृति से विचार उत्पन्न होते हैं वह स्वयं वैध आधार नहीं। जब किसी को स्मरण करनेवाला ही कोई नहीं तो स्मृति की अवस्थिति कहाँ?

असीम चेतना (चिदाकाश) में लाखों ब्रह्मांड प्रकाश-किरण में धूलकणों की तरह प्रकट होते रहते हैं। छोटा-सा अणु भी तीनों लोक, आकाश, समय, क्रिया, पदार्थ, दिन और रात लिए हुए प्रकट होता है। उस अणु में भी ऐसे परमाणु होते हैं जिनमें ऐसे ही संसार प्रकट होते हैं, ठीक उसी तरह जिस तरह बिन उकेरे संगमरमर में मूर्ति और उसके अवयव होते हैं।

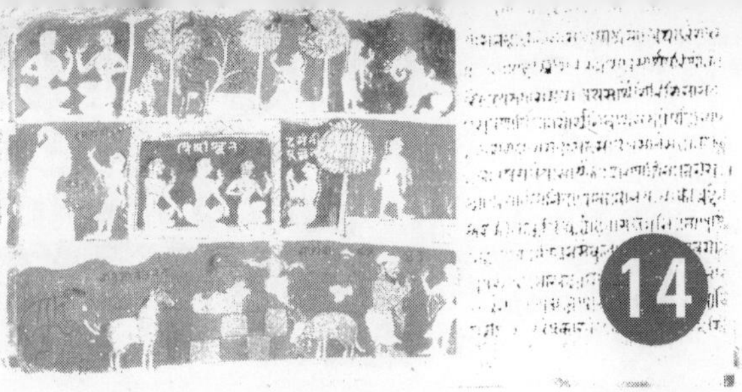

14

अप्रैल

मनः सर्वं इदम् राम तस्मिन् अन्ताश्चिकित्सिते
चिकित्सितो वै सकलो जगज् जालमयो भवेत् (4/5)

वसिष्ठ ने आगे कहा :

हे राम, इस अभेद्य संसार से पार पाने का एक ही उपाय है। वह है इंद्रियों पर पूर्ण नियंत्रण। इसके अतिरिक्त और कोई उपाय कारगर नहीं होता। जब कोई शास्त्रों (धर्मग्रंथों) के अध्ययन तथा महापुरुषों की संगति से ज्ञान अर्जित कर लेता है तथा अपनी इंद्रियों को भी अपने अधीन कर लेता है तब उसे सभी दृश्य पदार्थों के पूर्ण अनस्तित्व का भी भान हो जाता है।

हे राम, यह सब-कुछ मन ही है। जब यह मन सुधर जाता है तो उस दृश्य संसार की जादूगरी भी सुधर जाती है। अपनी चिंतन-शक्ति के द्वारा यह मन अकेले ही अपने हाथ की सफाई से काया का निर्माण कर लेता है तथा कोई ऐसी काया नहीं जिसमें मन सक्रिय न हो। इस प्रकार इस मनोवैज्ञानिक रोग का उत्तम उपचार है पदार्थों का बोध। मन भ्रांति उत्पन्न करता है, मन जन्म और मरण के विचार उत्पन्न करता है और इस प्रकार अपने विचारों के कारण ही बंधन में पड़ता है या मुक्त होता है।

राम ने पूछा :

हे महर्षे, कृपया बतलाएँ कि कैसे यह विशाल ब्रह्मांड मन में अवस्थित रहता है?

वसिष्ठ ने कहा :

हे राम, ब्राह्मण बालकों की तरह उत्पन्न किए हुए ब्रह्मांडों की तरह या फिर राजा लवण की विभ्रांतियों की तरह। एक दृष्टांत और भी है। यह कथा शुक्र ऋषि से संबद्ध है। इसका वर्णन अब मैं तुमसे करता हूँ :

बहुत समय से भृगु ऋषि पर्वत की चोटी पर तपस्या कर रहे थे। उस समय उनका पुत्र शुक्र युवावस्था में था। जब पिता ध्यानमग्न स्थिर अवस्था में बैठते थे तब पुत्र उनकी सेवा में लगा रहता था। एक दिन इस युवा पुत्र को एक सुंदर अप्सरा आकाश में दिखाई दी। वह उसके लिए विचलित हो उठा। साथ ही उस अप्सरा का मन भी उस स्वस्थ तथा सुंदर युवक पर डोल गया।

उस अप्सरा को प्राप्त करने की अपनी उत्कट इच्छा से व्यग्र हो उठने पर उस युवा ने अपनी आँखें बंद कर लीं और मानसिक रूप से उसका पीछा करने लगा। वह स्वर्ग जा पहुँचा। वहाँ उसने अत्यंत रूपवान स्वर्ग के प्राणियों, देवताओं और देवियों, हाथियों और घोड़ों को देखा। उसने सृष्टिकर्ता ब्रह्मा को भी स्वयं देखा और उन देवताओं को भी देखा जो सृष्टि का संचालन करते थे। उसने सिद्धों अर्थात् पूर्ण प्राणियों को भी देखा। उसने स्वर्ग का संगीत भी सुना। उसने स्वर्ग के उद्यान भी देखे। फिर उसने स्वर्ग के राजा इंद्र के भी दर्शन किए। इंद्र सिंहासन पर विराजमान था। और सुंदर अप्सराओं से वह चारों ओर से घिरा था। उसने इंद्र को नमस्कार किया। इंद्र अपने आसन से उठा और उसने उस युवा ऋषि शुक्र का स्वागत किया तथा उससे अधिक समय तक स्वर्ग में रहने के लिए निवेदन भी किया। शुक्र ने भी सहमति प्रकट कर दी

15

अप्रैल

विविध जन्मदशां विविधाशयः समनुभय शारीरपरंपराः
सुखं अतिष्ठद् असौ भृगुनन्दनो वरनदीसुतते दृढवृक्षवत् (8/29)

वसिष्ठ ने आगे कहा :

शुक्र अपनी पूर्व पहचान पूर्णतः भूल चुका था। कुछ दिन इंद्र की सभा में बिताने के बाद शुक्र स्वर्ग में विचरण करने लगा और शीघ्र ही उसने उस अप्सरा का पता भी लगा लिया। जब दोनों ने एक-दूसरे को देखा तो इनमें एक-दूसरे को प्राप्त करने की इच्छा जाग्रत हुई। इच्छा की पूर्ति स्वर्ग की अपनी विशेषता है।

जिस उद्यान में वे मिले थे, शुक्र के मन में इच्छा हुई कि रात का अँधेरा हो। फिर वहाँ अँधेरा हो गया। तब शुक्र उद्यान में स्थित विश्राम-कक्ष में प्रविष्ट हुआ। उस अप्सरा ने भी उसका अनुसरण किया। अप्सरा ने अर्चना की : 'हे महाभाग, मैं तुम्हें पाने की इच्छा से पीड़ित हूँ। मेरी समझदारी नहीं बल्कि मंदबुद्धि ही मुझे यहाँ घसीट लाई है। तीनों लोकों का स्वामित्व भी अपने प्रिय के संग के आगे तुच्छ है। अतः प्रार्थना है, मुझे अपने हृदय में स्थान दें।' इतना कहते ही वह उसके वक्ष पर गिर पड़ी।

शुक्र ने बहुत समय उस अप्सरा के साथ बिताया। इच्छानुसार स्वर्ग में भ्रमण किया। लगभग आठ संसार-चक्रों के बराबर अवधि तक वह उस अप्सरा के साथ रहा।

दीर्घकाल बाद जैसे ही उसके पुण्य का ह्रास हुआ वह अपनी प्रिया के साथ स्वर्ग से गिर पड़ा। जब उनके सूक्ष्म शरीर धरती पर गिरे तो वे ओस की बूँदें हो गए और जलकणों में प्रविष्ट हुए। ब्रह्मा ने इनका भक्षण किया। फिर इनका सार उनकी पत्नी को प्राप्त हुआ। शुक्र उनका पुत्र बना। वह वहीं बड़ा हुआ। अप्सरा मादा हिरन बनी। शुक्र ने उससे मानव बालक प्राप्त किया। वह अपने पुत्र के प्रति अत्यंत मोहग्रस्त था। पुत्र के द्वारा उपजायी चिंताओं से शुक्र जल्दी बूढ़ा हो गया और सुखभोगों की मन में चाह लिए हुए उस संसार से विदा हो गया।

अगले जन्म में शुक्र एक देश का शासक बना और मरते समय उसके मन में तपस्या और शुचिता की इच्छा बलवती रही। इस प्रकार एक काया से दूसरी काया में जाने और तरह-तरह की स्थितियों से गुजरने के बाद शुक्र ने नदी के तट पर खड़े होकर घोर तपस्या की।

इस प्रकार अपने पिता के सम्मुख बैठे हुए शुक्र ने लंबा समय चिंतन में व्यतीत किया। उसका शरीर अत्यंत सूख गया। इसी बीच उसके अस्थिर मन ने उसे एक-पर-एक जीवनकाल, जन्म और मरण, स्वर्गारोहण और धरती पर अवरोहण, और तपस्वी के शांत जीवन के दृश्य दिखाए। वह इनमें इतना डूबा रहा कि उसे ये सब दृश्य वास्तविक प्रतीत हुए। विभिन्न ऋतुओं का प्रहार झेलते-झेलते उसका शरीर हड्डियों का ढाँचा भर रह गया। उसे देखने पर डर लगता था। उसे जंगली जानवरों ने भी नहीं खाया क्योंकि वह ध्यान में मगन भृगु ऋषि के सामने बैठा था और स्वयं उसने भी तप से आत्मबल प्राप्त कर लिया था।

16

अप्रैल

स्वयम् ऊर्ध्वं प्रयात्यग्निः स्वयम् यान्ति पयांस्यधः
भोक्तारं भोजनं याति सृष्टीं चाप्यन्तकः स्वयम् (29)

वसिष्ठ ने आगे कहा :

एक हजार दैवीय वर्षों तक चिंतन करते रहने के उपरांत भृगु अपने आसन से उठे। उन्हें अपना पुत्र नहीं बल्कि सूखा हुआ ढाँचा दिखाई पड़ा जिसमें कीड़े पड़ चुके थे। उन्होंने जो देखा उससे वे अत्यंत उत्तेजित और क्रुद्ध हो उठे। प्राकृतिक घटनाक्रम पर बिना विचार किए ही उन्होंने काल को शापित करने का मन बनाया क्योंकि उसी ने उनके पुत्र का ऐसा हाल कर डाला था।

काल (या मृत्यु) तत्क्षण भौतिक शरीर धारण करके उनके सम्मुख प्रकट हुआ। काल के एक हाथ में तलवार थी और दूसरे हाथ में फंदा। उसने अभेद्य कवच पहन रखा था। उसके छह हाथ और छह ही मुख थे। अनुचरों और दूतों के समूह ने उसे घेर रखा था। उसके शरीर और हथियारों से झुलसा देनेवाली ज्वाला निकल रही थी।

शांति से परंतु दृढ़तापूर्वक **काल** ने भृगु ऋषि से कहा :

हे महर्षि, आप जैसे बुद्धिमान संत कैसे ऐसे हेय आचरण की बात सोच सकते हैं? बुद्धिमान व्यक्ति सताए जाने पर विक्षुब्ध नहीं होते। परंतु आप मानसिक संतुलन खो बैठे हैं जबकि किसी ने आपका अहित भी नहीं किया। आप निश्चय ही पूज्य महानुभाव हैं और मैं उनमें से हूँ जो उचित आचरण का पालन करते हैं। इसलिए मैं आप को नमस्कार करता हूँ। मेरा कुछ और मंतव्य नहीं।

आप शाप देकर अपने पुण्य का क्षय न करें। आप जान लें कि मैं प्रलय की ज्वाला से भी अप्रभावित रहता हूँ। अपने शाप से मुझे ध्वस्त करने की आपकी आशा बचकानी नहीं तो क्या है!

मैं काल हूँ। मैंने असंख्य प्राणियों का नाश किया है। उन देवताओं का भी नाश किया है जो ब्रह्मांड का संचालन करते हैं। हे पवित्र आत्मा, मैं भक्षक हूँ और आप मेरा भक्ष्य हैं। ऐसी प्रकृति की व्यवस्था है। यह पारस्परिक संबंध इच्छा या अनिच्छा पर आधारित नहीं। **अपनी प्रकृति से अग्नि ऊपर उठती है और जल नीचे जाता है। भोज्य पदार्थ भोक्ता की खोज में रहते हैं और उत्पन्न पदार्थ अपने अंत की खोज में रहते हैं**। परमात्मा ने कुछ ऐसी व्यवस्था कर रखी है। सभी की आत्माओं में आत्मा स्वयं रहती है। विशुद्ध दृष्टिकोण तो यह है कि न कोई कर्ता है न कोई भोक्ता। परंतु अशुद्ध दृष्टिकोणवाले भेद-विभेद देखते हैं और उन्हें ये भेद विद्यमान लगते हैं।

आप सत्य के ज्ञाता हैं और आप जानते ही हैं कि न कोई कर्ता है और न कोई अकर्ता। पेड़ों पर खिलनेवाले फूलों की तरह जीव आते और जाते रहते हैं। उनका कार्य-कारण का संबंध अटकलबाज़ी के अतिरिक्त कुछ नहीं। ये सभी काल के परिणाम हैं। इसे सत्य या मिथ्या कुछ भी कह लें। जब झील की सतह विक्षुब्ध होती है तो चंद्र का बिंब भी विक्षुब्ध दिखाई देता है। इसे सत्य भी मान सकते हैं और मिथ्या भी।

अप्रैल

कर्तव्यम् एव नियतं केवलं कार्यकोविदैः
सुषुप्ति वृत्तिं आश्रित्य कदाचित्वं न नाशय (39)

काल ने आगे कहा :

हे महर्षे, क्रोध मत करें। यह विनाश की राह है। जो होना है वह होगा ही। इस सत्य को धारण करें। हमें मिथ्याभिमान को अपने पर हावी नहीं होने देना चाहिए। हम स्वभावतः प्राकृतिक व्यापारों की पूर्ति में सहायक होते हैं। ऐसा निश्चय ही बुद्धिमानों की प्रकृति है। **जो करना होता है उसे बुद्धिमान व्यक्ति यहाँ करते ही हैं। ऐसे निरभिमानी और निःस्वार्थ महानुभाव शांतिपूर्वक रहते हैं और व्यवस्था का अतिक्रमण नहीं करते।**

कहाँ गई आपकी बुद्धिमत्ता तथा महत्ता और कहाँ गया आपका नैतिक साहस? हे महर्षि, आप यदि आनंदपथ को जाननेवाले हैं तो मूर्खों-सा काम क्यों कर रहे हैं? आप निश्चित ही जानते हैं कि पका फल टपकता ही है। फिर यह जानते हुए भी आप मुझे क्यों शाप देना चाहते हैं?

आप निश्चित रूप से यह भी जानते हैं कि हर एक के दो शरीर होते हैं–एक भौतिक और दूसरा मानसिक। भौतिक शरीर निर्जीव होता है और विनाश को प्राप्त होता है। मन ससीम होता है परंतु होता है सुव्यवस्थित। परंतु आपका मन विक्षुब्ध है। मन अपनी धुन पर शरीर को नचाता है और तरह-तरह के खेल खिलाता है। मानसिक कार्य ही कर्म होते हैं। उसके (मन के) विचार बंधन में डालते हैं और उसकी विशुद्ध स्थिति मोक्ष होती है। यह मन ही है जो शरीर को सभी विभिन्न अवयवों के साथ उत्पन्न करता है। मन स्वयं ही सचेत या अचेत प्राणी है। सभी अंतहीन विभिन्नताएँ सिवा मन के और कुछ नहीं। जब मन निर्धारण करता है तब वह बुद्धि कहलाता है और जब अपनी पहचान करता है तो अहंकार हो जाता है। भौतिक शरीर तो मात्र भौतिक पदार्थ है, जबकि मन उसे अपना समझ बैठता है। परंतु यदि मन सत्य पथ पर चल पड़े और अपने को शरीर मानना छोड़ दे तो वह परमात्मा को प्राप्त कर लेता है।

हे महर्षि, जब आप ध्यानमग्न थे तब आपका पुत्र अपनी कल्पना के द्वारा बहुत दूर चला गया था। वह अपना शरीर यहीं छोड़ गया था। जिसे 'भृगु का पुत्र' कहते हैं वह स्वर्ग में जा पहुँचा था। वहाँ वह दिव्य अप्सराओं के साथ भोग-विलास करता रहा। दीर्घकाल के बाद जब उसके पुण्य का क्षय हुआ तो अपनी प्रिय अप्सरा के साथ वह पके फल की भाँति पृथ्वी पर गिर पड़ा। उसे अपना दिव्य शरीर स्वर्ग में ही छोड़ना पड़ा। वह पुनः भौतिक शरीर के रूप में जन्म लेने के लिए पृथ्वी पर गिरा। धरती पर उसे कई जन्म लेने पड़े। वह पहले ब्राह्मण कुमार हुआ, फिर राजा बना, मछुआरा बना, हंस बना, फिर राजा बना, अतींद्रिय क्षमतावाला महान योगी बना, किन्नर बना, ऋषिपुत्र बना। फिर बुरे कर्म करने पर व्याध बना। पुनः राजा बना। फिर कीट (कीड़ा) बना, पौधा बना, गधा बना, बाँस बना, चीन में हिरन बना, साँप बना, पक्षी बना, फिर किन्नर बना और अब फिर वासुदेव ब्राह्मण का पुत्र बना। वह शास्त्रों का ज्ञाता है और इस समय पवित्र समंग नदी के किनारे तप कर रहा है।

अप्रैल

ननु विज्ञात संसार गतयो वयुअम् अपदाम्
संपदां चैव गच्छामो हर्षामर्ष वशम् विभो (13)

वसिष्ठ ने कहा :

काल (यम) से उत्साहित होकर पुत्र का जीवन देखने के लिए ऋषि ने अपने ज्ञान चक्षुओं का आश्रय लिया। क्षण में ही उन्होंने अपने पुत्र के जन्म-जन्मांतरों का विवरण प्राप्त कर लिया। जो कुछ देखा उससे अति विस्मित हुए और फिर अपने शरीर में लौट आए।

पुत्रमोह से पूर्णतः मुक्त होकर भृगु ऋषि ने कहा : हे प्रभु, आप वर्तमान, भूत और भविष्य के निश्चय ही ज्ञाता हैं। हमारी समझ बहुत कम है। संसार यद्यपि मिथ्या है फिर भी सत् प्रतीत होता है और महाज्ञानी को भी भरमा देता है। मन अपनी कल्पनाओं के द्वारा जो माया रचता है आप उसके ज्ञाता हैं।

मेरा यह पुत्र मरा नहीं, यद्यपि मैं उसे मरा जानकर संयम खो बैठा था। मैंने सोचा कि समय से पहले ही मेरा पुत्र मुझसे छीन लिया गया है। **प्रभु, हम सांसारिक घटनाओं को ही समझते हैं और जो हमें शुभ प्रतीत होती है उससे हम आनंदित हो उठते हैं और जो अशुभ होती हैं उससे हम दुखी हो जाते हैं।**

इस संसार में क्रोध व्यक्ति को वह सब-कुछ करने के लिए प्रेरित करता है जिसे उसे नहीं करना चाहिए। परंतु शांति उसे उन कर्मों में लगाती है जिसे उसे करना चाहिए। जब तक संसार के अस्तित्व का भ्रम बना रहता है तब तक उपयुक्त और अनुपयुक्त के बीच का भेद मान्य होता है। यह उचित नहीं कि आपके स्वाभाविक कर्म से हम विक्षुब्ध हों। प्रत्यक्षतः आपका स्वाभाविक कर्म है-जीवों को मारना।

आपकी कृपा से मैंने अपने पुत्र को पुनः देखा है और मेरी समझ में आ गया है कि मन ही शरीर है। यह मन ही है जो सांसारिक दृश्यों को बनाता है।

काल ने कहा :

हे महर्षे, आपने ठीक ही कहा है। सचमुच मन ही शरीर है। यह मन ही है जो कुम्हार के बर्तन की तरह अपने विचारों से शरीर की रचना करता है। यह नए शरीर बनाता है और जो विद्यान है उसका नाश करता है और वह भी मात्र इच्छा करके। यह भी स्पष्ट है कि मन में वह शक्ति भी विद्यमान है जिससे वह विभ्रम खड़ा कर देता है, गलत बातें सोच लेता है और आकाश में सिक्के की रचना कर लेता है। यहाँ तक कि वह अपने भीतर शरीर की रचना भी कर लेता है। परंतु अज्ञानी व्यक्ति अपने दृष्टिकोण के कारण अपने भौतिक शरीर को मन से भिन्न समझता है।

जाग्रति, स्वप्न और निद्रा के तीनों लोक मन की शक्तियों की अभिव्यक्ति के अतिरिक्त कुछ भी नहीं। इस अभिव्यक्ति को न वास्तविक कह सकते हैं न मिथ्या ही। जब मन संसक्ति के कारण विभिन्नता की धारणा बनाता है तो वह विभिन्नता देखता है।

19

अप्रैल

नास्ति बन्धो न मोक्षोस्त्ति तन्मयस्त्विव लक्ष्यते
ग्रस्तं नित्यम अनित्येन मायामयम् अहो जगत् (11/63)

काल ने कहा :

'मैं अशक्त हूँ, मैं दुखी हूँ, मैं मूर्ख हूँ' आदि अपनी धारणाओं को उत्पन्न करके मन इस संसार के जाल में अपने को उलझा लेता है। जब समझ आती है कि यह सब मन की ही मिथ्या सृष्टि है तब उसकी चेतना में परमात्मा की शांति का उदय होता है।

मन उस विशाल सागर की तरह है जिसमें अनंत प्रकार के जीव-जंतु होते हैं तथा जिसके ऊपरी तल पर छोटी-बड़ी तरह-तरह की लहरें उठती-गिरती हैं। छोटी लहर सोचती है कि मैं छोटी हूँ और बड़ी लहर समझती है कि मैं बड़ी हूँ। जिसे वायु तोड़ देती है वह समझती है कि मैं नष्ट हो गई हूँ। कोई अपने को ठंडी समझती है और कोई गर्म। परंतु सभी लहरें हैं तो समुद्र का पानी ही। निश्चय ही यह कहना सही है कि समुद्र में लहरें हैं ही नहीं। समुद्र ही अकेला है। परंतु यह भी सही है कि उसमें लहरें हैं।

इसी प्रकार परब्रह्म का अकेला अस्तित्व है। वह सर्वशक्तिमान है इसलिए उसकी अनंत शक्तियों की अभिव्यक्ति इस ब्रह्मांड में अनंत विविधताओं के रूप में प्रकट होती है। अपनी कल्पना के सिवा विविधता का कहीं वास्तविक अस्तित्व नहीं। 'यह सब-कुछ ब्रह्म ही है' यही स्थापित सत्य है। अन्य सभी धारणाओं का त्याग करें। जैसे लहरें समुद्र से भिन्न नहीं हैं वैसे ही सभी पदार्थ ब्रह्म से भिन्न नहीं। जिस प्रकार बीज में भावी वृक्ष छिपा रहता है उसी प्रकार ब्रह्म में संपूर्ण ब्रह्मांड सदा अवस्थित रहता है। जिस प्रकार सूर्य के प्रकाश से बहुरंगा इंद्रधनुष उत्पन्न होता है उसी प्रकार यह सारी विविधता एक ही में दिखाई देती है। जिस प्रकार सजीव मकड़ी से जड़ जाल निस्सृत होता है उसी प्रकार यह जड़ संसार भी उस असीम चेतना से उत्पन्न होता है।

जिस प्रकार रेशम का कीड़ा कोया बनाता है और स्वयं उसमें जकड़ जाता है उसी प्रकार जीव इस ब्रह्मांड की कल्पना कर लेता है और उसमें फँस जाता है। जिस प्रकार हाथी बिना प्रयास उस खंभे से अपने को मुक्त कर लेता है जिसके साथ वह बाँधा गया होता है उसी प्रकार आत्मा भी अपने को बंधन से मुक्त कर लेती है। **परमात्मा के लिए न बंधन ही है और न मुक्ति ही। मैं नहीं जानता कि बंधन और मोक्ष की धारणाएँ कहाँ से आईं! न बंधन है न मुक्ति ही, बस वही एक अनंत पुरुष दिखाई देता है। परंतु वह अनंत है अस्थायी आवरण में अपने को छिपाए हुए। और यह है सचमुच अत्यंत आश्चर्य (या महाभ्रम) की बात!**

अज्ञान और भ्रम के चक्र में चक्कर लगाते हुए जब कोई परम सत्य से संबद्ध ज्ञान की ओर उन्मुख होता है तो उसका तत्क्षण उद्धार होता है।

आइए, हम वहीं चलें, जहाँ आपका पुत्र स्वर्ग का सुखभोग करने के बाद तप कर रहा है।

(इतना कहकर काल भृगु ऋषि को साथ ले चलने को उद्यत हुए। ....जब वसिष्ठ ने यह कथा सुनाई तब आठवाँ दिन समाप्त हुआ और सभा विसर्जित हुई।)

अप्रैल

ज्ञस्याज्ञस्य च देहस्य यावद् देहमयं क्रमः
लोकवद् व्यवहारोयं सक्त्यासक्त्याथवा सदा (15/35)

वसिष्ठ ने आगे कहा :

हे राम, भृगु ऋषि और काल देवता समंग नदी के तट की ओर चल पड़े। वहाँ भृगु ऋषि ने अपने पुत्र को भिन्न शरीर में देखा। उसकी प्रकृति भी पहले से भिन्न थी। उसका शांत स्वभाव था और उसका मन आत्मबोध की शांति में स्थित था। अपने सामने दो जाज्वल्यमान प्राणियों को देखकर भृगुपुत्र शुक्र ने उनका सादर अभिवादन किया और उन्हें एक शिला पर बैठाया। कोमल और मधुर शब्दों में उसने कहा : "हे दिव्य प्राणियो, मैं आप दोनों को देखकर अत्यंत सुखी हुआ हूँ।" भृगु ऋषि ने उससे कहा : "स्मरण करो, आप अज्ञानी पुरुष नहीं हैं।" शुक्र की पिछले जन्मों की स्मृति तुरंत लौट आई। उसने क्षण भर के लिए अपनी आँखें बंद कीं।

शुक्र ने कहा : "मैंने अगणित जन्म लिए हैं और मुझे सुख-दुख, ज्ञान-भ्रम के अगणित अनुभव भी प्राप्त हुए हैं। मैंने एक क्रूर राजा, लोभी वणिक और घुमंतू तपस्वी के रूप में भी जन्म लिए हैं। कोई ऐसा सुख नहीं जिसका भोग मैंने न किया हो, कोई ऐसा कर्म नहीं जो मैंने न किया हो, कोई ऐसा सुख-दुख नहीं, जो मैंने न झेला हो। अब मेरी कोई कोई इच्छा नहीं, न ही मुझे किसी से परहेज है। प्रकृति अपना काम करे। आइए पिताजी, वहीं चलें जहाँ मेरा पुराना शरीर कंकाल रूप में खड़ा है।"

थोड़ी ही देर में वे वहाँ पहुँचे जहाँ भृगु के पुत्र का शरीर जीर्ण-शीर्ण अवस्था में स्थित था। उसे देखकर विलाप करते हुए शुक्र ने कहा : "आह, यह वही शरीर है जिसकी प्रशंसा और अर्चना दिव्य अप्सराएँ करती थीं। अब यह कीड़ों-मकोड़ों का निवास है। हे शरीर, अब तुम शव हो और मुझे भयभीत कर रहे हो। यहाँ तक कि जंगली जानवर भी तुम्हारा भयावह रूप देखकर तुमसे दूर भागते हैं। इसमें स्पंदन नहीं, विचारों के प्रभाव से मुक्त और शांत है। मन रूपी प्रेत से स्वतंत्र है। यह प्राकृतिक आपदाओं से भी अप्रभावित है। वानर रूपी चंचल मन की अठखेलियों से भी इसे छुटकारा मिल चुका है। वृक्ष रूपी शरीर जड़ से उखड़ चुका है। सचमुच मेरा सौभाग्य है जो मैं इस घने जंगल में दुखों से मुक्त इसे देख रहा हूँ।"

शुक्र (अब वासुदेव) भृगु से उत्पन्न इसी शरीर के लिए दुखी हुआ था। अन्य शरीर तो इसी मूल शरीर की भ्रांतियाँ थे। **कोई ज्ञानी हो या अज्ञानी हो जब तक उसका शरीर बना रहता है वह अपनी प्रकृति के अनुसार कर्म करने में प्रवृत्त रहता है और हर शरीरधारी व्यक्ति संसार में रहकर आसक्तिपूर्वक अथवा अनासक्त भाव से वही कार्य करता है जो उसे उपयुक्त लगते हैं।** अंतर है तो बस इन दोनों की मानसिक वृत्तियों में। ज्ञानी के लिए ये मुक्तिदायक हैं और अज्ञानी के लिए बंधनकारी। जब तक शरीर रहता है तब तक दुख दुखदायी लगता है और सुख सुखदायी। परंतु ज्ञानी इन दोनों से अनासक्त रहते हैं। महापुरुष सुख भोग के समय और दुखभोग के समय भी अनजान की तरह व्यवहार करते हैं। परंतु वे होते हैं ज्ञानी ही। ज्ञानी समाज में उपयुक्त व्यवहार करते हैं यद्यपि आंतरिक दृष्टि से ऐसा व्यवहार आवश्यकतानुसार नहीं होता।

21

अप्रैल

मत्पुत्रोयम् इति स्नेहो भृगुम् अप्यहरत् तदा
परमात्मीयता देहे यावद् आकृतिभाविनि (16/18)

वसिष्ठ ने आगे कहा :

तपस्वी वासुदेव का अपने पिछले शरीर की दुर्दशा-संबंधी विलाप सुनकर काल ने कहा : "हे भृगुपुत्र, अपने इस शरीर का त्याग करो और अपने दूसरे शरीर में पुनः प्रवेश करो। युग के अंत में अपने उस शरीर को तुम छोड़ोगे और फिर कभी तुम्हें शरीर का बंधन प्राप्त नहीं होगा।" इतना कहकर काल वहाँ से अंतर्धान हो गया।

फिर शुक्र ने वैसा ही किया। एक ही क्षण में वासुदेव का शरीर छूट गया और शव हो गया। भृगु ऋषि ने उस पर पवित्र जल छिड़का, और कुछ ऐसे मंत्रों का उच्चारण किया जिससे शरीर पुनर्जीवित हो उठा। क्षणभर में ही वह शरीर पहले की तरह युवा और जाज्वल्यमान हो गया।

शुक्र अपनी समाधि से उठा और उसने भृगु ऋषि के चरणों में दंडवत् प्रणाम किया। भृगु ऋषि भी अपने पुत्र को मृत अवस्था से पुनर्जीवित देखकर प्रसन्न हुए। **'यह मेरा पुत्र है' मोह का यह विचार भृगु ऋषि में व्याप्त हुआ। ऐसा होना तब तक स्वाभाविक ही है जब तक शरीर-चेतना बनी रहती है।** भृगु और शुक्र दोनों ने मिलकर ब्राह्मण कुमार वासुदेव के शव का अंतिम संस्कार किया। ज्ञानी पुरुष सामाजिक रीतियों तथा परंपराओं का पालन करते ही हैं। फिर दोनों सूर्य और चंद्र के तेज के समान चमकने लगे। आगे चलकर यही शुक्र दानवों के दीक्षा गुरु बने और उनके पिता की गिनती महान ऋषियों में हुई।

कुछ ऐसी ही कथा शुक्र की रही जिसे एक अप्सरा के मोह में पड़ने के कारण अनेक बार गर्भधारण करना पड़ा।

राम ने पूछा :

हे पवित्रात्मा, जिस तरह शुक्र स्वर्ग पहुँचने में सफल हुए वैसे ही औरों की इच्छा पूर्ण क्यों नहीं होती?

वसिष्ठ ने उत्तर दिया :

शुक्र का मन पावन था। वह उसका पहला शरीर था इसलिए उसका मन पुराने शरीरों की विकृतियों से लदा नहीं था। वही मन पावन होता है जिसमें सभी लालसाएँ निश्चेष्ट या सुषुप्त होती हैं। विशुद्ध या पावन मन जो भी इच्छा करता है वह सफलीभूत होती है। जैसा घटनाक्रम शुक्र के साथ घटा वैसा हर एक के साथ घट सकता है।

शुक्र को उसके पिता भृगु ने बार-बार जन्म लेने के विषय में शिक्षा दी थी। उस शिक्षा से शुक्र की जो मानसिक स्थिति प्राप्ति हुई उसको उसने और अधिक पुष्ट तथा व्यापक बनाया था। जब मन सभी प्रकार की लालसाओं से रहित होता है तो वह पावनता प्राप्त करता है और वही पावन मन मोक्ष को अनुभूत करता है।

22 अप्रैल

दृश्यं पश्यन् स्वमात्मानं न द्रष्टा संप्रपश्यति
प्रपञ्चाक्रान्त संवित्तेः कस्योदेति निजास्थितिः (27)

वसिष्ठ ने आगे कहा :

हे राम, सृष्टि में जो विविधता दिखाई देती है वह वस्तुतः देखने में ही लगती है। विकास या अपविकास के उद्‌गम तथा ध्येय में एक ही असीम चेतना रहती है। विकास के दौरान एक ही चेतना के विविध रूप दृष्टिगत होते हैं। चेतना में जिन-जिन धारणाओं का योग होता है उन-उन के अनुसार दृश्य बनते-बदलते चलते हैं। कुछ धारणाएँ आपस में गुँथी होती हैं। इस प्रकार विविधता में भी विविधता दिखाई देती है। कुछ धारणाएँ आपस में नहीं मिलतीं। परंतु ऐसी धारणाएँ अस्तित्व के हर परमाणु में प्रकट होती हैं और इन परमाणुओं की अपनी-अपनी स्वतंत्र सत्ता रहती हैं। इनकी समग्रता को ही परब्रह्म कहा जाता है।

हर व्यक्ति उन्हीं पदार्थों को देखता है जिनकी जड़ें उसके मन में होती हैं। जब मन में होनेवाले विचार फलीभूत नहीं होते तब मन में परिवर्तन होता है। इन मनोवैज्ञानिक परिवर्तनों के अनुरूप जन्मों का सिलसिला चल पड़ता है। यही मनोवैज्ञानिक जोड़-तोड़ जन्म और मरण की अवधारणा उत्पन्न करता है और शरीर की प्राप्ति कराता है। जब इस अवधारणा को त्याग दिया जाता है तब शरीर-धारण भी खत्म हो जाता है। हे राम, वृक्ष बीज को फोड़कर निकलता है अर्थात् बीज के नष्ट होने के बाद वृक्ष निकलता है परंतु ब्रह्म बिना नष्ट हुए ही इस सृष्टि की रचना करता है। इस प्रकार अतुल्य ब्रह्म की तुलना किसी अन्य से नहीं की जा सकती। वृक्ष आदि तो ऐसे पदार्थ हैं जिन्हें पारिभाषित किया जाता है। परंतु ब्रह्म का न नाम है और न रूप ही। वह एक ही है और विभिन्न प्रकृति के कारण वैसा ही दिखने लगता है। परंतु अन्य दृष्टि से ऐसा होता ही नहीं। क्योंकि वह अनंत है और अविकारी भी।

जब आत्मा पदार्थ के रूप में दिखती है तो द्रष्टा नहीं दिखता। जब तक सृष्टि को पदार्थ रूप में देखा जाता है तब तक आत्मा का बोध प्राप्त नहीं किया जा सकता। जब आप जल के रूप में मरीचिका देखते हैं तब आपको आगे बढ़ती हुई गर्म हवा नहीं दिखती। परंतु जब गर्म हवा को देखते हैं तब आपको मरीचिका में जल नहीं दिखाई देता। जब एक सत्य है तो दूसरा सत्य नहीं होता।

जब द्रष्टा और दृश्य का विभेद छोड़ दिया जाता है अर्थात् जब उन दोनों को एक वस्तु के रूप में देखा जाता है तो सत्य का बोध होता है। कर्ता से भिन्न कोई ऐसा पदार्थ नहीं होता जो उससे पूर्णतः विभिन्न प्रकृति का हो। न ही आत्मा को पदार्थ के रूप में देखा जा सकता है। इस दर्शन में विभेद है ही नहीं।

23

अप्रैल

चित्रामृतं नामृतमेव विद्धि चित्रानलं नानलमेव विद्धि
चित्रांगना नूनमनंगनेति वाचा विवेकसत्वविवेक एव (18/69)

वसिष्ठ ने आगे कहा :

हर जीव अपने अंदर वही और उतना ही अनुभूत करता है जो या जितना उसने अपनी जीवनी-शक्ति से अपने अंदर उभारा होता है। हे राम, तुम अंतर्ज्ञान के चक्षुओं से उस सत्य को देखो कि सृष्टि के हर परमाणु में अगणित सांसारिक आकृतियाँ हैं। ये सांसारिक आकृतियाँ सिर्फ दीर्घ स्वप्न हैं। ये स्वप्नवत् आकृतियाँ स्वप्नकाल के दौरान तो सत्य ही हैं।

हर परमाणु में हर तरह का सशक्त और प्रच्छन्न अनुभव विद्यमान है। इसलिए विविधता और एकता की सभी धारणाओं का त्याग करो। समय, आकाश, क्रिया (या गति) और पदार्थ एक ही असीम चेतना के भिन्न-भिन्न रूप हैं। कुछ विरलों को ही इस बात का बोध होता है कि भीतर दिखाई देनेवाली सांसारिक आकृतियाँ भ्रामक हैं और एक असीम चेतना ही सदा सत्य है। इस चेतना के कारण ही जीव में संसार दिखता है। फिर जीव के अंदर भी जीव हैं–सदा सदा के लिए। इस प्रकार इनमें जो सत्य को अनुभूत करता है वह भ्रम से मुक्त हो जाता है। साथ ही सुखभोग की उसकी लालसा भी क्षीण हो जाती है। ज्ञान का यही एकमात्र प्रमाण है। अमृत का सुचित्रित पात्र अमृत नहीं होता, न ही सुचित्रित लौ आलोकित कर सकती है और न ही स्त्री का चित्र स्त्री होता है। समझदारी भरे शब्द मात्र शब्द (अज्ञान) होते हैं ज्ञान नहीं। ज्ञान तभी होते हैं जब इच्छा और क्रोध के बिना उनका समर्थन किया जाता है।

जो परम ब्रह्म का चिंतन-मनन करते हैं वे ब्रह्म हो जाते हैं। इसलिए किसी को उसका आश्रय नहीं लेना चाहिए जो सीमित या आबद्ध हो। अप्सरा के रूप का चिंतन करते-करते शुक्र बँध गया–आबद्ध हो गया–और जब उसने अपनी आत्मा की पावनता को अनुभूत किया–उसे असीम चेतना जाना–तो वह तत्क्षण मुक्त हो गया।

राम ने पूछा :

हे पवित्र आत्मा, मुझे कृपया जाग्रत और सुप्त अवस्थाओं की प्रकृति के संबंध में बतलाएँ।

वसिष्ठ ने आगे कहा : वह अवस्था जो सहन करती है उसे जाग्रत अवस्था कहते हैं और जो अवस्था क्षणिक होती है उसे स्वप्नावस्था कहते हैं। स्वप्नावस्था की अवधि के मध्य जाग्रत अवस्था के लक्षण भी दिखते हैं और जब जाग्रत अवस्था भी क्षणिक रूप से अनुभूत होती है तो उसमें स्वप्नावस्था के लक्षण रहते हैं। दोनों ही एक-सी अवस्थाएँ हैं। जो चेतना गहरी नींद में भी जाग्रत रहे तथा जागरण और नींद में भी जगमगाती रहे वही इंद्रियातीत चेतना है। इसे तुरीय कहते हैं।

जब पुनः अज्ञान और भ्रम के बीज फैलते हैं तो पहला विचार उत्पन्न होता है–मैं हूँ। तब जीव को नींद में अपने मन में विचारजन्य आकृतियाँ दिखती हैं। इस अवसर पर बाह्य इंद्रियाँ अक्रिय रहती हैं परंतु आंतरिक इंद्रियाँ सक्रिय होती हैं और अपने अंदर बोध होता है। यह स्वप्नावस्था है। जब जीवन-शक्ति पुनः इंद्रियों को सक्रिय करती है तब पुनः जाग्रत अवस्था प्रतीत होती है।

24

अप्रैल

शून्य एव कुसूले तु सिंहोस्तीति भयं यथा
शून्ये एव शरीरेन्तर बद्धोस्मीति भयं तथा (21/49)

राम ने पूछा : हे महर्षि, मन कैसे दूषित होता है?

वसिष्ठ ने उत्तर दिया :

हे राम, तुम्हारा बहुत सुंदर प्रश्न है। परंतु यह अवसर के अनुकूल नहीं। मैं जो बताने जा रहा हूँ उससे तुम्हें निश्चय ही इस प्रश्न का स्पष्ट उत्तर प्राप्त हो जाएगा। मन अशुद्ध या दूषित है इसका अनुभव उन सभी को होता है जो मोक्ष की प्राप्ति के लिए प्रयत्नशील होते हैं। अपने किसी विशिष्ट दृष्टिकोण के आधार पर हर कोई इसकी भिन्न-भिन्न व्याख्या करता है।

जिस प्रकार वायु विभिन्न फूलों के संसर्ग से उनकी गंध ले लेती है उसी प्रकार मन विभिन्न धारणाओं को पल्लवित करके उनकी मनोदशा प्राप्त करता है, उनके लिए उपयुक्त शरीरों की रचना करता है और जैसे ही ऊर्जा से इंद्रियाँ सक्रिय होती हैं मन अपनी क्रियाओं के फल का आनंद भी लेता है। मन ही क्रिया है और क्रिया ही मन है। ये दोनों फूल और उसकी गंध के समान हैं। मन की अवधारणा ही क्रिया का निर्धारण करती है और क्रिया अवधारणा को पुष्ट करती है।

हर जगह मन धर्म, धन, सुख और स्वतंत्रता के लिए समर्पित रहता है। परंतु हर एक की दृष्टि से इन सबकी व्याख्या अलग-अलग होने के फलस्वरूप सत्य की परिभाषा भी अपनी-अपनी होती है।

हे राम, बंधन और कुछ नहीं पदार्थ की धारणा है। यह धारणा माया, अज्ञान आदि है। यह मोतियाबिंद है जो सूर्य के सत्य को ढक देता है। अज्ञान शंका उत्पन्न करता है और शंका को बोध विकृत प्रतीत होता है। **अंधेरे में शेर के खाली पिंजरे की ओर जाने से भी डर लगता है। इसी प्रकार अज्ञानी समझता है कि वह इस रिक्त शरीर में बंद है।** 'मैं' और 'इस संसार' की धारणाएँ छायाएँ हैं, सत्य नहीं। ऐसी धारणाएँ जिन पदार्थों को जन्म देती हैं वे न सत्य ही होते हैं न मिथ्या ही। इसलिए, हे राम, 'मैं' और 'इस संसार' की धारणाओं को त्यागना चाहिए और सत्य में स्थित रहना चाहिए।

जब मन सभी प्रकार के लगावों से रहित होता है, जब द्वंद्वों से चलायमान नहीं होता, जब वह पदार्थों से आकृष्ट नहीं होता और जब उसे किसी आश्रय की आवश्यकता नहीं रह जाती तब वह भ्रम रूपी कारा से मुक्त होता है। जब सभी शंकाएँ प्रशमित हो जाती हैं, जब न उल्लास ही होता है न विषाद ही तब मन चंद्रमा की तरह जगमगाने लगता है।

जब मन मलिनताओं से मुक्त होता है तो हृदय में सभी शुभ गुणों का उदय होता है और चारों ओर समान दृष्टिकोण होता है। जिस प्रकार चढ़ते सूर्य से अंधकार विलीन हो जाता है उसी प्रकार असीम चेतना के सूर्य के उदित होने पर सांसारिक भ्रम दूर हो जाते हैं। यह ज्ञान ब्रह्मांड के हर जीव के हृदय को आनंदित करता है। यह हर हृदय में अभिव्यक्त और व्याप्त होने में समर्थ है। संक्षेप में हम कह सकते हैं कि जो जान गया है कि क्या जानने योग्य है वह आवागमन से परे चला जाता है, जन्म-मरण से उसे छुटकारा मिल जाता है। जब अहं से मुक्ति मिल जाती है तब मन में किसी प्रकार का भ्रम नहीं रहता और मन स्वाभाविक आचरण करने लगता है। जिस प्रकार समुद्र में लहरें उठती और गिरती हैं, उसी प्रकार संसार बनते और मिटते हैं। अज्ञानी तो इससे भ्रमित होता है परंतु ज्ञानी नहीं।

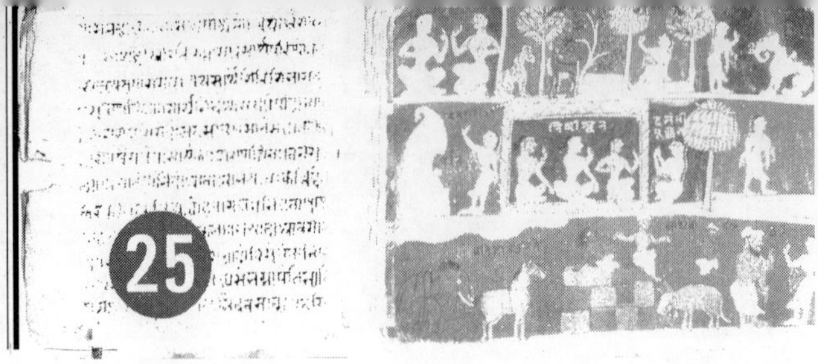

अप्रैल

मयि सर्वं इदं प्रोतं सूत्रे मणिगणा इव
चित्तं तु नाहम् एवेति यः पश्यति स पश्यति (31)

वसिष्ठ ने आगे कहा :

हे राम, सत्य का दर्शन वही करता है जो शरीर को भ्रमबुद्धि की उपज और दुर्भाग्य का स्रोत मानता है और जो जानता है कि शरीर आत्मा नहीं है।

वही सत्य का दर्शन करता है जो यह देखता है कि यह शरीर जिस दुख और सुख का अनुभव करता है वह समय की गति का फल है तथा उन परिस्थितियों के फलस्वरूप उत्पन्न होता है जिनमें कोई स्थित होता है। वह यह भी समझता है कि ये मेरा अंग नहीं है।

वही सत्य का दर्शन करता है जो अपने को सर्वव्यापक असीम चेतना देखता है जो अपने अंदर वह सब-कुछ समेटे है जो सब जगह और सब समय घटित होता है।

वही सत्य का दर्शन करता है जिसे ज्ञान है कि बाल की नोक के भी लाखवें-करोड़वें भाग से भी सूक्ष्म आत्मा सभी में व्याप्त है।

वही सत्य का दर्शन करता है जो देखता है कि आत्मा और किसी अन्य में कोई भेद नहीं और चेतना का असीम प्रकाश ही एकमात्र वास्तविकता है। वही सत्य का दर्शन करता है जो जान गया है कि अद्वैत आत्मा ही सबमें निवास करती है और वह सर्वशक्तिमान और सर्वव्यापी है।

वही सत्य का दर्शन करता है जो यह समझता है कि मैं शरीर नहीं हूँ और शरीर है जिसे रोग, भय, बुढ़ापा, मृत्यु सताते हैं।

वही सत्य का दर्शन करता है जो देखता है कि सभी पदार्थ आत्मा में उसी प्रकार पिरोए हुए हैं जिस प्रकार धागे में मनके पिरोए होते हैं और जो यह भी जानता है कि 'मैं' मन नहीं हूँ'।

वही सत्य का दर्शन करता है जिसे सब-कुछ ब्रह्म दिखाई देता है और जिसे न 'मैं' दिखाई देता है और न 'कोई और'।

वही सत्य का दर्शन करता है जो तीनों लोकों के जीवों को अपने परिवार के रूप में देखता है और उनका सहायक तथा रक्षक होता है।

वही सत्य का दर्शन करता है जो जानता है कि मात्र आत्मा का ही अस्तित्व है और द्वैत का अस्तित्व नहीं।

वही अप्रभावित रहता है जो जानता है कि सुख, दुख, जन्म, मरण आदि सभी आत्मा ही है।

वह पूर्ण रूप से सत्य में अवस्थित है जो अनुभव करता है : "मैं क्या ग्रहण करूँ और क्या परित्याग करूँ, सब-कुछ तो आत्मा ही है।"

उस मंगलधाम का अभिवादन है जिसे इस बात की परम आत्मानुभूति हो कि संपूर्ण ब्रह्मांड वस्तुतः मात्र ब्रह्म ही है जो प्रत्यक्ष सृष्टि तथा प्रलय में भी एकरूप रहता है।

26 अप्रैल

अज्ञस्येयं अनन्तानां दुःखानां कोशमालिका
ज्ञस्य त्वियम् अनन्तानां सुखानां कोशमालिका (23/18)

वसिष्ठ ने आगे कहा :

हे राम, विगत कर्मों के वेग से कुम्हार के चाक की तरह चलनेवाली काया में रहने पर भी जो सत्पथ पर चलता है वह जो कर्म करता है उसका दोष उसे नहीं लगता। इस अवस्था में उसे उसकी काया सुख देती है और उसकी आत्मा को मोक्ष दिलाती है। उसे इस काया में दुख नहीं होता।

अज्ञानी के लिए यह काया दुख का स्रोत होती है परंतु ज्ञानी को यह असीम आनंद देती है। जब जीवनकाल समाप्त होता है तो व्यक्ति यह नहीं सोचता कि मैं इसके कारण घाटे में रहा। क्योंकि यह काया उसको इस संसार में लाती है और उसे स्वतंत्रता तथा प्रसन्नतापूर्वक विचरण कराती है। इसलिए काया को ज्ञान का वाहन कहा जाता है। काया समझदार व्यक्ति को लोभ और वासना में प्रवृत्त नहीं करती और न अज्ञान और भय को ही उस पर आक्रांत होने देती है। जब तक काया रहती है तब तक जीव का संबंध भी इससे सहज स्वाभाविक रहता है और जब यह छूट जाती है तो फिर उसका उससे स्पर्श भी नहीं होता। ठीक वैसे ही जैसे वायु उस पात्र को तो स्पर्श करती है जो विद्यमान है उसे स्पर्श नहीं करती जिसकी सत्ता ही न हो।

संदेहों से विगत तथा अहं से रहित ज्ञानी पुरुष इस काया का परम शासक होता है। इसलिए व्यक्ति को सुखभोग की अपनी सभी लालसाओं का त्याग कर देना चाहिए और ज्ञान प्राप्त करना चाहिए। वस्तुतः पूर्ण अनुशासित मन ही प्रसन्नता का अनुभव करता है। बंदी राजा जब मुक्त होता है तो वह एक रोटी से प्रसन्न हो जाता है। परंतु जो राजा बंदी नहीं उसे वैसी प्रसन्नता प्राप्त नहीं होती, भले ही उसने एक नए राज्य को हस्तगत कर लिया हो। अतः ज्ञानी मन और इंद्रियों को विजित करने के लिए प्रयत्नशील रहता है। यह विजय उन विजयों से बड़ी होती है जो बाहरी शत्रुओं पर प्राप्त की जाती है।

हे राम, नरक नामक भयावह साम्राज्य में, बुरे कर्म महाबली हाथियों की तरह विचरण करते हैं। जो इंद्रियाँ इन कर्मों के लिए उत्तरदायी होती हैं वे लालसा के दुर्जेय कारतूसों से भरी होती हैं। इसलिए इन इंद्रियों को जीत पाना कठिन होता है। ये कृतघ्न इंद्रियाँ शरीर को–अपने आवास को–नष्ट कर देती हैं तो भी ज्ञानी व्यक्ति बिना अपना अहित किए अपनी लालसाओं को नियंत्रित करता है। ठीक वैसे ही जैसे बिना हाथी हा अहित किए फंदा उसे नियंत्रित करता है। अपनी इंद्रियों को नियंत्रित रखनेवाले ज्ञानी व्यक्ति को जो आनंद प्राप्त होता है वह उस राजा के आनंद से कहीं बढ़कर होता है जो किसी नगर पर शासन करने से उसे प्राप्त होता है। जैसे ही विषय-भोगों की लालसा क्षीण हो जाती है ज्ञानी की बुद्धिमत्ता अच्छे ढंग से बढ़ती है। हाँ, लालसा तभी पूर्णतः लुप्त होती है जब परम सत्य के दर्शन होते हैं।

ज्ञानी के लिए मन आज्ञाकारी सेवक के समान है, अच्छा परामर्शदाता है, इंद्रियों का योग्य सेनापति है, सुखद पत्नी है, संरक्षक पिता है और निष्ठावान मित्र है। वह उसे सुकर्म करने के लिए प्रेरित करता है।

27

अप्रैल

यस्यान्तर वासनारज्ज्वा ग्रथिबंधः शरीरिणः
महानपि बहुज्ञोपि स बालेनापि जीयते (27/20)

वसिष्ठ ने आगे कहा :

जो व्यक्ति सत्य में स्थित होता है वह मनविहीन राज्य में स्वतंत्रतापूर्वक रहता है। किसी को दाम, व्याल और कट दानवों की तरह आचरण नहीं करना चाहिए। इनके संबंध में मैं अब तुम्हें बताऊँगा।

पाताल लोक में एक महाबली दानव था। उसका नाम था सांबर। वह स्वर्ग के देवताओं के लिए आतंक था। वह जादू के खेल में विशेषज्ञ था। उसने एक मायावी नगरी बनाई। जब वह सोता था या नगर से बाहर चला जाता था तो देवता इस स्थिति का लाभ उठाकर उसके सैनिकों को मार डालते थे। क्रुद्ध दानव ने स्वर्ग पर आक्रमण किया। उसकी मायावी शक्ति से डरनेवाले देवता छिप गए। वह उन्हें ढूँढ़ न पाया। अपनी सेना के रक्षार्थ उसने तीन दानवों की सृष्टि की। इनके नाम थे दाम, व्याल और कट।

इन तीनों का पहले जन्म नहीं हुआ था इसलिए ये तीनों अहं और लालसा से रहित थे। न उनमें भय था न शंका और न पहले की मनोवृत्तियाँ। वे सेना का सामना होने पर पीठ नहीं दिखाते थे। वे मृत्यु से भी नहीं डरते थे। वे युद्ध, विजय या पराजय का अर्थ भी नहीं समझते थे। तात्पर्य यह कि वे स्वतंत्र जीव थे ही नहीं। वे एक तरह से सांबर के ही रूप अर्थात् यंत्रमानव (रोबोट) थे।

सांबर ने अपनी दुर्जेय सेना को इन तीन अजेय सेनापतियों के संरक्षण में देवताओं से लड़ने के लिए भेजा। सैनिकों की आपस में झड़पें हुईं। तीनों दानव सेनापति बड़े-बड़े देवताओं की खोज में रहे। परंतु वे उन्हें ढूँढ़ नहीं पाए। फिर दानव सांबर को इस संबंध में सूचना देने गए। देवताओं ने ब्रह्मा से प्रार्थना की (और ब्रह्मा तत्क्षण वहाँ उपस्थित हुए) और उनसे सांबर तथा तीनों दानव सेनापतियों को नष्ट करने का उपाय पूछा।

ब्रह्मा ने कहा :

हे देवताओं, अभी सांबर नहीं मारा जा सकता। तुम्हारे लिए अच्छा हो कि युद्ध-क्षेत्र से भाग खड़े हो। इस युद्ध में लगे रहने से कुछ समय बाद उन तीनों दानव सेनापतियों में अहं जाग्रत होगा। तब संसक्ति अर्थात् बद्ध-मानसिकता (mental conditioning) के वे अधीन होंगे और उनमें सुप्त प्रवृत्तियाँ जाग्रत होंगी। अभी वे अहंभाव से पूर्णतः रहित हैं और तद्जनित प्रवृत्तियों और बद्ध-मानसिकता से भी।

जिनमें अहं का भाव और उससे उत्पन्न प्रवृत्तियाँ नहीं होतीं उनमें इच्छा और क्रोध भी नहीं होता। वे अजेय होते हैं। **जो अहं से युक्त होता है तथा जिसका मन बद्ध-मानसिकता (संसक्ति) से ग्रस्त होता है वह भले ही बड़ा विद्वान क्यों न हो वह बालक द्वारा भी पराजित हो सकता है।** तथ्य यह है कि 'मैं' और 'मेरा' की धारणाएँ कष्ट और दुख को आमंत्रित करनेवाली हैं। जिसका मन बद्ध-मानसिकता (संसक्ति) से ग्रस्त होता है उसे हराया जा सकता है। उसकी अनुपस्थिति में सामान्य मच्छर भी अमर हो सकता है।

28

अप्रैल

नैकथ्यातिशयाद् याद् वद् दर्पणं बिंबवाद् भवेत्
अभ्यासातिशयत् तद्वत् ते साहंकारताम् गताः (29/6)

वसिष्ठ ने आगे कहा :

ब्रह्मा ने अपनी बात समाप्त करते हुए कहा : "अपनी तरफ से कुछ ऐसा करें जिससे उन दानव सेनापतियों में 'मैं' और 'मेरा' का भाव उत्पन्न हो। क्योंकि वे अज्ञानी जीव हैं इसलिए वे जल्दी शिकार हो सकते हैं। तब आप उन्हें सरलता से हरा लेंगे।"

इतना कहकर ब्रह्मा अंतर्धान हो गए। देवता अपने घरों में ही कुछ समय तक रहे और नया आक्रमण करने की योजना बनाते रहे। अब दोनों सेनाओं में जो लड़ाई हुई वह पहले की लड़ाई से भी अधिक भयावह थी।

निरंतर युद्धरत रहने पर दानवों में 'मैं हूँ' की मूलभूत धारणा उत्पन्न हुई। **जिस प्रकार दर्पण उस पदार्थ को प्रतिबिंबित करता है जो उसके पास रखा जाता है उसी प्रकार व्यक्ति का आचरण भी अपनी चेतना में अहं के रूप में प्रतिबिंबित होता है।** यदि इस आचरण की चेतना से 'कुछ दूरी' रहे और इसकी पहचान न हो तो अहं का भाव उत्पन्न नहीं होता। यदि एक बार यह अहंभाव जाग्रत हो जाता है तो तुरंत ही इस शरीर में और अधिक बने रहने की तथा धन, स्वास्थ्य, सुख आदि की प्राप्ति की इच्छा भी होती है।

ये इच्छाएँ व्यक्तित्व को दुर्बल बनाती हैं। तब मन में भ्रम पैदा होते हैं और इनके फलस्वरूप 'यह मेरा है' और 'यह मेरा शरीर है' की धारणाएँ जाग्रत होती हैं। ये सभी व्यक्ति को अपना कार्य करने में भी अशक्त और अक्षम कर देती हैं। इनका संबंध खाने-पीने से कुछ अधिक ही रहता है। पदार्थ उसे सुख का आभास कराते हैं और इस प्रकार वे उसकी स्वतंत्रता छीन लेते हैं। स्वतंत्रता छिन जाने पर, उसका साहस भी जाता रहता है और फिर वह भयभीत होने लगता है। वह इस विचार से अत्यधिक चिंतित हो उठता है कि युद्ध में 'मैं मारा जाऊँगा'।

देवताओं ने इस स्थिति का लाभ उठाया और दानवों पर आक्रमण करने लगे। वे तीनों दानव मृत्यु के भय से ग्रस्त होने पर भाग खड़े हुए। जब दानव सेना ने देखा कि हमारे अजेय सेनापति देवताओं के आक्रमण से पहले ही भाग खड़े हुए हैं तो उनका मनोबल गिर गया और हजारों की संख्या में दानव मारे गए।

जब सांबर ने सुना कि मेरी सेना को देवताओं ने खदेड़ दिया है तो वह अत्यधिक क्रुद्ध हुआ। उसने पूछा कि दाम, व्याल और कट कहाँ हैं? सांबर के क्रोध से भयभीत इन तीनों ने पाताल लोक में जाकर कहीं शरण ले ली।

यद्यपि दाम, व्याल और कट तीनों आवागमन के चक्र के मुक्त थे परंतु अपने अहंभाव के कारण जन्म-मरण के अधीन हुए। कई जन्मों के बाद अब वे कश्मीर की झील में मत्स्य रूप में हैं।

29

अप्रैल

चिदाकाशोहम् इत्येव रजसा रंजितप्रभः
स्वरूपं अत्यजन्नेव विरूपम् अपि बुद्ध्यते (32/31)

राम ने पूछा :

हे महर्षि, कृपया बतलाएँ कि ये तीनों दानव कब और कैसे मुक्ति प्राप्त करेंगे?

वसिष्ठ ने कहा :

हे राम, जब वे अपनी करनी जानेंगे और विशुद्ध चेतना को अपनी प्रकृति समझेंगे तब वे मुक्त हो जाएँगे।

समय पाकर कश्मीर के मध्य भाग में अधिष्ठान नामक नगर अस्तित्व में आएगा। इस नगर के मध्य में एक पहाड़ी होगी जिसकी चोटी का नाम होगा प्रद्युम्न। उस चोटी पर गगनचुंबी अटालिका होगी। व्याल उस अटालिका के एक कोने में चिड़िया के रूप में जन्म लेगा।

उस भवन में रहनेवाले राजा का नाम होगा यशस्कर। दानव दाम भी उसी भवन के एक खंभे के छिद्र में मच्छर के रूप में रहेगा।

उसी नगर में एक और महल रत्नावली विहार भी होगा। वह राजा के मंत्री नरसिंह का निवास होगा। दानव कट मैना (पक्षी) के रूप में जन्म लेगा और इसी महल में रहेगा।

एक दिन मंत्री नरसिंह उन तीन दानवों की कहानी का वर्णन करेगा। इसे सुनकर मैना को आत्मबोध हो जाएगा। वह अपने उस मूल व्यक्तित्व को प्राप्त करेगी जो उसे सांबर ने प्रदान किया था। इसका स्मरण करके वह (कट दानव) सांबर के जादू से मुक्त होगा। इस प्रकार दानव कट मोक्ष प्राप्त कर लेगा।

और लोग इस कहानी का कथन करेंगे और चिड़िया भी इसे सुनकर मोक्ष प्राप्त कर लेगी। इस प्रकार दानव व्याल भी मुक्त हो जाएगा।

इसी प्रकार मच्छर रूपी दानव दाम भी इस कहानी को सुनकर मोक्ष प्राप्त कर लेगा।

हे राम, उन तीनों राक्षसों की अर्थात् दाम, व्याल और कट की कुछ ऐसी ही कहानी है। ये लोग अपने अहं और लालसाओं के कारण नरक में जा पड़े थे।

हे राम, 'मैं' और 'तुम' की सभी धारणाएँ अवास्तविक हैं। 'मैं' और 'तुम' वास्तविक रूप में दिखाई देते हैं। परंतु ये सत्य को परिवर्तित नहीं कर सकते। ठीक वैसे ही जैसे कोई मृत व्यक्ति तुम्हारे सामने आकर खड़ा हो जाए, परंतु वे तब भी मृत ही होगा।

वास्तविकता यह है कि विशुद्ध चेतना अशुद्ध धारणाओं को धारण कर तो लेती है परंतु अपने मूलभूत स्वरूप का कभी त्याग नहीं करती। वह अपने अंदर विकृत बिंब का अनुभव करती है। यह विकृत बिंब भी वस्तुतः अवास्तविक होता है। 'मैं हूँ' का अहंभाव इसे वास्तविक मान बैठता है और भ्रमित हो जाता है।

अप्रैल

आचार चारु चरितस्य विविक्तवृत्तेः
संसारसौरव्यफलदुःखदशास्वगृहघ्नोः
आयुर्यशांसि च गुणाश्च सहैव लक्ष्मया
फुल्लन्ति माधवलता इव सत्फलाय (70

वसिष्ठ कहते हैं :

हे राम, शास्त्रों में उल्लेख है कि जो लोग मोक्ष की स्थिति प्राप्त कर लेते हैं वे निश्चय ही इस दृश्य संसार को पार करते हैं। ऐसे लोगों की चेतना आत्मा की ओर प्रवाहित होती है। परंतु वे लोग खंडन-मंडन के जाल में उलझ जाते हैं। उन्हें दुख और भ्रम घेर लेते हैं और वे भूल जाते हैं कि हमारा परम कल्याण किसमें है। शास्त्रों द्वारा पथ प्रशस्त करने पर भी व्यक्ति का प्रत्यक्ष अनुभव ही एकमात्र परम लक्ष्य की प्राप्ति का सुरक्षित पथ है।

लोभी व्यक्ति के लिए मुट्ठी भर राख के अतिरिक्त और बचता ही क्या है? परंतु जो इस संसार को घास की पत्ती से भी गया-बीता समझता है उसे कभी दुख नहीं होता। जिसे पूर्ण रूप से परम पुरुष का बोध हो चुका है वह ब्रह्मांडीय देवताओं द्वारा संरक्षित रहता है। इसलिए घोर दुख के समय भी किसी गलत रास्ते पर पग नहीं रखना चाहिए। जिसने शुभ कर्मों द्वारा सुयश अर्जित किया होता है वह व्यक्ति वह सब भी प्राप्त कर लेता है जो उसे नहीं मिला होता। वह साथ ही दुर्भाग्य से छुटकारा भी पा लेता है। उसी को मनुष्य माना जाना चाहिए जो अपने गुणों पर आत्ममुग्ध न हो, जो सुने हुए उपदेशों के प्रति एकनिष्ठ हो, और जो सत्यपथ पर प्रयासपूर्वक चलता हो। अन्य तो मानव चोले में पशु हैं। जो मानवीय दयारूपी दूध से भरा होता है वही हरि का आवास होता है। हरि दूध के सागर में ही तो रहते हैं।

जो सुखभोग करने को है वह तो पहले ही भोगा जा चुका है, जो देखने को है वह पहले ही देखा जा चुका है। क्या है इस संसार में नया जिसे ज्ञानी को जानना चाहिए? इसलिए हर एक को वही कर्तव्य कर्म करने चाहिए जो शास्त्रों द्वारा उल्लिखित हों तथा सभी प्रकार के सुखों की लालसा छोड़ देनी चाहिए। संतों का पूजन करना चाहिए। इससे तुम मृत्यु से बचोगे।

शास्त्रों के आदेश पर चलो और पूर्णता-प्राप्ति के लिए प्रतीक्षा करो। पूर्णता की प्राप्ति अपने समय पर ही प्राप्त होती है। मोक्ष के लिए इस पवित्र धर्मग्रंथ का अध्ययन करते समय मार्ग से च्युत होने से बचो। सत्य की प्रकृति को समझने के लिए निरंतर अनुसंधान में लगे रहो और जो अब तक सत्य के संबंध में जान पाए हो उसे 'सत्य की परछाईं' भर समझो। दूसरों के कहने में न आओ। मात्र पशु ही दूसरों के कहने में आते हैं। अज्ञान की निद्रा से जगो। जागो और बुढ़ापे तथा मृत्यु समाप्त करने के लिए प्रयत्न करो।

धन बुराई की जड़ है। इंद्रियाँ सुख दुख का स्रोत हैं। दुर्भाग्य उत्तम भाग्य है। सभी के द्वारा अस्वीकारा जाना विजय है। जिसका आचरण तथा व्यवहार उत्तम तथा सुहावना होता है, जो एकांत सेवन करता है तथा जो दुखों की ओर घसीट ले जानेवाले सांसारिक सुखों के लिए लालायित नहीं होता उसी का जीवन यश तथा सद्गुणों से पल्लवित-पुष्पित होता है।

मई

अहमर्थोपरिज्ञातः परमार्थाम्बरे मलम्
परिज्ञातोहमर्थस् तु परमात्याम्बरम् भवेत् (24)

वसिष्ठ ने आगे कहा :

हे राम, उमंग में आकर जो प्रयास किया जाता है वह सदा सफल होता है। इसलिए शुभ कर्म का कभी त्याग नहीं करना चाहिए। अंतिम परिणाम के महत्त्व को तौलना चाहिए। आपको निश्चित रूप से ज्ञात होगा कि आत्मज्ञान ही पूर्ण रूप से दुख और सुख को विनष्ट करने में समर्थ होता है। अतः उमंग-भरा प्रयास केवल आत्मज्ञान प्राप्त करने के लिए ही होना चाहिए। तुममें पदार्थों से सुख प्राप्ति के लिए जो भी धारणाएँ हैं उनसे तुम्हें बचना चाहिए। क्या ऐसा कोई सुख है जो दुख से प्राप्त न होता हो?

संयम का अभाव और संयम का अभ्यास ये दोनों ही परम ब्रह्म में एक ही हैं। इन दोनों में वास्तविक भेद नहीं है। परंतु संयम का अभ्यास करने पर अत्यधिक प्रसन्नता मिलेगी जो अत्यंत शुभ भी होगी। इसलिए आत्मसंयम का अभ्यास करो और अहंभाव को छोड़ो।

इस प्रकार हज़ारों ढंग से मैंने इस दृश्य संसार की मौलिक अवास्तविकता का वर्णन किया है। यह और कुछ नहीं चेतना के शुद्ध स्वरूप का ही वर्णन है। जब अपनी प्रकृति के अनुसार यह अपनी आँखें बंद करती और खोलती है तो ब्रह्मांड का प्रलय और सर्जन होता है।

जब इसे ठीक से नहीं समझा जाता तब 'मैं' इस असीम चेतना में अशुद्ध धारणा के रूप में प्रकट होता है परंतु जब 'मैं' को ठीक से समझ लिया जाता है तब उससे अभिप्राय असीम चेतना से ही होता है। जब शुद्ध मन को इस सत्य का साक्षात्कार हो जाता है तब अज्ञान तत्क्षण विलीन हो जाता है परंतु अन्य लोग अपनी मिथ्या धारणाओं से उसी प्रकार जुड़े रहते हैं जिस प्रकार बालक भूत के अस्तित्व से चिपका रहता है।

जब यह ज्ञात हो जाता है कि 'मैं' अलग ईकाई के रूप में मिथ्या है तब उससे संबद्ध (स्वर्ग नरक आदि की) धारणाओं पर कैसे विश्वास किया जा सकता है? फिर स्वर्ग की प्राप्ति या मोक्ष की प्राप्ति की लालसा तो तभी तक मन में उठेगी जब तक 'मैं' को अलग इकाई माना जाता रहे। जब तक मन में 'मैं' की धारणा रहेगी तब तक जीवन में मात्र दुख ही रहेगा और 'मैं' की धारणा से छुटकारा तो आत्मज्ञान के द्वारा ही होगा।

तो भी 'मैं' की श्रेष्ठ धारणा मन में यह भाव उत्पन्न करती है कि 'मैं' इस ब्रह्मांड का अंग हूँ और कुछ भी मुझसे अलग नहीं'। ऐसा ज्ञान आत्मज्ञानी को ही होता है। ऐसी ही एक अन्य अनुभूति है अपने आपको प्रकृति में सूक्ष्म और परमाणु रूप में देखना। ऐसा व्यक्ति अपने को अन्यों से भिन्न तथा सभी से स्वतंत्र अनुभूत करता है। इस संबंध में भी आपत्ति इसलिए नहीं की जा सकती कि इससे मुक्ति प्राप्त होती है। परंतु जिस 'मैं' की धारणा का ऊपर उल्लेख हुआ है तथा जो शरीर और आत्मा को एक ही मानती है, उसे दृढ़तापूर्वक छोड़ना चाहिए। 'मैं' की श्रेष्ठ भावना विकसित करने पर ही 'मैं' की मिथ्या धारणा को निर्मूल किया जाता है।

ऐसी अवस्था में यदि कोई अपने को कार्यकलापों में लगाता है या एकांतवास करता है तो उसे पतित होने का भय नहीं रहता।

2

मई

श्रूयताम् ज्ञानसर्वस्वम् श्रुत्वा चैवावधार्यताम्
भोगेच्छामात्रको बन्धस् तत्त्यागो मोक्ष उच्यते (35/3)

वसिष्ठ ने आगे कहा :

दाम, व्याल और काट से संबंध छूट जाने पर सांबर इस नतीजे पर पहुँचा कि उन्होंने मूर्खतापूर्वक अहंपूर्ण धारणाओं को गले लगाया और दुखों में जा फँसे। अतः उसने और दानवों को सर्जित करने की ठानी। उसने निश्चय किया कि ये नए दानव आत्मज्ञान से युक्त रहें जिससे अहं के फंदे में न फँसे।

सांबर ने फिर अपनी जादुई शक्ति से दानव उत्पन्न किए, जिनके नाम थे–भीम, भास, और दृढ़। ये आत्मज्ञान से युक्त थे। पूर्णतः वीतराग थे और निष्पाप भी। ये संपूर्ण ब्रह्मांड को घास की एक पत्ती से अधिक महत्त्व नहीं देते थे।

ये लोग देवताओं की सेना से लड़ने लगे। लंबे समय तक देवताओं के साथ लड़ते रहने पर भी इनमें अहं की उत्पत्ति न हुई। जब भी इनमें अहं ने सिर उठाया तो इन्होंने 'मैं कौन हूँ' के अनुसंधान के द्वारा उसे दबा दिया। इस प्रकार ये न मृत्यु से भयभीत थे और न इनमें कर्तापन का ही भाव था कि मैंने यह किया या वह किया। ये वही काम करते रहे जो इनके स्वामी ने इन्हें सौंपा। कुछ ही समय में इन्होंने देवताओं की सेना को पराजित कर दिया। फिर देवताओं ने विष्णु की शरण ली। उनके निर्देश पर देवता किसी अन्य स्थान पर रहने लगे।

इसके बाद विष्णु को स्वयं दानव सांबर से लड़ना पड़ा। विष्णु के द्वारा मारे जाने के बाद सांबर भगवान विष्णु के लोक पहुँचा। भीम, भास और दृढ़ के रणभूमि में गिरने के बाद उन्हें विष्णु ने आत्मज्ञान प्रदान किया क्योंकि उनमें अहं था ही।

हे राम, बद्ध मन ही बंधन होता है और मोक्ष तब होता है जब मन बद्ध नहीं रहता। जब सत्य स्पष्ट रूप से दिखाई देता है और उसकी आत्मानुभूति होती है तो बद्ध मन आप-से-आप छूट जाता है। और जब किसी की चेतना को इससे छुटकारा मिलता है तो वह उसी प्रकार शांत हो जाता है जिस प्रकार बत्ती के बुझने पर दीपक शांत हो जाता है। सही अवधारणा तो यह है कि 'यह सब-कुछ आत्मा ही है, फिर व्यक्ति चाहे जो भी सोचे।' 'बद्धता' और 'मन' हैं शब्द भर ही, जिनका सत्य से कोई संबंध नहीं। जब सत्य का अनुसंधान किया जाता है तो ये अर्थहीन हो जाते हैं। यही स्पष्ट अवधारणा है। जब यह स्पष्ट अवधारणा उत्पन्न होती है, तो मोक्ष प्राप्त हो जाता है।

दाम, व्याल और काट अहं से बद्ध मन के दृष्टांत हैं। भीम, भास और दृढ़ उस मन के दृष्टांत हैं जो अहं से मुक्त है। हे राम, व्यक्ति को दाम, व्याल और काट जैसा नहीं होना चाहिए बल्कि भीम, भास और दृढ़ जैसा होना चाहिए। यही बात बतलाने के लिए मैंने तुम्हें यह कथा सुनाई है क्योंकि तुम मेरे प्रिय और अत्यंत तीक्ष्णबुद्धि शिष्य हो। हे राम, वही सच्चे नायक होते हैं जो अज्ञान और भ्रम से ग्रस्त मन को अपने नियंत्रण में कर लेते हैं। मन का नियंत्रण ही एकमात्र ऐसा उपाय है जो किसी को सांसारिक दुखों, आवागमन के चक्रों तथा अंतहीन त्रासदियों की श्रृंखला से छुटकारा दिलाता है। **मैं दावे के साथ कहता हूँ कि सभी ज्ञानों के इस सार को सुनो और अपने संपूर्ण जीवन को सुवासित करो! सुख प्राप्त करने की लालसा बंधन है और उससे छुटकारा मोक्ष है।**

मई

येन शब्दं रसं रूपं गंधं जानासि राघव
सोयमात्मा परं ब्रह्म सर्वम् आपूर्य संस्थितः (37/7)

राम ने पूछा :

भगवन्, यह असीम चेतना तो लोकातीत है। कृपया बतलाएँ कि यह ब्रह्मांड उसमें कैसे स्थित है।

वसिष्ठ ने कहा : हे राम, यह ब्रह्मांड उसी तरह असीम चेतना में स्थित है जिस प्रकार भावी लहरें शांत सागर में स्थित होती हैं। सत्य की दृष्टि से ये लहरें सागर से भिन्न नहीं होतीं परंतु ऊपर से देखने में शक्ति के विचार से भिन्न लगती हैं। असीम चेतना अनभिव्यक्त होती है, परंतु आकाश की तरह सर्वव्यापक होती है। यह सब जगह उपस्थित होने पर भी अदृश्य रहती है। जिस प्रकार स्फटिक में किसी पदार्थ के बिंब को न सत्य ही कहा जा सकता और न पूर्णतः मिथ्या ही, उसी प्रकार कोई यह नहीं कह सकता कि असीम चेतना में बिंबित होनेवाला यह ब्रह्मांड सत्य है या मिथ्या। जिस प्रकार तिरते बादलों से आकाश अप्रभावित रहता है उसी प्रकार यह असीम चेतना भी इस प्रकट होनेवाले ब्रह्मांड से अछूती और अप्रभावित रहती है। जिस प्रकार प्रकाश का ज्ञान अपवर्ती माध्यम (Refracting agent) के बिना नहीं होता उसी प्रकार यह असीम चेतना भी इन विभिन्न पिंडों के मध्य से प्रकट होती है। वस्तुतः यह है तो नामविहीन तथा रूपविहीन ही, परंतु नाम और रूप दिए जाते हैं उसके परावर्तनों को। चेतना में परावर्तित होनेवाली चेतना चेतना ही की तरह चमकती है और चेतना ही की तरह विद्यमान रहती है। परंतु जो अज्ञानी हो (भले ही वह अपने को ज्ञानी और युक्तिशील समझता हो) उसमें यह धारणा उत्पन्न होती है कि कुछ अस्तित्व में आया है और कुछ ऐसा है जो चेतना से भिन्न है।

यह चेतना न उत्पन्न ही की जा सकती है न यह नष्ट ही होती है। यह शाश्वत है और इस पर दृश्य संसार उसी प्रकार आरोपित होता है जिस प्रकार सागर पर लहरें। जब यह चेतना अपने में ही परावर्तित होती है तो 'मैं हूँ' की धारणा उत्पन्न होती है जो विविधता को उत्पन्न करती है। जिस प्रकार आकाश अँखुए के रूप में प्रस्फुटित होने में बीज का सहायक होता है वैसे ही चेतना भी उसमें सामर्थ्य उत्पन्न करती है। ठीक वैसे ही जैसे वायु उस अंकुर को जीवित रखती है, जल उसका पोषण करता है, धरती उसे स्थिरता प्रदान करती है और प्रकाश की तरह चेतना अपने को नए जीवन के रूप में प्रकट करती है। बीज में यह चेतना ही है जो समय पाकर फल के रूप में अभिव्यक्त होती है।

इस प्रकार, यह दृश्य संसार चेतना के स्वभाव की तरह आता-जाता है। असीम चेतना से भिन्न न होने के कारण इस दृश्य संसार का उससे आकस्मिक पारस्परिक संबंध स्थापित हो जाता है, यह बना भी रहता है और उसमें विलीन भी हो जाता है। यद्यपि गहरे सागर की तरह वह उसमें विक्षोभ उत्पन्न नहीं करता परंतु तल पर उपस्थित होनेवाली लहरों की तरह उससे आंदोलित अवश्य होता है। ठीक वैसे ही जैसे नशे में चूर अपने को अलग ही व्यक्ति समझता है। उसी प्रकार यह चेतना भी अपने अस्तित्व के प्रति सचेत हो उठती है और अपने को कुछ अलग ही मान बैठती है।

हे राम, यह आत्मा ही परम ब्रह्म है जो हर पदार्थ में व्याप्त है और यही तुम्हें शब्द, रस, रूप और गंध का अनुभव करने के योग्य बनाती है। यह लोकातीत है और सर्वव्यापी है। यह शुद्ध और अद्वैत है। इसमें किसी और की धारणा नहीं।

4

मई

अज्ञस्यार्धप्रबुद्धस्य सर्वं ब्रह्मेति यो वदेत्
महानरकजालेषु स तेन विनियोजितः (39/24)

वसिष्ठ ने आगे कहा :

हे राम, ज्ञानी की दृष्टि से ऐसे विचार कल्पनाप्रसूत ही हैं कि कर्तापन का भाव ही सुख और दुख दोनों देता है अथवा प्रभु से मिलन कराता है। हाँ अज्ञानी के लिए यह विचार वास्तविक हो सकता है। यह धारणा तभी उत्पन्न होती है जब कोई पूर्व वृत्तियों के फलस्वरूप कुछ प्राप्त करने के लिए प्रयासरत् होता है। तब परिणाम या फल का श्रेय अपने को दिया जाता है। और फिर फल के भोक्ता की धारणा उत्पन्न होती है। सच्चाई यह है कि एक ही धारणा के ये दोनों पक्ष हैं। इस संसार में बरताव करते हुए भी ज्ञानी व्यक्ति की रुचि इन कार्यों के फल में नहीं होती। वह अपने जीवन में व्यापारों को होने देता है। वह इन्हें अपनी आत्मा से भिन्न नहीं मानता। परंतु विभिन्न मानसिक स्थितियों वाले व्यक्ति के लिए ऐसा नहीं कहा जा सकता।

मन जो कुछ भी करता है वह कर्म है। इसलिए मन ही कर्मों को करता है, शरीर नहीं। यह मन ही दृश्य संसार है। यह दृश्य संसार उसी में उत्पन्न होता है और उसी में स्थित रहता है। जब दृश्य पदार्थ और अनुभवकर्ता का मन शांत हो जाते हैं तो मात्र चेतना का ही अस्तित्व रहता है।

ज्ञानियों का मत है कि आत्मज्ञानी का मन न आनंद से युक्त होता है न उससे रहित ही, न चंचल होता है न स्थिर ही, न सत्य होता है न मिथ्या ही वरन् इन दो-दो छोरों के बीच होता है। उसकी अबद्ध चेतना इस दृश्य-संसार में वैसे ही आनंदपूर्वक अपनी भूमिका का निर्वाह करती है, जैसे कोई खेल खेलता है। मोक्ष की धारणा भी उसके मन में नहीं उठती न ही बंधन की। वह आत्मा और केवल आत्मा को ही देखता है।

हे राम, परम ब्रह्म सर्वशक्तिमान होता है इसलिए उसकी असीम शक्तियाँ इस दृश्य संसार के रूप में दिखाई देती हैं। वास्तविकता-अवास्तविकता, एकता-विविधता, आरंभ-अंत आदि सभी द्वंद्व ब्रह्म में ही विद्यमान होते हैं।

राम ने पूछा : प्रभु, ब्रह्म तो दुख से मुक्त होता है, परंतु उसमें से उत्पन्न ब्रह्मांड दुखों से भरा होता है। यह कैसे संभव है?

वाल्मीकि ने कहा :

यह प्रश्न सुनकर वसिष्ठ ने कुछ क्षण चिंतन करने के बाद कहा : निश्चय ही राम की समझ तीव्र नहीं क्योंकि उसके मन में मलिनता है। यदि उसका मन शुद्ध होता तो यह तथ्य तत्क्षण उसकी समझ में आ गया होता। अतः कहा गया है कि जो किसी अज्ञानी या अर्धजाग्रत व्यक्ति को बताता है कि **'यह सब-कुछ ब्रह्म है' वह नरक में जाता है।** इसीलिए ज्ञानी गुरु पहले अपने शिष्य को संयत और शांत होने के लिए उत्साहित करता है। तब शिष्य की सही ढंग से परीक्षा की जाती है और इसके उपरांत उसे सत्य का ज्ञान कराया जाता है।

वसिष्ठ ने कहा : ब्रह्म दुखों से मुक्त है या नहीं इस जानकारी का पता तुम स्वयं लगाओगे। या फिर आगे चलकर इसे समझने में मैं तुम्हारी सहायता करूँगा।

मई

ब्रह्म चिद् ब्रह्म मनो ब्रह्म विज्ञानवस्तु च
ब्रह्मार्थो ब्रह्म शब्दश्च ब्रह्म चिद् ब्रह्म धातवः (29)

वसिष्ठ ने आगे कहा :

हे राम, दृश्य संसार के रूप में यह संपूर्ण सृष्टि ब्रह्म या असीम चेतना की सर्वव्यापी चिद्शक्ति की इच्छा की ही अभिव्यक्ति है। इच्छा अपने आप संघनित (ठोस) होती है और मन में इच्छित पदार्थ को उभारती है। तत्क्षण मन उस पदार्थ को व्यवहार-क्षेत्र में पुनरुत्पादित कर देता है। इस स्थिति में सृष्टि करने की उत्पन्न धारणा इस मूल तथ्य और अपनी सत्प्रकृति को भुला बैठती है कि मैं असीम चेतना हूँ।

इस असीम चेतना को अपने अंदर विशुद्ध शून्य दिखाई देता है फिर चेतन ऊर्जा (चिद्शक्ति) उसमें आकाश की अवतारना करती है। इसके बाद उस चिद्शक्ति में एक से अनेक होने की इच्छा जाग्रत होती है तब इसी इच्छा को परिजनों और सहायकों के सहित सृष्टिकर्ता ब्रह्मा कहते हैं। इस प्रकार असीम चेतना के आकाश में सभी चौदह लोक अवतरित होते हैं। इनमें अगणित प्रकार के जीव भी हैं। कुछ अज्ञान रूपी घोर अंधकार में डूबे हैं। कुछ आत्मज्ञान प्राप्त करने के समीप हैं और कुछ आत्मज्ञान प्राप्त कर चुके हैं।

हे राम, इस संसार में मात्र मनुष्य ही ऐसे प्राणी हैं जिन्हें सत्य की प्रकृति की शिक्षा दी जा सकती है। इन मनुष्यों में भी बहुतेरे ऐसे हैं जो दुख और भ्रम तथा घृणा और भय से ग्रस्त हैं। इस संबंध में विस्तार से अब मैं आगे चर्चा करूँगा।

यह सृष्टि किसने रची और कैसे रची गई, यह सारा विवरण शास्त्रों की रचना तथा विस्तार की दृष्टि से ही हुआ है न कि सत्य पर आधारित है। असीम चेतना या ब्रह्मांडीय पुरुष में जो विकार होते हैं वे वस्तुतः परमात्मा में नहीं होते। हाँ ऐसी प्रतीति अवश्य होती है। सिवा असीम चेतना के और कुछ है भी नहीं। यहाँ तक कि कल्पना में भी और कुछ नहीं। उसके संबंध में पुरुष का यह सोचना कि वह सृष्टिकर्ता है, और ब्रह्मांड सृष्टि है गलत बात है। जब एक दीपक से दूसरा दीपक जलाया जाता है तब कर्ता और जीव का कोई विचार नहीं होता। अग्नि एक ही है। सृष्टि मात्र एक शब्द है, उसके अनुरूप कोई वास्तविक सत्ता नहीं।

चेतना ब्रह्म है, मन ब्रह्म है, बुद्धि ब्रह्म है, ब्रह्म ही मात्र पदार्थ है। ध्वनि या शब्द ब्रह्म है और ब्रह्म ही सभी पदार्थों का घटक है। सब-कुछ ब्रह्म ही है। वस्तुत संसार है ही नहीं।

जैसे ही धूल झाड़ जाती जाती है, असली पदार्थ प्रकट हो जाता है, जैसे ही रात का अंधकार दूर होता है, अंधकार से घिरे पदार्थ स्पष्ट रूप से दिखाई देने लगते हैं। इसी प्रकार जब अज्ञान छँट जाता है, सत्य की अनुभूति होती है।

6

मई

कुतो जातेयम् इति ते राम मास्तु विचारणा
इमां कथम् अहं हन्मीत्येसा तेस्तु विचारणा (41/32)

राम ने पूछा :

स्वामी, असीम चेतना में एक से अनेक होने की इच्छा कैसे उत्पन्न होती है?

वसिष्ठ ने कहा : मेरे कथन में सौंदर्य तुम्हें तब दिखाई देगा जब तुम्हें सत्य के दर्शन होंगे। शास्त्रों में सृष्टि के संबंध में जो विवरण दिए जाते हैं वे शिष्यों को समझाने के लिए दिए जाते हैं। जब तुम्हें पता लगेगा कि शब्दों से क्या इंगित होता है तब तुम मायावी शब्दों का त्याग कर दोगे। असीम चेतना में न तो इच्छा ही होती है न ही भ्रम का आवरण। परंतु वही संसार के रूप में तुम्हारे सामने है।

इसका बोध तभी होता है जब अज्ञान मिट जाता है। अज्ञान तभी मिटता है जब इन निर्देशों की सहायता ली जाती है जो शब्दों पर आधारित होते हैं और जिनका वर्णन भी शब्दों के द्वारा होता है। अज्ञान अपने आप को नष्ट करना चाहता है और इसलिए सत्य के प्रकाश के लिए आतुर रहता है। जिस प्रकार शास्त्र ही शास्त्रों को नष्ट करते हैं, धूल ही धूल को साफ करती है, विष का उपचार भी विष ही है, और शत्रु-सेना का विनाश भी शत्रु-सेना ही करती है उसी प्रकार माया तभी हर्षित होती है जब नष्ट होती है। जिस क्षण तुम माया के प्रति सचेत होगे उसी क्षण वह अंतर्धान हो जाएगी।

बिना आत्मज्ञान के अज्ञान नहीं जाता। और आत्मज्ञान तभी होता है जब धर्मशास्त्रों का अध्ययन गहराई से किया जाता है। अज्ञान के उद्भव का चाहे जो कारण हो वह आत्मा में ही रहता है। अतः **हे राम, इसलिए यह पता लगाने की मत सोचो कि 'अज्ञान कैसे उत्पन्न हुआ' परंतु इस बात का पता लगाओ कि 'यह कैसे दूर हो'।** जब इस अज्ञान या माया का अस्तित्व मिट जाएगा तब तुम यह भी जान लोगे कि यह कैसे उत्पन्न हुआ। तुम यह भी जान जाओगे कि अज्ञान का कोई वास्तविक अस्तित्व है ही नहीं।

मैं पुनः इस वर्णन को दुहराऊँगा कि असीम चेतना जीव के रूप में तथा अन्य विविध रूपों में कैसे प्रकट हुई। तुम देखते ही हो कि समुद्र में कुछ जगहों पर शांति विराजती है और कुछ पर विक्षोभ होते हैं। इसी प्रकार असीम चेतना कुछ स्थानों में विविधता दरशाती है जबकि वह स्वयं है अद्वैत ही। सर्वशक्तिमान असीम चेतना के लिए अपनी संपूर्ण अनंत महिमा का दर्शन कराना स्वाभाविक है।

सर्वशक्तिमान असीम चेतना की अभिव्यक्ति का संबंध समय, आकाश और कार्य-कारण से भी जुड़ता है। क्योंकि ये उसकी अभिव्यक्ति के लिए अनिवार्य घटक हैं। इस प्रकार असीम नाम और रूप अस्तित्व ग्रहण करता है, परंतु ये सभी दृश्य अभिव्यक्तियाँ वस्तुतः असीम चेतना से भिन्न नहीं होतीं। असीम चेतना का नामों और रूपों की अभिव्यक्ति का प्रकारांतर से संबंध समय, आकाश और कार्य-कारण से भी जुड़ता है जिसे क्षेत्रज्ञ (क्षेत्र का ज्ञाता) या साक्षी चेतना कहते हैं। शरीर क्षेत्र है, जो शरीर को अंदर-बाहर से जानता है और इसके सभी पक्षों को भी जानता है वह क्षेत्र का ज्ञाता या साक्षी चेतना है। यह साक्षी चेतना पूर्ववृत्तियों से जुड़ती हैं और अहंभाव उत्पन्न करती है। फिर, मूर्ख व्यक्ति अपनी सारी सही सोच भी छोड़ देता है और सत्य का अन्वेषण भी। और अज्ञान को आनंद समझकर गले लगा लेता है।

7

मई

विहरन्ति जगत् केचिन् निपतन्त्य् उत्पतन्ति च
कंदुका इव हस्तेन मृत्युना विरतं हतः (43/25)

वसिष्ठ ने आगे कहा :

ब्रह्मांड में जीवों की जो करोड़ों कोटियाँ दिखाई देती हैं वे असीम चेतना की शक्ति की आकस्मिक अभिव्यक्ति ही हैं। ये असंख्य जीव अपनी ही मानसिक बद्धता या बद्ध–मानसिकता के शिकार हो जाते हैं। वे ब्रह्मांड के सभी देशों और स्थानों पर होते हैं और उन सभी स्थितियों में होते हैं जिनकी कल्पना की जा सकती है।

कुछ तो इस युग की नई सृष्टि के अंश हैं और कुछ अत्यंत प्राचीन। कुछ का जन्म दो–चार बार ही हुआ है और कुछ का जन्म असंख्य बार हो चुका है। कुछ मुक्त हैं। कुछ घोर कष्टों में डूबे पड़े हैं। कुछ देववर्ग के हैं, कुछ किन्नर–गंधर्व आदि वर्ग के और कुछ इस व्यक्त ब्रह्मांड के अधिष्ठाता देवता हैं। कुछ दानव हैं और कुछ प्रेत हैं। कुछ चार वर्णों के लोग हैं और कुछ प्राचीन आदिवासी असभ्य जातियों के सदस्य हैं।

कुछ घास–पात और जड़ी–बूटियों के रूप में हैं। कुछ पत्तों, जड़ों और फलों के रूप में हैं। कुछ लताओं के रूप में हैं और कुछ फूलों के रूप में जीवित हैं। कुछ राजा–महाराजा हैं और कुछ शाही पोशाकों में दीवन–मंत्री हैं। कुछ चिथड़ों या पेड़ों का छालें लपेटे हैं।

कुछ साँप हैं, कुछ कीड़े–मकोड़े। कुछ शेर, बाघ आदि की तरह पशु हैं और कुछ घोड़े, गधे, हाथी आदि हैं।

कुछ संपन्न हैं और कुछ निर्धन। कुछ स्वर्ग में हैं और अन्य नरक में। कुछ नक्षत्र जगत के मध्य में हैं और कुछ ठूँठ वृक्षों के छिद्रों में वास करते हैं। कुछ मुक्त संतों के बीच हैं और कुछ मुक्ति प्राप्त ऐसे संत हैं जो शरीर–चेतना से ऊपर उठ चुके हैं। कुछ प्रबुद्ध हैं और कुछ मंदबुद्धि।

हे राम, जिस प्रकार इस ब्रह्मांड में असंख्य योनियों के जीव हैं उसी प्रकार ही अन्य ब्रह्मांडों में भी हैं। उनके शरीर उन ब्रह्मांडों की परिस्थितियों के अनुरूप कुछ भिन्न होते हैं।

परंतु वे सभी अपनी बद्ध–मानसिकता से ग्रस्त होते हैं। **ब्रह्मांड में ये सभी जीव विचरण करते हैं। कभी ये ऊपर उठते हैं और कभी नीचे गिरते हैं। और मृत्यु इन्हें गेंद की तरह खेल खिलाती है**। अपनी असंख्य इच्छाओं और आसक्तियों से बँधे होने फलतः परिसीमित होने के कारण ये एक शरीर से दूसरे शरीर में प्रविष्ट होते रहते हैं। ऐसा ही ये तब तक करते रहेंगे जब तक इन्हें अपनी आत्मा के संबंध में वास्तविकता का बोध नहीं होता। यह वास्तविकता असीम चेतना ही है। आत्मज्ञान प्राप्त करने के बाद ये सभी मुक्त होंगे, इनका भ्रम नष्ट होगा और ये जन्म–मण के चक्र से छूट जाएँगे।

(इस प्रकार नवाँ दिन समाप्त हुआ और सभा विसर्जित हुई।)

8

मई

असदिदमखिलं मया समेतं त्विति विगणय्य विषादितास्तु मा ते
सदिह हि सकलं मया समेतं त्विति च विलोक्य विषादितात्सु मा ते (45/50)

वसिष्ठ ने आगे कहा :

जिसका आरंभ में अस्तित्व नहीं था और जो अंत में नहीं रहेगा वह मध्य में (वर्तमान में) कैसे वास्तविक हो सकता है। जो आरंभ में रहा हो और अंत में भी रहे, वही तो वर्तमान में वास्तविक होगा। **'यह सब-कुछ अवास्तविक है, मैं भी अवास्तविक हूँ' तब तुम्हें दुख किस बात का। 'यह सब वास्तविक है मैं भी वास्तविक हूँ' तब भी दुख के स्पर्श का प्रश्न नहीं।**

यह जान लेने पर कि मेरी संपत्ति, मेरी पत्नी, मेरे पुत्र सहित यह संपूर्ण ब्रह्मांड कुछ नहीं है, कोई दुखी नहीं होता और इनके उन्नति करने पर कोई गर्वित भी नहीं होता। यदि अवास्तविक रूप तिरोहित होता है तो किसी का क्या जाता है? जब कुछ पूर्णतः अवास्तविक है तो उसे नष्ट भी कैसे किया जा सकता है। इसके विपरीत जब वे उन्नति करते हैं तब तो दुखी होना चाहिए क्यों यह उन्नति तो अज्ञान को बढ़ानेवाली ही है। अतः जो मूर्ख में लालसा और आसक्ति उत्पन्न करता है वह ज्ञानी में विराग और उपेक्षा उत्पन्न करता है।

ज्ञानी व्यक्ति को ऐसे अनुभवों की इच्छा नहीं करनी चाहिए जिन्हें वह प्रयत्नपूर्वक प्राप्त नहीं करता अथवा जिन्हें वह पहले ही प्राप्त कर चुका है। यदि कोई इंद्रियों के भोगों की लालसा से किसी भी प्रकार अपने मन को हटा ले तो वह अपने आपको भ्रम के सागर में डूबने से बचा लेगा। जिसे संपूर्ण ब्रह्मांड से अपनी एकता का बोध हो तथा जिसमें न किसी की चाह ही हो न किसी के प्रति घृणा ही वह कभी भ्रमित नहीं होता।

हे राम, इसलिए इस तथ्य को अनुभूत करो कि आत्मा या असीम चेतना ही है जो वास्तविक और अवास्तविक दोनों में से व्याप्त रहती है। इसलिए वास्तविक और अवास्तविक दोनों से ऊपर उठना होगा। और फिर अंदर या बाहर किसी पदार्थ को न पकड़ने की आवश्यकता होती है और न छोड़ने की। जो विज्ञ संत इस आत्मज्ञान में अपने को अवस्थित कर लेता है वह अपने को हर बद्ध-मानसिकता या स्व-सीमितता से मुक्त कर लेता है। वह फिर उस आकाश की भाँति होता है जो अपने अंदर घटित होनेवाली किसी भी घटना के प्रभाव से मुक्त रहता है।

हे राम, अज्ञान और बद्ध-मानसिकता के इस सागर में जिसे आत्मज्ञान रूपी शहतीर मिल गया उसने अपने को डूबने से बचा लिया। जिसे वह शहतीर न मिला वह निश्चित रूप से डूबेगा ही। हे राम, इसलिए आत्मा की प्रकृति की जाँच तलवार की धार की तरह प्रखर बुद्धि से करो और तब आत्मज्ञान में अवस्थित हो जाओ। तब मन में निहित उन सभी शक्तियों को उस असीम चेतना में देखोगे जो इस संसार को अस्तित्व प्रदान करती है। यही कारण है कि ऋषियों-मुनियों का मत है कि मन ही सर्वशक्तिमान है।

वैसे ही रहो जैसे आत्मज्ञानी संत रहते हैं। वे असीम चेतना और दृश्य संसार को जानते हैं। अतः वे संसार के क्रिया-कलापों में न रस ही लेते हैं न उनका त्याग ही करते हैं। तुमने भी आत्मज्ञान प्राप्त कर लिया है, और अब तुम्हें शांति प्राप्त है।

9

मई

क्रियाविशेषबहुला भोगैश्वर्य हताशयः
नापेक्षन्ते यदा सत्यं ना पश्यन्ति शठास् तदा (1)

वसिष्ठ कहते हैं :

जो लोग इस संसार के द्वंद्वों में पड़े हैं तथा सुखभोग और शक्ति के पीछे दौड़ते हैं वे न सत्य को देखते हैं और न ही सत्य को जानने की उनमें इच्छा होती है।

जो बुद्धिमान तो होता है परंतु सुखभोग की प्राप्ति के लिए अपनी प्रवृत्तियों पर पूर्ण नियंत्रण नहीं रख पाता उसे सत्य भी दिखाई देता है और भ्रम या माया भी। और जिसने पूर्णतः संसार की प्रकृति और जीव को समझ लिया है तथा सांसारिक सुखभोग से सचमुच विरत हो चुका है वह मुक्त है और उसका पुनः जन्म नहीं होगा। अज्ञानी अपने शरीर के कल्याण के लिए ही सचेष्ट रहता है, अपनी आत्मा के लिए नहीं। हे राम, अज्ञानी जैसा मत बनो, ज्ञानी बनो।

इस संबंध में मैं तुम्हें रोचक आख्यान सुनाता हूँ। आनंद-काननों से भरे मगध देश में दाशूर नामक संत रहता था। वह घोर तपस्या में रत था। उसकी सांसारिक सुखभोगों में रुचि नहीं थी। वह बहुत बड़ा विद्वान भी था। वह शरलोम ऋषि का पुत्र था। परंतु दुर्भाग्य से उसने अपने माता-पिता को बाल्यावस्था में ही खो दिया था। इस अनाथ बालक पर वन-देवताओं ने कृपा की। दुख में उसका ढाढस बँधाया और कहा :

'हे बुद्धिमान बालक, तुम ऋषिपुत्र हो। क्यों तुम एक अज्ञानी मूर्ख की तरह विलाप करते हो। क्या तुम इस दृश्य संसार की असार प्रकृति को नहीं जानते? इस दृश्य संसार की ऐसी ही प्रकृति है। संसार में जो कोई आता है, थोड़ी देर के लिए रहता है फिर नष्ट हो जाता है। चाहे ब्रह्मा ही क्यों न इस संसार में आए उसका भी अपरिहार्य अंत यही है। इस संबंध में किसी प्रकार की शंका नहीं होनी चाहिए। इसलिए अपने माता-पिता की मृत्यु पर विलाप मत करो।

उस बालक का दुख शांत हुआ। वह उठा और उसने अपने माता-पिता का दाह-संस्कार किया। फिर वह दृढ़तापूर्वक धार्मिक रीति से जीवन व्यतीत करने लगा। क्या करना है और क्या नहीं करना इस पर वह सतर्क रहता था। क्योंकि अभी उसे सत्य का बोध नहीं था इसलिए विधि-निषेध में वह मग्न रहा। इन सब बातों से उसे अनुभूति हुई कि यह संपूर्ण संसार कुवृत्तियों और प्रदूषणों से भरा है। उसमें किसी प्रदूषणमुक्त स्थान में रहने का विचार आया। उसने सोचा कि पेड़ का शिखर उपयुक्त रहेगा। पेड़ के शिखर पर रहने के लिए उसने विधिपूर्वक अनुष्ठान किया और यज्ञ में अपने शरीर के मांस की आहुति दी। तत्क्षण अग्निदेवता प्रकट हुए और उन्होंने कहा : "तुम्हारे मन की इच्छा निश्चय ही पूरी होगी।'

फिर अग्निदेवता अपना भाग प्राप्त करने के बाद अंतर्धान हो गए।

10

मई

ज्ञानं त्वं एवास्य विभो कृपयोपदिशाधुना
को हि नाम कुले जातं पुत्रं मौर्ख्येण योजयेत् (51/28)

वसिष्ठ ने आगे कहा :

फिर ऋषि को अपने सामने भव्य और विशाल कदम का पेड़ दिखाई पड़ा। ऐसा लगा कि वह अपने हाथों (पत्तों) से अपने प्रिय आकाश के आँसुओं (वर्षाकणों) को पोंछ रहा हो। उस वृक्ष ने धरती और स्वर्ग के बीच असंख्य शाखाएँ फैला रखी थीं और लगता था कि स्वयं परमात्मा ब्रह्मांडीय रूप में विराजमान हो। सूर्य और चंद्रमा उसकी आँखें लग रही थीं। फूलों से लदा था। जो देवता आकाश में विचरण करते थे उस पर वह पुष्प वर्षा करता था। उस वृक्ष में रहनेवाले भौंरे देवताओं के आगमन के समय स्वागतगान गाते थे।

वह ऋषि उस पेड़ पर चढ़ा जो धरती और स्वर्ग के बीच स्तंभ के रूप में खड़ा था। वह उसकी सबसे ऊँची शाखा पर विराजमान हुआ। एक क्षण के लिए उसने अपनी दृष्टि चारों ओर घुमाई। (उसे जो दिखाई पड़ा उसका अत्यंत रोचक विवरण ५०वें प्रकरण में है।)

कदम वृक्ष पर आश्रय लेने के कारण वह कदम दाशूर के नाम से जाना गया। उसी वृक्ष पर बैठे-बैठे उसने अपनी तपस्या आरंभ की। वेदों में उल्लिखित कर्मकांड का वह ज्ञाता था। इसलिए उसने कर्मकांड का अनुसरण किया। परंतु इस बार किया उसने मानसिक रूप से ही। इस मानसिक तपस्या की भी शक्ति कुछ ऐसी थी कि ऋषि के मन और हृदय पवित्र हो गए और उसे विशुद्ध ज्ञान की प्राप्ति हुई।

एक दिन उसके सामने एक अप्सरा फूलों से सुसज्जित खड़ी थी। वह अत्यंत सुंदर थी। ऋषि ने उससे पूछा : "हे सुंदरी, तुम तो अपने रूप से कामदेव को भी मुग्ध कर सकती हो! कौन हो तुम? उसने उत्तर दिया : "स्वामी, मैं वनदेवी हूँ। इस संसार में कुछ भी ऐसा नहीं जो मुझे प्राप्त न हो सके, क्योंकि मैं आप जैसे ज्ञानी ऋषि के सम्मुख उपस्थित हूँ। मुझे जल्दी ही वन में होनेवाले एक उत्सव में सम्मिलित होना है। वहाँ मेरी भेंट अनेक वनदेवियों से होगी। सभी के साथ अपने-अपने बालक होंगे। उनमें एक मैं ही ऐसी हूँ जिसकी कोई संतति नहीं। इसलिए मैं दुखी हूँ। परंतु इस वन में आप जैसा ऋषि हो तो मैं दुखी क्यों होऊँ। मुझे पुत्र दान करें नहीं तो मैं आत्मदाह कर लूँगी।" ऋषि ने एक लता उठाई और उसे उस अप्सरा को सौंपते हुए कहा : "जाओ, एक महीने में जैसे ही इस लता में फूल खिलेंगे, तुम एक पुत्र को जन्म दोगी।" कृतज्ञता प्रकट करते हुए वह अप्सरा वहाँ से चली गई।

बारह वर्ष बाद वह फिर ऋषि के पास आई। उसने कहा : "स्वामी, यह आपका पुत्र है। मैंने इसे सभी विद्याओं की शिक्षा दिलाई है। **मेरी प्रार्थना है कि इसे आप आत्मज्ञान की शिक्षा दें। कौन है जो अपने पुत्र को मूर्ख बना रहना देखना चाहता है।** अप्सरा के प्रस्ताव को ऋषि ने स्वीकारा। फिर वह वहाँ से चली गई। उस दिन से ऋषि उस किशोर को आत्मज्ञान की सभी शाखाओं की शिक्षा देने लगे।

मई

जयति गच्छति वल्गति जृंभते स्फुरति भाति न भाति भासुरः
सुत महामहिमा स महीपतिः पतिरपामिव वातरयाकुलः (29)

वसिष्ठ ने आगे कहा :

इसी बीच मैं उस वृक्ष के ऊपर से जा रहा था और मैंने उस ऋषि को अपने पुत्र को शिक्षा देते हुए सुना।

दाशूर ने कहा :

मैं इस संसार के संबंध में जो कुछ कहना चाहता हूँ उसे एक आख्यान के माध्यम से कहूँगा। खोत्थ नाम का एक राजा था। उसमें तीनों लोक को जीतने की शक्ति थी। तीनों लोकों के अधिष्ठाता देवता उस राजा की आज्ञा का पालन करते थे। सुख और दुख उत्पन्न करनेवाले उसके असंख्य कर्मों की कोई सूची नहीं बना सकता था। कोई उस राजा की वीरता को किसी भी शस्त्र से चुनौती नहीं दे सकता था। यहाँ तक कि इंद्र, विष्णु और शिव भी उसका मुकाबला नहीं कर सकते थे।

उस राजा के तीन शरीर थे जिन्होंने तीनों लोकों को पूर्णतः आच्छादित कर रखा था। एक उत्तम था, दूसरा साधारण और तीसरा सूक्ष्म। यह राजा आकाश में चला जाता था और वहाँ अपने को स्थापित कर लेता था। वहाँ राजा ने एक नगर बसाया था। उसमें क्रीड़ा के लिए आनंद उद्यान, सुंदर पर्वत शिखर और सात झीलें थीं। झीलों में मोती भी थे और लताएँ भी। उसमें दो प्रकाश-पुंज थे। जिनमें एक गरम था और दूसरा ठंडा। इनका प्रकाश कभी मंद नहीं पड़ता था।

उस नगर में राजा ने अनेक प्रकार के प्राणियों की रचना की। कुछ को ऊपर रखा गया, कुछ को मध्य में और कुछ को नीचे। उनमें से कुछ दीर्घजीवी थे और कुछ अल्पजीवी। उनके शरीर पर काले बाल थे। नगर के नौ द्वार थे। सभी मकान हवादार थे। पाँच प्रकाशगृह थे। तीन स्तंभ थे जो लकड़ी के कुंदों पर टिके थे। इन पर सफेद चिकना प्लास्टर हुआ था। यह सब-कुछ राजा ने माया से ही उत्पन्न किया था। यहाँ राजा भूतों, प्रेतों से खलेता था। भूत-प्रेत भी (जाँच के भय से) राजा से त्रस्त रहते थे। राजा ने भूत-प्रेतों का सर्जन महलों की रक्षा के निमित्त किया था। जब उसके मन में नगर से बाहर जाने का विचार आता तो वह एक भावी नगर के बारे में सोचता और उसमें रहने की बात भी सोचता। भूत-प्रेतों से घिरा वह तेजी से नए घरों की तरफ दौड़ता और पुराने घरों को छोड़ देता। नया नगर नए ढंग का होता। फिर जब चाहता तो उसे भी नष्ट कर देता। कभी-कभी वह विलाप भी करता : "मैं क्या करूँ? मैं अज्ञानी हूँ, दीनहीन हूँ।" कभी वह हर्षित भी होता और कभी दुखी भी।

इस प्रकार वह रहता, जीतता, घूमता, बतियाता, पनपता, कभी चमकता और कभी बुझता। मेरे पुत्र, इस प्रकार राजा दृश्य संसार में गतिशील रहता।

12

मई

असत् सत् सदसत् सर्वं संकल्पादेव नान्यतः
संकल्पं सदसच्चैवमिह सत्यं किमुच्यतां (45)

वसिष्ठ ने आगे कहा :

इस प्रकार ब्रह्मांड तथा मनुष्य की सृष्टि का दृष्टांत दिया गया है। जो खोत्थ महाशून्य में उत्पन्न हुआ वह और कुछ नहीं धारणा या इच्छा ही है। यह धारणा आप से आप महाशून्य में उत्पन्न होती है और आप से आप महाशून्य में विलीन भी हो जाती है। यह संपूर्ण ब्रह्मांड तथा उसमें जो कुछ भी है वह यही धारणा या इच्छा है, इसके अतिरिक्त और कुछ नहीं। वस्तुतः ब्रह्मा, विष्णु और शिव अर्थात् त्रिदेव भी इसी धारणा के अवयव हैं। यही धारणा तीनों लोकों, चौदहों भुवनों और सातों लोकों की सृष्टि करती है। राजा के द्वारा निर्मित नगर भी एक सजीव इकाई है, जिसके अपने कई विभिन्न अंग हैं और अपनी विशिष्टताएँ हैं। जो अनेक प्रकार के जीव इस तरह उत्पन्न होते हैं उनमें से कुछ ऊँचे लोकों में (जैसे देवता) होते हैं और कुछ निम्न लोकों में।

राजा ने इस प्रकार कल्पित नगर बसाने के बाद उसकी रक्षा का भार भूत-प्रेतों को सौंपा। ये भूत-प्रेत अहंकार हैं। इसके बाद राजा संसार में अर्थात् इस शरीर में खेल खेलता है। क्षण भर में वह संसार को जाग्रत अवस्था में देखता है फिर वह अपने अंदर के संसार में स्वप्नों का आनंद लेने लगता है। फिर वह एक नगर से दूसरे नगर जाता है अर्थात् एक शरीर से दूसरे शरीर में जाता है या एक लोक से दूसरे लोक में जाता है।

इस प्रकार मंद गति से चलनेवाली इन अनेक यात्राओं के बाद उसे ज्ञान प्राप्त होता है और इन संसारों और सुखभोगों से उसका भ्रम दूर होता है। उसकी लंबी यात्रा समाप्ति पर तब पहुँचती है जब वह अपनी सभी धारणाओं का त्याग करता है।

एक क्षण तो उसे ज्ञान का आनंद प्राप्त होता है और दूसरे ही क्षण सुखभोग के फंदे में फँसता है। इस प्रकार क्षण भर में ही उसकी बुद्धि भ्रमित हो जाती है जैसे कि छोटे बच्चे के संबंध में देखा जाता है। ये धारणाएँ या तो घने अंधकार की तरह होती हैं (जो निम्न लोकों में जन्म-मरण और अज्ञान का कारण बनती हैं) या विशुद्ध और पारदर्शी होती हैं (जो ज्ञान प्रदान करती हैं और सत्य के समीप ले जाती हैं) अथवा मलिन या विकृत होती हैं (सांसारिक बंधनों में डालती हैं) जब ये सभी धारणाएँ समाप्त हो जाती हैं तब मुक्ति मिलती है।

चाहे कोई कितना ही आध्यात्मिक क्रियाकलापों में लगे, चाहे कोई देवता को ही अपना गुरु बना ले, चाहे कोई स्वर्ग में ही क्यों न पहुँच जाए, मुक्ति तब तक नहीं मिलती जब तक धारणाओं का अंत नहीं होता। **सत्य हों या असत्य हों अथवा इन दोनों का मिश्रण हों, हैं ये सभी धारणाएँ ही। धारणाएँ न सत्य होती हैं न असत्य। फिर इस ब्रह्मांड में है क्या जिसे सत्य कहा जाए?** अतः मेरे पुत्र, अपनी सभी धारणाओं, इच्छाओं या संकल्पों का त्याग करो। जब ये समाप्त हो जाएँगी तब मन स्वभावतः उस ओर उन्मुख होगा जो मन से परे है—अर्थात् असीम चेतना की ओर।

13

मई

मा संकल्पय संकल्पं भावं भावय मा स्थितौ
एतावतैव भावेन भाव्यो भवति भूतये (54/12)

दाशूर ने कहा :

मेरे पुत्र असीम चेतना में जीव-चेतना अपने अस्तित्व के प्रति सचेत हो उठती है। वह अपने को ही पदार्थ मान लेती है। वस्तुतः उसमें विचारणा (विचारों का रूपायन) का बीज होता है। जो होता है अत्यंत सूक्ष्म रूप में ही। परंतु शीघ्र ही वह स्थूल और सघन रूप धारण कर लेता है और पूरे आकाश को भर लेता है। जब चेतना विचारों के रूपायन में लगती है तब वह अपने को कर्ता से भिन्न समझती है और विचारों का वपन और पल्लवन होने लगता है। विचारों में तीव्र गति से बढ़ोतरी होने लगती है। इसके फलस्वरूप दुख होता है, सुख नहीं। दुख का कारण विचारणा के अतिरिक्त और कुछ नहीं।

विचारों को मत उठने दो। अपने अस्तित्व की धारणा को पकड़े मत रहो। क्योंकि इन्हीं के कारण भविष्य अस्तित्व ग्रहण करता है। विचारणा के विनाश से भयभीत होने की आवश्यकता नहीं। जब विचार नहीं होता तो धारणा भी नहीं होती न ही विचारणा होती है। मेरे पुत्र, धारणाओं से पिंड छुड़ाना हथेली में लिए हुए फूल को कुचलने के काम से भी सरल है। फूल को कुचलने के लिए प्रयास की आवश्यकता होती है परंतु विचारों से अनायास छुटकारा पा सकते हैं।

धारणाओं के कमजोर पड़ने पर सुख और दुख का प्रभाव भी घट जाता है और पदार्थों की अवास्तविकता का ज्ञान मोह को भी रोक देता है। जब आशा ही नहीं होती तो न हर्ष होता है और न विषाद ही। मन जब चेतना में परावर्तित होता है तब वह जीव कहा जाता है। मन ही हवाई किले बनाता है और अपना प्रसार भूत, वर्तमान और भविष्य में कर लेता है। विचारणा की लहरियों को समझना तो संभव नहीं परंतु इतना अवश्य कहा जा सकता है कि वे इंद्रिजन्य अनुभवों में वृद्धि करती हैं। परंतु जब लहरियों को त्याग दिया जाता है तो इंद्रियजन्य अनुभव भी समाप्त हो जाते हैं। यदि ये धारणाएँ वास्तविक हैं तो इन्हें कोयले की कालिख की तरह हटाया ही नहीं जा सकता। परंतु ऐसा है नहीं। अतः इन्हें नष्ट किया जा सकता है।

वसिष्ठ ने कहा : ऋषि की बातें सुनकर मैं कदम वृक्ष से नीचे उतरा। कुछ समय तक हम तीनों आत्मज्ञान के संबंध में चर्चा करते रहे। मैंने उनमें परम ज्ञान को जाग्रत किया। इसके बाद मैंने उनसे विदा ली और वहाँ से चल दिया। हे राम, यह विवरण दृश्य संसार की प्रकृति को दिखलाने के लिए प्रस्तुत किया गया है। इस प्रकार यह कथा उतनी ही सत्य है जितना यह संसार स्वयं सत्य है! यदि यह मानो कि यह 'संसार' और 'मैं' सत्य हैं, तब ये सत्य हैं। अपनी आत्मा में दृढ़ता से स्थित रहो। यदि तुम मानते हो कि यह सत्य भी है और असत्य भी, तो इस परिवर्तनशील संसार के उपयुक्त मनोदशा अपनाओ। यदि मानते हो कि संसार मिथ्या है तब अपने को असीम चेतना में स्थित करो।

हे राम, तुम्हें अनुभूति हो सकती है कि मैं कर्ता नहीं या मेरा अस्तित्व नहीं अथवा मैं कर्ता हूँ और मैं सब-कुछ हूँ। तुम्हें यह जानने की भी अनुभूति हो सकती है कि मैं कौन हूँ। तुम्हें यह बोध भी हो सकता है कि मैं इन आरोपित वस्तुओं में से कुछ भी नहीं हूँ। अपने को आत्मा में स्थित करो। यही चेतना की उच्चतम अवस्था है। इसी में महान पुरुष सदा वास करते हैं।

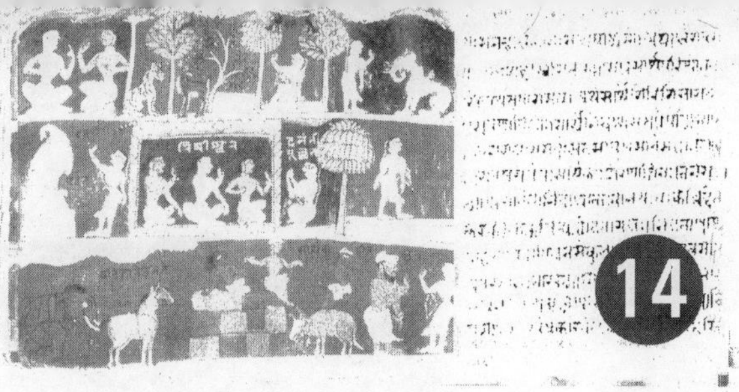

14

मई

यदि त्वम् अत्मनात्मानम् अधिगच्छति तं स्वयम्
एतत् प्रश्नोत्तरं साधु जानास्यत्र न संशयः (15)

राम ने पूछा :

हे महर्षि, परम ब्रह्म में यह असार संसार कैसे स्थित रहता है? क्या सूरज में बर्फ रह सकती है?

वसिष्ठ ने कहा :

राम, तुम्हारे लिए इस प्रश्न का यह सही अवसर नहीं। अभी तुम इसके उत्तर को हृदयंगम नहीं कर सकोगे। प्रेम कथाएँ बालक के लिए रुचिकर नहीं होतीं। पेड़ों में भी फल सही समय पर ही लगते हैं और इस प्रकार मेरी शिक्षाएँ भी सही समय आने पर ही फलवती होंगी। **यदि तुम आत्मा को जानना चाहते हो तो अपनी आत्मा के निजी प्रयास के द्वारा ही जान सकते हो।** मैंने कर्तापन या अकर्तापन का उल्लेख बद्ध-मानसिकता या विचारणा की प्रकृति को स्पष्ट करने के लिए ही किया है।

इन विचारों या धारणाओं का बनना ही बंधन है और मुक्ति है इन विचारों या धारणाओं से मुक्ति। सबसे पहले तो सुसंबंध या मैत्री करके इन भौतिक स्थूल वृत्तियों या धारणाओं को त्यागा जा सकता है। बाद में मैत्रीपूर्ण व्यवहार करते हुए भी मैत्री की धारणा को त्यागा जा सकता है। सभी इच्छाओं का त्याग करो और ब्रह्मांडीय चेतना की प्रकृति (या धारणा) का चिंतन करो। है तो यह भी विचारणा या विचार के क्षेत्र की ही बात। अतः इसे भी समय पाकर छोड़ो। यह सब-कुछ छोड़ दिया गया है तो, उसके बाद जो बचा है उसी में स्थित रहो। और फिर इन सब धारणाओं को छोड़नेवाले को भी छोड़ो। जब अहंभाव की धारणा नष्ट हो जाएगी। तब तुम्हारी स्थिति असीम आकाश के समान होगी। इस प्रकार जिसने सब-कुछ अपने हृदय से त्याग दिया हो वह निश्चय ही परम पुरुष है। फिर वह भले ही सक्रिय जीवन व्यतीत कर रहा हो या हर समय चिंतन में ही निमग्न रहता हो। उसके लिए कर्म या अकर्म का कुछ प्रयोजन नहीं। मैंने सभी धर्मग्रंथों को जाँचा-परखा है और सत्य का अनुसंधान किया है। मुक्ति तब तक संभव नहीं जब तक पूर्ण रूप से सभी धारणाओं, विचारों और बद्ध-मानसिकताओं से छुटकारा न पा लिया जाए।

नानाविध नामों और रूपोंवाले ये संसार अभीष्ट और अनभीष्ट पदार्थों से बने हैं। इनके लिए लोग प्रयत्नशील रहते हैं परंतु आत्मज्ञान के लिए कोई प्रयत्नशील नहीं होता। तीनों लोकों में आत्मज्ञानी ऋषि विरल ही हैं। कोई संसार का सम्राट या स्वर्ग का नरेश हो सकता है परंतु ये सभी पाँच तत्त्वों से निर्मित हैं। यह सचमुच दुख की बात है कि लोग इन क्षुद्र लाभों के लिए जीवन का महाविनाश करते हैं। उन्हें शर्म आनी चाहिए। इन लोगों को संत-महात्माओं की कृपादृष्टि सुलभ नहीं क्योंकि वे आत्मज्ञान में स्थित नहीं। यह ऐसा परम पद है जिस तक सूर्य या चंद्रमा की भी पहुँच नहीं। संपूर्ण ब्रह्मांड के सुख और लाभ आत्मज्ञान को सम्मोहित नहीं करते।

15

मई

किं करोमि क्व गच्छामि किं गृह्णामि त्यजामि किम्
आत्मना पूरितं विश्वं महाकल्पाम्बुना यथा (58/5)

वसिष्ठ ने कहा :

हे राम, इस संबंध में मुझे देवताओं के गुरु कच के पुत्र का एक प्रेरक गीत स्मरण हो आया है। कच आत्मज्ञान में स्थित था। मेरु पर्वत की कंदरा में रहता था। उसे उच्च ज्ञान प्राप्त था और पंचतत्त्वों से बने किसी पदार्थ का आकर्षण उसे विचलित नहीं करता था। निराशा के बहाने से कच ने सार्थक गीत गाया। सुनो।

कच ने कहा :

मैं क्या करूँ? कहाँ जाऊँ? किसे पकड़ूँ? किसे छोड़ूँ? इस संपूर्ण संसार में एक ही आत्मा परिव्याप्त है। आत्मा ही सुख है, आत्मा ही दुख है। सभी इच्छाएँ पूर्णतः शून्य हैं। अतः जो कुछ है वह आत्मा ही है। मैं सभी वेदनाओं से मुक्त हूँ। शरीर के अंदर, शरीर के बाहर, शरीर के ऊपर, शरीर के नीचे, यहाँ-वहाँ सब जगह आत्मा और केवल आत्मा ही है और आत्मा से भिन्न कुछ और है ही नहीं। आत्मा हर जगह है और हर पदार्थ के रूप में ही स्थित है। मैं आत्मा के रूप में आत्मा में स्थित हूँ। जैसे सब-कुछ अस्तित्ववान है वैसे मैं भी अस्तिवान हूँ। हर जगह यही वास्तविकता है। मैं पूर्ण हूँ। मैं आत्मानंद हूँ। मैं ही इस ब्रह्मांड रूपी सागर में व्याप्त हूँ।

ऐसा उसका गान था। वह पवित्र शब्द 'ओम्' का उच्चारण ऐसे करता था जैसे घंटे का अनुनाद हो। उसने अपने पूर्ण अस्तित्व को उस पवित्र ध्वनि में उँडेल दिया था। न वह किसी पदार्थ के अंदर था न किसी पदार्थ के बाहर ही। वह ऋषि पूर्ण रूप से आत्मा में निमग्न होकर उस पर्वत कंदरा में रहता था।

राम ने पूछा : जब सभी धारणाओं को नष्ट करके मन सृष्टिकर्ता की स्थिति प्राप्त कर लेता है तो फिर उसमें संसार की धारणा उत्पन्न होने का क्या कारण है?

वसिष्ठ ने कहा :

हे राम, असीम चेतना के गर्भ से उत्पन्न प्रथम सृष्टिकर्ता ने 'ब्रह्मा' शब्द का उच्चारण किया। इसलिए वह सृष्टिकर्ता ब्रह्मा के नाम से जाना गया। इस सृष्टिकर्ता में पहली धारणा प्रकाश की हुई। प्रकाश अस्तित्व में आ गया। उस प्रकाश में उसने अपने ब्रह्मांडीय शरीर को देखा। तो वह भी अस्तित्व में आ गया। ठीक वैसे ही जैसे सूर्य के चमचमाते प्रकाश से नानाविध पदार्थ आकाश में अस्तित्व प्राप्त करते हैं। उसने अनंत स्फुलिंगों के रूप में उस प्रकाश का चिंतन किया और इन सभी स्फुलिंगों ने नानाविध पदार्थों का रूप ले लिया। निश्चय ही यह ब्रह्मांडीय मन ही है जो ब्रह्मा बना और अन्य सभी पदार्थ बने। जो कुछ भी इस ब्रह्मा ने आरंभ में उत्पन्न किया वह आज भी दिखाई देता है। अपनी विचारशक्ति से इस ब्रह्मांड का सृजन करने के बाद सृष्टिकर्ता ने अपनी आत्मा में ध्यान करते हुए विश्राम किया। तबसे सृष्ट जीवों का जिन-जिन पदार्थों से संपर्क हुआ वे उन्हीं की विशेषताएँ ग्रहण करते चले गए। अच्छाई से संपर्क होने पर वे अच्छे होते और जो संसार से जुड़े वे सांसारिक हुए। इस प्रकार जीव दृश्य संसार से बँध गया या फिर मुक्त हो गया।

मई

यैव चिद् भुवनाबोगभूषणे व्योम्नि भास्करे
धराविवरकोशस्थे सैव चित्कीटकोदरे (61/18)

वसिष्ठ ने कहा :

दृश्य संसार की सृष्टि के बाद लहरों और तरंगों की तरह असीम चेतना के सागर में उत्पन्न होनेवाले जीवों ने भौतिक आकाश में प्रवेश किया। और जब वायु, अग्नि, जल और थल तत्त्व अस्तित्व में आए तो वे जीव इनसे जुड़े। फिर जन्म और मरण का चक्र अस्तित्व में आया।

चंद्रमा की किरणों पर सवार होकर जीव पौधों और जड़ी-बूटियों में प्रविष्ट हुए। वे इन पौधों के फल बने। तब वे नया जन्म लेने के लिए प्रस्तुत हुए। अजन्मे जीव में भी सूक्ष्म धारणाएँ, विचार, बद्ध-मानसिकताएँ सुप्त रूप में रहती हैं। इस प्रकार जिस आवरण से वे ढके होते हैं वह हट जाता है।

इनमें से कुछ जीव सात्वकि और आत्मज्ञानी होते हैं। अपने पिछले जन्मों में भी ये विषय भोगों से विमुख रहते हैं। परंतु जो जन्म-मरण के चक्र को स्थायी बनाने के लिए जन्म लेते हैं उनकी प्रकृति सात्विक, राजसिक और तामसिक होती है। ऐसे भी जीव होते हैं जो होते तो सात्विक हैं परंतु उनमें कुछ अंश राजसिक या तामसिक भी होता है। ये सत्य का अन्वेषण करते हैं और सद्गुणों से युक्त होते हैं। अन्य अज्ञान और मूर्खता के अंधकार से आवृत्त होते हैं। वे पाषाणों और पहाड़ियों की तरह होते हैं।

जिनमें अच्छे गुण होते हैं और कुछ अवगुण या विकृतियाँ होती हैं ऐसे सपत्निक-राजसिक जीव सदा प्रसन्न रहते हैं, ज्ञानी होते हैं और दुखी तथा निराश नहीं होते। वे वृक्षों की तरह निस्वार्थ होते हैं और उन्हीं की तरह विगत कर्मों का फल प्राप्त करते हैं तथा नए कर्म नहीं करते। वे इच्छाविहीन हैं। उनके अंदर शांति है और वे घोर विपदा में भी अपनी शांति का त्याग नहीं करते। वे सभी से प्यार करते हैं और सभी को एक आँख से देखते हैं। वे दुख के सागर में डूबते नहीं।

जीव को दुख के सागर में डूबने से बचने के लिए सभी उपाय करने चाहिए और आत्मा की प्रकृति को जानने के लिए प्रयत्नशील रहना चाहिए। उसे जानना चाहिए कि मैं कौन हूँ तथा संसार का भ्रम कैसे उत्पन्न हुआ। शरीर के प्रति होनेवाले अहं तथा सांसारिक आकर्षणों से भी जीव को दूर रहना चाहिए। तभी वह जान पाएगा कि आकाश का विभाजन नहीं होता, चाहे आकाश में भवन खड़ा हो या न खड़ा हो। **जो चेतना सूर्य में चमकती है वही धरती पर रहने तथा छिद्र में रेंगनेवाले छोटे-से कीट में भी रहती है।**

हे राम, जो बुद्धिमान होता है और सत्य की प्रकृति में अनुसंधान करने में समर्थ होता है उसे किसी भले और विद्वान व्यक्ति के पास जाना चाहिए और शास्त्रों का अध्ययन करना चाहिए। उस गुरु में सुखों के प्रति अभीप्सा नहीं होनी चाहिए, उसे योगाभ्यासी भी होना चाहिए। तभी वह परम पद को प्राप्त कर सकता है। पवित्र आत्माओं अर्थात् संतों, महात्माओं का अनुकरण करके ही परम स्थिति को प्राप्त किया जा सकता है।

हे राम, जो व्यक्ति तुम्हारी तरह बुद्धिमान हो, उत्तम स्वभाव का हो, समदर्शी हो, और अच्छाई ही देखनेवाला हो वही उस ज्ञान का अधिकारी है। जिसका उल्लेख मैंने ऊपर किया है। हे राम, तुम तो पहले से ही मुक्त जीव हो। मुक्त की ही तरह रहो।

17

मई

यद् यद् राघव संयाति महाजन सपर्यया
दिनं तद् इह सालोकं शेषास्तवन्धा दिनालयः (4/12)

वाल्मीकि ने कहा :

लोगों ने वसिष्ठ ऋषि के वचनों को ध्यान से सुना। उस दिन संध्या होते ही सभा विसर्जित कर दी गई। जैसे ही सभा विसर्जित हुई, वसिष्ठ ऋषि ने राम और उसके भाइयों को भी छुट्टी दी। जब रात हुई तो राम के अतिरिक्त सभी लोग सोने चले गए। परंतु राम को नींद नहीं आई।

राम इस प्रकार वसिष्ठ ऋषि के प्रेरणादायी वचनों पर मनन करने लगे।

दुख के स्रोत मन और इंद्रियों पर विजय प्राप्त करने के लिए कुछ उपयुक्त उपायों को आवश्यक बतलाया गया है। सुखभोग का त्याग करना असंभव है और यह भी संभव नहीं कि बिना सुखों के त्याग से दुख दूर ही हो। यह सचमुच समस्या है। तो भी इन सबमें महत्त्वपूर्ण घटक मन ही है। निश्चय ही यदि वह एक बार परम शांति का स्वाद चख ले, तो वह सांसारिक भ्रमों से मुक्त हो जाए। फिर वह उस परम शांति का कभी त्याग नहीं करेगा और न ही इंद्रिय-सुखों के पीछे दौड़ेगा।

जिस प्रकार लहर समुद्र में पुनः विलीन हो जाती है। उसी प्रकार मेरा मन कब असीम चेतना में स्थित होगा? कब मेरा लालसाओं से पिंड छूटेगा? कब मुझे समदृष्टि प्राप्त होगी? सांसारिकता के भयावह ज्वर से कैसे छुटकारा पाऊँगा? हे मेरी बुद्धि, तुम मेरी मित्र हो; महर्षि वसिष्ठ की शिक्षा पर इस तरह चिंतन-मनन करो कि हम दोनों इन सांसारिक क्लेशों से बच सकें।

जब दिन निकला, राम तथा अन्य लोग उठे, और उन्होंने दैनिक पूजा-अर्चन किया। तब सब लोग सभा में गए और अपने-अपने स्थानों पर आसीन हुए।

सभा की कार्यवाई प्रारंभ करते हुए राजा **दशरथ** ने वसिष्ठ ऋषि को संबोधित करते हुए कहा :

हे महर्षि, हम लोग आपके द्वारा कथित परम ज्ञान से अत्यंत आह्लादित हुए हैं। दृश्य संसार की वास्तविकता के संबंध में हमारा जो भ्रमपूर्ण विश्वास था, उसके विरुद्ध आपने सशक्त चुनौती दी है। **हे राम, जिस दिन ऐसे महर्षियों का पूजन होता है। वही दिन शुभ होता है। अन्य दिन तो अंधकारपूर्ण होते हैं।** यह अति उत्तम अवसर है, महर्षि से जो-जो सीखने योग्य है उसकी जिज्ञासा करो और सीखो।

राम ने वसिष्ठ से पूछा :

हे प्रभु, मैं रात भर बिना सोए आपके ज्ञानप्रद शब्दों पर मनन करता रहा और प्रयत्न करता रहा कि उन शब्दों के पीछे जो सत्य छिपा है उसे जानूँ। इस प्रकार उस सत्य को मैंने अपने हृदय में सँजोया है। यह जान लेने पर कि यही परम आनंद देनेवाला है तो कौन ऐसा होगा जो आपकी शिक्षाओं को धारण न करे? फिर यह सुनने में भी मधुर है, हर प्रकार से शुभ है और अतुल्य अनुभव प्रदान करनेवाला है।

अतः हे महर्षि, मेरी प्रार्थना है कि आप अपना उत्तम प्रवचन करें।

18

मई

हे जना अपरिज्ञात आत्मा वो दुःखसिद्धये
परिज्ञातस्वनन्ताय सुखायोपशमाय च (23)

वसिष्ठ ने कहा :

हे राम, अब तुम्हें ब्रह्मांड के विलय तथा परम शांति की प्राप्ति के संबंध में बताता हूँ।

इस अंतहीन दिखाई देनेवाले दृश्य संसार को राजसिक तथा तामसिक जीव उसी प्रकार धारण करते हैं जिस प्रकार विशाल ढाँचे को खंभे धारण करते हैं। परंतु जिनकी विशुद्ध सात्विक प्रकृति होती है, वे खेल-खेल में ही उसका त्याग ठीक वैसे ही कर देते हैं जैसे साँप सहज रूप से अपनी केंचुली छोड़ देता है। जो सात्विक प्रकृति के होते हैं वे शुभ कर्म करते हैं। वे यांत्रिक ढंग से जीवन-निर्वाह नहीं करते बल्कि इस दृश्य संसार की उत्पत्ति और उसके स्वरूप के संबंध में चिंतन करते हैं। जब उनका यह चिंतन शास्त्रों के अध्ययन के द्वारा पुष्ट होता है तो उन्हें प्राप्त होनेवाले ज्ञान में वैसे ही सत्य के दर्शन होते हैं जैसे दीपक में प्रकाश दिखाई देता है। अनुसंधान के द्वारा ही इस सत्य को जाना जा सकता है। हे राम, तुम्हारी प्रकृति सात्विक है, इसलिए सत्य और असत्य का अनुसंधान करो और सत्य के प्रति समर्पित हो जाओ। जो आरंभ में नहीं था जो समय पाकर रहेगा भी नहीं उसे सत्य कैसे कहा जा सकता है? सिर्फ उसे ही सत्य कहा जाएगा जो सदा रहा है और सदा रहेगा भी।

हे राम, मन की उत्पत्ति और विकास मानसिक ही है। जब स्पष्ट रूप से सत्य के दर्शन होते हैं तभी मन को अज्ञान से मुक्ति मिलती है। इसलिए मन को सदा सद्मार्ग पर चलाना चाहिए। ऐसा धर्मग्रंथों के अध्ययन से, संतों की संगति से तथा वैराग्य की भावना से ही संभव है। इनसे युक्त होकर गुरु के चरणों की शरण लेनी होगी। क्योंकि उसी को पूर्ण ज्ञान प्राप्त होता है। अपने गुरु की शिक्षाओं का पालन करके शिष्य पूर्ण रूप से सात्विक धरातल पर पहुँच जाता है।

हे राम, जिस प्रकार शीतलता संपूर्ण आकाश में व्याप्त होती है उसी प्रकार अनुसंधान के द्वारा असीम आत्मा को अपनी आत्मा जानो। जीव इस भ्रामक दृश्य संसार रूपी सागर में तब तक तिनके की तरह उठता-गिरता रहता है जब तक उसे अनुसंधान रूपी नौका प्राप्त नहीं होती। जिस प्रकार जल के शांत होने पर उसमें तिरनेवाले बालूकण नीचे बैठ जाते हैं, उसी प्रकार सत्य का ज्ञान प्राप्त कर लेनेवाला मन भी शांत हो जाता है। इस प्रकार प्राप्त होनेवाला सत्य का ज्ञान कभी नष्ट नहीं होता। यह वैसे ही बना रहता है जैसे राख में होनेवाले सोने के टुकड़े को सुनार देख लेता है। भ्रम तब तक रहता है, जब तक उसे जान नहीं लिया जाता। जब उसे जान लिया जाता है तब वह नहीं रहता। **आत्मा का ज्ञान न होना ही दुख का कारण है। आत्मज्ञान आनंद और शांति प्रदान करता है।**

मई

यथा रजोभिर्गगतं यथा कमलम् अंबुभिः
न लिप्यते हि संश्लिष्टैर् देहैरात्मा तथैव च (31)

वसिष्ठ ने आगे कहा :

शरीर और आत्मा के बीच भ्रम दूर करो तो तुम्हें तत्क्षण शांति प्राप्त होगी। जिस प्रकार सोने का डला कभी कीचड़ में विकृत नहीं होता उसी प्रकार आत्मा भी कभी शरीर में विकृत नहीं होती। मैं हाथ उठाकर घोषणा करता हूँ : "आत्मा एक वस्तु है और शरीर दूसरी। ठीक वैसे ही जैसे जल एक वस्तु है और कमल दूसरी।" पर मेरी बात कोई सुनता ही नहीं। जब तक जड़ और निर्जीव मन सुख के मार्ग पर चलता रहेगा तब तक सांसारिक भ्रम रूपी अंधकार दूर नहीं हो सकता। परंतु जिस क्षण कोई जाग्रत हो उठता है, और आत्मा की प्रकृति का अनुसंधान करने लगता है तो यह अंधकार तत्क्षण दूर हो जाता है। इसलिए शरीर में रहनेवाले इस मन को निरंतर जगाने का प्रयत्न करते रहना चाहिए जिससे सांसारिक भ्रम रूपी अंधकारजन्य दुखों से बचा जा सके।

जिस प्रकार आकाश उन धूलकणों से प्रभावित नहीं होता जो उसमें उड़ते हैं, उसी प्रकार आत्मा भी शरीर से अप्रभावित रहती है। जीव झूठमूठ ही सुख और दुख के अनुभव की कल्पना वैसे ही करता है जैसे धूलकणों से आकाश का प्रदूषित होना समझ लिया जाता है। तथ्य तो यह है कि सुख और दुख न तो शरीर से संबद्ध हैं और न उस आत्मा से ही जो हर जगह व्याप्त है। ये दोनों तो सिर्फ अज्ञान से संबद्ध हैं। उनकी हानि कोई हानि नहीं। किसी से न तो सुख का संबंध है न दुख का ही। सब-कुछ आत्मा ही है जो निश्चित रूप से परम शांति है और असीम है। इस बात को समझो।

आत्मा और संसार न तो समान ही हैं और न भिन्न अर्थात् द्वैत ही। यह सब-कुछ सत्य का ही परावर्तन है। एक ही ब्रह्म विद्यमान है। "मैं इससे भिन्न हूँ" मात्र कल्पना है। हे राम, इस कल्पना को छोड़ो।

जीव जब अपने अंदर झाँकता है तो उसे असीम चेतना के दर्शन होते हैं। अतः वहाँ न दुख है न भ्रम ही न सृष्टि है न प्राणी ही। जो है, सो है। हे राम, दुखों से अलग रहो। द्वैत से भी अलग रहो। दृढ़तापूर्वक अपनी आत्मा में स्थित रहो। यहाँ तक कि अपने कल्याण की बात भी छोड़ दो। भीतर शांति रहे और मन स्थिर रहे। तुम्हारे मन में दुख प्रवेश न करे। आंतरिक नीरवता में स्थित रहो। अपने हठीले विचारों से निस्संग रहो। मन में किसी प्रकार की इच्छा उत्पन्न न होने दो। जो बिना चाहे ही मिले उससे संतुष्ट रहो। सहज रूप से रहो। न कुछ प्राप्त करने के लिए प्रयत्न करो न कुछ त्यागने के लिए ही। सब तरह के मानसिक विकारों से मुक्त रहो और भ्रम की अंधी छाया से भी बचो। अपनी आत्मा में ही संतुष्ट रहो। फिर सभी तरह के दुखों से मुक्त हो जाओगे। जैसे समुद्र फैला रहता है वैसे ही तुम भी आत्मा में समुद्र की तरह फैले रहो। आत्मा को उसी प्रकार आत्मा में आनंद लेने दो जिस प्रकार पूर्णिमा के चाँद की किरणें आनंदित रहती हैं।

20

मई

केचित्त्वकर्मणि रता विरतापि कर्मणः
नरकान्नरकं यान्ति दुःखाद् दुःखं भयाद्भयम् (16/3)

वसिष्ठ ने कहा :

जिस प्रकार स्फटिक के आस-पास होनेवाले पदार्थों का प्रतिबिंब बिना उनकी इच्छा के ही उस स्फटिक से परावर्तित होता है उसी प्रकार सभी कर्म भी चेतना की विद्यमानता के कारण ही घटित होते हैं। इस तथ्य को जान लेनेवाला ही मुक्त होता है। परंतु मानव शरीर प्राप्त करके भी जो संकल्पपूर्वक कर्म करने में प्रवृत्त होते हैं वे नरक से स्वर्ग और स्वर्ग से नरक आते-जाते रहते हैं।

ऐसे लोग जो कर्म करने के पक्ष में ही नहीं अथवा सभी कर्मों से मानो मुख मोड़ लेते हैं, वे एक नरक से दूसरे नरक जाते हैं, उन्हें कभी कोई न कोई दुख रहता ही है और कभी कोई न कोई भय सताता ही रहता है। कुछ को अपनी प्रवृत्तियों और इच्छाओं के फलभोगों से बँधना पड़ता है। वे कीड़े-मकोड़ों की तरह जन्म लेते हैं, फिर पौधे और वृक्ष बनते हैं, फिर कीड़े-मकोड़े बनते हैं। परंतु जो आत्मा को जान लेते हैं, वे भाग्यवान होते हैं। वे मन की प्रकृति का अनुसंधान करते हैं और सभी प्रकार की लालसाओं पर विजय प्राप्त कर लेते हैं। वे चेतना के उच्च स्तरों की ओर बढ़ते हैं।

अब जिसने जन्म लिया हुआ है उसमें प्रकाश (सात्विक गुणों) की प्रधानता के साथ-साथ थोड़ी सी मलिनता (राजसिक गुण) भी मिली हुई है। जन्म से वह शुभ कर्म करता है। उसमें आपसे आप सद्ज्ञान का प्रवेश होता है। मैत्री, दया, बुद्धिमत्ता, उपकार, उदारता आदि गुण उसका अनुसरण करते हैं और उसे अपना आवास बनाते हैं। वह सभी उपयुक्त कर्म करता है, परंतु उनका फल अच्छा होता है या बुरा इससे उस पर कोई प्रभाव नहीं होता और न वह उससे हर्षित या दुखी ही होता है। उसका हृदय स्वच्छ है। लोगों में उसकी अत्यधिक पूछ होती है।

इस प्रकार जिसमें सभी उत्तम गुण होते हैं, वह आत्मज्ञानी गुरु की शरण ग्रहण करता है। गुरु उसे आत्मज्ञान के पथ पर अग्रसर करता है। तब उसे आत्मा का बोध होता है। यह ब्रह्मांडीय शक्ति है। इस प्रकार मुक्त व्यक्ति का अंतर्ज्ञान जाग्रत हो उठता है। अभी तक यह सुप्त अवस्था में था। यह जाग्रत अंतर्ज्ञान तत्क्षण पहचान लेता है कि मैं असीम चेतना हूँ। आंतरिक प्रकाश के प्रति निरंतर सचेत रहते हुए व्यक्ति पूर्ण निर्मल स्थिति प्राप्त कर लेता है।

हे राम, विकास का यही सामान्य क्रम है। इस नियम के कुछ अवाद भी हैं। जिन्होंने इस संसार में जन्म लिया होता है उन्हें मुक्ति की प्राप्ति दो तरह से होती है। एक तो गुरु के द्वारा निर्दिष्ट पथ पर धीरे-धीरे चलने पर और दूसरे आत्मज्ञान का सहसा उसके हृदय में उत्पन्न होने पर।

आत्मज्ञान की प्राप्ति के इस दूसरे प्रकार के संबंध में मैं तुम्हें एक पुरानी कथा सुनाता हूँ। ध्यान से सुनो।

21

मई

उपशमसुखमाहरेत् पवित्रं सुशमवतः शममेति साधुचेतः
प्रशमितमनसः स्वके स्वरूपे भवति सुखे स्थितिरुत्तमा चिराय (18)

वसिष्ठ ने आगे कहा :

हे राम, विदेह राज्य में एक अत्यंत दूरदृष्टि संपन्न नरेश शासन करता था। उसका नाम जनक था। जो भी उसके पास आता था वह उसकी इच्छा पूरी करता था। उसकी उपस्थिति में उसके मित्रों के हृदय कमल की तरह खिल उठते थे। वह उनके लिए सूर्य के तुल्य था। वह अपने समस्त प्रजाजनों का हितैषी था।

एक दिन वह अपने उद्यान में सुखपूर्वक विचरण कर रहा था। उसके कानों में ऋषियों-मुनियों के उत्तम वचन पड़े :

हम बिना भेद बुद्धि या संकल्पना के पदार्थों (अनुभवों) के संपर्क में आनेवाले द्रष्टा (अनुभवकर्ता) की आत्मा का चिंतन करते हैं जो आनंद के विशुद्ध अनुभव के रूप में अपने को प्रकट करती है।

हम उस प्रकाश का चिंतन करते हैं जो प्रकाश करनेवालों को प्रकाशमान करता है। यह प्रकाश रूपी आत्मा 'है' और 'नहीं है' की दोनों संकल्पनाओं से परे है या इन दोनों के बीच में है।

हम उस सत्ता का चिंतन करते हैं जिसमें हर पदार्थ विद्यमान है, सभी पदार्थ उसी के हैं, तथा जिसमें से सब-कुछ उत्पन्न होता है। जो सभी का कारण है और जो सब-कुछ है।

हम उस आत्मा का चिंतन करते हैं जो संपूर्ण भाषा और अनुभव का आधार है। जिसमें अ से ह तक का विस्तार क्षेत्र है और जिसे 'अहं' से अभिहित किया जाता है।

दुख की बात है कि लोग पदार्थों के पीछे भागते हैं, मूर्खतावश उस परमात्मा को छोड़ बैठते हैं जो सबके हृदय रूपी कंदरा में बैठा हुआ है।

पदार्थों की असारता समझ लेने पर भी जो उनसे चिपका रहता है वह मनुष्य नहीं।

बुद्धि रूपी दंड से अपनी हर लालसा को भगा देना चाहिए भले ही वह हृदय में उत्पन्न हुई हो या उत्पन्न होने को हो।

व्यक्ति को शांति से प्रवाहित होनेवाले आनंद से आनंदित होना चाहिए। जिसका मन पूर्णतः नियंत्रित होता है वह दृढ़ता से शांति में स्थित होता है। जब इस प्रकार हृदय शांति में स्थित होता है तब विशुद्ध आनंद बिना किसी प्रकार के विलंब के आत्मा से उत्पन्न होता है।

22

मई

अरज्जुरेव बद्धोहम् अपंकोस्मि कलंकितः
पतितोस्म्युपरिष्ठोपि हा ममात्मन् हता स्थितिः (16)

वसिष्ठ ने कहा :

ऋषियों के वचन सुनकर राजा जनक अत्यधिक दुखी हुआ। उद्यान में विचरण छोड़कर महल को लौट पड़ा। अपने परिचरों को अपने कक्ष से उसने हटा दिया और एकांत में जा बैठा।

राजा जनक ने अपने से कहा :

दुख की बात यह है कि मैं एक पत्थर की तरह इस दुख भरे संसार में लुढ़क रहा हूँ। इस अनंत काल में मेरा जीवनकाल है ही कितना? फिर भी मैंने उसके प्रति मोह उत्पन्न कर रखा है। धिक्कार है इस मन पर। इस पूर्ण जीवनकाल में राजसत्ता का महत्त्व ही क्या है? लेकिन मूर्ख की भाँति मैं सोचता हूँ कि उसके बिना रह ही नहीं सकता। मेरा जीवनकाल है तो एक क्षुद्र क्षण के समान ही। अनंतकाल पहले भी था और बाद में भी चलता रहेगा। मैं कैसे इसका सदुपयोग करूँ?

कौन है वह जादूगर जिसने भ्रम रूपी संसार उत्पन्न किया है और इस प्रकार मुझे भ्रमित किया है। मैं भी इतना कैसे भ्रमित हुआ हूँ। जो समीप है और जो दूर है वह सब मेरे मस्तिष्क में है। मैं सभी बाहरी पदार्थों का भय त्यागूँगा। मुझे ज्ञात है कि सांसारिक व्यस्तता अंतहीन दुखों की जननी है। मैं सुख की क्या आकांक्षा करूँ? क्षण पर क्षण, दिन पर दिन महीने पर महीने और वर्ष पर वर्ष बीतते चलते हैं और मैं देख रहा हूँ कि सुख आता है और अपने साथ दुख भी लाता है। दुख पर दुख निरंतर आते ही रहते हैं।

जो कुछ भी इस संसार में दिखाई देता या अनुभव में आता है वह सब बदलता और नष्ट होता रहता है। संसार में ऐसा कुछ भी नहीं जिस पर ज्ञानी भरोसा कर सकें। आज जो आकाश को छू रहे हैं वे कल पैरों तले रुँधेंगे। हे मेरे मूर्ख मन, इस संसार में किस पर विश्वास किया जाए?

मैं बिना रस्सी के बँधा हूँ, बिना मलिनता के मैं दागी हूँ। शिखर पर होते हुए भी मैं गिरा हुआ हूँ। हे मेरी आत्मा, यह कैसा रहस्य है। जिस प्रकार सदा चमकते रहनेवाले सूर्य के सम्मुख तिरता हुआ बादल का टुकड़ा आ जाता है ठीक वैसे ही मुझे अपनी ओर रहस्यमय विभ्रम तिरता हुआ आता दिखाई दे रहा है। ये मित्र और संबंधी क्या हैं? ये सुखभोग क्या है? जिस प्रकार बालक भूत को देखकर भयभीत हो उठता है उसी प्रकार मैं इन परिजनों से भयभीत हूँ। मैं जानता हूँ कि ये परिजन वह रस्सी हैं जिसने मुझे इस बुढ़ापे, मौत आदि से बाँध रखा है। मैं अभी भी उनसे चिपका हूँ। ये परिजन रहें या नष्ट हों, मुझे इनसे क्या लेना-देना? बड़ी-बड़ी घटनाएँ हुईं और बीतीं, बड़े-बड़े लोग आए और गए-छोड़ बस पीछे स्मृति ही गए। आखिर किस पर अब भरोसा किया जाए? यहाँ तक कि देवता और त्रिदेव भी लाखों बार आए और गए। क्या स्थायी है आखिर इस ब्रह्मांड में? मात्र झूठी आशा ही व्यक्ति को दृश्य संसार रूपी दुःस्वप्न से बाँधे हुए हैं। धिक्कार है इस दयनीय स्थिति पर!

23

मई

काकतालीययोगेन संपन्नायां जगत्स्थितौ
धूर्तेन कल्पिता व्यर्थं हेयोपादेयभावना (49)

राजा जनक ने कहा :

'मैं यह हूँ, मैं वह हूँ' की मिथ्या भावना उत्पन्न करनेवाली अहं रूपी चुड़ैल ने मुझे भ्रमित कर मूर्ख बना रखा है। यह जानते हुए भी अगणित देवताओं और त्रिदेवों को भी काल न रौंद डाला है, मैं तब भी जीवन से प्यार करता हूँ। दिन और रात व्यर्थ की लालसाओं की पूर्ति में व्यतीत हो रहे हैं परंतु असीम चेतना के आनंद की अनुभूति हुई ही नहीं। दुख पर दुख भोगता रहा परंतु वैराग्य मन में उत्पन्न न हुआ।

किसे उत्तम और वांछनीय कहूँ? जिसे भी किसी ने दिल में बसाए रखा वह तो नष्ट हुआ ही साथ ही उसने और अधिक दुखी भी किया। दिनोंदिन लोग इस संसार में पाप और हिंसा की दलदल में और गहरे उतरते चल रहे हैं और इस प्रकार उन्हें भी अधिक दुख का अनुभव हो रहा है। बचपन अज्ञान में नष्ट हो गया, जवानी सुखों की लालसा में व्यर्थ गई और जीवन का शेष भाग पारिवारिक चिंताओं में खप गया। मूर्ख व्यक्ति ने इस जीवन से आखिर पाया ही क्या!

यदि कोई धार्मिक अनुष्ठान करता है तो वह अधिक से अधिक स्वर्ग ही तो जाएगा। इससे अधिक उसे कुछ मिलनेवाला नहीं। स्वर्ग क्या है? वह पृथ्वी पर है या पाताल में? फिर कोई ऐसा स्थान भी है क्या जहाँ दुख न हो? दुख ही सुख लाता है और सुख उसी पर सवार होकर और दुख लाता है। धरती का रोम-रोम प्राणियों के शवों से भरा है और इसी कारण धरती ठोस दिखाई देती है।

इस ब्रह्मांड में ऐसे भी जीव हैं जिन के आँख झपकने में लगनेवाला समय एक युग के समान होता है। इससे अपने जीवनकाल की तुलना ही क्या? यह ठीक है कि इस संसार के कुछ पदार्थ आह्लादकारी और टिकाऊ होते हैं परंतु वे अपने साथ अंतहीन चिंताएँ और दुश्चिंताएँ भी लाते हैं। संपदा सचमुच विपदा है और विपदा का मन पर पड़नेवाला प्रभाव वांछनीय भी हो सकता है। इस दृश्य संसार रूपी भ्रम का बीज है तो अकेला मन ही। यह मन ही 'मैं' और 'मेरा' का मिथ्याभाव उत्पन्न करता है।

इस संसार की उत्पत्ति उसी प्रकार संयोगवशात् होती है। जिस प्रकार कौए का नारियल के पेड़ पर बैठते ही नारियल गिर पड़ता है। कौए ने नारियल गिराया इस मिथ्या धारणा के समान ही यह मिथ्या धारणा उत्पन्न होती है कि इसे मुझे प्राप्त करना चाहिए तथा इसे अस्वीकृत कर देना चाहिए। इससे कहीं अच्छा हो कि इस दृश्य संसार में रहने के बजाए अपना समय एकांत में या नरक में बिताया जाए।

इच्छा या प्रेरणा ही इस दृश्य संसार का बीज है। मैं इस प्रेरणा को नष्ट करूँगा। मैंने सभी प्रकार के अनुभवों से सुख-दुख भोग लिया है। अब मैं विश्राम करूँगा। अब मैं और दुखी नहीं होऊँगा। मैं जाग गया हूँ। जिस चोर (मन) ने मेरी बुद्धि का हरण कर लिया है उसका वध करूँगा। मुझे ऋषियों से शिक्षा प्राप्त हुई है। अब मैं आत्मज्ञान प्राप्त करूँगा।

मई

स्थिते मनसि निष्कामे समे विगतरंजने
कायावयवजौ कार्यौं स्पन्दास्पन्दौ फले समौ (28)

वसिष्ठ ने कहा :

राजा जनक को इस प्रकार चिंतन में मग्न देखकर उनका अंगरक्षक उनके पास आया और कहने लगा : "महाराज, आपका यह समय राज के कार्यों के निर्वाह करने का है। आप की सेविकाओं ने आपके स्नान के लिए सुगंधित जल तैयार कर रखा है। पुरोहित स्नानागार के द्वार पर मंत्रों का उच्चारण करने के लिए खड़े हैं। स्वामी, उठें और जो करना है उसे करें क्योंकि दरबार के लोग सदा समय के पाबंद होते हैं और अपने कर्तव्य की उपेक्षा कदापि नहीं करते।" राजा अपने अंगरक्षक की बातों पर ध्यान दिए बिना ध्यान में मग्न रहा।

मैं राजदरबार और राजकीय कर्तव्यों का क्या करूँ जब मैं जान गया हूँ कि ये सब क्षणभंगुर हैं। मेरे लिए ये सब व्यर्थ हैं। मैं सभी कर्मों और कर्तव्यों को त्याग दूँगा और आत्मानंद में मग्न रहूँगा।

हे मन, इंद्रियसुख प्राप्त करने की अपनी ललक छोड़ो जिससे वृद्धावस्था और मृत्युजनित दुखों से बचा जा सके। तुम चाहे जिस स्थिति में रहकर खुश रहने की सोचो तुम्हें अंततः मिलना तो दुख ही है। अब इस पापमय, विलासप्रिय तथा बद्ध-मानसिकतावाले जीवन से तौबा! हे मन, उस आनंद की खोज करो जो प्राकृतिक भी है और तुममें अंतर्निहित भी।

(राजा को शांत देखकर अंगरक्षक भी शांत हो गया।)

किस चीज को पाने की खोज इस ब्रह्मांड में करनी चाहिए? वह कौन सा अनंत सत्य है जिस पर भरोसा किया जा सकता है? इससे क्या फर्क पड़ता है कि मैं कर्मों में व्यस्त रहूँ या निष्क्रिय होकर बैठ जाऊँ। कुछ भी तो इस संसार में स्थायी नहीं। कर्म करें या न करें, यह शरीर तो अस्थायी और सदा परिवर्तनशील ही रहेगा। जब बुद्धि समभाव में जड़ें जमा लेती है तब खोने को कुछ भी नहीं रहता?

जो मेरे पास नहीं उसे पाने की मुझे इच्छा नहीं और न ही जो बिना चाहे मुझे प्राप्त हुआ है उसे छोड़ना चाहता हूँ। मैं दृढ़तापूर्वक आत्मा में स्थित हूँ। अब जो मेरा है वह मेरा है। कुछ ऐसा नहीं जिसके लिए मैं प्रयत्नशील होऊँ और न कुछ करने से ही मिलने को है। कुछ करके या बिना कुछ किए जो कुछ प्राप्त होता है वह सब मिथ्या है। **जब मन इस प्रकार इच्छाहीनता में स्थित होता है, जब वह सुखों के फेर में नहीं पड़ता, जब शरीर और उसके सभी अंगअपना सामान्य कार्य करते हैं तो कर्म और अकर्म का अर्थ या महत्त्व समान ही होता है। अतः क्रियायों में संलग्न हुए बिना शरीर अपना स्वाभाविक धर्म निभाने लगता है तो कर्म और अकर्म के महत्त्व या अर्थ में अंतर नहीं रह जाता।** शरीर अपनी स्वाभाविक क्रियाएँ करता रहे कर्मों से दूर रहे तो अंततः शरीर विघटित हो जाएगा। जब मन 'मैं यह करता हूँ' तथा 'मैं इसका भोग करता हूँ' की धारणाओं को छोड़ देगा तब जो कर्म किए भी जाएँगे, तब वे अकर्म होंगे।

25

मई

चित्त चंचल संसार आत्मनो न सुखाय ते
शममेहि शमाच्छान्तं सुखं सारम् अवाप्यते (5)

वसिष्ठ ने कहा :

इस प्रकार चिंतन करते हुए राजा अपने आसन से उसी प्रकार उठा जिस प्रकार सूर्य क्षितिज पर उदित होता है और अपने राजकाज में जा लगा। अब उसे अपने कार्यों के प्रति मोह नहीं रहा। राजा ने प्रिय या अप्रिय वस्तुओं को चाहने या त्यागने की धारणाओं को छोड़ दिया, अपने को संकल्पों तथा लालसाओं से मुक्त कर लिया और अवसरानुकूल तत्क्षण कार्य करने लगा। ऐसा लगता था कि राजा गहरी नींद में हो परंतु वह रहता था पूर्ण जाग्रत अवस्था में ही। वह अपना दिन भर का कार्य करता, महात्माओं की पूजा–अर्चना भी करता और काम खत्म होने पर एकांत में चला जाता और पूरी रात ध्यान में डूबा रहता। यह सब–कुछ उसे स्वाभाविक और सरल लगने लगा था। उसके मन में किसी प्रकार का भ्रम या भ्रांति नहीं रह गई थी। अब वह पूरी तरह से समभाव में स्थित था। सुबह उठने पर भी उसकी यही स्थिति रहती थी?

राजा जनक ने अपने मन में यह सोचा :

हे मेरे अस्थिर मन, यह सांसारिक जीवन तुम्हारे लिए सच्चा सुख नहीं ला सकता। इसलिए समभाव की स्थिति प्राप्त करो। इस समभाव में ही तुम शांति, आनंद और सत्य का अनुभव कर सकोगे। जब तुम बिना अनुशासित हुए अपने अंदर उलटी बातें सोचने लगते हो तब तुम्हारे अंदर सांसारिक भ्रम फैलने लगता है। जब तुम सुख की इच्छा करते हो तब इस संसार रूपी भ्रम की असंख्य शाखाएँ फूटने लगती हैं। विचार ही है जो दृश्य संसार का महाजाल रचता है। अतः इस सनक को छोड़ो और समभाव प्राप्त करो। अपनी बुद्धि से तोलो कि इंद्रिय सुख अधिक मूल्यवान है या शांति का आनंद। तुम जिस सत्य तक भी पहुँचो, उसकी प्राप्ति करो। सभी आशाओं और प्रत्याशाओं को छोड़ो, कुछ पाने या छोड़ने की इच्छा को भी छोड़ो, और स्वतंत्र होकर विचरण करो। दृश्य संसार सत्य हो या मिथ्या, वह बने अथवा मिटे पर उसकी अच्छाई–बुराई से अपने समभाव को विक्षुब्ध मत होने दो। तुम्हारा कभी भी इस दृश्य संसार से सच्चा संबंध नहीं होनेवाला। यह संबंध तुम्हें अज्ञानवश ही सच्चा प्रतीत होता है। हे मन, तुम भी झूठे हो, और यह संसार भी झूठा है। इस प्रकार तुम दोनों का संबंध रहस्यमय ही कहा जाएगा। यह संबंध कुछ वैसा ही है जैसा बाँझ और उसके पुत्र में होता है। यदि तुम सोचते हो कि मैं सत् हूँ और जगत मिथ्या है तो तब दोनों में वैध संबंध हो ही कैसे सकता है? यदि दोनों सत् हैं तो फिर हर्ष और दुख का औचित्य ही क्या? दुख को छोड़ो, गहन ध्यान करो। इस संसार में कुछ भी ऐसा नहीं जो तुम्हें पूर्णता प्रदान कर सके। अतः साहस और धैर्य का आश्रय लो और अपने सनकीपन पर विजय प्राप्त करो।

26

मई

प्रज्ञयेह जगत् सर्वं संयगेवाङ्ग दृश्यते
संयग् दर्शनमायान्ति ना पादो न च संपदः (38)

वसिष्ठ ने आगे कहा :

राजा जनक इस सोचे-समझे ढंग से अपने कार्यों को अत्यंत दृढ़ता तथा साहसपूर्वक करने लगा। अब वह ऐसे निरंतर कार्य करता था जैसे गहरी निद्रा की अवस्था में किए जाते हैं।

आत्मज्ञान का प्रकाश (चिद्-आत्मा) उसके हृदय में उदित हुआ। अब उसमें दुख और मलिनता का लेश भी नहीं था। क्षितिज से उदित होनेवाले सूर्य की तरह उसमें तेजस्विता थी। वह ब्रह्मांड की हर वस्तु को वैसे ही देखता था जैसे वह वस्तु चिद्शक्ति में अवस्थित होती है। आत्मज्ञान प्राप्त होने पर वह हर वस्तु को उसे आत्मा में देखने लगा जो असीम और अनंत है। यह जान लेने पर कि घटित होनेवाली हर घटना स्वभावतः घटित होती है इसलिए वह उससे न आह्लादित होता था न दुखी ही। उसका समभाव अटूट था। वह जीते हुए मुक्त अर्थात् जीवनमुक्त हो चुका था। असीम चेतना में सदा स्थित रहने के कारण वह अकर्म की स्थिति में पहुँच चुका था यद्यपि औरों को वह विभिन्न कार्यों में सदा व्यस्त दिखाई देता था। जनक को जो कुछ प्राप्त हुआ था वह उसे स्वतः किए हुए अति परिश्रमपूर्ण अनुसंधान से प्राप्त हुआ था। इसी प्रकार हर व्यक्ति को सत्य की प्रकृति का अनुसंधान तब तक करना चाहिए जब तक उसका पार न पा ले।

आत्मज्ञान या सद्ज्ञान न तो गुरु की शरण में जाने से प्राप्त होता है, न शास्त्रों के अध्ययन से, न ही सुकर्मों से। जब ज्ञानियों तथा महात्माओं से प्रेरणा प्राप्त हो तभी अनुसंधान के द्वारा प्राप्त किया जाता है। अपनी अंतर्ज्योति ही एकमात्र साधन है, अन्य कोई साधन नहीं। जब इस अंतर्ज्योति को प्रज्वलित रखा जाता है तब जड़ता का अंधकार उसे प्रभावित नहीं करता।

कैसा भी कष्ट क्यों न हो अंतर्ज्योति रूपी ज्ञान के द्वारा उसका पार पाया जा सकता है। जिसे यह ज्ञान प्राप्त नहीं होता वह छोटी-मोटी कठिनाइयों से भी व्यथित रहता है। जिस शक्ति और ऊर्जा को लोग सांसारिक क्रियाकलापों में लगाते हैं उसे ज्ञान की प्राप्ति में लगाना चाहिए। इसका उपयोग सबसे पहले तो बुद्धि की जड़ता को नष्ट करने में होना चाहिए। क्योंकि यही सभी दुखों और विपत्तियों की जड़ तो है ही साथ ही दृश्य संसार को रूपायित करनेवाला बीज भी यही है। यह ज्ञान या अंतर्ज्योति उस परम पत्थर (पारस) की तरह है जो स्वामी को वह सब-कुछ प्राप्त करा देता है जिसकी वह कल्पना भर करता है। जब किसी की बुद्धि इस अंतर्ज्योति से सही ढंग से निर्देशित होती है तो वह दूसरे किनारे पर जा पहुँचता है। यदि नहीं भी पहुँचता तो भी बाधाओं पर विजय पा लेता है।

जिस ज्ञानी व्यक्ति का मन भ्रमित नहीं होता उस तक दोषों, बुराइयों तथा इच्छाओं की पहुँच नहीं होती। **अंतर्ज्योति (ज्ञान) के द्वारा संपूर्ण संसार ठीक वैसा दिखने लगता है जैसा कि वह वास्तव में है। ऐसे व्यक्ति तक सौभाग्य या दुर्भाग्य की भी पहुँच नहीं होती।** आत्मा को आच्छादित करनेवाले अहं के अंधकार को ज्ञान (अंतर्ज्योति) ही दूर करता है। जो चेतना की सर्वोपरि अवस्था में पहुँचना चाहता है उसे पहले ज्ञान की प्राप्ति के द्वारा मन को शुद्ध करना चाहिए या अंतर्ज्योति को जगाना चाहिए।

मई

धावमानमधो भागे चित्तं प्रत्याहरेद् बलात्
प्रत्याहारेण पतितमधो वारीव सेतुना (30)

वसिष्ठ ने कहा :

हे राम जैसे जनक ने आत्मा की प्रकृति का अनुसंधान किया वैसे तुम भी अनुसंधान करो। इसमें न देवता सहभागी होते हैं न अनुष्ठान, न धन, और न संबंधी ही। जो लोग संसार रूपी माया से भयभीत हैं उन्हें प्रयास द्वारा आत्मा का अनुसंधान करके आत्मज्ञान प्राप्त करना चाहिए। इस माया रूपी संसार–सागर से पार तभी उतरा जा सकता है जब व्यक्ति अपने को परम ज्ञान में स्थित कर ले, उसे मात्र आत्मा ही आत्मा दिखाई दे और उसका इंद्रियबोध रंजित न हो।

राजा जनक को कैसे आत्मज्ञान प्राप्त हुआ इसका मैंने वर्णन तुमसे किया है। तुम्हें ऐसा लगा होगा कि यह उसकी झोली में ईश्वरीय कृपा से आ पड़ा हो। जब 'मैं यह हूँ या वह हूँ' की सीमित बद्ध–मानसिकता समाप्त हो जाती है तब सर्वव्यापी असीम चेतना का उदय होता है। अतः हे राम, तुम भी अपने मन से मिथ्या और काल्पनिक अहं की धारणा निकाल दो। जब तुम्हारे हृदय से अहं का भाव निकल जाएगा तब निश्चित रूप से आत्मज्ञान का प्रकाश उदित होगा।

जो जानता है 'मैं नहीं हूँ', 'न कोई और ही विद्यमान है', और न 'सत्ता का अभाव ही है' ऐसे व्यक्ति की बुद्धि स्थिर होती है और उसमें संग्रह वृत्ति भी नहीं होती। हे राम, यहाँ संग्रह की लालसा और अवांच्छित से बचने की चिंता के अतिरिक्त और कोई बंधन नहीं। जिनमें संग्रहण और परित्याग की वृत्तियाँ नष्ट हो जाती हैं उनमें किसी वस्तु को प्राप्त करने या उसका परित्याग करने की इच्छा फिर नहीं होती। जब तक इन वृत्तियों का नाश नहीं होता तब तक मन पूर्ण समभाव की स्थिति को प्राप्त नहीं होता। जब तक कोई सोचता है कि 'यह वास्तविक है' और 'यह अवास्तविक है' तब तक उसके मन को शांति और समभाव का अनुभव नहीं होता। मन में तब तक समभाव, पवित्रता और वैराग्य कैसे उत्पन्न हो सकते हैं जब तक अच्छे और बुरे, लाभ और हानि संबंधी विचार मन में उत्पन्न होंगे? जब सब जगह ब्रह्म ही है तब कैसे कहा जा सकता है कि वह सही है या गलत?

अनिच्छा, अभय, स्थिरता, समभाव, ज्ञान, निर्मोह, अकर्म, अच्छाई, अविकृति, साहस, धैर्य, मैत्री, बुद्धिमत्ता, संतोष, भलमनसत और मधुर भाषण ये सभी गुण उस व्यक्ति के लिए सहज और स्वाभाविक हैं जिसमें संग्रह और परित्याग की वृत्तियाँ नहीं हैं।

मन को नीचे की ओर प्रवृत्त होने से वैसे ही रोकना चाहिए जैसे जल को बाँध बनाकर नीचे की ओर जाने से रोका जाता है। मन को मन से ही काट दो। पवित्रता की स्थिति प्राप्त होने पर उसी में स्थित रहना चाहिए। समभाव में स्थित होना चाहिए और सभी स्थितियों में चाहे कुछ हो उपयुक्त आचरण करना चाहिए। संकल्पहीन जीवन जाना चाहिए। परमात्मा की प्रकृति भी ऐसी है। सभी कर्मों का वह कर्ता भी है और अकर्ता भी।

28

मई

चेत्येन रहिता यैषा चित् तद् ब्रह्म सनातनं
चेत्येन सहिता यैषा चित् सेयं कलनोच्यते (53)

वसिष्ठ ने आगे कहा :

तुम आत्मा अर्थात् सब-कुछ के जाननेवाले हो। तुम अजन्मे हो; तुम परमात्मा हो, तुम उस आत्मा से भिन्न नहीं हो जो हर एक पदार्थ में व्याप्त है। जिसने इस विचार को छोड़ दिया है कि आत्मा से भिन्न कोई पदार्थ नहीं होता वह सुख और दुख से उत्पन्न दोषों के अधीन नहीं होता। वह योगी कहा जाता है। जिसकी यह धारणा पक्की है कि मात्र असीम चेतना ही विद्यमान है वह भोग-संबंधी विचारों से तत्क्षण मुक्त हो जाता है। इसलिए वह शांत और संयत रहता है। धर्मशास्त्रों के ज्ञानी अध्येताओं का मत है कि चेतना में होनेवाली ऊर्जा की काल्पनिक गति ही मन है। और मन की (साँप की सिसकारी की तरह) अभिव्यक्तियाँ ही विचार हैं। **संकल्पना से रहित चेतना ही अनंत परमब्रह्म है तथा चेतना और संकल्प का योग ही विचार है।** कहने के लिए इसका अल्पांश हृदय में वास्तविकता के रूप में स्थित रहता है। इसे ही ससीम ज्ञान या वैयक्तिक चेतना कहते हैं। तो भी यह सीमित चेतना बहुत जल्दी अपनी मूल चेतन प्रकृति को भुला देती है और अपने को जड़ मान लेती है। फिर ग्रहण और परित्याग संबंधी अंतर्निहित प्रवृत्तियों के कारण यह विचारशक्ति का रूप धारण कर लेती है।

यह विचारशक्ति जब तक अंतर्ज्ञान से युक्त नहीं होती तब तक किसी को भी जानती-समझती नहीं और इसे जो कुछ विचारों के माध्यम से ज्ञात होता है वह वास्तविकता नहीं होता। ये विचार भी जो महत्ता प्राप्त करते हैं वह चेतना से ही होता है। इस मँगनी के ज्ञान से ब्रह्मांडीय चेतना के सूक्ष्म कण भर का ही ज्ञान होता है। मन तभी पूर्ण रूप से खिलता है जब असीम का प्रकाश उसे प्रकाशित करता है। विचार यद्यपि बुद्धिमत्तापूर्ण प्रतीत होता है परंतु वह कुछ वास्तविक चिंतन करने में असमर्थ होता है। ठीक वैसे ही जैसे ग्रेनाइट की बनी नर्तक की मूर्ति आदेश पर नृत्य नहीं करती। क्या युद्ध का परिचायक तैलचित्र युद्धरत् सेनाओं का कोलाहल उत्पन्न कर सकता है? क्या शव उठ खड़ा होता और दौड़ने लगता है? क्या शिला पर कुरेदी हुई सूर्य की मूर्ति अंधकार दूर कर सकती है? इसी प्रकार जड़ मन भी कर ही क्या सकता है! मन तभी प्रखर और सक्रिय होता है जब वह चेतना के अंर्तप्रकाश से युक्त होता है।

अज्ञानी लोग गलती से प्राणशक्ति को मन मान लेने की भूल करते हैं परंतु प्राणशक्ति प्राणों से अधिक कुछ नहीं। जिनकी बुद्धिमत्ता विचारों से न विच्छिन्न होती है और न बद्ध-मानसिकता वाली होती है उनमें जो तेजस्विता होती है वह आत्मा या परमात्मा की ही होती है।

आत्मा में होनेवाली प्राणशक्ति की कुछ क्रियाओं से जब बुद्धि एकाकार हो जाती है (तब उसमें 'यह मैं हूँ' और 'यह मेरा है' की धारणाएँ उत्पन्न होती हैं) तब उसे जीव या जीवित आत्मा कहते हैं। बुद्धि, मन, जीव आदि नामों का प्रयोग ज्ञानी लोग भी करते हैं। तात्विक दृष्टि से ये भी वास्तविक नहीं है। सच्चाई यह है कि मन है ही नहीं, बुद्धि है ही नहीं, कोई शरीरधारी प्राणी है ही नहीं-एक आत्मा ही है जो हर समय विद्यमान रहती है। क्योंकि यह अति सूक्ष्म है, इसलिए लगता है कि इसका अस्तित्व भी नहीं यद्यपि यही अस्तित्व में है।

29 मई

प्राणशक्तौ निरुद्धायां मनो राम विलीयते
द्रव्यच्छायानु तद् द्रव्यं प्राणरूपं हि मानसं (83)

वसिष्ठ ने कहा :

परमात्मा में उठनेवाला विचार ही वैयक्तिक चेतना होता है। जब विचार और वैयक्तीकरण से चेतना मुक्त होती है, तब मुक्ति होती है। असीम चेतना में उठनेवाला विचार ही इस दृश्य संसार का एकमात्र कारण या बीज होता है जो कुछ मात्रा में सीमित वैयक्तिक चेतना को भी उत्पन्न करता है। इस प्रकार चेतना जब अपनी नितांत निष्क्रिय स्थिति से आगे बढ़ती है तब वह विचारों से कलुषित हो उठती है, तब चिंतन शक्ति उत्पन्न होती है और मन ब्रह्मांड के बारे में सोचने लगता है।

हे राम, जिस प्रकार प्राण शक्ति को नियंत्रित करने पर मन भी नियंत्रित हो जाता है, ठीक वैसे ही किसी पदार्थ को (कहीं से) हटा दिए जाने पर (वहाँ से) छाया भी चली जाती है। इसी प्रकार जब प्राणशक्ति को नियंत्रित किया जाता है तो मन भी नहीं रह जाता। प्राणशक्ति में होनेवाली हलचल के कारण ही व्यक्ति को किसी अन्य स्थान पर हुए अनुभवों का स्मरण हो आता है। इसको मन इसलिए कहते हैं कि यह प्राणशक्ति की हलचल को अनुभूत करता है। प्राणशक्ति पर जिन उपायों से नियंत्रण कर सकते हैं वे इस प्रकार हैं—अनासक्ति या वैराग्य के द्वारा, प्राणायाम के द्वारा, प्राणशक्ति की हलचल के फलस्वरूप अनुसंधान के द्वारा, दुख का अंत करनेवाले बुद्धिमत्तापूर्ण उपायों के द्वारा और परम सत्य के अनुभव या प्रत्यक्ष ज्ञान के द्वारा।

मन के लिए संभव है कि वह पत्थर में भी बुद्धि के अस्तित्व को स्वीकार कर ले। परंतु मन में नाम को भी बुद्धि नहीं होती। गतिशीलता प्राणशक्ति से संबद्ध होती है जो होती है जड़। बुद्धि या चेतना आत्मा से संबद्ध होती है जो विशुद्ध होती है तथा होती है असीम रूप से सर्वव्यापक भी। यह कहना कि इन दोनों घटकों में संबंध मन स्थापित करता है, यह भी सही नहीं। अतः जो भी ज्ञान उत्पन्न होता है वह मिथ्या संबंध से उत्पन्न होने के कारण मिथ्या होता है। यही अज्ञान है, माया है या ब्रह्मांडीय भ्रम है। यही दृश्य संसार रूपी भयावह विष को जन्म देता है।

प्राणशक्ति और आत्मा में होनेवाला संबंध काल्पनिक है। यदि इसकी कल्पना न की जाए तो दृश्य संसार भी नहीं होगा। प्राणशक्ति चेतना के संपर्क में आने के फलस्वरूप चेतना हो जाती है और संसार उसे पदार्थ के रूप में दिखाई देने लगता है। परंतु है यह सब उसी प्रकार अवास्तविक ही, जिस प्रकार बालक को होनेवाले भूत का अनुभव। असीम चेतना में होनेवाली हलचल ही मात्र सत्य होती है। क्या असीम चेतना किसी ससीम घटक से प्रभावित हो सकती है? हम भी कह सकते हैं कि क्या क्षुद्र व्यक्ति किसी श्रेष्ठ व्यक्ति को दबा सकता है? अतः हे राम, सत्य यह है कि न मन ही है और न ससीम चेतना ही। जब इस सत्य को भली भाँति समझ लिया जाता है तो झूठमूठ कल्पित किया हुआ मन नष्ट हो जाता है। अपूर्ण जानकारी के कारण ही मन दिखाई देता है और जब यह अपूर्ण जानकारी समाप्त हो जाती है तब मन भी समाप्त हो जाता है।

30

मई

जडत्वान् निःस्वरूपत्वात् सर्वदैव मृतं मनः
मृतेन मर्यते लोकश्चित्रेयं मौर्ख्यचक्रिका (13/100)

वसिष्ठ ने आगे कहा :

यह मन जड़ है कोई वास्तविक ईकाई नहीं। अतः यह सदा से मृत है। परंतु इस संसार में इस मृत पदार्थ के द्वारा प्राणी मारे जाते हैं। यह मूर्खता भी कितनी रहस्यमयी है ! मन के पास न आत्मा है, न शरीर है, न कोई सहायक ही है, और न अपना स्वरूप ही, फिर भी वह संसार की हर वस्तु का भक्षण करता है। यह सचमुच बहुत बड़ा रहस्य है। जो यह कहता है कि उसे मन ने नष्ट कर डाला है उसके कथन में रत्ती भर भी वास्तविकता नहीं। यह तो वही बात हुई कि कमल की पंखुड़ी ने किसी के सिर को कुचल डाला हो। किसी का यह कहना कि मूक-बधिर और दृष्टिविहीन जड़ मन से घायल हुआ हूँ वैसा ही है जैसा कि पूर्णिमा की चाँदनी से जल गया हूँ। सचमुच यह विचित्र बात है कि इस अवास्तविक और मिथ्या मन को प्राणी सशक्त करने में लगे रहते हैं।

अविद्यमान मन से निर्मित यह संसार ठीक ऐसे ही किसी अन्य अविद्यमान मन के द्वारा नष्ट कर दिया जाता है। यह भ्रामक दृश्य संसार मन से भिन्न नहीं है। जो मन की वास्तविक प्रकृति को समझने में असमर्थ हो वह शास्त्रों में उल्लिखित सत्य के द्वारा प्रशिक्षित भी नहीं हो पाता। ऐसा मन भय से भरा होता है। वह वीणा की मधुर तरंगों से डरता है और बगल में सोए हुए अपने ही व्यक्ति से भी भयभीत रहता है। वह किसी का ऊँचा स्वर सुनकर भी काँप उठता है और स्थान छोड़कर भाग खड़ा होता है। अज्ञानी व्यक्ति अपने विभ्रमित मन के द्वारा ही बँधा जकड़ा होता है।

हे राम, मेरी शिक्षाएँ ऐसे लोगों के लिए नहीं जिनकी बुद्धि इस मायावी जगत को सत्य मानने के कारण कुंठित हो चुकी हों। तथा जो संसार के सुखभोगों के लिए निरंतर प्रयत्नशील रहते हों। मूर्ख व्यक्ति प्रयत्न करके भी किसी ऐसे व्यक्ति को मनोरम वन कैसे दिखाएगा जो देखने के लिए तैयार ही न हो? उस आदमी को विभिन्न सुगंधों का ज्ञान कराने का प्रयास कौन करेगा जिसकी नाक कोढ़ के कारण गल चुकी हो? तत्त्वज्ञान की सूक्ष्म बातें किसी पियक्कड़ को कौन समझा सकता है? चिता पर रखे हुए शव से गाँव संबंधी विषयों की पूछताछ कौन कर सकता है? इसी प्रकार ऐसे अज्ञानी व्यक्ति को शिक्षित नहीं किया जा सकता जिसका मन बहरा और अंधा हो।

वैयक्तिक आत्मा अर्थात् जीव एक ऐसा शब्द है जिसने लोगों की बुद्धि को चकरा दिया है। वैसे तो ससीम या वैयक्तिक चेतना भी मिथ्या कल्पना है। आखिर वह भी क्या कर सकती है? अज्ञानी लोगों के भाग्य को देखकर तरस आता है। ये मन के कारण दुख भोगते हैं क्योंकि वह अपना अस्तित्व संबंधी निराधार आवरण खड़ा कर लेता है जबकि अस्तित्व मात्र सत्य का ही होता है।

इस संसार में मूर्ख दुख पाने या नष्ट होने के लिए जन्म लेते हैं। प्रतिदिन लाखों-करोड़ों मच्छरों की जान वायु ले लेती है। छोटी से छोटी च्यूँटी से लेकर बड़े से बड़े देवता सभी जन्म-मरण के अधीन हैं। हर क्षण असंख्य जीव जन्म लेते हैं। यह सब चलता है भले ही वे चाहें या न चाहें, सुखी हों अथवा दुखी हों। समझदारी इसी में है कि जो होनहार है उसके लिए दुखी या सुखी न हों।

31

मई

अदृश्यैवात्ति मांसास्थिरुधिरादि शरीरकात्
मनोबिलविलीनैषा तृष्ण त्रलवानि नृणां (15/8)

वसिष्ठ ने कहा :

हे राम, जिनका व्यवहार पशुवत् होता है उन्हें शिक्षित नहीं किया जा सकता क्योंकि वे पशुओं की तरह अपने गले पड़े हुए मन रूपी रस्से से खिंचे चले जाते हैं। इसलिए ज्ञानी लोग ऐसे लोगों को शिक्षा देने की नहीं सोचते जिन्होंने अपने मन को जीता नहीं होता। ऐसे लोग हर तरह से दयनीय होते हैं। इसके विपरीत ज्ञानी लोग ऐसे लोगों के दुख दूर करने का प्रयत्न करते हैं जिन्होंने अपने मन पर विजय प्राप्त कर ली होती है और आत्मानुसंधान करने के लिए परिपक्व होते हैं।

जब चेतना में वस्तुनिष्ठा का विचार उत्पन्न होता है तो वह सीमित और आबद्ध हो जाती है। यह बंधन है। जब तुम वस्तुनिष्ठा को त्याग देते हो तब तुम मनविहीन हो जाते हो। यही मुक्ति या मोक्ष है। द्रष्टा रूपी आत्मा और दर्शन रूपी संसार के मध्य में तुम दृश्य हो। यह अनुभूति तुम्हें सदा रहनी चाहिए। ज्ञाता और ज्ञान के बीच में तुम ज्ञेय हो। यह जानकारी ही आत्मज्ञान है।

जब आत्मा अपने को भूलकर दृश्य तथा अनुभूत पदार्थों से तादात्म्य स्थापित कर लेती है तो वह अशुद्ध और मलिन हो जाती है। फिर लालसा रूपी विष उत्पन्न होता है। लालसा भ्रम को और उग्र बना देती है। संसार में जो भी दुख और विपदाएँ हैं वे सभी लालसा के ही फल हैं। हे राम, यह लालसा अदृश्य और सूक्ष्म होने पर भी शरीर के रक्त, मांस और हड्डियों को खा जाती है। किसी समय तो लगता है कि यह लालसा समाप्त हो गई है परंतु दूसरे ही क्षण यह विस्तार प्राप्त कर लेती है।

जब लालसा का अंत हो जाता है तो जीवन शक्ति शुद्ध हो जाती है और व्यक्ति के हृदय में दिव्य गुणों का अवतरण होता है। लालसा की धारा अज्ञानी व्यक्ति के हृदय में ही प्रवाहित होती है। जिस प्रकार चारे के लोभ में पशु जाल में फँस जाता है उसी तरह अपनी लालसाओं का पीछा करते हुए व्यक्ति नरक में पहुँच जाता है। लालसा यद्यपि घिघियाने के लिए विवश करती है परंतु यह लालसा ही है जिसके फलस्वरूप सूरज पृथ्वी पर प्रकाश बिखेरता है, हवा चलती है, पर्वत स्थित है और पृथ्वी जीवों को धारण करती है। तीनों लोकों का अस्तित्व भी लालसा के कारण ही है। तीनों लोकों के प्राणी लालसा के ऐसे रस्से से बँधे हैं जिसे काटना कठिन है। इसलिए हे राम, लालसा का त्याग करने के लिए सोच-विचार करना छोड़ो। मन सोच-विचार के बिना रह ही नहीं सकता। सबसे पहले तो मैं, तुम और वह के बिंब मन में उत्पन्न ही न हों। इन्हीं बिंबों के फलस्वरूप आशाएँ और प्रत्याशाएँ अस्तित्व ग्रहण करती हैं। सभी पापों का स्रोत अहंभाव ही है। इस अहंभाव की जड़ को अनहं (अन् + अहं) के ज्ञान की तलवार से काट दो। भय से मुक्त हो जाओ।

1 जून

सर्वत्र वासनात्यागो राम राजीवलोचन
द्विविधः कथ्यते तज्ज्ञैर् ज्ञेयो ध्येयश्च मानद (6)

राम ने कहा :

हे महर्षि, आपने अहं तथा उसे उत्पन्न करनेवाली लालसा का त्याग करने के लिए कहा है। यदि मैं अहंभाव को छोड़ देता हूँ तब मुझे यह शरीर भी छोड़ना होगा और वह सब–कुछ भी छोड़ना होगा जो अहंभाव पर आधारित है। कारण यह कि शरीर और प्राण–शक्ति दोनों अहंभाव पर आधारित होते हैं। जब जड़ (अर्थात् अहंभाव) को काट दिया जाता है तब तना (अर्थात् शरीर आदि) गिर पड़ता है। यह मेरे लिए कैसे संभव है कि अहंभाव को छोड़ दूँ और जीता भी रहूँ।

वसिष्ठ ने उत्तर दिया :

हे राम, सभी धारणाओं, बद्धताओं और संकल्पों का त्याग दो तरह का कहा जाता है। एक ज्ञान–आधारित या प्रत्यक्ष बोधजन्य और दूसरा संकल्प-आधारित। मैं विस्तार से अब इन दोनों के बारे में बताऊँगा। ध्यान से सुनो।

पहले तो व्यक्ति को अपनी इस भ्रामक धारणा से अवगत होना चाहिए कि "संसार के इन सभी पदार्थों से मेरा जुड़ाव है और मेरा जीवन इन पर निर्भर है। मैं भी इनके बिना नहीं रह सकता और मेरे बिना इनका अस्तित्व भी खतरे में पड़ सकता है।" गहराई से चिंतन के द्वारा इस अहंभाव का त्याग करके व्यक्ति को उन कर्मों में लगना चाहिए, जिन्हें वह "सहजभाव से करता हो या जो सहज भाव से घटित होते हों। ऐसा करते हुए भी उसका मन और हृदय सदा शांत और संयमित रहना चाहिए। अहंभाव तथा बद्ध–मानसिकता के इस त्याग को चिंतनपरक अहंहीनता (contemplative egolessness) कहते हैं।

जब अद्वैत सत्य का ज्ञान या प्रत्यक्ष अनुभव होता है तो व्यक्ति अहंभाव और बद्ध–मानसिकता छोड़ देता है और अपने अंदर इस बात की अनुभूति भी नहीं होने देता कि 'यह मेरा है'। फिर वह शरीर को भी 'मेरा' नहीं समझता। इसे अहंहीनता का प्रत्यक्ष बोध कहते हैं।

वह व्यक्ति जीवित अवस्था में ही मुक्त हो जाता है जो हँसते–हँसते चिंतनपरक पद्धति से अहंभाव छोड़ देता है। जो प्रत्यक्ष अनुभव के द्वारा अहंभाव छोड़कर समभाव में स्थित हो जाता है, वह भी मुक्त होता है। जनक तथा अन्य वैसे ही लोग चिंतनपरक पद्धति अपनाते हैं। जिन लोगों को अहंहीनता का प्रत्यक्ष अनुभव होता है वे ब्रह्म से एकाकार होते हैं। वे शारीरिक चेतना से ऊपर उठ चुके होते हैं। दोनों मुक्त भी होते हैं और दोनों ब्रह्म से एकाकार भी होते हैं। उसी को मुक्त संत कहना चाहिए जो वांछनीय और अवांछनीय पदार्थों से अप्रभावित रहे। वह इस संसार में रहता तो है परंतु भीतर से पूर्णतः उससे अछूता होता है। जैसे कोई गहरी नींद में हो।

(महर्षि के उक्त कथन के साथ दिन की समाप्ति हुई और सभा विसर्जित हुई।)

जून

भावाद्वैतम् उपाशृत्य सत्ताद्वैतमयात्मकः
कर्माद्वैतमनादृत्य द्वैताद्वैतमयो भाव (15/8)

वसिष्ठ ने आगे कहा :

स्वाभाविक कर्तव्यों का निर्वाह करते समय जो इच्छा उत्पन्न होती है वह लालसा से रहित होती है तथा मुक्त संत में उत्पन्न होती है। परंतु जो इच्छा बाहरी पदार्थों की लालसा से युक्त होती है वह बंधनकारी होती है। जब किसी के हृदय में अहंजनित धारणाओं का अस्तित्व समाप्त हो जाता है तो जो स्वाभाविक ध्यान किया जाता है उसकी प्रकृति मुक्त संत की होती है। बाहरी पदार्थों के प्रभाव से ग्रस्त होनेवाली लालसा बंधनकारक होती है। ऐसी संकल्पित इच्छा जो किसी पदार्थ से जुड़ी नहीं होती वह मुक्ति या मोक्षकारक होती है। जो इच्छा पदार्थों से संपर्क से पहले रही हो, अब भी हो और आगे भी रहे वह स्वाभाविक होती है। इसलिए ऐसी इच्छा न दुखकारक होती है और न मलिन या दूषित ही। ज्ञानी ऐसी इच्छा को बंधनकारक नहीं मानता। 'मैं चाहता हूँ कि यह मेरा हो जाए' जब ऐसी लालसा किसी के हृदय में उत्पन्न होती है तो वह अशुचिता और मलिनता को बढ़ाती है। समझदार व्यक्ति को भलीभाँति और सदा के लिए ऐसी लालसा को छोड़ देना चाहिए। बंधन में डालनेवाली लालसा को तो छोड़ो ही। मुक्ति की लालसा का भी त्याग करो। सागर की तरह शांत रहो। यह जानकर कि आत्मा बुढ़ापे और मृत्यु से स्वतंत्र है, इसलिए इनसे परेशान नहीं होना चाहिए। जब संपूर्ण ब्रह्मांड के भ्रामक होने का बोध हो जाए तो लालसा अपना अर्थ खो बैठती है।

मनुष्य के हृदय में चार प्रकार की लालसाएँ उत्पन्न होती हैं–(i) मैं शरीर हूँ और मेरा जन्म माता–पिता से हुआ है। (ii) मैं सूक्ष्म परमाणु के रूप में हूँ और शरीर से भिन्न हूँ। (iii) मैं अनंत रूप हूँ और मेरे चारों ओर के पदार्थ नाशवान हैं और (iv) 'मैं' और 'संसार' आकाश की तरह पूर्णतः शून्य हैं। इनमें से पहली लालसा बंधन में डालनेवाली है और शेष तीनों मुक्ति दिलानेवाली।

जब इस बात का बोध हो जाता है कि 'मैं ही सब की आत्मा हूँ' तब वह व्यक्ति न दुख में पड़ता है न ही कोई भूल ही करता है। यही वह आत्मा है जिसे बहुधा शून्य, प्रकृति, माया, ब्रह्म, चेतना, शिव, पुरुष आदि नामों से अभिहित किया जाता है। बस, वही एक वास्तविक है, शेष सब–कुछ कुछ भी नहीं। अद्वैत भाव की समझ उत्पन्न करो क्योंकि सत्य अद्वैत है। **हाँ, कर्म द्वैतभाव से ही संभव है अतः आत्मा भी द्वैतभाव से काम करती हुई प्रतीत होती है। इस प्रकार तुम्हारी प्रकृति द्वैत और अद्वैत दोनों से मिलकर काम करती है।** वास्तविकता द्वैत नहीं है (क्योंकि विभाजन तो मन करता है) न एकता द्वैत ही है (क्योंकि एकता की संकल्पना तो द्वैत के विरोध के फलस्वरूप उत्पन्न होती है)। जब ये संकल्पनाएँ समाप्त हो जाती हैं तब असीम चेतना का बोध एकमात्र वास्तविकता के रूप में होता है। भूत, वर्तमान और भविष्य की घटनाओं में रुचि न रखनेवाला मुक्त संत संसार को विनोदपूर्वक देखता है। हम उन मूर्खों के दर्शन का निर्वचन करने में असमर्थ हैं जिन्होंने अपने मन पर नियंत्रण स्थापित नहीं किया तथा जो सुखभोगों की दलदल में फँसे हुए हैं। वे सभी कामवासना में लगे हुए हैं। हम कर्मकांडों और नित्य क्रियाओं का प्रतिपादन करने में असमर्थ हैं क्योंकि वे सुख और दुख के रूप में पुरस्कार प्रदान करती हैं।

जून

मध्यस्थदृष्टयः स्वस्था यथाप्राप्तार्थ दर्शिनः
तज्ज्ञास्तु प्रेषका एव साक्षिधर्म व्यवस्थिताः (20/40)

वसिष्ठ ने कहा :

हे राम, इस संबंध में एक प्राचीन कथा है जिसे मैं अब तुम्हें सुनाता हूँ। जंबूद्वीप में व्योमगंगा नदी के तट पर दीर्घतपा नाम का महात्मा रहता था। उसके दो पुत्र थे, जिनके नाम थे–पुण्य और पावन। पुण्य को पूर्णरूप से आत्मज्ञान प्राप्त हो चुका था परंतु पावन को पूर्ण आत्मज्ञान प्राप्त अभी नहीं हुआ था, यद्यपि उसने अज्ञान पर विजय प्राप्त कर ली थी। इस प्रकार उसे अर्धज्ञान ही प्राप्त था। समय पाकर दीर्घतपा ने अपना शरीर छोड़ दिया था और उसकी पत्नी ने भी उसका अनुसरण किया था। माता–पिता के सहसा चले जाने पर पावन दुख में डूब गया और विलाप करने लगा। पुण्य ने माता–पिता का दाह–संस्कार किया परंतु शोक से विचलित नहीं हुआ। वह अपने दुखी भाई पावन से कहने लगा :

भाई, तुमने यह भयावह दुख अपने ऊपर क्यों ओढ़ रखा है। तुम्हारी आँखों से लगातार होनेवाली वर्षा निरी अज्ञानजन्य है। हमारे माता–पिता ने तो मुक्ति प्राप्त कर ली। इसे वही लोग प्राप्त करते हैं जो आत्मविजय प्राप्त कर लेते हैं। तुमने अज्ञानवश माता–पिता की धारणाओं से अपने को बाँध रखा है और इस प्रकार तुम उन लोगों के लिए विलाप कर रहे हो जिन्होंने अज्ञान से मुक्ति प्राप्त कर ली है।

मेरे भाई, अपने अंदर अनुसंधान करो। यह शरीर जड़ है और रक्त, मांस हड्डियों आदि से बना है। इसके अंदर 'मैं' है क्या? इस प्रकार अपने अंदर तुम सत्य की खोज करोगे तो तुम जान लोगे कि तुम्हारे अंदर न 'तुम' नाम की कोई वस्तु है और न 'मैं' नाम की। जिन्हें पुण्य और पावन कहा जाता है वे झूठी धारणाएँ हैं। यदि तुम अब भी समझते हो कि 'मैं हूँ' तब पिछले जन्मों में तुम्हारे कई संबंधी भी रहे होंगे। तुम उन लोगों की मृत्यु पर शोक क्यों नहीं व्यक्त करते। जब तुम हंस थे तब तुम्हारे बहुत से हंस संबंधी थे, जब तुम वृक्ष थे तब तुम्हारे बहुत से वृक्ष संबंधी थे, जब तुम बाघ थे तो तुम्हारे बहुत से बाघ संबंधी थे और बहुत–से तुम्हारे संबंधी मछलियाँ भी होंगी जब तुम मछली थे। तुम उनके लिए क्यों नहीं रोते? तुम राजकुमार थे, तुम गधे थे, तुम पीपल के पेड़ थे और तुम बड़ के वृक्ष भी थे। तुम ब्राह्मण थे, तुम मच्छर थे, तुम मक्खी थे तुम चींटी थे। तुम बिच्छू थे, भालू थे और अब तुम मेरे भाई हो। इन अनेक योनियों में तुमने अनेकों बार जन्म लिया है।

इसी प्रकार मैंने भी अनेक शरीर धारण किए हैं। मैं अपनी सूक्ष्म बुद्धि से उन सबको देख रहा हूँ और तुम्हारे शरीरों को भी देख रहा हूँ। मैं सारस था, मेंडक था, वृक्ष था, ऊँट था, राजा था, बाघ था और अब मैं तुम्हारा बड़ा भाई हूँ। इन सभी जन्मों में मेरे असंख्य संबंधी थे। मैं किस–किस के लिए शोक करूँ? यह सोचकर मैं किसी के लिए विलाप नहीं करता। तुम्हारे मन में 'मैं' की जो धारणा उपजी है इसका त्याग करो। तुम्हें कोई दुख नहीं, तुम्हारा कोई जन्म नहीं, न कोई तुम्हारा पिता है और न कोई माता। तुम आत्मा हो और आत्मा के अतिरिक्त और कुछ नहीं। **संत महात्मा मध्य मार्ग अपनाते हैं। वे वही देखते हैं जो प्रस्तुत क्षण होता है। वे शांत रहते हैं और साक्षी चेतना में स्थित रहते हैं।**

भाई के द्वारा शिक्षा प्राप्त होने पर पावन की आँखें खुलीं। फिर वे दोनों ज्ञान और प्रत्यक्ष बोध से संपन्न आत्मज्ञानियों की तरह रहने लगे।

4

जून

तमेव भुक्तविरसं व्यापारौघं पुनः पुनः
दिवसे दिवसे कुर्वन् प्राज्ञः कस्मान्न लज्जते (22/33)

वसिष्ठ ने कहा :

हे राम, दुख की जड़ लालसा है और समझदारी का रास्ता यह है कि उसे पूर्णतः त्याग दिया जाए, न कि उसकी पूर्ति में लगा जाए। लालसाओं और दुखों से मुक्त अवस्था ही ब्रह्म कहलाती है। पूर्ण विराग से ही मन को पूर्ण संतुष्टि प्राप्त हो सकती है–आशाओं और इच्छाओं से उसे भर देने से नहीं। जो लोग मोह और लालसा से रहित होते हैं उनके लिए तीन लोक उतने ही विस्तृत होते हैं जितना बछड़े का पदचिह्न। पूर्ण समय-चक्र उन्हें क्षणमात्र प्रतीत होता है। इसलिए मन की शांति के लिए उस विक्षुब्ध करनेवाले कारणों को–आशा और लालसा को–दूर करो।

हे राम, या फिर बाली की तरह मन को बदलो। अब मैं तुम्हें बाली की कथा सुनाता हूँ।

विरोचन का पुत्र बाली पाताल लोक का शासक था। ब्रह्मांड के स्वामी स्वयं हरि इस राज्य के रक्षक थे, इसलिए स्वर्ग का राजा इंद्र भी बाली का आदर करता था। बाली की आँखों से निकलनेवाले तेज के ताप से समुद्र सूख जाते थे। उसकी आँखों में इतनी शक्ति थी कि देखने भर से पहाड़ हिल जाते थे। बाली ने बड़े लंबे समय तक पाताल पर राज किया था। बहुत समय बीत जाने पर बाली के मन में उत्कट विराग उत्पन्न हुआ। उसने अपने मन से पूछा कि कब तक इस पाताल लोक का शासन करता रहूँगा और कब तक इन तीनों लोकों में विचरण करता रहूँगा? इस राज्य का भोग करने से मुझे क्या मिलनेवाला है? जब इन तीनों लोकों का सब-कुछ नष्ट हो जानेवाला है तो कैसे कोई सुखभोग की आशा कर सकता है?

इस संसार में बार-बार एक ही उबाऊ सुखों का भोग किया जाता है और एक ही तरह की क्रियाएँ भी बार-बार दुहराई जाती हैं। कैसी विडंबना है कि बुद्धिमान व्यक्ति को भी लज्जा नहीं आती। वही दिन, वही रात, बार-बार वही। इस संसार में जीवन भँवर की तरह है। नित्य प्रति एक ही काम करते रहने से कैसे कोई जन्म-मरण के चक्र से मुक्त हो सकेगा? कब तक हम इस भँवर में ग्रस्त रहेंगे? और इससे आखिर मिलने ही को क्या है?

जब वह यह सब सोच रहा था तो उसे याद आया कि मैंने अपने पिता विरोचन से पूछा था कि इस दृश्य संसार या बार-बार जन्म-मरण के चक्कर का अंत क्या है? इसका कब अंत होगा? मन का भ्रम कब दूर होगा? क्या प्राप्त करने पर संतोष प्राप्त होगा? क्या दिखने पर कुछ और पाने की इच्छा नहीं रहेगी? मुझे लगता है कि सांसारिक साधनों तथा व्यापारों से उसे प्राप्त नहीं किया जा सकता? ये तो भ्रम को और भी बढ़ानेवाले हैं। मेरी प्रार्थना है कि मुझे ऐसे उपाय बतलाएँ जिनसे मैं परम शांति प्राप्त कर सकूँ?

जून

एक एवास्ति सुमहांस् तत्र राजा महाद्युतिः
सर्वकृत् सर्वगः सर्वः स च तुष्णीम् व्यवस्थितः (6)

विरोचन ने बाली से कहा :

मेरे पुत्र, इन तीनों लोकों को घेरे हुए एक बड़ा राज्य है। उसमें न झीलें हैं, न समुद्र हैं, न पहाड़ हैं, न वन हैं, न नदियाँ हैं, न पृथ्वी ही है, न आकाश ही है। न वहाँ हवाएँ हैं, न चंद्रमा है, न देवता हैं, न राक्षस हैं, न वनस्पतियाँ हैं, न स्वर्ग है, न शब्द हैं, न मैं हूँ और न ही विष्णु आदि देवता ही। **वहाँ केवल एक है और वह है परम प्रकाश। वह सर्वशक्तिमान है, सर्वव्यापी है वह सब-कुछ है। वह सदा मौन रहता है। लगता है कि वह अक्रिय है।** उस (राजा) से प्रेरणा प्राप्त कर उसका मंत्री सब काम करता है। जो नहीं होता उसे वह लाता है और जो होता है उसमें परिवर्तन करता है। यह मंत्री किसी वस्तु का भोग नहीं कर सकता, वह जानता भी कुछ नहीं। वह अज्ञानी होने पर भी अपने स्वामी के लिए सब-कुछ करता है। राजा एकांत में रहता है और शांति में स्थित है।

बाली ने पूछा : वह कौन सा जगत है जो मनोदैहिक (मन और देह-संबंधी) व्याधियों से रहित है? वह मंत्री कौन है? और वह राजा भी कौन है? यह कथा आश्चर्यजनक है और पहले कभी सुनी भी नहीं। कृपया इस संबंध में मुझे विस्तार से बतलाएँ।

विरोचन ने कहा :

सभी देवता और राक्षसों को इकट्ठा कर लिया जाए तो उनकी सामूहिक शक्ति भी उस मंत्री की शक्ति के बाहर नहीं। न वह देवताओं का राजा इंद्र है, न वह यमराज ही है, न धन का देवता ही है। न वह देवता है न वह राक्षस ही जिस पर तुम विजय प्राप्त कर सको। ऐसा कहा जाता है कि विष्णु भवगान ने राक्षसों को मार डाला, वस्तुतः यह वही मंत्री है जिसने सबको मार डाला। तथ्य यह है कि विष्णु आदि देवता भी उससे पराजित हुए हैं और उन्हें फिर से जन्म लेना पड़ा है। कामदेव भी उसी मंत्री से शक्ति प्राप्त करता है। क्रोध भी उससे शक्ति प्राप्त करता है। उसकी इच्छा से ही यहाँ अच्छाई और बुराई में संघर्ष चल रहा है।

यह मंत्री केवल अपने मालिक से पराजित होता है। सिर्फ अपने राजा से, किसी और से नहीं। समय आने पर राजा के मन में यह इच्छा उत्पन्न होती है कि यह मंत्री सहजता से पराजित हो सकता है। वह इन तीनों लोकों में सब से अधिक शक्तिशाली है और तीनों लोक और कुछ नहीं उसके उच्छ्वास हैं। तुम यदि इसे पराजित कर सको तभी तुम सच्चे नायक हो।

जब यह मंत्री जागता है तो तीनों लोक प्रकट होते हैं। कमल भी तभी खिलता है जब सूर्य उदित होता है। जब वह विश्राम करता है तो तीनों लोक सो जाते हैं। तुम उसे तभी जीत सकते हो जब तुम्हारा मन एकाग्र हो तथा भ्रम और अज्ञान से रहित हो। अगर तुम उसे जीत लेते हो तब तीनों लोकों और उनमें स्थित सभी चीजों को तुम जीत लोगे। अगर उसे नहीं जीत सके तो कुछ भी जीत नहीं सकोगे। भले ही तुम सोच लो कि मैंने यह लोक जीता है या वह लोक जीता है।

अतः मेरे पुत्र, पूर्णता और परमानंद प्राप्त करने के लिए अपनी पूरी शक्ति से और हर प्रकार से प्रयत्न करो। मार्ग में चाहे जो भी बाधाएँ और कठिनाइयाँ आएँ, तुम उस मंत्री पर विजय प्राप्त करो।

6

जून

विषयान् प्रति भोः पुत्र सर्वानेव हि सर्वथा
अनास्था परमा ह्येषा सा युक्तिर् मनसोजये (17)

बाली ने पूछा : पिताजी, किन प्रभावपूर्ण उपायों से उस मंत्री को जीता जा सकता है?

विरोचन ने उत्तर दिया : यद्यपि यह मंत्री अपराजेय-सा है तो भी मैं बताता हूँ कि उसे कैसे जीता जा सकता है। उस पर एक क्षण में विजय प्राप्त की जा सकती है यदि बुद्धिमतापूर्वक उसे दबोच लिया जाए। यदि बुद्धि से काम न लिया जाए तो विषैले साँप की सी अपनी फुत्कार से वह हर चीज को राख कर देता है। यदि कोइ उसके पास अत्यंत सावधानी से जाए, उसके साथ वैसे ही खेले जैसे कोई बच्चे के साथ खेलता है और खेल ही खेल में उस पर विजय पा ले तो ऐसा व्यक्ति उस समय राजा को देख ले तो परम अवस्था में स्थित हो जाएगा। जब एक बार राजा दिखाई दे जाएगा तो मंत्री उसके अधीन पूरी तरह हो जाएगा। जब मंत्री इस प्रकार नियंत्रण में आ जाएगा तो राजा अत्यंत स्पष्ट रूप से दिखाई देगा। जब तक राजा दिखाई नहीं देता तब तक मंत्री पर विजय नहीं पाई जा सकती। और जब तक मंत्री पर विजय नहीं पाई जाती तब तक राजा दिखाई नहीं देता। जब तक राजा दिखाई नहीं देता तब तक मंत्री तबाही मचाता है और दुख फैलाता है। और जब तक मंत्री पर विजय नहीं मिलती तब तक राजा अदृश्य रहता है। इसलिए बुद्धिमत्ता दुतरफा होनी चाहिए-राजा को देखना और मंत्री को वशीभूत करना। घोर स्वप्रयास और निरंतर अभ्यास से तुम ये दोनों काम कर सकते हो और तभी तुम उस लोक में प्रविष्ट हो सकते हो। फिर कभी तुम्हें दुख की अनुभूति नहीं होगी। इसी लोक में वे संत-महात्मा रहते हैं जिन्हें परम शांति प्राप्त होती है।

मेरे पुत्र, अब यह सारा विषय स्पष्ट कर देता हूँ। जिस लोक की मैंने बात कही है वह मुक्ति या मोक्ष की अवस्था है, जहाँ दुख का अंत हो जाता है। राजा आत्मा है जो सभी लोकों और चेतना की स्थितियों को पार करता है। मंत्री मन है। यह मन ही है जिसने इस संसार की रचना उसी प्रकार की है जिस प्रकार कुम्हार मिट्टी से बरतन बनाता है। जब मन जीत लिया जाता है तब सब-कुछ जीत लिया जाता है। याद रखो कि मन को ही जीतना सबसे कठिन है। इसे बुद्धिपूर्वक अभ्यास से ही जीता जा सकता है।

बाली ने पूछा :

पिताजी, वह कौन-सा बुद्धिमत्तापूर्ण अभ्यास है जिससे मन को जीता जा सकता है?

विरोचन ने उत्तर दिया :

मन को जीतने का सबसे उत्तम उपाय है सभी पदार्थों के संबंध में होनेवाली इच्छा, आशा या प्रत्याशा का बुद्धिमत्तापूर्वक सदा के लिए त्याग। इसी साधन के द्वारा मन रूपी शक्तिशाली हाथी को वश में किया जा सकता है। यह उपाय अत्यंत सरल भी है और अत्यंत कठिन भी। उन लोगों के लिए यह अत्यंत कठिन है जो गंभीरतापूर्वक अभ्यास में नहीं लगते और उन लोगों के लिए अत्यंत सरल है जो निष्ठापूर्वक अभ्यास करते हैं। जिस प्रकार बिना बुआई के उपज संभव नहीं, उसी प्रकार निरंतर अभ्यास के बिना मन को वशीभूत नहीं किया जा सकता। जब तक इंद्रियों के भोगों से मन को मोड़ा नहीं जाता तब तक व्यक्ति दुख के संसार में विचरण करता रहता है। कितना ही शक्तिशाली व्यक्ति क्यों न हो वह बिना चले गंतव्य पर नहीं पहुँच सकता। बिना निरंतर अभ्यास के पूर्ण अनासक्ति प्राप्त नहीं होती।

जून

अवश्यं भवितव्याख्या स्वेह या नियति क्रिया
उच्यते दैवशब्देन सा नरैरेव नेतरैः (27)

विरोचन ने कहा :

केवल उत्तम प्रयास से ही अनासक्ति प्राप्त की जाती है। कोई और रास्ता इसे प्राप्त करने का नहीं। लोग प्रभु की कृपा या भाग्य की बात करते हैं परंतु इस संसार में हम शरीर तो देखते हैं भगवान नहीं। **जब लोग ईश्वर की बात करते हैं तब उनका अभिप्राय उस अनिवार्य रूप से घटित होनेवाली घटना से होता है, जो उनके नियंत्रण से बाहर हो तथा प्राकृतिक रूप से घटित हो।** इसी प्रकार पूर्ण समभाव की प्राप्ति और सुख और दुख की समाप्ति भी ईश्वर का अनुग्रह माना जाता है। ईश्वरीय अनुग्रह, प्राकृतिक व्यवस्था और उत्तम स्वप्रयास ये भी उसी सत्य के सूचक हैं। भेद का कारण है बस गलत धारणा या भ्रम।

उत्तम स्वप्रयास के द्वारा मन जो भी धारणा बनाता है वह फलित होती है और जब मन उस फल का अनुभव करता है तब सुख-दुख आदि की अनुभूति होती है। मन ही कर्ता है, जिसकी भी वह कल्पना करता है प्राकृतिक व्यवस्था या क्रम अर्थात् नियति उसे रूपायित और प्रत्यक्ष करती है। मन उस नियति के विरोध में भी खड़ा हो जाता है, इसलिए यह भी कहा जा सकता है कि मन प्राकृतिक व्यवस्था का उत्प्रेरक है।

जिस प्रकार आकाश में वायु विचरण करती है, उसी प्रकार जीव (व्यक्ति) इस संसार में कार्यरत होता है और वही करता है जो नियति (प्राकृतिक व्यवस्था) के अंतर्गत हो परंतु ऐसा भी लगता है कि वह स्वार्थपूर्वक या अहंकारपूर्वक काम कर रहा हो। इसी प्रकार वह प्रकृति से उत्प्रेरित होकर क्रियाशील होता है या शांत खड़ा होता है। ये दोनों धारणाएँ उसी प्रकार मिथ्या और आरोपित हैं, जिस प्रकार पहाड़ की चोटी पर पेड़ों के हिलने-डुलने से लगता है कि चोटी झूल रही हो।

इस प्रकार जब तक मन रहता है तब तक न ईश्वर ही होता है न नियति ही। जब मन नहीं रहेगा तो फिर जिसे रहना होगा वह रहेगा।

बाली ने पूछा : प्रभु, क्या मेरे हृदय में सुख की लालसा की समाप्ति को दृढ़तापूर्वक स्थापित किया जा सकता है?

विरोचन ने कहा :

मेरे पुत्र, आत्मज्ञान उस लता का नाम है जो सुख की लालसा की समाप्ति का सूचक फल उत्पन्न करती है। अनासक्ति का उच्चतम रूप मन में दृढ़तापूर्वक अपनी जड़ जमाता है। अतः व्यक्ति को बुद्धिमत्तापूर्वक अनुसंधान के द्वारा आत्मा का दर्शन करना चाहिए। और साथ ही सुख की लालसा से पिंड छुड़ा लेना चाहिए। यदि बुद्धि अभी जाग्रत न हुई हो तो व्यक्ति को अपने मन के दो भाग इंद्रिय सुखों में लगाने चाहिए, एक भाग शास्त्रों के अध्ययन में और शेष भाग गुरु की सेवा में लगाना चाहिए। जब मन आंशिक रूप से जाग्रत हो जाए तो उसके दो भाग गुरु की सेवा में लगाना चाहिए और एक भाग अन्य दोनों में। जब वह पूर्ण रूप से जाग्रत हो जाए तो दो भाग गुरु की सेवा में लगाने चाहिए और शेष दो भाग शास्त्रों के अध्ययन में। परंतु यह सब होना चाहिए अनासक्तिपूर्वक ही।

8

जून

देशक्रमेण धनम् अल्पविगर्हणेन तेनाङ्ग साधु जनमर्जय मानपूर्वम्
तत्सङ्गमोत्थ विषयद्यवहेलणेन सम्यग् विचार विभावेन तवात्मलाभः (51)

विरोचन ने कहा :

जब कोई सद्गुणों से युक्त होता है तभी वह उच्च ज्ञान का प्रतिपादन सुनने का अधिकारी होता है। इसलिए व्यक्ति को निरंतर अपने मन को सद्ज्ञान से पुष्ट करना चाहिए और शास्त्रों के वचनों के अनुसार आंतरिक परिवर्तनों के लिए प्रयत्नशील रहना चाहिए। जब मन इस प्रकार परिवर्तित हो जाता है तब वह बिना किसी व्यवधान के सत्य को परावर्तित करने लगता है। व्यक्ति को बिना समय गँवाए आत्मा को देखने के लिए प्रयत्नशील होना चाहिए। आत्मबोध और लालसा की समाप्ति ये दोनों बातें साथ-साथ होनी चाहिए।

सच्ची अनासक्ति पूजा-पाठ, दान, तीर्थयात्रा आदि से उत्पन्न नहीं होती, केवल प्रत्यक्ष रूप से अपनी प्रकृति को देखने से होती है। आत्मबोध मात्र सही स्वप्रयास द्वारा सुख की चाह को दृढ़तापूर्वक निरस्त करने से ही होता है। जब अनासक्ति परिपक्व हो जाती है तभी अपने को जानने की जिज्ञासा मन में उत्पन्न होती है। यह जिज्ञासा विरक्ति को दृढ़ करती है। ये दोनों सागर और बादल की तरह एक दूसरे पर निर्भर हैं। ये दोनों तथा आत्मबोध सभी घनिष्ठ मित्र हैं और सदा एक-साथ विद्यमान रहते हैं।

सबसे पहले व्यक्ति को सभी बाहरी (ईश्वर आदि) घटकों पर निर्भरता का पूर्ण रूप से त्याग करना चाहिए और प्रचंड स्वप्रयास द्वारा अनासक्ति की भावना पुष्ट करनी चाहिए। व्यक्ति बिना स्थानीय परंपराओं और नियमों का उल्लंघन किए तथा बिना संबंधियों से रार ठाने धन कमा सकता है। उसे इस धन का उपयोग भले और तथा श्रेष्ठ महानुभावों की संगति प्राप्त करने के लिए करना चाहिए। ऐसे श्रेष्ठ लोगों की संगति अनासक्ति उत्पन्न करती है। तभी अपने को जानने, ज्ञान प्राप्त करने तथा शास्त्रों के अध्ययन की भावना उत्पन्न होती है। धीरे-धीरे व्यक्ति परम सत्य तक पहुँच जाता है।

मेरे पुत्र, जब तुम सुख की चाह से पूरी तरह मुँह मोड़ लोगे तब तुम अनुसंधान के द्वारा परम स्थिति प्राप्त कर लोगे। जब आत्मा पूर्ण रूप से शुद्ध हो जाएगी तब तुम परम शांति में दृढ़तापूर्वक स्थित हो जाओगे। फिर तुम दुख की जननी संकल्प वृत्ति की दलदल में कभी नहीं फँसोगे। तुम जीवित तो बने रहोगे परंतु आशाओं और प्रत्याशाओं से पूरी तरह मुक्त रहोगे। तुम विशुद्ध हो! तुम्हारा अभिवादन! तुम शुभता के मूर्तरूप हो!

प्रचलित सामाजिक प्रथाओं के अनुसार थोड़ा धन कमाओ, फिर उसके द्वारा संतों-महात्माओं की संगति प्राप्त करो और उनकी सेवा-आराधना करो। उनकी संगति के परिणामस्वरूप विषयों के प्रति घृणा जाग्रत होगी। और फिर सही ढंग से अनुसंधान के द्वारा आत्मज्ञान प्राप्त करोगे।

9

जून

भव्योसि चेत्तदेतस्मात् सर्वमाप्नोषि निश्चयात्
नो चेत्तद् बह्वपि प्रोक्तं त्वयि भस्मनि हूयते (24/12)

वसिष्ठ ने कहा :

बाली ने अपने आप से कहा : "सौभाग्य से मुझे वह सब याद रहा है जो मेरे पिता ने मुझसे कहा था। अब विषयों के सुख की चाह मुझमें समाप्त हो चुकी है। मैंने सब-कुछ छोड़ दिया है और सुखों का पीछा करने से मन को पूरी तरह से खींच लिया है। मैं अब सहर्ष अपनी आत्मा में रहूँगा। यह ब्रह्मांड मात्र मन की ही सृष्टि है, इसे छोड़ने में आखिर हानि ही क्या?" यह निश्चय करके बाली ने दैत्यों के गुरु शुक्र का चिंतन किया। असीम चेतना में स्थित होने के कारण, शुक्र सर्वव्यापी थे और वह जान गए कि मेरे शिष्य को इस समय मेरी आवश्यकता है। तत्क्षण उन्होंने अपने शरीर को भौतिक आकार-प्रकार दिया और राजा बाली के सम्मुख जा विराजमान हुए।

बाली ने कहा : आपके दिव्य तेज का परावर्तन ही है जिसने मुझे आपके सम्मुख यह समस्या प्रस्तुत करने के लिए प्रेरित किया है। मुझमें सुख की प्राप्ति की इच्छा नहीं और मैं सत्य की शिक्षा ग्रहण करना चाहता हूँ। मैं कौन हूँ? आप कौन हैं? यह संसार क्या है? कृपया मुझे यह सब बतलाएँ।

शुक्र ने उत्तर दिया : हे बाली, मात्र चेतना का ही अस्तित्व है, चेतना ही यह सब-कुछ है। सब-कुछ में चेतना ही व्याप्त है। मैं, तुम और यह संपूर्ण संसार मात्र चेतना ही है। **यदि तुम नम्र और निष्ठावान हो तो तुम सब-कुछ इसी से प्राप्त कर सकते हो। यदि नहीं, तो और अधिक स्पष्टीकरण राख की ढेरी पर आहुतियाँ डालने के समान होगा।**

शुक्र के चले जाने के बाद बाली ने इस प्रकार विचार किया : मेरे गुरु ने मुझसे जो कहा है पूर्णतः उचित और सही है। निश्चय ही, सब-कुछ चेतना ही है और कुछ नहीं है। यदि चेतना पर्वत को नहीं स्वीकार करती तो वह क्या पर्वत के रूप में अस्तित्व में होगा? चेतना ही आप सब-कुछ है। इसी चेतना के कारण ही मैं तरह-तरह के संपर्कों में आता हूँ और उनका अनुभव करता हूँ न कि शरीर के कारण। क्योंकि चेतना एक ही है इसलिए कौन मेरा मित्र होगा और कौन मेरा शत्रु? यहाँ तक कि घृणा आदि प्रवृत्तियाँ भी चेतना ही तो हैं। इसलिए न घृणा ही है और मोह ही, न मन ही है और न उसके विभिन्न रूप ही। जब चेतना एक है असीम है और विशुद्ध है तो विभिन्न रूप उसमें कैसे उत्पन्न हो सकते हैं? उसका नाम चेतना नहीं, चेतना तो एक शब्द है। उसका कोई नाम नहीं। मैं सनातन हूँ—ऐसा कर्ता हूँ जो कर्म और विधेय से रहित है। मैं वह चेतना हूँ जिसकी अनुभव की लालसा समाप्त हो चुकी है। किसी पदार्थ में होनेवाली ऊर्जा की गति न लाभ ही है न हानि ही। जब चेतना ही सब-कुछ है तो विचार उस चेतना का विस्तार या संकुचन नहीं करते। इसलिए मुझे तब तक सक्रिय रहना चाहिए जब तक आत्मा के सार तक न पहुँच जाऊँ।

इस प्रकार चिंतन करते हुए बाली ने 'ओम्' शब्द का उच्चारण किया और मौन होकर उसके सूक्ष्म अर्थ पर विचार करने लगा। सभी प्रकार की शंकाओं से वह मुक्त हो गया, उसकी सभी इच्छाएँ और संकल्प शांत हो गए। फिर वह (बाली) परम स्थिति में अवस्थित हुआ जिस प्रकार वायुविहीन स्थान पर लौ शांत रहती है। इसी प्रकार लंबे समय तक वह स्थित रहा।

जून

न किञ्चिदपि कर्तव्यं यदि नाम मयाधुना
तत् कस्मान्न करोमीदं किञ्चित् प्रकृतकर्म वै (29/18)

वसिष्ठ ने कहा :

इतने में बाली के सभी दैत्य अनुचर उसके पास आ पहुँचे और उन्होंने घेर लिया। बाली उस समय गहरे चिंतन में था। उनकी समझ में रहस्य न आया। उसे अपने गुरु शुक्र का ध्यान हो आया। शुक्र को उसने अपने सामने उपस्थित देखा। शुक्र ने देखा कि बाली परमचेतन अवस्था में पहुँच चुका है। उसने दैत्यों से अत्यंत प्रसन्नतापूर्वक कहा :

हे दैत्यो, अत्यंत आश्चर्य की बात है कि बाली ने दृढ़ अनुसंधान के द्वारा पूर्णता प्राप्त कर ली है। संसार का बोध करानेवाली उसकी मानसिक क्रिया समाप्त हो चुकी है, इसलिए उससे बात करने का प्रयत्न मत करो। जब अज्ञान की काली रात का अंत होता है तब ज्ञान का सूर्य उदित होता है। बाली की ऐसी ही दशा है। समय पाकर वह इस स्थिति से तब बाहर आएगा जब संसार-बोध के बीज उसकी चेतना में फूटने लगेंगे। इसलिए जाओ और अपने कार्यों में पहले की तरह लग जाओ। बाली की एक हजार वर्ष बाद सांसारिक चेतना लौटेगी।

वसिष्ठ कहते चले गए :

इतना सुनना था कि दैत्य अपने-अपने काम पर लौट गए। एक हजार दैवी वर्षों के चिंतन के बाद देवी-देवताओं के संगीत के बीच बाली जागा। उससे निकलनेवाले तेज से सारा नगर जगमगा उठा। फिर दैत्य बाली के पास पहुँचते इससे पहले ही उस ने कहा : जिस एक अल्प क्षण में मैं रहा वह निश्चय ही आश्चर्यजनक रहा। मैं उसी स्थिति में रहना चाहूँगा। अब मुझे इस बाहरी जगत से क्या लेना-देना? अब मेरे हृदय में परम शांति और आनंद विराजमान है। (इसी बीच दैत्य उसके पास आ पहुँचे और उन्होंने बाली को घेर लिया।)

बाली कह रहा था :

मैं चेतना हूँ और मुझमें किसी प्रकार का विकार नहीं है। अब मुझे कुछ प्राप्त करना या छोड़ना नहीं है। कैसा आश्चर्य? मुझे मोक्ष की इच्छा थी। पर मुझे किसने बाँध रखा था? कब और कैसे? मैं उस समय मोक्ष की कामना क्यों कर रहा था। न कोई मोक्ष ही है न कोई बंधन ही। क्या है जो ध्यान से मैं प्राप्त कर लूँगा और क्या ऐसा है जिसे प्राप्त नहीं कर पाऊँगा? ध्यान और अध्यान से परे जो होना है वह हो। न मेरा उससे कुछ लाभ है न कुछ हानि ही। न मैं ध्यान ही चाहता हूँ न अध्यान ही, न प्रसन्नता चाहता हूँ न अप्रसन्नता ही। न मैं परमात्मा ही चाहता हूँ न संसार ही। मैं न जीवित ही हूँ न मृत ही। न मैं वास्तविक हूँ, न अवास्तविक ही। मैं असीम अपना अभिवादन करता हूँ। यह संसार मेरा राज्य हो तो भी मैं वही होऊँगा जो हूँ और यह संसार मेरा राज्य न हो तो भी मैं वही होऊँगा जो हूँ। मुझे ध्यान से क्या लेना है? मुझे राज्य का क्या करना है? जो है सो है। न मैं किसी का हूँ और न कोई मेरा है। **कुछ भी यहाँ ऐसा नहीं जो 'मैं' नाम से जाने जानेवाले को करना हो। तब मैं वही कार्य क्यों न करूँ जो सहज हो।** इतना कहकर बाली ने उसी प्रकार अपनी तेजस्वी दृष्टि दैत्यों पर डाली, जिस प्रकार सूर्य कमल को देखता है।

11

जून

येषु येषु प्रदेशेषु मनो मज्जति बालवत्
तेभ्यस् तेभ्यः समाहृत्य तद्धि तत्वे नियोजयते (29/54)

वसिष्ठ ने आगे कहा :

इसके उपरांत बाली ने राज्य की शासन-व्यवस्था सँभाली और सब काम बिना पूर्व-चिंतन के सहज भाव से करने लगा। उसने ब्रह्मा, अन्य देवताओं और संत-महात्माओं की पूजा-अर्चना की। उसने अपने रिश्तेदारों के प्रति सम्मानपूर्वक व्यवहार किया। उसने अपने अनुचरों को भी यथेष्ट पुरस्कृत किया और जो उनकी माँग होती थी उससे उन्हें अधिक ही दिया। उसने स्त्रियों से भी रंगरलियाँ मनाईं।

हे राम, मैंने तुम्हें बाली की कथा सुनाई। जिस परम आनंद को उसने प्राप्त किया उसके अनुरूप तुम दृष्टि अपनाओ। हे राम, तुम चेतना का प्रकाश हो। तुम में संसार अवस्थित है। कौन तुम्हारा मित्र है और कौन नहीं? तुम असीम हो। तुममें संपूर्ण संसार माला में मनकों की तरह पिरोया है। तुम ऐसे प्राणी हो जिसका न जन्म ही होता है न मृत्यु ही। तुम वास्तविक आत्मा हो। जीवन और मरण तो काल्पनिक हैं। जीवन को ग्रस्त करनेवाली सभी व्याधियों की प्रकृति का अनुसंधान करो और बिना किसी लालसा के जीवनयापन करो। तुम प्रकाश हो। तुम प्रभु हो। यह जगत तुम्हारे प्रकाश में ही प्रकट होता है। इसका कोई अपना वास्तविक और स्वतंत्र अस्तित्व नहीं है। पहले तुमने वांछनीय और अवांछनीय (गलत) धारणाओं को मन में जगह दी है। अब उन्हें छोड़ दो। तभी तुम्हें परम शांति मिलेगी और जन्म-मरण का चक्र समाप्त हो जाएगा। **तुम्हारा मन जिस बात में भी लगे उसे वहाँ से खींचो और उसे सत्य में लगाओ।** इस प्रकार मन रूपी जंगली हाथी को वश में किया जाता है।

हे राम, अब मैं तुम्हें एक और कथा सुनाता हूँ जो आत्मज्ञान का पथ प्रशस्त करती है और बाधाओं से विहीन भी है। पाताल लोक में एक अत्यंत बलवान राजा था जिसका नाम था हिरण्यकशिपु। उसने इंद्र (हरि) से तीनों लोक छीन लिए थे। तीनों लोकों पर उसका शासन था उसके अनेक पुत्र थे। उनमें से एक अत्यंत प्रसिद्ध हुआ जिसका नाम प्रह्लाद था। उसकी चमक रत्नों में नीलम जैसी थी।

तीनों लोकों के स्वामित्व, बहुत बड़ी सेना और विशाल संतति के कारण वह अहंकारी हो गया था। उसके आक्रामक कार्यों ने देवताओं को चिंतित कर रखा था। देवताओं की प्रार्थना सुनकर भगवान हरि ने नृसिंह का अवतार लिया और राजा तथा उसके परिवार को नष्ट कर दिया।

प्रह्लाद ही को भगवान ने छोड़ा था। प्रह्लाद सोचने लगा :

अब कौन है जो हमारी सहायता करेगा? समस्त दैत्य वंशों को हरि ने नष्ट कर दिया है। जो देवता मेरे पिता के चरणों में मस्तक नवाते थे अब उन्होंने शासन-सूत्र सँभाल लिया है। मेरे परिजन जो कभी शक्तिशाली थे अब शक्तिहीन और भीरु हो चुके हैं। देवताओं ने कल्पवृक्ष पर भी कब्जा कर लिया है। पहले दैत्य देवियों के मुख देखकर जिस प्रकार आह्लादित होते थे और अब देवता दानवियों के मुख देखकर उसी प्रकार आह्लादित होते हैं। पहले जो अप्सराएँ दैत्यों के राजमहलों में आनंद लेती थीं, वे अब मेरु पर्वत पर चली गई हैं और कहाँ वन के पक्षियों का-सा जीवन बिता रही है। मेरी माताएँ (रानियाँ) भी अत्यंत दुखद जीवन बिता रही हैं। अब मेरे पिता के सेवक इंद्र की सेवा में लग गए हैं। हरि की कृपा से हम अत्यधिक कष्टों को झेल रहे हैं और यह सोचकर हम और दुखी और कुंठित हो रहे हैं।

12

जून

अविष्णुः पूजयन् विष्णुं न पूजाफलभाग्भवेत्
विष्णुर्भूत्वा यजेद विष्णुमयं विष्णुरहं स्थितः (31/40)

प्रह्लाद चिंतन में मग्न था :

यह विष्णु ही है जो संसार का पालन और रक्षा करता है। वह इस संसार के सब जीवों को आश्रय देता है। इसलिए हर प्राणी को उसी की शरण में जाना चाहिए। कोई और रास्ता भी नहीं। इसी क्षण से मैं विष्णु की शरण लूँगा और इस प्रकार जिऊँगा कि विष्णु की उपस्थिति में जी रहा होऊँ।

तो भी जो विष्णु नहीं वह विष्णु की अर्चना-पूजा से लाभान्वित नहीं हो सकता। विष्णु की पूजा विष्णु बनकर ही करनी चाहिए। अतः मैं विष्णु हूँ। जो प्रह्लाद के नाम से जाना जाता है वह विष्णु से भिन्न है ही नहीं। द्वैत है कहाँ? कौन मेरा शत्रु है और कौन अब मुझे चुनौती दे सकता है? क्योंकि अब मैं विष्णु हूँ और जो मुझसे वैर करेगा, समझ लो उसका अंत आ गया है। ये जो दैत्य मेरे सम्मुख खड़े हैं वे मुझसे निस्सृत होनेवाले तेज के सम्मुख ठहर नहीं सकते। देवतागण तो मेरी ही स्तुति का गायन कर रहे हैं क्योंकि मैं ही तो विष्णु हूँ। वही मैं हूँ और मैं अपना अभिवादन करता हूँ।

वसिष्ठ ने कहा :

अपने को विष्णु के रूप में बदल कर प्रह्लाद ने मनसा विष्णु की पूजा की। पूजा के लिए विहित सामग्री तथा स्तोत्रों का परंपरानुसार उपयोग भी किया। पूजा-आराधना करने के बाद वह बहुत प्रसन्न हुआ। इसके बाद प्रह्लाद प्रतिदिन नियमित रूप से विष्णु की पूजा करने लगा। उसकी देखादेखी सभी दानव भी विष्णु की पूजा करने लगे। स्वर्ग के देवता भौंचक रह गए। वे विष्णु के पास गए और उनसे प्रश्न किया।

देवताओं ने पूछा :

प्रभु, यह क्या रहस्य है? दैत्य तो परंपरा से आपके शत्रु हैं। उनका आपका भक्त बनना मिथ्या तो है ही कुछ चाल-भरा भी लगता है। दैत्यों की दैत्य प्रकृति कहाँ गई? फिर आपके प्रति भक्ति कैसी? वह तो जीव के अंतिम अवतार में ही संभव होती है। निश्चय ही, जीव के गुण सदा उस जीव की मूलभूत प्रकृति के अनुरूप ही होते हैं। यह जानकर कि ये दैत्य एक ही रात में आपके भक्त हो गए, कष्टकर लग रहा है। अगर ऐसा कहा जाता कि वे धीरे-धीरे उच्च स्तर को प्राप्त कर रहे हैं सद्गुणों को अर्जित कर रहे हैं, तब हमारी समझ में कोई बात आती। परंतु जो रहा ही हो सदा प्रकृति से दुष्ट वह सहसा भक्त बन गया हो तो यह बात विश्वास से परे है।

विष्णु ने उत्तर दिया :

हे देवताओं, न शंका करें और न दुखी ही हों। प्रह्लाद मेरा भक्त बन गया है। यह उसका अंतिम अवतार है और वह मुक्ति की प्राप्ति का सुपात्र है। उसके अज्ञान के बीज जल चुके हैं। वह अब पुनः जन्म नहीं लेगा। यह सुनने में अच्छा नहीं लगता कि अच्छा व्यक्ति दूषित मनवाला हो गया। परंतु यह सुनने में अच्छा लगता है कि जिसमें कोई गुण न हो वह गुणी हो गया। प्रह्लाद का यह बदलाव तुम्हारे लिए अच्छा है।

जून

त्रिभुवनभवनाभिरामकोशं सकलकलंकहरं परं प्रकाशम्
अशरणशरणं शरण्यमीशं हरिमजमच्युतमीश्वरं प्रपद्ये (33/19)

वसिष्ठ ने कहा :

इस प्रकार देवताओं को आश्वस्त करके विष्णु अंतर्धान हो गए और देवता प्रह्लाद के प्रति मैत्रीपूर्ण व्यवहार करने लगे।

प्रतिदिन मनसा-वाचा-कर्मणा प्रह्लाद विष्णु की पूजा करने लगे। इस पूजा का तात्कालिक परिणाम यह हुआ कि सभी श्रेष्ठ गुणों का प्रह्लाद में विकास होने लगा। उसका ज्ञान भी बढ़ने लगा और विरक्ति का भाव भी। भगवान विष्णु वहाँ गए जहाँ प्रह्लाद पूजा करता था। भगवान विष्णु को अपने सम्मुख देखकर प्रह्लाद प्रार्थना करने लगा :

मैं आपकी शरण में हूँ। तीनों लोक आपकी शरण में आनंदमग्न हैं। आप परम प्रकाश हैं। आप अज्ञान रूपी हर अंधकार को दूर करनेवाले हैं। आप ही अशरण की शरण हैं। आपकी शरण की खोज में ही हर जीव रहता है और उसे पूर्ण सुरक्षा की प्राप्ति भी होती है। आप नीलकमल क्या नीलम की तरह तेजस्वी हो आपका शरीर भी आकाश की तरह नीला है। मैं आपकी शरण लेता हूँ।

विष्णु ने कहा :

हे प्रह्लाद, आप सद्गुणों के सागर हो और निश्चय ही तुम राक्षसों के बीच रत्न हो। अपनी इच्छा से वर माँगो।

प्रह्लाद ने कहा : प्रभु, तुम सभी के हृदय में निवास करते हैं और सभी की इच्छाओं की पूर्ति करते हैं। मेरी प्रार्थना है कि मुझे ऐसा वर दो जो असीम हो।

विष्णु ने कहा :

हे प्रह्लाद, तुममें अनुसंधान की जिज्ञासावृत्ति उत्पन्न हो जिससे तुम अंततः असीम ब्रह्म में विश्राम प्राप्त करो। इससे तुम्हारे सभी भ्रम भी दूर हो जाएँगे और तुम्हें सर्वोच्च परमानंद की प्राप्ति भी होगी। (इतना कहकर भगवान विष्णु अदृश्य हो गए।)

प्रह्लाद सोचने लगा : प्रभु की आज्ञा है कि अनुसंधान में निरंतर लगे रहो। अब मैं आत्मा के अनुसंधान में निरंतर लगा रहूँगा। निश्चय ही, मैं संसार नहीं हूँ जो बाह्य है वह जड़ है तथा पेड़ों, झाड़ियों, पहाड़ों आदि से निर्मित है। न मैं शरीर ही हूँ जो प्राणशक्ति की हलचल से बना है और जिसका जीवनकाल अल्पकालिक है। मैं ध्वनि (शब्द, नाम या अभिव्यक्ति) भी नहीं हूँ जो जड़ कान के द्वारा सुनी जाती है। फिर यह ध्वनि भी जड़ वायु की हलचल से उत्पन्न होती है, जिसका न रूप होता है और न जिसकी सत्ता ही होती है। मैं स्पर्श इंद्रिय भी नहीं हूँ, जो क्षणिक भी है और जो असीम चेतना से ही परिचालित होती है। न मैं स्वाद की इंद्रिय ही हूँ जो सदा अस्थिर और परिवर्तनशील उस जिह्वा पर आधारित है जो पदार्थों के लिए लालायित रहती है। मैं देखने की इंद्रिय भी नहीं हूँ जो क्षणिक भी है और द्रष्टा की समझ की विकृति है। न मैं सूँघने की इंद्रिय ही हूँ जो नाक की काल्पनिक सृष्टि है तथा जिसका रूप अस्पष्ट है। मैं तो विचार के परे की शान्ति हूँ।

14

जून

आ इदानीं स्मृतं सत्यं एततद् अखिलं मया
निर्विकल्पचिदाभाष एष आत्मास्मि सर्वगः (19)

प्रह्लाद का चिंतन चल रहा था :

आहा, अब मुझे सत्य के दर्शन हो रहे हैं, मैं आत्मा हूँ जो सर्वव्यापी है तथा जो संकल्पना-विहीन है। इसी आत्मा के द्वारा सभी इंद्रियाँ और उनसे होनेवाले अनुभवों का बोध होता है क्योंकि आत्मा अंतर्प्रकाश है। इसी अंतर्प्रकाश के कारण ही ये पदार्थ अपना दृश्य अस्तित्व प्राप्त करते हैं। चेतना का अंतर्प्रकाश ही सूर्य का ताप है, चंद्रमा की शीतलता है, पर्वत का गुरुत्व है और जल की तरलता है। इस सृष्टि में प्रत्यक्ष होनेवाले हर पदार्थ का कारण यही है परंतु इसका कारण कोई नहीं।

मैं इस आत्मा के प्रति मस्तक झुकाता हूँ जो स्वप्रकाश है, जिसमें ज्ञाता और ज्ञान का, कर्ता और कर्म का भेद नहीं है। इसी में संसार के सभी पदार्थ विद्यमान हैं और इसी में प्रविष्ट भी होते हैं। जब इसी चेतना के द्वारा विचार होता है तो ये सभी पदार्थ अस्तित्व ग्रहण करते हैं और जब इनकी अविद्यमानता का विचार आता है तो ये अपने अंत को प्राप्त होते हैं। इस प्रकार ये सभी ससीम पदार्थ चेतना के असीमित आकाश में आविर्भूत होते हैं। वे पहले पनपते हैं फिर छीजते हैं जैसे छाया सूर्य के प्रकाश में पहले बढ़ती है फिर छीजती है।

आत्मा या चेतना का यह अंतर्प्रकाश अज्ञात और अदृष्ट है। इसे उन्हीं लोगों ने धारण किया है जिन्होंने अपने हृदय का शुद्धीकरण किया है। महापुरुषों को इसका दर्शन चेतना के विशुद्ध ब्रह्मांडीय आकाश में होता है। तीनों लोकों में आत्मा अविभाजित स्थिति में रहती है।

अतः अनुभव करनेवाली यह एकमात्र आत्मा ही सबकी अनुभवकर्त्री है। इसलिए कहा जाता है कि आत्मा के सहस्रों हाथ हैं और सहस्रों ही आँखें हैं। सूर्य की सुंदर काया के माध्यम से यह आत्मा (जो मैं हूँ) आकाश में विचरण करती है और इसी प्रकार वायु की काया के माध्यम से भी विचरण करती है। मैं पुरुष हूँ, मैं स्त्री हूँ, मैं जवान हूँ, मैं बूढ़ा हूँ और शरीर के माध्यम से मैंने यहाँ जन्म लिया है। असीम चेतना रूपी भूमि पर मैंने पेड़-पौधे उगाए हैं और उनमें सार रूप में विद्यमान भी हूँ। जिस प्रकार खिलवाड़ी बच्चे के हाथ में मिट्टी होती है उसी प्रकार अपनी खुशी से मैं इस दृश्य संसार में व्याप्त हूँ।

जिस प्रकार दर्पण में बिंब विद्यमान होता है उसी प्रकार यह संसार मुझमें—मुझ आत्मा रूपी असीम चेतना में—विद्यमान रहता है। मैं फूलों में होनेवाली गंध हूँ। मैं तेज में होनेवाला प्रकाश हूँ और उस प्रकाश में भी मैं अनुभव हूँ। जो भी चल और अचल जीव इस ब्रह्मांड में हैं मैं ही उनका परम सत्य या चेतना हूँ, जिसमें लेशमात्र भी संकल्पना नहीं। मैं ब्रह्मांड की सभी वस्तुओं का सार हूँ। जिस प्रकार मक्खन दूध में विद्यमान होता है, जल में द्रव्यता होती है उसी तरह चेतना की ऊर्जा के रूप में मैं उस सब में विद्यमान हूँ जिसने अस्तित्व धारण किया है।

बिना किसी पदार्थगत भेदभाव के भूत, वर्तमान तथा भविष्य का यह दृश्य संसार असीम चेतना में विद्यमान रहता है। यह सर्वव्यापक तथा सर्वशक्तिमान ब्रह्मांडीय प्राणी आत्मा ही है जिसे 'मैं' से अभिहित किया जाता है।

15

जून

भावेना भावमाश्रित्य भावस्त्यजति दुःखताम्
प्रेक्ष्य भावमभावेन भावस्त्यजति दुष्टताम् (99)

प्रह्लाद चिंतन कर रहे थे :

सचमुच यह असीम चेतना ही है जो अस्तित्व में है। इसमें कैसे ससीम, सीमित अहंभाव उदित हुआ? क्या बिना किसी कारण या सहायता के ही हुआ? इसमें यह भ्रम कैसे उत्पन्न हुआ कि 'यह मैं हूँ और वह तुम हो'? यह शरीर क्या है और अशरीर क्या है? वह क्या है जो जीता है और क्या है जो मरता है? निश्चय ही, मेरे पूर्वजों की समझ कुछ कम थी जिन्होंने इस असीम चेतना का त्याग कर दिया और इस छोटी-सी धरती पर विचरण करने लगे। इस दृष्टि से असीम चेतना की भयावह मिथ्याभिमान के नाम से जानी जानेवाली सांसारिक महिमा से तुलना ही कैसी? यह सांसारिक महिमा तो भयानक इच्छाओं और लालसों से भरी है। असीम चेतना विशुद्ध है और प्रकृति से परम शांतिदायक है। इस ब्रह्मांड में जितने भी दर्शन संभव है उनमें निश्चय ही यह चेतना उत्तम है। इसी चेतना में तीनों लोकों की सत्ता भी निहित है, और ब्रह्मांड के सभी पदार्थ भी इसमें अवस्थित हैं। लोग इस सत्य का अनुभव क्यों नहीं करते कि चेतना के बाहर कुछ भी नहीं।

इस सर्वव्यापी तथा विभेदरहित चेतना के माध्यम से हर पदार्थ हर जगह और हर समय सरलता से प्राप्त किया जा सकता है। सूर्य और चाँद में जो प्रकाश चमकता है, देवताओं को जो ऊर्जा जीवित बनाती है, प्रकृति में जो गुण और शक्तियाँ निहित हैं तथा तरह-तरह की दिखाई देनेवाली ऊर्जा तथा बुद्धिमत्ता ये सब उस एक असीम चेतना का विस्तार तथा कृत्य हैं। यह चेतना अविभक्त है तथा विकाररहित भी। यह असीम चेतना एक साथ तीनों कालों में व्याप्त होती है और अगणित लोकों को अनुभूत करती है। चेतना एक साथ मिठास और कड़आहट का अनुभव करती है तथा स्थितर और शांत रहती है। क्योंकि चेतना में किसी प्रकार का विकार नहीं इसलिए उसमें कोई विचार भी नहीं। क्योंकि यह अति सूक्ष्म है, और सभी वस्तुओं को एक साथ अनुभूत करने में सक्षम है इसलिए सदा शांति में स्थित तथा एकरूप रहती है। हाँ देखने में अवश्य प्रतीत होता है कि वह विभिन्नताओं और विभिन्न परिस्थितियों को अनुभूत करती है।

जिस प्राणी में विकार भासित हों यदि वह किसी ऐसे प्राणी का आश्रय ले या उसका आश्रय बने जो निर्विकार हो तो वह दुख से छुटकारा पा जाता है। उसकी दुष्टता भी तब दूर हो जाती है जब उसे देखनेवाला नहीं होता (अर्थात् ऐसा मन जिसमें विचारजन्य हलचल ही न हो)।

जब चेतना तीनों काल का बोध त्याग देती है तथा जब वह पदार्थभाव और विचारभाव भी त्याग देती है तब वह शांति में स्थित हो जाती है। यह स्थिति वर्णनातीत है इसलिए कुछ लोग कहते हैं कि आत्मा का अस्तित्व है ही नहीं। चाहे आत्मा (ब्रह्म) हो या न हो, जिसका विघटन न हो वही परम मुक्ति है। इसी परिवर्तन (विचार) के कारण यह चेतना ऊपर से देखने में आवरण युक्त लगती है और उसका बोध नहीं होता। मैं आत्मा का अभिवादन करता हूँ तथा अविभक्त चेतना के रूप में मैं अपना भी अभिवादन करता हूँ। यही दृश्य और अदृश्य संसार का सबसे मूल्यवान रत्न है। तुम इस तक बहुत जल्दी पहुँच चुके हो। तुम्हें इसका स्पर्श मिला है तुम लाभान्वित हुए हो।

जून

सम्बन्धः कौस्तु नः कामैर् भावाभावैरर्थेन्द्रियैः
केन सम्बध्यते व्योम केन सम्बाध्यते मनः (32)

प्रह्लाद का चिंतन चल रहा था :

ओम् अद्वैत चेतना है जो सभी विकृतियों से परे है। जो कुछ भी इस ब्रह्मांड में है वह एक आत्मा में भी है। भूत, वर्तमान और भविष्य में, यहाँ-वहाँ सब जगह तथा सभी दिखनेवाले रूपों में एक वही तो है।

यह एक चेतना ही है जो पूर्णतः निशंक और अविच्छिन्न भाव से असंख्य प्रकार के प्राणियों को रूपायित करती है तथा उन्हें बनाए रखती है। यही है जो कर्ता (ब्रह्म) और घास की पत्ती को अस्तित्व प्रदान करती है। यह सदा सक्रिय और गतिशील रहती है यद्यपि यह शिला से भी अधिक अक्रिय होती है। यह किसी क्रिया से प्रभावित नहीं होती।

यह चेतना या आत्मा ही है जो मन को उसी प्रकार सक्रिय करती है जिस प्रकार वायु पत्तों को सरसराती है। यही इंद्रियों को उसी प्रकार क्रिया करने में प्रवृत्त करती है जिस प्रकार घुड़सवार घोड़े को निर्दिष्ट करता है। यह आत्मा शरीर की स्वामिनी है तो भी तरह-तरह के कार्यों में इस प्रकार लगी रहती है कि जैसे दासी हो।

इसी आत्मा की पूछ, पूजा तथा ध्यान होना चाहिए। इसी के द्वारा प्राणी इस दृश्य संसार और उसके आवागमन के चक्र तथा अज्ञान रूपी भ्रम को लाँघ सकता है। इसे अपने शरीर में प्राप्त किया जा सकता है। इसे प्राप्त करने के लिए इसे बुलाने की भी आवश्यकता नहीं। यदि क्षण भर भी इसका ध्यान किया जाए तो यह अपने को स्वयं अभिव्यक्त तथा प्रकट करने लगती है। यह सबकी स्वामिनी है और इसमें सभी उत्तम गुण भी हैं। जिसमें इसके प्रति पूज्यभाव होता है वह आक्रोश और अहं से मुक्त हो जाता है। इसका बोध हर एक को नहीं होता क्योंकि हर व्यक्ति आत्मा से संबद्ध सत्य का अनुसंधान नहीं करता। जब यह दिखती है तब सब-कुछ दिखने लग जाता है, सब-कुछ सुनाई पड़ने लग जाता है। जब इसका स्पर्श होता है, सब पदार्थों का स्पर्श प्राप्त हो जाता है क्योंकि संसार इसी के कारण ही तो है। यह है इसलिए संसार भी है। जब कोई सो जाता है तब भी यह जागती रहती है। यह अज्ञानी को भी जाग्रत होने के लिए उकसाती है। यह दुखियों के दुख दूर करती है और उनकी आकांक्षाएँ भी दूर करती है। इस सृष्टि में यह इस प्रकार रहती है कि जैसे वह जीव हो। ऐसा प्रतीत होता है कि यह सुखभोग भी कर रही हो और संसार के पदार्थों के बीच फैली हुई भी हो।

यह आत्मा आकाश में होनेवाला शून्य है। जो गतिवान है यह उसकी गति है। चमकनेवाले पदार्थों की यह चमक है। सभी तरल पदार्थ इसका स्वाद है। यह पृथ्वी की घनता है। अग्नि का ताप है। चंद्रमा की शीतलता है। तीनों लोकों का मूल अस्तिव है। जिस प्रकार भिन्न-भिन्न पदार्थों में भिन्न-भिन्न गुण होते हैं उसी प्रकार यह इस शरीर की स्वामिनी है।

इसकी सत्ता आंतरिक है। मैं केवल आत्मा हूँ। मुझमें कोई धारणा या संकल्पना नहीं। शरीर को सुख-दुख जो मिलता है सो मिले, उससे आत्मा पर प्रभाव कैसा? आत्मा इस भौतिक सत्ता से परे है इसलिए यह भौतिकता से बँधी नहीं। हमारा (इस आत्मा का) और इंद्रियों तथा सृष्टि से परिचालित धारणाओं का आपस में नाता ही कैसा? आकाश को कौन या क्या बाँध सकता है? और मन बँधा है तो किससे?

17

जून

स्तुत्या प्रणतया विज्ञप्त्या शमेन नियमेन च
लब्धोयं भगवान् आत्मा दृष्टश्चाधिगतः स्फुटम् (49)

प्रह्लाद चिंतन कर रहे थे :

यदि शरीर के सौ टुकड़े भी कर दिए जाएँ तो भी आत्मा को चोट नहीं पहुँचती। ठीक वैसे ही जैसे मिट्टी के बरतन को चूर-चूर कर दिया जाए तो उसके भीतर का अवकाश नष्ट नहीं होता। पहले मन था जो सुख-दुख की धारणाओं से गठित था। अब सुख-दुख की धारणाएँ समाप्त हो चुकी हैं तो मेरा मन है ही कहाँ? जो व्यक्ति मुक्त हो जाता है उसके पास न सुख-दुख की धारणाएँ ही शेष रहती हैं और मन ही। मेरे मन में अब सुख की लालसा रही नहीं और न उससे पीछा छुड़ाने की इच्छा शेष है। जो होता है वह हो और जो जाता हो, वह जाए। मैं अज्ञान रूपी शत्रु का चिरकाल से दास रहा हूँ। उसने मेरी ज्ञान रूपी संपदा का हरण कर लिया है। परंतु अब अवश्य विष्णु की कृपा और अपने उत्तम प्रयास से मैंने ज्ञान प्राप्त कर लिया है।

मैंने भजन गाकर, स्तुति करके, प्रार्थना के द्वारा अपनी आत्मा के स्वामी परमपिता से मन की शांति और अनुशासित जीवन प्राप्त कर लिया है।

अज्ञान रूपी वन में अनेक बाँबियाँ हैं जिनमें विषयों से संबद्ध लालसाओं के घातक विषधर निवास करते हैं। उसमें मृत्यु रूपी अनेक अंधकूप हैं और दुख रूपी तरह-तरह की अनेक अग्नियाँ हैं। उसमें हिंसा और लोभ रूपी डाकू तथा अहं रूपी शत्रु घूमते रहते हैं। अब मैं भगवान विष्णु की कृपा तथा स्वप्रयास के कारण उन सबसे मुक्त हूँ और मेरी बुद्धि पूर्ण रूप से जाग्रत हो चुकी है। उस जाग्रत बुद्धि के फलस्वरूप अब मुझे कोई ऐसी चीज नहीं दिखाई देती जिसे अहं कहा जा सके।

अब अहं रूपी भूत को पटक दिया गया है इसलिए मैं शांत-स्थिर हूँ। अब न भ्रम है न दुख ही। न इच्छाएँ ही रहीं न आशाएँ ही। अब किसी प्रकार की मानसिक व्यथा भी नहीं रही। नरक और स्वर्ग तथा मुक्ति-संबंधी भ्रम तभी तक रहते हैं जब तक अहं रहता है। चित्रों का निर्माण परदों पर होता है आकाश में नहीं। जब अहं रूपी मेघ तथा लालसा रूपी तूफान से बुद्धि अनावृत्त हो जाती है तब वह आत्मज्ञान रूपी प्रकाश से चमकने लगती है।

अहं रूपी कीच से रहित मेरी आत्मा, तेरा जय-जयकार करता हूँ। हे आत्मा, तेरा जय-जयकार करता हूँ क्योंकि तेरे अंदर स्थित भयानक इंद्रियाँ और सर्वभक्षी मन पूरी तरह शांत-स्थिर हो चुके हैं। हे आत्मा तेरा जय-जयकार करता हूँ क्योंकि तेरे अंदर अज्ञान को दूर करनेवाला सूर्य स्थित है। हे आत्मा तेरा जय-जयकार करता हूँ क्योंकि तू परम प्रेम को बढ़ावा देती हो और ब्रह्मांड के सभी पदार्थों को अपने अंदर निहित रखती हो।

अब पराधीन नहीं हूँ, इच्छा और लालसाओं से रहित हूँ, विचारों से विहीन हूँ, अहं से भ्रमित नहीं हूँ, न अब मुझमें सुखभोग की प्रवृत्ति ही शेष हैं—अब मेरा मन पूर्ण शांति की स्थिति प्राप्त कर चुका है। अब सभी दुख समाप्त हो गए हैं और परम आनंद का प्रकाश जाग्रत हो चुका है।

18

जून

वाच्यवाचकदृष्ट्व्यैव भेदो योयमिहावयोः
असत्या कल्पनैवेषा वीचिवीच्यम् भसोरिव (8)

प्रह्लाद का चिंतन चल रहा था :

जो आत्मा चेतना की सब स्थितियों या वृत्तियों से परे है उसका बोध अंततः प्राप्त कर लिया है। हे आत्मा, मैं तुम्हारा जय-जयकार करता हूँ, तुम्हारा आलिंगन करता हूँ। एकमात्र तुम्हीं तो इन लोकों में मेरी मित्र और संबंधी हो। अब तुम्हीं मुझे नष्ट करो, बचाओ, चलाओ या मेरी प्रशंसा करो। अब तुम्हें देख और प्राप्त कर लिया है। अब तुम क्या करोगी और कहाँ जाओगी? मेरे और तुम्हारे बीच आदिकाल से अज्ञान की दीवार खड़ी थी। अब वह दीवार ढह गई है अब तुम बिल्कुल पास दिखाई देती हो। **हे आत्मा, तुम्हारे और मेरे बीच का अंतर शाब्दिक है ठीक वैसे ही जैसे शब्द और उसके द्वारा सूचित पदार्थ में होता है। यह अंतर उसी प्रकार अवास्तविक और काल्पनिक है जिस प्रकार जल और लहर के जल का अंतर अवास्तविक होता है।**

तुम द्रष्टा हो, अनुभवकर्त्री हो तुम्हारा जय-जयकार! परंतु दुख इस बात का है कि तुमने अपने आधान (शरीर) से तादात्म्य स्थापित कर लिया था और अपनी प्रकृति को भुला रखा था। परिणाम यह हुआ कि तुमने अंतहीन दुख भोगा, तुम्हें बार-बार जन्म-मरण के चक्र में पड़ना पड़ा और बिना आत्मज्ञान के बाह्य प्रभावों को अनुभूत करना पड़ा। खैर, अब तुम्हें देख लिया है और तुम तक पहुँच हो गई है। अब तुम्हारे संबंध में भ्रमित नहीं होऊँगा। हे प्रभु, जो आत्मा नेत्रों का प्रकाश है और जो बुद्धि के रूप में शरीर में व्याप्त है वह न दिखती थी न अनुभूत ही होती थी। यह बुद्धि अपने से अलग कैसे है? अब उसे अनुभूत कर लिया है और इंद्रिय सुखों की ओर मेरा ध्यान जाता ही नहीं।

अपनी उस आत्मा का जय-जयकार जो असीम भी है और अहंविहीन भी। इस अरूप आत्मा का जय-जयकार। तुम मुझमें शांति के रूप में विराजमान हो, तुम शुद्ध साक्षी चेतना हो। तुम्हारा कोई रूप नहीं और न समय तथा आकाश तुम्हारा विभेद ही कर सकते हैं। प्राणशक्ति के प्राण और अपान को गतिशील करने पर मन अद्वेलित होता है, इंद्रियाँ सक्रिय हो उठती हैं और ऊर्जा फैलने लगती है। इच्छाशक्ति से खिंचा चालक रूपी मन रक्त, मांस, त्वचा और हड्डियों से निर्मित काया को खींच ले जाता है। जो हो, मैं विशुद्ध चेतना हूँ। शरीर या किसी और चीज पर आश्रित नहीं हूँ। यह शरीर उठे या गिरे। इसे तो इच्छाओं के अनुरूप ही चलना है। समय आने पर अहंभाव जाग्रत होता है और फिर ऐसा भी समय आता है जब अहंभाव मिट जाता है। यह क्रम वैसा ही है जैसा प्रलय के आने पर ब्रह्मांड का विलय होना। परंतु इस सृष्टि में लंबे समय तक बार-बार जनमते और मरते रहने के बाद मैं शांति और विश्राम की स्थिति उसी प्रकार प्राप्त कर सका हूँ जिस प्रकार समय-चक्र के पूरा होने पर संपूर्ण ब्रह्मांड शांति और विश्राम को प्राप्त होता है।

आत्मा का प्रकाश होने के कारण मैं अपनी आँखें खोलता हूँ और ब्रह्मांड अस्तित्व में आ जाता है। मैं आँखें बंद कर लेता हूँ तो ब्रह्मांड रहता ही नहीं। हे आत्मा, तुम वह परमाणु (परम+अणु) हो जिसमें पहले से ही सारा ब्रह्मांड स्थित है। हे आत्मा, तुम स्वयं इस आकाश में अनंत प्रकार के पदार्थों के रूप में प्रकट होती हो।

19

जून

भवानयमयम् चाहं त्वं शब्दैरेवमादिभिः
स्वयमेवात्मनात्मानं लीलार्थं स्तौषि वक्षि च (56)

प्रह्लाद का चिंतन चल रहा था :

मिथ्याभिन, क्रोध, मलिनता, हिंसा आदि को त्याग देना चाहिए, क्योंकि ये क्षुद्र गुण महान आत्माओं को अपने प्रभाव में नहीं ला पाते। पिछले कष्टों का बार-बार स्मरण करो और खुशी-खुशी मन की वृत्ति से अनुसंधान करो कि 'मैं कौन हूँ?' यह सब कैसे हुआ और इससे पिंड कैसे छूटे। हे आत्मा, तुम सदा जाग्रत रहती हो, अपनी ऊर्जा से ही जाग्रत रहती हो और जिन अनुभवों के बीच से गुजरना पड़ रहा है उन सब का ज्ञान तुम्हें रहता है। वास्तव में यह वह ऊर्जा है जो अनुभूत पदार्थों के संपर्क में आती है परंतु जाग्रत रहने के कारण तुम उन अनुभवों को अपने से जोड़ लेती हो।

हे आत्मा, तुम शरीर रूपी पुष्प की सुगंध हो। जिस प्रकार सोने से भिन्न-भिन्न फैशन के आभूषण बनाए जाते हैं उसी प्रकार संसार के सभी पदार्थ तुम्हीं से गढ़े जाते हैं। यह अंतर शाब्दिक है। **'यह तुम हो', 'यह मैं हूँ' आदि उक्तियों का प्रयोग तब होता है जब तुम अपने को प्यार करती हो या अपनी खुशी के लिए अपनी प्रशंसा करती हो।** जिस प्रकार जंगल की भयावह अग्नि क्षण-क्षण अनेक तरह के रूप धारण करती है जबकि होती है वह एक लपट ही। उसी प्रकार तुम्हारा अद्वैत रूपी ब्रह्मांड इन सब विविध पदार्थों में प्रकट होता है। तुम उस सूत्र के समान हो जिसमें इन सभी लोकों को पिरोया जा चुका है। सभी लोक अपनी पूर्ण शक्ति के साथ तुममें स्थित रहते हैं तथा तुम्हारे माध्यम से सब-कुछ अभिव्यक्त होता है। तो भी ये लोक अस्तित्व प्राप्त किए हुए दिखाई देते हैं। परंतु जब तुम नहीं होगी तो ये भी नहीं रहेंगे। सुख और दुख तुम्हारे पास पहुँचते ही उसी प्रकार ढेर हो जाते हैं जिस प्रकार अंधकार प्रकाश के पास पहुँचते ही विलीन हो जाता है।

हे आत्मा, सुख और दुख तथा हर्ष और विषाद तुमसे उत्पन्न होते हैं और उस समय अपना अस्तित्व गँवा बैठते हैं जब उन्हें यह बोध होता है कि वे तुम्हारे आश्रित हैं। दुख और सुख के भ्रामक अनुभव उसी प्रकार आँख झपकने भर में बनते और मिटते हैं जिस प्रकार आँख झपकने भर में दृष्टि-संबंधी भ्रम बनते और बिगड़ते हैं। वे चेतना के प्रकाश में प्रकट होते हैं और जब उन्हें चेतना से अभिन्न समझा जाता है तो वे अदृश्य हो जाते हैं। कौन है इस रहस्य का द्रष्टा? इस प्रकार हर पदार्थ में हर क्षण परिवर्तन हो रहा है अतः ये क्षणिक कारण कैसे ठोस और स्थायी परिणाम दे सकते हैं? हे आत्मा, तुम सुख और दुख का भोग ऐसे करती हो कि जैसे वे वास्तविक हों जबकि तुम उस ज्ञानी व्यक्ति की चेतना के माध्यम से देखती और ग्रहण करती हो जो अपनी समभाव की स्थिति को कभी छोड़ता ही नहीं। परंतु जब किसी अज्ञानी और अजाग्रत व्यक्ति के हृदय में यही बातें घटती हैं तब तुम्हारे अनुभव कैसे होंगे यह बता पाना मेरे लिए असंभव है!

हे आत्मा, तेरा जय-जयकार हो! तुमने अपरिमित ब्रह्मांड को प्रकट किया है। तुम ही परम शांति हो, तुम्हारी जय हो! हे आत्मा, तुम शास्त्रों की पहुँच से परे हो, तुम्हारी जय हो! मैं पूर्ण समभाव की स्थिति में हूँ और परम शांति में स्थित हूँ। मुझे आत्मज्ञान प्राप्त हुआ है। मेरा भी जय-जयकार और तुम्हारा भी जय-जयकार!

20

जून

दैत्योगेन विबुधास्ततो यज्ञतपः क्रियाः
तेन संसार स संस्थानं न संसारक्रमोन्यथा (38/16)

वसिष्ठ ने कहा :

इस प्रकार चिंतन करते हुए प्रह्लाद उस मानसिक स्थिति में जा पहुँचा था जो परिवर्तनविहीन थी परंतु जहाँ परम आनंद था जो विचारगति से अविक्षुब्ध था। वह जहाँ बैठा था वहीं मूर्तिवत् बैठा रहा। हजारों वर्ष ऐसे ही बीत गए। दानवों ने सोचा कि प्रह्लाद मर गया है। पाताल लोक में अराजकता फैल गई। वहाँ पूर्ण रूप से अव्यवस्था व्याप्त हो गई। बलवान बलहीनों को दबाने-सताने लगे।

इसी बीच ब्रह्मांड के रक्षक विष्णु ने पाताल की स्थिति को देखा और यह भी देखा कि प्रह्लाद इंद्रियातीत चेतना में पूरी तरह निमग्न है।

विष्णु ने सोचा :

क्योंकि प्रह्लाद इंद्रियातीत चेतना की स्थिति में तल्लीन है इसलिए नेतृत्वविहीन दानव शक्ति खो बैठे हैं। दानवों के आक्रमण की चिंता से मुक्त देवता स्वर्ग में सुखी हैं। न उन्हें भय ही रहा और न किसी के प्रति उनमें घृणा ही रही। यदि उन्हें भय या घृणा न रही तो अतिशीघ्र वे इंद्रियातीत चेतना में स्थित हो जाएँगे और मोक्ष प्राप्त कर लेंगे। जिस वर्तमान ब्रह्मांड को प्राकृतिक प्रलय तक चलना है वह इस प्रकार बीच में ही समाप्त हो जाएगा। इसमें मुझे कुछ भलाई नहीं दिखती। **इसलिए मेरे विचार से दानव वैसे ही रहें जैसे उन्हें रहना चाहिए। यदि दानव देवताओं के शत्रु के रूप में रहेंगे तो इस सृष्टि में धार्मिक आदि सत्कार्य होते रहेंगे। और इस प्रकार यह सृष्टि बनी रहेगी, चलती तथा पनपती रहेगी।**

विष्णु वहाँ पहुँचे जहाँ प्रह्लाद चिंतनमग्न थे। उन्होंने उच्चस्वर में कहा : "हे पुण्यात्मा, उठो।" उन्होंने अपना शंख भी बजाया। शंखध्वनि के फलस्वरूप प्रह्लाद के मस्तक में प्राणशक्ति स्पंदन करने लगी। फिर प्रह्लाद पूरी तरह से सजग हुआ और भगवान विष्णु को अपने समक्ष खड़ा देखा।

विष्णु ने प्रह्लाद से कहा :

प्रह्लाद तुम स्मरण करो कि तुम पाताल का शासन करते थे। तुम्हें न अब कुछ प्राप्त करने की ही आवश्यकता है और न कुछ छोड़ने की ही। उठो! तुम्हें इस शरीर में इस सृष्टिकाल तक रहना है। मैं जानता हूँ कि यह अपरिहार्य है। यह मैं इसलिए कह रहा हूँ कि मुझे संसार की व्यवस्था की विधि का ज्ञान है। इसलिए तुम्हें भ्रमरहित मुक्त संत की भाँति इस लोक का यहीं और अभी शासन करना है।

मरने के लिए वही योग्य है जो अज्ञान और दुख में डूबा हो। जो यह सोचे कि मैं दुखी हूँ, निर्बल हूँ, दयनीय हूँ, मूर्ख हूँ वही मरने के योग्य है। जो अगणित इच्छाओं और आशाओं से त्रस्त है तथा जिसका मन चंचल है वही मरने के योग्य है। उसका जीना उपयुक्त है जिसका मन संयमित हो, जो आत्मज्ञान से युक्त हो और सत्य के प्रति जाग्रत हो। उसे जीना चाहिए जिसमें अहंभाव न हो, जिसकी किसी से आसक्ति न हो, जिसमें राग-द्वेष न हो, जिसका शांत मन हो और अमन की स्थिति तक पहुँच गया हो। जिसको सुनकर लोग आनंद का अनुभव करें उसी का जीना जीना है, मरना उचि नहीं।

21

जून

देहसंस्थोप्यदेहत्वाद् अदेहोसि विदेहदृक्
व्योमसंस्थोप्यसक्तत्वाद् अव्योमेव हि मारुतः (4)

भगवान विष्णु ने कहा :

ऐसा लोगों का मानना है कि शरीर का अस्तित्व में होना तथा कार्य करना ही जीवन है और दूसरे शरीर को प्राप्त करने के लिए इस शरीर का त्याग ही मृत्यु है। तुम इन धारणाओं से मुक्त हो। हे प्रह्लाद, तुम्हारे लिए क्या जीवन और क्या मृत्यु! यह तो हुई लोकमान्यता की बात। परंतु तुम न जीवित हो और न मृत ही। **शरीर में स्थित होने पर भी तुम शरीर से परे हो, तुम अशरीरी हो। तुम द्रष्टा हो, यह अभौतिक बुद्धि है। वायु आकाश में विद्यमान रहने पर भी आकाश से संपृक्त नहीं होती और आकाशीय सीमा से भी स्वतंत्र होती है।** फिर भी बोलचाल की दृष्टि से तुम शरीर हो क्योंकि तुम शरीर के द्वारा ही संवेदन की अनुभूति करते हो। ठीक वैसे ही कहा जाता है कि आकाश ही पौधे की बाढ़ के लिए उत्तरदायी है क्योंकि उतना आकाश आवश्यक है जो उसकी बाढ़ को रोके नहीं।

तुम्हें आत्मज्ञान प्राप्त हो चुका है। इस शरीर से तुम्हें क्या प्रयोजन! यह तो सिर्फ अज्ञानी व्यक्ति के लिए है। इसी से वह अपना अस्तित्व समझता है। तुम सदा के लिए चेतना का परम अंतर्प्रकाश हो। शरीर का होना या न होना तुम्हारे लिए गौण है। तुम न संग्रह ही करना चाहते हो न कुछ छोड़ना ही। जिसने शरीर या अशरीर होने की धारणा ही छोड़ दी हो उसके लिए क्या वसंत ऋतु का दिन या प्रलय का दिन। वह तो सभी स्थितियों में आत्मज्ञान में दृढ़तापूर्वक स्थित रहता है। ब्रह्मांड के सभी प्राणी जिएँ या मरें अथवा पुष्ट हों वह तो आत्मज्ञान में ही स्थित रहेगा। परमपिता शरीर में रहता है, शरीर के मरने पर भी वह मरता नहीं और जब शरीर बदलता है तब भी वह नहीं बदलता। 'शरीर मेरा है' और 'मैं शरीर हूँ' जब ये मिथ्या धारणाएँ त्याग दी जाती हैं तब इन बातों का भी कुछ महत्त्व नहीं रह जाता कि 'मैं इसे छोड़ दूँगा', या 'इसे नहीं त्यागूँगा' अथवा 'मैंने यह किया है' या 'इसे मैं अब करूँगा।'

यद्यपि आत्मज्ञान प्राप्त प्राणी सदा कर्मों में लगे रहते हैं परंतु वे करते कुछ नहीं। ऐसा नहीं कि वे कुछ न करने से अकर्म की स्थिति प्राप्त करते हैं! अकर्म की स्थिति अनुभवों से विमुक्त रहती है। क्योंकि जब तक बीजों की बुआई नहीं होती तब तक फसल की कटाई भी नहीं होती। 'मैं करता हूँ' और 'मुझे अनुभव होता है' ये दोनों धारणाएँ जब समाप्त हो जाती हैं तब शांति ही शेष रहती है। जब यह शांति दृढ़तापूर्वक स्थापित हो जाती है तब मोक्ष होता है।

ऐसे आत्मज्ञानी व्यक्ति के लिए क्या पाने और क्या खोने के लिए रहता है? कर्ता और कर्म की धारणाएँ समाप्त होने पर ही मोक्ष होता है। तुम्हारे जैसे आत्मज्ञानी इस संसार में ऐसे रहते हैं जैसे गहरी नींद में हों। इसी प्रकार तुम संसार को ऐसे देखो जैसे कोई आधा जागता व्यक्ति देखता है। आत्मज्ञानी न आनंद में आह्लादित होते हैं और न दुख में संतप्त ही। वे बिना किसी इच्छा के काम करते हैं। ठीक वैसे ही जैसे स्फटिक पास रखे हुए पदार्थ को बिना चाहे ही परावर्तित करता है। ऐसे लोग आत्मज्ञान में पूर्ण जाग्रत रहते हैं परंतु सांसारिक व्यवहार की दृष्टि से सोए होते हैं। वे इस संसार में बच्चों की तरह आचरण करते हैं। उनमें अहंभाव रहता ही नहीं और जो किया जा रहा है वह बँधा क्रम भर है। हे प्रह्लाद, तुम विष्णु के लोक में पहुँच चुके हो, पाताल का शासन इस संसार–चक्र तक करो।

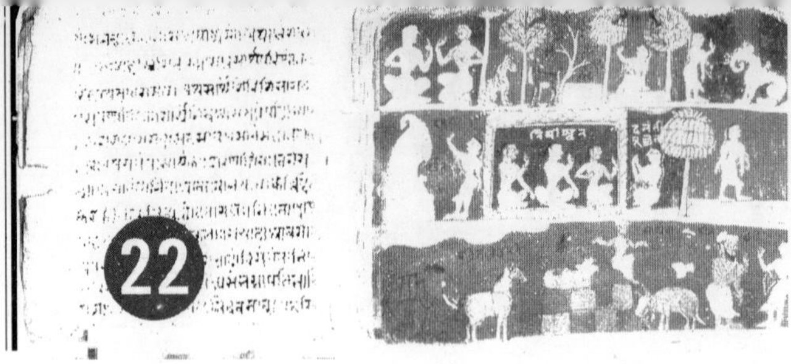

जून

इदं सुखमिदं दुःखमिदं नास्तीदमस्ति मे
इति दोलोयितं चेतो मूढमेव न पण्डितम् (12)

प्रह्लाद ने कहा :

भगवन्, मैं अत्यधिक थक गया था। इसलिए एक क्षण के लिए मैंने कुछ विश्राम किया। आपके अनुग्रह से मुझे आत्मबोध हुआ है जिसमें चिंतन या अचिंतन में कुछ भेद नहीं रहता। मैंने आपको चिरकाल से अपने अंदर देखा है, सौभाग्य से अब मैं आपको बाहर भी देख रहा हूँ। मैंने असीम चेतना के सत्य का अनुभव अपने अंदर किया है जिसमें न दुख है न भ्रम है, न चिंता है न विरक्ति ही, न शरीर के त्याग की इच्छा है और न इस दृश्य संसार का भय ही। जब एक वास्तविकता का ज्ञान हो जाता है न दुख रह जाता है न विनाश, न शरीर रह जाता है न दृश्य संसार। तब भय क्या और भय का अभाव क्या! मैं चेतना की उस स्थिति में हूँ जो सहज ही मुझमें उत्पन्न हुई है।

'मैं संसार से त्रस्त हूँ और इसे त्याग दूँगा' ऐसा विचार किसी अज्ञानी में ही उत्पन्न होता है। अज्ञानी ही सोचता है कि जब शरीर है तो दुख भी है और जब यह शरीर नहीं रहेगा तो दुख भी नहीं रहेगा। **'यह सुख है', 'यह दुख है', 'यह है' और 'यह नहीं है' ऐसा अज्ञानी ही सोचता है, ज्ञानी नहीं।'** 'मैं' और 'वह' की धारणा अज्ञानियों में ही होती है। 'इसे प्राप्त करना है' और 'उसे त्यागना है' ऐसे विचार अज्ञानियों में ही उत्पन्न होते हैं। जब सब-कुछ तुम्हीं में रचा-बसा है तो दूसरा है ही कौन? अथवा किसे ग्रहण किया जाए और किसका परित्याग किया जाए। संपूर्ण ब्रह्मांड में चेतना का एकछत्र राज्य है। फिर क्या ग्रहण करने को है और क्या त्यागने को!

मैं सहज भाव से अपने अंदर अपने आपको जानने का प्रयत्न करता रहा हूँ। एक क्षण के लिए ही मैंने विश्राम किया वह भी बिना इस धारणा के कि 'मैं हूँ' अथवा 'नहीं हूँ' अथवा 'कुछ प्राप्त करना है' या 'त्यागना है'। मुझे आत्मज्ञान प्राप्त हो चुका है और अब वही करूँगा जिससे आप प्रसन्न हों। प्रार्थना है कि आप मेरी पूजा-अर्चना स्वीकार करें।

प्रह्लाद की पूर्जा-अर्चना स्वीकार करने के बाद विष्णु भगवान ने उससे कहा :

हे प्रह्लाद, उठो। मैं तुम्हें पाताल लोक के राजा के रूप में अभिषिक्त करता हूँ तथा संत और देवता तुम्हारा स्तुतिगान करेंगे। (प्रह्लाद को राजमुकुट पहनाने के बाद विष्णु भगवान कहने लगे :) तुम तब तक पाताल का राज करो जब तक सूरज और चाँद चमकते रहें। बिना किसी प्रकार की इच्छा, भय या घृणा से अभिभूत हुए तुम शासन करो। तथा अपनी प्रजा को समान दृष्टि से देखो। राज्य के सुखों का आनंद लो। तुम्हारा राज्य खुशहाल हो। परंतु इस प्रकार व्यवहार करो कि न तो स्वर्ग के देवता और न ही धरती के लोग चिंतित या विक्षुब्ध हों। उपयुक्त योजनाओं का साधन करो परंतु किसी इच्छा या उद्देश्य से अभिभूत मत होओ। इस प्रकार तुम कर्मबंधन से मुक्त रहोगे। हे प्रह्लाद, तुम पहले ही सब-कुछ जानते-समझते हो। तुम्हें कुछ और शिक्षा देने की आवश्यकता नहीं। अब से देवता और दानव मैत्रीपूर्वक रहेंगे। देवियों और दानवियों में भी सौहार्द्र रहेगा। हे राजा, अज्ञान को अपने से दूर रखना, ज्ञानियों की तरह जीवन व्यतीत करना और दीर्घ काल तक पाताल का शासन करते रहना।

23

जून

आराधयात्मनात्मानमात्मनात्मानमर्चय
आत्मनात्मनमालोक्य संतिष्ठस्वात्मनात्मनि (43/19)

वसिष्ठ ने कहा :

इतना कहकर पाताल से विष्णु भगवान चले गए। भगवान के अनुग्रह और आशीर्वाद से स्वर्ग के देवता, पाताल के दानव और पृथ्वी के मनुष्य बिना किसी दुख के सुखपूर्वक रहने लगे।

राम ने पूछा : हे महर्षि, कृपया बतलाएँ कि अद्वैत चेतना की सर्वोच्च अवस्था को प्राप्त प्रह्लाद शंख की ध्वनि से कैसे जाग उठा?

वसिष्ठ ने उत्तर दिया : हे राम, मोक्ष दो प्रकार का होता है–सशरीर और अशरीरी। मोक्ष की उस स्थिति को 'सशरीर मोक्ष' कहते हैं जिसमें मन किसी भी वस्तु से पूर्णतः असंपृक्त रहता है तथा किसी प्रकार की लालसा से भी रहित होता है। 'अशरीरी मोक्ष' तब होता है जब शरीरपात हो जाता है।

सशरीर मोक्ष में सभी प्रवृत्तियों और बद्ध–मानसिकताओं की स्थिति तले हुए बीजों की–सी होती है जो नई सृष्टि अर्थात् भावी शरीर धारण के लिए अयोग्य होते हैं। फिर भी उनमें शुद्धता, विस्तार, आत्मज्ञान बना रहता है। यद्यपि यह होता है असंकल्पित और अनिच्छित ही। इन गुणों के लेशमात्र रहने पर 'सशरीर मोक्ष' प्राप्त संत यदि सौ वर्ष तक अंतर्चिंतन में लगा रहता है तब भी उसकी सांसारिक चेतना जाग्रत होना संभव है। प्रह्लाद की कुछ ऐसी ही स्थिति थी इसलिए वह शंख की ध्वनि से जाग उठा।

हे राम, प्रह्लाद जिस स्थिति तक पहुँचा था उस तक पहुँचो और अपने को निरंतर अनुसंधान में लगाओ। तुम परम स्थिति तक पहुँच जाओगे।

राम ने पूछा : हे पुण्यात्मा, आपने कहा है कि प्रह्लाद को आत्मज्ञान विष्णु के अनुग्रह से प्राप्त हुआ। यदि हर पदार्थ स्वप्रयास से प्राप्त किया जाता है तो प्रह्लाद बिना विष्णु के अनुग्रह के स्वप्रयास द्वारा आत्मज्ञान प्राप्त करने में सफल क्यों नहीं हुआ।

वसिष्ठ ने उत्तर दिया : हे राम, प्रह्लाद ने जो कुछ प्राप्त किया वह निश्चय ही उसने स्वप्रयास से प्राप्त किया। विष्णु ही आत्मा है और आत्मा ही विष्णु है। इनमें अंतर शाब्दिक है। कुछ अवसरों पर स्वअनुसंधान के द्वारा आत्मज्ञान प्राप्त किया जाता है जिसका आधार स्वप्रयास ही होता है। कुछ अवसरों पर स्व–अनुसंधान विष्णु के प्रति भक्ति के रूप में प्रकट होता है जो स्वतः आत्मा है और इस प्रकार व्यक्ति आत्मज्ञान प्राप्त कर लेता है। यदि व्यक्ति दीर्घकाल तक विष्णु की भक्तिपूर्वक पूजा करे परंतु उसे आत्मज्ञान प्राप्त नहीं तो विष्णु का अनुग्रह उसे प्राप्त नहीं होगा और उसे आत्मबोध भी नहीं होगा। इसलिए आत्मज्ञान का सबसे प्रमुख साधन स्व–अनुसंधान है। अनुग्रह आदि अन्य कारक गौण हैं। यदि तुम सोचते हो कि बिना स्व–अनुसंधान के भगवान विष्णु के दर्शन मिल सकते हैं तो पशु–पक्षियों का उद्धार उनके द्वारा क्यों नहीं हुआ। यदि यह कहा जाए कि बिना स्व–अनुसंधान के गुरु के अनुग्रह मात्र से आध्यात्मिक उन्नति होती है तो गुरु ऊँट और बैल का उद्धार क्यों नहीं करता?

अतः **आत्मा की आत्मा द्वारा आराधना करो, आत्मा की आत्मा द्वारा पूजा करो, आत्मा को आत्मा के द्वारा देखो और आत्मा द्वारा आत्मा में स्थापित हो जाओ।**

24

जून

रामापर्यवसानेयं माया संसृतिनामिका
आत्मचित्तजयेनैव क्षयमायाति नन्यथा (1)

वसिष्ठ कहते हैं :

हे राम, आवागमन का चक्र अंतहीन है। इस माया का नाश अपने हृदय (मन) पर पूर्ण नियंत्रण से होता है, और किसी प्रकार नहीं। इसे स्पष्ट करने के लिए मैं तुम्हें एक पुरानी कथा सुनाता हूँ।

एक प्रदेश है जिसका नाम है–कोसल। उसमें एक ब्राह्मण रहता था जिसका नाम था–गाधि। वह महापंडित था और धर्म की प्रतिमूर्ति था। बचपन से ही उसमें त्याग और वैराग्य के भाव थे। एक बार वह ब्राह्मण वन में तपस्या करने के लिए गया। विष्णु के दर्शनों के उद्देश्य से वह नदी की धारा में प्रविष्ट हुआ तथा उसने अनेक मंत्रों का पाठ किया जिससे वह पूर्ण रूप से शुद्ध हो गया।

आठ महीने बाद विष्णु प्रकट हुए और उन्होंने उस ब्राह्मण से कहा : अपनी इच्छा के अनुसार वर माँगो।

ब्राह्मण ने कहा : मैं आपकी उस माया के दर्शन करना चाहता हूँ जो सब को भ्रम में डाले रखती तथा उन्हें अज्ञानी बनाए रखती है।

विष्णु ने कहा : जब तुम मेरी माया देखोगे तब तुम पदार्थों का भ्रामक बोध सहसा त्याग दोगे।

इसके बाद विष्णु वहाँ से चले गए। गाधि जलधारा से बाहर निकला। वह अत्यंत प्रसन्न था। कई दिनों तक धर्म–कर्म के कार्यों में लगा रहा और निरंतर उस आनंद में डूबा रहा जो उसे विष्णु के दर्शनों से प्राप्त हुआ था।

एक दिन वह स्नान करने के उद्देश्य से नदी तट पर गया। उस समय भी वह विष्णु के शब्दों पर मनन कर रहा था। जब उसने डुबकी लगाई तो उसने अपने को मृत देखा और देखा कि सब रिश्तेदार उसके लिए विलाप कर रहे हैं। उसका शरीर गिर गया था और मुख पीला और बेजान हो गया था।

उसने देखा कि मेरे रिश्तेदारों ने मुझे चारों ओर से घेर रखा है तथा जोर–जोर से रो–पीट रहे हैं। वे अत्यंत दुखी थे। उनका ढाढस टूट चुका था। उसकी पत्नी ने उसके चरण पकड़ रखे थे और इतने आँसू बहा रही थी कि जैसे बाँध में दरार पड़ गई हो। उसके बगल में बैठी उसकी माँ ने अपने बेटे का मुँह पकड़ रखा था और रो तथा चिल्ला रही थी। चारों तरफ से उसके शोकाकुल रिश्तेदार उसे घेरे हुए थे।

उसने अपने आप आपको शांतभाव से लेटा हुआ देखा। उसे ऐसा लगा कि जैसे मैं नींद में होऊँ या ध्यान में होऊँ। लगता था कि जैसे ब्रह्म देर से विश्राम कर रहा हो। अपने रिश्तेदारों को रोते–धोते देखकर उसे आश्चर्य हो रहा था : 'यह सब क्या है?' मित्रों और रिश्तेदारों के इस कुतूहलजनक व्यवहार को समझने की वह कोशिश कर रहा था।

थोड़ी ही देर बाद उसके रिश्तेदार उसके शव को श्मशान ले गए। कुछ कर्मकांडों के बाद उस शव को चिता पर रख दिया गया। चिता में आग लगाई गई और कुछ ही समय बाद गाधि का शरीर जलकर राख हो गया।

जून

किम् मे जीवितदु:खेन मरणं मे महोत्सव:
लोकनिन्दयस्य दुर्जन्तोर् जीवितान्मरणं वरम् (46/13)

वसिष्ठ ने आगे कहा :

हे राम, गाधि अभी नदी में डूबकी ही लगाए था कि उसने देखा कि मैं भूतमंडल नामक प्रदेश की एक जनजाति स्त्री के गर्भ में हूँ। समय पाकर वह उसके पुत्र के रूप में उत्पन्न हुआ। बहुत जल्दी गबरू जवान हो गया। वह निपुण शिकारी बना। जनजाति की ही एक स्त्री के साथ उसका विवाह हुआ। वह पिता बना फिर लंबे चौड़े परिवार का स्वामी हो गया। उसके पुत्र उसकी तरह हिंसक और दुष्ट थे। फिर वह बूढ़ा हुआ। वह तो नहीं मरा पर उसके सभी मित्र और रिश्तेदार एक-एक करके अवश्य चलते बने। अपने प्रदेश से त्रस्त होकर वह विदेश चला गया। घूमते-फिरते वह कीर नामक राज्य में प्रविष्ट हुआ। वह राज्य सम्पन्न और सुखी था। उसे अपने सामने एक विशाल शाही हाथी दिखाई दिया। उस राज्य का राजा अभी कुछ समय पहले ही मरा था और उसका कोई उत्तराधिकारी था ही नहीं। प्रथा के अनुसार शाही हाथी को उपयुक्त उत्तराधिकारी चुनने का अधिकार दिया गया था। उस हाथी ने शिकारी को चुना और उसे अपनी पीठ पर बैठा लिया। उसी क्षण प्रजा चिल्ला उठी : 'राजा अमर रहे।' हाथी ने राजा चुना था। धीरे-धीरे उसके पद ने उसे शासन की कला भी सिखाई। वह अत्यंत प्रसिद्ध राजा हुआ। उसका नाम 'गवल' था। उसने समझदारी से और न्यायपूर्वक शासन किया। उसमें दयाभाव भी था और शुचिता भी। आठ वर्ष बीत गए। एक दिन बिना राजसी वस्त्र तथा दंड धारण किए अकेले ही वह महल से बाहर निकला। महल के पास ही जनजाति के लोगों का समूह गा-बजा रहा था। गीत उसे सुना-सुनाया लगा। वह उन्हीं लोगों में जा मिला और उन्हीं के साथ गीत गाने लगा। जनजाति में एक बूढ़े व्यक्ति ने उसे पहचान लिया और उसे संबोधित कर कहने लगा :

"ओ कटंज, तुम्हें देखकर मैं बहुत प्रसन्न हुआ हूँ।" गवल ने उसकी उपेक्षा की। परंतु राजमहल के कर्मचारियों और स्त्रियों को यह देखकर आघात लगा कि हमारा राजा जनजाति का अयोग्य व्यक्ति है। उन्होंने उसके साथ वैसा ही व्यवहार किया जो सड़े हुए शव के साथ किया जाता है। नगर के लोगों ने भी उसकी उपेक्षा की और उसे देखते ही वहाँ से भाग खड़े हुए।

राज्य के लोगों ने बैठक की और आपस में कहने लगे : 'इस जनजाति के व्यक्ति के स्पर्श से हम लोग अपवित्र हो गए हैं। यह तो कुत्ते का मांस खानेवाला था। उस अपवित्रता के लिए मात्र मृत्युदंड की प्रथा है। हम लोग बहुत बड़ी चिता बनाएँ और उसपर एक-एक कर कूद कर चढ़ जाएँ तभी हमारी आत्माएँ पवित्र होंगी। इतना निश्चय करके लकड़ियाँ इकट्ठी की गईं और चिता बनाई गई। एक-एक करके सबने जान दे दी।

राजा गवल सोच रहा था : 'हाय, यह सब मेरे कारण हुआ। **अब मैं क्यों जिऊँ। जीने से मौत अच्छी है। जो समाज द्वारा तिरस्कृत हो उसके लिए मृत्यु ही उत्तम है।**' गवल ने भी अपने शरीर को उसी चिता पर चढ़ा दिया। जैसे गवल के अंगों का अग्नि भक्षण करने लगी, नदी की धारा में मंत्रों का उच्चारण करते तथा डुबकी लगाते हुए गाधि की चेतना लौट आई।

[इतने में संध्या ढल चुकी थी। एक और दिन इस प्रकार समाप्त हुआ।]

26

जून

मनोराज्यमपि प्राज्ञा लभन्ते व्यवसायिनः
गाधिना स्वप्नसंदृष्टं गत्वा लब्धमखण्डितम् (47/37)

वसिष्ठ ने कहा :

गाधि हैरान था : "मैं कौन हूँ? मैंने क्या देखा और कैसे देखा?" वह थक चुका था और उसे लगा कि उसके मन ने उसके साथ जैसे कुछ खेल खेला हो। "निश्चय ही यह सब भ्रम है क्योंकि अब तो कुछ भी मुझे दिखाई नहीं दे रहा?"

कुछ दिनों के बाद एक ब्राह्मण उससे मिलने आया। गाधि ने उस अतिथि का स्वागत-सम्मान किया। बातचीत के दौरान गाधि ने उससे पूछा : "भगवन् आप इतने थके-माँदे क्यों दिखाई दे रहे हैं?" अतिथि ने उत्तर दिया : "हे पुण्यात्मा, मैं तुम्हें सच्चाई बतलाता हूँ। उत्तर में एक राज्य है जिसका नाम है कीर। वहाँ की एक अद्‌भुत कथा मैंने सुनी है। वहाँ के लोग कहते हैं कि 'जनजाति के एक व्यक्ति ने उन पर आठ वर्षों तक शासन किया। इसके बाद उसकी पहचान का रहस्य खुला। इसके बाद वहाँ के बहुत से ब्राह्मण नष्ट हो गए। जब मैंने सुना तो मैं भी अपने आपको अपवित्र समझने लगा और लंबे समय तक उपवास करने लगा। यह उपवास मैं आज ही तोड़ रहा हूँ।" अतिथि रात भर गाधि के साथ रहा और दूसरे दिन सुबह उठकर चला गया।

गाधि सोच में पड़ गया। सोचने लगा : मतिभ्रम के कारण मैंने जो कुछ देखा वह इस अतिथि ने प्रत्यक्ष आँखों से देखा। अब इस घटना का सत्यापन में स्वयं करूँगा। ऐसा निश्चय करने के साथ गाधि भूतमंडल प्रदेश की ओर चल पड़ा। उच्च चेतनावाले महानुभाव स्वप्रयास द्वारा वह सब प्राप्त कर लेते हैं, जिसका दर्शन उन्होंने मन में किया होता है। इस प्रकार गाधि ने वहाँ जाकर वह सब-कुछ देखा जिसका उसे मनोदर्शन हुआ था।

वहाँ जाकर उसने वह गाँव देखा जिसे वह अपनी चेतना में देखकर अत्यंत प्रभावित हुआ था। उसने उस जनजाति के व्यक्ति का (अपना) घर देखा। वह पास के एक गाँव में गया और वहाँ के लोगों से पूछा : 'तुम जनजाति के उस व्यक्ति को जानते हो जो आपके बगल के गाँव में रहता था।' गाँववालों ने उत्तर दिया : "हाँ, हम जानते हैं। वह भयानक था, हिंसक था। उसने लंबी उम्र पाई। जब उसके सब संगी-साथी मर गए तब वह कीर चला गया। वहाँ राजा बना और वहाँ उसने आठ वर्ष तक राज किया। जब उसका रहस्य खुला तो, बहुत से लोगों ने जान दे दी। और उसने भी अपनी जान दे दी।

यह सुनकर गाधि अत्यधिक विचलित हुआ। वह कीर गया और वहाँ उसने लोगों से पूछताछ की। 'क्या कुछ समय पहले जनजाति का कोई व्यक्ति राज करता था?" लोगों ने उत्साहपूर्वक उत्तर दिया : "हाँ, उसने आठ वर्ष तक राज किया। उसे शाही हाथी ने चुना था। और जब उसकी सही पहचान हुई तो उसने आत्महत्या कर ली। इस घटना को १२ वर्ष हो गए।"

गाधि ने तुरंत उस गाँव को छोड़ दिया और समीप स्थित पर्वत की कंदरा में जा पहुँचा और वहाँ घोर तपस्या करने लगा। थोड़ी ही देर बाद वहाँ भगवान विष्णु प्रकट हुए और उससे मनचाहा वर माँगने के लिए कहा। गाधि ने विष्णु से पूछा : "मुझे जो स्वप्न में भ्रांति हुई थी वह जाग्रत अवस्था में कैसे दिखाई दी?"

जून

तथाहि बहवः स्वप्नमेकं पश्यन्ति मानवाः
स्वापभ्रमद मैरेयमद मन्थर चित्तवत् (49/11)

विष्णु ने कहा :

हे गाधि, तुमने जो देखा वह भ्रांति है। वह कुछ और नहीं, केवल आत्मा है। वैसे इसे देखनेवाला मन न तो अभी शुद्ध ही है और न ही उसे अभी सत्य का बोध ही हुआ है। यह मन ही है जिसे स्वप्न, भ्रम, बीमारी आदि की अनुभूति होती है। जिस तरह पूर्ण रूप से विकसित वृक्ष पर अगणित फूल होते हैं उसी प्रकार मन में असंख्य 'घटनाएँ' होती हैं। यह आश्चर्य नहीं कि जिस मन में असंख्य विचार-रूप हों वह एक यही बात कहे कि 'मैं जनजाति का व्यक्ति हूँ'। इसी प्रकार वही मन इस प्रकार के विचार प्रकट करता है-'मेरे यहाँ एक ब्राह्मण अतिथि आया। जिसने मुझे कथा सुनाई आदि' और 'मैं भूतमंडल जा रहा हूँ' और 'मैं इस समय कीर राज्य में हूँ।' ये सभी भ्रांतियाँ ही तो हैं! हे पुण्यात्मा, तुमने इस प्रकार भ्रांति के दोनों रूप देख लिए हैं। एक तो वह जिसे तुम स्वयं समझते हो कि भ्रम है और दूसरा जिसे तुम वास्तविकता समझते हो। दोनों ही वस्तुतः हैं भ्रांति ही। न तुमने किसी अतिथि का स्वागत-सत्कार किया, और न तुम कहीं गए ही। यह सब कुछ भ्रांति ही है। न तुम भूतमंडल गए और न कीर राज्य में ही। यह भी भ्रम ही रहा।

हे गाधि, यह सभी घटनाएँ तुम्हारे मन में परावर्तित हुई। यद्यपि ये घटीं परंतु थीं एक दूसरे से असंबद्ध ही। इनमें वैसा ही संयोगजन्य संबंध है जो किसी कौए के नारियल के वृक्ष पर बैठते ही गिरानेवाले नारियल से होता है। अतः ये सभी उसी कथा को कहते हैं जिसे तुम अपनी समझते हो। कभी-कभी एक ही भ्रम या भ्रांति कइयों को होती है। **कभी-कभी बहुत से लोगों को एक ही स्वप्न दिखाई देता है, अनेक लोगों को एक ही भ्रांति होती है और अनेक पियक्कड़ों को तो एक साथ अनुभव होने लगता है कि संसार हमारे चारों ओर घूम रहा है।** बहुत से बच्चे एक ही खेल खेलते हैं।

तुमने भूतमंडल और कीर में जो देखा वह संभवतः सच था। निश्चय ही कटंज नाम के आदिवासी ने कुछ समय पहले जन्म लिया था। उससे उसके परिजन बिछुड़ गए थे और वह कीर का राजा बना था। वह सब-कुछ तुम्हारी चेतना में परावर्तित हुआ। जैसे मन कभी-कभी उस बात को भूल जाता है जिसका वस्तुतः अनुभव होता है और उसे ऐसा भी लगता है कि उसने वह सब-कुछ भी देखा जिसे उसने कभी देखा ही नहीं। जिस प्रकार व्यक्ति स्वप्न और दिवास्वप्न देखता है उसी प्रकार जाग्रत अवस्था में भ्रांतियाँ भी उसे दिखाई देती हैं। यद्यपि कटंज अनेक वर्ष पहले रहा परंतु तुम्हारी चेतना में तो जैसे वर्तमान में उपस्थित हो।

क्योंकि तुम्हें पूर्ण आत्मज्ञान प्राप्त नहीं, तुम्हारा मन वस्तुबोध की भ्रांति से चिपका है। उठो और दस वर्ष तक ध्यान में निमग्न रहो। (फिर गाधि ध्यान में रत रहा और उसे आत्मज्ञान प्राप्त हुआ।)

28

जून

वर्तमानमनायासं भजद् बाह्यधिया क्षणम्
भूतम् भविष्यदभजद् याति चित्तमचित्ताम् (16)

वसिष्ठ ने कहा :

ब्रह्मांडीय माया जो भ्रांतियाँ लाती है उनकी प्रकृति असंतुलित होती है। उन्हें समझना तो और भी कठिन है। एक घंटे भर के स्वप्न में होनेवाली भ्रांति और कटंज को संपूर्ण जीवनकाल की होनेवाली विविधतापूर्ण अनुभवों के बीच तुलना ही क्या? फिर जो कुछ स्वप्न में देखा और जो इन आँखों से देखा उनमें आपसी संबंध ही क्या? फिर जो सचमुच अवास्तविक हो और जिसमें सचमुच तथ्यजन्य परिवर्तन हुआ हो उनमें संबंध कैसा? अतः मैं कहता हूँ कि हे राम, यह ब्रह्मांडीय माया किसी असावधान मन को अंतहीन कठिनाइयों में डाल देती है।

राम ने पूछा :

हे प्रभु, ब्रह्मांडीय माया के प्रचंड वेग से चलते हुए इस चक्र को कैसे रोका जाए?

वसिष्ठ ने उत्तर दिया :

हे राम, मन वह धुरी है जिसके चारों ओर यह दुष्चक्र घूमता रहता है और भ्रमित व्यक्तियों के मन में भ्रांतियाँ उत्पन्न करता है। घोर स्वप्रयास और तीक्ष्ण बुद्धिमत्ता से इस दुष्चक्र को रोका जाता है। जब धुरी की गति समाप्त हो जाती है तब चक्र भी चलना बंद हो जाता है। जब मन ठहर जाता है तब भ्रांति भी समाप्त हो जाती है। जो इस युक्ति को नहीं जानता, और इसका अनभ्यासी होता है वह अंतहीन दुख पाता है। जिस क्षण सत्य का दर्शन होता है, उसी क्षण दुख का नाश हो जाता है।

माया के बोध रूपी भ्रमरोग का एक ही इलाज है वह है मन पर नियंत्रण। अतः हे राम, इसलिए तीर्थयात्रा, तप, दान आदि क्रियाओं को छोड़ो और परम कल्याण की प्राप्ति के लिए मन पर नियंत्रण करो। यह दृश्य संसार उसी प्रकार मन में रहता है जिस प्रकार पात्र के अंदर आकाश रहता है। यदि बरतन फूट जाता है तो आकाश का भ्रामक विभाजन भी समाप्त हो जाता है। इसी प्रकार यदि मन ही न रहे तो मन में होनेवाली संसार की धारणा भी न रहे। जिस प्रकार बरतन के टूट जाने पर उसके अंदर रहनेवाले कीड़े को स्वतंत्रता मिल जाती है उसी प्रकार मन के न रहने पर और उसके साथ सांसारिक भ्रम के दूर हो जाने पर तुम्हें भी स्वतंत्रता प्राप्त होगी।

थोड़े समय के लिए अपनी चेतना को बिना किसी प्रकार का प्रयास किए बाहर रखो और वर्तमान में जियो। जब मन भूत और भविष्य से अपने को जोड़ना बंद कर देगा तो वह अमन हो जाएगा। जो-जो है यदि उसमें क्षण-क्षण भर तुम्हारा मन रहे और उन्हें बिना प्रयास तत्क्षण छोड़ता भी जाए तो मन अमन हो जाता है। और पूर्णरूप से विशुद्ध हो जाता है। जब तक मन विक्षुब्ध बना रहता है वह अपने विचारों के विस्तार में रत रहता है। ठीक वैसे ही जैसे वर्षा तभी तक होती है जब तक बादल रहते हैं। असीम चेतना भी तभी तक सीमित मन में अपने को सीमित रखती है जब तक उसमें क्षोभ और विस्तार चलता है। यदि चेतना सीमित मन में नहीं रहती तब जान लो संसार का मायाचक्र (जन्म-मरण का चक्र) जल गया। तब परिपूर्णता ही परिपूर्णता है।

29

जून

चेतनं चित्तरित्तं हि प्रत्यक्चेतनमुच्यते
निर्मनस्कस्वभावं तन्न तत्र कलनामलः (21)

वसिष्ठ ने कहा :

मन की सीमाओं से मुक्त होने पर चेतना को अंतर्प्रज्ञा (inner intelligence) कहते हैं। यह अमन की मूलभूत प्रकृति है और यह धारणाओं तथा अवधारणाओं के दोषों से दूषित नहीं होती। यही वास्तविकता है, यही परम शुभ भाव है। यही वह स्थिति है जिसे परमात्मा कहते हैं। यही सर्वज्ञता है। यह तब तक प्राप्त नहीं होती जब तक दुष्ट मन, क्रियाशील रहता है। जहाँ मन होता है वहाँ इच्छाएँ और आकांक्षाएँ होती हैं और वहीं सुख-दुख के अनुभव भी होते हैं। जो चेतना सत्य से जग्रत हो उठती है वह धारणाओं-अवधारणाओं के फेर में नहीं पड़ती। उसे तरह-तरह के मनोवैज्ञानिक अनुभव होने पर भी उसमें न दृश्य संसार की माया व्याप्त होती है और न विभ्रम ही उत्पन्न होते हैं।

जो लोग शास्त्रों के अध्ययन तथा संत-महात्माओं की संगति से जाग्रत हुए हैं तथा निरंतर सतर्कतापूर्वक सत्य का अभ्यास करते हैं उनकी चेतना दृश्य संसार से परे विशुद्ध स्थिति तक पहुँच जाती है। अतः लोगों को अज्ञान और अनिश्चय से ऊपर अपने मन को उठाना चाहिए। इसके लिए उन्हें धर्मशास्त्रों के अध्ययन में लगना चाहिए तथा संत-महात्माओं की संगति में रहना चाहिए।

परमात्मा के बोध में एकमात्र सहायक आत्मा या असीम चेतना ही होती है। अपनी आत्मा ही अपने दुखों का निस्तार करती है। इसलिए अपनी आत्मा और अपने प्रयास द्वारा बोध प्राप्त करना एक मात्र मार्ग है।

अतः हे राम, इस संसार में सक्रिय रहते हुए भी बिना मन के रहो और इस बात का सदा बोध बनाए रखो कि मैं विशुद्ध चेतना हूँ। 'यह मेरा है', 'वह उसका है', 'यह मैं हूँ' आदि की धारणाओं का त्याग करो और अविभक्त एक रूप आत्मा में स्थित रहो। जब तक शरीर चलता चले, वर्तमान और भविष्य को चेतना से एक-समान देखो। चाहे जवानी हो, प्रौढ़ावस्था अथवा बुढ़ापा हो, चाहे दुख अथवा सुख हो, चाहे जाग्रत, स्वप्न अथवा सुषुप्त अवस्था हो, हर स्थिति में आत्मा की चैतन्य अवस्था में स्थित रहो। विषयों, आशाओं तथा इच्छाओं का त्याग करो और ज्ञान में स्थित रहो। शुभ और अशुभ का भाव छोड़ो, राग और द्वेष को भी छोड़ो। इतना जानो कि तुम चेतना के सार हो। यह अनुभव करो कि कर्ता, कर्म या क्रिया तुम्हें स्पर्श नहीं करते। चेतना की तरह बिना किसी हलचल के शांत रहो। यह जानो 'मैं ही सब कुछ हूँ' और 'गहरी नींद में होते हुए भी जाग्रत हूँ'। अद्वैत और द्वैत संबंधी स्थितियों से अपने को अलग रखो। और उस विशुद्ध चेतना और स्वाधीनता की स्थिति में स्थित रहो जो समभाव की परिचायक है। इस बात का बोध रहे कि 'मुझमें' और 'औरों में' व्याप्त चेतना अविभक्त है और इस पर दृढ़ और अटल रहो।

30

जून

भोगाभोगतिरस्कारैः कार्श्यम् नेयं सनैर्मनः
रसापहारैस् तज्ञेन कालेना जीर्णपरणवत् (56)

वसिष्ठ ने आगे कहा :

इच्छा और आशा की सभी बेड़ियों को धैर्य और अध्यवसाय से युक्त अपनी अपरिमित बुद्धि से काट डालो और धर्म तथा अधर्म से भी ऊपर उठो। जब किसी की जड़ें आत्मज्ञान में जमी होती हैं तब घोर से घोर विष भी मृत्यु-विजयी अमृत में परिवर्तित हो जाता है। जब आत्मज्ञान को अज्ञान पटकनी दे देता है तो मन में दृश्य संसार का भ्रम उत्पन्न होता है। परंतु जब कोई दृढ़तापूर्वक आत्मज्ञान में स्थित होता है तो दृश्य संसार को उत्पन्न करनेवाले भ्रम या अज्ञान का अंत हो जाता है और ज्ञान का प्रकाश पूरे ब्रह्मांड में चमकने लगता है।

जीवन को अमरता प्रदान करनेवाला आत्मज्ञान रूपी अमृत जो पी लेता है उसे इंद्रियजन्य भोगों के आनंद से पीड़ा की अनुभूति होने लगती है। हमें उन्हीं की संगति करनी चाहिए जिन्होंने आत्मज्ञान प्राप्त कर लिया हो। अन्य लोगों से नहीं। ऐसे लोग तो मनुष्य रूप में कूड़ा-कतवार होते हैं। जिस प्रकार हाथी लंबे-लंबे डग भरते हैं उसी प्रकार आत्मज्ञान-प्राप्त व्यक्ति भी चेतना की और ऊँची स्थिति पर पहुँचने के लिए छलाँगें लगाते हैं। न उन्हें बाहर से कोई सहायता मिलती है और न ही कोई सूर्य उनका पथ आलोकित करता है। आत्मज्ञान ही उनका प्रकाश होता है। जो लोग दृश्य संसार और ज्ञान के जगत से परे चले जाते हैं उनके लिए पदार्थों और जगतों की अवधारणाएँ उसी प्रकार बेमानी हो जाती हैं जिस प्रकार मध्याह्न के सूर्य के प्रकाश में दीप अपनी चमक खो देते हैं।

सत्य को जाननेवाला संत तेजस्वी, गौरव, बल आदि ऐसे ही गुणों से युक्त होता है जो श्रेष्ठता के द्योतक माने जाते हैं। ऐसे संत इस संसार में ऐसे चमकते हैं जैसे अग्नि, सूर्य, चाँद, तारे मिलकर चमकते हैं और जिन्हें आत्मज्ञान प्राप्त नहीं होता वे कीड़े-मकोड़े से भी बदतर होते हैं।

भ्रम का भूत तभी तक व्यक्ति को सताता है जब तक उसे आत्मज्ञान नहीं प्राप्त हो जाता। अज्ञानी व्यक्ति सदा दुखी रहता है भले ही वह अपने दुख से पीछा छुड़ाने के लिए जहाँ कहीं घूमता-फिरता ही क्यों न रहे। वह जीवित शव के समान होता है। केवल आत्मज्ञान प्राप्त संत ही जागरूक प्राणी होता है। जिस प्रकार घने बादलों के कारण सूरज का प्रकाश ढक जाता है उसी प्रकार अज्ञान तथा अन्य दोषों के घटारोप के कारण मन स्थूल हो जाता है और आत्मज्ञान का प्रकाश भी ढक जाता है। इसलिए व्यक्ति को सुखों के भोग की लालसा छोड़ देनी चाहिए, मन को उनके स्वाद से वंचित रखना चाहिए और इस प्रकार उसे अशक्त कर देना चाहिए। जब मन आत्मा से भिन्न शरीर और उससे संबद्ध पुत्र, पत्नी, माँ-बाप, बहन-भाई से मिथ्या संबंध जोड़ लेता है तो वह स्थूल हो जाता है। 'मैं' और 'मेरा' की अवधारणाएँ भी मन को स्थूल तथा अज्ञानी बना देती हैं। बुढ़ापा, दुख, आकांक्षा, मानसिक व्यथा प्राप्ति तथा परित्याग संबंधी प्रयास, आसक्ति, मोह, लोभ, कामुकता, यौनाचार, सुखभोग भी मन को और भी अधिक उग्र बना देते हैं।

जुलाई

चेतन चेतः शममाशु नीत्वा शुद्धेन घोरास्त्रमिवास्त्रयुक्त्या
चिराय साधो त्यज चञ्चलत्वं विमर्कटो वृक्ष इवाक्षतश्रीः (84)

वसिष्ठ ने कहा :

हे राम, यह मन वृक्ष के समान है जिसकी जड़ें शरीर रूपी दूषित क्षेत्र में जमी हैं। चिंताएँ और दुश्चिंताएँ इसके फूल हैं। रोग और बुढ़ापा इसके फल हैं। इच्छाएँ और भोग इसके फूल हैं। आशाएँ और लालसाएँ इसकी शाखाए हैं। और विकार-विकृतियाँ इसके पत्ते हैं। पर्वत के समान अटल दिखनेवाले इस विषाक्त घातक वृक्ष को अनुसंधान रूपी प्रचंड कुल्हाड़े से काट डालो।

हे राम, यह मन हाथी की नाईं है जो शरीर रूपी वन में विचरण करता है। इसकी दृष्टि भ्रम के कारण धुँधली पड़ चुकी है। अज्ञान रूपी वन के एक कोने में यह प्रविष्ट हो चुका है। अपनी आत्मा में विश्राम प्राप्त करने में यह असमर्थ हो चुका है और उग्र रूप भी धारण कर चुका है। ज्ञानी लोगों से सुनने के फलस्वरूप यह सत्य को देखना तो चाहता है परंतु यह विविधता की धारणाओं तथा बद्ध-मानसिकताओं के कारण सुख-दुख में लिप्त है और कामुकता से पीड़ित है। हे राम, तुम राजकुमारों में बाघ हो। अपनी तीव्र बुद्धि से इसे चीर-फाड़ डालो।

हे राम, यह मन कौए की भाँति है जो शरीर रूपी घोंसले में रहता है। यह गंदगी में रंगरलियाँ मनाता है और मांस खा-खाकर मोटा हो गया है। यह दूसरों के हृदय को फाड़ डालता है। सदा बढ़ती रहनेवाली मूर्खता के कारण यह काला है। दूषित वृत्तियों का यह पुतला है। सदा शोर मचाता है। अपनी धुन का पक्का है। यह पृथ्वी पर भार है। इसे अपने से दूर-बहुत दूर-भगाओ।

हे राम, यह मन भूत की तरह है। लालसा नामक भूतनी इसकी सेविका है। अज्ञान रूपी वन में यह विश्राम करता है। भ्रम के कारण अगणित शरीरों में इसे प्रविष्ट होना पड़ता है। कोई जब तक ज्ञान और अनासक्ति के माध्यम से इससे पीछा न छुड़ा ले तब तक यह गुरुकृपा, स्वप्रयास, मंत्रोच्चारण आदि से आत्मज्ञान कैसे प्राप्त कर सकता है।

हे राम, यह मन उस विषधर के समान है जिसने अगणित प्राणियों को मार डाला है। चिंतन रूपी गरुड़ बनकर इस राक्षस को नष्ट करो।

हे राम, यह मन मर्कट के समान है। यह फल (पुरस्कार, आनंद आदि) की चाह में जगह-जगह छलाँगें लगाता फिरता है तथा तरह-तरह के करतब और नाच दिखाकर लोगों को प्रसन्न करता है। यदि तुम पूर्णता प्राप्त करना चाहते हो तो इसे (बंदर को) चारों ओर से घेर लो।

हे राम, यह मन अज्ञान के बादल के समान है। सभी धारणाओं और संकल्पनाओं को निरंतर छोड़ते हुए इसे भगाओ।

जिस प्रकार किसी भयावह शस्त्र का सामना किसी अधिक शक्तिशाली शस्त्र से करके उस पर विजय पा ली जाती है उसी प्रकार मन को मन की सहायता से ही शांत किया जाता और उस पर विजय पाई जाती है। किसी भी प्रकार की मानसिक उत्तेजना से बचो। बंदरों के उपद्रव से युक्त वृक्ष भी जिस प्रकार शांत रहता है उसी प्रकार तुम भी अपने अंदर शांति बनाए रखो।

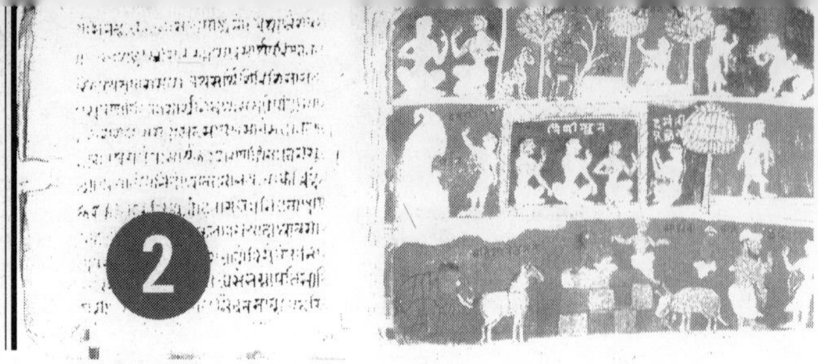

जुलाई

कदोपशान्तमननो धरणीधरकन्दरे
समेष्यामि शिलासाम्यं निर्विकल्पसमाधिना (33)

वसिष्ठ ने कहा :

हे राम, मन की धारणाएँ और संकल्पनाएँ सूक्ष्म और तीक्ष्ण होती हैं इसलिए उनके संबंध में कोई राय निश्चित नहीं करनी चाहिए। मन समय के साथ जुड़ने के फलस्वरूप अत्यधिक शक्तिशाली हो गया है। इससे पहले कि मन शरीर रूपी लता को गिरा दे बुद्धि से उस पर नियंत्रण स्थापित करना चाहिए। मेरे वचनों पर श्रद्धापूर्वक चिंतन-मनन करने से तुम परमानंद की प्राप्ति करोगे।

इस धरती के एक कोने में गंधमादन नामक एक बड़ा पर्वत है। उसकी एक चोटी पर एक बहुत बड़ा पेड़ है। उसी क्षेत्र में उद्दालक नामक ऋषि रहते थे। किशोरावस्था में ही उन्होंने परम ज्ञान प्राप्त करने के लिए स्वप्रयास आरंभ कर दिया था। उस समय उन्हें समझ भी कम थी और उनका मन भी चंचल था। हाँ, उनका हृदय शुद्ध था। वे तत्पश्चर्या में लगे थे, धर्मग्रंथों का अध्ययन भी करते थे और इस प्रकार उनका ज्ञान बढ़ा हुआ था।

एक दिन ऋषि उद्दालक अकेले बैठे हुए इस प्रकार चिंतन में निमग्न थे :

मोक्ष क्या है? निश्चय ही सबसे अधिक महत्त्वपूर्ण प्राप्त करने के योग्य यही पदार्थ माना जाता है। यह भी माना जाता है कि इसे प्राप्त कर लेने पर दुखों का नाश हो जाता है और जन्म-मरण का चक्र भी खत्म हो जाता है। मैं कब इस स्थिति को प्राप्त करूँगा? इच्छाओं और लालसाओं के द्वारा उत्पन्न मानसिक विक्षोभों से कब मेरा पीछा छूटेगा? 'यह मैंने किया है' और 'यह मुझे करना चाहिए' इस तरह के विचारों से मेरा मन कब स्वाधीन होगा? संबंधों का निर्वाह करते हुए मेरा मन कब तक विकारों से मुक्त होगा? जल में रहनेवाला कमल उस जल से दूषित तो नहीं होता? कब तक परम ज्ञान रूपी नौका के द्वारा मोक्ष के उस किनारे पहुँचूँगा? कब तक लोगों की विभिन्न क्रियाओं को बच्चे के खिलवाड़ जैसा समझूँगा? कब तक मेरा मन समभाव में स्थित होगा? कब तक असीम चेतना का अनुभव प्राप्त होगा और कर्ता और कर्म के बीच का भ्रामक अंतर आखिर कब तक मेरी समझ में आएगा? समय में लिप्त हुए बिना कब उसकी संकल्पना को धारण कर पाऊँगा? **कब मन के साथ कंदरा में पूर्ण शांतिपूर्वक रहते हुए बिना किसी विचार रूपी हलचल के शिला के समान स्थिर रहूँगा?**

इस प्रकार उद्दालक ऋषि ध्यानस्थ बैठे रहे। परंतु उनका मन बराबर विक्षुब्ध रहा। फिर कुछ दिनों बाद उनके मन ने बाहरी पदार्थों को छोड़ दिया और विशुद्ध स्थिति में रहा। कुछ अन्य अवसरों पर उनका मन विक्षुब्ध हो उठता। प्रवृत्ति में होनेवाले इन विकारों से वे दुखी हुए और वन में विचरण करने लगे। एक दिन जंगल के एक स्थल पर पहुँचे जहाँ कभी कोई पहले पहुँचा ही नहीं था। वहाँ उन्हें एक गुफा दिखाई दी। जिसे उन्होंने ध्यान और शांति के लिए अत्यंत उपयुक्त समझा। वहाँ अत्यंत सुंदर लताएँ और फूल थे। जलवायु भी अच्छी थी और लगता था कि यह गुफा मरकत को तराश कर बनाई गई हो।

जुलाई

कुरंगालिपतंगेभमीनास्त्वेवैकशो हताः
सर्वैर युत्तैरनर्थैस् तु व्याप्तस्याज्ञ कुतः सुखम् (21)

वसिष्ठ ने कहा :

उद्दालक उस हर्षप्रदायक गुफा में प्रविष्ट हुए और वहाँ उन्होंने समाधि लगाई। उनकी इच्छा थी कि ऐसी स्थिति उत्पन्न हो जिसमें किसी प्रकार का विचार मन में न आए। उन्होंने मन की वर्तमान वृत्तियों पर अपना ध्यान केंद्रित किया।

उद्दालक ने अपने अंदर विचार किया : हे मन, तुम्हें इस दृश्य संसार से क्या लेना-देना है? ज्ञानी व्यक्ति संसार के सुखों से आकृष्ट नहीं होते। वे जानते हैं कि ये सुख दुख में परिवर्तित हो जाते हैं। जो अपने मन में स्थित शांति का त्याग करता है, प्रिय सुखों के पीछे दौड़ता-भागता है वह मनोरम उद्यान को छोड़कर विषाक्त जंगली झाड़ियों में जा उलझता है। तुम जहाँ जाना चाहते हो वहाँ जाओ। परंतु तुम्हें परम शांति पूर्ण नीरवता में ही मिलेगी। इसलिए सभी इच्छाओं और आशाओं का त्याग करो। देखने में ये सभी आश्चर्यजनक पदार्थ चाहे वे चेतन हों अथवा जड़ तुम्हें सुख देने के लिए नहीं बने हैं।

तुम संगीत और घंटियों की ध्वनि के कारण हिरन की तरह जाल में फँसो मत, न हाथी की तरह किसी हथिनी की सहायता प्राप्त कर फंदे में जा फँसो, न स्वाद के चक्कर में पड़कर मछली की तरह बंसी में जा अटको, न फतिंगे की तरह लौ से आकृष्ट होकर अपने को राख ही कर डालो, और भँवरे की तरह कमल की गंध के फेर में रात के समय उसी के अंदर बंदी बन जाओ।

हे मूर्ख मन, उक्त सभी प्राणी अपनी किसी एक ही इंद्रिय की लालसा से नष्ट हो जाते हैं (हिरण श्रवण इंद्रिय के कारण, भँवरा घ्राणेन्द्रिय के कारण, फतिंगा नेत्रेंद्रिय के कारण, हाथी स्पर्शेंद्रिय के कारण और मछली रसेंद्रिय के कारण नष्ट हो जाते हैं।) तुम तो पाँचों इंद्रियों के दास हो। तुम्हें कैसे सुख प्राप्त कर सकते हो। जिस प्रकार सिल्क का कीड़ा कोया बुनता है और उसी में फँस जाता है उसी प्रकार यह तुम्हीं हो जिसने अपने चारों ओर विचारों का जाल बुन रखा है और उसी में अपने को फँसा भी रखा है। अगर तुम इन सबसे अपना पिंड छुड़ा सको विशुद्ध हो जाओ, यहाँ तक कि जन्म और मरण का भय भी त्याग दो और पूर्ण समभाव प्राप्त कर लो तब तुम्हारी बहुत बड़ी जीत होगी। इसके विपरीत यदि सदा परिवर्तनशील इस दृश्य संसार से चिपके रहोगे तो तुम्हारा दुख में पड़े-पड़े नाश हो जाएगा।

हे मन, जानते हो कि यह सब तुम्हें मैं क्यों समझा रहा हूँ। यदि कोई सत्य का अन्वेषण करे तो वह इस निष्कर्ष पर पहुँचेगा कि ऐसी कोई चीज है नहीं जिसे मन कहा जाए। मन तो मात्र अज्ञान की उपज है। जब अज्ञान नष्ट हो जाता है तब मन भी नष्ट हो जाता है। इस प्रकार तुम नष्ट होने की प्रक्रिया में हो। इसलिए जो नष्ट होने की प्रक्रिया में हो उसे शिक्षा देना अपना अज्ञान प्रकट करना ही है। दिन प्रतिदिन तुम अशक्त होते चल रहे हो। इसलिए मैं तुम्हारा त्याग करता हूँ। ज्ञानी व्यक्ति उसे कुछ नहीं बतलाते जिसका उन्हें संग छोड़ना होता है।

हे मन, मैं अहंकारविहीन असीम एकरूप चेतना हूँ। मुझे तुमसे कुछ लेना-देना नहीं। तुम तो अहं के जनक हो।

जुलाई

पादांगुष्ट चिरो यावत् कणशः प्रविचारितम्
न लब्धासावहं नाम कः स्याद् अहमिति स्थितः (36)

उद्दालक चिंतन में रत थे :

असीम आत्मा को मन में उसी तरह ठूँसकर रखना संभव नहीं जिस प्रकार कैथ वृक्ष के फल में हाथी को ठूँस कर नहीं रखा जा सकता। अपने को सीमित करने की प्रक्रिया के फलस्वरूप चेतना (विचारों तथा संकल्पनाओं के रूप में) ससीमता प्राप्त करती है और मन के नाम से जानी जाती है। यह अज्ञान का प्रतिफल है इसलिए इसे मैं स्वीकार नहीं करता। अहंभाव बच्चे की अज्ञानजन्य संकल्पना मात्र है और उसमें वही विश्वास करता है जो सत्य का अन्वेषण नहीं करता।

मैंने अत्यंत सावधानी से अन्वेषण किया है, मैंने पैर के अंगूठे से लेकर सिर तक हर चीज का निरीक्षण किया है और मुझे कुछ भी ऐसा नहीं मिला है कि 'मैं यह हूँ' या 'मैं कौन हूँ।' मैं सर्वव्यापक चेतना हूँ जो स्वयं में ज्ञान की चीज नहीं और जो 'मैं हूँ' के भाव से भी मुक्त है। मैं वह हूँ जो अविभक्त है, जिसका कोई नाम नहीं, जिसमें कोई विकार नहीं आता और जो एकता तथा विविधता की सभी संकल्पनाओं से परे है। न जिसके बड़ा-छोटा होने का कोई नाप ही है। इसके बिना किसी अन्य का अस्तित्व भी नहीं। अतः हे मन, मैं तुम्हारा परित्याग करता हूँ क्योंकि तुम दुखों के स्रोत हो।

यह शरीर तो रक्त, मांस, हड्डी, मज्जा आदि से बना है। कौन कहता है, 'यह मैं हूँ।' ऊर्जा की प्रकृति गति है, चेतना में चिंतन जन्मजात है, बुढ़ापा और मौत शरीर के लिए नैसर्गिक हैं–कौन कहता है 'यह मैं हूँ।' यह जीभ है, ये कान हैं, यह नाक है, यह गति है और ये आँखें हैं–'कौन कहता है, 'यह मैं हूँ।' मैं इनमें से कोई नहीं हूँ, न मैं तुम हूँ और न मैं उक्त धारणाएँ ही हूँ। मैं केवल असीम चेतना हूँ, विशुद्ध और स्वाधीन हूँ। 'मैं सब-कुछ हूँ' या 'मैं कुछ भी नहीं' ये दोनों एक ही सत्य की अभिव्यक्तियाँ हैं।

हाय, लंबे समय तक मैं अज्ञान द्वारा सताया गया। सौभाग्य से मैं जान गया हूँ कि इसी ने मुझे आत्मज्ञान से वंचित रखा है। मैं अज्ञान का अब कभी शिकार नहीं बनूँगा। जिस प्रकार पहाड़ की चोटी पर स्थित बादल कभी बँधा नहीं होता उसी प्रकार मैं दुख से बँधा हुआ लगता तो हूँ पर मैं हूँ उससे स्वतंत्र। आत्मज्ञान के अभाव के फलस्वरूप अहंभाव उत्पन्न हुआ, परंतु अब मैं अहंभाव से मुक्त हूँ। शरीर, इंद्रियाँ आदि नष्ट हों तो हों मुझे उनसे कुछ लेना-देना नहीं। नेत्र, कान आदि मेरी इंद्रियाँ विषयों से संपर्क करती हैं, तो करें पर मैं कौन होता हूँ जो कहूँ कि 'मैं देख रहा हूँ', 'मैं सुन रहा हूँ' आदि। नेत्र, कान आदि इंद्रियाँ विषयों से स्वभावतः संपर्क करती हैं किसी पूर्व कारण के नहीं। उनका संबंध सुख-दुखात्मक स्मृतियों से परिचालित नहीं होता बल्कि विशुद्ध होता है। अतः हे इंद्रियो, अपना कार्य बिना किसी स्मृति से परिचालित हुए करती रहो। यह स्मृति या बद्ध-मानसिकता कोई तथ्य नहीं। यह असीम चेतना से न भिन्न है और न स्वतंत्र ही। इसलिए इसे सरलता से दूर किया जा सकता है। करना यह है कि इसे चेतना में पुनर्जाग्रत न होने दिया जाए। अतः हे मन, इस विभिन्नता की धारणा को छोड़ो और असीम चेतना से अपनी स्वंत्रता की अवास्तविकता का बोध प्राप्त करो। यही मोक्ष या मुक्ति है।

जुलाई

तेनाहं नाम नेहास्ति भावाभावोपपत्तिमान्
अनहंकाररूपस्यसंबन्धः केन मे कथम् (15)

उद्दालक का चिंतन चल रहा था :

वास्तविकता तो यह है कि चेतना किसी बंधन को स्वीकार नहीं करती। यह अपरिमित है और सूक्ष्म परमाणु से भी सूक्ष्म है। इसलिए बद्ध-मानसिकता से परे है। मन अहंकार को अपना आधार बनाता है और चेतना अपने को विभिन्न इंद्रियों में परावर्तित करती है और इसी के फलस्वरूप चेतना के स्व-सीमित होने का भ्रम उत्पन्न होता है। जब इस भ्रम का अनुभव होता है तथा बार-बार चिंतन होता है तो अहं तथा स्व-सीमित होने का भ्रम अपनी मान्यता खड़ी कर लेता है। परंतु मैं वह चेतना हूँ जो इस से अछूती है।

अपनी अज्ञानजन्य क्रियाओं के फलस्वरूप इस संसार में आया हुआ शरीर चलता रहता है तो चले, अगर छोड़ना चाहता है तो छोड़े, मैं चेतना हूँ जो इन सबसे अप्रभावित हूँ। असीम और सर्वव्यापी होने के कारण चेतना का न जन्म होता है और न मृत्यु ही और न इसे कोई बाँधकर ही रख सकता है। क्योंकि यह सर्वव्यापी है इसलिए इसे पृथक् इकाई के रूप में रहने पर भी कोई लाभ नहीं। जन्म और मृत्यु मानसिक अवधारणाएँ हैं उनका चेतना से कोई संबंध नहीं। जो अहं की अवधारणाओं का सत्कार करता है वही बंधन में पड़ता है। आत्मा अहं से स्वतंत्र है अतः वह अस्तित्व-अनस्तित्व से परे है।

अहं मिथ्या भ्रम है, मन मरीचिका के समान है और संसार के पदार्थ जड़वत् है। वह कौन है जो कहता है 'मैं हूँ? शरीर तो रक्त, मांस आदि का समुच्चय है, मन की प्रकृति के संबंध में अनुसंधान करने पर वह भी अस्तित्वहीन हो जाता है, चेतना के स्व-सीमित होने की अवधारणा भी बेतुकी है–तो फिर अहं है क्या? इंद्रियाँ हैं तो वे हर समय विषयों के सुख-भोग में रत रहती हैं, संसार के पदार्थ तो संसार के ही पदार्थ हैं–तब अहं कहाँ हैं? प्रकृति प्रकृति है और उसके गुण परस्पर बरतते रहते हैं (जैसे दृष्टि और प्रकाश, श्रवण और ध्वनि आदि) तो और शेष ही क्या रहा? अहं कहाँ है?

आत्मा ही चेतना है वह सभी की परम सत्ता के रूप में विराजमान है। वह सभी जगह है, सभी पिंडों में है और हर समय है। 'मैं कौन हूँ', मैं किससे बना हूँ, मेरा रूप क्या है, किसने मुझे बनाया? मुझे क्या प्राप्त करना है और क्या छोड़ना है? **इस प्रकार ऐसा कुछ भी नहीं जिसे 'मैं' कहा जा सके या जो जनमता-मरता हो। वास्तव में अहं है ही नहीं तब उसका किससे नाता जोड़ा जाए अथवा न जोड़ा जाए?** जब इस प्रकार यह जान लिया जाता है कि इनमें कोई संबंध है ही नहीं, तब द्वैत की मिथ्या धारणा नष्ट हो जाती है। इस प्रकार जो ब्रह्म या आत्मा है, मैं वही हूँ। अहं नाम की चीज उत्पन्न ही कैसे हो सकती है? सच्चाई यह है कि किसी पदार्थ में स्थिरता है ही नहीं केवल आत्मा ही विद्यमान है। यदि कोई स्थिरता को वास्तविक स्वीकार करता भी है तो भी उसमें और आत्मा में किसी प्रकार का संबंध नहीं रहता। इंद्रियाँ इंद्रियों के रूप में काम करती हैं। मन मन के रूप में विद्यमान रहता है। ये चेतना को स्पर्श भी नहीं कर पाते। तब कैसा संबंध? और कहाँ से आया संबंध? ये साथ-साथ विद्यमान रहते हैं इसलिए यह नहीं मान लेना चाहिए कि इनमें संबंध है। एक पाषाण और एक लोहे का छड़ साथ-साथ पड़े हो सकते हैं परंतु उनमें किसी प्रकार का कोई संबंध नहीं होता।

6

जुलाई

अहंकारभ्रमस्यास्य जातस्याकाशवर्णवत्
अपुनः स्मरणं मन्ये नूनं विस्मरणम् वरम् (25)

उद्दालक चिंतन कर रहे थे :

जब यह मिथ्या अहं उत्पन्न होता है तो 'यह मेरा है' और 'यह तेरा है' आदि विकृत धारणाएँ भी उत्पन्न होती हैं। और जब यह समझ में आ जाता है कि ये सभी मिथ्या अहं की चालें भर हैं तो ये अवास्तविक धारणाएँ नष्ट हो जाती हैं। सत्य यही है कि आत्मा के अतिरिक्त और कुछ नहीं। इसलिए मुझे यह बोध हो रहा है कि सब-कुछ परमात्मा या ब्रह्म ही है और कुछ नहीं। **अहं नाम से जाना जानेवाला भ्रम आकाश की नीलिमा के समान है। अच्छा यही हो कि इस अवधारणा का पुनः सत्कार न किया जाए बल्कि छोड़ दिया जाए।** इस प्रकार अहं को जड़ से उखाड़कर मैं शांत प्रकृति आत्मा में स्थित हूँ।

यह अहंभाव अंतहीन दुखों, कष्टों और बुराइयों का स्रोत है। जीवन का अंत मृत्यु में होता है, मृत्यु नया जन्म दिलाती है, और हर उथल-पुथल का अपना अंत होता है। इस प्रकार की धारणाएँ अहं द्वारा आमंत्रित करने पर महा दुख भोगने पड़ते हैं। 'मैंने यह प्राप्त कर लिया है' 'मैं वह भी प्राप्त कर लूँगा' आदि विचारों से उत्पन्न चिंता अज्ञानी को जला देती है। 'यह है' और 'वह नहीं है' आदि की धारणाएँ अहंवादी में अस्थिरता उत्पन्न करती हैं। परंतु यदि अहं नष्ट हो जाए तो भ्रामक दृश्य संसार फिर अस्तित्व ही ग्रहण न करेगा और सभी लालसाएँ भी नष्ट हो जाएँगी।

लगता है कि इस ब्रह्मांड रूपी सृष्टि के अस्तित्व-ग्रहण के पीछे कोई वैध कारण नहीं। यदि ऐसा है तो बिना प्रयोजन के सृष्टि की सत्यता कैसे स्वीकार की जाए? अनादिकाल से उस ब्रह्मांडीय सत्ता में ये सभी पिंड, अस्तित्व में रहे हैं। जैसे सदा मिट्टी में बरतन रहता है। इसी प्रकार सागर भूतकाल में था, वर्तमान में है और भविष्य में रहेगा और उसका जल अल्पकाल के लिए लहरों का रूप धारण करता रहता है। यह सब-कुछ सदा से और सदा के लिए ब्रह्मांडीय सत्ता के अंग हैं। यह मूर्ख ही है जो अल्पकाल के लिए प्राप्त इस शरीर आदि को कहता है कि 'यह मैं हूँ'। इसी प्रकार आरंभ में मन चेतना ही था और अंत में (जब उसकी मन के रूप में प्रकृति और प्रकार्य समाप्त हो जाएँगे) पुनः चेतना हो जाएगा। फिर इसको (इस समय) बीच में अलग नाम से क्यों पुकारा जाए?

ये सब दृश्य उसी प्रकार क्षणिक वास्तविकता के रूप में दिखते हैं जिस प्रकार स्वप्न के अनुभव, भ्रांति के दृश्य, शराबी के मतिभ्रम, अक्षीय भ्रम, मनोकायिक भ्रम, भावात्मक विक्षोभ, मनोविकृतियाँ आदि होती हैं। परंतु हे मन, तुमने इन पर उसी प्रकार स्थायी वास्तविकता की मुहर लगा दी है जिस प्रकार प्रेमी अपनी प्रेमिका के विछोह की कल्पना करके दुख भोगने लगता है। परंतु इसमें तुम्हारा अपराध नहीं है, इसमें मेरा अपराध है कि मैं अब भी इस धारणा से चिपका हूँ कि तुम मन के रूप में वास्तविकता हो। जब मुझे अनुभव होता है कि ये सब भ्रामक आकृतियाँ हैं तब तुम अमन हो जाते हो और इस प्रकार इंद्रिय भोगों संबंधी सभी स्मृतियों का भी अंत हो जाता है। जब चेतना को अपना बोध होता है और वह अपनी स्वपरिचित बद्ध-मानसिकता को छोड़ देती है तो मन विकाररहित हो जाता है और अपनी मूलभूत प्रकृति में विश्राम प्राप्त कर लेता है।

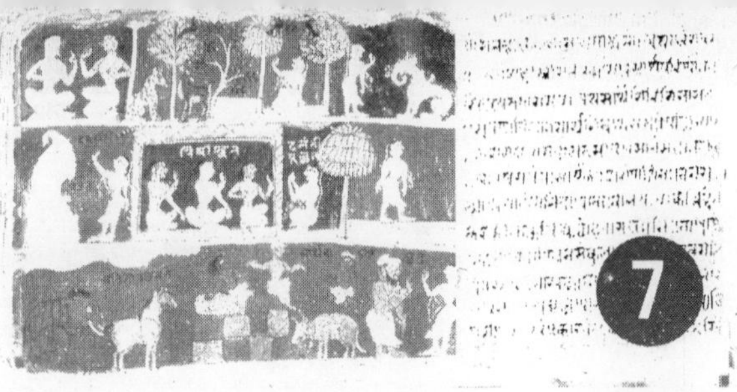

जुलाई

क्षीयते मनसि क्षीणे देहः प्रक्षीणवासनः
मनो न क्षीयते क्षीणे देहे तत्क्षापयेन् मनः (66)

उद्दालक चिंतन कर रहे थे :

जब मन शरीर को अपने से भिन्न समझ लेता है तो अपनी धारणाओं को छोड़ देता है और अपनी क्षणिक प्रकृति की पहचान कर लेता है। ऐसा करने पर वह विजयी हो जाता है। मन और शरीर एक-दूसरे के शत्रु हैं इसलिए परम सुख इनको नष्ट करने में ही है। जब भी ये दोनों साथ होते हैं तब आपसी संघर्ष के फलस्वरूप तरह-तरह के कष्ट झेलने पड़ते हैं।

मन अपनी विचार-शक्ति द्वारा शरीर (काया) को जन्म देता है और फिर शरीर को जीवनकाल भर मन उसे दुखों की सौगात देता चलता है। दुखों से व्यथित रहने पर शरीर अपने जनक मन को नष्ट कर देना चाहता है।

इस संसार में न कोई किसी का मित्र है और न कोई शत्रु ही। जो हमें सुख देता है, उसे हम मित्र कहते हैं और जो हमें दुख देता है उसे शत्रु!

जब मन और शरीर एक-दूसरे के विनाश के लिए लगे हों तो सुख मिल ही कैसे सकता है? सुख अवश्य मन के विनाश से मिल सकता है इसलिए शरीर प्रतिदिन (गहरी नींद में) मन को नष्ट करने का प्रयत्न करता है। हाँ, आत्मज्ञान प्राप्त हो जाने पर दोनों मिलकर एक ही उद्देश्य से उसी प्रकार काम करने लगते हैं जिस प्रकार आग और पानी एक-दूसरे के विरोधी होते हुए भी खाना बनाने में एक-दूसरे की सहायता करते हैं।

यदि मन नहीं रहता तो शरीर भी नहीं रह जाता परंतु शरीर के मरने के बाद भी मन नहीं मरता। इसलिए विचार-शक्ति और बद्ध-मानसिकता के नष्ट हो जाने पर व्यक्ति को मन को मारने के लिए प्रयत्नशील रहना चाहिए। मन उस वन के समान है जिसके विचार वृक्ष हैं और लालसाएँ लताएँ हैं। इन्हें नष्ट करने पर मुझे परमानंद मिला है। जब मन मर जाता है तो शरीर रहे या जाए इससे मुझे कुछ अंतर नहीं पड़ता। मैं शरीर नहीं हूँ यह तो स्पष्ट है क्योंकि शव कोई क्रिया नहीं करता।

जहाँ आत्मज्ञान होता है वहाँ न मन होता है न इंद्रियाँ और न प्रवृत्तियाँ और न आदतें ही। मैंने उस परम अवस्था को प्राप्त कर लिया है। मैं विजयी हूँ। मैंने मोक्ष प्राप्त कर लिया है। मैं उसी प्रकार मन, शरीर और इंद्रियों के संबंधों से ऊपर उठ चुका है, जिस प्रकार बीजों को निचोड़कर निकाले हुए तेल का उन बीजों से कोई संबंध नहीं रह जाता। मेरे लिए शरीर मन और इंद्रियाँ खिलौने हैं। अब मेरे सदा-सदा के साथी हैं–शुचिता, इच्छाओं की पूर्ण तृप्ति (अर्थात् उनका पूर्ण अभाव), सब से मैत्री, सत्यवादिता, ज्ञान, शांति, आनंद, मधुर वचन, विशाल हृदयता, तेजस्विता, एकाग्रता, ब्रह्मांडीय एकता की अनुभूति, अभय, विभक्त चेतना का अभाव, विकारहीनता। जब हर समय हर वस्तु हर प्रकार से घटित होती है तो मेरे मन में किसी अच्छी या बुरी वस्तु के प्रति न इच्छा है न घृणा ही। क्योंकि सभी भ्रम नष्ट हो गए हैं, मन भी मर चुका है, सभी बुरे विचार भी खत्म हो चुके हैं। मैं अपनी आत्मा में सुखपूर्वक स्थित हूँ।

8

जुलाई

अन्तः कुण्डलिनीं प्राणाः पूरयामासुरादृताः
चक्रानुवर्तप्रसृताम् पयांसीव सरिद्वराम् (26)

वसिष्ठ ने कहा :

तब उद्दालक ऋषि ने पद्मासन लगाया, आँखें आधी बंद कीं और ध्यान में बैठ गए। उन्होंने पवित्र शब्द 'ओम्' का उच्चारण किया जिसने उन्हें परम अवस्था प्रदान की। उन्होंने ओम् का उच्चारण इस प्रकार किया जिससे उसका स्पंदन उनके सारे शरीर तथा मस्तिष्क में व्याप्त हो गया। अपने अभ्यास के प्रथम भाग के रूप में उन्होंने श्वास को पूरी तरह से बाहर निकला। ऐसा प्रतीत हुआ कि प्राण-शक्ति ने शरीर छोड़ दिया हो और विशुद्ध चेतना के आकाश में विचरण करने लगी हो। उनके हृदय से जो ज्वाला उठी उसने उनका संपूर्ण शरीर जला डाला। (उद्दालक की ये क्रियाएँ हठयोग की हिंसा के बिना संपन्न हुई थीं। हठयोग की क्रियाएँ कष्टकर होती हैं।)

फिर उन्होंने दुबारा 'ओम्' का उच्चारण किया और साम्यावस्था में जा पहुँचे और साथ ही एकाएक उन्होंने श्वास को भी बिना विक्षोभ या स्पंदन के धारण भी कर लिया। अब उनके अंदर प्राणशक्ति स्थिर थी। न अंदर थी न बाहर। न ऊपर थी न नीचे। शरीर को जलाने और राख कर देने के बाद जैसे स्वयं नष्ट हो गई हो। अब विशुद्ध भस्म ही दिखाई दे रही थी। कुछ ऐसा लगा कि जैसे हड्डियाँ कपूर की भाँति अर्चना के लिए जल उठी हों। तेज हवा ने राख को पूरे आकाश में बिखेर दिया। (ये क्रियाएँ भी हठयोग की उग्रता से रहित थीं।)

तीसरी अवस्था में पवित्र शब्द 'ओम्' परम शिखर या शांति को प्राप्त हुआ। साँस फिर से ली अर्थात् प्राणशक्ति प्राप्त की। प्राणशक्ति जो इस समय चेतना के अमृत के केन्द्र में थी वह शीतल समीर की तरह आकाश में व्याप्त हो गई। फिर यह शक्ति चंद्रमा के क्षेत्र तक पहुँचने में सफल हुई। वहाँ वह शुभ किरणों के रूप में फैली और उस राख के ऊपर बरसी जो शरीर के जल जाने पर शेष थी।

तत्काल उस राख में से एक तेजस्वी प्राणी निकला। विष्णु की तरह उसकी चार बाहें थीं। उद्दालक को उसमें ईश्वरत्व की प्रतीति हुई और लगा कि स्वयं मैंने ईश्वरत्व प्राप्त भी कर लिया हो। प्राणशक्ति ने अंतःकुंडलिनी को भरा तो वह सर्पिल रेखा की तरह फैल गई। इस प्रकार उद्दालक का शरीर पूरी तरह विशुद्ध हो गया। पद्मासन लगाए हुए उद्दालक ने अपने आसन को और दृढ़ किया तथा अपनी इंद्रियों को भी और कसा। फिर विचारों की हलचल से अपनी चेतना को पूरी तरह मुक्त करने में लगे। अपनी पूरी शक्ति से उन्होंने अपने मन को दुचित्तेपन से भी रोका। उनके अर्धोन्मीलित नयन स्थिर तथा निश्चल थे। मन उनका आंतरिक शांति में स्थित था। प्राण और अपान दोनों प्राणशक्तियों की गति में वे समानता लाए। अपनी आंतरिक इंद्रियों को उसी प्रकार अपने विषयों से अलग किया जिस प्रकार बीजों से तेल अलग किया जाता है। तब भूतकाल के अनुभवों से उत्पन्न बद्ध-मानसिकताओं के प्रति वे सजग हुए तथा चेतना को उनसे मुक्त किया और विशुद्ध बनाया। तब उन्होंने आँखें, गुदा आदि सभी बाह्य द्वार कसकर बंद किए। इस प्रकार प्राणशक्ति और सजगता को अनुशासनपूर्वक बाहर जाने से रोका और अपने मन को हृदय में स्थित किया।

9

जुलाई

आनंदे परिणामित्वादनानंद पदं गतः
नानन्दे न निरानन्दे ततस्तत्संविदा बभौ (68)

वसिष्ठ ने कहा :

उद्दालक के मन ने पूर्ण शांति प्राप्त कर ली थी। अब कोई विघ्न उन्हें कष्ट नहीं दे रहा था। प्रत्यक्ष रूप में उन्होंने अपने हृदय में अज्ञान का अंधकार देखा जिसने उनके आत्मज्ञान को आवृत्त कर रखा था। ज्ञान का जो प्रकाश उदित हुआ था उससे उन्होंने उस अंधकार को भी दूर कर दिया। इसके बाद उस प्रकाश को उन्होंने अपने अंदर रोका। परंतु जब वह प्रकाश कुछ मद्धिम हुआ तो उन्हें नींद लगने लगी। परंतु उन्होंने नींद की खुमारी को भी भगा दिया। ज्योंही वह खुमारी दूर हुई उनके मन ने उन्हें विविध तेजपुंज दिखलाए। उन्होंने अपनी चेतना को इन रूपों से अलग किया। तब उन्हें घोर जड़ता ने ग्रस्त कर लिया। जैसे कि नशे से चूर हों। अपनी जड़ता पर भी उन्होंने विजय प्राप्त कर ली। इस स्थिति में कुछ देर रहने के बाद सृष्टि की समग्रता-संबंधी अपने अनुभव की ओर वे आकृष्ट हुए। इसके बाद उन्हें विशुद्ध सजगता का बोध हुआ। अभी तक यह सजगता अन्य कारकों से जुड़ी रही। अब इसने शुचिता और स्वाधीनता पाई थी। ठीक वैसे ही जैसे मिट्टी के बरतन में मटमैला पानी रखा हो और पानी के भाप बन जाने पर उसकी मिट्टी उस मिट्टी के बरतन का अंग बन जाती हो। दोनों एक ही तो हैं। इसी प्रकार लहर भी समुद्र में विलीन हो जाती है और अभिन्न तथा एक रूप हो जाती है।

जब चेतना पदार्थ-भाव त्याग देती है तब वह पूर्ण शुद्ध हो जाती है। उद्दालक अब आत्मज्ञान प्राप्त कर चुके थे। उन्हें वही परमानंद प्राप्त था, जो देवताओं और ब्रह्म को प्राप्त होता है। वह वर्णनातीत था। आनंदसागर और वे एक रूप थे।

थोड़े ही समय बाद उद्दालक ने असीम चेतना के महान ऋषियों को देखा। उद्दालक ने उनकी उपेक्षा की। वे परमानंद में ही मग्न रहे। जीवित अवस्था में ही उन्होंने मुक्ति प्राप्त कर ली थी। उन्होंने देवताओं और ऋषियों को देखा और उन्हें त्रिदेव भी दिखाई दिए। वे उस स्थिति से भी आगे बढ़े। **पूर्णतः आनंद में परिवर्तित हो चुके थे और इस प्रकार वे आनंद के जगत से भी आगे निकल चुके थे। अब उन्हें न आनंद का अनुभव हो रहा था न निरानंद का ही।** वे विशुद्ध चेतना हो चुके थे। (जिसे यह अनुभव एक क्षण के लिए भी हो जाए उसकी स्वर्ग के सुखों में रुचि नहीं रह जाती।) यह सर्वोच्च स्थिति है, यही ध्येय है यही शाश्वत आवास है।

उद्दालक छह महीने तक इसी स्थिति में रहे तथा मनोशक्तियों से बचने में सावधानी बरतते रहे। ऋषि और देवता भी उनकी अर्चना आराधना करने लगे। उन्हें स्वर्ग पधारने का निमंत्रण भी प्राप्त हुआ जिसे उन्होंने अस्वीकार कर दिया। सभी इच्छाओं से रहित उद्दालक जीवनकाल में ही मुक्ति प्राप्त कर विचरण करने लगे। प्राय: पर्वतों की कंदराओं में कई-कई महीने ध्यान करते रहे। अन्य अवसरों पर जीवन के सामान्य व्यापारों में लगे रहने पर भी समस्थिति प्राप्त कर चुके थे। वे सभी को समान दृष्टि से देखते थे। उनकी अंतर्ज्योति भी हर समय प्रकाश निसृत करती थी।

यह प्रकाश एक-समान रहता था। कभी घटता-बढ़ता नहीं था। सभी प्रकार की द्वैत धारणाएँ शांत हो चुकी थीं। वे शरीर-चेतना से अनभिज्ञ रहते और पवित्रात्मा में स्थित रहते।

जुलाई

उपाशशाम शनैर् दिवसैटसौ कतिपयैः स्वपदे विमलात्मनि
तरुरसः शरदन्त इवामले रविकरौजसि जन्मदशातिगः (23)

वसिष्ठ ने राम के पवित्र या शुद्ध आत्मा-संबंधी प्रश्न के विषय में कहा :

जब भौतिक सृष्टि की धारणाओं के अभाव के कारण मन पूर्ण रूप से समाप्त हो जाता है तब चेतना अपनी प्रकृति के अनुरूप विद्यमान होती है। यही पवित्र या शुद्ध आत्मा है। जब चेतना पदार्थों की धारणा से रहित होकर अपने में ही लय होती है और अपनी पृथक् सत्ता त्याग देती है तो वह शुद्ध या पवित्र आत्मा होती है। जब सभी बाह्य (भौतिक) और आंतरिक (धारणात्मक) पदार्थ चेतना में लीन हो जाते हैं तब चेतना शुद्ध आत्मा का रूप ग्रहण कर लेती है। यह परम दर्शन है जो सभी मुक्त प्राणियों के साथ घटित होता है। ऐसे लोगों का शरीर हो या न हो उसमें फर्क नहीं पड़ता। यह उसे ही दिखाई देता है जो जाग्रत हो, जो ध्यानस्थ हो और आत्मज्ञानी हो। यह अज्ञानियों को दिखाई नहीं देता। हे राम, ऋषि और त्रिदेव इसी चेतना में स्थित रहते हैं। इस स्थिति में पहुँचने के बाद कुछ समय तक उद्दालक इसी में बने रहे।

समय पाकर, उनके मन में इच्छा उत्पन्न हुई कि 'मैं' इस शरीर का त्याग कर दूँ। वे पर्वत की एक गुफा में गए और पद्मासन लगाकर बैठ गए। आँखें उनकी अर्धोन्मीलित थीं। उन्होंने शरीर के सभी नौ द्वारों को बंद किया, तथा अपनी इंद्रियों को मन में समेटा। अपने शरीर का पूर्ण संतुलन भी बनाए रखा। उन्होंने अपनी जिह्वा की नोक को तालु की जड़ की ओर मोड़ा जिससे उनके जबड़े कुछ खुल गए। उनकी अंतर्दृष्टि न बाहर की ही ओर थी और न अंदर की ही ओर, न ऊँची थी न नीची ही। न तल से लगी थी न हवा में थी। वे पूर्ण चेतना में स्थित थे और अपने भीतर शुद्ध आनंद प्राप्त कर रहे थे। उनकी आत्मा पवित्र पुरुष तक पहुँच चुकी थी। यह स्थिति आनंद की स्थिति से भी आगे थी। उनका पूर्ण अस्तित्व शुद्ध हो चुका था।

उद्दालक इस पूर्ण विशुद्ध स्थिति में चित्रवत् कुछ समय रहे। **धीरे-धीरे दिन-प्रतिदिन उन्नति करते हुए उन्होंने पूर्ण शांति प्राप्त कर ली। अपने इस विशुद्ध रूप में वे रह रहे थे। वे जन्म और मरण के चक्र से ऊपर उठ चुके थे।** उनके सभी संदेह मिट चुके थे, विकारजन्य विचार उनके समाप्त हो चुके थे तथा हृदय की सभी मलिनताएँ दूर हो चुकी थीं। उन्होंने आनंद की स्थिति प्राप्त कर ली थी। यह स्थिति वर्णनातीत थी। इसमें स्वर्ग के राजा को प्राप्त होनेवाला आनंद भी निरर्थक प्रतीत होता था। इस अवस्था में वे छह महीने रहे।

इसके बाद किसी भक्त की प्रार्थना पर एक दिन देवी पार्वती अन्य देवियों के साथ वहाँ पहुँची। जिस पार्वती की पूजा-आराधना करते थे उसने जब सूर्य के ताप से जले उद्दालक के शरीर को देखा तो उसने अपने सिर से मुकुट को उतार कर उद्दालक को पहना दिया।

उद्दालक की कुछ ऐसी ही कथा है। हे राम, यह उस प्राणी के हृदय में सर्वोच्च ज्ञान उद्दीप्त करती है जो उसकी छाया में शरण लेता है।

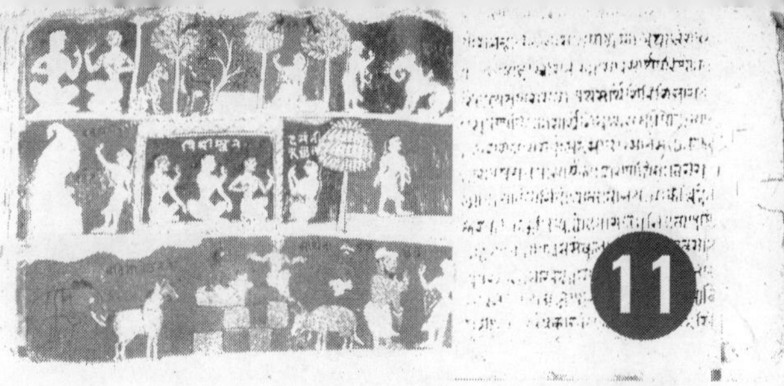

जुलाई

प्रशान्तजगदास्थोन्तर्वीतशोक भयैषणः
स्वस्थो भवति येनात्मा स समाधिरिति स्मृतः (20)

वसिष्ठ ने आगे कहा :

हे राम, इस प्रकार रहते हुए अर्थात् निरंतर आत्मा की प्रकृति का अनुसंधान करते हुए शांति प्राप्त करो। चेतना की स्थिति की प्राप्ति वैराग्य को बढ़ाने, धर्मशास्त्रों का अध्ययन करने, गुरु के आदेशों पर चलने और निरंतर अनुसंधान में लगने से होती है। यदि जाग्रत बुद्धि तीक्ष्ण और धारदार हो तो तुम बिना अन्य साधनों के भी शांति प्राप्त कर सकते हो।

राम ने पूछा : हे महर्षि, कुछ ऐसे भी हैं जो आत्मज्ञान में स्थित रहते हैं। ऐसे आत्मज्ञानी भी हैं जो क्रियाकलापों में लगे रहते हैं और कुछ ऐसे भी हैं जो विभिन्न क्रियाकलापों से दूर रहते हैं और समाधि में स्थित रहते हैं। इन दोनों में कौन उत्तम हैं?

वसिष्ठ ने कहा : हे राम, समाधि (चिंतन और ध्यान की) वह स्थिति है जिसमें व्यक्ति इंद्रियों के पदार्थों तथा विषयों को स्व से नहीं जोड़ता और इस प्रकार आंतरिक शांति में हर समय डूबा रहता है। जब यह बोध हो जाता है कि पदार्थों का संबंध मात्र मन से है तो इस प्रकार आंतरिक शांति में स्थित रहते हुए वे कुछ क्रियाकलापों में संलग्न हो जाते हैं और कुछ उनसे दूर रहते हैं। दोनों को चिंतन-मनन का आनंद प्राप्त होता है। यदि समाधि में स्थित किसी का मन दुचित्ता रहता है तो वह पागल व्यक्ति है। इसके विपरीत यदि दिखने में किसी पागल व्यक्ति का मन सभी प्रकार की धारणाओं से मुक्त है तथा दुचित्ता नहीं है तो वह आत्मज्ञानी है और उसकी समाधि अटूट है। चाहे वह विभिन्न व्यापारों में संलग्न हो और चाहे वह निर्जन वन में रहता हो, आत्मज्ञान में दुचित्तापन नहीं होता। जो मन बद्ध-मानसिकताओं से मुक्त होता है वह दूषित नहीं होता भले ही वह कुछ समय व्यापारों में संलग्न रहे। मन का किसी व्यापार में न रहना निष्क्रियता है, पूर्ण स्वतंत्रता है, पूर्ण पवित्रता है।

चिंतन और अचिंतन का अंतर इस बात में है कि मन में विचार संबंधी-हलचल है या नहीं। इसलिए मन को मानसिक बाध्यता से रहित करो। अबाध्य मन दृढ़ होता है। ऐसा होना स्वयं में ध्यान, स्वतंत्रता तथा शाश्वत शांति है। अबाध्य मन अकर्ता होता है और आत्मज्ञान के उच्च स्तर को प्राप्त कर लेता है। इसलिए व्यक्ति को सभी प्रकार की मानसिक बाध्यताओं को दूर करने के लिए सचेष्ट होना चाहिए। **चिंतन या समाधि उसे कहते हैं जिसमें संसार से संबद्ध सभी इच्छाएँ और आशाएँ समाप्त हो जाती हैं और दुख, भय और इच्छा से स्वतंत्र होने के फलस्वरूप आत्मा अपने में स्थित होती है।**

यहीं पदार्थों के साथ आत्मा की मिथ्या पहचान को मनसा त्याग दो और तब जहाँ तुम्हारी इच्छा हो वहाँ जाओ। फिर चाहे घर में रहो या वन में जाओ। जो गृहस्थ पूर्ण मानसिक निष्क्रियता प्राप्त कर लेता है, उसका घर ही वन हो जाता है। यदि वहाँ उसका मन शांति में स्थित है, उसमें अहंभाव नहीं है तो उसके लिए नगर भी वन है। इसके विपरीत वन उनके लिए नगरों के समान हैं जिनके मन तरह-तरह की इच्छाओं तथा विकारों से भरे हैं। गहरी नींद में मन की अन्यमनस्कता प्रशमित हो जाती है। आत्मज्ञान आत्मज्ञान को प्राप्त कर लेता है। अब जैसा चाहो वैसा करो।

जुलाई

परमात्मणेश्चित्त्वाद् यद् अन्तः कचनं स्वयम्
चेतनात्मपदे चान्तर, अहमित्यादि वेत्त्यसौ (15)

वसिष्ठ ने कहा :

हे राम, असीम चेतना लाल मिर्च की तिक्तता से समय तथा स्थान की भिन्नता होते हुए भी अवगत रहती है। इससे अहंभाव बढ़ता है।

असीम चेतना नमक के स्वाद से भी समय तथा स्थान की भिन्नता होते हुए भी अवगत होती है। इससे अहंभाव बढ़ता है। गन्ने की मिठास से भी असीम चेतना अवगत होती है। इस प्रकार प्रत्येक विशिष्ट गुण के प्रति उसमें जागरूकता रहती है। इसी प्रकार असीम चेतना सर्वव्यापी होने के कारण शिला, पर्वत, वृक्ष, जल और आकाश की प्रकृति से अवगत होती है तथा स्वचेतना या अपनी पृथक् सत्ता से भी अवगत होती है।

इस प्रकार चेतना में होनेवाला पारमाणविक अणुओं का मिश्रण देखने में दीवार का काम करता है और 'मैं' और 'तुम' का विभेद उत्पन्न करता है और तब ये उसके पदार्थ के रूप में उससे बाहर होते हैं। वस्तुतः ये सभी हैं तो चेतना में होनेवाले परावर्तन ही जो आत्मा के अंदर सजग हो उठते हैं और जिन्हें चेतना अपना व्यक्तित्व प्रदान कर देती है। चेतना अपना आस्वाद ग्रहण करती है। यह सजगता भी चेतना से भिन्न नहीं होती और अहंभाव आदि प्रत्यक्ष रूप से जगाने के अतरिक्त कुछ नहीं करती। **असीम चेतना के कण (स्फटिक के समान) चेतना के निजी प्रकाश को ही परावर्तित करते हैं। यह प्रकाश सभी परमाणविक कणों के मिश्रण में विराजमान रहता है और इसके परिणामस्वरूप वे (कण) स्वचेतना अर्जित कर लेते हैं और सोचने लगते हैं कि 'मैं हूँ'।**

वास्तव में, उन सभी मिश्रणों में आंतरिक सजगता असीम चेतना से भिन्न नहीं। इनमें कर्ता और कर्म का संबंध भी नहीं होता। अतः एक को दूसरे का बोध नहीं होता। और न एक दूसरे में कोई परिवर्तन या बदलाव ही लाता है। हे राम, मैंने ऊपर जो कहा है वह तुम्हें समझाने के लिए शब्दों का खेल भर है। वस्तुतः न कोई पदार्थ है, न 'मैं' है न 'संसार' है और न परमाणविक अणुओं का मिश्रण ही। न मन ही है न ज्ञान का कोई विषय है और न सांसारिक भ्रांति ही। जिस प्रकार जल अपने व्यक्तित्व से भँवर का रूप धारण कर लेता है, वैसे ही चेतना अपने व्यक्तित्व से अपने में ही 'मैं' का रूप धारण कर लेती है। परंतु चेतना तो चेतना ही है, फिर भले ही वह अपने को भगवान शिव समझे या क्षुद्र जीव।

मैं, तुम, भौतिक पदार्थ आदि सभी अज्ञानी व्यक्ति की संतुष्टि की उपज होते हैं। अज्ञानी व्यक्ति असीम चेतना में जो भी कल्पना करता है, बस वही वह देखता है। जागरूक अवस्था में जीवन चेतना के रूप में दिखाई देता है। जब चेतना जीवन के रूप में दिखाई देती है तब जीवन जीवन से अधिक नहीं दिखाई देता। जीवन और चेतना में तात्विक दृष्टि से अंतर है भी नहीं। इसी प्रकार व्यक्ति (जीव) और ब्रह्मांडीय सत्ता (शिव) में भी तात्विक भेद नहीं। यह सब जान लो और यह भी जान लो कि तुम अविभक्त असीम चेतना हो।

13 जुलाई

यावत्सर्वं न संत्यक्तं तावदात्मा न लभ्यते
सर्वावस्थापरित्यागे शेष आत्मेति कथ्यते (58/44)

वसिष्ठ ने आगे कहा :

इस संबंध में एक रोचक कथा सुनो!

हिमालय पर्वत पर एक शिखर का नाम है कैलास। इस चोटी की तलहटी में हेमजट (पीली जटाओं वाली) नामक जाति के पहाड़ी लोग रहते थे। उनके राजा का नाम था सुरघु। वह न्यायी राजा था। जिसका सम्मान होना चाहिए उसका सम्मान करता था और जिसे दंड मिलना चाहिए उसे दंडित करता था। फिर भी उसकी आध्यात्मिक दृष्टि धुँधली थी।

एक दिन मांडव्य ऋषि वहाँ पधारे। राजा ने उनका स्वागत-सम्मान किया, पूजा-अर्चना की और कहा : "प्रभु, मैं इस चिंता से व्यथित हूँ कि मैं जो दंड और सम्मान अपनी प्रजा को देता हूँ वह मुझे भी एक दिन वापस मिलेगा। मुझे समदृष्टि प्रदान करें और पक्षपात तथा पूर्वग्रह से मेरी रक्षा करें।

मांडव्य ने कहा :

यदि कोई आत्मज्ञान में दृढ़तापूर्वक स्थित है तो उसमें जो ज्ञान उत्पन्न होगा यदि उसे वह आधार बनाकर स्वप्रयास करे तो सभी मानसिक दुर्बलताएँ दूर हो जाएँगी। आत्मा में अनुसंधान करने से मन की व्यथा दूर हो जाती है। जब आपको आत्मज्ञान प्राप्त हो जाए और आपकी चेतना असीम रूप धारण कर ले तो आपका मन संसार के मलकुंड में नहीं गिरेगा। **जब तक व्यक्ति अपना सब-कुछ नहीं छोड़ता उसे आत्मज्ञान प्राप्त नहीं होता। जब सभी विचार-बिंदु त्याग दिए जाते हैं तो शेष आत्मा रह जाती है**। यह बात इस संसार के जीवन के लिए भी सत्य है। कोई तब तक इच्छित पदार्थों को प्राप्त नहीं कर पाता जब तक मार्ग में आनेवाली कठिनाइयों को हटाया न जाए। आत्मज्ञान के मार्ग में आनेवाली कठिनाइयों के संबंध में भी यही बात है।

जब मांडव्य ऋषि चले गए तब सुरघु ने इस प्रकार सोचा :

जिसे हम 'मैं' के नाम से जानते हैं वह है क्या? मैं पर्वत नहीं हूँ, और न पर्वत ही मेरा है। मैं पहाड़ी जनजाति का भी नहीं हूँ न पहाड़ी जनजाति मेरी है। यह नाम के लिए मेरा राज्य है। मैं इस धारणा को छोड़ देता हूँ। मैं राजधानी को छोड़ रहा हूँ। न मैं इस नगर में हूँ और न यह नगर मेरा ही है। मैंने इस धारणा को भी छोड़ दिया है। अब मैं पारिवारिक संबंधों को भी त्यागता हूँ कि यह मेरी पत्नी है, यह मेरा पुत्र है आदि।

अब इस शरीर पर विचार करता हूँ। 'मैं' इसमें स्थित रक्त, माँस आदि जड़ पदार्थ नहीं हूँ न ही हाथ-पैर आदि कर्मेंद्रियाँ ही हूँ। जन्म और मरण का जो मूल कारण मन है वह भी मैं नहीं हूँ। न मैं विभेद करनेवाली शक्ति विवेक ही हूँ और न अहंभाव ही।

अब बचा ही क्या? जो रहा वह अज्ञानी जीव। परंतु यह भी कर्ता-कर्म में फँसा है। आत्मा ज्ञान या चिंतन का विषय नहीं। इसलिए जो कुछ ज्ञेय है (अर्थात् पदार्थ) उसे छोड़ दूँ। अब जो शेष बचा है वह है विशुद्ध चेतना है, जिसमें संदेह की छाया भी नहीं होती। मैं असीम आत्मा हूँ।

14

जुलाई

न निर्घृणो दयावान् नो न द्वन्द्वी नाथ मत्सरी
न सुधीर् नासुधीर् नारथी नार्थी स बभूव ह (60/6)

वसिष्ठ ने आगे कहा :

इस अनुसंधान से सुरघु ने चेतना की परम स्थिति प्राप्त कर ली। इसके बाद उसे कभी व्यथा नहीं हुई और वह सदा संतुलित मानसिक स्थिति में रहते हुए अपने सब काम करता रहा। वह दयालु था, **परंतु अभी न तो घृणा से रहित था न द्वैत भावों से ही विलग था। वह ईर्ष्यालु नहीं था। न वह तीव्रबुद्धि था न अतीव्रबुद्धि ही और न वह अभिप्रेरित ही था और न अनभिप्रेरित ही।** वह समदृष्टि भी था और उसके अंतर्मन में शांति भी थी। उसे यह बोध हुआ कि यह सब-कुछ चेतना की ही विविध अभिव्यक्ति है। इस प्रकार वह सुख-दुख में शांत रहा। इस प्रकार ये बातें पूरी तरह उसकी समझ में आ गई थीं।

लंबे समय तक उसने इस संसार में राज्य किया और फिर स्वेच्छा से अपने शरीर को त्याग दिया। उसने असीम चेतना से एकता प्राप्त कर ली। हे राम, इस प्रकार ज्ञानी मन के साथ रहो और राज्य करो।

राम ने पूछा : परंतु हे महर्षे, मन तो अस्थिर है। कैसे कोई पूर्ण समस्थिति प्राप्त कर सकता है?

वसिष्ठ ने उत्तर दिया :

इस समस्या से संबद्ध राजा सुरघु और परिघ ऋषि के बीच में हुआ संवाद प्रासंगिक है। उसे सुनो।

पारस देश का एक राजा था परिघ। वह सुरघु का घनिष्ट मित्र था। एक बार राजा परिघ के राज्य में भीषण अकाल पड़ा। प्रजा को दुखी देख राजा अत्यंत व्यथित था। अपनी तरफ से उसने सभी प्रयास किए। परंतु उसे कुछ सफलता न मिली। हताश होकर वह वन में तपश्चर्या करने चला गया। वहाँ वह सूखे पत्ते खाता था इसलिए उसका नाम पड़ा पर्णाद। एक हजार वर्ष तक तपश्चर्या करने के बाद उसे आत्मज्ञान प्राप्त हुआ। उसके बाद वह तीनों लोकों में स्वतंत्रतापूर्वक विचरण करने लगा।

एक दिन उसकी भेंट सुरघु से हुई। इसे वह पहले से जानता था। दोनों ज्ञानी राजाओं ने एक दूसरे का अभिनंदन-अभिवादन किया। इसके बाद परिघ ने सुरघु से कहा : "तुमने ऋषि मांडव्य के प्रसाद से आत्मज्ञान प्राप्त किया था परंतु मैंने भगवान शिव के अनुग्रह से तपस्या द्वारा अर्जित किया। कृपया बताएँ कि क्या आप का मन पूर्ण शांति की स्थिति में है? क्या आपकी प्रजा सुखी-संपन्न है तथा शांति से रह रही है? क्या आप दृढ़तापूर्वक अनासक्त हैं?"

सुरघु ने उत्तर दिया :

ईश्वरीय इच्छा की गति को कौन ठीक से जान सकता है? कभी हम लोगों के बीच में बड़ी दूरी थी परंतु आज हम एक साथ हैं। ईश्वर के लिए क्या असंभव है? आपके आगमन से हम लोग सचमुच कृतकृत्य हुए हैं। आप की उपस्थिति से सभी दोषों और पापों से हमारा छुटकारा हो गया है और मुझे प्रतीत हो रहा है कि आपके रूप में समृद्धि मेरे सम्मुख विराजमान है। भले और पावन लोगों की संगति सचमुच मोक्ष की परमावस्था के तुल्य है।

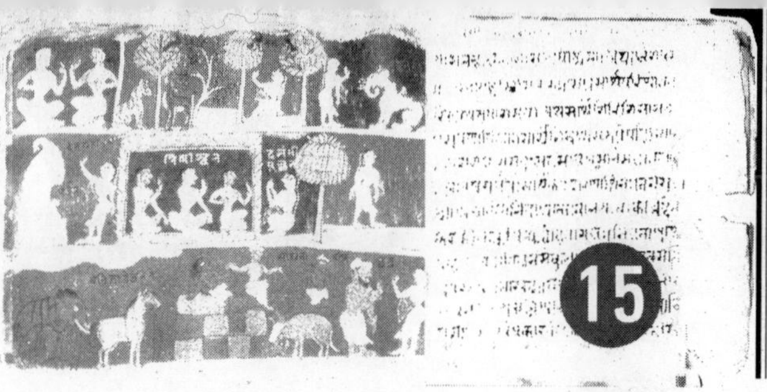

15

जुलाई

तत्त्वावबोधो भगवन् सर्वाशातृणपावकः
प्रोक्तः समाधिशब्देन न तु तूष्णीमवस्थितिः (62/8)

परिघ ने पूछा :

हे राजन, जो समस्थिति प्राप्त कर लेता है उसके कर्म हर्ष के जनक होते हैं परंतु अन्यों के नहीं। क्या आप शांति की उस अवस्था में स्थित है जिसमें मन में न विचार उत्पन्न होते हैं न धारणाएँ ही? इसी को समाधि कहते हैं न?

सुरघु ने उत्तर दिया :

हे पवित्रात्मा, कृपया बताएँ कि मात्र विचारों और धारणाओं से रहित स्थिति को ही क्यों समाधि कहते हैं? यदि कोई सत्य का ज्ञाता है, भले ही वह निरंतर कर्म में लगा हो या चिंतन में लीन हो, तो क्या उसका मन कभी समाधि का त्याग करता है? नहीं। आत्मज्ञानी सदा समाधि में रहते हैं, भले ही वे संसार के कामकाज में ही क्यों न लगे हों। इसके विपरीत जिसका मन शांत स्थिति में नहीं होता वह भले ही पद्मासन लगाए रहे उसे समाधि का आनंद प्राप्त नहीं होता।

सत्य का ज्ञान वह अग्नि है जो घास की सूखी पत्तियों की तरह आशाओं और इच्छाओं को जला देती है। समाधि का अर्थ यही है। मौन होकर मात्र बैठना समाधि नहीं। समाधि वह है जिसमें शाश्वत संतुष्टि हो, जो है उसका स्पष्ट बोध हो, अहंशून्यता हो, द्वंद्वों के प्रभाव से मुक्ति हो, दुश्चिंता से मुक्ति हो, ग्रहण या त्याग की इच्छा न हो। आत्मज्ञान के उदय के होते ही, संत-महात्मा में समाधि की स्थिति स्थायित्व प्राप्त कर लेती है। वह न इसे त्यागता ही है और न इसमें एक क्षण के लिए विघ्न ही आता है। जिस प्रकार समय एक क्षण भी आगे बढ़ना नहीं भूलता उसी प्रकार आत्मज्ञानी आत्मा को एक क्षण भी विस्मृत नहीं करता।

अतः मैं सदा अपने में जाग्रत, शुद्ध तथा शांत रहता हूँ और समाधि में रहता हूँ। इससे अलग हो भी कैसे सकता हूँ? आत्मा के अतिरिक्त और कुछ हो भी कैसे सकता है? हर दृष्टि से और हर समय जब आत्मा ही सब-कुछ है तो समाधि की स्थिति भिन्न कैसे हो सकती है? और किसे समाधि भी कहा जाए?

परिघ ने कहा :

हे राजन, निश्चय ही आपने पूर्ण आत्मज्ञान प्राप्त कर लिया है। आपने आनंद, शांति, माधुर्य और शुचिता से तेजस्वी रूप धारण कर लिया है। आपमें न अहं है न इच्छा है और न घृणा ही।

सुरघु ने कहा :

हे महर्षे, कुछ भी ऐसा नहीं जिसे चाहा या त्यागा जाए। जब तक ये सब पदार्थों के रूप में दिखाई देते हैं तब तक ये संकल्पनाओं के अतिरिक्त कुछ नहीं। जब कुछ भी प्राप्त करने के योग्य नहीं रहता तब कुछ छोड़ने के योग्य भी नहीं होता। अच्छा और बुरा, बड़ा और छोटा, योग्य और अयोग्य ये सभी इच्छाजन्य धारणा पर आधारित होते हैं। जब चाह का कुछ अर्थ ही न हो, तो अन्य उत्पन्न नहीं होते। संसार जो कुछ दिखाई देता है उसमें कुछ सार नहीं। पर्वत, समुद्र, वन, पुरुष, स्त्रियाँ सभी पदार्थ सारहीन हैं। इसलिए इनके लिए कोई इच्छा नहीं। जब इच्छा ही नहीं तब हृदय में परम शांति है।

16

जुलाई

तानि मित्राणि शास्त्राणि तानि तानि दिनानि च
विरागोल्लासवान् येभ्य आत्मचित्तोदयः स्फुटम् (64/19)

वसिष्ठ ने आगे कहा :

दृश्य संसार की असार प्रकृति की चर्चा कर तथा एक-दूसरे का नमस्कार-वंदन कर दोनों राजा सुरघु और परिघ अपने-अपने कर्तव्यों के निर्वाह में लग गए। हे राम, तुम भी ज्ञान में दृढ़तापूर्वक स्थित हो जाओ और अपने हृदय से अहं की दोषपूर्ण धारणा निकाल दो। इसके बाद यदि तुम कर्मों में लगोगे तो तुम उनसे उसी प्रकार अनासक्त भी रहोगे और कलुषित भी नहीं होगे जिस प्रकार समुद्र के खारे जल में रहने पर भी मछली की आँखें बेलाग रहती हैं और अविकृत नहीं होतीं। **किसी व्यक्ति के हृदय में अनासक्ति तथा आत्मज्ञान उत्पन्न करनेवाले शास्त्र तथा दिवस ही उसके एकमात्र सच्चे मित्र होते हैं।**

एक विशाल पर्वत था जो इतना ऊँचा था कि जिसकी बराबरी तीनों लोक भी मिलकर नहीं कर सकते थे। उस पर अत्रि ऋषि का आश्रम था। उसी में बृहस्पति और शुक्र नाम के दो महात्मा रहते थे। दोनों के एक-एक पुत्र थे जिनके नाम थे-विलास और भास।

दीर्घकाल बाद बृहस्पति और शुक्र इस संसार से विदा हुए। शोकाकुल पुत्रों ने यथाविधि उनका अंतिम संस्कार किया। अपने-अपने पिता के न रहने पर उनमें अपनी धन-संपत्ति के संबंध में वितृष्णा हुई। फिर दोनों ने ही वन की राह ली। दोनों अलग-अलग दिशाओं को गए। उन्होंने खानाबदशों का जीवन बिताया। काफी समय बाद उनमें पुनः भेंट हुई।

विलास ने भास से कहा :

प्रिय मित्र, आपसे मिलकर अत्यंत प्रसन्नता हुई। बताओ, जबसे हम अलग हुए हैं तब से तुम क्या करते रहे? क्या तुम्हारी तपश्चर्या कुछ रंग लाई? क्या तुम्हारा मन सांसारिक ताप से छुटकारा पा सका? क्या तुम्हें आत्मज्ञान प्राप्त हुआ? मुझे बताओ? वैसे लगते तो हो तुम प्रसन्न और मस्त!

भास ने उत्तर दिया :

मेरे प्रिय बंधु, मैं भी तुम्हें दुबारा मिलकर अत्यंत प्रसन्न हूँ। जब तक हमें आत्मज्ञान प्राप्त नहीं हो जाता तब तक इस धरा पर हमारा बार-बार जन्म और मरण होता रहेगा। हमें बचपन, जवानी, बुढ़ापे और मृत्यु के कष्ट सहने ही होंगे। हमें बार-बार एक ही तरह के सारहीन कर्मों में जुटे ही रहना होगा। लालसाएँ ज्ञान को नष्ट कर देती हैं। इंद्रियजन्य विषयों की संतुष्टि में लगे रहने से जीवन तेजी से पस्त हो जाता है। मन विषयों के अंधकूप में गिर जाता है। कितने आश्चर्य की बात है कि हमारा शरीर रूपी जो वाहन आत्मज्ञान के उस तट पर पहुँच सकता है वह सांसारिक कीचड़ में धँस जाता है। आँख झपकने भर में यह मनरूपी छोटी-सी लहर भयावह रूप धारण कर लेती है। व्यक्ति मूर्खतावश दुखों और कष्टों को स्व के साथ नथ लेता है और दुखी रहता है जबकि वे इसे स्पर्श तक नहीं करते।

वसिष्ठ ने कहा : इस प्रकार आपस में बातें करते-करते और संसार की प्रकृति पर विचार करते-करते उन दोनों को परम ज्ञान की प्राप्ति हुई।

17

जुलाई

अन्तः सक्तं मनो बद्धं मुक्तं सक्तिविवर्जितम्
अन्तः संसक्तिरेवैकं कारणं बन्धमोक्षयोः (34)

वसिष्ठ ने कहा :

हे राम, बंधनों से छुटकारा पाने और भ्रम के सागर से पार उतरने के लिए एकमात्र साधन आत्मज्ञान ही है। ज्ञानी व्यक्ति के लिए यह दुख का सागर बरसाती पोखरे की तरह है। वह शरीर को उस भाँति देखता है जिस प्रकार दर्शक दूरस्थित भीड़ को देखता है। इस प्रकार शरीर को जो दुख होते हैं उससे वह प्रभावित नहीं होता। जिस प्रकार लहरें समुद्र की परिपूर्णता को कम नहीं करतीं उसी प्रकार शरीर की सत्ता भी आत्मा की सर्वव्यापकता को कम नहीं करती।

जल को घेरे रहनेवाले हंस, शिला और लकड़ी के कुंदे का जल से कैसा नाता? इसी तरह परम आत्मा का भी दृश्य संसार से कोई नाता नहीं। जिस प्रकार गिरनेवाला पेड़ जल में लहरें उत्पन्न करता है उसी प्रकार शरीर को होनेवाले सुखों-दुखों का अनुभव आत्मा को होता है। जिस प्रकार समीपता के कारण वृक्ष जल में प्रतिबिंबित होता है उसी प्रकार शरीर भी आत्मा में प्रतिबिंबित होता है। जिस प्रकार समुद्र में गिरनेवाली शिला जल को न आहत ही करती है और स्वयं आहत ही होती है उसी प्रकार जब शरीर विभिन्न पदार्थों (पत्नी, बच्चों, भौतिक वस्तुओं) के संपर्क में आता है तो न कोई दुख पाता है और न कोई कष्ट ही।

दर्पण में होनेवाला किसी पदार्थ का परावर्तन न वास्तविक ही कहा जा सकता है और न अवास्तविक ही। इसी प्रकार आत्मा में प्रतिबिंबित होनेवाला शरीर भी न वास्तविक है और न अवास्तविक ही। परंतु है वर्णनातीत अवश्य। अज्ञानी व्यक्ति इस संसार में जो कुछ देखता है उसे वास्तविक मान लेता है। परंतु यह बात ज्ञानी व्यक्ति पर लागू नहीं होता। जिस प्रकार उस पेड़ और जल का आपस में कोई वास्तविक संबंध नहीं होता जिसकी छाया उसमें पड़ती है उसी प्रकार शरीर और आत्मा का भी वास्तविक संबंध नहीं। जहाँ वास्तविक संबंध होता है वहाँ द्वैतभाव नहीं होता। बिना कर्ता-कर्म के भेद से एक ही असीम चेतना का अस्तित्व है। इसी में विविधता की कल्पना की जाती है और जो दुख-कष्ट से अछूता है वह भी अपने को उसी प्रकार दयनीय समझ लेता है जिस प्रकार कोई कहता है कि मैंने भूत देखा है, वह भूत देख लेता है। वैचारिक शक्ति के बल पर यह काल्पनिक संबंध वास्तविकता का बल धारण कर लेता है। आत्मा सदा दुख और सुख से परे होती है परंतु अपने को शरीर मान लेने पर वह शरीर के भोगों का अनुभव करने लगती है। इस अज्ञानजन्य धारणा का त्याग ही मोक्ष है।

जो लोग इस मिथ्या पहचान या आसक्ति से अभिभूत नहीं होते वे दुखों से तत्क्षण मुक्त हो जाते हैं। यही संसक्ति या बद्ध-मानसिकता है जो बुढ़ापे, मृत्यु और भ्रम का बीज होती है। जब यह समाप्त हो जाती है तो व्यक्ति भ्रम का समुद्र पार कर लेता है। बद्ध मन यतियों-संन्यासियों को भी बंधन में डालता है और अबद्ध मन गृहस्थ का भी विशुद्ध होता है। **संसक्त (बद्ध-मानसिकता वाला) मन बंधन होता है, और संसक्ति (आसक्ति, पहचान आदि) से मुक्ति मोक्ष। आंतरिक संबंध ही मोक्ष और बंधन का कारण होता है।** अबद्ध मन द्वारा किए हुए कर्म अकर्म होते हैं।

18

जुलाई

संसक्तिर् द्विविधा प्रोक्ता वन्द्या वन्ध्या च राघव
वन्ध्या सर्वत्र मूढानां वन्दया तत्त्वविदाम् निजा (21)

राम ने पूछा :

हे महर्षे, यह बद्ध–मानसिकता (संसक्ति) क्या है और यह कैसे बंधन में डालती है? मोक्ष क्या है और कैसे प्राप्त किया जाता है?

वसिष्ठ ने कहा :

आत्मा और शरीर में होनेवाला अंतर भुला बैठना और शरीर की वास्तविकता में यकीन कर लेना ही बद्ध–मानसिकता (संसक्ति) है। जो मानता है कि असीम आत्मा परिमित है और इसलिए सुखों की चाह करता है वह बंधन में पड़ जाता है। जो अनुसंधान करता है, "यह सब–कुछ आत्मा ही है क्या चाहूँ और क्या छोड़ूँ" वह मोक्ष की असंसक्त स्थिति में अपने को स्थापित कर लेता है। जो यह जान गया है कि न मेरा ही अस्तित्व है न किसी अन्य का ही या कुछ रहे या न रहे परंतु मुझे सुखों की चाह नहीं करनी चाहिए, वह मुक्त है। वह न कर्म करने से भागता है न कर्मों के फल में अपने को विस्मृत करता है, उसे हर्ष या विषाद नहीं होता। वह कर्मों के फल का त्याग करता है। उसका यह त्याग मन से होता है कर्म से नहीं। संसक्ति के परित्याग से बंधन छूट जाता है और परम कल्याण प्राप्त होता है। संसक्ति ही सभी दुखों का कारण है।

संसक्ति या बद्ध–मानसिकता को निम्नलिखित उदाहरणों से समझा जा सकता है। (i) रस्सी से बँधा गदहा मालिक का अनुसरण करता है, डरता है और भारी बोझ ढोता है, (ii) जमीन में गढ़ा पेड़ सदी, गर्मी, हवा, पानी आदि सहता है, (iii) धरती के सुराख में रहनेवाला कीट समय बिताता है, (iv) भूखा पक्षी पेड़ की डाल पर विश्राम करता है और जीवभक्षियों से डरता है, (v) पालतू हिरन शांतिपूर्वक घास चरता है और शिकार को शिकारी की गोली की मार के अंदर ले आता है, (vi) अगणित लोग कीड़ों–मकोड़ों की तरह बार–बार जनमते हैं, (vii) अगणित प्राणी इस सृष्टि में लहरों की तरह इस धरा रूपी सागर में उठते और गिरते हैं, (viii) ऐसे दुर्बल व्यक्ति जो हिल–डुल भी नहीं पाते बार–बार मरते हैं, (ix) वे झाड़ियों और लताएँ जो धरती से पोषण प्राप्त करती हैं और धरती पर ही पनपती हैं और (x) यह संसार रूपी भ्रम जो नदी की धारा की तरह अगणित दुखों और कष्टों को ढोता है। ये सभी संसक्ति के ही प्रसार हैं।

संसक्ति (आसक्ति या स्व–परिमिति) दो प्रकार की होती है–पूज्य और अनुर्वर। **अनुर्वर संसक्ति हर जगह मूर्खों में देखी जा सकती है और पूज्य संसक्ति उन लोगों में दिखाई देती है जो सत्य को जानते हैं।** आत्मज्ञान से रहित अज्ञानियों के मन में विद्यमान संसक्ति शरीर जैसी वस्तुओं से उत्पन्न होती है और बार–बार जन्म का कारण बनती है। पूज्य संसक्ति सच्चे ज्ञान से आत्मज्ञान प्राप्त करनेवाले पूज्य व्यक्तियों में देखी जाती है और यह जन्म–मरण से उन्हें बचाती है।

नोट– पूज्य संसक्ति प्राकृतिक सीमितताओं को मान्यता देती है। उदाहरणार्थ आँखों और कानों का बोध सीमित होता है। मूर्ख की संसक्ति स्वारोपित (स्व+आरोपित) होती है और असीम आत्मा को भौतिक शरीर मान बैठती है।

19

जुलाई

अन्तः संसंगमंगानाम् अंगारं विद्धि राघव
अनन्तः संगमंगानाम् विद्धि राम रसायनम् (50)

वसिष्ठ ने कहा :

अपने हाथों में शंख, चक्र आदि धारण करनेवाले विष्णु तीनों लोकों की रक्षा पूज्य संसक्ति के कारण ही करते हैं। पूज्य संसक्ति ही है जिसके कारण सूर्य तीनों लोकों में प्रकाश करता है और ब्रह्मा इस सृष्टि का संचालन करता है। इसी संसक्ति के कारण ही शिव का देवत्व चमक रहा है। जो देवता इस संसार को धारण करते हैं और तरह-तरह के प्रकार्य करते हैं वे भी इसी संसक्ति से परिचालित होते हैं।

इसके विपरीत अनुर्वर संसक्ति के फलस्वरूप मन सुखों की इच्छा का शिकार हो जाता है और भ्रमवश उसी में सुखों का अनुभवों करने लगता है। ब्रह्मांडीय तत्त्व भी संसक्ति से क्रियाशील रहते हैं। इन्हीं के कारण स्वर्ग में देवता, धरती पर मनुष्य और पाताल में दानव समुद्र की लहरों की भाँति उठते-गिरते हैं। जिस प्रकार समुद्र में बड़ी मछली छोटी मछली को खा जाती है उसी प्रकार ये अगणित जीव भी एक-दूसरे का भक्षण करके पनपते हैं और संसक्ति के कारण असहाय होकर आकाश में उड़ते-फिरते हैं। तारे भी संसक्ति के कारण ही अपनी कक्षा में घूमते हैं। कभी उदित होते हैं, कभी अस्त होते हैं, कभी चमकते हैं तो कभी बुझते हैं। चंद्रमा भी इसी संसक्ति के कारण पृथ्वी के चक्कर लगाए चला जा रहा है।

हे राम, इस रहस्यमय सृष्टि को देखो जिसे उत्पन्न करनेवाला प्राणियों की मानसिक धारणाओं को समझता है और उनके अनुरूप कार्य करता है। यह ब्रह्मांड शून्य आकाश में केवल संसक्ति के कारण निर्मित किया गया है। यह वास्तविकता नहीं। और इस ब्रह्मांड में सुख की लालसा उन सभी प्राणियों की मर्मांगों को कुतरे चल रही है जो इस संसार, इस शरीर आदि पर आसक्त हैं। ऐसे लोगों की संख्या समुद्र तट पर फैले बालू के कणों की तरह असंख्य है। कर्ता (ब्रह्म) ने इस ब्रह्मांड की सृष्टि की है, वह भी इन असंख्य प्राणियों की संसक्ति के अनुक्रिया-स्वरूप ही। ये प्राणी निश्चय ही नरक की लपटों भरी अग्नि के लिए उत्तम सूखे ईंधन के समान हैं। इस संसार में जो भी दुख-कष्ट हैं वे ऐसे ही लोगों के लिए रक्षित हैं। जिस प्रकार नदियाँ तेजी से समुद्र की ओर दौड़ती हैं उसी प्रकार दुख उन लोगों की ओर दौड़ते हैं जो मनसा संसक्त होते हैं। इस प्रकार यह पूरी सृष्टि अज्ञान से आच्छादित है, तो भी यदि कोई सुख की अपनी लालसा को तार-तार कर देता है तो संसक्ति की परिमिति नए विस्तार को जन्म देती है। **हे राम, संसक्ति (अर्थात् सीमित और नश्वर के प्रति आसक्ति) अंगों-उपांगों के लिए तप्त दुखों के समान है। परंतु असीम विस्तार (अर्थात् असीम के प्रति अनुराग) तप्त दुखों के लिए चमत्कारी उपचार होता है।** जो मन किसी चीज पर आसक्त नहीं होता और असीम विस्तार की शांति में स्थित होता है वह आनंदित रहता है। जो आत्मज्ञान में अपनी जड़ें जमाता है वह अभी और यहीं मुक्ति प्राप्त कर लेता है।

20

जुलाई

एषैव राम सौषुप्ती स्थितिर् अभ्यासयोगतः
प्रौधा सती तुर्यमिति कथिता तत्त्वकोविदैः (70/26)

वसिष्ठ ने कहा :

हे राम, उचित कार्यों में हर संलग्न रहते हुए समय भी मन को कार्य, विचार या पदार्थ पर आसक्त नहीं होने देना चाहिए। न ही ऊपर स्वर्ग में, नीचे या किसी और दिशा में मन को लगाना चाहिए। इसे न तो बाहरी संबंधों से जुड़ने देना चाहिए, न इंद्रियों की आंतरिक हलचलों से जोड़ना चाहिए और न ही प्राणशक्ति से ही। सिर में, तालु में, भौंहों के मध्य में, नाक की नोक में, मुँह में या आँखों में मन को विश्राम नहीं करने देना चाहिए। इसे अंधकार में, उजाले में या मन की गुफा में भी आराम नहीं करने देना चाहिए। जाग्रति, स्वप्न और सुषुप्ति में इसे लीन नहीं होने देना चाहिए और न ही किसी स्वच्छ और विस्तृत स्थान को ही इसे अपना घर बनाने देना चाहिए। मन को रंगों, गति, स्थिरता, आरंभ, अंत मध्य अथवा कहीं और नहीं रमने देना चाहिए और न ही किसी पदार्थ या स्व में अथवा किसी के सामने, दूर या पास विश्राम करने देना चाहिए। मन को विषयों के अनुभवों में, सुख की भ्रमपूर्ण स्थितियों में, विचारों में तथा धारणाओं में भी योजित नहीं करना चाहिए।

मन को विशुद्ध चेतना में विश्राम दिलाना चाहिए और विचारों की गति तथा पदार्थों को बाहर रखना चाहिए। जब इस प्रकार सभी संबंध खत्म कर दिए जाते हैं तो जीव अजीव हो जाता है।

जिस स्थिति में मन विचारों की हलचल से रहित होता है तथा जिसमें स्वाभाविक शांति के अतिरिक्त कुछ नहीं होता उसे जाग्रति में गहन निद्रा कहते हैं। **जब यही 'जाग्रति में होनेवाली गहन निद्रा' परिपक्व होती है तो इसे तुरीय या चौथी स्थिति कहते हैं।** इसमें दृढ़तापूर्वक स्थापित ऋषिगण ब्रह्मांड को दिव्य (ब्रह्मांडीय) खेल के मैदान के रूप में और उसमें व्याप्त जीवन को दिव्य (ब्रह्मांडीय) नृत्य के रूप में देखते हैं। इसके आगे की स्थिति (या दृश्य) वर्णन से परे है (क्योंकि इसका संबंध उन लोगों से है जो शरीर-चेतना से परे जा चुके हैं)। यह स्थिति तुरीय से भी आगे की है। हे राम, इस तक पहुँचने का प्रयास करो। निश्चय ही इस दृश्य संसार का कारण अज्ञान है या फिर सत्य की प्रकृति का अनुसंधान न करना। जिस प्रकार दीपक तत्क्षण अंधकार को मिटा देता है उसी प्रकार आत्मज्ञान भी तत्क्षण अज्ञान के अंधकार को मिटा देता है। इसलिए व्यक्ति को यह जानने के लिए अनुसंधान करना चाहिए कि जीव क्या है या मन क्या है या आंतरिक मनोभौतिक घटक क्या है? परमात्मा (परम+आत्मा) ही सत्य है, वही चेतन और जड़ के ठीक बीच स्थित है, वही विविधता उत्पन्न करता है और वही इन सब के विविध नामों के द्वारा जाना जाता है।

जिस तरह नानी बच्चे का मन बहलाने के लिए उसे एक स्थान से दूसरे स्थान पर ले जाती है उसी प्रकार संसक्ति (या मनोवैज्ञानिक अभ्यास या प्रवृत्ति) जीव को एक स्थान से दूसरे स्थान पर ले जाती है। इस प्रकार संसक्ति की डोर से बँधा जीव बार-बार विभिन्न योनियों में भटकता है तथा अंतहीन असह्य दुखों को भोगता है।

21

जुलाई

दृश्यदर्शनसन्बन्ध विस्तारैस्तद् विजृंभते
दृश्यदर्शनसन्बन्धे यत्सुखं पारमात्मिकम्
अनुभूतिमयं तस्मात् सारं ब्रह्मेति कथ्यते (72/33)

वसिष्ठ ने आगे कहा :

अज्ञानजन्य स्व-परिमिति के कारण आत्मा मन के रूप में संसार के पदार्थों से कलुषित हो जाती है परंतु वही आत्मा जब जाग्रत होती है, सत्य की प्रकृति को जान लेती है तब वह अज्ञानजन्य भ्रम को त्याग देती है और आत्मज्ञान पुनः प्राप्त कर लेती है। इस अवस्था में वह शरीर को इस प्रकार देखती है जैसे कोई शिखर पर से देख रहा हो। जो शरीर को भूतों का समुच्चय जान लेता है वह शरीर से ऊपर उठता है और आत्मज्ञानी हो जाता है।

यह है सब-कुछ विशुद्ध अनुभवकर्ता और उसके अनुभव के संबंधों का विस्तार ही। यह अनुभव भी वस्तुतः है आत्मानंद (आत्म+आनंद) का ही सच्चा रूप। इसे अनुभव करनेवाला भी विशुद्ध है। इसीलिए इसे परमब्रह्म कहा जाता है। इस विशुद्ध अनुभव कर्ता और अनुभव से उत्पन्न आनंद ही परमानंद है। अज्ञानी के लिए यह सांसारिकता है और ज्ञानी के लिए मोक्ष। यह विशुद्ध अनुभवकर्ता ही अपने में असीम आत्मा है। जब पदार्थों की ओर इसका झुकाव होता है तो बंधन होता है और जब अपने को मुक्त कर लेता है तो मोक्ष।

हे राम, अधोलिखित अभिवृत्ति अपनाने से भी दिव्य अंतर्दृष्टि प्राप्त करोगे और आत्मज्ञान में स्थित होगे : "मैं आकाश हूँ। मैं सूर्य हूँ। मैं ही दिशाएँ हूँ। मैं ही सभी देवता हूँ। मैं ही सभी दैत्य हूँ। मैं ही सभी जीव हूँ। मैं ही अंधकार हूँ। मैं ही धरती हूँ और मैं ही सागर आदि हूँ। मैं मिट्टी हूँ, वायु हूँ, अग्नि हूँ और यह संपूर्ण संसार मैं ही हूँ। मैं सर्वव्यापक हूँ। मेरे अतिरिक्त और कुछ भी हो कैसे सकता है? इस प्रकार की अभिवृत्ति अपनाने पर तुम हर्ष और विषाद से ऊपर उठोगे।

नीचे लिखी दो अभिवृत्तियाँ भी मोक्ष की प्राप्ति में सहायक हैं। एक है : "मैं अत्यंत सूक्ष्म हूँ और इंद्रियातीत आत्मा हूँ" और दूसरी है : "मैं ही सब-कुछ हूँ और हर वस्तु हूँ"। 'मैं' के संबंध में एक और भी दृष्टिकोण या अभिवृत्ति है और वह यह है कि "मैं शरीर हूँ"। यह दृष्टिकोण या अभिवृत्ति अंतहीन दुखों की जननी है। इन तीनों अभिवृत्तियों का त्याग करो और विशुद्ध चेतना होकर रहो।

बंधन और मोक्ष की इन दोनों मिथ्या संकल्पनाओं का त्याग करो और आत्मज्ञानी का जीवन जियो। धरती, आकाश या पाताल में भी मोक्ष नहीं होता। मोक्ष वस्तुतः शुद्ध मन का पर्याय है, शुद्ध आत्मज्ञान का पर्याय है और जाग्रत अवस्था का पर्याय है।

मन और अहं का यदि त्याग कर दिया जाए तो अन्य दोनों अपने आप छूट जाएँगे। इसलिए बंधन और मोक्ष के फेर में न पड़कर अपनी सभी लालसाएँ छोड़ो तथा ज्ञान और वैराग्य के द्वारा मन का अंत करो। यदि तुममें 'क्या मुझे मोक्ष प्राप्त होगा' की इच्छा भी उत्पन्न होती है, तो मन पुनर्जीवित होगा तथा अन्य धारणाओं का भी सत्कार करेगा और शरीर का निर्माण भी। तब अन्य संकल्पनाएँ भी उत्पन्न होंगी, जैसे कि 'मैंने यह किया है', 'मैं यह जानता हूँ', 'मैंने इसका भोग किया है' आदि। ये सभी संकल्पनाएँ मिथ्या हैं। ये मरीचिका के समान हैं।

22

जुलाई

तिर्यग्योनिष्वपि सदा विद्यन्ते कृतबुद्ध्यः
देवयोनिष्वपि प्राज्ञा विद्यन्ते मूर्खबुद्धयः
सर्वं सर्वेण सर्वत्र सर्वथा सर्वदैव हि
संभवत्येव सर्वात्मन्यात्मन्याततरूपिणी (75/33)

वसिष्ठ ने आगे कहा :

जो इच्छा और आशा से रहित है वह पूरे संसार को गाय के खुर की छाप के समान समझता है, सर्वोच्च पर्वत को गिरे-पड़े वृक्ष का खूँट समझता है, आकाश को संदूकड़ी समझता है और त्रिभुवन को घास की पत्ती समझता है। सत्य को जाननेवाला अतिसुंदर स्त्री को चित्रित बिंब समझता है। यह सच्चाई है क्योंकि दोनों एक से पदार्थों से (जल, मिट्टी आदि से) बने हैं।

जब सत्य दृष्टिगत होता है तब हृदय में संग्रह करने की इच्छा नहीं उठती। जिस प्रकार प्रेमी के काम पर चले जाने पर प्रेमिका घर का काम-काज करते हुए भी अपने प्रेमी की सोच में मग्न रहती है और उसी प्रकार आत्मज्ञानी संत इस संसार में कार्य करते हुए भी अपनी चेतना सत्य में दृढ़ता से जमाए रखता है। दोनों स्थितियों में कोई इस प्रकार के व्यवहार में परिवर्तन नहीं ला पाता–न प्रेमिका अपने प्रेमी को भुला ही सकती है और न संत सत्य को भुला ही सकता है।

हे राम, इस ब्रह्मांड में बहुत से मुक्त प्राणी विद्यमान हैं। इनमें कुछ संत हैं, कुछ राजा-महाराजा हैं, कुछ तारों और ग्रहों के रूप में चमकते हैं, कुछ देवता हैं और कुछ दैत्य भी। **हे राम, कीड़े-मकोड़ों में भी मुक्त जीव हैं और देवताओं के बीच में बेअक्ले मूर्ख भी हैं। आत्मा ही सब-कुछ है। वही सब जगह, सब समय और सब रूपों में विद्यमान होती है।** आत्मा ही स्वामी है और वही संपूर्ण देवत्व है। पदार्थों में आकाश (शून्यता) है और आकाश (शून्यता) में मूर्तता है। जो देखने में अनुपयुक्त लगता है वह अनुसंधान से उपयुक्त लगने लगता है। लोग भले हैं क्योंकि वे पापकर्मों के फल से भयभीत होते हैं। जो नहीं भी है वह भी जो है उसकी ओर अग्रसर करता है–आकाश या शून्यता का चिंतन परम सत्य की प्राप्ति कराता है। इसके विपरीत जो टिकाऊ और शक्तिशाली लगता है उसका अंत या नाश होता है। हे राम, सुख और दुख को छोड़ो। मोह और आसक्ति भी छोड़ो। जो मिथ्या है वह सत्यभासित होता है और जो सत्य है वह मिथ्या प्रतीत होता है। इसलिए आशा और निराशा को छोड़ो और समस्थिति प्राप्त करो।

इस संसार में, मोक्ष हर समय और हर प्राणी को सुलभ है। इस संसार में असंख्य प्राणी हैं जिन्होंने आत्मज्ञान प्राप्त किया है और जीते जी मोक्ष भी प्राप्त किया है। पूर्ण अनासक्ति से आंतरिक शांति की प्राप्ति को ही यहाँ मोक्ष कहा जाता है। शरीर या बिना शरीर से इसे प्राप्त किया जा सकता है। जो सभी आसक्तियों से परे है वह मुक्त है।

इस मुक्ति या मोक्ष की प्राप्ति के लिए समझदारी से और बुद्धिमत्तापूर्वक प्रयास करना चाहिए। जो प्रयास नहीं करता वह गोपद को भी लाँघ नहीं पाता। अतः हे राम, आध्यात्मिक वीरता अपनाओ, उचित प्रयास करो, और सही ढंग से अनुसंधान करके आत्मज्ञान में परिपूर्णता अर्जित करो। जो इस प्रकार प्रयत्न करता है उसके लिए संपूर्ण ब्रह्मांड बछड़े की पदछाप के समान होता है।

जुलाई

चिदात्मन इमा इत्थं प्रस्फुरन्तिः शक्तयः
इत्यस्याश्चर्यजालेषु नाभ्युदेति कुतूहलम् (72/33)

वसिष्ठ ने आगे कहा :

हे राम, ये तीनों लोक परम ब्रह्म में होते हैं परंतु अज्ञान के कारण स्वतंत्र तथा मूर्त वास्तविकता के रूप में दिखाई देते हैं। ज्ञान के उदय होने पर ये सब भ्रामक धारणाएँ नष्ट हो जाती हैं। यह संसार भ्रामक बोधक के कारण ही प्रतीत होता है। यथार्थ बोध से इस भूल का नाश हो जाता है। हे राम, यह भूल सही प्रयास, सही अभिवृत्ति और सही ज्ञान के बिना दूर नहीं की जा सकती। हे राम, उस व्यक्ति को धिक्कार है जो इस विभ्रम पर विजय प्राप्त करने का उपाय उपलब्ध होने पर भी संसार के भ्रम रूपी कीचड़ में पड़ा रहता है। हे राम, तुम सौभाग्यशाली हो, क्योंकि तुम्हारे हृदय में अनुसंधान की वृत्ति पहले ही विद्यमान है। जब इस अनुसंधान के सत्य का बोध होता है तो बल, बुद्धिमत्ता और तेज की अभिवृद्धि होती है।

जिस महापुरुष को सत्य का बोध हो चुका है और जो भ्रम से मुक्त हो चुका है वह संसार को इस प्रकार देखता है जैसे गहरी नींद में हो। उसमें ज़रा भी लालसा नहीं होती। जो पदार्थ या अनुभव बिना चाहे ही उसे सहज रूप में प्राप्त होते भी हैं उन्हें वह आंतरिक बुद्धि से नहीं देखता क्योंकि उसका हृदय भी अपने में समाहित हो चुकता है। उसमें भविष्य-संबंधी आशाएँ नहीं होतीं, वह भूत का स्मरण भी नहीं करता और यहाँ तक कि वह वर्तमान में भी नहीं रहता। परंतु फिर भी वह सब कार्य करता है। वह सोते हुए जागता है और जागते हुए सोता है। वह सब-कुछ करता है पर कुछ भी नहीं करता। अंदर से उसने सब-कुछ त्याग रखा है जबकि बाहर से वह व्यस्त लगता है। वह सदा समस्थिति में रहता है। उसके कार्य उसकी इच्छा से परिचालित नहीं होते।

संत या महापुरुष का लगाव न किसी वस्तु से होता है न किसी प्राणी से। इसलिए भक्त को उसका व्यवहार भक्तिमय लगता है और कठोर व्यक्ति को कठोर। वह बच्चों में बच्चा है, बूढ़ों में बूढ़ा है, नायकों में नायक है, युवाओं में युवा है और दुखियों में दुखी है। उसके सुकुमार और मधुर शब्द ज्ञान से भरे होते हैं। उसे भले कर्मों से कुछ लेना-देना नहीं रहता फिर भी वह भला है, उसमें सुख की साध नहीं इसलिए उसकी प्राप्ति के लिए वह प्रयत्नशील नहीं होता। जब प्रयत्नों का शुभ परिणाम निकलता है तब वह आनंदित नहीं होता और यदि प्रयत्नों का परिणाम शुभ न निकले तो वह दुखी भी नहीं होता। वह खिलवाड़ी बच्चे की तरह उन्हें अपनाता या त्यागता है। न उसे चंद्रमा की चाँदनी गरम होने पर आश्चर्य होता है और न सूर्य का ताप ठंडा होने पर आश्चर्य होता है। **वह जानता है कि आत्मा ही असीम चेतना है जो इस सब की कर्ता-धर्ता है। विस्मयकारी घटनाओं से वह विस्मित नहीं होता।** वह भीरू नहीं होता और न क्रोध में अपनी भड़ास निकालता है।

वह जानता है कि प्राणी बराबर जनमते और मरते हैं इसलिए वह दुखी या सुखी नहीं होता। वह जानता है कि यह संसार उसी तरह दिखाई देता है जिस तरह वह स्वप्न में वस्तुएँ दिखाई देती हैं। अत: ये सभी पदार्थ क्षणिक जीवी हैं। इसलिए इनसे उसे न सुख की अनुभूति होती है न दुख की ही।

24

जुलाई

प्राणस्पन्दाच्चितः स्पन्दस् तत्सपन्दादेव संविदः
चक्रावर्तविधायिन्यो जल स्पन्दादिवोर्मयः (14)

वसिष्ठ ने आगे कहा :

जिस प्रकार लुआठी को घुमाने से भ्रामक अग्निचक्र बन जाता है उसी प्रकार चेतना में स्पंदन होने से यह भ्रामक संसार अस्तित्व में आ जाता है। जिस प्रकार सफेदी को बरफ से, तेल को बीज से, सुगंध को फूल से और ताप को आग से अलग नहीं किया जा सकता उसी प्रकार स्पंदन को चेतना से भी अलग नहीं किया जा सकता। इनका अलग श्रेणियों के रूप में वर्णन भी भूल है। मन और विचारों की हलचल को भी अलग नहीं किया जा सकता। एक का अंत होना दूसरे का अंत है।

हे राम, यह अंत दो विधियों से प्राप्त हो सकता है। एक विधि है योग की। योग के द्वारा विचारों की हलचल को रोका जा सकता है और दूसरी विधि है ज्ञान की। इसके द्वारा सत्य का शुद्ध ज्ञान प्राप्त किया जा सकता है।

इस शरीर में जो ऊर्जा है उसे प्राण (वायु) कहते हैं। विभिन्न कार्य करने के फलस्वरूप इसके अपाण, व्यान आदि कई भेद हैं। ये प्राण भी मन से जुड़े होते हैं तथा जिन्हें उससे अलग नहीं किया जा सकता। तथ्य यह है कि जब प्राणों की हलचल से चेतना विचार की ओर अग्रसर होती है तो उसे मन कहा जाता है। **प्राणों की हलचल से मन में विचार की हलचल होती है तथा प्राणों में हलचल चेतना में विचार की हलचल से होती है।**

जिस प्रकार लहरें और जल की धाराओं की हलचल एक दूसरे पर आश्रित होकर चक्र बनाती हैं उसी प्रकार ये दोनों भी एक-दूसरे पर आश्रित होकर चक्र बनाती हैं। जब मन विचार की हलचल छोड़ देता है, तब दृश्य संसार का भ्रम जाता रहता है। इसी प्रकार शास्त्रों और संतों के उपदेशों के निष्ठापूर्ण अभ्यास करने से, विगत जन्मों में वैराग्य की साधना से अथवा एकाग्रचित होकर एक सत्य का निष्ठापूर्वक अनुसंधान करने से जब जिस क्षण किसी के हृदय की आकांक्षाएँ और आशाएँ रुक जाती हैं तब उसी क्षण प्राणों की हलचल भी रुक जाती है।

प्राणों की हलचल प्राणायाम के अभ्यास से भी सरलपूर्वक रोकी जा सकती है। ऐसा एकांत में बिना किसी प्रकार के तनाव-दबाव के संभव है या फिर ओम् के उच्चारण के द्वारा। ओम् का अर्थ समझकर निष्ठापूर्वक उसका उच्चारण किया जाता है जिससे चेतना गहन निद्रा की स्थिति में पहुँच जाती है। अभ्यास के द्वारा श्वास इस प्रकार छोड़ा जाता है कि वह आकाश में विचरण करने लगता है और शरीर के अंगों को स्पर्श नहीं कर पाता और इस प्रकार खींचा जाता है कि प्राणों की हलचल शांत रहे। श्वास इस प्रकार अंदर रोका जाता है कि वह लंबे समय तक स्थिर रहे। इस प्रकार प्राण रुक जाते हैं। इसी प्रकार पिछले छिद्रों को जिह्वा की नोक से बंद करते हैं और प्राण सिर के शिखर पर पहुँच जाते हैं। ध्यान का अभ्यास करने से विचारों की हलचल नहीं रहती। चेतना को इस प्रकार स्थिर करते हैं कि वह नाक की नोक से बारह इंच दूर रहती है। तालु तथा ऊपर छिद्र के जरिए प्राणों का प्रवेश मस्तक में होना, भौंहों के मध्य में प्राणों को स्थिर करना, ध्यान के माध्यम से लंबे समय तक हृद् केंद्र के अवकाश में विचारों या संसक्तियों को रोक रखना, आदि विधियाँ हैं प्राणों की हलचल को रोकने की।

जुलाई

संविन्मात्रं तु हृदयमुपादेयं स्थितं स्मृतम्
तदन्तरे च बाह्म च न च बाह्मे न चान्तरे (78/35)

राम ने पूछा :

हे महर्षे, आपने जिस हृदय का उल्लेख किया वह क्या है?

वसिष्ठ ने कहा :

हे राम, हृदय के दो पक्षों का यहाँ उल्लेख हुआ है। एक तो स्वीकार्य है और दूसरा उपेक्ष्य। वह हृदय जो इस भौतिक शरीर का अंग है तथा शरीर के किसी भाग में स्थित है उसकी उपेक्षा की जा सकती है। **जो हृदय स्वीकार्य हैं वह है विशुद्ध चेतना की प्रकृति। यह बाहर भी है और अंदर भी तथा यह अंदर भी नहीं है और बाहर भी नहीं।** यह मुख्य हृदय है। संसार की हर वस्तु इसमें परावर्तित होती है और यह सभी संपदाओं की निधि भी है। चेतना ही सभी जीवों का हृदय है न कि मांस का वह लोथड़ा जिसे सामान्य लोग हृदय कहते हैं। इस प्रकार मन यदि सभी संसक्तियों (बद्ध-मानसिकताओं) से मुक्त होता है तो वह शुद्ध चेतना में एकत्र होता है और प्राणों की हलचल नियंत्रित हो जाती है। विभिन्न आचार्यों द्वारा प्रतिपादित इनमें से किसी विधि के द्वारा प्राणों की हलचल रोकी जा सकती है। यदि जोर या जबरदस्ती का प्रयोग न हो तो योग की ये विधियाँ अभीप्सित परिणाम उत्पन्न करती हैं। यदि कोई किसी उक्त विधि में पूर्ण रूप से अपने को स्थापित कर लेता है और साथ ही साथ अनासक्ति की अभिवृद्धि करता चलता है और जब संसक्ति या बद्ध-मानसिकता पूर्ण रूप से नियंत्रित भी हो जाती है तब परिणाम होता है प्राणों की हलचल का रुकना।

अभ्यास में अपना ध्यान भौहों के मध्य, तालु में, नाक की नोक पर या सिर के शिखर पर टिकाया जाता है और इस प्रकार प्राण नियंत्रित हो जाते हैं। इस प्रकार यदि जिह्वा के अग्रभाग को घंटी (कौए) से स्पर्श कराया जाए तब भी प्राण नियंत्रित होते हैं। वैसे ये सभी प्रयास ध्यान बँटानेवाले प्रतीत होते हैं परंतु इनके नियमित अभ्यास से ध्यान बँटाने की धारणा दूर हो जाती है। ऐसे ही नियमित अभ्यास से व्यक्ति दुखों से छुटकारा पाता है और आत्मा के आनंद को प्राप्त करता है। अतः योग का अभ्यास करना चाहिए। जब अभ्यास से प्राणों की हलचल नियंत्रित हो जाए तब मोक्ष या निर्वाण ही शेष रहता है। उसी में सब-कुछ है, वही सब-कुछ है, वही सर्वत्र है। उसमें यह दृश्य संसार नहीं, न वह इससे है न दृश्य संसार ही उस जैसा है। जो उसमें पूरी तरह स्थापित हो चुका है वह जीवित अवस्था में ही मुक्त है।

योग के अभ्यास से जिसका मन शांति में स्थापित हो चुका है उसे सत्य के संबंध में सही ज्ञान होता है। परमात्मा (परम+आत्मा) का न आदि है और न अंत और ये असंख्य पदार्थ भी आत्मा के अतिरिक्त कुछ और नहीं, सही ज्ञान यही है। गलत दृष्टिकोण या ज्ञान पुनर्जन्म कराता है और सही दृष्टिकोण या ज्ञान पुनर्जन्म से छुटकारा दिलाता है। इसमें कर्ता और कर्म का भेद अर्थात् ज्ञाता और ज्ञेय का भेद नहीं होता। भेद तो अज्ञान होता है। जब यह बात सीधे समझ में आ जाती है तो न बंधन रहता है और न मोक्ष ही। जब संत-महात्मा अपनी आत्मा में विश्राम करते हैं और उनकी बुद्धि दृढ़तापूर्वक अंतरात्मा में स्थापित होती है तब संसार का कौन सुख ऐसा होगा जो उन्हें बाँध सके!

26

जुलाई

मृतं मनो मृता चिन्ता मृतोहङ्कारराक्षसः
विचारमन्त्रेण समः स्वस्थस्तिष्ठामि केवलम् (80/38)

वसिष्ठ ने आगे कहा :

जो आत्मानुसंधान में लगा रहता है उसका किसी चीज से ध्यान नहीं बँटता। उसकी आँखें देखती भर ही हैं। उनमें दुखद, सुखद आदि धारणाएँ नहीं उठतीं।

हे नेत्रों, तुम्हारे अनुभव की वस्तुएँ तुम्हारे सामने आती–जाती रहती हैं। हैं भी तो ये मात्र आकृतियाँ ही। इन्हें देख भर लो, इन पर दृष्टि मत जमाओ, नहीं तो अंदर रहनेवाली शाश्वत आत्मा अमरता खो बैठेगी। तुम देखो भर क्योंकि तुम दर्शक जो ठहरे। हे मन, तुम असंख्य दृश्य इन आँखों के माध्यम से देखते हो क्योंकि आँखों का स्वाभाविक कार्य ही देखना है, परंतु तुम उनमें उलझ क्यों जाते हो? निश्चय ही बार-बार के सोच के कारण यह अज्ञानजन्य संबंध दृढ़ हो जाता है। जब अज्ञान नष्ट हो जाएगा तब दृश्य और मन फिर दुबारा होंगे ही नहीं। मन अकेले ही दृश्यों की प्रस्तुति इंद्रियों के लिए करता है, अतः मन को ही नष्ट करना चाहिए। दीर्घ काल से यह मन का भूत काम, क्रोध आदि की बुरी धारणाएँ उत्पन्न करता रहा है। अब इसे दफनाया जा चुका है। मुझे अपनी पिछली मूर्खताओं पर हँसी आती है। **मन मर चुका है, मेरी चिंताएँ भी मर चुकी हैं, अहं रूपी दैत्य भी मर चुका है, यह सभी कुछ अनुसंधान रूपी मंत्र की करामात है। मैं अब मुक्त और सुखी हूँ।**

मेरे सभी संदेह दूर हो चुके हैं। मैं अब विक्षोभ रूपी ज्वर से ग्रस्त नहीं हूँ। मैं जो भी हूँ, परंतु मुझमें लालसा नहीं है। जब मन नहीं रह जाता तब लालसा भी नहीं रह जाती। जब मन मृत होता है तब लालसा भी मृत होती है तथा भ्रम नष्ट हो जाता है और तब अहंहीन स्थिति का जन्म होता है। इस जाग्रत अवस्था में मैं जागरूक हूँ। जब मात्र सत्य का अस्तित्व है और विविधता है ही नहीं तो मैं किस का अनुसंधान करूँ?

मैं शाश्वत आत्मा हूँ जो स्थिर भी है और सर्वव्यापी भी। मैं वास्तविकता की उस स्थिति में पहुँच गया हूँ जिसका किसी पदार्थ में परावर्तन नहीं होता, जो अनादि और अनंत है तथा पूर्णतः शुद्ध है। जो है या नहीं पर यह मन तथा आंतरिक वास्तविकता दोनों ही मात्र असीम चेतना हैं और परम शांति के रूप में हैं तथा जिन्हें समझ पाना संभव भी नहीं क्योंकि सब-कुछ तो इन्हीं ने आवृत्त कर रखा है। मन अब चाहे रहे या मरे। इन सबमें अनुसंधान करने का मतलब ही क्या? क्योंकि आत्मा अब समभाव में स्थित हो चुकी है। जब तक मैं मूर्खतापूर्वक अनुसंधान में लगा रहा तब तक मैं मानसिक रूप से आबद्ध रहा। अब मैं अनुसंधान के द्वारा बद्ध-मानसिकता से रहित स्थिति में पहुँच चुका हूँ तब आखिर कौन है अनुसंधानकर्ता?

ऐसे विचार पूर्णतः व्यर्थ हैं। अब तो मन मर चुका है और ये विचार उस भूतरूपी मन को पुनर्जीवित कर रहे हैं। अतः मैं इन विचारों और धारणाओं को छोड़ता हूँ और ओम् का मनन करता हूँ। मैं आत्मा में रहूँगा और पूर्ण आंतरिक शांति में स्थित रहूँगा।

उक्त अनुसंधान-पद्धति संवर्त ऋषि द्वारा अपनाई गई थी। यह बात उस ऋषि ने स्वयं मुझ से कही थी।

27

जुलाई

त्यजदेवानुगृह्णाति वृत्तीरिन्द्रियवर्धिताः
यस्मान्निवार्यते तस्मिन् प्रोन्मत्त इव धावति (14)

वसिष्ठ ने आगे कहा :

अनुसंधान की एक अन्य पद्धति भी है जिसे वीतहव्य ऋषि ने अपनाया था। वे ऋषि विंध्य पर्वतों के वनों में विचरण करते थे। एक स्थिति ऐसी आई जिसमें ये ऋषि संसार के कामकाज से अत्यधिक विभ्रमित हो उठे और विकृत विचारों तथा धारणाओं से रहित चिंतन की सहायता से उन्होंने घिसे-पिटे भ्रम रूपी इस संसार का त्याग कर दिया। वे अपने आश्रम में लौटे, पद्मासन लगाकर बैठे और पर्वत शिखर की तरह स्थिर हुए अपनी इंद्रियों को समेटा और मन को अंदर लगाया और चिंतन में लग गए।

यह मन कितना डाँवाडोल है! अंतर्मुखी करने पर यह स्थिर नहीं रहता बल्कि समुद्र के तल की लहरों की तरह विक्षुब्ध हो उठता है। इंद्रियों से बँधा होने के कारण यह गेंद की तरह टकराने पर लौट-लौट आता है। **इंद्रियों के द्वारा पोषित यह मन उस पदार्थ को ग्रहण कर लेता है जिसे इसने त्याग दिया होता है और पागल व्यक्ति की तरह उस हर पदार्थ के लिए दौड़ पड़ता है जिससे इसे रोका जाता है।** यह बंदर की तरह एक पदार्थ से दूसरे पदार्थ पर लपकता है।

अब मैं उन पाँच इंद्रियों के लक्षणों पर विचार करूँगा जिनके कारण मन अन्यमनस्क या दुचित्ता हो जाता है। हे इंद्रियों क्या तुम सब का वह समय नहीं आया जिससे आत्मज्ञान प्राप्त होता है? तुम क्या उस दुख को भूल बैठे हो जिसे सुख पाने के फेर में तुमने भोगा था? तब इस व्यर्थ की उत्तेजना को छोड़ो। तुम सचमुच जड़ और अज्ञानी हो। तुम्हीं वह पथ हो जिसपर चलकर मन उद्दिष्ट अनुभवों को प्राप्त करता है। मैं तुम्हारा स्वामी हूँ मैं चेतना हूँ और शुद्ध प्रज्ञा के रूप में मैं ही अकेले सब-कुछ करता हूँ। हे इंद्रियों, तुम मिथ्या हो, झूठी हो। तुम में और चेतना में कोई संबंध नहीं है। चेतना तो आत्मा है। चेतना इच्छा-संचालित नहीं होती। उसके प्रकाश में तुम उसी प्रकार काम करते हो जिस प्रकार सूर्य के प्रकाश में लोग तरह-तरह के काम करते हैं। हे इंद्रियों, अपने में यह मिथ्या धारणा मत धारण करो कि 'मैं बुद्धिमान हूँ'। क्योंकि तुम बुद्धिमान हो नहीं। 'मैं जीवित हूँ' यह धारणा भी मिथ्या है और दुखदायी सिद्ध होती है।

बस एक चेतना ही है और वह अनादि तथा अनंत है। हे दुष्ट मन, तब तुम क्या हो? 'मैं कर्ता हूँ' 'मैं भोक्ता हूँ', आदि जिन धारणाओं के कारण तुम फूले नहीं समाते वे भी हैं वस्तुतः घातक विष ही। इसलिए तुम्हें भ्रमित नहीं होना चाहिए। हे मन, वास्तव में न तो तुम किसी के कर्ता ही हो और न अनुभवकर्ता ही। तुम जड़ हो और तुम्हें बुद्धि किसी अन्य स्रोत से प्राप्त हुई है। तुम्हारा सुखों से संबंध कैसा? यदि तुम्हें इस बात का बोध हो कि "मैं विशुद्ध आत्मा हूँ" तब तुम निश्चय ही आत्मा हो। तब तुममें दुख उपज भी कैसे पाएगा? तुम तो अपरिमित और असंसक्त आत्मा हो।

28

जुलाई

क्रियते यत्तु यच्छक्त्या तत्तेनैव कृतं भवेत्
लूणाति दात्रं पुंशक्त्या लावकः प्रोच्यते पुमान् (39)

वीतहव्य चिंतन में लगे थे :

हे मन, इस सत्य को गाँठ बाँध लो कि निश्चय ही न तुम कर्ता हो और न अनुभवकर्ता ही। तुम जड़ हो। पत्थर से बनी मूर्ति कैसे नृत्य कर सकती है? यदि तुम्हारी बुद्धि पूर्णरूप से असीम चेतना पर अवलंबित हो तो तुम दीर्घकाल तक उस बोध में जीवित रह सकते हो। परंतु **जो कुछ दूसरे की ऊर्जा से किया जाता है, वह उसी का किया माना जाता है। हँसिया किसान की ऊर्जा से फसल काटती है इसलिए कटाई करनेवाला किसान ही माना जाता है।** इसी प्रकार, काटती तो तलवार ही है परंतु तलवार को चमकानेवाला ही हत्यारा माना जाता है। हे मन, तुम जड़ हो, तुम्हारी बुद्धि चेतना की है। आत्मा या असीम चेतना अपने को अपने से जानती है तथा स्वयं अपने को अपने में अपने द्वारा अनुभूत करती है। परमात्मा तुम्हें आत्मज्ञान प्रदान करने के लिए प्रयत्नशील रहता है। ज्ञानी को सैकड़ों तरह से अज्ञानी को प्रशिक्षित करना चाहिए। आत्मा का प्रकाश स्वतः चेतना या बुद्धि के रूप में अवस्थित रहता है। वही तो अपने को मन के रूप में जनाता है। यदि तुम इस सत्य को समझ लो तो तुम्हारा अस्तित्व क्षण भर में विलीन हो जाए।

हे मूर्ख, जब तुम वस्तुतः असीम चेतना ही हो तो तुम दुखी ही क्यों होते हो। 'मैं सर्वव्यापी हूँ' जब इतना तुम्हें बोध हो जाए तो तुम सब-कुछ बन जाते हो। न तुम रहते हो, न तुम्हारा शरीर रहता है, मात्र असीम चेतना अवस्थित होती है और उस एक रूप में चेतना में 'मैं', 'तुम' आदि विविध धारणाएँ प्रकट होती हैं। यदि तुम आत्मा हो तो मात्र आत्मा ही तो विद्यमान है न कि तुम। यदि तुम जड़ हो और आत्मा से भिन्न हो तब तो तुम्हारा अस्तित्व है ही नहीं। आत्मा या असीम चेतना ही सब-कुछ है, अन्य कुछ नहीं। चेतना और जड़ पदार्थ के अतिरिक्त किसी तीसरे पदार्थ के अस्तित्व का प्रश्न ही नहीं उठता।

अतः हे मन, न तुम कर्ता ही हो और न अनुभवकर्ता ही। तुम तो एक साधन हो जिसे ज्ञानी लोग अज्ञानियों से संवाद करने के लिए प्रयुक्त करते हैं। परंतु तथ्य यह है कि यह साधन अवास्तविक और जड़ है, मात्र आत्मा ही वास्तविकता है। यदि किसान हँसिया का प्रयोग न करे तो क्या वह फसल काट पाएगा? तलवार में भी किसी को काट डालने की शक्ति नहीं। हे मन, न तुम कर्ता ही हो और न अनुभवकर्ता ही। अतः दुखी मत हो। परमात्मा (चेतना) तुम्हारी तरह नहीं है, इसलिए उसके लिए दुख मत प्रकट करो। उसे कुछ करने या न करने से कोई लाभ नहीं होता। वही सर्वत्र व्याप्त है। कुछ और है ही नहीं। तब वह करे भी क्या और चाहे भी क्या?

तुम्हारा आत्मा से किसी प्रकार का नाता नहीं। अगर है तो इतना भर जितना सुगंध का फूल से होता है। संबंध उन दो स्वतंत्र जीवों के बीच होता है जिनकी समान प्रकृति हो तथा जब एक होने के लिए प्रयत्नशील हों। हे मन, तुम सदा उद्विग्न रहते हो जबकि आत्मा सदा शांत रहती है। इस प्रकार दोनों में कोई संबंध नहीं बनता। हाँ, यदि तुम समाधि की अवस्था में पहुँच जाओ या फिर समस्थिति प्राप्त कर लो तो तुम चेतना में दृढ़तापूर्वक स्थित हो जाओगे और इस बात का बोध प्राप्त करोगे कि चेतना एक ही है और वही असीम चेतना असंख्य जीवों के रूप में जगमगा रही है।

29

जुलाई

स्वात्मभावस्तव सुखं मन्ये मानवतां वर
तमेव भावयाभावं सुखत्यागो हि मूढता (28)

वीतहव्य चिंतन कर रहे थे :

हे इंद्रियों, मेरी झिड़कियों के प्रकाश से तुम सब भाग खड़ी होगी क्योंकि तुम्हारा जन्म ही अज्ञानजन्य अंधकार से हुआ है। हे मन, ऐसा प्रतीत होता है कि तुम्हारी उत्पत्ति या प्रकटीकरण स्वतः दुख पाने के लिए हुआ है। तुम देख ही रहे हो कि असंख्य जीव समृद्धि, विपन्नता बुढ़ापे, रोग, मृत्यु आदि के बीच में होते हुए भ्रमवश दुख के सागर में डुबकियाँ लगा रहे हैं। तुम यह भी देख रहे हो कि लोभ किस प्रकार अच्छे गुणों को कुतर और नष्ट कर रहा है और कैसे इच्छा या कामवासना उनकी ऊर्जा को क्षीण करती चल रही है।

हे मन, जब तुम्हारा अस्तित्व नहीं रहता, तब सभी उत्तम गुण फूलने-फलने लगते हैं। हृदय में शुचिता और शांति विराजने लगती हैं। लोग फिर भूल या भ्रम में नहीं पड़ते। मैत्री उत्पन्न होने से सभी को प्रसन्नता मिलती है। चिंताएँ और दुश्चिंताएँ भी नहीं रह जातीं। जब अज्ञान का अंधकार दूर हो जाता है तब आंतरिक प्रकाश खूब जगमगा उठता है। मन का दुचित्तापन और व्यथा उसी प्रकार खत्म हो जाते हैं, जिस प्रकार हवा बंद हो जाने से समुद्र तल शांत हो जाता है। अंदर आत्मज्ञान का उदय होता है और सत्य का बोध होने पर सांसारिक भ्रम की अवधारणा मिट जाती है। मात्र असीम चेतना प्रकाशित होती है। आनंद की अनुभूति होती है। जो पुनः भ्रम के जाल में नहीं पड़ता वह आत्मज्ञान में निरंतर विश्राम करने लगता है। हे मन, ये हैं तुम्हारी अविद्यमानता के शुभ परिणाम। ऐसे परिणाम और भी असंख्य हैं। हे मन, तुम सभी इच्छाओं और आशाओं के आश्रय हो और जब तुम नहीं रहते तो ये सभी इच्छाएँ और आशाएँ भी नहीं रहतीं। अब यह तुम पर है कि तुम बने रहना चाहते हो या अपना अस्तित्व मिटा देना चाहते हो।

हे मन, यदि तुम आत्मा से अभिन्न और एकरूप हो जाओ तो उससे सुख को बढ़ावा मिलेगा। अतः दृढ़तापूर्वक यह बोध होना चाहिए कि मेरा अस्तित्व मिट जाए। निश्चय ही सुख की अपेक्षा मूर्खतापूर्ण है। यदि तुम चेतना के रूप में अंतर में स्थित रहो तो कौन तुम्हारा नाश चाहेगा? परंतु तुम वास्तविकता नहीं हो इसलिए तुम्हारा सुख भ्रम है। तुम मिथ्या हो तुम्हारा अस्तित्व अज्ञान तथा भ्रमजन्य है। तुम तभी तक बने रह सकते हो जब तक अनुसंधान नहीं किया जाता। जब अनुसंधान की जिज्ञासा उत्पन्न हो जाए तब पूर्ण समस्थिति तथा एकरूपता विराजती है। तुम्हारा जन्म अज्ञान या विभेद से हुआ है। जब ज्ञान का उदय होता है तुम अस्तित्व खो बैठते हो। अतः मैं ज्ञान का अभिवादन करता हूँ। हे मन, तुम्हें अनेक प्रकार से जगाया गया। अब तुम अपना मिथ्या लक्षण खो चुके हो, अब तुम परम पुरुष या असीम चेतना हो, सभी सीमाओं और बाध्यताओं से परे हो। जो अज्ञान से उत्पन्न हुआ वह ज्ञान में विलीन हुआ। हे भले मन, तुम्हारे रहते हुए यह अनुसंधान तुम में उत्पन्न हुआ। यह निश्चय ही आनंद की उपलब्धि है। सचमुच मन है ही नहीं। मात्र आत्मा ही का अस्तित्व है। बस वही है और कुछ नहीं। मैं आत्मा हूँ और इस प्रकार ब्रह्मांड में मेरे अतिरिक्त कुछ नहीं। मैं वह असीम चेतना हूँ जिसकी गतिशीलता मात्र ब्रह्मांड के रूप में प्रकट होती है।

30

जुलाई

यथास्थितमिदं विश्वं शान्तमाकाशनिर्मलम्
ब्रह्मैव जीवन्मुक्तानाम् बन्धमोक्षदृशः कुतः (84/30)

वसिष्ठ ने कहा :

अनुसंधान के उपरांत वीतहव्य समाधि में स्थित रहे और यहाँ तक कि उनके प्राण भी स्थिर रहे। तीन सौ वर्षों तक समाधि लगी रही। शरीर जब चेतना में परावर्तित हुआ तो चेतना ने उसकी रक्षा की। इसके उपरांत उनका मन हृदय में विचरण करने लगा और वहाँ उसमें सृष्टि की धारणाएँ उठीं। तब उन्होंने कैलास पर्वत पर एक सौ वर्ष बिताए। फिर अगले सौ वर्षों तक वे अर्धदेवता रहे। इसके बाद उन्होंने स्वर्ग के राजा इंद्र के रूप में पाँच युगों तक शासन किया।

असीम चेतना जहाँ, जब और जो भी सोचती है वही उसका आदेश होता है और वही होता है। इस प्रकार उन्होंने यह सब अपने हृदय में देखा जो पूर्ण रूप से असंसक्त तथा विशुद्ध था। असीम चेतना की उपलब्धि के फलस्वरूप ये धारणाएँ बिना किसी इच्छा या संकल्प के उसमें उठीं।

फिर एक युग उन्होंने भगवान शिव के सेवक के रूप में व्यतीत किया। मुक्त संत वीतहव्य ने यह सब-कुछ अनुभूत किया। **हे राम, मुक्त संत के लिए यह संसार ब्रह्म की नाईं परिपूर्ण शुचितापूर्वक तथा शांतिमय है। फिर उसके लिए बंधन और मोक्ष का प्रश्न ही कहाँ?** क्योंकि वीतहव्य चेतना से एकाकार हो चुके थे इसलिए उन्होंने सभी के अनुभवों को अनुभूत किया।

राम ने पूछा : यदि संत की सृष्टि काल्पनिक या मिथ्या थी तो उसमें कैसे सशरीर जीव सचेत और जागरूक थे?

वसिष्ठ ने उत्तर दिया :

यदि वीतहव्य की सृष्टि काल्पनिक थी तो हे राम, यह सृष्टि भी वैसी ही है। वह और यह दोनों विशुद्ध असीम चेतना हैं। इनकी विद्यमानता मन के भ्रम का परिणाम है।

राम ने पूछा : हे महर्षे, बताएँ कि वीतहव्य ने कंदरा में कैसे अपने शरीर को पुनः सक्रिय किया।

वसिष्ठ ने उत्तर दिया : उस संत को असीम चेतना का बोध हुआ। वे जानते थे कि जिस मन को वीतहव्य के नाम से जाना तथा पुकारा जाता है वह असीम चेतना की चाल भर है। उनमें वीतहव्य के शरीर को देखने का विचार हुआ। उन्होंने अपनी चेतना में वे सभी शरीर देखे जो उन्होंने प्राप्त किए थे। उनमें से कुछ का तो नाश हो चुका था और कुछ अब भी सक्रिय थे। उन्होंने यह भी देखा कि वीतहव्य का शरीर उस कीड़े की तरह है जो कीचड़ में डूबा हुआ है।

यह देखकर उन्होंने सोचा, "निश्चय ही यह मेरा शरीर प्राणशक्ति से विहीन है और कोई क्रिया नहीं कर सकता। अब मैं सौर कक्षा में प्रवेश करूँगा और सौर ऊर्जा के सहारे मैं शरीर में प्रवेश करूँगा या उसे छोड़ दूँगा? वीतहव्य की काया का मैं करूँगा ही क्या? तब ऋषि वीतहव्य का सूक्ष्म शरीर सौर कक्षा में प्रविष्ट हुआ। सूर्य ने उसे अपनी शक्ति से युक्त किया। जिससे वह अपना कार्य कर सके। सौर ऊर्जा ने उसका मार्गदर्शन किया। वह वहीं पहुँचा जहाँ वीतहव्य का शरीर कीचड़ में सना पड़ा था। उन्होंने उसे उठाया। वीतहव्य का सूक्ष्म शरीर भी उसमें प्रविष्ट हुआ। ऊर्जा सौर कक्षा में लौट गई और ऋषि स्नान और तर्पण करने के लिए झील की ओर अग्रसर हुए।

जुलाई

विस्मृतिर् विस्मृता दूरं स्मृतिः स्फुटमनुस्मृता
सत्संज्जातं असच्चासत् क्षतंक्षीणं स्थितं स्थितं (22)

वसिष्ठ ने कहा :

सायंकाल ऋषि पुनः उस वन में प्रविष्ट हुए। वे उस वन से पूर्वपरिचित थे। वे ध्यान में बैठे। उन्होंने सोचा : "मुझे पहले ही इंद्रियों के मिथ्यापन का बोध हो चुका है इसलिए उनके संबंध में और अधिक जानकारी प्राप्त करना विसंगत होगा"। यह है और यह नहीं है आदि सभी तरह की मिथ्या कल्पनाओं को छोड़कर उन्होंने पद्मासन लगाया। उनमें यह ज्ञान उद्भूत हुआ कि मैं पूर्ण रूप से चेतना में स्थित है। जाग्रत होते हुए भी निद्रा जैसी स्थिति में रहूँगा। मैं तब तक इस इंद्रियातीत स्थिति में रहूँगा जब तक इस शरीर का पतन न हो जाए।

ऐसा निश्चय करके उन्होंने छह दिन तक ध्यान लगाया। ध्यान ऐसा लगा कि ये छह दिन क्षण भर में व्यतीत हुए हों। फिर दीर्घकाल तक जीवन्मुक्त संत की तरह रहे। सुख-दुख का उन पर कुछ प्रभाव नहीं था। अनेक अवसरों पर वे मन से कहते : "हे मन, तुम कितने आनंदित हो। अब तुम समस्थिति में हो। सदा ऐसे ही रहो।"

वे अपनी इंद्रियों को सावधान करते हुए कहते : "हे इंद्रियों, आत्मा का तुमसे कुछ भी संबंध नहीं। सभी नष्ट हो जाए। तुम्हारी लालसाएँ खत्म हो चुकी हैं। अब मुझ पर नियंत्रण नहीं रख सकतीं। आत्मा के संबंध में ज्ञान न होने के फलस्वरूप भूल से तुमने अस्तित्व पाया। वैसे ही जैसे रस्सी का भली-भाँति बोध न होने पर उसे साँप समझ लेने की भूल होती है। अज्ञान के अंधकार के कारण ऐसी भूलें होती हैं और ज्ञान का प्रकाश होने पर विलुप्त हो जाती हैं।

"हे इंद्रियों, तुम आत्मा से भिन्न हो। क्रिया का कर्ता तुम सब से भिन्न है। अनुभवों का अनुभव कर्ता भी भिन्न है। असीम चेतना तुम सबसे भिन्न है। किसकी भूल और कैसे उत्पन्न हुई? कुछ ऐसे हैं : वृक्ष जंगल में पैदा होते हैं, रस्से पौधों के रेशों से बनते हैं, लुहार कुल्हाड़ा बनाता है, और बढ़ई तथा राजगीर मिलकर रहने के लिए मकान बनाते हैं। वे इसलिए नहीं बनाते कि वे बनाना चाहते हैं। इस प्रकार इस संसार में सभी घटनाएँ तथा बातें एक दूसरी से स्वतंत्र होती हैं और उनमें अनुरूपता संयोगजन्य होती है। जैसे पका हुआ नारियल कौए के पेड़ पर बैठते ही संयोगवशात् गिर पड़ता है परंतु अज्ञानी लोग मान बैठते हैं कि कौए ने गिराया है। इस सबके लिए किसे दोष दिया जाए? जब सत्य का ज्ञान होता है तो **भूल भूल रहती है, ज्ञान स्पष्ट हो जाता है, वास्तविक वास्तविक है, अवास्तविक अवास्तविक है, जो नष्ट हो गया उसे नष्ट होना था और जो है उसे रहना है।**

इस प्रकार चिंतन करके तथा ज्ञान में अवस्थित होकर ऋषि इस संसार में दीर्घकाल तक रहे। वे ऐसी स्थिति में थे जो अज्ञान और भूल से मुक्त थी। अब उनका नया जन्म नहीं होने को था। जब कभी उनकी इंद्रियों का स्पर्श विषयों से होता वे चिंतन में शांति से विराजते और आत्मा का आनंद प्राप्त करते। हृदय उनका आकर्षण-विकर्षण से मुक्त रहता। उन्हें सभी प्रकार के अनुभव अनचाहे ही प्राप्त होते थे।

अगस्त

मित्रकायमया यत्त्वं त्यज्यसे चिरबान्धवः
त्वयैवात्मन्युपानीता सात्मज्ञानवशात् क्षतिः (36)

वसिष्ठ ने कहा :

एक बार वीतहव्य ऋषि में शरीर त्याग करने की इच्छा हुई। वे अब पुनः शरीर धारण नहीं करना चाहते थे। वे सह्य पर्वत की गुफा में गए। वहाँ उन्होंने पद्मासन लगाया और अपने से कहने लगे :

हे आकर्षण, तुम अपनी आकर्षण-शक्ति का त्याग करो। हे घृणा, तुम घृणा छोड़ो। तुमने मेरे साथ तरह-तरह के खेल खेले। हे सुखो, तुम्हें नमस्कार, तुमने आज दिन तक मुझे भरमाए रखा और मुझे आत्मा को भूल जाने के लिए विवश किया। हे दुखो, तुम्हें नमस्कार, तुमने मुझे आत्मज्ञान के अनुसंधान के लिए प्रोत्साहित किया और तुम्हारे अनुग्रह से ही मैंने आत्मज्ञान प्राप्त किया। अतः तुम सचमुच प्रसन्नता देनेवाले हो।

हे शरीर, मेरे मित्र मुझे आत्मज्ञान रूपी शाश्वत धाम में जाने की अनुमति दो। **हे शरीर, मेरे मित्र, दीर्घकाल तक तुम्हारा संबंध रहा है। अब मैं तुम्हें छोड़ता हूँ। तुम्हीं इस जुदाई के कारण हो। तुम्हीं तो उदारतापूर्वक मुझे आत्मा का बोध कराने में सहायक हुए हो। कैसा आश्चर्य है! मुझे आत्मज्ञान प्राप्त कराने के लिए तुमने अपने आपको नष्ट कर डाला।**

हे लालसा माता, मुझे जाने की अनुमति दो। अब नष्ट होने के लिए तुम अकेली रह जाओगी, क्योंकि अब मैंने परम शांति प्राप्त कर ली है। हे वासना, तुम पर विजय पाने के लिए मैंने तुम्हारे शत्रु विरक्ति से हाथ मिलाया। इसके लिए मुझे क्षमा करना। मैं स्वतंत्रता की ओर बढ़ा। मुझे आशीर्वाद दो।

हे सद्गुण, तुम्हारा अभिवादन है, क्योंकि तुमने मुझे नरक में जाने से बचा लिया और स्वर्ग तक पहुँचा दिया। हे दुर्गुण, तुम सभी प्रकार के दुखों और दंडों के स्रोत हो। भ्रम को भी अभिवादन, जिसके बीच दीर्घकाल तक मैं पिसता रहा, परंतु जिसे मैं आज तक अपनी आँखों से देख न पाया।

हे गुफा, तुम समाधि की मेरी साथिन हो। तुम्हारा भी अभिवादन! तुमने मुझे उस समय आश्रय दिया जब मैं सांसारिक दुखों से त्रस्त था। हे दंड, तुम भी मेरे मित्र रहे हो। सर्पों से तुमने मेरी रक्षा की है और मुझे गिरने-पड़ने से भी बचाया है। तुम्हारा अभिवादन!

हे शरीर, जिन तत्त्वों से तुम बने हो, उनमें पुनः विघटित हो जाओ। स्नान आदि क्रियाओं का भी अभिवादन और संसार की समस्त क्रियाओं तथा गतिविधियों का भी अभिवादन। प्राणों का भी अभि-वादन, जिन्होंने जीवन-ऊर्जा के रूप में मेरा साथ निभाया है। मैंने इस संसार में जो कुछ किया है वह तुम्हारे साथ किया है, तुम्हारे द्वार किया है और तुम्हारी ऊर्जा से किया है। प्रार्थना है, अपने स्रोत को लौट जाओ, क्योंकि मैं असीम चेतना (ब्रह्म) में विलीन होऊँगा। इस संसार में जो वस्तु भी किसी को मिलती है उससे उसका वियोग होना बदा है। हे इंद्रियों तुम भी स्रोतों (ब्रह्मांडीय तत्त्वों) में जा मिलो।

अब मैं आत्मा के द्वारा ओम् ध्वनि का उच्चारण करते हुए उसी प्रकार आत्मा में प्रवेश करूँगा जिस प्रकार ईंधन के समाप्त होने पर दीपक की लौ आकाश में प्रविष्ट हो जाती है। मैं अब संसार की सभी गतिविधियों तथा इच्छाओं, अनुभवों और धारणाओं से मुक्त हूँ। ओम की गूँज की शांति में मेरा हृदय स्थित हो गया है। भ्रम और भूलें अब तो बीती बातें हैं।

अगस्त

अचिन्मयं चिन्मयं च नेति नेति यदुच्यते
ततस्तत् संबभूवा सौ यद् गिरामप्यगो चरः (87/16)

वसिष्ठ ने कहा :

सभी इच्छाओं के शांत हो जाने के उपरांत वीतहव्य ऋषि ने अपने को अद्वैत चेतना के धरातल पर स्थित किया और ओम् मंत्र का उच्चारण किया। ओम् के गूढ़ रहस्य पर विचार करने पर वास्तविकता को आकृति या रूप समझने की भूल से होनेवाले भ्रम को उन्होंने समझा। सभी प्रकार की धारणाओं और संकल्पों को भी उन्होंने छोड़ा और तीनों लोकों को भी छोड़ा। वे पूर्ण रूप से उसी प्रकार निश्चल हो गए जिस प्रकार कुम्हार का चाक शांत हो जाता है। ओम् के उच्चारण से इंद्रियों का जाल भी नष्ट हुआ और नष्ट हुए उन इंद्रियों के विषय भी। ठीक वैसे ही जैसे हवा सुगंध को उड़ा ले जाती है। इसके बाद उन्होंने अज्ञान के अंधकार का भेदन किया। क्षण के भी एक अंश के लिए उन्हें अपने भीतर प्रकाश दिखा। उसे भी उन्होंने तुरंत छोड़ा। प्रकाश और अंधकार दोनों को उन्होंने पार किया। वहाँ अभी विचार का लेश विद्यमान था उसे भी संत ने पलक झपकते हुए मन के द्वारा समाप्त किया। अब संत उस विशुद्ध असीम चेतना में विराजमान थे जिसमें किसी प्रकार का विकार नहीं था और उनकी स्थिति सद्यजात बालक के जैसी थी। उन्होंने चेतना के भान का भी त्याग किया। यहाँ तक कि उसकी सूक्ष्म हलचल को भी त्यागा। उन्होंने उस अवस्था का भी त्याग किया जिसे पश्यन्ति कहते हैं और चेतना की गहन निद्रा की स्थिति तक पहुँचने में सफल हुए। उसके आगे भी उनकी यात्रा जारी रही और चेतना की तुरीया अवस्था को प्राप्त हुए। यह आनंद की स्थिति है। वर्णन से परे है। जो है भी और नहीं भी, वह कुछ है और कुछ नहीं भी, प्रकाश भी है और अंधकार भी। **वह चेतना और अचेतना से परिपूर्ण है। वह केवल नकार (यह नहीं, यह नहीं) द्वारा सूचित की जा सकती है। वह अब किसी विवरण के परे थी।**

वह स्थिति शून्य है, ब्रह्म है, चेतना है, सांख्य का पुरुष है, योगी का ईश्वर है, शिव, काल, आत्मा, अनात्मा, आत्मा-अनात्मा का मध्य आदि है। रहस्यवादियों के भिन्न भिन्न दृष्टिकोण हैं। यह वह स्थिति है जिसे सत्य कहकर सभी धर्मग्रंथ स्वीकार करते हैं और इसे ही सब-कुछ मानते हैं। इस स्थिति में वीतहव्य ऋषि ने दृढ़तापूर्वक अपने को स्थापित कर लिया था।

इस प्रकार ऋषि चेतना से एकाकार हो गए, शरीर विघटित हो गया और सभी तत्त्व अपने-अपने स्रोत को लौट गए।

हे राम, मैंने ऋषि वीतहव्य की शुभकथा तुम्हें सुनाई। इस पर मनन करो। मैंने जो कुछ भी कहा है और जो अब कहूँगा वह प्रत्यक्ष बोध, प्रत्यक्ष अनुभव और गहन चिंतन पर आधारित है।

हे राम, इस पर चिंतन करो, और ज्ञान प्राप्त करो। मुक्ति या मोक्ष मात्र ज्ञान या आत्मज्ञान से प्राप्त होता है। ऐसे ज्ञान से ही दुखों को कोई पार कर सकता है, अज्ञान का नाश कर सकता है और परिपूर्णता प्राप्त कर सकता है। वीतहव्य के रूप में जो वर्णन किया गया है वह हमारे मन की मात्र धारणा है। यही मैं हूँ और यही तुम हो। ये सभी इंद्रियाँ और यह सारा संसार मन के अतिरिक्त कुछ नहीं। हे राम, इसके अतिरिक्त यह संसार हो भी क्या सकता है?

अगस्त

अविद्यामपि ये युक्त्या साधयन्ति सुखात्मिकाम्
ते ह्यविद्यामया एव न त्वात्मज्ञास्तथाक्रमाः (15)

राम ने पूछा : महर्षे, क्यों नहीं हम आकाश मार्ग से जाते हुए मुक्त संतों को देख पाते?

वसिष्ठ ने उत्तर दिया :

हे राम, आकाश में उड़ने की शक्ति तथा ऐसी ही अन्य शक्तियाँ कुछ जीवों को स्वभावतः प्राप्त होती हैं। इस संसार में जो असाधारण गुण और शक्तियाँ देखी जाती हैं वे उन्हीं के लिए सहज होती हैं–आत्मज्ञान प्राप्त संतों के लिए वे सहज नहीं होतीं। हवा में उड़ने की अलौकिक शक्ति तथा ऐसी ही अन्य शक्तियाँ वे लोग भी विकसित करते हैं जिन्हें आत्मज्ञान या मुक्ति प्राप्त नहीं भी होती। ऐसा वे कुछ पदार्थों या अभ्यासों के द्वारा करते हैं। आत्मज्ञानी की इन सब में रुचि नहीं होती। वह तो अपने में ही मस्त रहता है। **जो लोग सुखों के फेर में रहते हैं वही अज्ञानवश विकृत शक्तियाँ अर्जित करते हैं। वे अज्ञान से परिपूर्ण होते हैं। आत्मज्ञानी संत ऐसे पथों पर पग ही नहीं धरते।**

कोई सत्य को जाननेवाला हो या न हो हवा में उड़ने जैसी शक्तियाँ वही प्राप्त करता है जो कुछ विशिष्ट अभ्यास या कृत्य करता हो। परंतु आत्मज्ञानी संतों में ऐसी शक्तियाँ प्राप्त करने की इच्छा ही नहीं होती। उक्त अभ्यास और कृत्य उन्हें ही क्षमता प्रदान करते हैं जो उन्हें करते हैं। विष सबको मारता है, शराब सबको मदहोश करती है। इसी प्रकार वे अभ्यास और कृत्य उड़ने की क्षमता प्रदान करते हैं। परंतु हे राम, जिन्होंने परम आत्मज्ञान प्राप्त किया होता है उनकी इन सबमें रुचि नहीं होती। उन्हें तो वही प्राप्त करते हैं जो इच्छाओं से भरे होते हैं। परंतु संतों में किसी वस्तु की लेशमात्र इच्छा नहीं होती। आत्मज्ञान ही उनकी महत्त्वपूर्ण उपलब्धि है। आत्मज्ञानी कैसे किसी वस्तु की इच्छा कर सकता है?

राम ने पूछा : यह कैसे संभव है कि गुफा में पड़े हुए वीतहव्य के शरीर को कीड़ों–मकोड़ों ने न खाया हो? फिर जब वीतहव्य ने शरीर का त्याग किया तब उन्हें उसी समय मुक्ति क्यों नहीं प्राप्त हुई?

वसिष्ठ ने उत्तर दिया : हे राम, अज्ञानी व्यक्ति के शरीर का घटित और विघटित होना उसकी संसक्तिजन्य (बद्ध–मानसिकताजन्य) स्थितियों पर निर्भर होता है। जिसमें बद्ध–मानसिकता (संसक्ति) नहीं होती उसमें विघटन का वेग भी नहीं होता। सभी प्राणियों के मन जिन वस्तुओं के संपर्क में आते हैं उनके प्रति अनुक्रिया करते हैं। जब कोई उग्र और हिंसक जीव पूर्ण समस्थिति–प्राप्त ज्ञानी के सम्मुख आता है तो वह भी थोड़े समय के लिए समस्थिति और शांति प्राप्त कर लेता है। यह संपर्क टूट जाने पर वह पुनः उग्र और हिंसक रूप धारण कर लेता है, यह दूसरी बात है। इसीलिए वीतहव्य के शरीर की कुछ हानि नहीं हुई। यही बात भूमि, लकड़ी आदि भौतिक पदार्थों पर भी लागू होती है क्योंकि चेतना ने ही इन सबको आवृत्त कर रखा होता है। क्योंकि वीतहव्य की चेतना ने उसमें प्राण नहीं डाले थे इसलिए उसका विघटन न हुआ। वे स्वतंत्र थे और शरीर छोड़ना या न छोड़ना उन पर निर्भर था। उन्होंने एक समय शरीर नहीं छोड़ा परंतु दूसरी बार शरीर छोड़ दिया, इसे संयोग ही कहना चाहिए। यह बात उनके कर्म के संबंध में भी हो सकती थी। परंतु सत्य यह है कि वे कर्म से परे थे, नियति से भी परे थे और संसक्ति से भी निर्लिप्त थे। इसे कौए के पेड़ पर बैठने से नारियल के गिरने के समान संयोग कह सकते हैं।

4

अगस्त

मनस्तां मूढ़तां विद्धि यदा नाश्यति सा नघ
चित्तनाशाभिधानं हि तदा सत्त्वमुदेत्यलम् (16)

वसिष्ठ ने कहा :

जब अनुसंधान के द्वारा वीतहव्य का मन अनासक्त हो गया और पूरी तरह से मुक्त हो गया तो उनमें बंधुभाव जैसे उत्तम गुण उत्पन्न हुए।

राम ने पूछा :

जब मन परम ब्रह्म में विलीन हो जाता है तब बंधुभाव जैसे गुण किसमें उत्पन्न होते हैं?

वसिष्ठ ने उत्तर दिया :

हे राम, 'मन की मृत्यु' दो प्रकार से होती है। पहली वह जिसमें उसका रूप शेष रहता है और दूसरा वह जिसमें रूप भी समाप्त हो जाता है। पहली स्थिति वह थी जब ऋषि वीतहव्य अभी जीवित थे और दूसरी वह थी जब वे शरीर से रहित थे। मन का अस्तित्व दुखप्रद होता है और उसका न होना आनंदप्रद। जो मन अत्यधिक संसक्त (मानसिक दृष्टि से आबद्ध) होता है और संसक्तियों में उलझा रहता है वह बार-बार जन्म कराता है। ऐसा मन दुख लाता है और जो अनादि गुणों को 'मेरे अपने' मानता है वह जीव होता है। यह विचार उस मन में आता है जिसे आत्मज्ञान नहीं होता और इसीलिए जो दुखी रहता है।

जब तक मन रहता है तब तक दुख का अंत नहीं होता। जब मन नहीं रहता तब दृश्य संसार भी नहीं रहता। मन ही दुखों का बीज है। अब मैं तुम्हें बताऊँगा कि मन कैसे अपना अस्तित्व खोता है। जब सुख या दुख व्यक्ति को पूर्ण समस्थिति से न गिरा सके तब समझो कि मन मर गया। जिसमें 'मैं यह हूँ' या 'यह मैं नहीं हूँ' की धारणाएँ नहीं उठतीं अर्थात् जिसकी चेतना इस प्रकार की धारणाओं से परिमित नहीं होती उसका मन मृत होता है। जिसमें विपत्ति, दैन्य, आशावादिता, गर्व, शिथिलता, उत्तेजना आदि धारणाएँ उत्पन्न नहीं होतीं उसका मन मृत होता है और जीवित अवस्था में ही मुक्त हो जाता है।

मूर्खता मन की मूल प्रकृति है। अर्थात् जब उससे छुटकारा हो जाता है तब उत्तम गुण उत्पन्न होते हैं। कुछ विद्वान शुद्ध मन उस मन को कहते हैं जो उन संतों में व्याप्त होता है जो मुक्ति-प्राप्त होते हैं। मुक्त संत का ऐसा मन बंधुभाव आदि उत्तम गुणों से परिपूर्ण होता है। मुक्त संतों में ऐसे उत्तम गुणों की सत्ता को सत्त्व, शुचिता आदि कहते हैं। अतः रूप रहते हुए इसे भी मन की मृत्यु कहते हैं।

शरीरविहीन संत का अरूप मन भी मृत होता है। ऐसे मन का सूचक कोई चिह्न शेष नहीं रहता। इसका वर्णन सकारात्मक रूप में संभव है। ऐसे मन में न गुण ही होते हैं न उनका अभाव होता है, न सद्गुण होते हैं न उनका अभाव होता है। न प्रकाश होता है न अंधकार होता है। न धारणाएँ होती हैं न संसक्तियाँ ही। न अस्तित्व होता है न अनस्तित्व ही। यह स्थिति परम शांति और समस्थिति की होती है। जो मन से ऊपर उठते हैं उनकी बुद्धि परम शांति की अवस्था तक पहुँच जाती है।

अगस्त

> द्वे बीजे चित्तवृक्षस्य वृत्तिव्रततिधारिणः
> एकं प्राणपरिस्पंदो द्वितीयं दृढभावना (14)

राम ने पूछा :

हे महर्षे, मन रूपी उस भयावह वृक्ष का बीज क्या है और उस बीज का भी बीज क्या है?

वसिष्ठ ने उत्तर दिया :

हे राम, इस दृश्य संसार का बीज शरीर में ही है और अच्छाई तथा बुराई-संबंधी धारणाएँ और संकल्पनाएँ भी उस बीज के अंतर्गत हैं। शरीर का एक बीज मन भी है जो आशाओं और आकांक्षाओं की ओर निरंतर प्रवाहित होता है। यह उन धारणाओं की भंडार-स्थली भी है जो 'है' या 'नहीं है' की सूचक हैं और जिनका परिणाम दुखप्रद होता है। दृश्य संसार की उत्पत्ति केवल मन में होती है और इसे स्वप्न की स्थिति की तरह दृष्टांत रूप में प्रस्तुत किया जा सकता है। यहाँ संसार के रूप में जो कुछ दिखाई देता है वह उसी प्रकार मन का ही विस्तार है जिस प्रकार सभी पात्र मिट्टी का ही रूपांतरण होते हैं।

मन रूपी वृक्ष के दो बीज हैं। एक है प्राणों की हलचल और दूसरी है दृढ़भावना। ये दोनों असंख्य धारणाओं और विचारों का वहन अपने में करती हैं। जब उपयुक्त सरणियों में प्राणों की हलचल होती है तब चेतना और मन में भी हलचल होती है। यह प्राणों की हलचल ही है (जो मन को) इस दृश्य संसार के रूप में दिखती है। यह उतनी ही वास्तविक है जितनी आकाश की नीलिमा। प्राणों की हलचल की समाप्ति होने पर दृश्य संसार की भी समाप्ति हो जाती है। प्राणों की हलचल से सर्वव्यापी चेतना जाग्रत हो उठती है। यदि ऐसा न हो तो परम सुख हो।

इस प्रकार जब चेतना जाग्रत होती है तो वह पदार्थों को समझने-बूझने लगती है, विचार उत्पन्न होने लगते हैं और परिणामतः दुख होता है। दूसरी ओर यदि चेतना अपने में गहरी नींद की तरह अवस्थित रहे तब वह सर्वोत्तम स्थिति होती है और व्यक्ति जो चाहता है उसे प्राप्त कर लेता है। यदि तुम स्वयं प्राणों की हलचल पर नियंत्रण प्राप्त कर लो या फिर चेतना की एकरूपता में विक्षोभ न होने दो तो तुम चेतना की अजनमी स्थिति का बोध प्राप्त कर सकते हो। जब इस एकरूपता में विकार उत्पन्न होता है और चेतना विविधता का अनुभव करती है तब मन उत्पन्न होता है और असंख्य बद्ध-मानसिकताएँ सक्रिय हो उठती हैं।

मन में समस्थिति लाने के लिए योगी प्राणायाम करते हैं, ध्यान लगाते हैं और ऐसी ही कुछ अन्य उपयुक्त पद्धतियाँ अपनाते हैं। मन की शांति की प्राप्ति में प्राणायाम को महायोगी अत्यंत उपयुक्त पद्धति बतलाते हैं।

अब मैं तुम्हें कुछ अन्य दृष्टिकोण भी बतलाऊँगा जो ज्ञानियों ने प्रत्यक्ष अनुभव से प्राप्त किए हैं। वे कहते हैं कि मन भ्रामक कल्पना या दृढ़भावना की उपज है।

अगस्त

हृदि संवेद्यमाप्ययव प्राणस्पन्दोथ वासना
उदेति तस्मात् संवेद्यं कथितं बीजमेत्योः (64)

वसिष्ठ ने आगे कहा :

जब व्यक्ति किसी भावना से हठपूर्वक जुड़ जाता है और इस प्रकार सत्य की प्रकृति के अनुसंधान का मार्ग छोड़ देता है तो उसे भावना के साथ पदार्थ का भी बोध होता है। इसी बोध को बद्ध-मानसिकता, मानसिक बाध्यता, संसक्ति या परिसीमा कहते हैं। जब इस भावना में बार-बार डूबा जाता है तो चेतना में दृश्य संसार उत्पन्न होता है।

जब संसक्ति या परिसीमा घनी नहीं होती या जब वह पारदर्शी होती है तो व्यक्ति मुक्त संत होता है। ऐसा मुक्त संत पूर्व अर्जित वेग के बल पर जीवन बिताता और अपने कार्य करता है। जिस प्रकार कुम्हार का चक्र पूर्व आघात से चलता है उसी प्रकार मुक्त संत का जीवन-व्यापार पूर्व गतिशीलता से चलता रहता है परंतु उसका पुनः जन्म नहीं होता। इस स्थिति में बीज भुना हुआ होता है और उसमें से सांसारिक भ्रम रूपी अंकुर नहीं निकलते। जब उसके शरीर का पात होता है वह अनंत में विलीन हो जाता है।

इस सांसारिक भ्रम के दो बीजों अर्थात् प्राणों की हलचल और कल्पना या भ्रम के जुड़ाव में से यदि किसी एक से छुटकारा मिल जाए तो दूसरे से भी छुटकारा मिल जाता है क्योंकि यह दोनों परस्पर आश्रित हैं। मन सांसारिक भ्रम पैदा करता है और मन को पैदा करती है मन की हलचल। मन की हलचल पुनः बद्ध-मानसिकता या कल्पना के फलस्वरूप होती है। इस प्रकार एक हलचल दूसरी हलचल को भोजन भी परोसती है और कुछ करने के लिए उकसाती भी है। अतः दुश्चक्र चल पड़ता है। प्राणों में गति सहजतः होती है और जब ये प्राण चेतना में प्रविष्ट होते हैं, मन उत्पन्न होता है तब संसक्ति प्राणों को गतिमय बनाए रखती है। जब एक पकड़ में आ जाता है तो दोनों गिर पड़ते हैं।

हे राम, पदार्थ (ज्ञान, अनुभव आदि) की धारणा ही वह बीज है जो प्राणों में हलचल लाता और कल्पना से जुड़ाव कराता है। जब इस प्रकार की इच्छा का अनुभव हृदय में होता है तभी प्राणों में हलचल और बद्ध-मानसिकता (संसक्ति) उत्पन्न होती है। जब इस प्रकार के अनुभाव की इच्छा त्याग दी जाती है तो ये दोनों समाप्त हो जाती हैं।

यह ठीक है कि अंतर्वासी चेतना ही इस इच्छा के अनुभव का बीज है। क्योंकि उस चेतना के बिना ऐसे अनुभव की इच्छा उत्पन्न ही नहीं होगी। भले ही अंदर अथवा बाहर अनुभव का कोई पदार्थ न हो। जब इस सत्य का बोध हो जाता है तो भ्रम दूर हो जाता है। अतः हे राम, अनुभव प्राप्त करने की इच्छा का त्याग करो। आलस्य छोड़ो। और अपने को सभी अनुभवों से मुक्त करो।

राम ने पूछा : इन दोनों में संगति कैसे बैठाई जाए? क्या ऐसा एक साथ संभव है कि सभी प्रकार के अनुभवों से मुझे छुटकारा भी मिले और अक्रियता से भी छुटकारा मिले। जिसमें किसी पदार्थ की इच्छा नहीं होती और न कुछ करते समय आराम ही की इच्छा होती है, उसका अस्तित्व जीव के रूप में नहीं होता। न वह अक्रिय ही होता है न वह अनुभव ही चाहता है। वह वस्तुओं का अनुभव या बोध प्राप्त करना नहीं चाहता। वह निरंतर क्रियाशील भी रहता है। वह न अक्रिय ही होता है न वह कुछ करता ही है और न उसे अनुभव ही होता है। जिसकी चेतना सक्रिय होती है वह अभी और यहीं मुक्त है।

अगस्त

अध्यात्मविद्याधिगमः साधुसंगम एव च
वासनासं परित्यागः प्राणस्पन्दनिरोधनम् (35)

राम ने पूछा :

हे महर्षे, कृपया बताएँ कि कैसे ध्यान बँटानेवाले दुखों के इन बीजों को नष्ट किया जाए और परम अवस्था प्राप्त की जाए?

वसिष्ठ ने उत्तर दिया :

दुख के सभी बीज एक-एक करके नष्ट किए जा सकते हैं। यदि तुम एक ही बार में सभी संसक्तियों (बद्ध-मानसिकताओं) को काट डालो और महाप्रयास द्वारा विशुद्ध चेतना में विश्राम प्राप्त कर लो (भले ही एक विपल के लिए क्यों न सही) तो तुम झटपट उसमें स्थित हो जाओगे। परंतु यदि अपना दृढ़ जमाव उसमें करना चाहते हो तो तुम्हें और भी अधिक प्रयास करना पड़ेगा। इसी प्रकार असीम चेतना का चिंतन करते हुए भी तुम परम स्थिति में विश्राम प्राप्त कर सकते हो परंतु उसके लिए और भी अधिक प्रयास करना होगा।

अनुभवजन्य पदार्थों पर ध्यान लगाना संभव नहीं क्योंकि उनका अस्तित्व चेतना या आत्मा में ही होता है। परंतु यह तुम अपनी धारणाओं, संकल्पनाओं तथा आदतों को अर्थात् बद्ध-मानसिकताओं (संसक्तियों) को नष्ट करना चाहो तो एक क्षण में तुम्हारी सभी व्याधियाँ तथा भूलें अदृश्य हो जाएँगी। परंतु यह पहलेवाले उपाय से कठिन है। जब तक मन विचारों की हलचल से मुक्त नहीं होता संसक्ति का नष्ट होना मुश्किल है। जब तक सत्य का बोध नहीं हो जाता मन काम करने से नहीं रुकता। क्योंकि सत्य का बोध, मन का नाम और संसक्ति की समाप्ति तीनों एक में गुथे हैं, इसलिए इनसे व्यक्तिशः एक-एक करके निपटना बहुत मुश्किल है।

अतः हे राम, अपनी संपूर्ण शक्तियों को जुटाकर सुखों का पीछा करना छोड़ो। और तीनों का साथ-साथ पल्ला पकड़ो। यदि इन तीनों का लंबे समय तक अभ्यास किया जाए तभी ये फलीभूत होती हैं अन्यथा नहीं। हे राम, लंबे समय तक इस दृश्य संसार का जो अनुभव प्राप्त हुआ है उस पर विजय पाने के लिए उन तीनों का निरंतर अभ्यास किया जाना आवश्यक है।

विद्वानों का कथन है कि संसक्ति के त्याग का और प्राणों पर नियंत्रण का समान महत्त्व है और दोनों का अभ्यास साथ-साथ होना चाहिए। प्राणों पर नियंत्रण प्राणायाम तथा योगासनों द्वारा होता है। इनका प्रशिक्षण गुरु द्वारा या अन्य साधनों द्वारा प्राप्त किया जा सकता है। जब भोग पदार्थ सामने होने पर भी इच्छा, घृणा और लालसा मन में न उठे तब कहा जाता है कि संसक्ति क्षीण हो रही है। तभी ज्ञान उत्पन्न होता है जो संसक्ति को और भी क्षीण करता है। इसके उपरांत मन नष्ट हो जाता है।

'मन को मारना', बिना उपयुक्त पद्धति के संभव नहीं। **आत्मा का ज्ञान, संत-महात्माओं की संगति, संसक्ति का त्याग और प्राणों पर नियंत्रण ये सभी मन पर विजय प्राप्त करने के साधन हैं।** इन्हें छोड़कर हठयोग की कठोर साधना करना, तपस्या करना, तीर्थयात्रा करना और तरह-तरह के कर्मकांड करना मात्र समय की बरबादी है। आत्मज्ञान ही है जिससे तुम्हें आनंद की प्राप्ति होती है। आत्मज्ञानी ही मात्र जीवित होता है। इसलिए हे राम, आत्मज्ञान प्राप्त करो।

8

अगस्त

भावाभावे पदार्थानां हर्षमर्षजिकारदा
मलिना वासना यैषा सा संग इति कथ्यते (84)

वसिष्ठ ने आगे कहा :

जो बिना आसक्ति के मात्र कर्मेंद्रियों से काम करता है वह न हर्ष से प्रभावित होता है न विषाद से। उसके कार्य अनैच्छिक होते हैं। वह नहीं देखता वरन् उसकी आँखें देखती हैं, वह नहीं सुनता यद्यपि उसके कान सुनते हैं, वह नहीं छूता यद्यपि उसका शरीर छूता है। निश्चय ही इस सांसारिक भ्रम का कारण आसक्ति है। यही पदार्थों को उत्पन्न करती है। आसक्ति बंधन में डालती है और अंतहीन दुख भोगने के लिए विवश करती है। इसलिए संत-महात्मा कहते हैं कि आसक्ति का त्याग ही अपने में मोक्ष है। हे राम, आसक्ति को त्यागो और मुक्त संत बनो।

हे राम, आसक्ति ही मन की संसक्ति को बराबर बढ़ाती और घनीभूत करती है। पदार्थों के होने या न होने के फलस्वरूप आसक्ति बार-बार कभी सुख और कभी दुख का अनुभव कराती है। इस प्रकार होनेवाला अनिवार्य संपर्क उन पदार्थों के प्रति आसक्ति और भी बढ़ा देता है। मुक्त संत का जहाँ तक प्रश्न है यह संसक्ति सुख या दुख के अनुभवों से मुक्त होती है। अतः इसका शुद्धिकरण हो जाता है अर्थात् संसक्ति यदि नष्ट न भी हो तो भी क्षीण हो जाती है। यदि यह क्षीण अवस्था में शरीरपात के समय तक रहे तो भी उसके द्वारा जो क्रियाएँ होंगी वे भी पुनर्जन्म का कारण नहीं बनेंगी।

इसके विपरीत मूर्ख में होनेवाली घनी संसक्ति आसक्ति का रूप ले लेती है। यदि विपरीत धारणाएँ उत्पन्न करनेवाली इस आसक्ति का तुम त्याग करते हो तो जो क्रियाएँ तुम तत्क्षण संपादित करोगे वे तुम्हें प्रभावित नहीं करेंगी। यदि तुम हर्ष और विषाद से ऊपर उठोगे और इन दोनों के प्रति समान व्यवहार करोगे तथा आकर्षण, घृणा और भय से मुक्त रहोगे तो तुम अनासक्त होगे। यदि तुम दुख में दुखी नहीं होते और सुख में प्रफुल्लित नहीं होते और इच्छाओं तथा आशाओं से मुक्त रहते हो तो तुम अनासक्त हो। यहाँ सब प्रकार के कार्य करते हुए भी एकरूप सत्य के प्रति अपनी जागरूकता बनाए रखते हो तो तुम अनासक्त हो। यदि तुमने आत्मज्ञान प्राप्त कर लिया है और तुमने समदृष्टि प्राप्त कर ली है, तथा उचित और तात्कालिक कार्यों में अपने को लगाते हो तो तुम अनासक्त हो।

सहजभाव से अनासक्त होकर यहाँ रहो और बिना किसी की ओर आकृष्ट हुए मुक्त संत की तरह रहो। मुक्त संत, आंतरिक शांति में निवास करते हैं उनमें ईर्ष्या नहीं होती तथा उनकी इंद्रियाँ उनके नियंत्रण में होती हैं। न उनमें मान होता है न अभिमान और न घृणा ही होती है। संसार भर के पदार्थ उनके सामने बिखरे पड़े होते हैं परंतु वे उनको आकृष्ट नहीं कर पाते क्योंकि उनमें लालसा होती ही नहीं। वे अपने कर्म अपने सहज स्वभाव से करते हैं। जो अनिवार्य और उपयुक्त हो वही वे करते हैं। उन्हें जो प्रसन्नता या आनंद मिलता है वह उन्हें अपने अंदर से ही प्राप्त होता है। इस प्रकार के इस दृश्य संसार से मुक्त होते हैं। जैसे दूध उबाल खाने पर भी अपना रंग नहीं बदलता उसी प्रकार घोर विपदाओं में भी वे बुद्धिमत्ता का त्याग नहीं करते। चाहे संत को असह्य व्यथा हो अथवा उसे स्वर्ग का राजा बना दिया जाए वह अपने मानसिक संतुलन का कभी त्याग नहीं करता।

9

अगस्त

अनयैव धिया राम विहरन्नैव बध्यसे
अन्यथाधः पतस्याशु विन्ध्यखाते यथा गजः (1/26)

वसिष्ठ कहते हैं :

हे राम, मैंने परम सत्य को इंगित करनेवाले शब्दों से बुना जाल तुम्हें दिया है उससे अपने मन रूपी पक्षी को जकड़ लो और तब उस मन को अपने हृदय में विश्राम करने दो। इससे तुम्हें आत्मज्ञान प्राप्त होगा। हे राम, मैंने जो सत्य तुम्हें बतलाया है क्या उसे तुमने आत्मसात् किया है? मेरे कथन तरह-तरह के तथ्यों तथा दृष्टांतों से भरे हैं, इसलिए हंस की तरह तुम्हें जल और दूध को अलग-अलग करना होगा और मात्र दूध ही ग्रहण करना होगा।

इस सत्य पर तुम बार-बार विचार करो और इसका आदि से अंत तक मंथन करो। हे पुण्यात्मा, अब तुम इस पथ पर चलने के अधिकारी हो। **यदि तुम्हारी बुद्धि इस सत्य से ओतप्रोत रहती है तो विभिन्न प्रकार के कार्य करने पर भी तुम बंधन में नहीं पड़ोगे, नहीं तो तुम भी उसी प्रकार गड्ढे में गिर पड़ोगे जैसे पर्वत शिखर से हाथी गड्ढे में गिर पड़ता है।** यदि तुम मेरे उपदेश को बौद्धिक मनोरंजन के लिए संकल्पना के रूप में ग्रहण करोगे और इसे व्यवहार में नहीं उतारोगे तो तुम अंधे व्यक्ति की तरह लड़खड़ा कर गिर पड़ोगे।

परिपूर्णता या मोक्ष की अवस्था प्राप्त करने के लिए तुम्हें अनासक्त भाव से जीवनयापन करना होगा। जो कुछ सामने तुम्हारे आए तुम वही करोगे जो सभी परिस्थितियों के लिए उपयुक्त हो। इस बात को सदा ध्यान में रखना क्योंकि सभी धर्मग्रंथ इसी बात पर जोर देते हैं।

वाल्मीकि ने कहा :

फिर सभा के विसर्जन की घोषणा हुई। सभा में सम्मिलित सभी राजा और सभी ऋषि अपने-अपने निवास को चल पड़े। इन लोगों ने महर्षि वसिष्ठ की शिक्षाओं पर चिंतन-मनन किया तथा उनके संबंध में विचार-विमर्श भी किया। परंतु यह चिंतन-मनन और विचार-विमर्श अति सुखद वातावरण में एक-दो घंटे ही चला। अगली सुबह राम, लक्ष्मण तथा अन्य लोग भी महर्षि वसिष्ठ के आश्रम गए। सभी ने जाकर अपना-अपना स्थान पहले की तरह ग्रहण किया।

वसिष्ठ ने कहा :

हे राम, तुम्हें याद है कि मैंने आत्मज्ञान या सत्य की प्राप्ति के लिए तुम्हें क्या बताया था?

संसार सागर से पार उतरने के लिए सत्य की स्पष्ट समझ चाहिए तथा अनासक्ति चाहिए। एकमात्र सत्ता ब्रह्मांडीय चेतना की है। इसे जान लो, अहं से मुक्त हो जाओ और अपने में आनंदित रहो। न यहाँ मन है, न अज्ञान है, न वैयक्तिक आत्मा ही है। ये सभी संकल्पनाएँ सृष्टिकर्ता में होती हैं। जब तक कोई शरीर को ही 'मैं' समझता है, और जब तक आत्मा का संबंध दिखाई पड़नेवाली वस्तु (दृश्य) से रहता है, जब तक पदार्थों के संबंध में 'यह मेरा है' की आशा रहती है तब तक मन भ्रम में फँसा रहता है।

10

अगस्त

जीवन्मुक्ता महात्मानो ये परावरदर्शिनः
तेषाम् या चित्तपदवी सा सत्त्वमिति कथ्यते (42)

वसिष्ठ ने आगे कहा :

जब तक ज्ञानी लोगों की संगति से सत्य की अनुभूति नहीं होती और जब तक दुष्टभाव क्षीण नहीं हो जाते तब तक मन के अस्तित्व की भ्रामक धारणा दूर नहीं होती। जब तक सत्य के स्पष्ट बोध से अर्जित ऊर्जा के द्वारा संसार के अस्तित्व का अनुभव तिरोहित नहीं होता तब तक मन की सत्ता स्वतः स्पष्ट ही रहती है। यह धारणा तब तक बनी रहेगी जब तक वस्तुभोग की लालसा पर अंध-निर्भरता रहेगी और इसके परिणामस्वरूप दुष्टता तथा भ्रम भी बने रहेंगे।

परंतु जो सुखों से आकृष्ट नहीं होता, शुचिता के कारण जिसका हृदय शीतल है, और जिसने इच्छाओं, लालसाओं और आशाओं की कारा को तहस-नहस कर दिया है उसमें मन के अस्तित्व संबंधी भ्रमपूर्ण धारणा नहीं होती। जब वह अपने शरीर को भी अस्तित्वविहीन भ्रामक अनुभव मानता है तो उसमें मन का उदय कैसे होगा। जो उस असीम चेतना को समझता है, तथा जिसके हृदय में यह दृश्य संसार विलीन हो चुका है वह जीव आदि से संबद्ध भ्रामक धारणा का सत्कार नहीं करता।

जब भ्रामक बोध समाप्त हो जाता है और जब हृदय में आत्मज्ञान के सूर्य का उदय होता है तब जान लो कि मन शून्य हो चला है। अब वह उसी प्रकार दिखाई नहीं पड़ेगा जिस प्रकार जल जाने पर सूखे पत्ते नहीं दिखाई पड़ते। **ऐसे मुक्त प्राणी जो जीवित अवस्था में है और जो परम सत्य को भी देख रहे हैं और उससे संबद्ध आकृतियों (रूपों) को भी देख रहे हैं उन्हें सत्त्व कहते हैं।** यह सत्त्व ही है इसे मन कहना उचित नहीं। सत्य के ये ज्ञाता मनविहीन होते हैं और पूर्णतः समस्थिति में रहते हैं। वे यहाँ जीवन को खेल के रूप में लेते हैं। वे हर समय अंतर्ज्योति को देखते रहते हैं फिर भले ही वे तरह-तरह के कार्य करते हुए क्यों न दिखाई देते हों। उनमें द्वैत, एकात्मता तथा इसी तरह की धारणाएँ उत्पन्न ही नहीं होतीं और न हृदय में प्रवृत्तियाँ ही जन्म लेती हैं। जिस सत्त्व की स्थिति को उन्होंने प्राप्त किया है उसमें अज्ञान का बीज जल चुका होता है और वह पुनः भ्रम उत्पन्न नहीं करता।

हे राम, तुम सत्त्व की उस स्थिति को प्राप्त कर चुके हो और तुम्हारा मन ज्ञान की ज्वाला में जल चुका है। वह ज्ञान क्या है? वह सचमुच असीम ब्रह्म है और दृश्य संसार ऐसी आकृति है जिसकी वास्तविकता ब्रह्म है। उदाहरण के लिए (राम के रूप में तुम्हारी) आकृति अवास्तविक है और वास्तविकता है वास्तविकता की अंदरूनी परत जिसे चेतना कहते हैं। तब तुम दुखी क्यों होते हो? यदि तुम यह समझते हो कि सब-कुछ चेतना है तो तुममें विविधता की धारणा उत्पन्न नहीं होनी चाहिए। स्मरण करो कि तुम्हारी मूल प्रकृति असीम चेतना है। विविधता की धारणा छोड़ो। तुम हो जो हो, धारणा नहीं बल्कि उससे परे स्वप्रकाशित प्राणी। तुम्हारा अभिवादन! तुम असीम चेतना के रूप में ब्रह्मांडीय प्राणी हो।

अगस्त

महातरंग गंभीर भासुरात्म चिदर्णवः
रामाभिधोर्मिस्तमितः समः सौम्योसि व्योमवत् (3/4)

वसिष्ठ ने आगे कहा :

जिसे राम कहते हैं वह वास्तव में चेतना का मनोरम और अनंत सागर है जिसमें अनेक ब्रह्मांड लहरों की तरह उत्पन्न और विलीन होते हैं। पूर्ण समस्थिति में रहो। तुम अनंत आकाश की तरह हो। ताप से अग्नि अलग नहीं होती, कमल से सुगंध अलग नहीं होती, सुरमे से कालिख अलग नहीं होती, बरफ से सफेदी अलग नहीं होती, गन्ने से मिठास अलग नहीं होता और न नक्षत्र से प्रकाश अलग होता है। इसी प्रकार चेतना से अनुभवकर्ता अलग नहीं होता। जिस प्रकार सागर से लहरें अलग नहीं होतीं उसी प्रकार चेतना से ब्रह्मांड अलग नहीं होते।

चेतना से अनुभवकर्ता अलग नहीं, इसी प्रकार अनुभवकर्ता से अहंभाव भी अलग नहीं। अहंभाव से जीव अलग नहीं और जीव से मन अलग नहीं। मन से इंद्रियाँ अलग नहीं, इंद्रियों से शरीर अलग नहीं, शरीर से संसार अलग नहीं और संसार के अतिरिक्त कुछ है ही नहीं। निर्भर कोटियों की सूची चिरकाल से अस्तित्व में है परंतु आज तक कोई इन्हें गतिशील नहीं कर सका और न ही हम कह सकते हैं कि वह चिरकाल तक रहा या अल्पकाल तक। सच्चाई यह है कि अन्य कुछ है ही नहीं; जो है वह है असीम का स्वतः अनुभवकर्ता।

जो शून्य है उसमें शून्यता है, ब्रह्म ही ब्रह्म में व्याप्त है, सत्य में ही सत्य प्रकाशित होता है और पूर्णता पूर्णता को भरती है। इस संसार में कर्म करता हुआ ज्ञानी व्यक्ति कुछ करता नहीं न ही वह कुछ चाहता है। इसी प्रकार हे राम, आकाश की तरह हृदय में शुद्ध रहो, परंतु देखने में बाह्य रूप से उपयुक्त कार्यों से संपादन में लगे रहो। यदि परिस्थितियाँ हर्ष या विषाद उत्पन्न करनेवाली हों तो तुम लकड़ी के कुंदे की भाँति अप्रभावित रहो। यदि कोई हत्या करने को तुला हो तब भी उससे कोई मित्रवत् बरताव करता है तो वह सत्य का द्रष्टा है। जो राग-द्वेष से ऊपर नहीं उठा, उसकी आराधना करना व्यर्थ है। जो अहं से रहित है, संकल्पवृत्ति से परे है और किसी चीज से जिसका लगाव नहीं, बस वही मुक्त है। वह यदि संसार को नष्ट भी कर दे तब भी वह कुछ करता नहीं।

जिसकी समस्त संकल्पनाएँ और अभ्यासगत प्रवृत्तियाँ समाप्त हो चुकी हैं उसने संसक्ति और बंधन पर विजय प्राप्त कर ली है।

तुमने मेरी बातों को ध्यान से सुना है जिसके फलस्वरूप तुम्हारे आंतरिक अज्ञान का परदा उठ गया है। सामान्य व्यक्ति भी अपने कुल पुरोहित के वचनों से अत्यधिक प्रभावित होता है फिर तुम तो दृष्टिसंपन्न हो और तुम्हारा दृष्टिकोण भी व्यापक है।

राम ने कहा :

मेरे सभी संदेह दूर हो गए हैं। मैं आकर्षण और विकर्षण से मुक्त हूँ। मैं 'स्व' में स्थित हूँ, 'स्वस्थ' का शब्दार्थ ही 'स्व' में स्थित है। अतः स्वरूप हूँ। प्रसन्न भी हूँ। मैं 'राम' हूँ जिसमें संसार आश्रय प्राप्त करते हैं। मेरा भी अभिवादन और आपका भी अभिवादन!

12

अगस्त

भेदमभ्युपगम्यापि शृणु बुद्धि विवृद्धये
भवेदल्पप्रबुद्धानाम् अपि नो दुःखिता यथा (2)

वसिष्ठ ने कहा :

हे राम, तुम मुझे अत्यंत प्रिय हो इसलिए मैं 'सत्य' को तुम्हारे सम्मुख पुनः दुहराता हूँ। **सुनो, वैसा करने के लिए तुम्हें विविधतापूर्ण अस्तित्व धारण करना पड़ेगा। तुम्हारी चेतना व्यापक होगी। और जिस सत्य का मैं प्रतिपादन करूँगा वह उनकी भी दुख से रक्षा करेगा जो जाग्रत नहीं हैं।**

जो अज्ञानी है उसकी यह गलत धारणा होती है कि शरीर ही आत्मा है। ऐसे व्यक्ति की इंद्रियाँ स्वतः उसकी शत्रु होती हैं। दूसरी ओर जिसे आत्मज्ञान प्राप्त होता है वह इस सत्य को जानता है कि कैसे इंद्रियों की मैत्री से आनंद उठाया जाता है। ऐसे लोग प्रसन्न तथा संतुष्ट रहते हैं। वे उन्हें नष्ट नहीं करते। आत्मा शरीर से प्रभावित नहीं होती और न ही शरीर किसी प्रकार आत्मा से संबद्ध होता है। ये दोनों प्रकाश और अंधकार की तरह हैं। शरीर और शरीर में वास करनेवाली बुद्धि की सही समझ ही व्यक्ति को संपूर्ण सृष्टि के भौतिक तथा आध्यात्मिक पक्षों को समझने में समर्थ बनाती है। जब यह समझ नहीं होती तभी मन में जो भी धारणाएँ उत्पन्न होती तथा फूलती-फलती हैं उनमें कुछ भी सार नहीं होता। सद्ज्ञान के प्रकाश के अभाव में उत्पन्न होनेवाली गलत धारणाओं से पगलाया हुआ व्यक्ति निरंतर घास की पत्ती की तरह हवा में इधर-उधर उड़ता अर्थात् भटकता फिरता है।

ब्रह्मांडीय बुद्धिमत्ता (अर्थात् प्रत्यक्ष ज्ञान) के अभाव में इंद्रियाँ विषयों से संपर्क स्थापित करती हैं और भ्रमवश समझ लेती हैं कि इस संपर्क से हमें अर्थपूर्ण अनुभव हुआ है। निश्चय ही असीम और अनंत बुद्धिमत्ता (चेतना) इन सभी में निवास करती है परंतु आत्मज्ञान के अभाव के फलस्वरूप वह अपने को भी नहीं पहचान पाती। इस प्रकार ससीम और परिसीमित अपने को मान लेती है।

प्राण-शक्ति व्यक्ति की क्रियाशीलता में ऊर्जा भरती है। उसका बस यही काम है। आत्मज्ञान का अभाव होने पर व्यक्ति जो कुछ दूसरों से बोलता या गरजता है वह बंदूक की आवाज के समान होता है। वह निश्चय ही विनाश की ओर अग्रसर होता है, उसका कोई हितकर परिणाम नहीं होता। मूर्ख लोग अपने श्रम की उपलब्धि से आनंदित होते हैं परंतु वे यह नहीं जानते कि जिस चट्टान पर वे आराम कर रहे तथा नींद ले रहे हैं वह धधक रही है।

ऐसे मूर्ख की संगति वन में उस पेड़ पर बैठे होने के समान है जो गिराया जाने को है। ऐसे लोगों के हित के लिए आप जो भी करें वह वैसा ही है जैसा कि छड़ी से हवा को पीटना। उन्हें जो कुछ दिया जाता है वह कीचड़ में फेंकने के समान है और उन्हें समझाना उतना ही सार्थक है जितना कुत्ते का आकाश पर भौंकना।

आत्मा के संबंध में होनेवाला अज्ञान ही सब दुखों और विपत्तियों का स्रोत है। क्या कोई ऐसी विपत्ति भी है जो आत्मा-संबंधी अज्ञान से उत्पन्न न हो? अज्ञान से यह सारी सृष्टि आच्छादित है और उसी के द्वारा पोषित भी। अज्ञानी पर एक पर एक विपत्तियाँ आती ही रहती हैं और सुख शायद ही प्राप्त होता है।

अगस्त

जन्म बाल्यं व्रजत्येतद् यौवनं युवता जराम्
जरा मरणमभ्येति मूढस्यैव पुनः पुनः (6/45)

वसिष्ठ कहते हैं :

केवल मूर्ख व्यक्ति के हृदय में ही मोह का भयावह वृक्ष उत्पन्न होता है। जंगल रूपी उसके दूषित हृदय में घृणा की आग धधकती रहती है। उसके मन में ईर्ष्या की बाढ़ लहराती रहती है जिससे दूसरों की विध्वंसक आलोचना रूपी सेवार की बढ़ोतरी होती है। उसका हृदय जिस कमल को जानता है वह ईर्ष्या का पराग है और जिसे चिंता रूपी अंतहीन मधुमक्खियाँ नोचती-खसोटती रहती हैं। ऐसे पतित मूर्खों के लिए ही मृत्यु का विधान है। **जन्म और बचपन युवावस्था दिलाते हैं, जवानी बुढ़ापे की ओर ले जाती है और बुढ़ापे का अंत मृत्यु में होता है–यही सब मूर्ख को बार-बार अनुभूत करना पड़ता है।**

मूर्ख व्यक्ति मांस के छोटे टुकड़े (आँख) के द्वारा धूल के क्षुद्र कणों को पर्वतों, झीलों, वनों तथा नगरों के रूप में देखता है। हीरे और मोतियों से सज्जित स्त्रियों को रूपसी समझना, यह उनका अपना उत्पन्न किया हुआ भ्रम है। ये वे लहरें हैं जो कामवासना के समुद्र में उठती हैं। भ्रम के कारण ही व्यक्ति धन और संपदा के पीछे लगता है। बुद्धिहीन आरंभ में प्रसन्न हो उठता है, मध्य में उसे सफलता और विफलता सुख और दुख, हर्ष और विषाद दोनों प्राप्त होते हैं जिनका अंत भी जल्दी होता है। संपदा का पीछा करते हुए उसे तरह-तरह के अनेक दुख-सुख भोगने पड़ते हैं।

भ्रम की धारा आरंभ से ही बह निकलती है और निरर्थक क्रियाओं और प्रतिक्रियाओं के द्वारा वह (धारा) और भी अधिक गंदली और दूषित हो जाती है। ये क्रियाएँ आँधियों की तरह होती हैं जो धूल के गुब्बार खड़े करती हैं। ये गुब्बार शारीरिक, मानसिक बुढ़ापे तथा विभिन्न संबंधों के रोगों के कीटाणुओं से भरे होते हैं। ये सभी मौत की ओर लिए चलते हैं। इस मौत की भूख कभी न मिटनेवाली है। यह सभी संसारों को लील जाती है।

चिंता और दुश्चिंता रूपी चुड़ैलें युवाओं को अपना शिकार बना लेती हैं। ये उस समय नृत्य करती हैं जब ज्ञान रूपी चंद्रमा अस्त होता है और युवा भ्रम रूपी घने अंधकार की ओर बढ़ रहे होते हैं। व्यक्ति की जिह्वा (वाक्शक्ति) अपनी वाचालता तथा अशिष्ट लोगों से वार्तालाप के कारण अशक्त हो जाती है। इसी बीच दरिद्रता भी कठोर परिश्रम के लिए बाध्य करती है और अपने कटुफलों से दुख का विस्तार करती है। इसके अतिरिक्त लोभ है तो रिक्त और असार ही तथा व्यक्ति को उच्च आध्यात्मिक धरातल से नीचे गिरानेवाला, पर वह भी भ्रम के अंधकार में दुंदुभि बजाकर अपनी विजय की घोषणा करने से पीछे नहीं रहता। चुपके-चुपके तथा चोरी-चोरी बिलार रूपी बुढ़ापा जवानी रूपी चूहे को ग्रस लेता है।

यह सृष्टि सारहीन है। इसने मिथ्या वास्तविकता प्राप्त कर ली है। इससे धर्म और अर्थ को भी बढ़ावा मिलता है। यह संसार आकाश द्वारा आच्छादित है, सूर्य और चंद्र इसके दो नेत्र हैं और इसका आधार है सार रूप में भ्रम। इस दृश्य संसार रूपी झील में कुमुदनियों के रूप में कायाएँ फूलती-फलती हैं तथा जिनमें प्राण-शक्ति के रूप में मधुमक्खियाँ विजय प्राप्त करती हैं।

14

अगस्त

अज्ञानाद् वृद्धिं आयाति तदेव स्यात् फलं स्फुटम्
ज्ञानेनायाति संवित्तिस् तामेवान्ते प्रयच्छति (8/6)

वसिष्ठ ने आगे कहा :

संसार के अस्तित्व-संबंधी ह्रासोन्मुखी संकल्पना इंद्रियों की वंदिनी है। वह अपनी सीमा और संसक्ति से घिरी हुई है और इच्छाओं तथा आशाओं की मजबूत डोर से बँधी हुई है। दृश्य संसार उस सुकुमार लता के समान है जो प्राणों की हलचल से निरंतर कंपायमान रहता है तथा जिसके फलस्वरूप अनेक प्रकार के प्राणी झड़ते रहते हैं और विनाश को प्राप्त होते हैं।

ऐसे अनेक श्रेष्ठ महानुभाव हैं जो इस दृश्य संसार रूपी दलदल से ऊपर उठते हैं, वे सभी संदेहों से परे होते हैं तथा कुछ क्षण के लिए हर्षित भी होते हैं। ऐसे दिव्य प्राणी भी हैं जो नीले व्योम में कमल के समान रहते हैं। इस सृष्टि में कर्म उस कुमुदिनी के समान है जो उन मिथ्या आकांक्षाओं से प्रदूषित है जो कर्मफल से जुड़ी होती हैं। यह दृश्य संसार उस क्षुद्र मछली की तरह है जो इस अनंत आकाश में आती है तथा जिसे हठी और दुर्जेय बूढ़ा गिद्ध भक्षण कर लेता है। इस गिद्ध का नाम है कृतांत अर्थात् कार्य का अंत। फिर भी विविध दृश्य दिन प्रति दिन उसी प्रकार बनते और मिटते हुए देखने को मिलते हैं जिस प्रकार समुद्र के तल पर लहरें और तरंगें उठती तथा मिटती हैं। ऐसी ही स्थिति है सृष्टि की। परंतु अज्ञानी तो जैसे अपनी मिथ्या धारणाओं से बँधे हैं ही। उन्हें न संसार की क्षणभंगुरता ही और न जीवन के घात–प्रतिघात ही जाग्रत कर पाते हैं।

जड़ प्राणी तो समय के रहस्य पर चिंतन करते हैं परंतु चेतन प्राणी आकर्षण-विकर्षण, प्रेम-घृणा, सुख-दुख, बुढ़ापा-मृत्यु आदि के कारण अशक्त और क्षीण हो जाते हैं। वे समय के विषय में सोचते हैं परंतु विगत दूषित कर्मों के फल उन्हें कीड़े-मकोड़ों की तरह चाट जाते हैं। अदृश्य काल (या मौत) जो चिंतन से परे है वह सब का भक्षण कर लेता है।

संपूर्ण संपदा, समस्त विपत्तियाँ और यहाँ तक कि बचपन, जवानी, बुढ़ापा, मृत्यु और दुखभोग सभी अज्ञान रूपी गहन अंधकार के विस्तार ही हैं।

अज्ञान अज्ञान के द्वारा विस्तार प्राप्त करता है तथा और अधिक अज्ञान उत्पन्न करता है और जब अंत में वह ज्ञान को तलाशता है, तब ज्ञान से पुष्ट भी होता है और संवर्धित भी होता है। यह अज्ञान की लता मनोरंजन के तरह-तरह के साधनों तथा तरह-तरह की मनोवैज्ञानिक स्थितियों या मनोदशाओं में दृष्टिगत होती है। कभी या कहीं इसका संपर्क ज्ञान से होता है और यह विशुद्ध हो जाती है परंतु पुनः इसकी आसक्ति किसी और में हो जाती है। यह सभी मनोविकारों तथा इंद्रियानुभवों का स्रोत है। भूतकालिक अनुभवों की स्मृति इसका रस है। आत्मा की प्रकृति का चिंतन या अनुसंधान वह दीमक है जो इसे नष्ट करती है। यह अज्ञान की लता ही है जो नक्षत्रों और ग्रहों, प्राणियों, पादपों, तत्त्वों, स्वर्ग और धरती, देवताओं और कीड़े-मकोड़ों के रूप में दृश्य होती है। जो कुछ भी इस संसार में है वह अज्ञान द्वारा आवेष्टित है। जब इस का पार पाया जाता है तभी आत्मज्ञान प्राप्त होता है।

15

अगस्त

उदेत्यविद्या बिदयायाः सलिलादिव बुद्बुदः
विद्यायां लीयतेविद्या पयसीव हि बुद्बुदः (16)

राम ने पूछा :

हे महर्षे, आपके इस कथन से कि विष्णु और शिव जैसे देवता अविद्या के अंश हैं, मुझे घबराहट होने लगी है। कृपया विस्तार से समझाएँ।

वसिष्ठ ने उत्तर दिया :

परम सत्य अर्थात् सत्–चित्त–आनंद चिंतन और बुद्धि से परे है। यह परम शांति है, सर्वव्यापक है। यह कल्पना और वर्णन से परे है। संकल्पना शक्ति में यह स्वभावतः उत्पन्न होती है। इसके तीन रूप हैं–सूक्ष्म, साधारण और स्थूल। इनको ग्रहण करनेवाले बुद्धिमानों ने इन्हें क्रमशः सत्त्व, राजस् और तमस् कहा है। ये तीनों मिलकर प्रकृति की रचना करते हैं। अविद्या या अज्ञान प्रकृति है। यह तीन प्रकार की है। यही सब प्राणियों का स्रोत है। इसके परे परम सत्ता या परमात्मा है। सत्त्व, राजस् और तमस् इन तीनों के भी तीन–तीन विभेद हैं अर्थात् सूक्ष्म, साधारण और स्थूल। इस प्रकार नौ भेद हुए। इन नौ गुणों में से ही संपूर्ण ब्रह्मांड का निर्माण हुआ है।

संत, तपस्वी, पूर्णता–प्राप्त व्यक्ति, पाताल लोक के वासी, देवता तथा आकाशस्थ प्राणी अविद्या या अज्ञान का, पातालस्थ प्राणी स्थूल (तमस्) का, संत–महात्मा साधारण (रजस्) का और विष्णु, शिवा आदि देवता सत्त्व का अंश हैं। जो सत्त्व की श्रेणी में आते हैं वे पुनः जन्म नहीं लेते अतः वे मुक्त समझे जाते हैं। वे तब तक जीवित रहते हैं जब तक यह संसार रहता है। अन्य (संत–महात्मा) जो जीवित काल में ही मुक्ति प्राप्त कर लेते हैं (अर्थात् जीवन्मुक्त होते हैं) वे समय पाकर शरीर त्याग करते हैं, देवताओं के धाम पहुँचते हैं संसार के अस्तित्व काल तक वहाँ वास करते हैं और तब मुक्त हो जाते हैं। इस प्रकार अविद्या या अज्ञान का यह भाग विद्या या आत्मज्ञान हो जाता है। **अविद्या विद्या में से उसी प्रकार जन्म लेती है जिस प्रकार समुद्र में से लहरें उठती हैं। और अविद्या विद्या में उसी प्रकार विलीन भी हो जाती है जिस प्रकार लहरें समुद्र में विलीन होती हैं।**

जल और लहरों का संबंध अवास्तविक और शाब्दिक है। ठीक उसी प्रकार ज्ञान और अज्ञान का संबंध भी अवास्तविक और शाब्दिक है। यहाँ न अज्ञान ही है और न ज्ञान ही। जब तुम ज्ञान और अज्ञान दोनों को दो ईकाइयों के रूप में देखना छोड़ दोगे तो जो रहेगा वही शेष होगा। विद्या का स्व में परावर्तन ही अविद्या माना जाता है। जब इन दोनों धारणाओं को छोड़ दिया जाता है तो शेष रहता है–सत्य। वह चाहे कुछ हो अथवा कुछ न भी हो। वह सर्वशक्ति संपन्न है, वह आकाश से अधिक शून्य है और वह शून्य नहीं भी है क्योंकि वह चेतना से पूरित है। पात्र के भीतर स्थित आकाश की तरह वह सर्वत्र है और अविनाशी है। सभी वस्तुओं में यह सत्य वर्तमान है। चुंबक अपनी उपस्थिति से लौहचूर्ण को गति प्रदान करता है अर्थात् वह बिना सोचे ही ब्रह्मांडीय हलचल उत्पन्न करता है। अतः कहा जाता है कि वह कुछ नहीं करता।

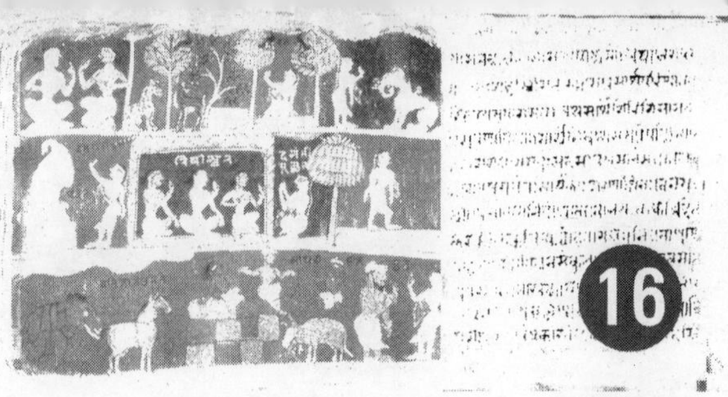

16

अगस्त

परिज्ञाय परित्यागो वासनानां य उत्तमः
सत्तासामान्यरूपत्वं तत् कैवल्यपदं विदुः (14)

वसिष्ठ ने आगे कहा :

अतः चर और अचर प्राणियों से युक्त यह दृश्य संसार कुछ है ही नहीं। कुछ भी भौतिक (भूतों से उत्पन्न) नहीं। यदि संकल्पना (जो होने या न होने संबंधी–धारणाओं को उत्पन्न करती है) को छोड़ दिया जाए तब इस बात का बोध होगा कि ये सभी जीव (वैयक्तिक आत्माएँ) आदि शून्य अभिव्यक्तियाँ हैं। अज्ञान के फलस्वरूप मन में जितने भी संबंध जन्म लेते हैं वे अविद्यमान प्रतीत होते हैं। जब रस्सी को साँप मान लिया जाता है तब कोई उससे दंशित नहीं होता।

आत्मज्ञान का अभाव ही अज्ञान या भ्रम के नाम से जाना जाता है। जब आत्मा का ज्ञान प्राप्त हो जाता है तो व्यक्ति असीम ज्ञान के छोर पर पहुँच जाता है। जब चेतना अपने को पदार्थ के रूप में मान लेती है और पदार्थ के रूप में अपना निरीक्षण करती है तब अविद्या या अज्ञान उत्पन्न होता है। जब कर्ता और कर्म की धारणा छोड़ दी जाती है तो वास्तविकता को ढकनेवाले सभी आवरण हट जाते हैं। व्यक्ति विशेष व्यक्ति मन से अलग नहीं। जब मन नहीं रहता तब वैयक्तिकता भी समाप्त हो जाती है। वह (वैयक्तिक) तभी तक रहती है, जब तक व्यक्तित्व–संबंधी धारणा बनी रहती है। जब तक पात्र है तब तक उसके अंदर और बाहर आकाश की धारणा भी रहेगी। जब वह टूट जाएगा तब असीम आकाश ही अकेला होगा। पात्र के बनने से पहले भी यही स्थिति थी।

राम ने पूछा :

महर्षे, कृपया बतलाएँ कि ब्रह्मांडीय ज्ञान कैसे निर्जीव शिला का रूप धारण कर लेता है?

वसिष्ठ ने कहा :

शिला आदि पदार्थों में चेतना अचल रहती है, अपनी चिंतन–शक्ति को त्याग देती है। परंतु वह अमन की स्थिति को प्राप्त नहीं होती। यह गहरी नींद जैसी स्थिति है, मुक्ति की अवस्था से बहुत दूर की स्थिति है।

राम ने फिर पूछा :

यदि वह बिना किसी धारणा या संकल्पना के गहरी नींद में है तो मेरी समझ में वह मुक्ति के निकट नहीं क्या!

वसिष्ठ ने उत्तर दिया :

मोक्ष, मुक्ति या असीम का बोध कोई ऐसी सत्ता नहीं जो चल प्राणी के रूप में हो। मोक्ष (मुक्ति या आत्मबोध) वह स्थिति है जो शांति से परिपूर्ण है और बुद्धिमत्तापूर्वक आत्मा में अनुसंधान करने से तथा भीतर जाग्रति उत्पन्न होने पर अस्तित्व ग्रहण करती है।

जब सजगतापूर्वक अनुसंधान के द्वारा पवित्र आत्मा बद्ध–मानसिकता (संसक्तियों) से ऊपर उठ जाती है तो प्राणी को कैवल्य (मोक्ष) प्राप्त होता है।

ज्ञानी कहते हैं कि प्राणी विशुद्ध आत्मा में अर्थात् ब्रह्म में अनुसंधान के द्वारा तभी स्थापित होता है जब वह संतों द्वारा प्रतिपादित सत्य की प्रकृति को जान लेता है।

17

अगस्त

यत्रास्ति वासनाबीजं तत् सुषुप्तं न सिद्धये
निर्बीज वासना यत्र तत्तुर्यं सिद्धिदं स्मृतम् (20)

वसिष्ठ ने कहा :

चाहे सूक्ष्म अर्थात् बीज रूप में ही सही हृदय में जब तक बद्ध–मानसिकता अस्तित्व में रहता है तब तक गहन निद्रा की स्थिति भी रहती है। यह पुनर्जन्म दिलाती है। कुछ अवस्थाओं में इस स्थिति में शांति का भी अनुभव होता और मन भी आत्मलीन प्रतीत होता है। यह है वस्तुतः जड़ की स्थिति ही, जो दुख का स्रोत है। यही स्थिति शिला आदि निर्जीव और अचल पदार्थों की होती है। ऐसे पदार्थ वासना से मुक्त नहीं होते क्योंकि इनमें वासना उसी प्रकार निहित और प्रच्छन्न होती है जिस प्रकार बीजों में फूल छिपे रहते हैं और मिट्टी में पात्र। **जहाँ वासना का बीज (प्रवृत्ति, संसक्ति या मनोवैज्ञानिक परिबद्धता) रहता है, वहाँ स्थिति गहन निद्रा के समान है। यह परिपूर्णता नहीं है। जब वासना पूरी तरह से नष्ट हो जाती है और वासना की अंतर्हित शक्ति भी समाप्त हो जाती है तो उसे चौथी स्थिति (जाग्रत, स्वप्न और सुषुप्ति से भिन्न) और इंद्रियातीत स्थिति कहते हैं। यही परिपूर्णता लाती है।** वासना, अग्नि, ऋण, रोग, शत्रु, मित्रता, घृणा और विष ये सभी कष्टकारक होते हैं। इनके चले जाने के बाद भी इनका कुछ अवशेष रह ही जाता है।

इसके विपरीत यदि वासना का सफाया पूरी तरह से हो जाता है तब व्यक्ति विशुद्ध प्राणी की स्थिति प्राप्त कर लेता है। भले ही ऐसा व्यक्ति रहता हो अथवा नहीं, वह पुनः दुख से आक्रांत नहीं होता। चित् शक्ति वासना रूप में जड़ जीवों में छिपी वासना के रूप में रहती है। यह चित् शक्ति ही हर पदार्थ की प्रकृति निर्धारित करती है। हर पदार्थ के हर अणु का यह मूलभूत लक्षण है।

यदि इसका बोध आत्मशक्ति (आत्मा या असीम चेतना की शक्ति) के रूप में नहीं होता तो यह दृश्य संसार का भ्रम उत्पन्न करती है। यदि इसका बोध सत्य अर्थात् असीम चेतना के रूप में हो जाता है तो यह बोध सभी दुखों को नष्ट कर देता है। इस सत्य की अनदेखी को अविद्या या अज्ञान कहते हैं। यही अज्ञान दृश्य संसार का कारण है और अन्य स्थितियों या विषयों का स्रोत भी। जिस प्रकार पहला विचार नींद में खलल डालता तथा उसे नष्ट कर देता है उसी प्रकार हलकी–सी अंतर्जाग्रति भी अज्ञान को नष्ट कर देती है। जब कोई हाथ में दीपक लिए हुए अंधकार में प्रविष्ट होता है और उसे देखना चाहता है तो वह अदृश्य हो जाता है। जब अनुसंधान रूपी प्रकाश अज्ञान पर डाला जाता है तो अज्ञान अदृश्य हो जाता है। जब कोई अनुसंधान प्रारंभ करता है कि 'मैं' क्या हूँ–इस रक्त–मांस के शरीर में मैं क्या हूँ' तो अज्ञान तत्क्षण तिरोहित हो जाता है। जिसका आरंभ है उसका अंत भी है। यदि उन समस्त वस्तुओं का निषेध कर दिया जाए, जिनका आरंभ में होना असंभव माना जाए, तो शेष सत्य ही रह जाता है जो अविद्या या अज्ञान का नाशक है। तुम उसे कुछ नाम दे सकते हो और नहीं भी। परंतु उसे जानना आवश्यक है जो अज्ञान के नाश के बाद शेष रहता है। इसकी अनुभूति होनी ही चाहिए। जो स्वाद एक प्राप्त करता है वह दूसरा नहीं प्राप्त कर पाता। किसी की अविद्या या अज्ञान का नाश सुनकर किसी में आत्मज्ञान का उदय नहीं होता। हर एक को उसका बोध प्राप्त करना होता है।

18

अगस्त

पुनः पुनर् इदं राम प्रबोधार्थं मयोच्यते
अभ्यासेन विना साधो नाभ्युदेत्यात्मभावना (1)

वसिष्ठ ने आगे कहा :

तुम्हारी **आध्यात्मिक जाग्रति के लिए मैं यह सब बार-बार दुहरा रहा हूँ और बिना बार-बार आध्यात्मिक अभ्यासों को दुहराए आत्मा का बोध होता भी नहीं।** हजारों जन्मों में शरीर और शरीर के बाहर रहते हुए इन इंद्रियों के द्वारा ग्रहण करते-करते यह अज्ञान अत्यधिक घना हो चुका है। परंतु आत्मज्ञान इन इंद्रियों की पहुँच में न रहा। यह तभी प्राप्त होता है जब पाँचों इंद्रियाँ और मन (इसे छठी इंद्रिय भी कहते हैं) समाप्त हो जाते हैं।

हे राम, इस संसार में आत्मज्ञान में स्थित होकर रहो। जैसा कि कहा जाता है कि राजा जनक वही जानने के लिए जीवित रहते थे जो उन्हें जानना होता था। उन्हें हर समय सत्य का बोध रहता था। फिर वे चाहे सक्रिय रहें या अक्रिय, जागते रहें अथवा सोते रहें। भगवान विष्णु ने इस संसार में अवतार लिया और वे भी पूर्ण रूप से आत्मज्ञान में स्थित। इस प्रकार भगवान शिव भी आत्मज्ञान में पूर्ण रूप से स्थित रहे और ब्रह्मा भी।

हे राम, जैसे ये लोग आत्मज्ञान में स्थित रहे वैसे तुम भी आत्मज्ञान में स्थित रहो।

राम ने पूछा :

हे महर्षे, कृपया बताएँ कि उस आत्मज्ञान की प्रकृति क्या है जिसमें ये महानुभाव स्थित रहे?

वसिष्ठ ने उत्तर दिया :

हे राम, तुम यह सब पहले से जानते हो, परंतु फिर भी अत्यधिक स्पष्ट करने के लिए तुमने यह प्रश्न पूछा है।

जो कुछ यहाँ है और इंद्रजाल के रूप में जो कुछ भी यह संसार लगता है वह सब ब्रह्म या परम चेतना है, कुछ और नहीं। चेतना ही ब्रह्म है, संसार ब्रह्म है और सभी तत्त्व ब्रह्म हैं। मैं ब्रह्म हूँ, मेरा शत्रु ब्रह्म है, मेरे मित्र और बंधु-बांधव ब्रह्म हैं। तीन काल भी ब्रह्म हैं क्योंकि इनकी जड़ें ब्रह्म में हैं। जिस प्रकार लहरों के कारण समुद्र का फैलाव लगता है उसी प्रकार ब्रह्म का फैलाव भी इन अनंत प्रकार के पदार्थों के कारण है। ब्रह्म ब्रह्म की अनुभूति करता है, ब्रह्म ब्रह्म का आनंद लेता है, ब्रह्म ब्रह्म को ही अपनी शक्ति से अभिव्यक्त करता है। जब ऐसी स्थिति है तो कौन करता है और किसके लिए करता है?

आकर्षण और विकर्षण तथा राग और द्वेष-संबंधी मन की मनोदशाओं की निर्मिति कल्पना में होती है। विचारों के अभाव में ये मनोदशाएँ नष्ट हो चुकी हैं। इनका आवर्धन तब कैसे किया जा सकता है? जब ब्रह्म ही उस सबमें विचरण करता है जो ब्रह्म है, और जब ब्रह्म ही सबमें ब्रह्म को उद्घाटित करता है तो सुख क्या और दुख क्या? ब्रह्म ब्रह्म से संतुष्ट है और ब्रह्म ब्रह्म में स्थित है। यहाँ न 'मैं' है और न कोई और!

अगस्त

मनो बुद्धिरहंकारस् तन्मात्राणिंद्रियाणि च
ब्रह्मैव सर्वं नानात्मा सुखं दुखं न विद्यते (43)

वसिष्ठ ने आगे कहा :

इस संसार में जितने भी पदार्थ हैं वे सब ब्रह्म हैं। 'मैं' ब्रह्म हूँ। ऐसी अवस्था में आसक्ति और विरक्ति, राग और विराग तथा लालसा और जुगुप्सा को मात्र धारणाएँ ही कहा जाएगा। शरीर ब्रह्म है, मृत्यु भी ब्रह्म है और दोनों का साथ होना, वैसे ही है जैसे यथार्थ रस्सी में अयथार्थ साँप का साथ होना। तब दुख का कारण कहाँ? इसी प्रकार शरीर भी ब्रह्म है और सुख भी ब्रह्म है तो शरीर का सुख अनुभव करने पर कहाँ है खुशी मनाने का कारण? जब शांत समुद्र के तल पर लहरें, उद्विग्न हो उठती हैं परंतु ऐसा नहीं कि वे पानी ही नहीं रहतीं। इसी प्रकार जब ब्रह्म (इस दृश्य संसार में) उद्विग्न होता है तो भी उसकी प्रकृति अपरिवर्तित रहती है। कहीं न 'मैंपन' होता है न कहीं 'तुमपन'। जब जलावर्त जल में विलीन हो जाता है तो कोई मरता नहीं। जब मृत-ब्रह्म शरीर-ब्रह्म को अंगीकार करता है तब कुछ हानि नहीं होती।

जल में शांत रहने और उत्तेजित हो उठने की क्षमता है। इसी प्रकार ब्रह्म में भी शांत होने तथा चंचल हो उठने की क्षमता है। ऐसी ही उसकी प्रकृति है। यह अज्ञान या भ्रम ही है जो चेतना तथा जीव और जड़ पदार्थ में भेद करता है। ज्ञानी लोग इस तरह के भेद को गलत मानते हैं। अतः अज्ञानी के लिए यह संसार दुख से भरपूर है। ठीक वैसे ही जैसे अंधे के लिए यह संसार अंधकारपूर्ण है और दृष्टिसंपन्न के लिए यह संसार प्रकाशमय।

जब एक ही ब्रह्म की व्याप्ति सबमें है तब मौत कैसी और जीवित प्राणी कैसा। समुद्र के तल पर की लहरें न तो जन्म ही लेती हैं और न मरती ही हैं। यही बात अन्य तत्त्वों पर भी लागू होती है। 'यह है' और 'यह नहीं है' इस तरह की धारणाएँ आत्मा में उठती हैं जो न तो वस्तुतः उत्पन्न होती हैं और न उनके पीछे कोई प्रयोजन होता है। एक छोटा-सा स्फटिक भी बिना प्रयोजन के विभिन्न रंगोंवाले पदार्थों को परावर्तित करता है।

आत्मा वही और वैसी की वैसी रहती है भले ही संसार भर की शक्तियाँ अपनी अंतहीन विभिन्नताओं का प्रक्षेपण चेतना रूपी सागर के तल पर करें। इस संसार में ऐसी स्वतंत्र इकाइयाँ नहीं हैं जिन्हें 'शरीर' कहा जा सके। शरीर के रूप में जो कुछ दिखाई देता है और जो कुछ धारणाओं के रूप में देखा जाता है, सूझनेवाले पदार्थ, चाहे नश्वर हों या अनश्वर, विचार, भावनाएँ और उनके अर्थ सभी असीम चेतना रूपी ब्रह्म हैं। द्वैत का भाव है तो मात्र भ्रमित और अज्ञानी नेत्रों में। मन, बुद्धि, अहंकार, ब्रह्मांडीय मूलतत्त्व, इंद्रियाँ तथा विभिन्न पदार्थ सभी ब्रह्म ही हैं। सुख और दुख विभ्रम हैं (ऐसे शब्द हैं जिनमें सार नहीं)। जिस प्रकार पहाड़ियों में लगाई गई एक आवाज अनेक रूपों में प्रतिध्वनित होती है उसी प्रकार एक ब्रह्मांडीय चेतना 'यह मैं हूँ', 'यह मेरा है' आदि इस प्रकार की धारणाएँ अपने में अनुभूत करने लगती हूँ। एक ब्रह्मांडीय चेतना अपने में उसी प्रकार विविधता का अनुभव करती है जिस प्रकार स्वप्न में व्यक्ति अपने भीतर विभिन्न पदार्थों को देखता है।

अगस्त

स्वयं प्रभुर् महात्मैव ब्रह्म ब्रह्मविदो विदुः
अपरिज्ञातम् अज्ञानम् अज्ञानाम् इति कथ्यते (47)

वसिष्ठ ने आगे कहा :

जिस प्रकार मिट्टी में मिला हुआ सोना पहचान में नहीं आता उसी प्रकार अज्ञान के दोष के कारण ब्रह्म भी पहचान में नहीं आता। **ब्रह्म को जाननेवाला घोषणा करता है कि इतना बड़ा परमात्मा या ब्रह्म मैं स्वयं हूँ। अज्ञानी अपने अज्ञान के फलस्वरूप इस सत्य को पहचान नहीं पाता।** (अथवा ब्रह्म को जाननेवालों का यह मत है कि वही परमात्मा, परमपिता अज्ञानी में अज्ञान माना जाता है।) जैसे सोने की पहचान कर ली जाती है, वह तत्क्षण सोना हो जाता है वैसे ही जब ब्रह्म की पहचान कर ली जाती है तो वह ब्रह्म हो जाता है।

क्योंकि ब्रह्म सर्वशक्ति संपन्न है, जो विचार जब भी उसमें आता है वह बिना किसी प्रयोजन के वैसा बन जाता है। ब्रह्म को जाननेवाले घोषित करते हैं कि ब्रह्म सब का स्वामी है, वह कोई क्रिया नहीं करता, तो भी वह कर्ता भी है और माध्यम भी। कुछ करने के पीछे उसका कोई प्रयोजन नहीं होता। न उसे परिवर्तन से प्रयोजन है न रूपांतरण से। जब इस सत्य का बोध नहीं होता तो यह अज्ञानी में अज्ञान रूप में प्रकट होता है। परंतु जब इसका बोध हो जाता है तो अज्ञान का तिरोधान हो जाता है। जब किसी बंधु-बांधव को नहीं पहचाना जाता तो वह अजनबी रहता है और जब उसे पहचान लिया जाता है तो अजनबी की धारणा का तुरंत अंत हो जाता है। जब व्यक्ति जान लेता है कि द्वैत भ्रामक दृश्य है तब परम ब्रह्म का बोध होता है। जब व्यक्ति जान जाता है कि 'यह मैं नहीं हूँ' तो अहंकार की अवास्तविकता ज्ञात हो जाती है। इससे वास्तविक अनासक्ति उत्पन्न होती है। 'मैं सचमुच ब्रह्म हूँ' जब इस सत्य का बोध होता है तो सत्य के प्रति जागरूकता उत्पन्न होती है और शेष सभी कुछ उसमें विलीन हो जाता है। जब 'मैं' और 'तुम' की धारणाएँ नष्ट हो जाती हैं तो सत्य का बोध उत्पन्न होता है और व्यक्ति को इस बात का बोध हो जाता है कि जो भी है वह सब ब्रह्म ही है।

सत्य क्या है? 'दुख, कर्म, भ्रम या इच्छा से मेरा कुछ लेना-देना नहीं। मैं शांति में स्थित हूँ। दुख से मुक्त हूँ। मैं ब्रह्म हूँ।' यही सत्य है। 'मैं सभी दोषों से रहित हूँ, मैं ही सब-कुछ हूँ, मुझे कुछ नहीं चाहिए, न मुझे कुछ त्यागना ही है, मैं ब्रह्म हूँ, यही सत्य है। 'मैं रक्त हूँ, मैं मांस हूँ, मैं हड्डियाँ हूँ, मैं लड़का हूँ, मैं चेतना हूँ, मन भी हूँ, मैं ब्रह्म हूँ', यही सत्य है। 'मैं आकाश हूँ, मैं सूर्य हूँ, मैं संपूर्ण अवकाश हूँ, मैं यहाँ सभी कुछ हूँ, मैं ब्रह्म हूँ, यह सत्य है। 'मैं घास की पत्ती हूँ, मैं धरती हूँ, मैं पेड़ हूँ, मैं वन हूँ, मैं पर्वत हूँ, मैं समुद्र हूँ, मैं अद्वैत ब्रह्म हूँ' यही सत्य है। 'मैं चेतना हूँ, मुझ चेतना में सभी वस्तुएँ पिरोई हुई हैं, मेरी ही शक्ति से सभी अपने को विभिन्न कर्मों में व्यस्त रखते हैं, मैं ही सभी वस्तुओं का सार हूँ' यही सत्य है।

यह निश्चित है कि सभी पदार्थ ब्रह्म में स्थित हैं, सभी पदार्थ उसी से निस्सृत होते हैं, सभी पदार्थ ब्रह्म हैं। ब्रह्म सर्वव्यापक है, वही परमात्मा है, यह सत्य है।

21

अगस्त

चिद् आत्मा ब्रह्म सत् सत्यं ऋतं ज्ञ इति नामभिः
प्रोच्यते सर्वगं तत्त्वं चिन्मात्रं चेत्यवर्जितम् (66)

वसिष्ठ ने आगे कहा :

सत्य सर्वव्यापक है और उद्देश्यविहीन विशुद्ध चेतना है। इसे ही आत्मा, ब्रह्म, सत्ता, सत्य, व्यवस्था और शुद्ध ज्ञान कहते हैं। यह विशुद्ध है और इसी के प्रकाश में सभी प्राणी अपने आपको देखते हैं। जब अपने को मन, बुद्धि, इंद्रियाँ समझने तथा ऐसी अन्य धारणाओं का निषेध कर दिया जाता है तभी मैं ब्रह्म हूँ, मैं शुद्ध चेतना हूँ का बोध होता है। मैं अनश्वर चेतना या ब्रह्म हूँ जिसके प्रकाश में सभी तत्त्व और संपूर्ण ब्रह्मांड प्रकाशित होता है। मैं ब्रह्म की चेतना हूँ जिसमें से निकलने वाले स्फुलिंग परावर्तित चेतना को संपूर्ण ब्रह्मांड में निरंतर विकिरणित करते हैं। विशुद्ध मन द्वारा देखे जाने पर इसकी अभिव्यक्ति मौन से होती है। यद्यपि असंख्य प्राणियों के अहं-संबंधी अनवरत अनुभवों के संपर्क में आकर उन्हें ब्रह्म होने का आनंद प्रदान करती है परंतु रहती है यह उनकी पहुँच से बाहर और स्पर्श से दूर ही। यद्यपि यह समग्र सुख और आनंद का अंतिम सच्चा स्रोत है परंतु इसकी प्रकृति गहन निद्रा के समान शांत और विशुद्ध (विविधता से रहित) है। कर्ता-कर्म के संबंध में ब्रह्म के हर्ष-आनंद का पारिणामिक अनुभव अति सूक्ष्म रूप में अनुभूत होता है।

मैं सुख-सुख की गलत धारणाओं से मुक्त सनातन ब्रह्म हूँ और इसलिए विशुद्ध हूँ। मैं ही चेतना हूँ जिसमें वास्तविक और विशुद्ध अनुभवकर्ता विद्यमान है। मैं वह विशुद्ध चेतना हूँ जिसमें विचारों के हस्तक्षेप के बिना शुद्ध ज्ञान कार्यरत है। मैं ब्रह्म हूँ जो प्रबुद्ध ऊर्जा के रूप में सभी तत्त्वों (धरती, आकाश, अग्नि आदि) में क्रियाशील है। मैं वही विशुद्ध चेतना हूँ जो विभिन्न फलों में विशेष स्वाद के रूप में प्रकट होती है।

मैं अपरिवर्तनशील ब्रह्म हूँ जिसका बोध इच्छापूर्ति के फलस्वरूप होनेवाले हर्ष और इच्छा की पूर्ति न होने पर होनेवाले विषाद से ऊपर उठने पर होता है। जब सूर्य चमकता है तो संसार के पदार्थ उसके प्रकाश में दिखाई देते हैं। मैं इन दोनों के बीच की विशुद्ध चेतना हूँ जो प्रकाश की आत्मा भी है और प्रकाशित होनेवाले पदार्थ की भी आत्मा है। मैं वह विशुद्ध आत्मा या ब्रह्म हूँ जो जाग्रति, स्वप्न और गहरी निद्रा की स्थितियों में अक्षुण्ण रूप से विराजमान रहती है। इसलिए जिसे चतुर्थ या इंद्रियातीत सत्य भी कहते हैं। जिस प्रकार सैकड़ों विभिन्न खेतों में उपजे गन्नों के रस की मिठास का स्वाद एक-सा रहता है उसी प्रकार प्राणियों में निवास करनेवाली चेतना भी एक ही है—और वह चेतना मैं हूँ। मैं वह चित् शक्ति (चेतन शक्ति) हूँ जो ब्रह्मांड से अधिक व्यापक है परंतु है सूक्ष्मतम आण्विक कण से भी सूक्ष्म और इसीलिए अदृश्य भी है। मैं वह चेतन हूँ जो मक्खन की तरह दूध के कण-कण में व्याप्त है और जिसकी वास्तविक प्रकृति है अनुभवकर्ता की।

22

अगस्त

अखिलमिदमहं ममैव सर्वं त्वहमपि नाहमथेतरच्च नाहम्
इति विदितवतो जगत्कृतं मे स्थिरमथवास्तु गतज्वरो भवामि (112)

वसिष्ठ ने आगे कहा :

जिस प्रकार सोने के बने आभूषण मात्र सोना होते हैं, उसी प्रकार शरीर में मैं विशुद्ध चेतना हूँ। मैं सभी पदार्थों को अंदर और बाहर से आवृत करनेवाली आत्मा हूँ। मैं वह चेतना हूँ जो बिना किसी प्रकार के परिवर्तन के सभी अनुभवों को परावर्तित करती है तथा जिसे मलिनता छू भी नहीं पाती।

मैं उस चेतना का अभिवादन करता हूँ जो सभी विचारों को फलीभूत करती है, जो सभी ज्योतिर्पिंडों में प्रकाश है, जो परम लाभ है। वह चेतना सभी अंगों में व्याप्त है, सदा जाग्रत और सतर्क रहती है, सभी पदार्थों में निरंतर स्पंदित होती है, सदा एकरूप तथा अविक्षुब्ध रहती है जैसे कि गहरी नींद में हो। परंतु रहती सदा जाग्रत अवस्था में है। वह चेतना ऐसी वास्तविकता है जो ब्रह्मांड के हर पदार्थ को विशिष्ट लक्षणों से युक्त करती है। जो सबमें है, सबके निकट भी है परंतु है मन और इंद्रियों की पहुँच से बहुत दूर। वह जागते समय, सोते समय, स्वप्न में और चेतना की चौथी अवस्था में भी विद्यमान तथा एकरूप रहती है। जब सब विचार समाप्त हो जाते हैं, जब सब प्रकार की उत्तेजनाएँ समाप्त हो जाती हैं और जब सब प्रकार की घृणा नष्ट हो जाती है तब उसका प्रकाश चमकने लगता है। यह चेतना इच्छा और अहंभाव से रहित होती है और उसके विभाग नहीं किए जा सकते।

मैंने उस चेतना को प्राप्त कर लिया है जो सब के अंदर निवास करती है। यह है तो सब-कुछ परंतु इसमें विभिन्नता या विविधता नहीं है। यह उस ब्रह्मांडीय जाल के समान है जिसमें पक्षियों की तरह असंख्य प्राणी फँसते हैं। इसी में सभी संसार प्रकट होते हैं। वास्तव में ऐसा कुछ होता है नहीं। उस चेतना की प्रकृति है कुछ होना अथवा न होना तथा वह ऐसा स्थल है जहाँ हर शुभ और दिव्य विश्राम प्राप्त करता है। वह सभी प्राणियों की भूमिका का निर्वाह करती है। वह सभी प्रकार के प्रेम और शांति का स्रोत भी है परंतु है वह संगठित और स्वतंत्र। वह सभी जीवित प्राणियों का जीवन है। वे ऐसा अनिर्मित अमृत है जिसे किसी प्रकार कोई चुरा नहीं सकता। यह सदा बनी रहनेवाली वास्तविकता है। इंद्रियों में प्रतिबिंबित होनेवाली चेतना का अनुभव उन इंद्रियों की पहुँच से परे है। उसमें सभी प्राणी मौज करते हैं। जबकि वह विशुद्ध आनंद-रूप है परंतु है आनंद से परे और वह गरिमा रूप है परंतु है गरिमा से परे। देखने में तो वह सब-कुछ करते हुए लगती है परंतु करती कुछ है नहीं।

यह सब 'मैं' हूँ और यह सब 'मेरा' है। परंतु मैं नहीं हूँ और मैं 'मैं से भिन्न नहीं हूँ।' मुझे यह बोध हो गया है। यह संसार भ्रम हो या वास्तविकता, मैं संताप के ज्वर से विमुक्त हूँ।

अगस्त

संसारोत्तरणे युक्तिर् योगशब्देन कथ्यते
ताम् विद्धि द्विप्रकारां त्वम चित्तोपशमधर्मिणीम् (13/3)

वसिष्ठ ने कहा :

सत्य के बोध में स्थित महान संत सदा-सदा के लिए शांति और समभाव में विराजते हैं। वे रुचियों प्रवृत्तियों से मुक्त होते हैं और उनमें जन्म और मृत्यु की न इच्छा ही होती है और अनिच्छा ही। वे मेरु पर्वत के समान अपने प्रत्यक्ष अनुभव में अटल रहते हैं। वैसे वे वनों, द्वीपों और नगरों में विचरते हैं, देवदूतों की तरह स्वर्गों की भी यात्राएँ करते हैं, अपने शत्रुओं को विजित भी करते हैं, सम्राटों की तरह शासन भी करते हैं और शास्त्रोक्त विधियों के अनुसार उचित प्रतीत होनेवाले सत्कर्म भी करते हैं। वे जीवन के सुख भी भोगते हैं, दिव्य-उद्यानों में भी जाते हैं और अप्सराओं द्वारा उनका स्वागत-सत्कार भी होता है। वे गृहस्थ के कर्तव्यों का निर्वाह भी करते हैं, महायुद्धों में भी सम्मिलित होते हैं और उन विनाशकारी परिस्थितियों में भी शांत और सौम्य बने रहते हैं जिनमें और लोग अपना संतुलन और शांति खो बैठते हैं।

उनका मन पूरी तरह से सत्त्व में पैठा होता है और इस प्रकार भ्रम, अहं की धारणा, सफलता की आकांक्षा से पूर्ण रूप से मुक्त होता है। परंतु ऐसे लोग अपने कर्मों की उपलब्धियों या उनसे मिलनेवाले पुरस्कारों को अस्वीकार नहीं करते। युद्ध जीतने पर वे झूठी वाहवाही में नहीं पड़ते और न हार जाने पर दुखी या त्रस्त ही होते हैं। वे स्वाभाविक या सहज कर्म करते हैं। उनके किसी काम के पीछे इच्छा या संकल्प नहीं होता।

हे राम, ऐसे महान संतों का अनुसरण करो। तुम्हारा व्यक्तित्व अहंभाव से रहित रहे। तुम सभी काम सहज होकर करो। अदृश्य असीम चेतना ही मात्र सत्य है और वही है जिसने विविधता का यह रूप धारण कर रखा है। यह रूप न वास्तविक है और न अवास्तविक ही। इसलिए हर वस्तु से पूर्ण रूप से अनासक्त होकर रहो। अपने को नासमझ मानकर दुखी होने की आवश्यकता नहीं।

राम ने कहा : प्रभु, आपके अनुग्रह से वास्तविकता के प्रति मैं पूर्ण रूप से जाग्रत हूँ। मेरी भ्रांति दूर हो चुकी है। मैं वही करूँगा जैसा आपका आदेश होगा। निश्चय ही किसी जीवनमुक्त द्वारा प्राप्त स्थिति में मैं भी शांतिपूर्वक विश्राम कर रहा हूँ। प्रभु, प्रार्थना है कि आप कृपापूर्वक बताएँ कि कैसे प्राणरूपी जीवन-ऊर्जा को नियंत्रित करके तथा अपनी सीमाओं और बद्ध-मानसिकताओं को नष्ट करके कोई मोक्ष प्राप्त करता है।

वसिष्ठ ने कहा : **उसे लोग योग कहते हैं। वह ऐसी पद्धति है जिससे जन्म-मरण का चक्र समाप्त हो जाता है। यह मन की इंद्रियातीत स्थिति है जो दो प्रकार की होती है।**

एक प्रकार है आत्मज्ञान और दूसरा प्रकार है प्राणों का नियंत्रण। योग से अभिप्राय दूसरे प्रकार से है। वैसे परिणाम दोनों का एक ही है। कुछ लोगों के लिए अनुसंधान द्वारा आत्मज्ञान प्राप्त कठिन होता है और कुछ लोग के लिए योग द्वारा आत्मज्ञान प्राप्त करना कठिन होता है। परंतु मेरा ऐसा मानना है कि दोनों में से अनुसंधान का मार्ग सरल है। कारण यह कि आत्मज्ञान नित्य-प्रस्तुत सत्य है। अब मैं योग की पद्धति का वर्णन करूँगा।

अगस्त

स यथा जीवति खगस् तथेह यदि जीव्यते
तद्भवेज् जीवितं पुण्यं दीर्घं चोदयमेव च (14/11)

वसिष्ठ ने आगे कहा :

ऐसा कह सकते हैं कि इस असीम और अविभक्त चेतना के एक कोने में यह दृश्य संसार मरीचिका की तरह है। इस दृश्य संसार का प्रत्यक्ष कर्ता (ब्रह्मा) उसमें निवास करता है। मैं उसका मानस पुत्र हूँ। एक बार जब मैं स्वर्ग में था तब मैंने संत-महात्माओं से दीर्घजीवी लोगों की कथा सुनी थी। विचार-विमर्श के बीच महर्षि शातातप ने कहा था :

'मेरु पर्वत के एक कोने में इच्छाओं को पूरा करनेवाला एक वृक्ष है। इस पर भुशुंड नाम का कौआ रहता है। वह सभी प्रकार के राग-द्वेष से मुक्त है। धरती और स्वर्ग में कोई और ऐसा जीव नहीं जिसकी उस जैसी लंबी आयु हो। **यदि तुम-सा कोई उस जैसा दीर्घ जीवन जी सके तो वह अत्यंत प्रशंसनीय और शुभ जीवन होगा।**'

मैंने ये शब्द सुने थे। मुझे अत्यधिक प्रेरणा प्राप्त हुई थी। शीघ्र ही मैं भुशुंड से मिलने चल पड़ा। तत्क्षण मैं मेरु पर्वत के उस शिखर पर जा पहुँचा जहाँ भुशुंड रहता था। उस शिखर पर ऐसे भी पूर्ण संत रहते थे जो इच्छानुसार कोई भी रूप धारण कर सकते थे। वह विशाल वृक्ष था और दूर-दूर तक छितराया हुआ था।

मैंने उस पेड़ पर तरह-तरह के पक्षियों को भी देखा है जो वहाँ रहते थे। उसी वृक्ष पर कुछ दूरी पर मैंने कौए देखे। उन्हीं में से एक महान भुशुंड था जिसने लंबी उम्र पाई थी। अनेक युगों तक उसका जीवन फैला था। उन लोगों की स्मृति भी उसे थी जो युगों पहले हुए थे। उसमें 'मैंपन' और 'मेरापन' नहीं था। वह सभी का मित्र था और सबके साथ उसके सुसंबंध थे।

मैं भुशुंड के ठीक सामने जा खड़ा हुआ। वह जानता था कि मैं वसिष्ठ हूँ। उसने उचित ढंग से मेरा स्वागत किया। तब उसने कहा कि यह मेरा बहुत बड़ा सौभाग्य है जो इतने लंबे समय बाद आपने मुझे दर्शन दिए। आप उन लोगों में भी महान हैं जिनके प्रति श्रद्धा निवेदित की जाती है और आप यहाँ केवल मेरे पुण्यफल के परिणामस्वरूप आए हैं। कृपया बताएँ कि यहाँ आप के आने का तात्कालित कारण क्या है?

मैंने इस प्रकार उत्तर दिया : आप सचमुच सौभाग्यशाली हैं। आपके चारों ओर परम शांति विराजमान है। आपको आत्मज्ञान प्राप्त है और भ्रमरूपी दृश्य संसार के जाल से बचे हुए हैं। प्रार्थना है कि अपने संबंध में कुछ तथ्यों का स्पष्टीकरण करें। आपका जन्म किस कुल में हुआ था? आपको वह ज्ञान कैसे मिला जो एकमात्र प्राप्त करने के योग्य है? आपकी इस समय अवस्था कितनी है? क्या आपको भूतकाल की घटनाएँ याद हैं? किसने आपको इस वृक्ष पर रहने का आदेश दिया? और किसके आशीर्वाद से आपने लंबी उम्र पाई?

भुशुंड ने उत्तर दिया : हे महर्षे, आपने मेरे संबंध में कई प्रश्न पूछे हैं। मैं इन सभी का यथोचित ढंग से उत्तर दूँगा। प्रार्थना है कि आप ध्यान से सुनें। जो कथा मैं आपको सुनाऊँगा वह इतनी प्रेरणादायक है कि उसे जो कहेगा उसके पाप नष्ट हो जाएँगे और जो-जो इसे सुनेगा उसके भी पाप नष्ट हो जाएँगे।

25

अगस्त

तात ज्ञातमलं ज्ञेयं ब्राह्म्या देव्याः प्रसादतः
किन्त्वेकान्तस्थितेः स्थानं अभिवाञ्छामम् उत्तमम् (19/25)

भुशुंड ने कहा :

इस ब्रह्मांड में एक महादेव हैं जिनका नाम है हर। ये देवताओं के देवता हैं। स्वर्ग के सभी देवता इनकी आराधना करते हैं। इनकी अर्धांगिनी ने इनके आधे शरीर को धारण कर रखा है। इनके सैनिक अधिकारी भूत-प्रेत हैं। उनके चेहरे भालू, ऊँट, चूहे आदि के जैसे हैं। चौदह भुवनों के प्राणियों को आहार सुलभ करानेवाली देवियाँ उनके सम्मुख नृत्य करती थीं। इनमें सबसे अधिक प्रसिद्ध थी अलंबुसा। इसका वाहन कौआ था जिसका नाम था चंड। यह अत्यंत शक्तिशाली था और इसका रंग नीला था।

एक बार सभी देवियाँ आकाश में एकत्र हुईं। उन्होंने तुंबुरु देवता का अर्चन-पूजन किया। तुंबुरु रुद्र का ही एक रूप है। बाएँ हाथ से वे सब क्रियाएँ करने लगीं जो परम सत्य के प्रकटीकरण की परिचायक होती हैं। वे उस समय मद्य के नशे में चूर भी थीं। फिर वे एक महत्त्वपूर्ण प्रश्न पर विचार करने लगीं। प्रश्न था कि उमा के पति हर हम सबके प्रति तिरस्कारपूर्ण व्यवहार क्यों करते हैं? उन सबने निश्चय किया कि हम सब अपनी शक्ति का प्रदर्शन इस प्रकार करेंगी कि जिससे पुनः वे पहले जैसा व्यवहार करने लगें। फिर उन्होंने उमा को अपनी जादुई शक्ति से इस प्रकार अभिभूत किया कि वह अपने स्वामी हर से अलग होकर रहने लगीं। सभी देवियाँ आनंद से झूमती रहीं। कुछ मद्यपान करती रहीं, कुछ नृत्य करती रहीं, कुछ ठहाके लगाती रहीं, कुछ गर्जन करती रहीं, कुछ दौड़ती रहीं, कुछ गिरती-पड़ती रहीं और कुछ मांस-भक्षण करती रहीं।

देवी ब्राह्मी की वाहन हंसिनियाँ भी अलंबुसा के वाहन चंड कौए के साथ नृत्य करती रहीं। एक-एक करके सभी ने चंड के साथ जोड़ा खाया। वे सभी नशे में थीं ही। शीघ्र ही वे गर्भवती हुईं। हंसिनियों ने इस संबंध में सब-कुछ ब्राह्मी को भी बता दिया।

ब्राह्मी ने हंसिनियों से कहा : 'आप सभी के पेट में बच्चे हैं इसलिए आप अपने कार्य का निर्वाह करने में सक्षम नहीं। इसलिए थोड़े समय के लिए आप जहाँ जाना चाहें चली जाएँ।' इतना कहकर देवी गहरे सोच में पड़ गई।

समय पाकर हंसिनियों ने इक्कीस अंडे दिए और कुछ ही समय बाद वे सेए गए। इस प्रकार चंड कौए के परिवार में हम इक्कीस ने जन्म लिया। अपनी माताओं के साथ हमने देवी ब्राह्मी का अर्चन-पूजन किया। उनकी कृपा से हमने आत्मज्ञान और मोक्ष प्राप्त किया। फिर हम लोग अपने पिता के पास गए। उन्होंने हमें गले लगाया। इसके बाद हमने देवी अलंबुसा की पूजा-अर्चना की।

चंड ने कहा : बच्चों, वासना और संसक्ति की बेड़ियाँ तोड़ कर क्या तुम लोग दृश्य संसार रूपी जाल के बाहर हो गए हो? यदि नहीं, तो आओ उस देवी की आराधना करो जिसकी कृपा से तुम ज्ञान प्राप्त कर सकोगे। हम लोगों ने उत्तर दिया : **"पिताजी हमने देवी ब्राह्मी के अनुग्रह से वह ज्ञान प्राप्त कर लिया है जो प्राप्ति के योग्य है। तब हमने देवी अलंबुसा का अर्चन-पूजन किया।"**

अपने पिता के आज्ञानुसार हम सभी यहाँ आ गए और इस घोंसले में रहने लगे।

26

अगस्त

ततस्ततश्च पर्यस्तं लुठितं न च वृत्तिषु
नापरमृष्ट तत्त्वार्थम् अस्माकं भगवन् मनः (35)

भुशुंड ने कहा :

युगों पहले की बात है। एक संसार था जिसकी स्मृति अब भी हमें हैं। हमने उसे अपनी आँखों से देखा था।

वसिष्ठ ने पूछा :

तुम्हारे भाइयों का क्या हुआ? यहाँ तो हम तुम्हें अकेला ही देख रहे हैं?

भुशुंड ने कहा : हे महर्षि, लंबा समय बीत चुका है। समय पाकर मेरे भाइयों ने अपना-अपना शरीर छोड़ा और स्वर्ग में भगवान शिव के पास चले गए। निश्चय ही पवित्र और सशक्त दीर्घजीवी व्यक्तियों को भी काल (मौत) खा जाता है।

वसिष्ठ ने पुनः पूछा :

कैसे तुम गर्मी-सर्दी सहते रहे और आग और आँधियों से अपनी रक्षा करते रहे?

भुशुंड ने कहा :

निश्चय ही कौए की काया में जनसामान्य की उपेक्षा (घृणा) अत्यधिक झेलनी पड़ती है। कौए की योनि कोई अच्छी स्थिति की सूचक नहीं। जहाँ तक सृष्टिकर्ता का प्रश्न है उसने क्षुद्र कौए के निर्वाह के लिए भी बहुत-कुछ सुलभ कर रखा है। परंतु हम लोग आत्मा में लीन रहे, सुखी और प्रसन्न रहे इसलिए अनेक विपदाओं से हमारी रक्षा हो सकी। हम लोग दृढ़तापूर्वक आत्मा में स्थित रहे। उन व्यर्थ की क्रियाओं को हमने त्याग दिया जो मन और शरीर को क्षत-विक्षत कर देती हैं। इस भौतिक शरीर के लिए दुख की बात न इस जीवन में है और न मृत्यु में ही। इसलिए हम जैसे हैं वैसे ही रहे, जो है उससे अधिक पाने की चाह हममें कभी नहीं हुई।

हमने संसारों का भाग्य देखा है। हम लोग शरीर से अपनी पहचान मनसा नहीं करते। आत्मज्ञान में स्थित तथा इस वृक्ष पर रहते हुए मैं समय के प्रवाह को देखता रहा हूँ। प्राणायाम के द्वारा मैं समय के विभागों से ऊपर उठ चुका हूँ। सभी प्राणी नष्ट हों या अस्तित्व ग्रहण करें, हमें किसी प्रकार का भय नहीं। ये सभी जीव समय-सागर (मौत) में प्रविष्ट होंगे, हम तो इस सागर के किनारे पर बैठे हैं इसलिए अप्रभावित और सुरक्षित हैं। ऊपर से देखने में हम जैसे लगते हैं वैसे हम हैं नहीं। हम न किसी से कुछ लेते हैं न कुछ देते हैं। बस ऐसे ही हम इस पेड़ पर रहते हैं।

यद्यपि हमने अपने को विविध क्रियाओं में लगा रखा है परंतु कभी हम मानसिक क्रियाकलापों में आकंठ डूबे नहीं और न ही हमने कभी वास्तविकता से नाता ही तोड़ा है।

हे महर्षे, देवताओं ने समुद्र-मंथन के द्वारा जो अमृत प्राप्त किया वह उस अमृत की अपेक्षा घटिया था जो आप जैसे ऋषियों के मुख से आशीर्वाद रूपी अमृतधारा के रूप में निस्सृत होता है। मेरी समझ में इच्छा और लालसा से रहित संतों की संगति से अधिक श्लाघ्य कोई और पदार्थ नहीं। हे महर्षे, यद्यपि मुझे पहले ही आत्मज्ञान प्राप्त हो चुका है फिर भी आज आपके दर्शन और संगति से मेरा जीवन धन्य हुआ है।

27

अगस्त

ब्रह्मन्नियतिरेषा हि दुर्लंघ्या पारमेश्वरी
मयेदृशेन वै भाव्यं भाव्यम् अन्यैस् तू तादृशैः (23)

भुशुंड ने कहा :

न अनेक प्राकृतिक उत्पात इस कल्पवृक्ष को हिला पाए और न इसमें रहनेवाले प्राणियों के उपद्रव ही इसे डिगा पाए। दानवों ने भी इसे कई बार नष्ट करने का प्रयास किया और उन्होंने पृथ्वी पर जब अपना प्रभुत्व भी कर लिया था तब परमात्मा बीच में पड़े थे और उन्होंने दानवों के कब्जे से पृथ्वी को छुड़ाया था। इन सभी स्थितियों में यह वृक्ष अप्रभावित रहा। प्रलय के समय ब्रह्मांडीय बाढ़ और सूर्य के प्रचंड ताप से भी यह बचा रहा। इस प्रकार इस वृक्ष पर रहनेवाले हम जीव भी सुरक्षित रहे। अपवित्र स्थान पर रहनेवाले को बुराई ग्रस लेती है।

वसिष्ठ ने पूछा :

ब्रह्मांडीय प्रलय में जब सब-कुछ नष्ट हो जाता है तब तुम कैसे बचे?

भुशुंड ने कहा :

प्रलय के समय मैंने अपना घोंसला उसी प्रकार छोड़ दिया था जिस प्रकार कृतघ्न व्यक्ति अपने मित्र को छोड़ देता है। तब मैं ब्रह्मांडीय आकाश से जुड़ा रहा। साथ ही सब प्रकार के विचारों और प्रवृत्तियों से अछूता रहा। जब बारह ब्रह्मांडीय सूर्यों ने प्रचंड असह्य ताप सृष्टि पर डाला तब मैंने 'वारुणी-धारणा' का अभ्यास किया और अप्रभावित रहा। (वरुण जल के देवता हैं, वारुणी-धारणा से अभिप्राय है वरुण देव का चिंतन।) जब पवन का वेग पर्वतों को भी उखाड़ डालता था तो मैंने 'पार्वती-धारणा' का अभ्यास किया और अप्रभावित रहा। (पर्वत पहाड़ को कहते हैं और 'पार्वती-धारणा' से अभिप्राय है पर्वत का चिंतन।) जब संपूर्ण ब्रह्मांड ब्रह्मांडीय प्रलय में डूब रहा था तब मैंने 'वायु-धारणा' का अभ्यास किया और सुरक्षित रहा। (वायु हवा को कहते हैं और 'वायु-धारणा' से अभिप्राय है वायु का चिंतन।) जब तक नया युग-चक्र नहीं चला तब तक मैं कुछ वैसे रहा जैसे गहरी नींद में होऊँ। जब नए सृष्टिकर्ता ने नई सृष्टि रची तो मैंने पुनः अपने घोंसले की शरण ली।

वसिष्ठ ने कहा :

जो तुमने किया वह औरों ने क्यों नहीं किया?

भुशुंड ने उत्तर दिया :

हे महर्षि, परमात्मा की इच्छा का उल्लंघन नहीं किया जा सकता। उसकी इच्छा है कि मैं ऐसे ही रहूँ और वे वैसे ही रहें। क्या होना चाहिए इसकी नाप-जोख कोई नहीं कर सकता। जो होता है वह हर जीव की अपनी प्रकृति के अनुसार ही होता है। इस प्रकार अपनी विचार-शक्ति या धारणा के अनुसार मुझे यह वृक्ष इसी स्थान पर हर युग में इसी रूप में प्राप्त हुआ।

28

अगस्त

दृष्टानेकविधानल्प सर्गसंगगमागमः
किं किं स्मरसि कल्याण चित्रमस्मिन जगत्क्रमे (21/27)

वसिष्ठ ने पूछा :

तुमने इतनी लंबी उम्र पाई है जिससे समझा जा सकता है कि तुमने परम मोक्ष प्राप्त कर लिया है। तुम ज्ञानी, वीर और महान योगी हो। प्रार्थना है, कि इस युग तथा पिछले युगों से संबद्ध ऐसी असाधारण घटनाओं का वर्णन करो जो तुम्हें याद हों।

भुशुंड ने कहा :

मुझे स्मरण है कि एक समय इस पृथ्वी पर कुछ भी नहीं था। न पेड़ थे न पौधे और न पहाड़ ही। ग्यारह हजार वर्षों तक यह पृथ्वी ज्वालामुखी के लावे से आच्छादित रही। उन दिनों ध्रुव प्रदेश के नीचे न दिन ही था न रात ही। शेष पृथ्वी पर न सूरज का ही प्रकाश था और न चंद्रमा की चाँदनी ही। मात्र आधा ध्रुव प्रदेश ही आलोकित था।

तब पृथ्वी पर दानवों का शासन था। वे भ्रमित, शक्तिशाली और समृद्ध थे। धरती उनकी क्रीड़ा-भूमि थी।

ध्रव प्रदेश के अतिरिक्त अन्य भूभाग जल से आच्छादित थे। इसके बाद ही दीर्घकाल तक ध्रुव प्रदेश को छोड़कर शेष सारी पृथ्वी वनों से आच्छादित रही। तब विशाल पर्वत अस्तित्व में आए। ये मानवविहीन थे। फिर दस हजार वर्षों तक धरती दानवों के दुखों से पटी रही।

एक बार ऐसा भी हुआ कि आकाश में विचरण करनेवाले देवता भ्रमवश अदृश्य हो गए और संपूर्ण पृथ्वी एक पर्वत के समान बन गई। ऐसी बहुत सी घटनाएँ मुझे याद हैं। लेकिन जो महत्त्वपूर्ण हैं उन्हीं का मैं उल्लेख करूँगा।

मैंने अपने जीवनकाल में असंख्य मनुओं (मानव जाति के सृष्टिकर्ताओं) का आना और जाना देखा। एक समय ऐसा भी था जो देवताओं से भी रहित था और दानवों से भी रहित। मात्र एक तेजोद्दीप्त ब्रह्मांडीय अंड। एक समय ऐसा भी था जब संसार में मात्र ब्राह्मणों का ही एकमात्र वर्ग था जो मद्यव्यसनी थे। शूद्र (सेवक वर्ग) देवताओं की हँसी उड़ाते थे और स्त्रियाँ बहुपति धारण करती थीं। एक युग ऐसा भी था जब भूमि पर जंगल ही जंगल थे और समुद्र की कल्पना भी नहीं की जा सकती थी और मनुष्यों की उत्पत्ति अनायास ही हो रही थी। एक समय ऐसा भी था न पहाड़ ही थे न भूमि ही। देवता और संत आकाश में रहते थे। एक समय ऐसा भी था जब न देवता ही थे और न संत ही। चारों ओर अंधकार ही अंधकार था।

पहले सृष्टि-रचना की धारणा हुई। तब प्रकाश हुआ और फिर हुआ ब्रह्मांड का विभाजन। तब एक-एक कर विविध पदार्थों का सर्जन हुआ और नक्षत्र और ग्रहण अस्तित्व में आए।

एक युग में मैंने सृष्टि के रचयिता भगवान विष्णु को देखा। एक अन्य युग में सृष्टि की रचना करनेवाले ब्रह्मा को भी देखा और एक बार शिव भी सृष्टिकर्ता के रूप में दिखाई पड़े।

जो कुछ इस सृष्टि में हो रहा है वह ठीक इसी रूप में पिछली तीन सृष्टियों में भी हुआ। वैसे मुझे पिछली दस सृष्टियों की घटनाओं का स्मरण है।

अगस्त

अन्धहीकृतहृदाकाशाः कामकोप विकारजाः
चिन्ता न परिहिंसन्ति चित्तं यस्य समाहितम् (16)

वसिष्ठ ने पूछा :

हे भुशुंड, कैसे तुम्हारी काया को मृत्यु ने भक्षण नहीं किया?

भुशुंड ने उत्तर दिया : जिसे राग-द्वेष नहीं होता तथा जिसमें मिथ्या धारणाएँ या प्रवृत्तियाँ नहीं होतीं उसे मृत्यु नहीं भरमाती। मौत उसको नहीं मारना चाहती जो मानसिक रोगों से पीड़ित नहीं होता, जिसमें चिंता और दुश्चिंताओं को जन्म देनेवाली इच्छाओं और आशाओं का अभाव होता है, जो लोभ से विषाक्त नहीं होता, जिसका शरीर और मन क्रोध और घृणा की आग से दग्ध नहीं होता, जो कामाग्नि की चक्की में पिसा नहीं होता तथा जो विशुद्ध ब्रह्म में स्थित होता है और जिसका मन बंदर की तरह विभ्रांत नहीं होता। **जिसका मन और हृदय परम शांति में स्थित होता है उसे काम और घृणा से उत्पन्न होनेवाली अंधी बुराइयाँ छू भी नहीं पातीं।**

आत्मा (असीम चेतना) का चिंतन दुखों का परिहार करता है, दृश्य संसार रूपी दीर्घ स्वप्न का नाश करता है, मन और हृदय को शुद्ध करता है और चिंताओं तथा विपत्तियों से बचाता है। परंतु इस चिंतन के अपने बंधु भी हैं। जो चिंतन से मिलते-जुलते हैं। उनमें से एक है जीवनशक्ति या प्राणों का चिंतन जो दुखों पर विजय दिलाता है और शुद्धता या पवित्रता की अभिवृद्धि करता है। प्राणों के चिंतन के द्वारा ही मैंने दीर्घ जीवन प्राप्त किया है और आत्मज्ञान भी मुझे मिला है।

हे प्रभु, इस मोहक शरीर को देखें। इसके तीन स्तंभ (तीन नाड़ियाँ) हैं और नौ द्वार हैं। इसकी रक्षा अहं करता है जिसकी आठ पत्नियाँ (पुर्यष्टक) हैं और अनेक हैं नातेदार (मूल तत्त्व)। काम के ठीक मध्य में इड़ा और पिंगला हैं। तीन कमल जैसे चक्र हैं। ये चक्र मांस और अस्थियों से बने हैं। जब प्राण वायु इन चक्रों को आर्द्र करती है तो कमल के समान चक्र की पत्तियाँ स्पंदन करने लगती हैं। इनके स्पंदन से प्राणवायु भी फैलती है। इससे ये नाड़ियाँ ऊपर और नीचे अपनी किरणें बिखेरने लगती हैं। संत लोग इन प्राणवायुओं को भिन्न-भिन्न नामों से पुकारते हैं-प्राण, अपान, समान आदि। यह नामकरण उनके विभिन्न कार्यों के आधार पर हुआ है। इन सभी को ऊर्जा केंद्रीय चक्र हृत्चक्र से प्राप्त होती है।

हृत् कमल में जो ऊर्जा स्पंदित होती है उसका नाम है-प्राण। प्राण नेत्रों को देखने की शक्ति प्रदान करता है, मुँह को बोलने की शक्ति देता है, भोजन को पचाता है और शरीर के सभी प्रकार्य करता है। इसके दो मुख्य कार्य हैं एक ऊपर और दूसरा नीचे। इसीलिए इसके क्रमशः दो नाम भी हैं-प्राण और अपान। मेरा उनके प्रति पूज्यभाव है। वे थकान से दूर हैं। हृदय में सूर्य और चंद्र की तरह चमकते हैं। वे उस मन रूपी गाड़ी के पहिए हैं जो शरीर रूपी नगर का अपने को संरक्षक समझता है। अहं रूपी राजा के प्रिय अश्व भी हैं। उनके प्रति श्रद्धान्वत रहता हूँ और रहता हूँ सदा एकरूप रहनेवाली चेतना में स्थित कि जैसे गहरी नहीं में होऊँ।

जो प्राण और अपान के प्रति पूज्य भाव रखता है वह इस संसार में पुनः जन्म नहीं लेता और वह बंधन से मुक्त हो जाता है।

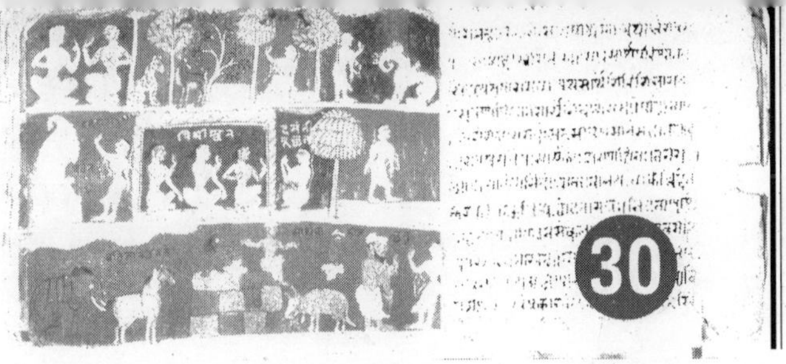

अगस्त

यत्करोति यद् अश्नाति बुद्ध्यैवालम् अनुस्मरन्
कुंभकादीन् नरः स्वान्तस् तत्र कर्ता न किञ्चन (22)

भुशुंड ने कहा :

प्राण निरंतर शरीर के अंदर और बाहर गतिशील रहता है। प्राण जीवनाधार है और शरीर के ऊपर के हिस्से में रहता है। अपान भी प्राण की तरह शरीर के अंदर तथा बाहर गतिशील रहता है परंतु यह निचले हिस्से में रहता है। प्रार्थना है कि आप इस जीवनशक्ति के विस्तार तथा नियंत्रण के अभ्यास को सुनें क्योंकि जाग्रत या सुप्त रहनेवाले के कल्याण के लिए यह सहायक है।

हृत् कमल प्राणशक्ति का केंद्रस्थल है और यहीं से प्राण स्वतः तथा बिना प्रयास बाहर प्रवाहित होता है। इस क्रिया को उच्छ्वासन या रेचक क्रिया कहते हैं। जब श्वास अंदर लेते हैं तो वह प्राणशक्ति के स्रोत को स्पर्श करता है जो हृत् कमल से बारह अंगुल नीचे है। इस क्रिया को पूरक कहते हैं।

जब अपान की गति रुक जाती है और प्राण हृदय से उठते ही नहीं और न बाहर ही निकलते हैं और जब तक श्वास क्रम पुनः आरंभ नहीं होता तो इस स्थिति को कुंभक कहते हैं। इस प्रकार रेचक, कुंभक और पूरक तीन स्थितियाँ हैं : (१) (नाक के) बाहर, (२) द्वादशांत के नीचे (मस्तक के ऊपर या सामने बारह अंगुल की दूरी पर), (३) प्राण का स्रोत (हृत् कमल)।

अब स्वाभाविक तथा सहज प्राणशक्ति की निरंतर गतिशीलता के संबंध में सुनें। अपने से बारह अंगुल की दूरी तक रेचक क्रिया की गतिशीलता होती है। इस स्थिति में अपान वायु (कुंभकार के मिट्टी के अनिर्मित घड़े की तरह) द्वादशांत में रहती है। इसे बाह्य कुंभक कहते हैं।

जब बाहर निकलनेवाला प्रश्वास नाक की नोक तक पहुँचता है तब इसे रेचक कहते हैं। जब वह द्वादशांत तक फैलता है तो उसे बाह्य रेचक कहते हैं। जब प्राण की प्रश्वास गति बाहर बंद हो जाती है और जब तक अपान ऊपर नहीं उठता तब इस स्थिति को बाह्य कुंभक कहते हैं। लेकिन जब अपान अंदर प्रवाहित होता है और प्राण अभी ऊपर नहीं उठता तो इसे आंतर कुंभक कहते हैं। जब द्वादशांत से अपान उठता है और अंदर फैलता है तो इसे आंतर पूरक कहते हैं। जो इन कुंभकों को जान लेता है उसका पुनः जन्म नहीं होता।

कोई चलता हो या खड़ा हो, जागता हो या सोता हो ये जीवनाधार वायुएँ जो स्वाभावतः गतिशील हैं–इन अभ्यासों से नियंत्रित की जाती हैं। **तब व्यक्ति जो भी करता या खाता है तो इन कुंभकों को जाननेवाला कर्मों का कर्ता नहीं होता।** कुछ ही दिनों में वह परम स्थिति प्राप्त कर लेता है। जो इन कुंभकों का अभ्यास करता है वह बाह्य पदार्थों से आकृष्ट नहीं होता। जिन्हें यह दृष्टि प्राप्त होती है–वे सक्रिय हों या अक्रिय–वे बंधन में नहीं पड़ते। उन्होंने वह प्राप्त कर लिया होता है जो उन्हें प्राप्त करना होता है।

द्वादशांत से अभिप्राय शरीर से बाहर का बारह अंगुल की दूरी का चुंबकीय क्षेत्र है। प्राण और अपान भी इस चुंबकीय क्षेत्र के अंग होते हैं।

अगस्त

बाह्ये तमसि संक्षीणे लोकालोकः प्रजायते
हार्दे तु तमसि क्षीणे स्वालोको जायते मुने (44)

भुशुंड ने कहा :

जब प्राण और अपान के प्रति पूज्यभाव रखने से हृदय और मन के दोष दूर हो जाते हैं तो व्यक्ति भ्रम से मुक्त हो जाता है, अंदर से जाग्रत रहता है और कुछ भी करते रहने पर भी अपनी आत्मा में स्थित रहता है।

हे महर्षे, प्राण हृत्कमल से आरंभ होता है और शरीर से बारह अंगुल की दूरी पर समाप्त होता है। अपान द्वादशांत (बारह अंगुल से दूरी पर) से आरंभ होता है और हृत्कमल में जाकर समाप्त होता है। इस प्रकार अपान वहाँ से आरंभ होता है जहाँ पर प्राण समाप्त होता है। प्राण लौ के समान है जो ऊपर उठता है और बुझ जाता है, अपान जल की तरह है जो नीचे हृत्कमल की ओर जाता है।

अपान चंद्रमा के समान है जो शरीर की बाहर से रक्षा करता है, प्राण सूर्य या अग्नि के समान है जो शरीर का आंतरिक उपकार करता है। प्राण हर क्षण हृदयाकाश में ताप उत्पन्न करता है तथा इस ताप को उत्पन्न करने के बाद यह मुख के सामने के आकाश में भी ताप उत्पन्न करता है। अपान चंद्रमा है वह मुख के सामने के आकाश को पुष्ट करता है और फिर हृदयाकाश को भी पुष्ट करता है।

यदि कोई उस स्थल तक पहुँचता है जहाँ अपान प्राण से मिलता है तो फिर उसे कोई दुख नहीं सताता और न ही वह फिर जन्म ही लेता है। वस्तुस्थिति यह है जब प्राण अपने प्रचंड ताप का त्याग कर परिवर्तित रूप में अपान का रूप ग्रहण करता है तब वही प्राण चंद्रमा की शीतलता का त्याग कर पुनः अपना प्राकृतिक रूप–सूर्य की शोधनकारी अग्नि–प्राप्त कर लेता है। ज्ञानी लोग प्राण की प्रकृति में तब तक अनुसंधान करते हैं जब तक वह अपनी सौर प्रकृति का त्याग कर चांद्र प्रकृति नहीं धारण कर लेता। जो अपने हृदय में सूर्य और चंद्रमा के उदय और अस्त होने से संबद्ध सत्य को जान लेते हैं वे पुनः जन्म नहीं लेते। जो अपने हृदय में सूर्य का दर्शन करता है वह सत्य को जान लेता है।

परिपूर्णता की प्राप्ति के लिए व्यक्ति को बाह्य अंधकार के रोकथाम या रक्षा की आवश्यकता नहीं वरन् हृदय के अज्ञान रूपी अंधकार को नष्ट करने का प्रयत्न करना चाहिए। **जब बाह्य अंधकार नष्ट हो जाता है, व्यक्ति संसार को देखने में समर्थ होता है, जब हृदय का अज्ञान रूपी अंधकार नष्ट होता है तब आत्मज्ञान उत्पन्न होता है। अतः व्यक्ति को प्राण और अपान को देखना चाहिए। इन्हीं का ज्ञान मुक्ति प्रदान कराता है।**

अपान की समाप्ति हृदय में जिस स्थल पर होती है वहाँ से प्राण आरंभ होता है। जहाँ प्राण उत्पन्न होता है वहाँ अपान नष्ट होता है। जहाँ अपान जन्म लेता है वहाँ प्राण नष्ट होता है। जब प्राण की हलचल बंद होती है और जहाँ अपान जन्म लेता है, वहाँ प्राण नष्ट हो जाता है जब प्राण की हलचल बंद हो जाती है और जब अपान आरंभ होने को होता है। व्यक्ति बाह्य कुंभक का अनुभव करता है। जिसकी जड़ें इसमें स्थित होती हैं उसे फिर दुख नहीं सताता। जब अपान की हलचल बंद हो जाती है और प्राण अभी कुछ–कुछ आरंभ होता है तब व्यक्ति आंतरिक कुंभक का अनुभव करता है। जो इसमें स्थित होता है उसे फिर दुख नहीं सताता।

सितम्बर

यत्र प्राणोह्यपानेन प्राणेनापान एव च
निगीर्णौ बहिरंतश्च देशकालौ च पश्यतौ (57)

भुशुंड ने कहा :

यदि प्राण को अपान के आरंभ होने के बारह अंगुल के क्षेत्र से बाहर छोड़ा जाए और तब कुंभक करें तो दुख फिर होगा ही नहीं। अथवा यदि कोई अपने अंदर उस स्थल को देखने में समर्थ होता है जहाँ अंदर खींचा हुआ प्राण बाहर निकलने की उमंग में परिवर्तित होता है तो वह पुनः जन्म नहीं लेता।

प्राण और अपान की हलचल जहाँ समाप्त होती है, शांति की उस स्थिति को पकड़नेवाला फिर दुख को प्राप्त नहीं होता।

यदि कोई अपान द्वारा प्राण को भक्षित करने के ठीक स्थल और ठीक क्षण का अत्यंत सावधानी से निरीक्षण करे तो उसे फिर दुख नहीं होता। यदि कोई प्राण द्वारा अपान को भक्षित करने के ठीक स्थल और ठीक क्षण का अत्यंत सावधानीपूर्वक निरीक्षण करे तो उस का मन पुनः उत्पन्न नहीं होता। इसलिए **उस स्थल और उस क्षण को देखो जिसमें प्राण का भक्षण अपान और अपान का भक्षण प्राण शरीर के अंदर और बाहर करते हैं।** उस सूक्ष्म क्षण में जिसमें प्राण की हलचल बंद हुई हो और अपान की हलचल अभी न हुई हो, कुंभक उत्पन्न होता है और बिना किसी प्रयास के उत्पन्न होता है। ज्ञानी इसे महत्त्वपूर्ण स्थिति मानते हैं। जब श्वास का बिना प्रयास स्थगन हो, वह परम अवस्था है। यही आत्मा है, यही शुद्ध असीम चेतना है। जो यहाँ पहुँच जाता है वह फिर दुखी नहीं होता।

मैं उसी असीम चेतना का चिंतन करता हूँ जिसकी उपस्थिति और निवास प्राण में है परंतु जो न तो प्राण के साथ है और प्राण से भिन्न ही है। मैं उस असीम चेतना का चिंतन करता हूँ जिसकी उपस्थिति और निवास अपान में है परंतु जो न अपान के साथ है और न उससे अलग ही। प्राण और अपान दोनों के न रह जाने पर जो शेष रहता है तथा प्राण और अपान के बीच रहता है मैं उस असीम चेतना का चिंतन करता हूँ। मैं उस असीम चेतना का चिंतन करता हूँ जो प्राण का प्राण है, जो जीवन का जीवन है और जो अकेले ही शरीर के रक्षण का दायित्व निभाता है। वह मन का मन है, बुद्धि में बुद्धिमत्ता है और अहंभाव में वास्तविकता है। मैं उस चेतना को प्रणाम करता हूँ जिसमें सभी पदार्थों का वास है, जिसमें से वे (सभी पदार्थ) प्रादुर्भूत होते हैं, जो सब–कुछ और सब जगह है, जिसके अतिरिक्त कुछ है ही नहीं, जो शाश्वत है जो सबको शुद्ध करती है और जिसका दृष्टिकोण अत्यंत प्रशंसनीय है। मैं उस चेतना को प्रणाम करता हूँ जिसमें प्राण हलचल बंद कर देता है और अपान अपनी हलचल आरंभ नहीं करता और जो आकाश में वास करती है, नाक के ठीक सामने (अथवा उसकी जड़ में) स्थित है। मैं उस चेतना को प्रणाम करता हूँ जो प्राण और अपान दोनों का उद्गम स्थल है, जो प्राण और अपान दोनों की ऊर्जा है और जो इंद्रियों को कार्यक्षम बनाती है। मैं उस चेतना को प्रणाम करता हूँ जो बाह्य और आंतरिक कुंभकों का सार है, जो प्राण के चिंतन का एकमात्र ध्येय है, जो प्राण को क्रियाशील बनाती है और जो सब कारणों का कारण है। मैं उस परम शक्ति में आश्रय लेता हूँ।

सितम्बर

न भूतं न भविष्यं च चिंतयामि कदाचन
दृष्टिम् आलंब्य तिष्ठामि वर्तमानामिहात्मना (57)

भुशुंड ने कहा :

उक्त वर्णित प्राणायाम का व्यवस्थित ढंग से तथा नियमित रूप से अभ्यास करने से मैंने शुचिता प्राप्त की और मेरु पर्वत के कंपित हो उठने पर भी मैं अविक्षुब्ध रहा। समाधि की यह स्थिति या पूर्ण शांति की यह स्थिति चलने-फिरने या खड़े रहने पर अथवा जागते, सोते या स्वप्न की अवस्था में भी गड़बड़ाती नहीं। जीवन की सभी स्थितियों में मैं आत्मा में ही स्थित रहा। वही मेरी दृष्टि में रही। फिर संसार में चाहे जो भी स्थितियाँ रहीं हों। इस प्रकार विगत ब्रह्मांडीय प्रलय के समय से ही लगातार मैं रहता चला आ रहा हूँ।

मैं भूत या भविष्य का चिंतन नहीं करता, मेरा ध्यान निरंतर वर्तमान पर टिका रहता है। मैं वही करता हूँ जो मुझे करना होता है और वह भी परिणाम का विचार किए बिना करता हूँ। मैं विचार नहीं करता कि कुछ है या नहीं, अच्छा है या बुरा। मैं आत्मा में ही स्थित रहता हूँ। अत: मैं प्रसन्न हूँ, स्वस्थ हूँ और रोगमुक्त हूँ।

मेरी वर्तमान अवस्था प्राण और अपान के मिलन के क्षण के चिंतन का परिणाम है। (आत्मा का तभी प्रकटन होता है।) 'मैंने यह प्राप्त कर लिया है' और 'मैं वह प्राप्त कर लूँगा' इस तरह की निरर्थक धारणाओं का मैंने कभी सत्कार नहीं किया। न अपनी न किसी की कभी या कहीं प्रशंसा ही करता हूँ और न निंदा ही। किसी अच्छी चीज के प्राप्त होने पर मेरा मन न तो प्रफुल्ल होता है और न किसी बुरी चीज के प्राप्त होने पर विषादपूर्ण ही। यही कारण है मेरे सुखी और स्वस्थ होने का। मैंने परम संन्यास को अपना लिया है। मैंने तो जीने की इच्छा का भी त्याग कर दिया है। अत: मेरे मन में किसी बात की इच्छा या लालसा उत्पन्न ही नहीं होती और मन शांत और संतुलित रहता है। सभी पदार्थों को देखने का मेरा एक ही आधार या सामान्य स्तर है, फिर चाहे वह लकड़ी का टुकड़ा हो, सुंदर स्त्री हो, पहाड़ हो, घास की पत्ती हो, बर्फ, आग या आकाश हो। 'मैं अब क्या करूँ' या 'कल सुबह मुझे क्या करना होगा' जैसे विचारों से मैं चिंतित नहीं होता।

शारीरिक कार्य करने पर भी मैं कभी नहीं सोचता कि मैं शरीर हूँ क्योंकि मैं जानता हूँ कि दृश्य संसार भ्रम मात्र है और इसमें इस प्रकार रहना चाहिए कि जैसे कोई नींद में हो। मुझे संपदा मिले या विपदा मैं विक्षुब्ध नहीं होता। मैं दोनों को उसी प्रकार समान भाव से देखता हूँ जिस प्रकार अपनी दोनों भुजाओं से मैं जो कुछ भी करता हूँ उसमें न मेरी इच्छा का लेश होता है न अहं का ही। इसीलिए जब मैं शक्तिशाली होता हूँ तो मेरा सिर नहीं फिरता और जब मैं निर्धन होता हूँ तो मैं किसी के आगे हाथ नहीं पसारता। आशाओं और प्रत्याशाओं को मैं अपने पास फटकने नहीं देता और जब कोई वस्तु पुरानी पड़ जाती या जर्जर हो जाती है तो मैं उसे नए रूप में जैसे नई आँखों से देखता हूँ। जो प्रसन्न हैं उनके साथ मैं भी खुशी मनाता हूँ जो दुखी होते हैं उनका दुख बँटाता हूँ। मैं सभी का मित्र हूँ। वैसे मैं जानता हूँ कि न कोई मेरा है और न मैं किसी का। मैं जानता हूँ कि मैं ही संसार हूँ, उसकी बुद्धिमत्ता हूँ और उसकी सभी क्रियाएँ हूँ। यही मेरे दीर्घजीवन का रहस्य है।

सितम्बर

दीर्घस्वप्नम् इमं विद्धि दीर्घं वा चित्तविभ्रमम्
दीर्घं वापि मनोराज्यं संसारं रघुनंदन (28/28)

वसिष्ठ ने कहा :

इसके उपरांत मैंने भुशुंड से कहा, "हे देव, यह सब अत्यंत चमत्कारपूर्ण है, आपकी आत्मकथा अद्भुत है। वे सचमुच सौभाग्यशाली हैं जिन्हें आपके दर्शन प्राप्त होते हैं। आप द्वितीय सृष्टिकर्ता के तुल्य हैं। आप जैसे महानुभाव विरल हैं। आपके दर्शन से मैं पुण्य का भागी बना हूँ। आप पर प्रभु की कृपा सदा बनी रहे। अब मुझे जाने की आज्ञा दें।"

हे राम, इतना सुनने के बाद भुशुंड ने मेरी पूजा की। बार-बार आपत्ति करने पर भी वह मुझे कुछ दूरी तक छोड़ने आया। उसने मेरा हाथ अपने दोनों हाथों से थामे रखा और इस प्रकार दृढ़ मैत्री का उसने परिचय दिया। तब हम विदा हुए। मित्रों के लिए विदाई कठिन समय की द्योतक होती है। यह गत युग अर्थात् कृत युग की घटना है। अब त्रेता युग है। ऐसी ही भुशुंड की कथा रही। हे राम, तुम भी भुशुंड द्वारा निर्दिष्ट प्राणायाम अपनाओ और उसी की तरह रहने का प्रयास करो।

हे राम, जिस घर को हम शरीर कहते हैं उसे वस्तुतः किसी ने बनाया नहीं है। स्वप्नावस्था में स्वप्न वास्तविक लगते हैं उसी प्रकार जब शरीर की अनुभूति वास्तविक पदार्थ के रूप में करते हैं तो वह वास्तविक लगता है। हड्डियों और मांस के इस पिंड को 'मैं यह शरीर हूँ' की धारणा का रूप मानसिक पूर्ववृत्ति के द्वारा दिया जाना निरा भ्रम है। इस धारणा का त्याग करो। ऐसे हजारों शरीर हैं जिन्हें तुम्हारी विचार-शक्ति ने रूपायित किया है। जब तुम सोते और स्वप्न देखते हो तो तुम स्वप्न में शरीर का अनुभव करते हो। वह शरीर कहाँ से आया और कहाँ गया?

'यह संपत्ति है', 'यह शरीर है', 'यह राष्ट्र है' आदि ये सभी धारणाएँ हैं। हे राम, **जान लो कि यह दीर्घ स्वप्न है, यह चिरकालिक भ्रांति है, दिवास्वप्न है या कोरी आशा है।** ईश्वर या आत्मा के अनुग्रह से जब तुम जाग जाओगे तब तुम्हें यह सब स्पष्ट रूप से दिखाई देगा। मैंने तुम्हें बतलाया था कि मेरा जन्म ब्रह्मा के मन से हुआ था। इसी प्रकार संसार भी मन की धारणा ही होता है। सच्चाई तो यह है कि सृष्टिकर्ता भी ब्रह्मांडीय मन की धारणा ही है। दृश्य संसार भी मन की धारणा ही है।

यदि निश्चयबद्ध होकर धारणाओं के स्रोत को खोजा जाए तो चेतना का ही बोध होगा, अन्यथा इस भ्रामक दृश्य संसार का ही पुनः-पुनः बोध होता रहेगा। 'यह वह है', 'यह मेरा है', 'यह मेरा संसार है' इस तरह की धारणाओं को निरंतर पुष्ट करते रहने से वे वास्तविक प्रतीत होने लगती हैं। संसार का स्थायित्व भी भ्रम है न कि कोई आधार। परंतु जब कोई अपने अज्ञान का त्याग कर देता है तो यह भ्रामक आकृति दूर हो जाती है। सामान्यतः भयभीत हो उठनेवाला व्यक्ति भी काल्पनिक बाघ से भयभीत नहीं होता। उसी प्रकार ज्ञानी व्यक्ति जब समझ लेता है कि संसार और कुछ नहीं मात्र धारणा या कल्पना है तो उसे किसी वस्तु से भय नहीं होता। जब कोई जान ले कि संसार अपनी आत्मा की आकृति के अतिरिक्त कुछ नहीं तो उसे किसी से डरने की क्या आवश्यकता? जब अनुसंधान से किसी का मन शुद्ध हो जाता है तो संसार-संबंधी उसकी भ्रामक समझ दूर हो जाती है।

सितम्बर

यत्किञ्चद् उदितं लोके यन्नभस्पथ वा दिवि
तत् सर्वं प्राप्यते राम रागद्वेषपरिक्षयात् (28/74)

वसिष्ठ ने आगे कहा :

जब यह बोध हो जाता है कि सभी के लिए मृत्यु अपरिहार्य है तो वह अपने संबंधी की मृत्यु पर विलाप क्यों करेगा या उसके अंत पर दुखी क्यों होगा? जब यह बोध हो जाता है कि कुछ अवस्थाओं में व्यक्ति संपन्न और समृद्ध होता है और कुछ अवस्थाओं में विपन्न और निर्धन तो फिर क्यों वह कभी उत्फुल्ल और विषादग्रस्त होगा? जब कोई देख लेगा कि प्राणी चेतना के तल पर लहरों की तरह प्रकट और अदृश्य हो रहे हैं तो दुख का कारण ही कैसा? जो सत्य है वह सदा सत्य है (जो विद्यमान है वह सदा विद्यमान है) और जो अवास्तविक है वह सदा अवास्तविक है, तब दुख का कारण कैसा? अत: जो अवास्तविक है उस पर अपनी आशा, आकांक्षा और आस्था को केंद्रित नहीं करना चाहिए। ऐसी आशा बंधन है। हे राम, क्या तुम इस संसार में बिना आशा के रहो। जो करना हो उसे करना चाहिए और जो अनुपयुक्त हो उसको त्याग देना चाहिए। बिना वांछनीय और अवांछनीय का विचार किए इस संसार में हँसी-खुशी से रहना चाहिए। हर ओर और हर समय असीम चेतना ही यहाँ विद्यमान है। जो कुछ दिखाई देता है वह मात्र आकृति है। जब आकृति का बोध आकृति के रूप में होता है, तो जो है उसका बोध होता है। या तो यह बोध होगा कि "मैं नहीं हूँ और ये अनुभव मेरे नहीं हैं" या "मैं ही सब-कुछ हूँ"। इससे तुम दृश्य संसार के आकर्षण से मुक्त हो जाओगे। ये दोनों ही अभिवृत्तियाँ उत्तम हैं। तुम राग-द्वेष से मुक्त हो जाओगे।

इस संसार में इस वातावरण में तथा स्वर्ग में जो कुछ भी है उसे वह प्राप्त कर सकता है जिसने राग और द्वेष की दोनों शक्तियों को नष्ट कर डाला हो। अज्ञानी जो कुछ भी करता है वह इन शक्तियों से प्रेरित होकर करता है और ये उसे तत्काल दुख में धकेल देती हैं। जिसने इन शक्तियों पर विजय नहीं पाई, भले ही वह शास्त्रों का ज्ञाता क्यों न हो वह निश्चय ही दया का पात्र और हेय है।

हे राम, तुम्हारी आध्यात्मिक जाग्रति के लिए मैं बार-बार इस तथ्य को दुहराता हूँ कि दृश्य संसार दीर्घकालिक स्वप्न है। जागो, जागो। आत्मा को देखो जो सूर्य की तरह चमक रही है। (इतना कहकर वसिष्ठ एकदम चुप हो गए। उन्होंने देखा कि राम पूरी तरह से आत्मा में स्थित हो चुके हैं। कुछ देर बाद जब उन्होंने देखा कि वे सामान्य अवस्था में आ गए हैं तो उन्होंने फिर अपना प्रवचन आरंभ किया।)

हे राम, तुम पूर्णरूप से जाग्रत हो चुके हो, और तुमने आत्मज्ञान प्राप्त कर लिया है। अब इसी उन्नत अवस्था में रहो। इस दृश्य संसार की उलझनों से बचो।

जो अज्ञानी व्यक्ति यह सोचता है कि मैं दुख भोग रहा हूँ, और जिसका मुख अश्रुपूरित रहता है वह तैलचित्र या मूर्ति से भी गया-बीता है क्योंकि मूर्ति (या चित्र) को दुख का अनुभव नहीं करना पड़ता। इसके अतिरिक्त मूर्ति (या चित्र) को रोग या मृत्यु भी नहीं झेलनी पड़ती। मूर्ति तभी नष्ट होती है जब उसे कोई नष्ट करता है परंतु मानव शरीर बना ही है नष्ट होने के लिए। असीम और चेतन आत्मा न मरती है और न उसमें परिवर्तन होता है।

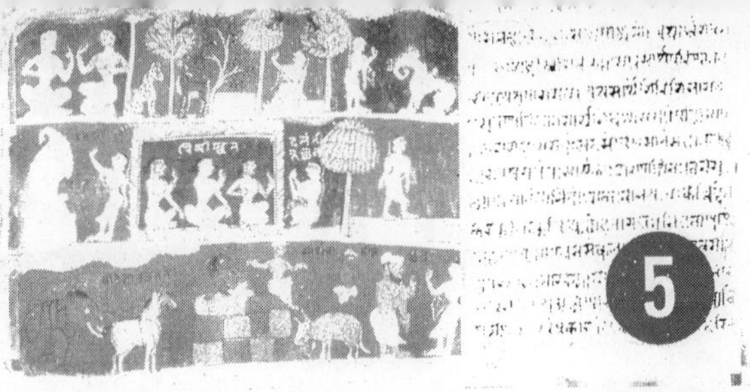

सितम्बर

निरीहो हि जडो देहो नात्मनोस्या भिवांछितम्
कर्ता न कश्चिदेवातो द्रष्टा केवलमस्य सः (35)

वसिष्ठ ने कहा :

हे राम, जिस प्रकार हिंडोले में चक्कर खाते हुए व्यक्ति को संसार विपरीत दिशा में घूमता नज़र आता है उसी प्रकार अज्ञान के चक्र पर घूमते हुए व्यक्ति को भी प्रतीत होता कि यह संसार और यह शरीर घूम रहा है। आध्यात्मिक वेत्ता इस मत को स्वीकार नहीं करते। उनका मत है कि यह शरीर उन विचारों और धारणाओं की उपज है जिसे अज्ञानी मन पल्लवित और पुष्ट करता है। अज्ञान की सृष्टि मिथ्या है। भले ही देखने में यह शरीर सक्रिय लगे और सब तरह के कार्य भी करे तब भी यह मिथ्या है। यह उसी प्रकार मिथ्या है जिस प्रकार रस्सी में साँप की कल्पना सदा मिथ्या ही रहती है। किसी जड़ पदार्थ द्वारा निष्पन्न कार्य उसका किया हुआ होता ही नहीं। शरीर जड़ है वह कुछ नहीं करता भले ही वह करता हुआ प्रतीत होता है।

जड़ शरीर की अपनी कोई इच्छा नहीं होती (जो कार्य का कारण हो) और आत्मा (असीम चेतना) में किसी प्रकार की इच्छा होती ही नहीं। अतः सच्चाई यह है कि कोई कर्ता नहीं है और जो है वह है साक्षी रूप में बुद्धिमत्ता। जब एक बार यह भ्रामक धारणा उत्पन्न हो जाती है कि यह मिथ्या शरीर वास्तविकता है तब उसमें अहं रूपी भूत या मन उसी प्रकार उत्पन्न हो जाता है जिस प्रकार छोटा बच्चा भूत की कल्पना कर लेता है। फिर वह मिथ्या मन या अहंभाव इस प्रकार गरजने लगता है कि बड़े-बड़े लोग भी उससे भयभीत होते हैं और समाधि से भाग निकलते हैं। परंतु जो भी इस भूत (मन या अहंभाव) को अपने शरीर में ही पटकनी दे देता है वह निर्भय होकर शून्य (जिसे संसार कहते हैं) में रहता है। जब अहं अपने असली रूप में दिखने लगता है तो जाग्रत बुद्धि उसकी उपेक्षा करती है तथा उसे त्याग देती है। तब वह (अहं) किसी प्रकार की हानि नहीं कर पाता। आत्मा असीम चेतना है। यदि शरीर में अहं रहे भी तो उससे आत्मा के प्रभावित होने की बात कैसी?

हे राम, तुम आत्मा हो, मन नहीं हो। तुम्हें मन को क्या करना है? इस भ्रम का त्याग करो। शरीर में रहनेवाले मनरूपी भूत का आत्मा से कुछ संबंध नहीं, जबकि वह चुपचुपाते अपने को आत्मा मान लेता है। यही जन्म और मरण का कारण है? यह मान्यता तुम्हारा साहस नष्ट कर देती है।

हे राम, इस भूत का त्याग करो और दृढ़ रहो। मन रूपी भूत से पूर्णरूप से पराजित व्यक्ति की रक्षा न धर्मशास्त्र ही कर सकते हैं, न सगे-संबंधी ही और न गुरु ही। इसके विपरीत यदि कोई इस भूत को पटकनी दे दे तो धर्मग्रंथ, गुरु और संबंधी उसकी सहज रूप से उसी प्रकार सहायता कर सकते हैं जिस प्रकार बरसाती पोखरे में से चौपाए को आसानी से बाहर निकाला जाता है। जिन्होंने इस भूत को उतार फेंका है वे अच्छे लोग हैं और वे इस संसार की सेवा करते हैं। इसलिए व्यक्ति को इस भूत को त्यागकर अज्ञान से ऊपर उठना चाहिए। हे राम, पशु की भाँति इस मनुष्य शरीर में संसार रूपी वन में भटकना नहीं चाहिए। इस क्षणभंगुर शरीर के लिए पारिवारिक संबंधों के कीचड़ में लोटनी मत लो। यह शरीर किसी से उत्पन्न हुआ, अहं ने इसकी रक्षा की, इसमें सुख और दुख का अनुभव किसी और को हुआ। यह सचमुच रहस्यपूर्ण है।

6

सितम्बर

आकारदि परिच्छिन्ने मिते वस्तुनि तत्कुतः
अकृत्रिमम् अनद्यन्तम् देवनं चिच्छिवं विदुः (122)

वसिष्ठ ने कहा :

मैं कुछ समय भगवान शिव के धाम कैलास पर भी रहा। वहाँ भगवान शिव की आराधना तथा तपस्या आदि भी करता रहा। एक दिन मुझे वन में अत्यधिक प्रकाश दिखाई पड़ा। मैंने अंतर्दृष्टि से उसकी प्रकृति का अनुसंधान किया। मैंने देखा कि वह स्वयं भगवान शिव थे।

मैंने भगवान शिव को प्रणाम किया और उनसे पूछा : 'प्रभु, जो परमात्मा सभी पापों को नष्ट करता है और सब प्रकार के कल्याण करता है उसकी पूजा कैसे की जाती है?'

भगवान शिव ने कहा :

तुम जानते हो कि परमात्मा कौन है? परमात्मा न विष्णु है, न शिव है और न ब्रह्मा ही, न सूर्य, चंद्र या वायु ही, न ब्राह्मण या राजा ही, न मैं और न तुम ही, न लक्ष्मी न मन (बुद्धि) ही। **परमात्मा का कोई रूप नहीं, वह अविभक्त है। वह पदार्थों में भी नहीं, उसका वैभव निर्मित नहीं, उसका आदि और अंत भी नहीं, वह विशुद्ध चेतना है।** वस्तुतः वही देवता या भगवान शिव है। बस उसी एक की पूजा अर्चना करनी चाहिए। वही सब-कुछ है। यदि कोई इस शिव की पूजा-अर्चना नहीं कर पाता तब वह उसके रूप की पूजा-अर्चना करने के लिए तत्पर होता है। रूप की आराधना से सीमित (भौतिक) फल प्राप्त होते हैं और अरूप (शुद्ध चेतना) की पूजा-अर्चना करने से असीम आनन्द की प्राप्ति होती है। जो असीम की उपेक्षा करता है और ससीम के प्रति श्रद्धावान होता है वह आनंदलोक का त्याग करता है और कँटीली झाड़ियों के फेर में पड़ता है। फिर भी संत-महात्मा कभी-कभी खेल-खिलवाड़ में रूप की आराधना करते हैं।

पूजा-आराधना में प्रयुक्त होनेवाली महत्त्वपूर्ण वस्तुएँ हैं–ज्ञान, संयम और सभी प्राणियों में आत्मा की अनुभूति। आत्मा ही भगवान शिव है, इसलिए हर समय उन्हीं की पूजा ज्ञान रूपी पुष्पों से की जानी चाहिए। निश्चय ही ब्रह्मांड के प्रलय के पश्चात् असीम चेतना (चिदाकाश) ही अकेले अस्तित्व में रहेगी, वही इस समय भी अस्तित्व में है। वह पदार्थ-तत्त्व से पूर्ण रूप से रहित है। ये सभी पहाड़, यह संपूर्ण विश्व, वातावरण, आत्मा, जीव तथा वे सभी उपादान, जिनका इस विश्व के निर्माण में योग है, ये सभी और कुछ नहीं मात्र विशुद्ध चेतना हैं! तथाकथित सृष्टि से पूर्व जब यह शुद्ध चेतना ही अकेली अस्तित्व में थी तब ये सब (स्वर्ग आदि भी) कहाँ थे। आकाश, परमाकाश, ब्रह्माकाश, सृष्टि, चेतना तो मात्र शब्द हैं और ये सभी उसी एक सत्य के पर्याय हैं। जिस प्रकार स्वप्न में अनुभूत होनेवाली द्वैधता भ्रामक है, जिस प्रकार स्वप्न में चेतना के अंतर्जगत में पदार्थ अस्तित्व धारण किए होते हैं तथा काम करते हैं उसी प्रकार जाग्रत अवस्था में चेतना के बाह्य जगत में पदार्थ विद्यमान रहते तथा कार्य करते हुए प्रतीत होते हैं। वस्तुतः दोनों स्थितियों में होता कुछ भी नहीं। जिस प्रकार स्वप्नावस्था आदि में भी चेतना ही एकमात्र वास्तविकता होती है वैसे ही जाग्रत अवस्था में भी चेतना ही एकमात्र सारभूत तथ्य है। वही परमात्मा है, यही परम सत्य है, यही तुम हो, यही मैं हूँ और यही सब-कुछ है।

सितम्बर

न स दूरे स्थितो ब्रह्मन् न दुष्प्रापः स कस्यचित्
संसस्थितः स सदा देहे सर्वत्रैव च खे तथा (21)

भगवान शिव ने कहा :

उसी परमात्मा की पूजा ही सच्ची पूजा है और उसकी पूजा से व्यक्ति सब-कुछ प्राप्त कर सकता है। वह अविभक्त है और अविभाज्य है, अद्वैत है, और न ही उसे क्रियाकलापों से रचा या रूपायित किया जा सकता है और न ही बाह्य प्रयासों से उसे प्राप्त ही किया जा सकता है। उसकी आराधना-अर्चना आनंद का मूल स्रोत है।

रूप की बाह्य पूजा का विधान उन्हीं लोगों के लिए होता है जिनकी बुद्धिमत्ता जाग्रत नहीं होती और जो बच्चों की तरह अप्रौढ़ होते हैं। आत्मसंयम से रहित व्यक्ति पूजा में फूलों का प्रयोग करता है। ऐसी पूजा उसी प्रकार निरर्थक है जिस प्रकार आत्मा की बाह्य रूप में पूजा निरर्थक है। फिर भी ये अप्रौढ़ भक्त स्वरचित पदार्थ की पूजा के द्वारा संतोष प्राप्त करते हैं। उन्हें इस पूजा से क्षुद्र पुरस्कार भी प्राप्त हो सकते हैं।

अब मैं तुम्हें पूजा की वह पद्धति बताता हूँ जो तुम जैसे ज्ञानियों के लिए उपयुक्त है। वही परमात्मा पूजा-आराधना के लिए उपयुक्त है जिसने पूरी सृष्टि को धारण कर रखा है, जो चिंतन और वर्णन से परे है और जो सब-कुछ है और सामूहिक समग्रता की धारणा से भी परे है। केवल उसी को परमात्मा मानना चाहिए। जो काल और आकाश दोनों की दृष्टि से अविभक्त और अविभाज्य हो, जिसका आलोक सब पदार्थों को जगमग करता हो और जो विशुद्ध और परम चेतना हो। यह वह (बुद्धिमत्ता) है जो अपने सभी अवयवों से परे है, जो है उस सबमें छिपा है, तथा जिसने सत्य पर आवरण कर रखा है। जो है और जो नहीं है उसके मध्य ब्रह्म स्थित है। यह परमात्मा है, और ओम् के द्वारा इस सत्य का उद्घाटन होता है। यह उसी प्रकार सभी जगह है जिस प्रकार पौधे में सारतत्व। जो विशुद्ध चेतना तुममें और मुझमें है, वही देवताओं और देवियों में भी परमात्मा है। और रूपों में जो देवता हैं वे भी मात्र विशुद्ध चेतना ही हैं। पूरा ब्रह्मांड विशुद्ध चेतना है। वही परमात्मा है, वही सब-कुछ मैं हूँ और हर वस्तु उसके द्वारा प्राप्य और सुलभ है।

परमात्मा किसी व्यक्ति से दूर नहीं और न ही उसकी प्राप्ति किसी के लिए कठिन है। वह सदा से शरीर में बैठा है और आकाश की तरह हर जगह है। वह सब-कुछ करता है, वह खाता है, सब-कुछ एकजुट रखता है, वह चलता है, साँस लेता है, वह शरीर के हर अंग को जानता है। यह वह प्रकाश है जिसमें सभी अवयव क्रियारत रहते हैं और जिसमें सभी तरह के क्रियाकलाप घटित होते हैं। वह व्यक्ति के हृदय की गुफा में निवास करता है। वह पाँचों इंद्रियों और मन की पहुँच से परे है इसलिए वह समझ और वर्णन से भी परे है। परंतु शिक्षण-प्रशिक्षण के उद्देश्य से उसे चेतना कहते हैं। यद्यपि ऐसा प्रतीत होता है कि वह सब-कुछ करता है, वह कुछ नहीं करता। वह चेतना विशुद्ध है और उसी प्रकार सांसारिक क्रिया-कलापों में रत प्रतीत होती है जिस प्रकार वसंत ऋतु वृक्षों को पुष्पित करने में सक्रिय होती है।

8

सितम्बर

शरीर पंकज भ्रान्तमनो भ्रमरसंभृताम्
आस्वादयति संकल्पमधुसत्तां चिदीश्वरी (34)

ईश्वर ने कहा :

कुछ स्थलों पर यह चेतना आकाश के रूप में कार्य करती है, कहीं जीव के रूप में, कहीं क्रिया के रूप में और कहीं पदार्थ आदि के रूप में कार्य करती है, परंतु हर रूप में बिना किसी इच्छा के कार्य करती है। जिस प्रकार विभिन्न समुद्र एक ही अविभक्त जलराशि हैं उसी प्रकार भिन्न-भिन्न तरह से वर्णित यह चेतना भी एक ही ब्रह्मांडीय पुंज है। **जिस प्रकार शहद की मक्खी द्वारा कमल से एकत्र शहद का पान चेतना करती है उसी प्रकार शरीर (कमल) में चंचल मन (मक्खी) द्वारा एकत्र अनुभव (शहद) का पान भी चेतना करती है।** इस ब्रह्मांड में देवता, दैत्य, पर्वत, समुद्र आदि सभी प्राणी असीम चेतना के अंतर्गत उसी प्रकार प्रवाहित होते हैं, जिस प्रकार समुद्र में छोटे-मोटे भँवर आते रहते हैं। इसी प्रकार जन्म और मृत्यु के चक्र को चलानेवाला अज्ञान का चक्र भी ब्रह्मांडीय चेतना के अंतर्गत चक्कर लगता है। वस्तुतः उसकी ऊर्जा ही निरंतर गति में है।

चतुर्भुज विष्णु के रूप में चेतना ही है जिसने दैत्यों का नाश किया। यह चेतना ही है जिसने शिव और पार्वती का रूप ग्रहण किया, सृष्टिकर्ता ब्रह्मा का रूप धारण किया तथा अन्य असंख्य प्राणियों का रूप धारण किया। यह चेतना उस दर्पण की तरह है जो प्रतिबिंब को अपने भीतर ग्रहण करती है और इससे उसमें किसी प्रकार का विकार नहीं आता। किसी प्रकार का विकार न आने के फलस्वरूप यह चेतना ब्रह्मांड के असंख्य प्राणियों के रूप में दिखाई देती है।

असीम चेतना लता के समान है। इसमें प्रच्छन्न प्रवृत्तियों के रूप में असंख्य कीटाणु हैं। इच्छाएँ कलियाँ हैं। विगत सृष्टि तंतुओं के समान है। सचेत और अचेत जीव इस लता के अवयव हैं। एक ही है जो अनेक लगता है परंतु वह अनेक है नहीं।

इसी असीम चेतना के द्वारा ही सब-कुछ सोचा जाता है व्यक्त किया जाता और निष्पन्न किया जाता है। यह असीम चेतना ही है जो सूर्य में प्रकाश के रूप में दिखाई देती है। असीम चेतना ही विभिन्न शरीरों के रूप में प्रकट होती है। ये शरीर हैं जो जड़ परंतु एक दूसरे के संपर्क में आने के फलस्वरूप विविध अनुभव प्राप्त करते हैं। यह चेतना तूफान जैसी है जो अपने में तो दिखती नहीं परंतु, धूल और बालू के कणों के रूप में ऊपर उठती और नृत्य प्रस्तुत करती है। अपने ऊपर पड़नेवाली चेतना की परछाईं ही तमस् या जड़ता कहलाती है।

इस शरीर में विचार और धारणाएँ इसी चेतना के प्रकाश में क्रियाओं का सर्जन करती हैं। चेतना न हो तो सामने रखे हुए पदार्थ का अनुभव भी नहीं होता। बिना चेतना के यह शरीर न तो कोई क्रिया कर सकता न उसका अस्तित्व ही रह सकता है। यह चेतना ही संसार के चेतन और जड़ प्राणियों को बनाती तथा बनाए रखती है। मात्र असीम चेतना की ही सत्ता है। किसी और की सत्ता है ही नहीं। चेतना में चेतना ही जाग्रत होती है।

9

सितम्बर

वासना विमला येषाम् हृदयान् नापसर्पति
स्थिरैकरूपजीवास् ते जीवनमुक्ताश्चि चिरायुषः (32/35)

ईश्वर ने कहा :

जिस प्रकार शिला में तेल नहीं रहता उसी प्रकार चेतना में द्रष्टा, दृश्य और दर्शन या कर्ता, कर्म और क्रिया, अथवा ज्ञाता, ज्ञान और ज्ञेय की विभिन्नता नहीं रहती। इसी प्रकार मैं और तुम में अथवा एक और अनेक में भेद भी शाब्दिक है। अनुसंधान करने पर ये सब भेद मिट जाते हैं और शेष रह जाती है अविकृत विशुद्ध चेतना। चेतना में किसी प्रकार का परिवर्तन होता ही नहीं और न ही वह अशुद्धता को प्राप्त होती है। अपरिवर्तनशील और अद्वैत चेतना का बोध आंतरिक स्वप्रकाश से होता है। यह विशुद्ध है, सनातन है, सतत् विद्यमान है और मन से रहित है।

सभी रूपों और सभी अनुभवों में मात्र चेतना ही वास्तविकता है। कर्म विचार से उत्पन्न होता है, विचार मन का कृत्य है, मन संसक्त चेतना है परंतु चेतना संसक्त नहीं। अहं का वाहन बुद्धि है, और बुद्धि का वाहन मन है, मन का वाहन प्राण है, प्राण का वाहन इंद्रियाँ हैं, इंद्रियों का वाहन शरीर है और शरीर का वाहन गति है। यही गति कर्म है। क्योंकि प्राण मन का वाहन है और जब प्राण उसे ग्रहण कर लेता है तो मन चलने लगता है। परंतु जब मन का विलय आध्यात्मिक हृदय में होता है तो मन में हलचल नहीं होती और वह पूर्ण शांति की स्थिति प्राप्त कर लेता है।

चेतना का अपने आपमें होनेवाला परावर्तन पुर्यष्टक कहलाता है। मन अकेला पुर्यष्टक होता है यद्यपि औरों ने इसका अधिक विस्तार से वर्णन किया है (कि यह पाँच तत्त्वों से बना है–अंतःकरण, कर्मेंद्रियाँ तथा ज्ञानेंद्रियाँ, अज्ञान, इच्छा और कर्म से)। यह सूक्ष्म शरीर नाम से भी जाना जाता है जिसे लिंग शरीर कहते हैं। जब मन को उसकी शक्तियों से विहीन कर दिया जाता है तो वह अकेला चेतना में रहता है। जब पुर्यष्टक अपने सहायकों से विहीन होता है तो वह पूर्ण शांति की अवस्था प्राप्त कर लेता है और हलचल से रहित हो जाता है। जब हृदय रूपी कमल अपने को खोलता है तो पुर्यष्टक सक्रिय होता है, जब वह (कमल) बंद होता है तो पुर्यष्टक भी काम करना बंद कर देता है। जब तक पुर्यष्टक काम करता है शरीर जीवित रहता है और जब वह काम करना बंद कर देता है तो शरीर मर जाता है। इस अंत की प्राप्ति दोषों और आंतरिक जाग्रति के अंतर्संघर्ष से भी होती है। **यदि हृदय मात्र विशुद्ध वासना या प्रवृत्तियों से भरा हो तो सभी संघर्ष समाप्त हो जाते हैं तथा समरसता, मुक्ति और दीर्घजीवन की उपलब्धि होती है।** अन्यथा जब शरीर मरता है तो सूक्ष्म शरीर अपनी प्रच्छन्न वासना को साकार करने के लिए अन्य उपयुक्त शरीर का चयन करता है। इन वासनाओं के फलस्वरूप पुर्यष्टक नए सूक्ष्म शरीर से नए संबंध स्थापित करता है और चेतना की अपनी विशुद्ध प्रकृति को भुला बैठता है।

सर्वव्यापी असीम चेतना ही हर समय विद्यमान होती है इसलिए विविधता की बात बेतुकी और असंभव है। इसे भूत-प्रेत में होनेवाला विश्वास उत्पन्न करता है। विविधता का विश्वास इसे स्थायित्व प्रदान करता है। जब अद्वैत सत्ता को जान लिया जाता है, द्वैधता तत्क्षण समाप्त हो जाती है। यही सबकुछ है। यही परम सौभाग्य और शांति है। यह वर्णन से परे है। यह परम ओम् है। यह इंद्रियातीत है। यह परम है।

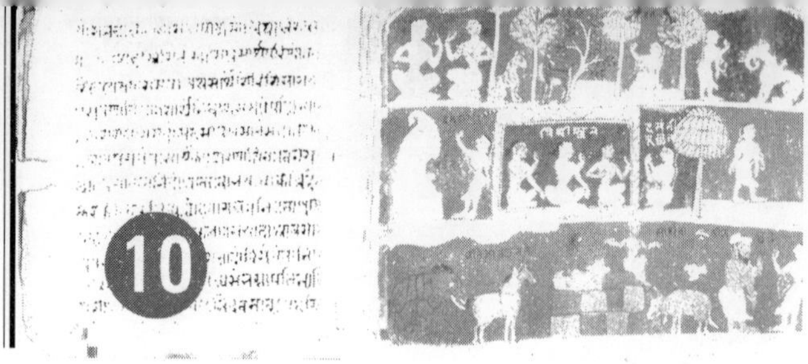

सितम्बर

नियतिर् नित्यमुद्वेगावर्जितापरिमार्जिता
एषा नृत्यति वै नृत्यं जगज्जालकनाटकम् (37/25)

ईश्वर ने कहा :

कहने का अभिप्राय यह है कि असीम चेतना ही परम पुरुष है, वही सृष्टिकर्ता ब्रह्मा, पालक विष्णु और उद्धारक शिव का जनक है। असीम चेतना ही पूजा-आराधना के लिए उपयुक्त है। तो भी उसे पूजा के लिए आहूत करने से कोई लाभ नहीं और न ही मंत्रों के उच्चारण करने से कुछ लाभ होता है। वह हमारे इतने निकट है, बल्कि वह हमारा स्व है अत: उसे आमंत्रित करने की आवश्यकता ही नहीं। यह आत्मा सर्वव्यापी है। इस असीम का बोध बिना प्रयास के तथा सहज रूप में होता है और यही एकमात्र है जिसकी पूजा की जानी चाहिए।

असीम चेतना की तुलना आण्विक कणिका से की जा सकती है, जिसके हृदय में विशालतम पर्वत छिपे होते हैं। यह असंख्य युगों को अपने में समेटे होती है परंतु काल के एक क्षण को भी व्यर्थ जाने नहीं देती। यह बाल की नोक से भी अधिक सूक्ष्म है। यद्यपि यह पूरे ब्रह्मांड में व्याप्त है पर किसी ने इसकी सीमाएँ नहीं देखीं। यह कुछ करती भी नहीं। परंतु इसने ब्रह्मांड को रूपायित किया है। इसने संपूर्ण ब्रह्मांड को धारण कर रखा है परंतु करती कुछ भी नहीं। कोई पदार्थ इससे भिन्न नहीं परंतु यह स्वयं पदार्थ नहीं। पदार्थ न होने पर भी सभी पदार्थों में व्याप्त है।

परम पुरुष का कोई रूप नहीं परंतु इसके निम्नलिखित पाँच पक्ष हैं–इच्छाशक्ति, आकाश, काल, व्यवस्था (या नियति) और ब्रह्मांडीय अनभिव्यक्त प्रकृति। इसमें असंख्य शक्तियाँ, ऊर्जाएँ या संभावनाएँ हैं। इनमें से प्रमुख हैं–ज्ञान, गतिशीलता, क्रिया और अक्रिया।

ये सभी विशुद्ध चेतना हैं, क्योंकि ये चेतना में निहित शक्तियाँ हैं। सामान्यत: इन्हें चेतना से अलग जाना जाता है परंतु वास्तव में ये उससे अलग हैं नहीं।

यह संपूर्ण सृष्टि उस मंच के समान है जिसपर चेतना की उक्त शक्तियाँ समय की धुन पर नृत्य करती हैं। इन सबमें प्रमुख है 'व्यवस्था'–पदार्थों के अनुक्रम की प्राकृतिक व्यवस्था। इसे क्रिया, इच्छा, इच्छाशक्ति, समय आदि भी कहते हैं। यह शक्ति ही है जिस का आदेश रहता है कि प्रत्येक वस्तु में कुछ निश्चित गुण रहने चाहिए। इन वस्तुओं में घास की पत्ती भी सम्मिलित है और सृष्टि के रचयिता ब्रह्मा भी। यह प्राकृतिक व्यवस्था उत्तेजना से रहित है परंतु अपनी परिसीमा की दृष्टि से विशुद्ध नहीं है। **प्राकृतिक व्यवस्था जिस नृत्य नाटक का नर्तन करती है उसे दृश्य संसार कहते हैं।** इसमें अनेक भावदशाओं (दया, क्रोध आदि) का चित्रण होता है, अनेक ऋतुओं और युगों का आना-जाना होता है, इसमें देव संगीत तथा समुद्र का गर्जन-तर्जन भी होता है, इसमें सूर्य, चंद्र तथा अन्य ग्रहों का प्रकाश होता है और सभी लोकों के प्राणी इसके अभिनेता और अभिनेत्रियाँ होती हैं। असीम चेतना ही परम पुरुष होती है, वह मौन रहती है परंतु वह इस ब्रह्मांडीय नृत्य की सजग साक्षी होती है। वह नर्तक से भिन्न नहीं होती। नर्तक से अभिप्राय प्राकृतिक व्यवस्था से है और नृत्य से अभिप्राय है घटनाओं से।

सितम्बर

एतदेव परं ध्यानम् पूजैषैव परा स्मृता
यदनारतमन्तः स्थ शुद्धचिन्मात्रवेदनम् (25)

ईश्वर ने कहा :

ऐसा ही है परम पुरुष जो पवित्र लोगों के द्वारा पूजा के लिए उपयुक्त है। यह वही है जो शिव, विष्णु आदि विविध रूपों में तथा विविध प्रकार से ज्ञानियों के द्वारा पूजा जाता है। अब उन रीतियों के विषय में सुनो जिनके द्वारा उसकी पूजा होती है।

सबसे पहले व्यक्ति को इस धारणा का त्याग करना चाहिए कि 'मैं शरीर हूँ'। ध्यान ही एकमात्र सच्ची पूजा है। इसलिए तीनों लोकों के स्वामी की ध्यान के द्वारा निरंतर पूजा की जानी चाहिए। कोई कैसे उसका चिंतन करे? वह विशुद्ध बुद्धिमत्ता (ज्ञान) है। एक साथ चमकनेवाले सैकड़ों-हजारों सूर्यों का उसमें तेज है। वह वह प्रकाश है जो सबको प्रकाशित करता है। वह अंतर्ज्योति है। सीमाविहीन आकाश (अंतरिक्ष) उसका कंठ है, क्षितिज उसके चरण हैं, दिशाएँ उसकी भुजाएँ हैं, त्रिलोक उसके शस्त्र हैं जिन्हें उसने अपने हाथों में ले रखा है, संपूर्ण ब्रह्मांड उसके हृदय में छिपा है, देवता उसके शरीर के बाल हैं, ब्रह्मांडीय शक्तियाँ उसके शरीर की ऊर्जाएँ हैं, समय उसका द्वारपाल है, उसके सैकड़ों सिर, आँखें, कान और हाथ हैं। वह सभी को छूता है, सब-कुछ चखता है, सब की सुनता है। वह सबके माध्यम से सोचता है यद्यपि वह स्वयं चिंतन से परे है। वह हर समय काम करता है, वह सबमें निवास करता है, वह सब-कुछ है, वही एकमात्र है जिसकी तलाश सबको है। इस प्रकार उसका चिंतन करना चाहिए।

इस परम पुरुष की पूजा अपनी चेतना से करनी चाहिए। दीप से आरती घुमाकर, अगरबत्तियाँ जलाकर, फूल चढ़ाकर, चंदन लगाकर या भोग लगाकर भौतिक पदार्थों से नहीं। बिना प्रयास किए ही उसे प्राप्त किया जा सकता है। उसका पूजन आत्मबोध के द्वारा ही करना चाहिए।

यही परम ध्यान है, जो अंदर निवास करता है, जो अंतर्ज्योति या चेतना है उसके प्रति सतत् और अविच्छिन्न सजगता ही परम पूजा है। व्यक्ति चाहे जो कुछ कर रहा हो-खा रहा हो, सुन रहा हो, छू रहा हो, सूँघ रहा हो, चल रहा हो, सो रहा हो, श्वास ले रहा हो या बात कर रहा हो-उसे शुद्ध चेतना के रूप में अपनी मूलभूत प्रकृति का बोध रहना चाहिए। इस प्रकार वह मोक्ष प्राप्त कर लेता है।

ध्यान अर्पण है। ध्यान वह जल है जो देवताओं को हाथ-पाँव धोने के लिए दिया जाता है। ध्यान के द्वारा प्राप्त किया हुआ आत्मज्ञान पुष्प है। यही ध्यान की ओर ले जानेवाले साधन हैं। आत्मा का बोध ध्यान के अतिरिक्त और किसी साधन से नहीं हो सकता। यदि कोई तेरह सेकंड भी ध्यान लगाता है, तो यदि वह अज्ञानी भी है तो भी उसे गोदान का पुण्य प्राप्त होता है। यदि कोई एक सौ एक सेकंड ध्यान लगाता है तो उसे यज्ञ करने का फल मिलता है। यदि यह अवधि बारह मिनट होती है तो पुण्य हजार गुणा होता है। यदि यह अवधि एक दिन की हो तो व्यक्ति सर्वोच्च लोक में पहुँच जाता है। यही परम योग है, यही परम क्रिया है। जो पूजा की इस प्रक्रिया को अपनाता है उसकी पूजा देवता, दैत्य और सभी प्राणी करते हैं। यद्यपि यह है बाहरी पूजा ही।

सितम्बर

पावनं पावनानां यद् यत्सर्वतमसां क्षयः
तद् इदानीं प्रवक्ष्येहम् अंतः पूजानाम् आत्मनः (1)

ईश्वर ने कहा :

अब मैं तुम्हें आत्मा की आंतरिक पूजा के संबंध में बताता हूँ जो सबसे अधिक पावन करनेवाली है और अज्ञानरूपी अंधकार का पूर्ण रूप से विनाश करती है। इस पूजा की प्रकृति शाश्वत ध्यान है। भले ही कोई चलता हो या खड़ा हो, चाहे वह सोता हो या जागता हो, अपने सभी कार्यों में तथा उनके बीच उसे अपने उस परम पुरुष का चिंतन करना चाहिए जो हृदय में बैठा होता है और अंदर ही सभी प्रकार के परिवर्तन लाता है। व्यक्ति को व्यक्त चेतना या सजगता के रूप में 'बोधलिंगम्' की पूजा करनी चाहिए जो सोता है और जागता है, घूमता-फिरता और खड़ा होता है, जिसे छूना होता है उसे छूता है, जिसे छोड़ना होता है उसे छोड़ देता है जो सुखों को भोगता भी है और छोड़ता भी है, तरह-तरह की बाहरी क्रियाओं में रत रहता है, सभी क्रियाओं को महत्त्वपूर्ण समझता है और शरीर के मर्म अंगों में शांतिपूर्वक स्थित रहता है। इस आंतरिक चेतना की पूजा करनी चाहिए। उन सहज प्राप्त वस्तुओं से करनी चाहिए जो उसे बिना याचना के प्राप्त हों। जीवन की धारा और उसके अनुभवों में दृढ़तापूर्वक स्थित रहते हुए तथा आत्मज्ञान से स्नात होकर व्यक्ति को आत्मबोध की सामग्री से आंतरिक बुद्धिमत्ता की पूजा करनी चाहिए।

परमपिता का चिंतन व्यक्ति को इस प्रकार करना चाहिए : वह ऐसा प्रकाश है जो सौर ऊर्जा और चांद्र ऊर्जा-सा जगमगा रहा है, वह ऐसी बुद्धिमत्ता है जो सभी पदार्थों में शाश्वत रूप से निहित है, वह बाह्योन्मुखी सजगता है जो शारीरिक पथों से बाह्य संसार की ओर प्रवाहित होती है, वह प्राण है जो नासिका में चलता है, जो इंद्रियों के संपर्क को अर्थपूर्ण अनुभव में बदलता है, जो उस रथ को हाँकता है जिसके पहिए प्राण और अपान हैं, जो छिपे-छिपे हृदय की गुफा में वास करता है। जो जानने योग्य है उसे वह जानता है सभी क्रियाओं का करनेवाला है, अनुभवों का अनुभवकर्ता है, विचारों को सोचनेवाला है। यह वह है जो सभी अवयवों को भलीभाँति जानता है, जिसे सभी प्राणी और अप्राणी मान्यता देते हैं और जो सभी अनुभवों को प्रकाश में लाता है।

वह अवयवों से रहित है परंतु है वह परिपूर्ण, वह शरीर में वास करता है परंतु है सर्वव्यापी, वह आनंद लेता भी है और नहीं भी लेता, वह हर अंग में बुद्धिमत्ता है। वह मन की चिंतनशक्ति है। वह प्राण और अपान के मध्य में प्रकट होता है। वह हृदय में, कंठ में, तालु के मध्य में, भौहों के मध्य में और नाक की नोक में वास करता है। वह सभी छत्तीस (भौतिक) तत्त्वों में वास्तविकता है। वह आंतरिक अवस्थाओं के परे है। वही आंतरिक ध्वनियाँ उत्पन्न करता है। वही एक ऐसे पक्षी को अस्तित्व प्रदान करता है जिसे मन कहते हैं। कल्पना-अकल्पना में जो वर्णन होता है वही उसकी वास्तविकता है। वह उसी तरह सभी जीवों में रहता है जिस तरह बीजों में तेल रहता है। वह हृत्कमल में रहता है और फिर संपूर्ण शरीर में भी रहता है। वह विशुद्ध चेतना के रूप में चमकता है। वह तत्क्षण हर जगह दिखाई देता है, क्योंकि वही सभी अनुभवों का अनुभवकर्ता करता है और वही अनुभव-संबंधी पदार्थों में घनीभूत होता है।

13

सितम्बर

यथाप्राप्तक्रमोत्थेन सर्वार्थेन समर्चयेत्
मनागपि न कर्तव्यो यत्नोत्रा पूर्ववस्तुनि (31)

ईश्वर ने कहा :

व्यक्ति को इस बात का चिंतन करना चाहिए कि इस शरीर में परम पुरुष ही बुद्धिमत्ता (प्रज्ञा) है। शरीर की अनेक शक्तियाँ उस बुद्धिमत्ता (प्रज्ञा) की उसी प्रकार सेवा में रत रहती हैं जिस प्रकार पत्नियाँ अपने स्वामी की सेवा में रत रहती हैं। मन वह संदेशवाहक है जो अपने प्रभु को तीनों लोकों की जानकारी प्रदान करता है। प्रभु की दो महत्त्वपूर्ण शक्तियाँ हैं–ज्ञानशक्ति और क्रियाशक्ति। ज्ञान के विविध पक्ष उसके आभूषण हैं। कर्मेंद्रियाँ वे द्वार हैं जिनसे प्रभु बाह्य जगत में प्रविष्ट होता है। 'मैं वही असीम आत्मा हूँ जो आविभक्त है। मैं पूर्ण भी हूँ और असीम भी'–इस प्रकार बुद्धिमत्ता शरीर में रहती है।

जो इस प्रकार चिंतन करता है वह समभाव में स्थित है और वह समदृष्टि-संपन्न है। उसने प्राकृतिक (सहज) श्रेष्ठता की स्थिति प्राप्त कर ली है, वह भीतर से शुद्ध है और जीव के रूप में हर दृष्टि से सुंदर है। वह उस प्रभु की पूजा करता है जो बुद्धिमत्ता (प्रज्ञा) है और जो उसके संपूर्ण शरीर में व्याप्त है।

यह पूजा समभाव की स्थिति में रहते हुए दिन-रात निरंतर की जा सकती है। इस पूजा में बिना आयास प्राप्त होनेवाले पदार्थों का उपयोग करते हैं तथा उन्हें प्रभु को शुद्ध भाव से अर्पित करते हैं। ध्यान रहे कि प्रभु चेतना है और सदा शुद्ध भाव पर ही उसका ध्यान रहता है। **प्रभु की पूजा हर उस पदार्थ से करनी चाहिए जो सहज रूप से प्राप्त हो। उसे ऐसे किसी पदार्थ को प्राप्त करने के लिए चेष्टा नहीं करनी चाहिए, जिस पर उसका स्वत्व न हो।** प्रभु की पूजा उन सभी साधनों से करनी चाहिए जो शरीर को सुख देनेवाले हों। फिर चाहे भोजन की क्रिया हो या पान की क्रिया हो, जीवनसंगी का संग हो या ऐसा ही कोई और साधन हो। रोग-संबंधी अनुभवों से भी प्रभु की पूजा करनी चाहिए और हर प्रकार के कष्ट या दुख से प्राप्त अनुभव से भी पूजा करनी चाहिए। प्रभु की पूजा जन्म, मरण आदि सभी क्रियाकलापों से तथा अपने सभी सपनों से भी करनी चाहिए। प्रभु की पूजा अपनी निर्धनता और संपन्नता से भी करनी चाहिए। प्रभु की पूजा झगड़ों और युद्धों से भी करनी चाहिए और विभिन्न खेल-कूदों से भी। प्रभु की पूजा आकर्षण-विकर्षण, राग-द्वेष आदि मनोविकारों से भी करनी चाहिए। पवित्र हृदय के सद्गुणों से भी प्रभु का शृंगार करना चाहिए और मैत्री, दया, उत्साह, उपेक्षा आदि से भी।

प्रभु की पूजा सुखभोग के उन सभी साधनों से करनी चाहिए जो व्यक्ति को सहजभाव से प्राप्त हों। फिर भले ही वे धर्मशास्त्रों द्वारा समर्थित हों अथवा वर्जित। प्रभु की पूजा उन साधनों से तो करनी ही चाहिए जो वांछनीय हों और उन साधनों से भी करनी चाहिए जिन्हें अन्य लोग अनुपयुक्त कहते हैं। जो न हो या खो चुका हो उसका त्याग करना चाहिए और जो सहज रूप से प्राप्त हो उसे ग्रहण और स्वीकार करना चाहिए।

सितम्बर

समताकाशवद्भूत्वा यत्तु स्याल्लीनमानसम्
अविकार मनायासं तदेवार्चनमुच्यते (58)

ईश्वर ने कहा :

व्यक्ति को हर समय इस पूजा में लगे रहना चाहिए। चाहे सुखद हों या अप्रियकर हों सभी स्थितियों में उसे परम समभाव की स्थिति में रहना चाहिए। व्यक्ति को हर पदार्थ अच्छा और शुभ मानना चाहिए (या फिर हर पदार्थ को अच्छाई और बुराई का मिश्रण समझना चाहिए)। जब यह बोध हो कि हर पदार्थ ही आत्मा है तो आत्मा की पूजा उसे उसी रूप में करनी चाहिए।

कोई पदार्थ प्रिय या सुंदर हो अथवा असत्य रूप से अप्रियकर हो तो उसे उन दोनों को समदृष्टि से देखना चाहिए। इस प्रकार व्यक्ति को आत्मा की पूजा करनी चाहिए।

व्यक्ति को इस विभेदकारी धारणा का त्याग करना चाहिए कि 'यह मैं हूँ' और 'यह मैं नहीं हूँ' और उसे इस बात का बोध होना चाहिए कि 'यह सब-कुछ निश्चय ही ब्रह्म है' अर्थात् अविभक्त और असीम आत्मा है। इसी भावना से उसे आत्मा की पूजा करनी चाहिए। हर समय और रूप में व्यक्ति को जो कुछ प्राप्त हो उसे आत्मा समझकर उसकी पूजा करनी चाहिए। वांछनीय और अवांछनीय का भेद त्यागकर उसे हर वस्तु की आत्मा के रूप में पूजा करनी चाहिए।

बिना किसी प्रकार की लालसा या घृणा के जो कुछ प्राप्त हो उसका आनंद लेना चाहिए। कोई महत्त्वपूर्ण वस्तु मिलने पर न तो उसे प्रसन्न या उत्तेजित होना चाहिए और न किसी महत्त्वपूर्ण वस्तु के न मिलने पर खिन्न या दुखी होना चाहिए। ठीक वैसे ही जैसे आकाश किसी वस्तु से प्रभावित नहीं होता भले ही किसी वस्तु का उसमें अस्तित्व रहे या न रहे। समय, स्थान या किसी क्रिया के फलस्वरूप व्यक्ति को जो सहज रूप से उपलब्ध हो उसी से आत्मा की पूजा करनी चाहिए, भले ही लोक में वह अच्छी मानी जाती हो या बुरी।

आत्मा की इस पूजा-प्रक्रिया में जो भी वस्तु प्रयुक्त होती है उसकी प्रकृति अन्य सभी पदार्थों जैसे ही होती है भले ही कथन-प्रकार में कुछ भिन्नता हो। समभाव ऐसी मिठास है जिस तक मन और इंद्रियाँ नहीं पहुँच सकतीं। जिसका भी उस समभाव का संपर्क होता है वह मिठास से भर जाता है, फिर चाहे उसकी जैसी व्याख्या करे। **वही पूजा कहलाती है जो आकाश की तरह समभाव की स्थिति में की जाती है, जब मन में विचार का लेश भी नहीं होता और न ही उसमें किसी प्रकार की विकृति होती है।** समभाव की इस स्थिति में रहते हुए ज्ञानी व्यक्ति अपने भीतर असीम विस्तार का अनुभव करता है और बाह्य रूप से अपने कार्यों का निष्पादन आदि भी जो कुछ करता है वह बिना किसी इच्छा या अनिच्छा के करता है। बुद्धिमत्ता के इस पुजारी की ऐसी ही स्थिति होती है। नींद में भी उसमें भ्रम, अज्ञान और अहं प्रकट नहीं होते। हे ऋषि, हर चीज का अनुभव बालक की तरह करो। शरीर के स्वामी (शरीर के अंदर फैली हुई बुद्धिमत्ता) की पूजा करो और उन साधनों का उपभोग करो जो समय, स्थान और वातावरण तुम्हें उपलब्ध कराएँ। साथ ही मन में किसी प्रकार की बिना इच्छा रखे परम शांति में स्थित रहो।

सितम्बर

देशकाल परिच्छिन्नो येषां स्यात् परमेश्वरः
अस्माकं उपदेश्यास ते न विपश्चिद् विपश्चिताम् (40/12)

ईश्वर ने कहा :

जो कुछ भी तुम करो या जब भी करो (अथवा न करो) वह सब उस परमात्मा की पूजा है जो विशुद्ध चेतना है। इस प्रकार जो सब-कुछ को आत्मा की पूजा समझ लेता है वह प्रसन्न और उत्फुल्ल रहता है।

आत्मा की मूलभूत प्रकृति में रुचि और अरुचि, राग और द्वेष नहीं होते। ये मात्र शब्द हैं। सत्ता, निर्धनता, सुख, दुख, मेरा, अपना, दूसरों का आदि शब्दों के द्वारा इंगित धारणाएँ वस्तुतः आत्मा की ही पूजा हैं क्योंकि बुद्धिमत्ता ही आत्मा है। ब्रह्मांडीय पुरुष का ज्ञान ही ब्रह्मांडीय पुरुष की उपयुक्त पूजा है।

'यह संसार' जैसे कथनों के द्वारा मात्र आत्मा या ब्रह्मांडीय चेतना ही इंगित होती है। वह आत्मा भी कैसा रहस्यमय आश्चर्य है जो विशुद्ध चेतना या बुद्धिमत्ता है परंतु जो अपनी प्रकृति भूल चुकी है और अपने को जीव (एक व्यक्ति) मान बैठी है। वस्तुतः वह ब्रह्मांडीय पुरुष हर चीज में वास्तविकता है और उसमें पुजारी, पूजा और पूज्य का भेद भी नहीं है। जो बिना किसी भेद के संपूर्ण ब्रह्मांड को धारण करता है उस ब्रह्मांडीय पुरुष का वर्णन कठिन है और किसी को समझा पाना भी संभव नहीं। और **हम उन्हें शिक्षा देने का पात्र भी नहीं समझते जो परमात्मा को समय और स्थान की दृष्टि से सीमित समझते हैं।** अतः इस प्रकार की सभी परिमित धारणाओं का त्याग करना होगा और पुजारी, पूज्य और पूजा का भेद भी समाप्त करना होगा, क्योंकि आत्मा ही आत्मा की पूजा करती है। लालसाओं से मुक्त, विशुद्ध और शांत रहो। और चिंतन करो कि सभी तुम्हारे अनुभव और कथन आत्मा की पूजा हैं।

(विष्णु ने शिव, ब्रह्मा और आत्मा का स्पष्टीकरण चाहा था और जानना चाहा था उनमें विभेद कैसे उत्पन्न होते हैं। परम पुरुष ने इस संबंध में कहा :)

सत्य (वास्तविकता) अनादि और अनंत है और यह किसी वस्तु में परावर्तित भी नहीं होता। क्योंकि इसका इंद्रियों तथा मन से अनुभव नहीं होता। इसलिए इसे अस्तित्वहीन भी मान लिया जाता है।

(वसिष्ठ की इस जिज्ञासा पर कि 'वह मन से परे है, इसका बोध कैसे हो' परमात्मा ने कहा :)

जहाँ तक साधक या अन्वेषक का प्रश्न है वह अज्ञान से मुक्ति प्राप्त करना चाहता है परंतु वह 'सात्विक अविद्या' (सूक्ष्म अज्ञान) से युक्त होता है। धर्मशास्त्रों की सहायता से सात्विक अविद्या उसी प्रकार अज्ञान को हटा देती है जिस प्रकार धूल को एक अन्य प्रकार की धूल (साबुन) से धोबी हटा देता है। इस प्रकार की (रासायनिक) प्रक्रिया से अज्ञान दूर हो जाता है, आत्मा को आत्मा का बोध हो जाता है और आत्मा अपनी स्वप्रकाशपूर्ण प्रकृति के फलस्वरूप आत्मा को पहचान लेती है।

16

सितम्बर

अकारणान्यपि प्राप्ता भृशं कारणतां द्विज
क्रमा गुरूपदेशाद्या आत्मज्ञानस्य सिद्धये (13)

ईश्वर ने कहा :

जब बालक कोयले से खेलता है तो उसके हाथ काले हो जाते हैं। यदि वह हाथ धो लेता है और पुनः कोयले से खेलने लगता है तो उसके हाथ पुनः काले हो जाते हैं। परंतु यदि वह धोने के बाद कोयले से नहीं खेलता तो उसके हाथ साफ रहेंगे। इसी प्रकार यदि कोई आत्मा की प्रकृति में अनुसंधान करता है और साथ ही अविद्या या अज्ञान को बढ़ावा देनेवाली बातों से बचता है तो अज्ञान का अंधकार नष्ट हो जाता है। तो भी यह आत्मा ही है जो आत्मा को अनुभूत करती है।

विविधता को आत्मा के रूप में मत देखो। इस धारणा का सत्कार मत करो कि आत्मज्ञान गुरु के प्रशिक्षण का प्रतिफल है। गुरु भी मन और इंद्रियों से संपन्न होता है परंतु आत्मा या ब्रह्म मन और इंद्रियों से परे होता है। जो अन्य सबके तिरोहित होने पर प्राप्त होता है, उसे उनकी सहायता से कैसे प्राप्त किया जा सकता है। **गुरु की शिक्षा तथा अन्य बातें यद्यपि आत्मज्ञान की उपलब्धि का साधन नहीं होतीं तो भी उन्हें साधन मान लिया जाता है।**

आत्मा का प्रकट होना न तो धर्मशास्त्रों पर निर्भर है और न गुरु की शिक्षाओं पर। परंतु बिना गुरु की शिक्षाओं और बिना धर्मशास्त्रों की सहायता से आत्मा प्रकट होती भी नहीं। यह तभी प्रकट होती है जब ये सब एकत्र होते हैं। जब धर्मशास्त्रीय ज्ञान, गुरु की शिक्षाएँ और सच्चा शिष्यत्व एक साथ होते हैं तभी आत्मज्ञान उपलब्ध होता है।

जब-जब इंद्रियाँ काम करना बंद कर देती हैं और सुख और दुख की सभी धारणाएँ समाप्त हो जाती हैं तो जो शेष होता है वह आत्मा है, वह शिव है। इसी को 'वह', 'सत्य' या 'वास्तविक' द्वारा इंगित करते हैं। यह वह है जो आकाश की तरह इन सबके न रहने पर भी रहता है। भ्रम में पड़े अज्ञानी लोगों को दयावश जगाने तथा उनमें मोक्ष प्राप्त करने की पिपासा जगाने के लिए ब्रह्मांड के उद्धारकों ने (ब्रह्मा, इंद्र, रुद्र आदि ने) धर्मग्रंथों (वेदों, पुराणों आदि) की रचना की है। इन धर्मग्रंथों में उन्होंने चेतना, ब्रह्म, शिव, आत्मा, परमात्मा, आदि (पारिभाषिक) शब्दों का प्रयोग किया है। इन शब्दों से विविधता लक्षित होती है परंतु वास्तव में विविधता है नहीं।

ब्रह्म आदि शब्दों के द्वारा जो सत्य इंगित होता है वह निश्चय ही विशुद्ध चेतना है। इस दृष्टि से अपरिमित आकाश भी महापर्वत की तरह स्थूल हो जाता है। विशुद्ध चेतना भी ज्ञेय पदार्थ के रूप में भासित होती है और उस बुद्धिमत्ता (प्रज्ञा) या चेतना की संकल्पना को उत्पन्न करती है, जो अंतरतम आत्मा है तथा जो ज्ञान का विषय नहीं है। क्षणिक संकल्पना के द्वारा यह विशुद्ध चेतना अहं (मैं जानता हूँ) को जाग्रत करती है।

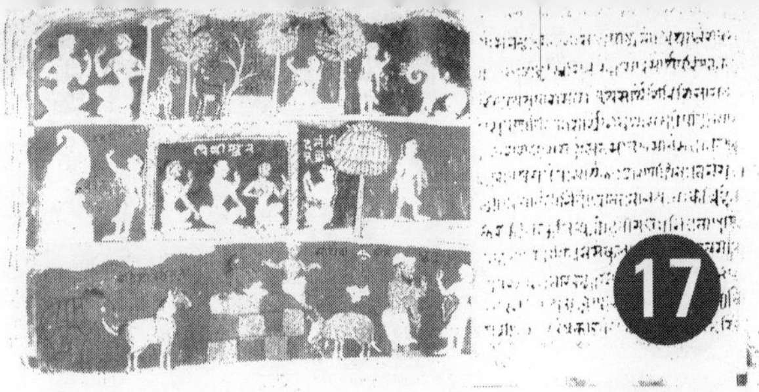

17 सितम्बर

वासनावशतो दुःखं विद्यमाने च सा भवेत्
अविद्यमानं च जगन् मृगतृष्णांबु भंगवत् (52)

ईश्वर ने कहा :

फिर यह अहंभाव काल और आकाश की धारणाओं को जन्म देता है। प्राण वायु की ऊर्जा से युक्त होने पर यह जीव बन जाता है। तब यह जीव अपनी धारणाओं के आदेशों से संचालित होता है और घोर अज्ञान में डूब जाता है। इसके बाद अहंभाव तथा मनोवैज्ञानिक ऊर्जा के विभिन्न रूपों के सहमिलन से मन की उत्पत्ति होती है। यह सभी मिलकर 'आतिवाहिक' शरीर के नाम से जाना जाता है। यही सूक्ष्म शरीर है जो एक धरातल से दूसरे धरातल पर जाता है।

इसके उपरांत आतिवाहिक शरीर की सूक्ष्म ऊर्जाओं के अनुरूप संसार के पदार्थों की कल्पना हुई और फिर (देखने, स्पर्श करने, सुनने, चखने और सूँघने की) अनेक इंद्रियाँ और उनके अनुरूप अनेक विषय (पदार्थ) और उनसे होनेवाले अनुभवों ने अस्तित्व ग्रहण किया। ये सभी मिलकर पुर्यष्टक कहलाए और अपने सूक्ष्म रूप में आतिवाहिक शरीर कहलाए।

इस प्रकार सभी पदार्थ रचे गए। परंतु वस्तुतः रचा कुछ भी नहीं गया। यह सब–कुछ एक ही असीम चेतना के प्रत्यक्ष बदलावों के अतिरिक्त कुछ नहीं। जिस प्रकार स्वप्न में दिखनेवाले पदार्थ अपने अंदर होते हैं उसी प्रकार ये सब भी असीम चेतना से भिन्न नहीं। स्वप्न में दिखनेवाले पदार्थ प्रत्यक्ष ज्ञान के पदार्थ प्रतीत होते हैं उसी प्रकार ये सब भी वास्तविक पदार्थ प्रतीत होने लगते हैं।

जब इनसे संबद्ध सत्य का बोध होता है तो ये सभी परमात्मा के रूप में चमकने लगते हैं। यद्यपि यह भी असत्य हैं क्योंकि ये सभी कभी वास्तविक पदार्थ नहीं बने। व्यक्तिगत धारणा के अनुरूप इनका अनुभव स्थूल या पदार्थ रूप में होता है। इस प्रकार पदार्थभाव जादू का खेल है। चेतना स्थूलता देखने लगती है।

उक्त धारणाओं से बंधने पर अर्थात् संसक्ति के फलस्वरूप वह दुख भोगता है। **संसक्ति दुख है संसक्ति विचारों और धारणाओं या वासनाजन्य या मनोवैज्ञानिक अनुभवों पर आधारित होती है। तो भी सत्य इन अनुभवों से परे है और और संसार का रूप मरीचिका के समान है।** अब प्रश्न यह है कि मनोवैज्ञानिक संसक्ति क्या है, कौन इसे उत्पन्न करता है और कौन इस संसक्ति से बँधता या ग्रस्त होता है? कौन मरीचिका के जल का पान करता है? इस प्रकार जब इन सबको अस्वीकार या निरस्त कर दिया जाता है तो वास्तविकता ही शेष रहती है जो न संसक्त होती है और न जिसमें संसक्ति होती है। इसे प्राणी कहा जाए अथवा अप्राणी परंतु वह है अकेली। मानसिक संसक्ति भूत-प्रेत की तरह भ्रामक अप्राणी है जब उसे पटक दिया जाता है तो सर्जन का भ्रम भी नष्ट हो जाता है। जो अहं और मरीचिका रूपी इस सर्जन को वास्तविक मानता है वह प्रशिक्षण के अयोग्य है। गुरु उसे ही प्रशिक्षित करता है जिसमें ज्ञान हो। वह मूर्खों को प्रशिक्षित नहीं करता। जिस प्रकार अज्ञानी व्यक्ति स्वप्न में देखे हुए आदमी से अपनी कन्या का विवाह कर देता है उसी प्रकार मूर्ख का भरोसा दृश्य संसार पर रहता है।

18

सितम्बर

ग्राह्य ग्राहकसम्बन्धे सामान्ये सर्वदेहिनाम्
योगिनः सावधानत्वं यत्तदर्चनम् आत्मनः (43/8)

वसिष्ठ ने कहा :

स्वप्न में दिखनेवाला पर्वत केवल काल और आकाश में अस्तित्व प्राप्त करता है, परंतु वह किसी स्थान को धारण नहीं करता और न ही बनने और मिटने में उसे समय लगता है। कुछ ऐसी ही स्थिति इस संसार की है। चाहे जिस प्रकार सर्वशक्तिमान देवता अस्तित्व ग्रहण करे ठीक उसी प्रकार एक कीटाणु भी आँख झपकते-झपकते अस्तित्व ग्रहण करता है। जीव अपने को सृष्टिकर्ता, पालक आदि सोच लेता है, परंतु यह सब-कुछ विचार-रूप से अधिक कुछ नहीं। तो भी यह विचार-रूप अन्य विचारों की कल्पना या धारणा कर लेता है और उन्हें अनुभूत भी करता है।

हे राम, अवास्तविक जीव अवास्तविकता के अवास्तविक प्रभाव के फलस्वरूप अवास्तविक संसार देखता है। इन सबमें किसे वास्तविक कहा जाए और किसे अवास्तविक? कोई काल्पनिक पदार्थ का वर्णन काल्पनिक ढंग से करता है और दूसरा अपनी कल्पना के अनुसार उसे समझता है परंतु वह वही समझता है जिसकी वह कल्पना करता है। जिस प्रकार द्रव्यों में द्रव्यता होती है, हवा में गति होती है, आकाश में शून्यता होती है उसी प्रकार आत्मा में सर्वव्यापकता होती है।

जब से ईश्वर ने मुझे शिक्षा दी है तब से मैं असीम आत्मा की पूजा करता हूँ। उस पूजा के फलस्वरूप निरंतर विभिन्न क्रियाकलापों में लगे रहने पर भी मैं दुख से मुक्त हूँ। मैं उस आत्मा की पूजा करता हूँ जो है तो अविभक्त परंतु देखने में विभक्त प्रतीत होती है। यह पूजा मैं उन फूलों तथा उन कार्यों से करता हूँ जो मुझे सहज रूप से प्राप्त होते हैं।

सभी जीवधारी संबंध स्थापित करते भी हैं और संबद्ध होते भी हैं परंतु इस विषय में योगी सदा सतर्क रहता है और यह सतर्कता स्व या आत्मा की पूजा है। इस वृत्ति को धारण करके तथा मन को सभी प्रकार की आसक्तियों से वियुक्त रखकर मैं इस भयावह संसार (दृश्य संसार) में विचरण करता हूँ। यदि तुम भी ऐसा करो तो तुम दुख से विमुक्त रहोगे।

जब कोई बड़ी विपत्ति (धन हानि या किसी संबंधी की हानि) तुम पर आए तो उक्त वर्णित रीति से सत्य की प्रकृति में अनुसंधान करो। तुम सुख और दुख से अप्रभावित रहोगे। अब तुमने देख ही लिया है कि कैसे वस्तुएँ प्रकट और नष्ट होती हैं, तुम उस व्यक्ति की नियति के विषय में भी जान चुके हो जो उनसे भ्रमित होता है तथा सत्य की प्रकृति का अनुसंधान नहीं करता। न उनका तुमसे संबंध है और न तुम्हारा उनसे संबंध है। संसार की ऐसी ही अवास्तविक प्रकृति है। दुख करने की कोई बात नहीं।

प्रिय राम, तुम विशुद्ध आत्मा हो जिस पर सृष्टि की विविधता के भ्रामक बोध का प्रभाव नहीं होता। विशुद्ध आत्मा में इच्छा-अनिच्छा की धारणाएँ उत्पन्न भी कैसे हो सकती हैं। इतना बोध होने पर चेतना की तुरीया स्थिति में स्थित रहो।

राम ने कहा :

प्रभु, मैं द्वैत की धूल से पूरी तरह से मुक्त हूँ। मुझे बोध हो गया है कि यह सब ब्रह्म है।

19

सितम्बर

वासनावशतो दुःखं विद्यमाने च सा भवेत्
अविद्यमानं च जगन् मृगतृष्णांबु भंगवत् (52)

ईश्वर ने कहा :

फिर यह अहंभाव काल और आकाश की धारणाओं को जन्म देता है। प्राण वायु की ऊर्जा से युक्त होने पर यह जीव बन जाता है। तब यह जीव अपनी धारणाओं के आदेशों से संचालित होता है और घोर अज्ञान में डूब जाता है। इसके बाद अहंभाव तथा मनोवैज्ञानिक ऊर्जा के विभिन्न रूपों के सहमिलन से मन की उत्पत्ति होती है। यह सभी मिलकर 'आतिवाहिक' शरीर के नाम से जाना जाता है। यही सूक्ष्म शरीर है जो एक धरातल से दूसरे धरातल पर जाता है।

इसके उपरांत आतिवाहिक शरीर की सूक्ष्म ऊर्जाओं के अनुरूप संसार के पदार्थों की कल्पना हुई और फिर (देखने, स्पर्श करने, सुनने, चखने और सूँघने की) अनेक इंद्रियाँ और उनके अनुरूप अनेक विषय (पदार्थ) और उनसे होनेवाले अनुभवों ने अस्तित्व ग्रहण किया। ये सभी मिलकर पुर्यष्टक कहलाए और अपने सूक्ष्म रूप में आतिवाहिक शरीर कहलाए।

इस प्रकार सभी पदार्थ रचे गए। परंतु वस्तुतः रचा कुछ भी नहीं गया। यह सब-कुछ एक ही असीम चेतना के प्रत्यक्ष बदलावों के अतिरिक्त कुछ नहीं। जिस प्रकार स्वप्न में दिखनेवाले पदार्थ अपने अंदर होते हैं उसी प्रकार ये सब भी असीम चेतना से भिन्न नहीं। स्वप्न में दिखनेवाले पदार्थ प्रत्यक्ष ज्ञान के पदार्थ प्रतीत होते हैं उसी प्रकार ये सब भी वास्तविक पदार्थ प्रतीत होने लगते हैं।

जब इनसे संबद्ध सत्य का बोध होता है तो ये सभी परमात्मा के रूप में चमकने लगते हैं। यद्यपि यह भी असत्य हैं क्योंकि ये सभी कभी वास्तविक पदार्थ नहीं बने। व्यक्तिगत धारणा के अनुरूप इनका अनुभव स्थूल या पदार्थ रूप में होता है। इस प्रकार पदार्थभाव जादू का खेल है। चेतना स्थूलता देखने लगती है।

उक्त धारणाओं से बंधने पर अर्थात् संसक्ति के फलस्वरूप वह दुख भोगता है। **संसक्ति दुख है संसक्ति विचारों और धारणाओं या वासनाजन्य या मनोवैज्ञानिक अनुभवों पर आधारित होती है। तो भी सत्य इन अनुभवों से परे है और और संसार का रूप मरीचिका के समान है।** अब प्रश्न यह है कि मनोवैज्ञानिक संसक्ति क्या है, कौन इसे उत्पन्न करता है और कौन इस संसक्ति से बँधता या ग्रस्त होता है? कौन मरीचिका के जल का पान करता है? इस प्रकार जब इन सबको अस्वीकार या निरस्त कर दिया जाता है तो वास्तविकता ही शेष रहती है जो न संसक्त होती है और न जिसमें संसक्ति होती है। इसे प्राणी कहा जाए अथवा अप्राणी परंतु वह है अकेली। मानसिक संसक्ति भूत-प्रेत की तरह भ्रामक अप्राणी है जब उसे पटक दिया जाता है तो सर्जन का भ्रम भी नष्ट हो जाता है। जो अहं और मरीचिका रूपी इस सर्जन को वास्तविक मानता है वह प्रशिक्षण के अयोग्य है। गुरु उसे ही प्रशिक्षित करता है जिसमें ज्ञान हो। वह मूर्खों को प्रशिक्षित नहीं करता। जिस प्रकार अज्ञानी व्यक्ति स्वप्न में देखे हुए आदमी से अपनी कन्या का विवाह कर देता है उसी प्रकार मूर्ख का भरोसा दृश्य संसार पर रहता है।

20

सितम्बर

एषैकिवैव विविधेव विभाव्यमाना
नैकात्मिका विविधा नानु सैव सैव
सत्यास्थिता सकल शान्ति समैकरूपा
सर्वात्मिकातिमहती चितिरूपशक्तिः (36)

वसिष्ठ ने कहा :

इस संबंध में, एक शिक्षाप्रद नीतिकथा है जिसे में तुम्हें सुनाता हूँ।

देवदारु का एक काष्ठफल है जिसका काफी बड़ा आकार-प्रकार है और जो कभी नष्ट नहीं होता। इसका अस्तित्व असंख्य युगों से है। अमरता और अनश्वरता का स्रोत इसे प्राप्त है और वह इसे पुष्ट करता है। यह मिठास का घर है। यद्यपि यह अत्यंत पुरातन है पर है सदा नए का नया और चंद्रमा के जैसा। यह ब्रह्मांड का हृदय या ठीक केंद्र है। यह निश्चल है और प्रलय की शक्तियाँ भी इसका कुछ बिगाड़ नहीं पातीं। यही काष्ठफल जो अपरिमित रूप से विशाल है इस सृष्टि का मूल स्रोत है।

जब पूर्ण रूप से पक जाता है तब भी यह अपने स्थान से नहीं गिरता। यह सदा पूरा पका रहता है परंतु कभी अधिक नहीं पकता। सृष्टिकर्ता ब्रह्मा, विष्णु, रुद्र आदि देवता भी नहीं जानते कि इस फल का उद्गम कैसे हुआ। किसी ने वह बीज या पेड़ नहीं देखा जिस पर यह फल उगा है। इस फल के संबंध में जो बात ज्ञात है वह यह है कि इसका न आदि है, न मध्य है और न अंत ही और न ही इसमें किसी प्रकार का विकार या परिवर्तन होता है। यहाँ तक कि इस फल के अंदर भी कुछ विविधता नहीं। यह पूरी तरह से भरा है और इसमें शून्यता है ही नहीं। यह सभी प्रकार के उल्लास और हर्ष का मूलस्रोत है। साधारण व्यक्ति को भी यही प्रसन्नता देता है और उच्चकोटि के देवताओं को भी। इस प्रकार यह फल असीम चेतना की ऊर्जा की अभिव्यक्ति के अतिरिक्त कुछ और नहीं।

असीम चेतना की इस ऊर्जा ने कभी एक क्षण के लिए भी अपनी वास्तविक प्रकृति का त्याग न करते हुए सृष्टि की अभिव्यक्ति अपनी प्रज्ञा में मात्र इच्छा के द्वारा की है। तथ्य यह है कि यह बात (कि उसने ऐसा चाहा) भी सत्य नहीं। इस इच्छा में जिस अहं का योग होता है वह स्वयं अवास्तविक होता है। परंतु इसमें से सभी तत्त्व निकले और उनको अनुभूत करनेवाली इंद्रियाँ भी उत्पन्न हुईं। सच्चाई तो यह है कि आकाश, काल, प्राकृतिक व्यवस्था, विचार-प्रसार, आकर्षण और विकर्षण, मैंपन, तूपन, वहपन, ऊपर, नीचे, सभी दिशाएँ, पर्वत, नक्षत्र, ज्ञान और अज्ञान ये सभी, जो हैं और जो होंगे वे भी असीम चेतना की ऊर्जा ही हैं। ये सभी कुछ नहीं हैं और यदि हैं तो असीम चेतना हैं।

यद्यपि यह एक है परंतु इसकी कल्पना विविध प्राणियों के रूप में हुई है। न यह एक है न अनेक ही। यह है भी कि नहीं! यह वास्तविकता में स्थित है। परम सर्व-समावेशी शांति इसकी प्रकृति है। यह अपरिमेय ब्रह्मांडीय आत्मा है। यह (ब्रह्मांडीय) ऊर्जा है या (ब्रह्मांडीय) चेतना की प्रकृति है।

सितम्बर

बीजं पुष्पफलान्तस्थं बीजांतर नान्यदात्मकम्
यादृशी बीजसत्ता सा भवन्ति यात्यथोत्तरम् (36)

वसिष्ठ ने कहा :

एक और भी नीति-कथा है। उसे सुनो।

एक शिला है जो सुकुमारता और प्रेम से परिपूर्ण है। यह दृश्य है और इसे सदा स्पष्टतः देखा जा सकता है। यह चिकनी है, सर्वव्यापी है और शाश्वत है। इसके अंदर असंख्य कमल खिलते हैं। कभी-कभी इनकी पत्तियाँ एक दूसरी को छूती हैं और कभी-कभी नहीं छूतीं। कभी-कभी वे दिखाई पड़ती हैं और कभी-कभी दृष्टि से ओझल होती हैं। कुछ का मुख नीचे की ओर है और कुछ का ऊपर की ओर। कुछ की जड़ें परस्पर उलझी हुई हैं। कुछ की जड़ें हैं ही नहीं। ये सभी चीजें उस शिला के अंदर हैं यद्यपि ये हैं नहीं।

हे राम, यह शिला निश्चित रूप से असीम चेतना है, जो शिला ही के समान एकरूप है जिसके अंदर इस ब्रह्मांड के विविध प्राणी अवस्थित हैं। जिस प्रकार इस शिला में विविध रूपों की कल्पना या धारणा की जाती है उसी प्रकार चेतना में अवस्थित इस ब्रह्मांड की भी अज्ञानवश कल्पना की जाती है, जैसे मूर्तिकार मूर्ति में विभिन्न रूपों की कल्पना करता है। अचल शिला जैसी ही स्थिति इस ब्रह्मांडीय चेतना की है जो है चेतना का ही एकरूप पिंड। जिस प्रकार सघन शिला में अंतर्निहित शक्ति के फलस्वरूप उसमें से अनेक रूप उभरते हैं उसी प्रकार ब्रह्मांडीय चेतना में अंतर्निहित शक्ति है जिससे नाम-रूप के विविध प्राणी उसमें अवस्थित हैं। जिस प्रकार शिला शिला ही रहती है, चाहे उसमें नक्काशी हुई या न हुई हो उसी प्रकार चेतना ही रहती है चाहे उसमें संसार प्रकट हो अथवा न हो। यह दृश्य संसार वस्तुतः शून्य अभिव्यक्ति है, इसका सार भी चेतना के अतिरिक्त कुछ नहीं।

तथ्य यह है कि ये अभिव्यक्तियाँ और विभिन्नताएँ ब्रह्म ही हैं, ब्रह्मांडीय चेतना है-भले ही अभिव्यक्ति और विभिन्नता के विचार से ऐसी न लगे। वैसे ब्रह्म में यह विभेद भी अर्थहीन है। जब इन कथनों का प्रयोग ब्रह्म के संबंध में किया जाता है, तो अर्थ बिल्कुल भिन्न होता है, मरीचिका के जल जैसा। **जिस प्रकार बीज के अंदर बीज के अतिरिक्त और कुछ नहीं होता, यहाँ तक कि फूलों और फलों की प्रकृति भी बीज जैसी होती है, उसी प्रकार बीज का सारभाग ही उसके फूलों और फलों का सारभाग होता है।** इसी प्रकार ब्रह्मांडीय चेतना का समरूप पिंड भी कुछ ऐसी सृष्टि नहीं करता जो उसके सारभाग से भिन्न हो। जब इस सत्य का बोध प्राप्त होता है, द्वैत समाप्त हो जाता है। चेतना कभी उपचेतना नहीं होती। यदि कोई विकार होता है तो वह भी चेतना ही है। अतः यहाँ जो भी है, चाहे जो जिस रूप में हो-वह सब-कुछ ब्रह्म ही है। यह सभी कुछ अंतर्निहित शक्ति के रूप में समरूप चेतना-पुंज में सदा अवस्थित रहता है।

22

सितम्बर

स नानातोप्यनानातो यथाण्डरसबर्हिण:
अद्वैताद्वैतसत्तात्मा तथा ब्रह्मजगद् भ्रम: (31)

वसिष्ठ ने कहा :

इस सृष्टि में काल, आकाश आदि जो कारक हैं वे भी वास्तव में उसी चेतना के विभिन्न पक्ष हैं। वे चेतना से भिन्न नहीं हैं। जब इस बात का बोध हो जाता है कि ये सभी विचार और धारणाएँ हैं और आत्मा एकल और अविभक्त है तो इन्हें अवास्तविक कैसे कहा जाए? बीज के अंदर बीज के अतिरिक्त कुछ नहीं होता। अर्थात् किसी प्रकार की विभिन्नता नहीं होती। परंतु अंतर्निहित शक्ति के रूप में (फूल, फल की) विभिन्नता की धारणा बीज में अवस्थित रहती है। इसी प्रकार ब्रह्मांडीय चेतना एक ही है, विभिन्नता से रहित है परंतु विभिन्नतापूर्ण ब्रह्मांड मात्र धारणा रूप में उसी में अवस्थित रहता है।

शिला एक ही है। अत्यधिक कमलों की धारणा का होना उस एक शिला से संबद्ध है। इसी प्रकार बिना विभिन्नता के चेतना में विविधता की धारणा उत्पन्न होती है। जिस प्रकार मरीचिका में जल है परंतु दोनों साथ-साथ (एक ही समय में) नहीं होते, उसी प्रकार वैसा ही संबंध असीम चेतना के साथ इस विविधता का है। जिस प्रकार शिला में कमलों की अवस्थिति शिला को नष्ट नहीं करती, उसी प्रकार ब्रह्म भी दृश्य संसार से अप्रभावित रहता है। यह दृश्य संसार ब्रह्म की मूल प्रकृति के रूप में ब्रह्म में ही अवस्थित रहता है। ब्रह्म और संसार में कोई मूलभूत भेद नहीं है। ये दोनों पर्याय हैं। जब इस रूप में वास्तविकता दिखती है तो मात्र ब्रह्म ही दिखता है। जिस प्रकार संसार में दिखनेवाला जल जल नहीं बल्कि हाइड्रोजन और आक्सीजन (गैस) होता है उसी प्रकार दृश्य संसार भी मात्र ब्रह्म है। एक चेतना ही मन, पर्वत आदि के रूप में वैसे ही प्रकट होती है जैसे मोरनी के अंडे में रंग-बिरंगे पंख अवस्थित रहते हैं। असीम चेतना में यह अंतर्निहित शक्ति मौजूद रहती है। इस समय ब्रह्मांड में जो विविध पदार्थ दिखाई देते हैं उन्हें यदि ज्ञान-चक्षुओं से देखा जाए तो मात्र ब्रह्म या असीम चेतना ही दिखाई देगी। **यह है अद्वैत ही यद्यपि विविधतापूर्ण प्रतीत होती है, ठीक वैसे जैसे मोरनी के अंडे के द्रव्य में विभिन्नता की धारणा। इस प्रकार ब्रह्म और संसार-संबंधी दोनों धारणाएँ द्वैत और अद्वैत दोनों हैं।** इन सभी में एकता और अनेकता-संबंधी धारणाओं का जो आधारभूत स्तर है वही परम स्थिति है।

संपूर्ण ब्रह्मांड में असीम चेतना व्याप्त है और असीम चेतना में ब्रह्मांड स्थित है। यह संबंध उसी प्रकार विविधता का भी है और अविविधता का भी जिस प्रकार एक ही अंडे में मोर के अनेक अंग होते हैं। इन सबमें विविधता हैं कहाँ?

23

सितम्बर

न दृश्यं नोपदेशार्हं नात्यासन्नं न दूरगम्
केवलानुभव प्राप्यं चिद्रूपं शुद्धमात्मनः (10)

वसिष्ठ ने कहा :

अहं, आकाश आदि सभी ने वास्तविक पदार्थ की प्रकृति धारण कर ली है यद्यपि इनकी सृष्टि हुई ही नहीं। जहाँ कुछ भी उत्पन्न नहीं हुआ वहाँ सब-कुछ दिखाई देता है। इसी प्रकार संत, देवता, पूर्ण व्यक्ति इंद्रियातीत चेतना में स्थित रहते हैं और अपनी प्रकृति का आनंद प्राप्त करते हैं। उन्होंने दर्शक और दृश्य (पदार्थ) के भेद के भ्रम को तथा उसके फलस्वरूप होनेवाली विचार की हलचल को त्याग दिया है। उनकी दृष्टि अपलक और स्थिर है।

यद्यपि ये संत यहाँ सक्रिय हैं परंतु भ्रामक सत्ता की धारणा को पनपने ही नहीं देते। ज्ञाता और ज्ञेय के संबंध को त्याग चुके हैं और इसी संबंध-त्याग में दृढ़तापूर्वक उन्होंने अपनी जड़ें जमाई हुई हैं। उनकी प्राण-शक्ति में विक्षोभ उत्पन्न नहीं होता। वे जैसे चित्रित चित्र हों, उनका मन उसी प्रकार चलायमान नहीं होता, जिस प्रकार चित्र का मन चलायमान नहीं होता। उन्होंने चेतना की संकल्पना-शक्ति का त्याग कर रखा होता है।

वे उपयुक्त क्रियाकलापों में बराबर रत रहते हैं। ठीक परमात्मा की तरह उनमें विचार की हलचल नहीं होती। तो भी विचार की हलचल तथा दर्शक और पदार्थ के संबंध का अनुभव भी उनमें अत्यधिक उल्लास उत्पन्न करता है। उनकी चेतना पूर्ण रूप से विशुद्ध होती है—धारणाओं और संकल्पनाओं से रहित होती है। **ऐसी है आत्मा की शुद्ध स्थिति—असीम चेतना की यह शुद्ध प्रकृति मन और इंद्रियों के अनुभव से परे है। इसे सिखाया नहीं जा सकता। न यह बहुत सरल काम ही है और न असंभव या दूरस्थ ही। इसे प्रत्यक्ष अनुभव से ही प्राप्त किया जा सकता है।**

मात्र उसी का अस्तित्व है, किसी अन्य का नहीं। न शरीर का अस्तित्व है, न किसी अन्य का ही। न शरीर का अस्तित्व है न इंद्रियों का, न प्राण-शक्ति का न मन का, न स्मरण शक्ति का और न अंतर्निहित प्रवृत्तियों का। न जीव का अस्तित्व है न चेतना की हलचल का। और न चेतना का और न संसार का। यह न वास्तविक है न अवास्तविक ही और न ही इनके बीच का कुछ। न शून्य है और अशून्य ही। न समय है न आकाश है और न पदार्थ ही। इन सभी से मुक्त है और हृदय के सैकड़ों आवरणों से भी मुक्त है। व्यक्ति को इन सबमें आत्मा का दर्शन करना चाहिए। इसका न आदि है और न अंत। क्योंकि यह सदा से सभी जगह उपस्थित है, भले ही इसका नाम कुछ रहा हो। हजारों जनमे और हजारों मरे परंतु अंदर और बाहर रहनेवाली सर्वव्यापी आत्मा अप्रभावित रही। वह इन सभी शरीरों (या पिंडों) में रहती है, भले ही असीम आत्मा से कुछ भिन्न प्रतीत हो।

उल्लास और हर्ष उत्पन्न करनेवाले विभिन्न क्रियाकलापों में रत रहते हुए मैंपन और मेरेपन से बचो। इस संसार में जो कुछ भी दिखाई देता है, वह ब्रह्म है, गुणरहित है, शाश्वत है, शांत है, शुद्ध है और पूर्ण रूप से अचेष्ट है।

24

सितम्बर

समस्याद्यन्तयोर् येयं दृश्यते विकृतिः क्षणात्
संविदः संभ्रमं विद्धि नाविकरेस्ति विक्रिया (5)

राम ने पूछा :

यदि ब्रह्म में कोई विकार या परिवर्तन नहीं होता तो यह मिथ्या दृश्य संसार कैसे उत्पन्न होता है?

वसिष्ठ ने कहा :

हे राम, वास्तविक विकार से अभिप्राय होता है एक पदार्थ का दूसरे पदार्थ में बदल जाना, जैसे दूध का दही में बदल जाना। ऐसी स्थिति में दही फिर दूध में नहीं बदल सकता। परंतु ब्रह्म के संबंध में ऐसी बात नहीं। वह जिस अपरिवर्तित रूप में दृश्य संसार से पहले था उसी अपरिवर्तित रूप में उसके विलीन होने पर भी रहता है। **आदि और अंत दोनों में अविकृत एकरूप वह चेतना है। इसमें जो क्षणिक विकार प्रतीत होता है वह चेतना का हलका-सा विक्षोभ है। वह विकार है ही नहीं।** उस ब्रह्म में चेतना न कर्ता ही है और न कर्म ही (जो कर्ता द्वारा प्रभावित हो)। वह जो भी है, वह आदि में भी रही और अंत में भी रहेगी। बस है भी वही। यदि बीच में कुछ अलग प्रतीत होती है तो उस अवस्था को अवास्तविक कहा जाएगा। अतः आत्मा आदि में भी आत्मा थी अंत में भी आत्मा रहेगी और इस प्रकार मध्य में भी आत्मा ही है। इसमें किसी प्रकार का परिवर्तन या विकार नहीं होता।

राम ने पुनः पूछा : आत्मा तो विशुद्ध है फिर इसमें हलके विक्षोभ क्यों उत्पन्न होते हैं?

वसिष्ठ ने उत्तर दिया : हे राम, मुझे विश्वास है कि असीम चेतना ही एकमात्र वास्तविकता है और उसकी प्रकृति में किसी प्रकार का विक्षोभ नहीं होता। हम लोग ब्रह्म आदि शब्दों का प्रयोग सूचनार्थ या निदेशार्थ करते हैं न कि किसी प्रकार की अवधारणा या अवधारणाएँ उत्पन्न करने के लिए। तुम, मैं और सभी चीजें विशुद्ध ब्रह्म हैं। इस संबंध में अज्ञान है ही नहीं।

राम ने फिर पूछा : आपने पिछली चर्चा में अज्ञान की प्रकृति में अनुसंधान करने के लिए कहा था।

वसिष्ठ ने उत्तर दिया : हाँ, उस समय तक तुम पूर्ण रूप से जाग्रत नहीं थे। अज्ञान, जीव आदि शब्द अजाग्रतों को शिक्षा देने के लिए आविष्कृत किए गए हैं। किसी साधक को सत्य का ज्ञान कराने से पहले उसकी व्यावहारिक बुद्धि जाग्रत करने के लिए युक्ति की सहायता लेनी पड़ती है। यदि किसी अजाग्रत व्यक्ति से कहा जाए यह सब-कुछ ब्रह्म है तो यह कष्ट से राहत पाने के लिए किसी पेड़ से की जानेवाली चिरौरी के समान होगा। उपयुक्त ढंग से ही किसी अजाग्रत को जाग्रत किया जा सकता है। जो जाग्रत होता है वही सत्य अर्थात् आत्मज्ञान प्राप्त करता है। अब तुम जाग्रत हो इसलिए मैंने सत्य को घोषित किया है।

तुम ब्रह्म हो, मैं ब्रह्म हूँ, और यह संपूर्ण ब्रह्मांड ब्रह्म है। चाहे जो कुछ करो इस सत्य का बोध सदा रहे। ब्रह्म या आत्मा उसी प्रकार सभी प्राणियों में वास्तविकता है जिस प्रकार हजारों पात्रों की वास्तविक सामग्री मिट्टी है। जिस प्रकार वायु और उसकी गति में भेद नहीं उसी प्रकार चेतना और सब प्रकार के परिवर्तन लानेवाली उसकी अंतर्निहित ऊर्जा में भेद नहीं। धारणा रूपी बीज जब चेतना रूपी भूमि पर पड़ता है तो वह प्रत्यक्ष विविधता को उत्पन्न करता है। यदि वह नहीं पड़ता तो मन में अंकुर नहीं निकलते।

25

सितम्बर

पूर्णात् पूर्णमिदं पूर्णं पूर्णात् पूर्णं प्रसूयते
पुर्नेनपूरितं पूर्णं स्थिता पूर्णे च पूर्णता (2)

राम ने कहा :

जो जानना चाहिए वह ज्ञात है, जो देखना चाहिए वह देखा है। हम सभी परम सत्य से पूरित हैं। इसका पूरा श्रेय आपके द्वारा प्रदत्त ब्रह्म-संबंधी अमृतमय ज्ञान को है। **यह पूर्णता पूर्णता से पूरित है। पूर्णता पूर्णता से उत्पन्न होती है। पूर्णता में पूर्णता सदा अवस्थित रहती है।** फिर भी और अधिक जाग्रति के विस्तार के लिए मुझे बताएँ कि इंद्रियाँ सभी में होती हैं परंतु मृत व्यक्ति को कोई संवेदन नहीं होता जबकि जीवित अवस्था में वह उन्हीं इंद्रियों से संबद्ध विषयों का अनुभव प्राप्त करता रहा।

वसिष्ठ ने उत्तर दिया :

विशुद्ध चेतना के अतिरिक्त न तो इंद्रियाँ ही हैं, न मन ही है और न उनके विषय ही। वह चेतना ही है जो प्रकृति में पदार्थों के रूप में प्रकट होती है और व्यक्ति में इंद्रियों के रूप में। जब यह चेतना सूक्ष्म शरीर (पुर्यष्टक) का रूप धारण करती है तो यह बाह्य पदार्थों को परावर्तित करती है।

शाश्वत और असीम चेतना सभी परिवर्तनों और विकारों से निश्चय ही मुक्त है। परंतु जब उसमें 'मैं हूँ' की धारणा उत्पन्न होती है तो यह धारणा जीव कहलाती है। यही जीव है जो शरीर में रहता और विचरण करता है। जब अहंभावना ('मैं' की भावना) उत्पन्न होती है तो इसे अहंकार कहते हैं। जब विचार प्रबल होते हैं तब मन प्रकट होता है। जब बोध होता है तब बुद्धिमत्ता प्रकट होती है। जब व्यक्तिगत आत्मा (इंद्र) दृश्य देखती है तो उसे इंद्रिय कहते हैं। जब शरीर की धारणा बलवती होती है तो शरीर प्रकट होता है और जब पदार्थ की धारणा प्रबल होती है तो विविध पदार्थ प्रकट होते हैं। इन धारणाओं के दबाव से सूक्ष्म व्यक्तित्व घनीभूत होकर भौतिक अस्तित्व ग्रहण कर लेता है। वह चेतना इसके बाद अपने को 'मैं शरीर हूँ', 'मैं वृक्ष हूँ' आदि समझने लगती है। इस प्रकार भ्रमित आत्मा तब तक कभी उठती और कभी गिरती रहती है जब तक शुद्ध जन्म प्राप्त नहीं करती और आध्यात्मिक दृष्टि से जाग्रत नहीं होती। और तब सत्य के प्रति समर्पित होती है और आत्मज्ञान प्राप्त करती है।

अब मैं तुम्हें बतलाऊँगा कि वह कैसे पदार्थों को देखती है। मैंने बतलाया है कि 'मैं हूँ' की धारणा के कारण चेतना अपने को शरीर में स्थित जीव समझती है। जब इस तरह की चीजें (शरीरों में इंद्रियाँ) प्रकट होती हैं तो उनमें एक दूसरे को जानने (और एक होने) की इच्छा जाग्रत होती है। जब यह संपर्क होता है तो पदार्थ (विषय) का अपने अंदर परावर्तन होता है और तब जीव उसे देखता है। फिर भी उसे विश्वास रहता है कि यह परावर्तन बाहर है। जीव केवल इसी परावर्तन को जानता है। इसका अभिप्राय यह भी हुआ कि वह अपने को जानता है। यह संपर्क बाहरी पदार्थों के बोध का कारण है। अतः अज्ञानी या भ्रमित मनवाले व्यक्ति के लिए तो ऐसा संभव है परंतु मुक्त संत के लिए नहीं। उस पर यह बात लागू नहीं होती। यह ठीक है कि जीव (जो मात्र धारणा के अतिरिक्त कुछ नहीं) और उससे संबद्ध सब-कुछ अक्रिय और निर्जीव है और जो परावर्तन देखा जाता या अनुभूत होता है वह वस्तुतः दृष्टि-भ्रम या बौद्धिक विकार के अतिरिक्त कुछ नहीं। आत्मा ही हर समय सब-कुछ होती है।

26

सितम्बर

ब्रह्मपुर्यष्टकस्यादवर्थसंविद्यथोदिता
पुर्यष्टकस्य सर्वस्य तथैववोदेति सर्वदा (2)

वसिष्ठ ने कहा :

जिस प्रकार (बौद्धिक ऊर्जा और ब्रह्मांडीय तत्त्वों से निर्मित) ब्रह्मांडीय काया या प्रथम पुर्यष्टक (ब्रह्मांडीय सूक्ष्म काया) धारणा के रूप में असीम चेतना में प्रकट होती है उसी प्रकार अन्य कायाएँ भी उत्पन्न होती हैं।

जीव (पुर्यष्टक या सूक्ष्म शरीर) गर्भ की अवधि में ही अपना अस्तित्व देखता है। जिस प्रकार ब्रह्मांड में ब्रह्मांडीय तत्त्व विकसित होते हैं उसी प्रकार ब्रह्मांड में उन तत्त्वों से संबद्ध इंद्रियाँ भी विकसित होती हैं। वास्तव में उनकी सृष्टि नहीं होती। कथनों और विवरणों का उपयोग मात्र समझाने के लिए होता है। समझाने के लिए प्रयुक्त इन विचारों का भी निराकरण अनुसंधान से हो जाता है जो आरंभ में प्रस्तुत किए जाते हैं।

जिस अज्ञान को देखा नहीं जा सकता उसका ध्यानपूर्वक निरीक्षण किया जाए तो वह नष्ट हो जाता है। अवास्तविक की जड़ें अवास्तविकता में होती हैं। हम लोग मरीचिका के सिर्फ जल की बात करते हैं। मरीचिका में का जल अवास्तविक होता है। वह कभी जल नहीं रहा होता। सत्य के प्रकाश में सभी पदार्थों की वास्तविकता प्रकट हो जाती है और भ्रम तथा भ्रामक बोध नष्ट हो जाता है।

आत्मा वास्तविक है। जीव, पुर्यष्टक (सूक्ष्म शरीर) और उनसे संबद्ध सब-कुछ अवास्तविक है। इनकी प्रकृति के संबंध में होनेवाला अनुसंधान निस्संदेह उनकी अवास्तविकता का अनुसंधान है। व्यक्ति को अवास्तविकता की वास्तविक प्रकृति का ज्ञान कराने के लिए ही 'जीव' आदि शब्दों को गढ़ा गया है। ऐसा है कि असीम चेतना जीव की प्रकृति को धारण कर लेती है और अपनी सद् प्रकृति से बेखबर असीम चेतना वही अनुभूत करती है जो कुछ अपने अस्तित्व के बारे में सोचती है। जिस प्रकार रात के समय बालक अवास्तविक भूत का सच्चा चित्र अपने मन में बना लेता है, उसी प्रकार जीव उन पाँच तत्त्वों की कल्पना कर लेता है जिन्हें वह विद्यमान देखता है। इस प्रकार जीव के संबंध में मात्र धारणाएँ ही होती हैं। इनमें से कुछ को वह अपने अंदर और कुछ को बाहर मानता है और इसी प्रकार उन्हें अनुभूत करता है।

जिस प्रकार आकाश में शून्यता अंतर्निहित होती है उसी प्रकार चेतना में ज्ञान अंतर्निहित रहता है। तो भी चेतना (कर्ता) को प्रतीत होने लगता है कि ज्ञान मेरा विषय (कर्म) है। विभिन्न पदार्थ काल और आकाश के विचार से सीमाबद्ध होते हैं। चेतना (कर्ता) और ज्ञान (कर्म) का यह विभाजन चेतना में धारणागत विभाजन के फलस्वरूप स्वतः उत्पन्न हो जाता है। ऐसा विभाजन आत्मा में नहीं होता। वह समय और आकाश से परे है। तो भी अपने में अंतर्निहित ज्ञान के कारण असीम चेतना विविध जीवों की कल्पना करती है। ऐसी उसकी शक्ति है, जिसे कोई चुनौती नहीं दे सकता। जड़ आकाश अपने को अपने में परावर्तित करने में अक्षम है। परंतु उसकी प्रकृति असीम चेतना है इसलिए ब्रह्म अपने को अपने में परावर्तित करता है और स्वयं को ही द्वैत होने की कल्पना करता है, यद्यपि वह है अशरीरी ही।

सितम्बर

हेमत्वकटकत्वे द्वे सत्यासत्यस्वरूपिणी
हेम्नि भाण्डगते यद्वच्चित्त्वाचित्त्वे तथात्मनि (36)

वसिष्ठ ने कहा :

यह चेतना जो कुछ भी सोचती है, उसे वह विद्यमान देखती है। इसकी धारणाएँ-संकल्पनाएँ कभी निरर्थक नहीं होतीं। **सोने के कंगन में दो चीजें होती हैं–सोना और कंगन। इसमें सोना वास्तविकता है और कंगन आकृति मात्र। इसी प्रकार आत्मा में दोनों हैं–चेतना की भी धारणा है और भौतिक पदार्थ-भाव (जड़ता) की धारणा भी।** क्योंकि चेतना सर्वव्यापी है इसलिए यह उस मन में सदा विद्यमान रहती है जिसमें धारणा प्रकट होती है।

स्वप्न देखनेवाला जिस गाँव का स्वप्न देखता है वह गाँव उसके मन में स्थित होता है और उसमें वह कुछ समय के लिए निवास भी करता है। थोड़ी देर बाद वह कुछ और स्थान स्वप्न में देखता है और वह सोचता है कि मैं उसमें रह रहा हूँ। इसी प्रकार जीव भी एक शरीर से दूसरे शरीर में जाता है। शरीर भी जीव की धारणा का परावर्तन होता है। अवास्तविक (शरीर) मात्र मरता है और वह भी अवास्तविक ही है जो पुनः जन्म लेता है और संभवतः किसी और शरीर में। जिस प्रकार कोई स्वप्न में देखी और अनदेखी वस्तुओं का अनुभव करता है उसी प्रकार जीव अपने स्वप्न में संसार का अनुभव करता है और भावी दृश्यों को भी देखता है। जिस प्रकार कल हुई भूल को आज स्वप्रयास द्वारा सुधारा जा सकता है उसी प्रकार पुरानी आदतों को भी उपयुक्त स्वप्रयास द्वारा सुधारा जा सकता है। परंतु जीवभाव की धारणा और नेत्रों की विद्यमानता तथा प्रकार्य की धारणाओं आदि का उन्मूलन मोक्ष प्राप्त किए बिना नहीं हो सकता। तब तक, वे प्रकट-अप्रकट बारी-बारी से होती रहती हैं।

चेतना की एक धारणा शरीर के रूप में प्रकट होती है। उसी के अनुरूप सूक्ष्म शरीर (अतिवाहिक या पुर्यष्टक) भी रहता है जिसकी रचना मन, बुद्धि, अहंकार और पाँच तत्त्वों से होती है। आत्मा आकारहीन है परंतु पुर्यष्टक इस सृष्टि के निर्जीव और सजीव शरीरों में तब तक भ्रमण करता है जब तक अपने को शुद्ध नहीं कर लेता, गहरी निद्रा में नहीं रहने लगता और मोक्ष नहीं प्राप्त कर लेता। सूक्ष्म शरीर हर समय रहता है चाहे कोई स्वप्न में हो या नींद में। वह निर्जीव (जड़) पिंडों (शरीरों) में भी रहता है जैसे कि कोई गहरी नींद में हो। इस (मानव) शरीर में भी ऐसे अनुभव प्राप्त होते हैं। इसकी गहरी नींद की स्थिति जड़वत् होती है, इसकी स्वप्न की स्थिति सृष्टि के अनुभव की स्थिति है और जाग्रति की स्थिति इंद्रियातीत (तुरीय) चेतना है। और सत्य का बोध मोक्ष है। जीवित अवस्था में मोक्ष की स्थिति तुरीय चेतना है। इसके आगे ब्रह्म है जो तुरयातीत (तुरीय से अतीत) है। अस्तित्व के हर अणु में उस परम पुरुष के अतिरिक्त और कुछ नहीं और जहाँ तक यह संसार दिखाई देता है वह भ्रामक जगत-रूप है। यह भ्रम ही बंधन है और इसको बनाए रखा है बद्ध मानसिकता ने। यह बद्ध-प्रवृत्ति बंधन है और इससे मुक्ति मोक्ष है। घनी और गुरु बद्ध-प्रवृत्ति निर्जीव पदार्थों के अस्तित्व की सूचक है, मध्य बद्ध-प्रवृत्ति पशु पक्षियों के अस्तित्व की सूचक है और हलकी या झीनी बद्ध-प्रवृत्ति मानव जाति के अस्तित्व की सूचक स्थिति है। परंतु विभाजन का बोध अपार है। वस्तुतः संपूर्ण ब्रह्मांड असीम चेतना की ऊर्जा की अभिव्यक्ति मात्र है।

28

सितम्बर

न पुंस इव जीवस्य स्वप्नः संभवति क्वचित्
तेनैते जाग्रतो भावा जाग्रत्स्वप्नक्रतोत्र हि (2)

वसिष्ठ ने कहा :

जिसे दृश्य संसार कहते हैं वह प्रथम अर्थात् परम पुरुष का मूल (प्रथम) स्वप्न है। **परम पुरुष का स्वप्न मानव के स्वप्न के जैसा नहीं होता। परम पुरुष का स्वप्न जाग्रत स्थिति का अनुभव है। अतः यह जाग्रत अवस्था ही है जो स्वप्न कही जाती है।** परम पुरुष का दीर्घ स्वप्न तत्क्षण मूर्तिमान होता है, यद्यपि वह अवास्तविक और निर्मूल होता है। फिर वह एक ही स्वप्न के अंदर एक के बाद एक स्वप्न देखता चलता है।

ब्रह्मांडीय चेतना रूपी सागर में संपूर्ण ब्रह्मांड दृश्य होता है तथा उस ब्रह्मांड में चौदह तरह के प्राणी रहते हैं। इस ब्रह्मांड के यम आदि अनेक अधिष्ठाता देवता हैं। इन्होंने सदाचार के नियम स्थिर किए हैं। जब से लोग अत्यधिक पापाचार करने लगे हैं तब से मृत्यु के देवता यम बराबर चिंतन-ध्यान में व्यस्त हैं और इसी बीच जनसंख्या बढ़ रही है बल्कि उसका विस्फोट हो रहा है।

देवता जनसंख्या के विस्फोट से भयभीत हैं। वे अनेक विधियों से उसे कम करने के लिए प्रयत्नशील हैं। उन्होंने इस संबंध में बार-बार प्रयत्न किए भी हैं। वर्तमान देवता (यम) का नाम वैवस्वत है। उन्हें भी कुछ समय तक ध्यान-चिंतन करना होगा। जब उसके परिणामस्वरूप जनसंख्या बहुत जल्दी कई गुणा बढ़ जाएगी तब सभी देवता विष्णु से प्रार्थना करेंगे कि हमारी सहायता करें। वे भगवान कृष्ण के रूप में अवतार लेंगे और उनके साथ होंगे उनके घनिष्ठ मित्र अर्जुन। अर्जुन के बड़े भाई होंगे युधिष्ठिर। ये धर्म के पुत्र हैं और सदाचार के मूर्तिमान रूप होंगे। इनके चचेरे भाई दुर्योधन अर्जुन के भाई भीम से मल्लयुद्ध करेंगे। चचेरे भाइयों के युद्ध में 18 अक्षौहिनी सेनाओं का संहार होगा और इस प्रकार विष्णु पृथ्वी के भार को कम करेंगे।

कृष्ण और अर्जुन साधारण मनुष्यों की भूमिका निभाएँगे। जब अर्जुन देखेंगे कि दोनों ओर सेनाओं में अपने ही बंधु-बांधव हैं तो वह विषादग्रस्त होगा और लड़ाई से मुख मोड़ लेगा। उस समय भगवान कृष्ण उसे परम ज्ञान की शिक्षा देंगे और उसमें आध्यात्मिक जाग्रति लाएँगे। वे अर्जुन से कहेंगे : "यह (आत्मा) न जनमती है न मरती है, यह शाश्वत है और यह तब भी नहीं मरती जब शरीर मरता है। जो यह सोचता है यह मारती है या मारी जाती है वह अज्ञानी है।

यह आत्मा कैसे, क्यों और कहाँ से आई और कैसे नष्ट होगी कोई नहीं जानता। अर्जुन जान लो कि आत्मा असीम है, शाश्वत है, अव्यक्त है, जिसकी प्रकृति शुद्ध चेतना की प्रकृति है और अदूषित है। तुम अजन्मे और शाश्वत हो।"

जब भगवान इस प्रकार की शिक्षा देंगे तो इसके बाद अर्जुन कहेगा : "भगवन, मेरा भ्रम दूर हो गया। आपके अनुग्रह से मैं जाग गया हूँ।" और इसके बाद युद्ध को खेल समझकर अर्जुन उसमें प्रवृत्त होगा।

29

सितम्बर

चिच्चमत्कृतिरेवेयम्　　जगदित्यवभासते
नेहास्त्यैक्यं　न　च　द्वित्वं　ममादेशोपि　तन्मयः
वाच्यवाचक　शिष्येहागुरु　वाक्यैश्चमत्कृतैः (20)

वसिष्ठ ने आगे कहा :

हे राम, ऐसी ही अभिवृत्ति अपनाओ और आसक्ति से रहित रहो, त्याग की भावना दृढ़ रखो और इस बात का सदा बोध रखो कि जो कुछ भी तुम करो या अनुभव करो वह सर्वशक्तिमान ब्रह्म के प्रति पूजा है। तभी तुमको सत्य का बोध होगा और तभी तुम्हारी सभी शंकाओं का निवारण होगा।

यह परम स्थिति है, यह सभी गुरुओं की गुरु है। यह वह प्रकाश है जो संसार को अंदर से ज्योतिर्मय करता है। यह सभी पदार्थों की वास्तविकता है जो उन्हें समर्थ बनाती है और उन्हें मूलभूत लक्षणों से युक्त करती है। 'संसार' की धारणा तभी उत्पन्न होती है जब अनुसंधान की भावना अनुपस्थित होती है। परंतु 'मैं' तो संसार से पहले था। तो फिर मुझे कैसे संसार की धारणाएँ बाँध सकती हैं? इस प्रकार जिसे सत्य का बोध प्राप्त होता है वह सभी आदियों और अंतों से मुक्त होता है। इस प्रकार जो अद्वैत भावना से युक्त होता है (अर्थात् जैसे कोई लगता तो हो गहरी नींद में पर हो जाग्रत) वह जीवन में सक्रिय रहने पर भी विक्षुब्ध नहीं होता। ऐसा व्यक्ति यहीं और अभी मुक्त है।

जो संसार इस समय दिख रहा है वह असीम चेतना का जादू ही है। यहाँ न एकता (अद्वैत) है और न अनेकता (द्वैत) ही। मेरे उपदेश की प्रकृति भी यही है। शब्द, उनके अर्थ, शिष्य, इच्छा (अथवा शिष्य का प्रयास) और गुरु की योग्यता–ये सभी असीम चेतना की ऊर्जा की क्रीड़ाएँ भर हैं। अपने अंदर की शांति में चेतना स्पंदित होती है और दृश्य संसार उत्पन्न होता है। यदि वह चेतना स्पंदित न हो तो दृश्य संसार भी उत्पन्न न हो।

मन भी चेतना की हलचल के अतिरिक्त कुछ नहीं। इस सत्य का बोध न होना ही दृश्य संसार है। इस सत्य का बोध न होने से चेतना में विचार की हलचल तीव्र और उग्र होती है। इस प्रकार चक्र बन जाता है। अज्ञान और मनोक्रिया एक-दूसरे को स्थायित्व प्रदान करते हैं।

जब आंतरिक बुद्धिमत्ता जाग्रत होती है तब सुखभोग की लालसा समाप्त हो जाती है। ऐसी ही ज्ञानियों की प्रकृति है। इस प्रकार उनमें सुखभोग की लालसा की समाप्ति स्वाभाविक और बिन-प्रयास होती है। वे जानते हैं कि यह आत्मा की ऊर्जा ही है जिसे अनुभवों का अनुभव होता है। जनसाधारण को प्रसन्न करने के लिए जिस अनुभव को प्राप्त करना चाहिए, यदि कोई नहीं करता तो उसका प्रयत्न व्यर्थ होता है। उपयुक्त साधनों का प्रयोग करने पर कुछ अवसरों पर व्यक्ति आत्मज्ञान प्राप्त कर लेता है।

मोक्ष की इच्छा आत्मा की परिपूर्णता में बाधक होती है। ऐसी इच्छा का अभाव बंधन को बढ़ावा देता है। अतः निरंतर जाग्रति को ही वरीयता देनी चाहिए। बंधन और मोक्ष का एकमात्र कारण चेतना की हलचल है। जिस क्षण व्यक्ति अहंभाव का निरीक्षण करता है वह समाप्त हो जाता है क्योंकि फिर उसे सहायता ही प्राप्त नहीं होती। तब फिर कौन किससे बँधा है और किसने किससे मुक्ति प्राप्त की?

सितम्बर

तत् सर्वगतम् आद्यन्तरहितं स्थितमूर्जितम्
सत्तासामान्यमाखिलं वस्तुतत्त्वमिहोच्यते (8)

वसिष्ठ ने आगे कहा :

ऐसी ही परम पुरुष की प्रकृति है जो असीम आत्मा है। ब्रह्म, शिव और विष्णु की तरह जो ब्रह्मांडीय रूप से युक्त हैं वे परम पुरुष में स्थित हैं और वे इस संसार में इस प्रकार कार्य करते हैं कि जैसे संसार के राजा या स्वामी हों। इस संसार में स्थित परिपूर्णता-प्राप्त व्यक्ति स्वर्ग में विचरण करता है। उसे (असीम आत्मा को) प्राप्त कर लेने पर कोई मरता नहीं न दुःख-शोक ही व्यक्त करता है। जो संत आँख झपकने भर के लिए भी असीम चेतना की अपरिमेय प्रकृति में अर्थात् परमात्मा में वास करते हैं वे संसार के व्यापारों में लगे रहने पर भी पुनः दुखी या शोकग्रस्त नहीं होते।

राम ने पूछा : जब मन, बुद्धि और अहंकार सभी काम करना बंद कर देते हैं तो कैसे विशुद्ध आत्मा या असीम चेतना वहाँ प्रकट होती है?

वसिष्ठ ने कहा :

ब्रह्म सभी शरीरों में वास करता है और खाने-पीने, बोलने, एकत्र करने, नष्ट करने आदि के अनुभवों का अनुभव करता है, परंतु वह चेतना और उसकी जाग्रति के विभेदों से मुक्त है। **जो सर्वव्यापी है, जिसका आदि और अंत नहीं है, जो विशुद्ध, अविकृत, भेद-रहित प्राणी है वही वस्तु-तत्त्व या वास्तविकता है।**

जो आकाश में रहता है वह आकाश है, जो ध्वनि में रहता है वह ध्वनि है, जो त्वचा की तरह रहता है वह त्वचा है, जो स्वाद में रहता है वह स्वाद है, जो आकृति में रहता है वह आकृति (रूप) है, जो नेत्रों में रहता है वह दृष्टि है, जो गंध में रहता है वह गंध है, जो इत्र में रहता है वह इत्र है, जो धरती में रहता है वह धरती है, जो दूध में रहता है वह दूध है, जो वायु में रहता है वह वायु है, जो अग्नि में रहता है वह अग्नि है, जो बुद्धिमत्ता में रहता है वह बुद्धिमत्ता है, जो मन में रहता है वह मन है, जो अहं में रहता है वह अहं है। वह मन में मन (या चित्त) के रूप में प्रकट होता है। वह वृक्ष में वृक्ष है। वह अचल में अचलता है और गतिशील प्राणियों में गतिशीलता है। जड़ पदार्थों में जड़ता है और जीवंत प्राणियों में जीवंतता है। देवों में देवत्व है और मानवों में मानवता है। पशुओं में पशुत्व है और कृमियों में कृमित्व। वह काल और ऋतुओं का सार है। कार्य में कार्यत्व है। जो क्रमबद्ध है उसमें क्रमबद्धता है, जो विद्यमान है उसमें विद्यमानता है और जो नश्वर है उसमें मृत्यु है। वह बचपन है, युवावस्था है, बुढ़ापा है और साथ ही मृत्यु भी है।

वह अविभक्त और अविभाज्य है। वह पदार्थों का मूल तत्त्व है। विविधता अवास्तविकता है, यद्यपि उक्त अर्थ में (असीम चेतना द्वारा कल्पित और रची-बसी) वास्तविक है। इस बात का बोध प्राप्त करो : "इस सबमें मैं रचा-बसा हूँ, क्योंकि मैं सर्वव्यापी हूँ, मैं अशरीरी हूँ, मैं असीम हूँ और शांति और परम आनंद में मैं वास करता हूँ।"

वाल्मीकि ने कहा : महर्षि वसिष्ठ ने जैसे अपना कथन समाप्त किया वैसे ही दिन समाप्त हो रहा था। सभा विसर्जित हुई और लोग प्रार्थना में प्रवृत्त हुए।

1

अक्तूबर

तिर्यञ्चोपि प्रपश्यन्ति स्वप्ने चित्तस्वभावतः
दृष्टानां च श्रुतानां च चेतः स्मरणमक्षतम् (62/18)

वसिष्ठ ने कहा :

असीम चेतना ही आत्मा है और इसी में यह सृष्टि क्षणिक रूप से प्रकट होती है। उसी क्षण के दौरान अत्यंत दीर्घकालिक भ्रामक धारणा उत्पन्न होती है। तब सृष्टि ठोस रूप में वास्तविक प्रतीत होती है। इस संबंध में एक प्राचीन कथा मैं तुम्हें सुनाता हूँ। हे राम, एक समय की बात है कि एक भिक्षु था जो भक्तिपूर्वक ध्यान करता था। ध्यान से उसका मन पवित्र हो चुका था। अपने विचारों को मूर्तिमान करने की शक्ति उसे प्राप्त थी।

एक दिन की बात है। निरंतर ध्यान से वह थका था फिर भी उसका मन पूरी तरह से एकाग्र था। उसने कुछ करने को सोचा। उसने किसी गैर–ब्राह्मण परिवार में अशिक्षित व्यक्ति की कल्पना की। तत्क्षण वह आदिवासी बन गया। उसमें यह भाव जाग्रत हुआ कि 'मैं जीवट हूँ'। स्वप्न निर्मित पदार्थों का उसने नगर भी बनाया और उसमें वह विचरण करता रहा। एक दिन उसने मदिरापान किया और सो गया। उसने स्वप्न में देखा कि मैं ब्राह्मण हूँ और मुझे शास्त्रों का ज्ञान प्राप्त हो गया है। सदाचारपूर्ण जीवनयापन करते हुए उस ब्राह्मण ने सपना देखा कि मैं शक्तिशाली राजा हूँ। उसने स्वप्न में यह भी देखा कि मैं अद्वितीय वैभवसंपन्न सम्राट हूँ। एक दिन वह राजसी सुखभोगों में व्यस्त रहा और इसके बाद सो गया। स्वप्न में उसने एक अप्सरा को देखा।

इसी प्रकार इस अप्सरा ने एक दिन स्वप्न में देखा कि मैं मृग हूँ और इस मृग ने स्वप्न में देखा कि मैं लता हूँ। निश्चय ही **पशु भी स्वप्न देखते हैं। मन की कुछ ऐसी ही प्रवृति है। जो देखा और सुना है उसे स्मरण करने की उसमें क्षमता भी है।** हिरन लता बन गया। लता ने अपने हृदय में भौंरे की कल्पना की। वह भौंरा बनी और भौंरा लता के फूलों के पराग का पान करने लगा। उन फूलों में से एक के पराग पर वह आसक्त हुआ और फिर निश्चित रूप से अपने अंत को प्राप्त हुआ।

रात के समय एक हाथी आया और उसने लता को तोड़ डाला और भौंरे सहित उसे चबा डाला। इसी बीच भौंरे ने हाथी को देख लिया था और फिर उसने हाथी पर विचार किया और वह हाथी बन गया। राजा ने हाथी को पकड़ लिया। एक दिन उसने मधुमक्खियों के छत्ते को देखा और अपने पिछले जन्म की स्मृति के कारण वह मधुमक्खी बन गया। वह मक्खी जंगली लता के फूलों के रस (अमृत) का पान करने लगी। वह लता बन गई। लता को हाथी ने नष्ट कर दिया। परंतु लता ने पास की झील में हंसों को देखा और वह हंस बन गई।

एक दिन वह हंस हंसों की टोली में विचरण कर रहा था। उस समय वह भिक्षु इस हंस का चिंतन कर रहा था कि उसकी मृत्यु हो गई। इस प्रकार उसकी चेतना हंस के शरीर में आ गई।

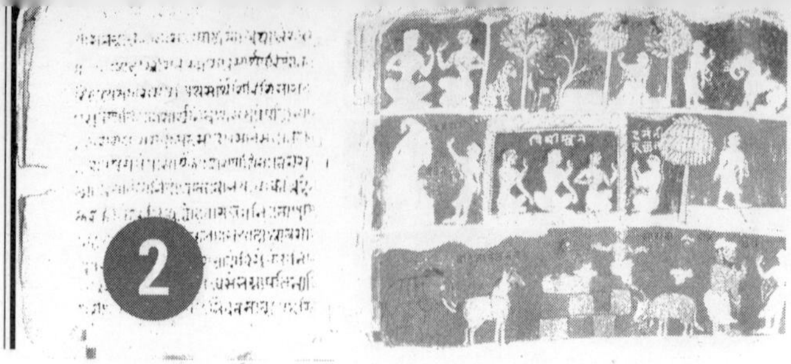

अक्तूबर

यदृच्छया स्थितो जीवो भूततन्मात्ररञ्जितः
कस्मिन्श्चिदभवत् सर्गे भिक्षुरक्षुभितोभितः (9)

वसिष्ठ ने कहा :

उस हंस ने एक बार भगवान रुद्र को देखा और उसके हृदय में यह अवधारणा उत्पन्न हुई कि 'मैं रुद्र हूँ'। तत्क्षण उसने अपना हंस का शरीर छोड़ दिया और रुद्र हो गया। और फिर वह रुद्र रुद्र के आवास में रहने लगा। रुद्र सद्ज्ञान से युक्त था और जो कुछ घटित हुआ था वह उसे स्मरण भी था।

रुद्र ने चिंतन किया :

देखो, यह माया कितनी रहस्यमय है जो सभी लोकों को भ्रमित करती है। यद्यपि यह है अवास्तविक परंतु वास्तविक प्रतीत होती है। सबसे पहले असीम चेतना में मेरा मन प्रकट हुआ जो ब्रह्मांडीय और सर्वज्ञ होने पर भी वस्तुनिष्ठ था। **तब संयोगवश मैं जीव था जो उत्तम ब्रह्मांडीय तत्त्वों की ओर आकृष्ट तथा मुग्ध था। इसलिए संसार-चक्र की कुछ अवधि के लिए मैं भिक्षु हुआ और अविक्षुब्ध रहा।** मैं सभी आसक्तियों से दूर रहा तथा चिंतन में दत्तचित्त रहा।

हर बादवाली (उत्तरवर्ती) क्रिया पहलेवाली (पूर्ववर्ती) क्रिया से अधिक शक्तिशाली होती है। भिक्षु ने अपने को जीवट (शक्तिशाली व्यक्ति) समझा और जीवट हो गया। उसके बाद उसने सोचा कि मैं ब्राह्मण हूँ। निश्चय ही ब्राह्मण विचार-रूप ने दुर्बल पूर्ववर्ती विचार-रूप को दबा दिया। तब कुछ समय पाकर और दृढ़ चिंतन के फलस्वरूप वह राजा बना। निस्संदेह पौधे द्वारा ग्रहण किया हुआ जल उसका फल बनता है। राजसी सुखों से अप्सराओं से जुड़े रहने से तथा उनके चिंतन से वह अप्सरा बना। शुद्ध मोहवश वह अप्सरा हिरन बनी। हिरन लता बना। लता को यह विचार हुआ कि मुझे छेदा जाएगा और मुझमें छिद्र बनाया जाएगा। भौंरे का चिंतन किया और भौंरा बनी। तब उसने लता में छेद किया। भौंरा हाथी बन गया।

मैं रुद्र हूँ जो पिछले एक सौ संसार-चक्रों में रुद्र रहा हूँ। मैं इस दृश्य संसार में विचरता हूँ जो मनोवैज्ञानिक भ्रम के अतिरिक्त कुछ नहीं। एक संसार-चक्र (योनि) में मैं जीवट रहा, फिर एक बार मैं ब्राह्मण, एक बार राजा और उसके बाद एक बार मैं हंस बना। इस प्रकार मैं उस चक्र में घूम रहा हूँ जिसे मन और शरीर कहते हैं।

युग बीत चुके हैं, परमात्मा या असीम चेतना से मुझे बिछड़े हुए। इस पतन के बाद मैं भिक्षु बना। तब भी मैं सद्ज्ञान से युक्त रहा। फिर अनेक जन्मों से होते हुए तथा रुद्र की कृपा से मैं रुद्र हुआ। जब दैवयोग से जीव किसी आत्मज्ञानी के संपर्क में आता है तब उसकी अशुद्ध वासनाएँ दूर होती हैं। ऐसा उसी के साथ होता है जो निरंतर ज्ञानी व्यक्ति के संपर्क के लिए व्यग्र रहता है। यह दीर्घकालिक वासना (अभ्यास) मूर्तिमान होती है और निष्पन्न तथ्य बनती है।

3 अक्तूबर

यो योभितः स जीवस्य संसारः समुदेति हि
तत्राप्रबुद्धा जीवौघाः पश्यन्ति न परस्परम् (60)

रुद्र का चिंतन चलता रहा :

निश्चय ही 'यह शरीर मैं हूँ' की इस आंतरिक अवधारणा के कारण अवास्तविक ज्ञान फैलता है। यदि कोई इसकी वास्तविक प्रकृति का अनुसंधान करता है तो कुछ शेष नहीं रहता। उस अनुसंधान का क्या लाभ, जिससे कुछ प्राप्त होने को नहीं। यह संसार नीले आकाश की तरह दृष्टिभ्रम है। यह अज्ञान है। अज्ञान को शुद्ध करने का प्रयास व्यर्थ है। यह दृश्य संसार अवास्तविक है और अवास्तविक ही रहेगा। रहता है तो रहे इससे हानि भी क्या! मैं काल्पनिक परिवर्तनों की श्रृंखला का पता लगाऊँगा और उसमें निहित एकता पुनर्स्थापित करूँगा।

वसिष्ठ ने कहा :

यह निश्चय कर रुद्र वहाँ गया जहाँ भिक्षु का शरीर पड़ा था। उसने उसे जाग्रत किया और जो कुछ घटा था उसे स्मरण करने के लिए कहा। भिक्षु ने रुद्र को अपनी आत्मा के रूप में देखा और सभी घटनाएँ उसे स्मरण भी हो आईं।

तब दोनों वहाँ गए जहाँ जीवट असीम चेतना में रहता था। इन्होंने उसके शरीर को जाग्रत किया। निश्चय ही तीनों एक थे। यह तीनों इस रहस्य से आश्चर्यचकित थे। तब ये तीनों उस जगह गए जहाँ ब्राह्मण अपनी पत्नी से आलिंगनबद्ध होकर सोया था। इन्होंने उसकी चेतना को जगाया। तब ये वहाँ गए जहाँ राजा अपने शयनकक्ष में सोया था। वह अप्सराओं से घिरा था। इन्होंने उसकी बुद्धिमत्ता को भी जगाया। वह भी सत्य के बोध से आश्चर्यचकित हुआ। तब ये वहाँ गए जहाँ हंस रहता था–वही हंस जो रुद्र बना था।

वे विगत सौ वर्षों के रुद्रों के संसार में घूमते रहे। उन्हें इस बात का बोध हुआ कि एक ही असीम चेतना है जिसमें से सभी भ्रमपूर्ण घटनाएँ घटती हुई दिखाई दीं। एक ही रूप अनेक हुआ। ये सौ रुद्र संपूर्ण ब्रह्मांड में रचे-बसे थे और सर्वव्यापी थे।

उन्हें यह ज्ञात हुआ कि जीव अपने से उत्पन्न संसार से ही चारों ओर से घिरा होता है अजाग्रत जीव एक दूसरे को न देख पाता है और न ही समझ पाता है। जिस प्रकार सभी लहरें एक ही पदार्थ से बनी होती है इसलिए एक हैं। इसका बोध जाग्रत जीव को ही होता है। अतः वही एक दूसरे को समझता है। हर जीव का अपना-अपना भ्रमपूर्ण दृश्य संसार होता है। जिस प्रकार कोई खाली स्थान मिलने पर कुआँ खोदता है उसी प्रकार जीव के दृश्य संसार में किया जानेवाला अनुसंधान असीम चेतना की ओर ही अग्रसर करता है। विभाजित चेतना बंधन है और उसकी अनुपस्थिति मोक्ष। जो तुम्हें अच्छा लगे, उसे सत्य घोषित करो और उस पर दृढ़ रहो। वस्तुतः इन दोनों में कोई अंतर नहीं। क्योंकि दोनों में एक ही जागरूकता है। जो अज्ञान में स्थित हो उसके नाश पर कौन विलाप करेगा? जो स्थिर रहने पर किया जाता है वह तो पहले से ही विद्यमान होता है और पहले से ही प्राप्त भी।

अक्तूबर

इहा विद्याधरोयं स्यामहं स्यामिह पण्डितः
इत्येकध्यानसाफल्यं दृष्टान्तोस्याम् क्रियास्थितौ
एकत्वं च बहुत्वं च मौर्ख्यं पण्डित्यमेव वा (24)

वसिष्ठ ने कहा :

रुद्र के संपर्क से उन सबमें आध्यात्मिक चेतना जाग्रत हुई। यह जानने पर कि हम रुद्र के ही अंग हैं, वे सुखी हुए। माया के उत्पन्न होने और उसकी क्रीड़ा को रुद्र ने देखा और उन सबको अपनी-अपनी भूमिका निर्वाह करने के लिए पुनः प्रेरित किया और उन्हें अपने इस स्वतंत्र अस्तित्व के उपरांत पुनः वापस आने का निर्देश दिया। उन्हें आश्वस्त किया कि इस संसार-चक्र का अंत होने पर सबको परम स्थिति प्राप्त होगी। इसके बाद रुद्र वहाँ से अदृश्य हो गया और जीवट तथा अन्य अपने-अपने घरों को चले गए।

राम ने पूछा :

क्या जीवट और अन्य उस भिक्षु के मात्र स्वप्न-पदार्थ नहीं थे? उन्होंने कैसे वास्तविक रूप धारण किया?

वसिष्ठ ने उत्तर दिया :

पहले इस धारणा का त्याग करो कि कल्पना वास्तविक होती है! जब इस भ्रम की अवास्तविकता जाती रहती है तो विद्यमान वही रहता है जो असीम चेतना में होता है। जो स्वप्न में देखा जाता है और जो वास्तविक कल्पित कर लिया जाता है वह सदा ऐसा ही प्रतीत होता है। ठीक वैसे ही जैसे यात्री को भिन्न-भिन्न लौकिक और आकाशीय अनुभव वास्तविक प्रतीत होते हैं। उस असीम चेतना के हृदय में सब-कुछ विद्यमान रहता है और उसमें जो कोई देखता है उसका उसे अनुभव होता है। योग के कठिन अभ्यास से ही विचार-रूप की स्वप्न जैसी प्रकृति का बोध होता है, किसी अन्य उपाय से नहीं। इसी अभ्यास से भगवान शिव तथा अन्य सर्वत्र सब-कुछ देखने में समर्थ हैं। जो तुम्हारे सामने है, और जिसे तुम्हारा मन पहचानता भी है, उसका दृष्टि-संबंधी दोष या अवस्थिति संबंधी गलतफहमी के कारण बोध नहीं होता। जब किसी प्रकार का दोष या गलतफहमी नहीं रहती तभी उस पदार्थ का बोध होता है। जब कोई किसी चीज की इच्छा करता है वह उस चीज को तभी प्राप्त करेगा जब उसकी अंतरात्मा पूरी तरह से उसके प्रति एकनिष्ठ हो।

इस प्रकार अपने सामने जो कुछ हो उसके प्रति एकनिष्ठ होने से ही उसे पूर्णरूप से जाना जा सकता है। यदि परिपूर्ण निष्ठा नहीं तो वह उस पदार्थ को नष्ट कर देगा क्योंकि वह उसे ठीक से जानता ही नहीं। इसी परिपूर्ण निष्ठा के बल पर भिक्षु रुद्र बना और अन्य भी रुद्र बने। जब तक रुद्र की चेतना नहीं जगी थी तब तक उनमें से हर एक का अपना-अपना संसार था तथा एक-दूसरे को जानते भी नहीं थे। यह तो रुद्र की इच्छा-शक्ति थी जिसके कारण उनके अलग रूप और प्रकृति थी। 'मैं देवता बन जाऊँ' या 'मैं ज्ञानी बन जाऊँ' इसके लिए एकाग्र चिंतन आवश्यक है। ऐसे चिंतन का ही परिणाम होता है कि कोई अमुक या अमुक-अमुक बन जाता है अथवा विद्वान या मूर्ख बन जाता है। एकाग्र चिंतन से ही कोई देवता या मानव बनता है और उसके अनुरूप कार्य करता है।

5 अक्तूबर

सर्वशक्त्यः स्वरूपत्वा जीवस्यास्त्येकशक्तिता
अनन्तश्चान्तपृक्तश्चा स्वभावोस्य स्वभावतः (64/26)

वसिष्ठ ने कहा :

असीम चेतना ही सभी का सच्चा स्वरूप है और वह सर्वशक्ति संपन्न है परंतु जीव (जो मूलतः आत्मा से भिन्न नहीं) एक ही शक्ति से संपन्न होता है। यह शक्ति उसकी धारणा के अनुरूप होती है। जीव अनंत शक्तियों का उपभोग करता है या परिमित शक्तियों का उपयोग यह जीव की प्रकृति पर निर्भर होता है। असीम चेतना प्रसार और संकुचन से मुक्त है। यह जीव है जो चाहता है वह पाता है। ऐसे योगी भी हैं जो अनेक शक्तियाँ अर्जित करते हैं और उनका प्रदर्शन भी यहाँ-वहाँ करते हैं। विभिन्न स्थानों पर विभिन्न योगी लोगों को अपनी शक्तियों से आनंदित करते हैं परंतु प्रसिद्ध कार्तवीर्य अपने घर पर ही रहे और उन्होंने लोगों के हृदय में भय उत्पन्न किया। (आधुनिक उदाहरण रेडियो है। वक्ता या गायक स्टूडियो में ही रहता है परंतु अगणित घरों की बैठकों में पहुँच जाता है।)

भगवान विष्णु ने अपना धाम छोड़ा और मानव रूप में अवतार लेकर धरती पर आए। परंतु धार्मिक कृत्यों/अनुष्ठानों के देवता इंद्र बिना अपना आवास (स्वर्ग) छोड़े उन स्थानों पर विद्यमान रहते हैं जहाँ धार्मिक कृत्य या अनुष्ठान संपादित होते हैं। अपने भक्तों की पुकार पर विष्णु अनेक रूप धारण करके उनके सम्मुख प्रकट होते हैं। अर्थात् एक ही विष्णु सहस्रों स्थानों पर प्रकट होते हैं। इसी प्रकार भिक्षु की कल्पना के प्राणी जीवट तथा अन्य रुद्र चेतना से अनुप्राणित होकर अपने-अपने घरों को गए और स्वतंत्रतापूर्वक अपने-अपने कार्य करते रहे। कुछ समय तक उन्होंने भिन्न-भिन्न कार्यों का संपादन किया और फिर रुद्र के धाम को लौट आए।

यह सब-कुछ क्षणिक भ्रम के अतिरिक्त कुछ नहीं। यह भ्रम भिक्षु की चेतना में उत्पन्न हुआ था यद्यपि प्रतीत होता है कि इसका भिक्षु से जैसे कोई संबंध न हो। इसी प्रकार अगणित प्राणियों का जन्म-मरण एक ही असीम चेतना में होता है। वे इस दृश्य संसार में विविधता की कल्पना करते हैं और तब आत्मा में एकता का प्रयास करते हैं। मृत्यु के समय वे अपने भीतर अन्य प्रकार की सृष्टि देखते हैं जो उन्हें बाहर दिखाई देती है। मोक्ष का बोध होने तक शरीर में स्थित जीव असह्य दुख झेलता है। मैंने उस सत्य से अवगत करने के लिए तुम्हें एक कथा सुनाई थी। ऐसी नियति भिक्षु की ही नहीं बल्कि सभी जीवों की है। ऐसे जीव जो परमात्मा (परम+आत्मा) से अविच्छेद्यता (एकता) भूल चुके हैं तथा अपनी धारणाओं को पूर्ण रूप से स्वतंत्र तथा ठोस समझ बैठते हैं। फिर एक ऐसे स्वप्न से दूसरे स्वप्न की ओर तब तक बढ़ते चलते हैं जब तक इस मिथ्या धारणा का त्याग नहीं कर देते कि 'मैं शरीर हूँ।'

राम ने पूछा : कैसी अद्भुत कथा है! प्रभु, आपने ऐसी बातों का चिंतन किया है जो वास्तविक प्रतीत होती हैं, वास्तविक हैं भी, और अनुभव करने में भी वास्तविक हैं। कृपया बताएँ कि यह भिक्षु कहीं विद्यमान भी है?

वसिष्ठ ने उत्तर दिया : मैं इस प्रश्न पर चिंतन करूँगा और इसका उत्तर बाद में दूँगा। (इस अवसर पर सभा मध्याह्न प्रार्थना के लिए स्थगित हुई।)

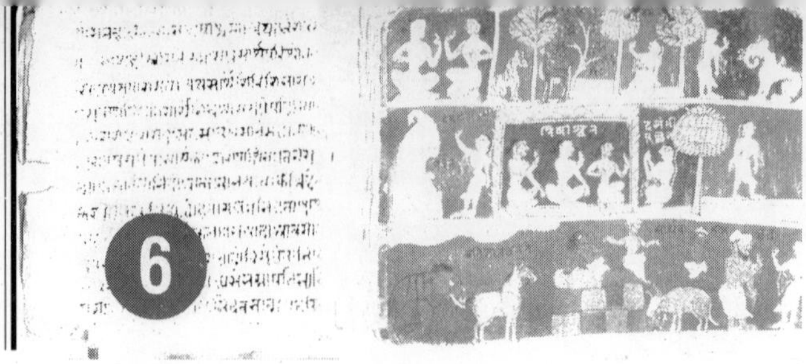

अक्तूबर

प्रत्येकमेवमुदितः प्रतिभासखण्डः
खण्डान्तरेष्वपि च तस्य विचित्रखण्डः
सर्वे स्वयं ननु च तेपि मिथो न मिथ्या
सर्वात्मनि स्फुरति कारणकारणेस्मिन् (28)

वसिष्ठ ने कहा :

हे राम, मैंने अपने ज्ञानचक्षुओं से उस भिक्षु की खोज की। उस भिक्षु से मिलने की इच्छा से मैंने समाधि लगाई। मैंने इस ब्रह्मांड में उसे खोजा, परंतु वह मुझे कहीं मिल नहीं पाया। कैसे किसी की कल्पना बाह्य जगत में जाती है और वह भी वास्तविक रूप में?

तब मैं उत्तर दिशा में जीना प्रदेश में गया। एक टीले (बाँबी) की चोटी पर एक मंदिर या विहार था। जिसमें लोग रहते थे। वहाँ अपनी एक कुटिया में दीर्घदृश नाम का एक भिक्षु रहता था। उसके सिर का रंग पीला था। वह गहरे ध्यान में था। उसके अनुचर भी उसकी कुटिया में जाने तथा उसका ध्यान भंग करने से भयभीत रहते थे। उसकी समाधि का वह इक्कीसवाँ और आखिरी दिन था।

एक दृष्टि से तो उसकी समाधि का वह इक्कीसवाँ दिन था परंतु दूसरी दृष्टि से हजारों वर्ष बीत चुके थे। कुछ ऐसी ही धारणा उसके मन में उत्पन्न हुई। मुझे मालूम है कि वैसा ही एक भिक्षु एक अन्य युग में भी रहा और इस युग में भी यह उसी तरह का दूसरा भिक्षु है। जो हो अन्य दो भिक्षुओं के अतिरिक्त मैंने इस तरह का तीसरा भिक्षुक नहीं देखा। अपनी सारी बुद्धि और शक्तियों के द्वारा मेरा इस सृष्टि के हर हृदय में प्रविष्ट हुआ परंतु मुझे कहीं तीसरा भिक्षु नहीं दिखाई दिया।

अंततः मैंने उसे खोज ही लिया। परंतु वह इस ब्रह्मांड में नहीं था। वह एक अन्य ब्रह्मांड में था। वह ब्रह्मांड भी इस ब्रह्मांड जैसा ही था परंतु उसका कर्ता ब्रह्मा कोई और था। वहाँ अगणित प्राणी थे और भविष्य में भी होंगे। इस सभा में ऐसे अनेक संत और पवित्र ब्राह्मण एकत्र हैं जो मन में उन अन्य प्राणियों की धारणा करते हैं और वे प्रकट भी हो जाते हैं। माया की कुछ ऐसी ही प्रकृति है।

इनमें से कुछ प्राणियों की प्रकृति उसी के समान होगी जिसने उसकी कल्पना की। शेष प्राणियों की प्रकृति काफी भिन्न होगी। फिर भी कुछ-कुछ मिलती तो होगी ही। ऐसी ही माया है जो बड़े-बड़ों को भ्रमित करती है। परंतु यह (माया) यहाँ न अस्तित्व में है और न सक्रिय ही—यहाँ तो मात्र भ्रम है जो यह सब प्रकट और अदृश्य करता है। नहीं तो कहाँ इक्कीस दिन का समय और कहाँ पूरा युग? मन की इस क्रीड़ा का विचार भी भय उत्पन्न करनेवाला है।

यह सब दृश्य ही है जो सुबह कमल की भाँति उन्मीलित होता है और पूरे खिले हुए कमल की भाँति विविधता प्रकट करता है। यह सब विशुद्ध असीम चेतना में प्रकट होता है परंतु लगता है कि जैसे विरूपित हो। **हर वस्तु खंडित प्रतीत होती है और इस खंडित अस्तित्व के अंत में उसमें और भी विचित्र रूप से विखंडन होता है। यह सब सापेक्षतः वास्तविक है, पूर्णतः अवास्तविक नहीं। सभी सबमें अभिव्यक्त होते हैं—कारण कारण में ही निहित है।**

7

अक्तूबर

एषा गुणमयी माया दुर्बोधहेन दुरत्यया
नित्यं सत्यावबोधेन सुखेनैवातिवाह्यते (7)

दशरथ ने कहा :

हे महर्षि, मुझे बतलाएँ कि वह भिक्षु कहाँ समाधि लगाता है। वहीं मैं अपने सैनिकों को भेजता हूँ जो उसे समाधि से उठाएँगे और यहाँ ले आएँगे।

वसिष्ठ ने उत्तर दिया : हे राजन, उस भिक्षु का शरीर पहले ही निर्जीव हो चुका है और उसे पुनः सजीव नहीं किया जा सकता। उसके जीव ने आत्मज्ञान और मोक्ष प्राप्त कर लिया है। अब उसे पुनः दृश्य संसार के अधीन नहीं किया जा सकता। उसके अपने अनुचर उसके आज्ञानुसार कुटिया के बाहर खड़े हैं और इस प्रतीक्षा में हैं कि एक महीना बीते और दरवाजा खुले। एक महीने की बात उस भिक्षु ने ही कही थी। इस एक महीने की अवधि के बाद अनुचर देखेंगे कि भिक्षु ने शरीर छोड़ दिया है तब उसकी जगह किसी और को पदभार सँभालने के लिए कहेंगे।

माया (या भ्रम) की प्रकृति सीमित है और गुण भी। ऐसा कहा जाता है कि अज्ञान के बल पर इससे पार नहीं पाया जा सकता परंतु सद्ज्ञान द्वारा सरलता से इसका पार पाया जा सकता है। यह भ्रामक प्रज्ञान (प्रत्यक्ष ज्ञान) ही है जो स्वर्ण में कंगन दिखता है। आकृति ही भ्रामक प्रज्ञान का कारण होती है। माया (अवास्तविक आकृति) शब्दों का खेल है क्योंकि आकृति का संबंध (परम) आत्मा से वैसे ही होता है जैसे लहरों का समुद्र से। जब इस सत्य का ज्ञान होता है तो आकृति (भ्रम) नहीं रहती। अज्ञान के कारण ही यह दीर्घकालिक दृश्य संसार वास्तविक प्रतीत होता है तथा इसके फलस्वरूप जीव अस्तित्व ग्रहण करता है। परंतु जब सत्य का बोध होता है तो यह सब-कुछ आत्मा ही दिखता है।

चाहे कोई किसी धारणा को धारण करे यह आत्मा ही है जो धारणा का रूप ग्रहण करती है। अगणित व्यक्तियों द्वारा धारण की हुई धारणाओं का ही परिणाम यह ब्रह्मांड है। ब्रह्मा की पहली (मूल) धारणा को जीव ठोस वास्तविकता के रूप में अनुभव करता है। परंतु जब चेतना ब्रह्मा की धारणा जैसी शुद्ध हो जाती है तब उसे यह सब दीर्घकालिक स्वप्न की तरह दिखाई देने लगता है।

किसी पदार्थ की धारणा ही मन बनती है और इस प्रकार असीम चेतना से अलग हट जाती है। तब उसे अनेक प्रकार के अनुभव होते हैं। परंतु क्या यह मन परमात्मा (परम+आत्मा) से स्वतंत्र है? क्या परमात्मा मन नहीं है? जीव, शरीर तथा अन्य सब-कुछ परमात्मा (परम+आत्मा) के परावर्तन ही तो हैं! जो सदा असीम और चेतना है उस असीम चेतना में होनेवाली हलचलें उससे भिन्न नहीं। हलचलें काल्पनिक अभिव्यक्ति हैं। वस्तुतः न हलचल ही है और न हलचल से भिन्न कुछ और ही। न एक है न अनेक–जो है सो है। विविधता अजाग्रत अवस्था में उत्पन्न होती है और जब कोई अनुसंधान में जुटता है तो वह तत्क्षण अदृश्य या लुप्त हो जाती है। अनुसंधान करनेवाला विद्यमान होता है परंतु वह संदेहविहीन होता है–यह भी परमावस्था है। शांति ही संसार के रूप में जानी जाती है। शांति ही दृश्य संसार है। अज्ञान अवास्तविक है। न तो द्रष्टा है न दृश्य है और न दर्शन ही। मन चंद्रमा में भी दोष की कल्पना करता है। वैसे उसमें दोष है नहीं। असीम चेतना के पास शरीर, अभिव्यक्ति या आकृति मात्र चेतना के रूप में ही है।

अक्तूबर

अहमस्मि जगत्यस्मिन् स्वस्ति शब्दार्थमात्रकम्
सत्तासामान्यमेवेति सौषुप्तं मौनमुच्यते (26)

वसिष्ठ ने कहा :

ह राम, विचार की हलचल से रहित पूर्ण स्वतंत्रता की स्थिति में सदा स्थित रहो और गहन निद्रा का मौन बनाए रखो।

राम ने कहा :

हे महर्षे, मैंने भाषण के मौन, नेत्रों के मौन तथा अन्य इंद्रियों तथा घोर समाधि के मौन के बारे में भी सुना है परंतु गहरी नींद का मौन क्या होता है?

वसिष्ठ ने कहा :

हे राम, दो प्रकार के मुनि (मौन रखनेवाले) होते हैं। एक घोर तपस्वी और दूसरे मुक्त संत। घोर तपस्वी अपनी इंद्रियों को बलात् वश में रखता है और शुष्क (ज्ञान-रहित) क्रियाओं में दुराग्रहपूर्वक लगा रहता है।

दूसरा मुक्त संत जानता है कि क्या क्या है, (अर्थात् सत्य को सत्य जानता है और मिथ्या को मिथ्या जानता है) आत्मज्ञान से युक्त होता है फिर भी वह साधारण व्यक्ति का-सा व्यवहार करता है। जिसे मौन कहते हैं वह इन मुनियों की प्रकृति और आचरण पर आधारित होता है।

चार प्रकार के मौन का विवरण प्राप्त होता है। वे प्रकार हैं-भाषण का मौन, इंद्रियों (आँख आदि) का मौन, घोर (या दुराग्रहपूर्ण) मौन और गहन निद्रा का मौन। एक और प्रकार का भी मौन है जिसे मन का मौन कहते हैं। यह उसी में होता है जो या तो मृत हो, या जिसने कठोर मौन (काष्ठ मौन) धारण कर रखा हो अथवा जो गहन निद्रा में हो। इसे सुषुप्ति मौन भी कहते हैं। पहले के तीन मौन तो कठोर मौन हैं। चौथा मौन है जो मोक्ष की प्राप्ति में सहायक होता है। पहले तीन प्रकार के मौन धारकों के आक्रोश का जोखिम उठा कर यही कहूँगा कि उन तीनों में ऐसा कुछ नहीं है जो वांछनीय हो।

गहन निद्रा (सुषुप्ति) का मौन ही मोक्ष की प्राप्ति में सहायक होता है। उसमें प्राण की गति को न बढ़ाया ही जाता है और न घटाया ही, इंद्रियों को न भोजन दिया जाता है न भूखों मारा जाता है, विविधता का बोध न व्यक्त किया जाता है न दबाया जाता है, न मन मन ही रहता है और न अमन ही। किसी प्रकार का विभेद नहीं रहता और न ही उस भेद को दबाने का प्रयास ही होता है। इसे ही कहा जाता है गहन निद्रा का मौन। और जो इसमें स्थित हो जाता है वह फिर ध्यान धरे या न धरे। वह जैसा है उसका वैसा ज्ञान है तथा संदेह से उसे पूर्ण स्वतंत्रता प्राप्त है। यह पूर्ण शून्यता की स्थिति है। इसका कोई आधार नहीं। इसकी प्रकृति परम शांति जैसी है। इसके संबंध में नहीं कहा जा सकता कि वास्तविक है या अवास्तविक। वह स्थिति ऐसी है जिसमें व्यक्ति जानता है "मैं नहीं हूँ, न कोई अन्य है, न मन ही है और न मन से उत्पन्न कुछ और ही"। वह जानता है कि **'मैं' इस ब्रह्मांड में मात्र एक विचार है और जिसकी विशुद्ध सत्ता है-यही है गहन निद्रा का मौन। उस विशुद्ध सत्ता में 'मैं' या 'कोई और' है कहाँ? वह तो असीम चेतना है।**

अक्तूबर

अज्ञास्तु दितचित्तत्वात् क्रियानियमनं विना
गच्छन्न्यायेन मात्स्येन परं दुःखं प्रयाति हि (9)

राम ने पूछा :

हे महर्षि, कैसे एक सौ रुद्रों ने अस्तित्व ग्रहण किया ?

वसिष्ठ ने उत्तर दिया : भिक्षु ने सभी सौ रुद्रों को स्वप्न में देखा। जिनका मन शुद्ध होता और विकारों से आच्छादित नहीं होता वे जिसकी भी कल्पना करते हैं या जो भी करना चाहते हैं वे उसे वास्तविक मानकर उसी का अनुभव करते हैं। इस प्रकार जो भी विचार असीम चेतना में रूपायित होता है वह वैसा ही प्रकट होता है।

राम ने पुनः पूछा : हे महर्षि, भगवान शिव ने विवस्त्र रहना क्यों पसंद किया, श्मशान भूमि में ही क्यों रहते थे, मानव खोपड़ियों की ही माला क्यों पहनते थे, भस्म क्यों रमाए रहते थे और कामवासना को कैसे सहज ही पराभूत कर लेते थे?

वसिष्ठ ने उत्तर दिया :

देवताओं, पूर्णता-प्राप्त महानुभावों और मुक्त संतों का आचरण आचार-संहिता के नियमों से नहीं चलता। इनका आविष्कार अज्ञानी लोगों द्वारा हुआ है। **क्योंकि अज्ञानी लोगों का मन अत्यधिक संसक्त होता है, वे यदि आचरण-संबंधी नियमों का पालन न करें तो उनकी संसक्ति के फलस्वरूप अत्यंत अव्यवस्था फैल जाएगी जिसमें बड़ी मछली छोटी मछली को निगल जाएगी।** इसके विपरीत ज्ञानी व्यक्ति प्रिय और अप्रिय के चक्कर में नहीं पड़ता क्योंकि उसकी इंद्रियाँ प्रकृतिशः नियंत्रण में होती हैं तथा वह सावधान तथा जाग्रत भी होता है। वह बिना कुछ करने की इच्छा से करता और रहता है। वह कारण-कार्य, जन्म-मरण की घटनाओं के प्रति प्रतिक्रिया नहीं दरशाता, उसकी क्रियाएँ तात्कालिक और विशुद्ध होती हैं। ठीक वैसे ही जैसे कौए के पेड़ पर बैठने के साथ नारियल के गिरने का कोई संबंध नहीं होता। वह कोई क्रिया करे या न करे यह उसी पर निर्भर है।

इस प्रकार त्रिदेव ने अवतार रूप में अपने को व्यस्त रखा। जहाँ तक ज्ञानी लोगों का संबंध है उनके कार्य निंदा और स्तुति से परे होते हैं, न उनकी स्वीकृति या अस्वीकृति का प्रश्न होता है क्योंकि उनमें 'यह मेरा है' और 'यह उसका है' आदि की धारणाएँ ही नहीं होतीं। उनके कार्य अग्नि के ताप की तरह विशुद्ध होते हैं।

मौन के एक अन्य प्रकार के संबंध में मैं विस्तारपूर्वक विचार नहीं करना चाहता। वह प्रकार है अशरीरी मौन। क्योंकि तुम अभी सशरीर हो। फिर भी संक्षेप में उसका उल्लेख करता हूँ। जो पूरी तरह जाग्रत हैं, जो सदा समाधि में रहते हैं और जो आत्मज्ञान प्राप्त कर चुके हैं उन्हें सांख्य योगी कहते हैं। जो प्राणायाम के द्वारा अशरीरी चेतना की स्थिति में पहुँच चुके हैं उन्हें योग योगी कहते हैं। निश्चय ही ये दोनों समान हैं। दृश्य संसार का कारण और बंधन का करण निश्चित रूप से मन ही है। ये दोनों पथ मन की समाप्ति तक ले जाते हैं। भक्तिपूर्वक तथा समर्पित भाव से अभ्यास द्वारा प्राण की हलचल बंद करके अथवा विचार को समाप्त करके मोक्ष प्राप्त किया जा सकता है। मोक्ष से संबद्ध सभी धर्मग्रंथों का यही सार है।

10

अक्तूबर

चेतो हि वासनामात्रं तदभावे परं पदम्
तत्त्वं संपद्यते ज्ञानं ज्ञानमाहुर् विचारणम् (38)

राम ने पूछा :

हे महर्षि, यदि प्राणों की हलचल की समाप्ति मोक्ष है, तब तो मृत्यु मोक्ष हुई! इस प्रकार सभी व्यक्ति मरने पर मोक्ष प्राप्त कर लेते हैं!

वसिष्ठ ने उत्तर दिया : हे राम, जब प्राण शरीर को छोड़ने को होते हैं तो उन तत्त्वों से पहले ही संपर्क स्थापित कर लेते हैं जिनसे वे जुड़ने को होते हैं। ये तत्त्व जीव की वासना (मनोप्रवृत्ति, स्मृतिकोश, विगत प्रभाव (छाप) पूर्ववृत्ति आदि) का ही सघन रूप होते हैं जिनसे जीव चिपका रहता है। जब प्राण शरीर को छोड़ देते हैं तो वे अपने साथ जीव की समस्त वासनाएँ भी ले जाते हैं।

जब तक इस वासना को नष्ट नहीं कर दिया जाता तब तक मन अमन नहीं बनता। मन तब तक प्राण-शक्ति को नहीं छोड़ता जब तक आत्मज्ञान उत्पन्न नहीं होता। आत्मज्ञान से वासना नष्ट होती है और साथ ही मन भी। तभी प्राणों में ठहराव आता है। यही निश्चित रूप से परमशांति है। आत्मज्ञान से ही सांसारिक पदार्थों की अवास्तविकता का बोध होता है। इससे वासना का अंत होता है और मन और प्राण-शक्ति का संबंध भी समाप्त होता है। वासना ही मन का संयोजन करती है। **मन वासनाओं का ही समुच्चय है कुछ और नहीं। यदि वासनाओं का समुच्चय नष्ट हो जाता है तो यह अपने में परम स्थिति है। वास्तविकता का ज्ञान ही ज्ञान है। विचार या अनुसंधान भी स्वतः ज्ञान है।**

किसी एक के प्रति पूर्ण समर्पण, प्राणों का नियमन अथवा मन का अंत–यदि इन तीनों में से किसी एक में भी परिपूर्णता प्राप्त कर ली जाए तो व्यक्ति परम स्थिति प्राप्त कर लेता है। प्राण-शक्ति और मन का संबंध अत्यंत गहरा है। यह संबंध फूल और सुगंध के संबंध जैसा या बीज और तेल के संबंध जैसा होता है। अतः यदि मन में विचार की हलचल समाप्त हो जाती है तो प्राण की हलचल भी बंद हो जाती है। यदि मन पूर्ण रूप से तथा एकाग्र होकर किसी एक सत्य के प्रति समर्पित होता है तो मन की हलचल तथा इसके फलस्वरूप प्राण-शक्ति भी रुक जाती है। उत्तम पद्धति है–असीम आत्मा की प्रकृति में अनुसंधान करना। आपका मन पूरी तरह मग्न हो जाएगा और तब मन और अनुसंधान दोनों समाप्त हो जाएँगे। इसके उपरांत जो शेष रहे उसमें दृढ़तापूर्वक स्थित रहो।

जब मन में सुखभोग की लालसा नहीं होती तब वह प्राण-शक्ति के साथ आत्मा में लीन होता है। अज्ञान का अस्तित्व नहीं। आत्मज्ञान परम स्थिति है। जब मन वास्तविकता के रूप में प्रकट होता है तो वह अज्ञान होता है। इसके अस्तित्व के अभाव का बोध ही परम स्थिति है। यदि मन १५ मिनट भी लीन रहे तो उसमें बहुत बड़ा परिवर्तन आ जाता है। यदि वह इस परम स्थिति का स्वाद चख लेता है तो फिर उसे वह नहीं छोड़ता। यदि एक सेकेंड भी मन उसका स्वाद चख लेता है तो फिर वह इस दृश्य संसार में लौटना पसंद नहीं करता। संसार के बीज (दृश्य संसार या जन्म-मृत्यु का चक्र) भूने या तले हुए हैं। उनके साथ अज्ञान नष्ट होगा और वासना पूर्ण रूप से प्रशमित होगी। जो यहाँ तक पहुँच चुका है, उसकी सत्त्व (सत्य) में जड़ें जमी हैं। वह अंतर्ज्योति के दर्शन करता है और परम शांति में स्थित होता है।

अक्तूबर

जीवोजीवो भवत्याशु यति चित्तमचित्तताम्
विचारदित्यविद्यान्तो मोक्ष इत्यभिधीयते (70/1)

वसिष्ठ ने कहा :

मोक्ष वह अवस्था है जब आत्मानुसंधान द्वारा अज्ञान का नाश होता है, जब जीव तत्क्षण अजीव हो जाता है और जब मन अमन हो जाता है। हे राम, इस संबंध में एक रक्तपिपासु प्रेत द्वारा पूछे गए प्रश्न प्रेरक भी हैं और उद्‌बोधक भी।

विंध्य पर्वत पर एक रक्तपिपासु प्रेत रहता था। एक दिन अपनी भूख मिटाने के लिए किसी प्रदेश में प्रविष्ट हुआ। भूखे रहने पर भी वह तब तक किसी को नहीं मार सकता था जब तक शिकार मारे जाने के योग्य न होता। जब उसे कोई व्यक्ति जंगल में न मिला तो वह नगर में जा घुसा और वहाँ के राजा से जा मिला।

उस प्रेत ने राजा से कहा : हे राजन, मैं आपसे कुछ प्रश्न पूछूँगा। आप मुझे उनका ठीक-ठीक उत्तर दें। वह कौन सा सूर्य है जिसकी किरणों के कणों से ये ब्रह्मांड बने हैं? किस महावायु से यह महाकाश प्रकट हुआ है? व्यक्ति निरंतर एक स्वप्न के बाद दूसरा स्वप्न देखता चलता है परंतु वह आत्मा को नहीं छोड़ता, जबकि स्वप्न के सत्य को निरंतर छोड़ता चलता है। यह आत्मा क्या है? केले के पौधे के तने को यदि खोला जाए तो परत दर परत तब तक उघड़ती चलती है जब तक उसमें का गूदा समाप्त नहीं हो जाता। जब दृश्य संसार का अनुसंधान इस प्रकार किया जाता है तो सूक्ष्म सार क्या निकलता है? वह कौन सा परमाणु है जिससे इन ब्रह्मांडों के अणु बने हैं? वह कौन–सी आकारहीन शिला है जिसमें (बिन–उकेरी मूर्तियों के समान) तीन लोक छिपे हैं? यदि तुम मेरे प्रश्नों का उत्तर नहीं दोगे तो तुम निश्चित रूप से मेरे भक्ष्य होगे।

राजा ने उत्तर दिया : हे रक्तपिपासु प्रेत, यह ब्रह्मांड भी कभी उसी प्रकार आवरणों की शृंखला से ढका था जिस प्रकार फल छिलके से ढका होता है। एक शाखा थी जिस पर ऐसे हजारों फल लगे थे। एक पेड़ था जिसमें हजारों ऐसी शाखाएँ थीं, एक जंगल था जिसमें हजारों ऐसे पेड़ थे, एक पहाड़ी थी जिसमें हजारों ऐसे जंगल थे, एक महाद्वीप था जिसमें हजारों ऐसे देश थे, एक नक्षत्र पिंड था जिसमें हजारों ऐसे महाद्वीप थे, एक समुद्र था जिसमें हजारों ऐसे पिंड थे जिसमें हजारों महाद्वीप थे, एक पुरुष है जिसके अंदर हाजरों ऐसे समुद्र हैं और एक परम पुरुष है जिसने हजारों ऐसे पुरुषों का हार बनाकर पहन रखा है। एक सूर्य है जिसकी किरणों से हजारों की संख्या में परम पुरुष मिलते हैं। वही सूर्य सबको प्रकाशित करता है। वह सूर्य चेतना का सूर्य है। हे रक्तपिपासु प्रेत, उस सूर्य के प्रकाश में ब्रह्मांड सूक्ष्म परमाणु के समान है। उस सूर्य के प्रकाश के कारण अन्य सभी उल्लिखित वस्तुएँ वास्तविक प्रतीत होती हैं।

उस परमात्मा (परम–आत्मा) में पदार्थ तथा समय, आकाश, गति आदि संकल्पनाएँ धूल–कणों की तरह चमकते हैं। यह दृश्य संसार मांस सदृश है जिसके अंदर सत्य रूपी विशुद्ध चेतना ढकी है।

राजा के मुख से यह विवरण सुनकर रक्तपिपासु प्रेत चुप हो गया और गहरे सोच में पड़ गया। हे राम, राजा भगीरथ की तरह तुम भी असंभव की प्राप्ति कर लोगे यदि तुम सद्‌ज्ञान में दृढ़ रहते हुए और प्राकृतिक रूप से घटित होनेवाली घटनाओं का बिना किसी प्रयास के अनुभव करते हुए अपने को उचित कार्यों में लगाए रखोगे।

अक्तूबर

येन प्राप्तेन लोकेस्मिन् न प्राप्यम् अवशिष्यते
तत्कृतं सुकृतं मन्ये शेषं कर्म विषुचिका (17)

राम के अनुरोध करने पर **वसिष्ठ** ने यह कथा सुनाई : एक था राज। उसका नाम था भगीरथ। वह धर्मवेत्ता था। वह धर्मात्माओं और पवित्र लोगों को उदारतापूर्वक दान देता था और दुष्टों के लिए आतंक था। गरीबी को मिटाने के लिए वह निरंतर प्रयासरत रहा। जब वह संत-महात्माओं के बीच बैठता था तब उसका हृदय भक्तिभाव से द्रवित हो जाता है।

भगीरथ पवित्र गंगा नदी को स्वर्ग से उतार कर धरती पर लाया। इस काम में बड़ी-बड़ी बाधाएँ आईं। उसे ब्रह्मा, शिव आदि देवताओं और जाह्नु जैसे ऋषियों को मनाना पड़ा। कई बार वह दुखी तथा निराश भी हुआ।

उसका आरंभिक जीवन विभेदों (द्वंद्वों) और आसक्तियों से पूर्ण था। एक दिन अकेले में उसने सोचा : 'यह सांसारिक जीवन सचमुच सारहीन और मूर्खतापूर्ण है। दिन और रात एक दूसरे का पीछा कर रहे हैं। **लोग एक ही काम बार-बार कर रहे हैं। मैं उसी कार्य को उचित कार्य मानता हूँ जिससे होनेवाली उपलब्धि के बाद कुछ और प्राप्त करने की आवश्यकता नहीं रहती। शेष पुनरावृत्ति हैजे का दुर्गंधित उत्सर्जन है।** वह अपने गुरु त्रितल के पास गया और प्रार्थना की : "प्रभु, कैसे दुख, बुढ़ापे, मृत्यु और भ्रम का अंत किया जा सकता है। यही तो बार-बार जन्म लेने का कारण है।"

त्रितल ने कहा :

दुख का अंत, बंधन से छुटकारा और संदेहों का निवारण तभी होता है जब व्यक्ति दीर्घ समय तक आत्मा की साम्यावस्था में पूरी तरह से स्थित होता है, जब भेददृष्टि समाप्त हो जाती है और जब पूर्ण ज्ञान की प्राप्ति हो जाती है तथा कुछ जानने के लिए शेष नहीं रहता। क्या जानना चाहिए? आत्मा को जानना चाहिए जो विशुद्ध है और जिसकी प्रकृति विशुद्ध चेतना है तथा जो सर्वव्यापी और सनातन है।

भगीरथ ने पूछा : मैं जानता हूँ कि मात्र आत्मा ही वास्तविक है तथा शरीर आदि अवास्तविक हैं। परंतु यह कैसे है? यह मैं ठीक से नहीं जानता।

त्रितल ने कहा :

ऐसा बौद्धिक ज्ञान ज्ञान नहीं! यही ज्ञान है और सब अज्ञान। जब अहं समाप्त हो जाता है तब आत्मज्ञान का उदय होता है।

भगीरथ ने पूछा : शरीर में अहंभाव दृढ़तापूर्वक स्थित है। इसका निर्मूलन कैसे हो?

त्रितल ने कहा :

स्वप्रयास से और संकल्पबद्ध होकर सुखभोग का त्याग करने से, लज्जा (झूठी शान) रूपी कारागृह को तोड़ने से आदि। यदि तुम ये सब छोड़ देते हो, दृढ़ हो जाते हो तो अहंभाव नष्ट हो जाएगा और तुम अपने को परम पुरुष समझने लगोगे।

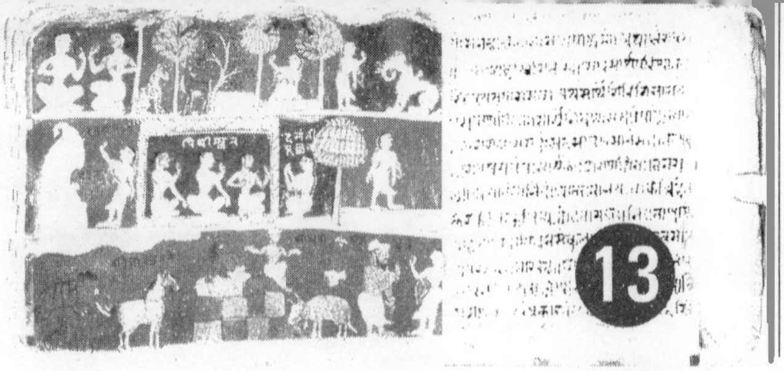

13

अक्तूबर

समः शान्तमना मौनी वीतरागो विमत्सरः
प्राप्त कार्यैककरणः स तिरोहित विस्मयः (76/10)

वसिष्ठ ने कहा :

गुरु का उपदेश सुनकर संसार से संन्यास लेने के पूर्व राजा भगीरथ ने धार्मिक अनुष्ठान रचाया। तीन दिनों में उसने अपना सब-कुछ पुरोहितों और अपने संबंधियों को दे दिया, भले ही वे अच्छे रहे हों या बुरे। उसने अपना राज्य सीमा-पार के अपने शत्रुओं को दे दिया। कमर में कपड़े का एक टुकड़ा लपेटे उसने अपने राज्य को छोड़ दिया और अज्ञात राज्यों और वनों में विचरण करने लगा।

बहुत जल्दी उसे अपने अंदर परम शांति की उपलब्धि हुई। एक बार संयोगवशात् और अनजाने ही वह अपने पुराने राज्य में प्रविष्ट हुआ और नागरिकों से भिक्षा की याचना की। उन्होंने उसे पहचान लिया, उसकी पूजा की और प्रार्थना की कि आप राज्य का उत्तरदायित्व पुनः संभालें। परंतु उसने उनसे भोजन के अतिरिक्त कुछ भी स्वीकार न किया। वे रोते-चिल्लाते रहे : 'यह हमारा राजा भगीरथ है। कैसी नियती की विडंबना है, कैसी दुर्दशा है।' कुछ दिनों बाद उसने राज्य को छोड़ दिया।

भगीरथ अपने गुरु की शरण में पुनः गया। फिर वे दोनों देश में विचरण करने लगे और आध्यात्मिक विषयों पर चर्चा में भी संलग्न रहे। "हम अब भी इस भौतिक शरीर का भार क्यों ढो रहे हैं? क्यों न इसे त्याग दिया जाए? या जब तक चलता रहे तब तक चले।" न वे दुख से संतप्त होते थे न सुख से उल्लसित। उन्होंने मध्य मार्ग को ही अपनाया। यदि देवताओं और ऋषियों ने उन्हें धन और अतींद्रिय शक्ति दी तो उन्होंने उसे भी घास की पत्ती समझकर त्याग दिया।

किसी राज्य के राजा का देहांत हुआ। उसका कोई उत्तराधिकारी नहीं था। राज्य के मंत्री उपयुक्त शासक की खोज में थे। भगीरथ कपड़े का एक टुकड़ा लपेटे उसी राज्य में संयोग से जा निकला। मंत्रियों ने घोषणा की कि यही व्यक्ति राज्य का शासक बनने का अधिकारी है। मंत्रियों ने उसे घेर लिया। भीरथ को शाही हाथी पर बैठाया गया। फिर उसे सिंहासन पर बैठाया गया और राजमुकुट पहनाया गया। जब वह उस राज्य का शासन कर रहा था तब पुराने राज्य के लोग उसके पास पहुँचे और प्रार्थना की हमारे राज्य का शासन-भार भी सँभाले। भगीरथ ने स्वीकार कर लिया। इस प्रकार वह संपूर्ण संसार का सम्राट बन गया। **उसके अंदर शांति विराजती थी, मन भी शांत था इच्छा और ईर्ष्या से रहित था और परिस्थितियाँ जैसी उत्पन्न होती थीं वह उनके अनुरूप कार्य करता था।**

एक बार उसने सुना कि अपने पूर्वजों की आत्मा की शांति के लिए गंगा के जल से तर्पण करना चाहिए। राज्य मंत्रियों को सौंप कर स्वर्ग की नदी गंगा को धरती पर लाने के लिए पुनः वन में जाकर उसने तपस्या की। उसने देवताओं और ऋषियों को प्रसन्न किया और धरती पर गंगा को लाने जैसे कठिन कार्य को संभव बनाया जिससे सभी लोग सदा-सदा के लिए अपने पूर्वजों का तर्पण गंगा के पवित्र जल से करते रहें। फिर उसी समय से भगवान शिव के शीर्ष में निवास करनेवाली गंगा धरती पर प्रवाहित होने लगीं।

14

अक्तूबर

यदन्यद्बहुशो भूत्वा पुनर्भवति भूरिशः
अभूत्वैव भवत्यन्यः पुनश्च न भवत्यलम्
अन्यत्प्राक्सं निवेशाड्यम् सादृश्येन विवल्गाति (7)

वसिष्ठ ने कहा :

हे राम, राजा भगीरथ की तरह समभाव की स्थिति में रहो। और शिखिध्वज की तरह रहो, जो सब-कुछ छोड़ देने के बाद निस्पृह रहा। मैं तुम्हें शिखिध्वज की कथा सुनाता हूँ। ध्यान से सुनो। दो प्रेमी थे। उनमें परस्पर दिव्य प्रेम था। उन्होंने दुबारा जन्म लिया था।

राम ने पूछा :

यह कैसे संभव हुआ कि पति-पत्नी के रूप में एक युग में रहनेवाली जोड़ी ने दूसरे युग में भी पति-पत्नी के रूप में ही जन्म लिया?

वसिष्ठ ने कहा :

हे राम, संसार के क्रम की कुछ ऐसी ही सूक्ष्म प्रकृति है। **कुछ वस्तुएँ प्रचुर मात्रा में होती हैं और पुनः प्रचुर मात्रा में उत्पन्न होती हैं। कुछ ऐसी हैं जो अभी जनमी हैं तथा जिनका पहले जन्म हुआ ही नहीं था। जो अब जन्मी हैं वे पुनः जन्म नहीं लेंगी।** ये समुद्र के तल पर लहरों की तरह हैं। कुछ समान भी हैं कुछ असमान भी।

मालव राज्य के राजा का नाम शिखिध्वज था। वह श्रेष्ठ राजा था। वह सदाचारी और सद्‌गुणी था, साहसी और मिलनसार था। छोटी उम्र में ही उसके पिता का देहांत हो गया था। युवा होने पर भी उसने अपने योग्य मंत्रियों की सहायता से राज्य का शासन अच्छी तरह से चलाया।

वसंत ऋतु का पदार्पण हुआ था। चारों ओर का वातावरण मादक था। युवा राजा ने जीवनसंगिनी का स्वप्न सँजोया। दिन-रात उसका मन प्रेयसी के लिए लालायित रहने लगा। चतुर मंत्रियों ने राजा की दशा को भाँपा। वे सौराष्ट्र में गए और वहाँ की राजकुमारी का हाथ राजा के लिए माँगा। शीघ्र ही राजा का विवाह राजकुमारी चूडाला से संपन्न हुआ।

उन दोनों में अत्यधिक प्यार था। वे दो शरीर एक जान थे। उनकी अनेक रुचियाँ भी समान थीं और वे दोनों आनंदकाननों में क्रीड़ाएँ भी करते थे। राजा अपनी प्रेयसी पर अपने प्रेम की वर्षा उसी प्रकार करता था जिस प्रकार सूर्य अपनी किरणों से कमल को खिला देता है।

वे ज्ञान के विविध विषयों पर परस्पर चर्चा भी करते थे। इस प्रकार ज्ञान की अनेक शाखाओं के वे अच्छे जानकार भी थे। दोनों अपने-अपने तेज के साथ एक-दूसरे के हृदय में बसते थे। ऐसा लगता था कि भगवान विष्णु और उनकी प्रेयसी ने इस धरती पर कुछ महत्त्वपूर्ण कार्यों के संपादन के लिए पुनः जन्म लिया हो।

15

अक्तूबर

असत्यजड़चेत्याम्शचयनाच् चिद्वपुर्जडम्
महाजलगतो ह्यग्रिरिव रूपं स्वमुज्जति (26)

वसिष्ठ ने कहा :

शिखिध्वज और चूडाला वर्षों तक आनंदपूर्वक जीवन व्यतीत करते रहे। समय की गति को कोई रोक नहीं सकता। जीवन तो मदारी की बाजीगरी की तरह बनता और मिटता है। पीछा करने पर सुख तो उसी प्रकार उड़कर दूर निकल जाते हैं जिस प्रकार धनुष से छूटने पर तीर। दुख उसी प्रकार मन पर छा जाते हैं जैसे शव पर गीध। फिर उस शाही जोड़ी ने इस विषय पर भी विचार किया कि वह कौन-सी चीज है जिसे प्राप्त कर लेने के बाद किसी और चीज की प्राप्ति की आवश्यकता नहीं होती। इस प्रकार उनका ध्यान आध्यात्मिक ग्रंथों की ओर आकृष्ट हुआ।

फिर वे इस निष्कर्ष पर पहुँचे कि आत्मज्ञान ही है जिसकी प्राप्ति होने पर दुखों से सदा के लिए छुटकारा मिल जाता है। वे पूरी शक्ति से आत्मज्ञान प्राप्त के लिए सचेष्ट हुए। वे ज्ञानी संत-महात्माओं की शरण में गए। आत्मज्ञान की प्राप्ति के लिए वे चिंतन-मनन करते रहे।

आत्मज्ञान पर निरंतर चिंतन करते रहने के उपरांत एक दिन रानी ने कुछ इस प्रकार सोचा :

अब मैं अपने को देख रही हूँ और 'मैं कौन हूँ' इस बात का अनुसंधान कर रही हूँ। कैसे आत्मा-संबंधी अज्ञान और भ्रम उत्पन्न होता है? भौतिक शरीर तो जड़ है इसलिए निश्चित रूप से आत्मा नहीं। इसका अनुभव मात्र मन में होनेवाले विचार से होता है। कर्मेंद्रियाँ भी तो शरीर का अंग हैं अत: वे भी जड़ ठहरीं। ज्ञानेंद्रियाँ भी जड़ हैं क्योंकि वे कुछ करने के लिए मन पर आश्रित होती हैं। मैं तो मन को भी जड़ मानती हूँ। मन सोचता है और धारणाएँ बनाता है परंतु यह सब-कुछ वह बुद्धि की प्रेरणा से करता है। बुद्धि ही निश्चय करनेवाली शक्ति है। यह बुद्धि भी तो जड़ है क्योंकि इसको निर्देश अहं से प्राप्त होता है। सच तो यह है कि अहं भी जड़ है क्योंकि इसकी रचना जीव करता है। वस्तुत: जीव भी तो उस प्रेत के समान है जिसकी कल्पना अज्ञानी बालक करता है। जीव तो विशुद्ध चेतना है जो प्राण-शक्ति रूपी वस्त्र से ढकी-तुपी रहती है और जो हृदय में रहती है।

यह देखो! मुझे बोध हुआ है कि आत्मा ही विशुद्ध चेतना है जो जीव के रूप में रहती है क्योंकि वह चेतना पदार्थ के रूप में अपनी पहचान कर लेती है? **वह पदार्थ निर्जीव और अवास्तविक होता है। आत्मा जब उससे तदात्मीकरण कर लेती है तो अपने को अज्ञान रूपी वस्त्र से तोप लेती है और अपनी मूलभूत प्रकृति त्याग देती है।** कुछ ऐसी ही प्रकृति चेतना की है। अपने विषय में जैसी कल्पना करती है वैसी हो जाती है। चाहे वास्तविक हो या अवास्तविक वह रूप धारण कर लेती है और देखने में अपनी मूल प्रकृति त्याग देती है। यद्यपि आत्मा विशुद्ध चेतना है परंतु पदार्थभाव के कारण अपने को निर्जीव और अवास्तविक मान लेती है।

काफी देर तक इस प्रकार चिंतन करते रहने पर चूडाला ने आत्मज्ञान प्राप्त कर लिया।

अक्तूबर

न तस्य जन्ममरणे न तस्य सदसद्गती
न नाशः संभवत्यस्य चिन्मात्रनभसः क्वचित् (43)

वसिष्ठ ने कहा :

अपने को पहचान कर हर्षित रानी ने कहा : "अंततः मैंने वह उपलब्ध कर लिया जो उपलब्ध किया जाना चाहिए। अब कुछ हानि नहीं। मन और इंद्रियाँ भी चेतना के परावर्तन हैं जबकि ये अवास्तविक हैं और चेतना से स्वतंत्र हैं। परम चेतना की मात्र सत्ता है। यह परम चेतना किसी दोष से दूषित नहीं, सदा पूर्ण समभाव की स्थिति में होती है और इसमें अहं नहीं होता। एक बार इस सत्य रूपी सूर्य का बोध हो जाए तो यह बिना अस्त हुए निरंतर प्रकाशित रहता है।"

"यह चेतना ही है जिसके भिन्न-भिन्न नाम है—ब्रह्म, परमात्मा आदि। इसमें न कर्ता-कर्म का विभाजन है और न उनके संबंध (ज्ञान) का। चेतना अपनी चेतना से ही चेतन होती है। इसका बोध किसी अन्य प्रकार से (अर्थात् पदार्थ रूप में) नहीं होता। यह मात्र चेतना ही है जो मन, बुद्धि और इंद्रियों के रूप में व्यक्त होती है। यह दृश्य संसार भी चेतना ही है। उसके अतिरिक्त कुछ नहीं। चेतना में किसी प्रकार का परिवर्तन नहीं होता। देखने में जो परिवर्तन लगता है वह है भ्रामक आकृति। जो भ्रामक है वह वास्तविक भी नहीं। काल्पनिक समुद्र में काल्पनिक लहरें उठती हैं। मन स्वतः समुद्र के समान है और लहरें भी हैं मन ही। इसी प्रकार चेतना में दृश्य संसार उत्पन्न होता है और इसलिए वह उससे भिन्न नहीं।"

"मैं विशुद्ध चेतना हूँ, सर्वव्यापी हूँ और अहंभाव से रहित हूँ। **इस चेतना का जन्म-मरण नहीं होता, न इसका विनाश ही होता है, क्योंकि यह आकाश की तरह है।** इसे न काटा जा सकता है, न जलाया ही जा सकता है। यह विशुद्ध प्रकाश है, जिसमें कोई दोष है ही नहीं।

'मैं सभी प्रकार की भ्रांतियों से मुक्त हूँ। मैं शांति में स्थित हूँ। ये सभी देवता, दैत्य, असंख्य प्राणी मूलतः अनिर्मित हैं क्योंकि ये चेतना से भिन्न नहीं। आकृति भ्रामक है। जैसे मिट्टी के बने सैनिक मिट्टी के होते हैं, सैनिक नहीं।'

"द्रष्टा (कर्ता) और दृश्य (कर्म) दोनों वास्तव में एक ही विशुद्ध चेतना हैं।" 'यह द्वैत है' और 'यह अद्वैत है' इस तरह का भ्रम उत्पन्न करनेवाली धारणाएँ कैसे प्रकट हुईं? यह भ्रम है किसमें? यह भ्रम है किसका? मैं मोक्ष में स्थित हूँ। अब मेरे मन में ज़रा भी विक्षोभ नहीं क्योंकि मुझे बोध हो गया है कि सजीव हो या निर्जीव है सब विशुद्ध चेतना ही। न तो 'यह' है, न 'मैं' हूँ और न 'कोई और' है। न कोई प्राणी है न अप्राणी। यह सब शांति है।

ऐसा चिंतन करने के बाद चूडाला परम शांति में स्थित हो गई।

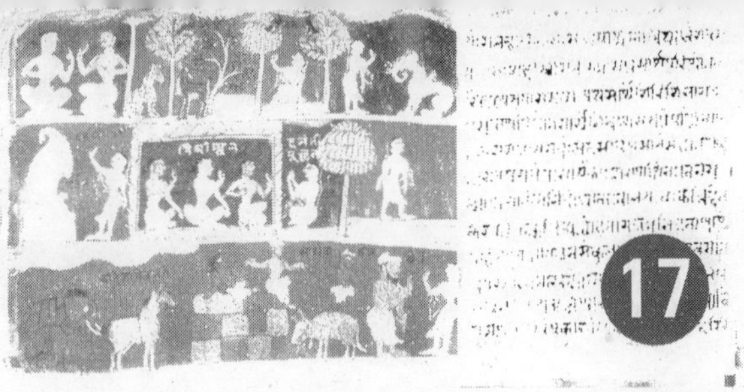

17

अक्तूबर

इदं चहमिदं नाहं सत्या चाहं न चाप्यहम्
सर्वमस्मि न किञ्चिच्च तेनाहं श्रीमती स्थिता (28)

वसिष्ठ ने कहा :

दिनों-दिन रानी चूडाला और अधिक अंतुर्मुखी होती गई और आत्मा के आनंद में मग्न रहने लगी। अब वह लालसाओं से भी विहीन थी और मोह-माया से भी। बिना कुछ त्यागे और बिना कुछ चाहे वह अपने व्यवहार में सामान्य रही और हर कार्य का निर्वाह तात्कालिक भाव से करती भी रही। उसके सभी संदेह दूर हो चुके थे। वह इच्छा-सागर का संतरण कर चुकी थी। वह शांति की अतुल्य स्थिति में विराजमान थी। इस प्रकार अत्यंत अल्प समय में उसने यह बोध प्राप्त कर लिया था कि यह दृश्य संसार भी उसी प्रकार नष्ट हो जाएगा जिस प्रकार उसने अस्तित्व ग्रहण किया है। वह आत्मज्ञान के प्रकाश में अत्यंत प्रफुल्ल लग रही थी।

उसे इस प्रकार प्रफुल्ल और शांत देखकर शिखिध्वज ने पूछा : मेरी प्रिये, लगता है कि तुमने अपनी युवावस्था पुनः प्राप्त कर ली है और प्रफुल्लता से चमक रही हो। कोई बात अब तुम्हें विचलित नहीं करती और न तुममें कोई लालसा ही दिखती है। फिर भी तुम पूर्ण आनंद से हो। मुझे बतलाओ, ऐसा तो नहीं कि तुमने देवताओं का अमृत गटक लिया हो? सचमुच तुमने कुछ ऐसा प्राप्त कर लिया है जिसे प्राप्त करना अत्यंत कठिन है?

चूडाला ने उत्तर दिया : मैंने उस रिक्तता को छोड़ दिया है जिसने कुछ आकार (या रूप) ग्रहण कर लिया था। मैंने अपनी जड़ें अब आकार (या रूप) में नहीं बल्कि सत्य में जमा ली हैं। इसीलिए मैं प्रफुल्ल हूँ। मैंने इन सभी चीजों को छोड़ दिया है और उससे जुड़ी हूँ जो इनसे भिन्न है। वह वास्तविक और अवास्तविक दोनों है। इसीलिए मैं प्रफुल्ल हूँ। वह कुछ है और कुछ नहीं भी है। वह जैसा है वैसा मैं जानती हूँ। इसलिए मैं प्रफुल्ल हूँ। मैं सुखों के भोग के बिना वैसे ही हर्षित हूँ जैसे मैंने उनका भोग किया हो। अपने पर मैं न हर्ष को हावी होने देती हूँ न क्रोध को ही। इसीलिए मैं प्रफुल्ल हूँ। अपने हृदय में स्थित वास्तविकता के प्रकाश से मुझे अत्यंत आनंद की प्राप्ति होती है। शाही मनोरंजनों से मैं विचलित नहीं होती इसीलिए मैं प्रफुल्ल हूँ। जब मैं आनंद-उद्यान में होती हूँ, मैं आत्मा में ही दृढ़तापूर्वक स्थित रहती हूँ। न मैं सुख भोग के फेर में रहती हूँ और न लज्जा ही करती हूँ। इसीलिए मैं प्रफुल्ल हूँ।

मैं ब्रह्मांड की शासक हूँ। मैं ससीम प्राणी नहीं हूँ। मुझे आत्मा में स्थित रहने से आनंद मिलता है। इसीलिए मैं प्रफुल्ल हूँ। **मैं हूँ, मैं नहीं हूँ, वास्तव में मैं हूँ भी और नहीं भी हूँ। मैं ही सब-कुछ हूँ, मैं कुछ नहीं हूँ। इसीलिए मैं प्रफुल्ल हूँ।** न मुझे सुख चाहिए, न धन चाहिए और न ही इस संसार की कोई और वस्तु चाहिए। बिना प्रयास मुझे जो मिलता है उससे मैं प्रसन्न हूँ। इसीलिए मैं प्रफुल्ल हूँ। आकर्षण-विकर्षण की स्थितियाँ मेरे लिए अत्यंत क्षीण हैं क्योंकि मैं धर्मशास्त्रों से प्राप्त अंतर्दृष्टि से व्यवहार करती हूँ। इसीलिए मैं प्रफुल्ल हूँ। मैं इन आँखों से जो भी देखती हूँ, इन इंद्रियों से जो भी अनुभव करती हूँ तथा मन से जो देखती हूँ वह सत्य नहीं। वही मात्र सत्य है जिसे मैं अपने अंदर स्पष्ट रूप से देखती हूँ।

18

अक्तूबर

ज्ञस्योपेक्षात्मकं नाम मूढस्यादेयतां गतम्
हेयं स्फारविरागस्य शृणु सिद्धिक्रमः कथम् (24)

शिखिध्वज की समझ में चूडाला की बातें न आईं। वह हँस पड़ा और उसने कहा :

प्रिये, तुम नादान हो और बच्चों की-सी बातें कर रही हो। तुम्हारी बातें निरी बकवास हैं। तुमने खोया तो बहुत-कुछ पर पाया कुछ नहीं। वास्तविक (महत्त्वपूर्ण) पदार्थ (सुख) खोए पर मिला तुम्हें कुछ नहीं। इससे कैसे तुम प्रफुल्ल हो सकती हो। यदि कोई क्रुद्ध व्यक्ति शय्या त्याग करके (अर्थात् सुखभोग का त्याग करके) डींग हाँके : 'मैंने बिना भोगे ही सुख पा लिया है' तो इससे उसे प्रसन्नता प्राप्त नहीं होती। जब कोई सभी सुख छोड़ दे और सोचे कि मुझे रिक्तता में आनंद मिलता है, तो यह समझदारी की बात न होगी। यदि कोई सोचे कि मैंने खाना-पीना छोड़ दिया है, कपड़े पहनना छोड़ दिया है, सोना छोड़ दिया है या मैं शरीर नहीं हूँ, न कुछ और ही हूँ, कुछ नहीं ही सब-कुछ हूँ, तो यह कोरी बकवास ही होगी।

बेसिर पैर की बातों को छोड़ो। चिंता करने की कोई बात नहीं। तुम्हें जो सुख-सुविधाएँ प्राप्त हैं उनका आनंद लो। मैं भी तुम्हारा पूरा-पूरा साथ दूँगा।

वसिष्ठ ने कहा :

इतना कहकर राजा अंतःपुर से बाहर चला गया। चूडाला ने सोचा : 'दुख की बात है कि राजा समझने में असमर्थ हैं।' इस प्रकार वह अपना कार्य पूर्ववत् करती रही। लंबे समय तक वे यों ही जीवनयापन करते रहे। यद्यपि चूडाला की कोई लालसा नहीं थी। फिर भी उसके मन में एक इच्छा हुई–आकाश में विचरण करने की। इस शक्ति को प्राप्त करने के लिए उसने एकांत चाहा और उस वायु का अभ्यास किया जिसकी प्रकृति ऊपर की ओर थी।

हे राम, इस संसार में प्राप्त करने योग्य तीन लक्ष्य है–वांछनीय, गर्हणीय और उपेक्ष्य। जो वांछनीय हो उसके लिए अत्यधिक प्रयास किया जाता है, जो गर्हणीय हो उसे छोड़ दिया जाता है और इन दोनों के बीच जो होता है उसके प्रति व्यक्ति उदासीन हो जाता है। सामान्यतः लोग समझते हैं कि वांछनीय की प्राप्ति सुख को बढ़ाती है, गर्हणीय दुख देती है और उपेक्षणीय से न सुख ही मिलता है और न दुख ही। परंतु ज्ञानी व्यक्ति की दृष्टि में ये श्रेणियाँ हैं ही नहीं। वह हर वस्तु को मात्र खेल समझकर देखता है और इस प्रकार देखी या अनदेखी किसी भी वस्तु के प्रति उदासीन रहता है।

हे राम, जो प्राप्त करने योग्य है उसके संबंध में (अर्थात् सिद्धियों या आत्मिक शक्तियों के संबंध में) मैं तुम्हें युक्ति बताऊँगा। ज्ञानी संत-महात्मा इनके प्रति उदासीन रहते हैं। भ्रमित व्यक्ति इन्हें वांछनीय समझते हैं और आत्मज्ञान को विकसित करनेवाली बातों की उपेक्षा करते हैं।

19

अक्तूबर

सा चोक्ता कुण्डलीनाम्ना कुण्डलाकारवाहिनी
प्राणिनां परम् शक्तिः सर्वशक्तिजवप्रदा (42)

वसिष्ठ ने कहा :

सभी उपलब्धियाँ चार बातों पर आधारित होती हैं–समय, स्थान, क्रिया और साधन। इनमें से क्रिया सबसे प्रमुख है क्योंकि किसी भी उपलब्धि के लिए जो भी प्रयास होते हैं वे क्रिया पर आधारित होते हैं।

कुछ भ्रष्ट क्रियाएँ भी प्रचलित हैं। वे उपलब्धि को सहज बनाती हैं। जब वे अप्रौढ़ हाथों में पड़ जाती हैं तो अत्यधिक हानिकर भी सिद्ध होती हैं। इस श्रेणी में जादू की गोली, मलहम या छड़ी आती हैं, रत्न, ओषधियाँ, स्वोपहास (स्व+उपहास), जादुई सूत्र आदि आते हैं। यह विश्वास कि श्री शैल और मेरु पर्वत पर निवास करने से आध्यात्मिक पूर्णता प्राप्त होती है भी दोषपूर्ण है।

राजा शिखिध्वज ने प्राणायाम की क्रिया अपनाई थी तथा उससे उन्हें जो उपलब्धि हुई उसका अब मैं वर्णन करूँगा।

तैयारी इस प्रकार होनी चाहिए कि व्यक्ति जो कुछ प्राप्त करना चाहता है उससे जिन आदतों तथा प्रवृत्तियों का संबंध न हो उन्हें छोड़ दिया जाए। व्यक्ति को यह भी जानना चाहिए कि कैसे अपने शरीर के छिद्रों को बंद किया जाता है और उसे विभिन्न मुद्राओं का भी अभ्यास होना चाहिए। भोजन शुद्ध होना चाहिए। पवित्र धर्मग्रंथों के अर्थ पर चिंतन करना चाहिए। सदाचरण और सत्पुरुषों की संगति भी अनिवार्य है। सब-कुछ त्याग कर आराम से बैठना चाहिए। और थोड़ी देर के लिए क्रोध, लोभ आदि से ऊपर उठकर प्राणायाम करना चाहिए। इस प्रकार प्राणवायु या जीवन-शक्ति व्यक्ति के नियंत्रण में आ जाती है।

धरती पर प्रभुसत्ता से लेकर पूर्ण मोक्ष तक हर वस्तु प्राणवायु या जीवन-शक्ति की गति पर निर्भर होती है। इसलिए यह सभी उपलब्धियाँ प्राणायाम के अभ्यास से प्राप्त करना संभव है।

शरीर के काफी अंदर एक नाड़ी है जिसका नाम है आंतरवेष्टिका। यह मर्म अंगों में स्थित है और इससे सैकड़ों अन्य नाड़ियाँ निकलती हैं। यह सभी प्राणियों में होती है। चाहे वह देवता हो या राक्षस, मनुष्य हो या पशु, पक्षी हो या मछली अथवा कीट-पतंग। मूल में चक्राकार या कुंडलिनी के रूप में होती है। इसका संबंध कमर से लेकर मस्तक तक शरीर के सभी अंगों से होता है।

इसी नाड़ी के अंदर परम शक्ति रहती है। **इसे कुंडलिनी कहते हैं क्योंकि यह कुंडलाकार होती है। सभी प्राणियों में यह परम शक्ति होती है और सभी शक्तियों को गति देनेवाली मूल शक्ति होती है।** जब हृदय में स्थित प्राणशक्ति कुंडलिनी के आवास क्षेत्र में प्रविष्ट होती है तो अंदर प्रकृति के तत्त्वों में जाग्रति उत्पन्न होती है। फिर जब कुंडलिनी खुलती है और गतिशील होती है तो अपने अंदर जाग्रति उत्पन्न होती है।

जिन अन्य नाड़ियों में ऊर्जा प्रवाहित होती है वे सभी इस कुंडलिनी नाड़ी से बँधी होती हैं। अतः कुंडलिनी ही चेतना और ज्ञान का मूल बीज है।

अक्तूबर

तपश्चधा गतं द्वित्वं लक्षसे त्वम् स्वसंविदम्
अन्तरभूतविकारादि दीपाद्दीपशतं यथा (56)

राम ने पूछा :

क्या असीम चेतना सदा अविभाज्य नहीं? यदि ऐसा है, तो फिर यह कुंडलिनी कैसे उत्पन्न होती और अपने को व्यक्त करती है और इस चेतना को प्रकट करती है?

वसिष्ठ ने उत्तर दिया : निश्चय ही, असीम चेतना ही है जो हर जगह और हर समय एकमात्र होती है। तो भी यह यहाँ-वहाँ तत्त्वों के रूप में प्रकट होती है। सूर्य का प्रकाश पदार्थों को प्रकाशित करता है परंतु जब उसकी किरणें शीशे पर पड़ती हैं तभी परावर्तित होती हैं। इसी प्रकार, एक ही असीम चेतना कुछ में तो लगता है जैसे खो गई हो, कुछ में स्पष्ट रूप से प्रकट होती है और कुछ में तो उसका परम महिमामंडित स्वरूप देखने को मिलता है।

जिस प्रकार आकाश सभी जगह (खाली) आकाश दिखाई देता है, उसी प्रकार चेतना भी चेतना ही है कुछ और नहीं, फिर चाहे उसका जो रूप हो। उसमें कुछ परिवर्तन नहीं होता। **पाँचों मूल तत्त्व भी यही चेतना हैं। तुम अपनी चेतना से उसी चेतना को अपने अंदर देखते हो। जो होती तो है पंचतत्त्व रूप ही, परंतु प्रतीत कुछ अलग होती है। यह वैसे ही है जैसे एक दीप से तुम सैकड़ों देखते हो।**

विचार में जरा-सी हलचल होने पर वही चेतना (जो वास्तविकता है) पंच मूल तत्त्वों में परिवर्तित हो जाती है। फलतः शरीर रूप धारण कर लेती है। उसी प्रकार चेतना तरह-तरह के प्राणी, तरह-तरह की धातुएँ, तरह-तरह के खनिज, भूमि, जल अन्य तत्त्व आदि और क्या नहीं बन जाती। इस प्रकार पंच तत्त्वों के रूप में यह संपूर्ण संसार चेतना की ऊर्जा की हलचल के अतिरिक्त कुछ नहीं। कुछ स्थानों पर यह शक्ति सचेत होती है और कुछ स्थानों पर अचेत। ठीक वैसे ही जैसे जल तेज ठंडी हवाओं के चलने से कठोर हो जाता है और बर्फ बन जाता है। इसी प्रकार प्रकृति बनती है और सभी चीजें प्रकृति का अनुसरण करती हैं।

तो भी है यह सब शब्दों का खेल ही। सर्दी और गर्मी, आग और बर्फ और क्या हैं? ये सब विभेद भी विचारजन्य प्रतिमानों और बद्ध-प्रवृत्तियों के कारण ही हैं। इसीलिए ज्ञानी व्यक्ति बद्ध-प्रवृत्तियों की प्रकृति का अनुसंधान करता है कि वे प्रच्छन्न हैं या व्यक्त, शुभ हैं या अशुभ। ऐसा अनुसंधान फलदायी होता है। झूठ-मूठ का तर्क-वितर्क हवा के साथ मुक्केबाजी करने में समान होता है।

प्रच्छन्न बद्ध-प्रवृत्ति निर्जीव प्राणी उत्पन्न करती है, व्यक्त बद्ध-प्रवृत्ति देवताओं, मनुष्यों आदि को उत्पन्न करती है। कुछ में घनी बद्ध-प्रवृत्ति अज्ञान का कारण होती है और कुछ में क्षीण बद्ध-प्रवृत्ति मुक्ति का कारण होती है। बद्ध-प्रवृत्ति ही प्राणियों के विभेद का कारण होती है।

यह सृष्टि ब्रह्मांडीय वृक्ष के समान है। प्रथम विचार-रूप इस ब्रह्मांडीय वृक्ष रूपी सृष्टि का बीज है, विभिन्न कार्यक्षेत्र इस पेड़ के अंग हैं और भूत, भविष्य तथा वर्तमान इस पेड़ के फल हैं। जिन पाँचों मूल तत्त्वों से यह सृष्टि रूपी वृक्ष बना है वे अपनी इच्छा से रूपायित और नष्ट होते हैं। वे अपनी इच्छा से ही भिन्न-भिन्न रूप धारण करते हैं और समय पाकर एकीकृत और शांत हो जाते हैं।

21

अक्तूबर

देहदुःखं विदुर् व्याधिमाध्याख्यं वासनामयं
मौर्ख्यमूले हि ते विद्यात्तत्त्वज्ञाने परिक्षयः (14)

वसिष्ठ ने कहा :

पंच मूल-तत्त्वों से बने शरीर में कुंडलिनी जीवनशक्ति के रूप में कार्य करती है। यही कुंडलिनी अनेक नामों से जानी जाती है, जैसे बद्ध-प्रवृत्ति या सीमा, मन, जीव, विचार की हलचल, बुद्धि (विवेक) तथा अहंकार। वस्तुतः यह शरीर की परम जीवनशक्ति है। यही अपान के रूप में निरंतर नीचे की ओर प्रवाहित होती है, समान के रूप में यही सौर रक्तवाहिनियों में अवस्थित है और यही उदान के रूप में ऊपर उठती है। इन शक्तियों के फलस्वरूप पूरे तंत्र में संतुलन होता है। यदि इसका नीचे की ओर दबाव अधिक हो और उस दबाव को उचित प्रयास के द्वारा नियंत्रित न किया जाए तो परिणाम मृत्यु होता है। इसी प्रकार ऊपर की ओर खिंचाव अधिक हो और उसे उचित प्रयास से नियंत्रित न किया जाए तो भी परिणाम मृत्यु होता है। यदि जीवनशक्ति को इस प्रकार नियंत्रित रखा जाए कि न उसका नीचे की ओर दबाव अधिक हो और न ऊपर की ओर खिंचाव अधिक हो तो निरंतर साम्यावस्था की स्थिति रहती है और सभी रोगों पर विजय प्राप्त कर ली जाती है। नहीं तो यदि किसी छोटी-मोटी नाड़ी में विकार हुआ तो छोटा-मोटा रोग होगा और मुख्य नाड़ी में विकार हुआ तो बड़ा रोग होगा।

राम ने पूछा : व्याधि क्या है और आधि क्या है? और शरीर की प्रजनन स्थितियाँ क्या हैं? कृपया इन पर प्रकाश डालें।

वसिष्ठ ने कहा :

आदि और व्याधि दुखों का मूल हैं। इनका परिहार सुख है और इनका अंत मुक्ति (मोक्ष) है। कभी-कभी ये दोनों एक साथ उत्पन्न होती हैं, कभी-कभी एक दूसरे को जन्म देती हैं और कभी-कभी ये एक दूसरे का अनुसरण करती हैं। शारीरिक रोग को व्याधि कहते हैं और **मनोवैज्ञानिक विक्षेप के कारण जो मानसिक विकार होते हैं उन्हें आधि कहते हैं। इन दोनों की जड़ें अज्ञान और दुष्टता में होती हैं। इनका अंत तभी होता है जब आत्मज्ञान या सद्ज्ञान प्राप्त हो।**

अज्ञान के कारण आत्मसंयम नहीं रह जाता, फिर राग-द्वेष तथा 'मैंने यह प्राप्त कर लिया है', 'मुझे अभी यह प्राप्त करना है' आदि अन्य विचार व्यक्ति को दबोच रखते हैं। ये सब भ्रम को और भी बढ़ावा देते हैं तथा मानसिक उथल-पुथल भी उत्पन्न करते हैं।

शारीरिक रोग भी अज्ञानजन्य होते हैं। मानसिक संयम न होने पर व्यक्ति का खान-पान तथा रहन-सहन बिगड़ जाता है और फलतः आदतें भी खराब हो जाती हैं। अनियमित और असामयिक क्रियाकलाप, अस्वास्थ्यकर आदतें, बुरी संगति, दूषित विचार आदि भी रोग के कारण होते हैं। नाड़ी के दुर्बल हो जाने, अवरुद्ध हो जाने, उसमें थक्के पड़ जाने आदि के फलस्वरूप जीवन-शक्ति का स्वतंत्र प्रवाह बाधित होता है और इस कारण भी रोग उत्पन्न होते हैं। दूषित पर्यावरण भी रोग उत्पन्न करता है। ये सभी भूतकाल की उन क्रियाओं द्वारा निर्धारित प्रतिफल हैं जिन्हें व्यक्ति ने भूतकाल में (हाल में या बहुत पहले) संपादित किए होते हैं।

22

अक्तूबर

आत्मज्ञानं विना सारो नाधिर्नश्यति राघव
भूयो रज्ज्वावबोधेन रज्जुसर्पो हि नश्यति (25)

वसिष्ठ ने कहा :

ये सभी मानसिक उत्पात और शारीरिक विकार पंचभूतों के समुच्चय के कारण उत्पन्न होते हैं। अब मैं तुम्हें बताऊँगा कि ये कैसे नष्ट होते हैं। शारीरिक रोग दो प्रकार के होते हैं–साधारण और गंभीर। साधारण रोग दिन–प्रतिदिन के कारणों से होते हैं और गंभीर रोगों के कारण सुखद होते हैं। साधारण रोग दिन–प्रतिदिन के उपचार तथा उपयुक्त मानसिक स्थिति अपनाने से ठीक हो जाते हैं। **परंतु जो गंभीर रोग और मानसिक विक्षोभ होते हैं वे तब तक ठीक नहीं होते जब तक आत्मज्ञान प्राप्त नहीं होता। रस्सी में दिखाई देनेवाला सर्प तभी मरता है जब रस्सी को पुनः रस्सी के रूप में देखा जाता है।** आत्मज्ञान सभी शारीरिक और मानसिक व्याधियों का अंत कर देता है। परंतु जो शारीरिक बीमारियाँ मनोकायिक नहीं होतीं वे ओषधि, प्रार्थना, पुण्यकर्मों, स्नान आदि द्वारा ठीक की जाती हैं। चिकित्सा ग्रंथों में इन सबका उल्लेख मिलता है।

राम ने पूछा : कृपया बताएँ कि कैसे शारीरिक व्याधि मानसिक विक्षोभ से उत्पन्न होती है और कैसे ओषधि के बिना अन्य साधनों से इसका उपचार करते हैं?

वसिष्ठ ने कहा : जब व्यक्ति का मन भ्रमित होता है तो उसे अपना रास्ता ठीक से नहीं सूझता। सामने का सीधा रास्ता जब नहीं सूझता तो वह गलत रास्ते पर चल पड़ता है। जीवनशक्तियाँ इस भ्रम के कारण उद्विग्न हो उठती हैं और वे भी नाड़ियों में विशृंखलित रूप में प्रवाहित होने लगती हैं। परिणाम यह होता है कि कुछ नाड़ियों में तो ऊर्जा का ह्रास होता है और कुछ नाड़ियाँ अवरुद्ध हो जाती हैं।

तब पाचन–तंत्र की क्रिया में व्यतिक्रम होता है। अपच, अतिबुभुक्षा, चयापचयन में गड़बड़ी आ जाती है। खाया हुआ पदार्थ विष बन जाता है। शरीर के अंदर भोजन की प्राकृतिक गतिविधि रुक जाती है। इसके फलस्वरूप तरह–तरह की शारीरिक बीमारियाँ उत्पन्न होती हैं। ऐसे ही मानसिक विक्षोभ भी शारीरिक रोग उत्पन्न करता है। जिस प्रकार रेचक अंतड़ियों को गतिशीलता प्रदान करता है वैसे ही य, र, ल, व जैसे मंत्र मनोदैहिक विकारों का उपचार करते हैं। साधु-संतों की सेवा, पुण्य–कर्म आदि भी शुभ और उत्तम उपाय हैं। इनसे मन शुद्ध होता है और हृदय में अत्यंत हर्ष का अनुभव होता है। प्राण–शक्ति का नाड़ियों में प्रवाह जैसे होना चाहिए वैसे होने लगता है। पाचन–क्रिया सामान्य हो जाती है और रोग दूर हो जाते हैं।

पूरक (साँस अंदर खींचने) का अभ्यास करने से यदि मेरुदंड के मूल में स्थित कुंडलिनी आप्लावित हो जाती है और साम्यावस्था में विश्राम करती है तो शरीर दृढ़ रहता है। जब श्वास को रोक रखने से नाड़ियाँ सक्रिय हो जाती हैं तब कुंडलिनी छड़ी की भाँति खड़ी हो जाती है और उसकी ऊर्जा शरीर की सभी नाड़ियों में पूरी तरह से भर जाती है। इससे सभी नाड़ियाँ शुद्ध और हलकी हो जाती हैं। तब योगी आकाश में यात्रा करने में सक्षम हो जाता है। जब रेचक क्रिया के दौरान कुंडलिनी ब्रह्मा नाड़ी में से होकर द्वादशांत (मस्तक से बारह अंगुल की दूरी का स्थान) तक पहुँचती है और वहाँ एक घंटे तक स्थित रह जाती है तो योगी को आकाश की यात्रा करनेवाले देवों के तथा पूर्णता–प्राप्त प्राणियों के दर्शन होते हैं।

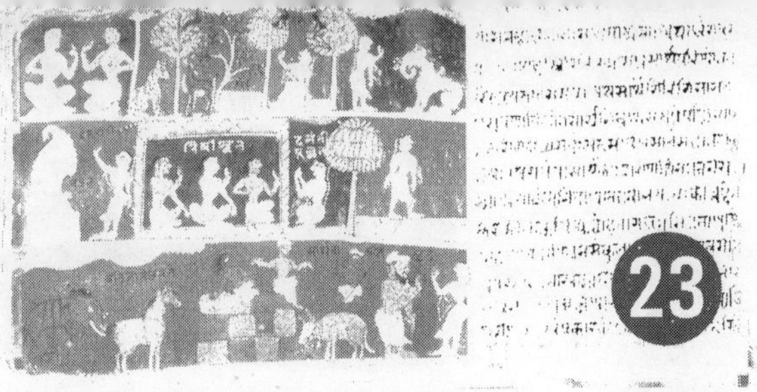

23

अक्तूबर

यदच्छं शीतलत्वं च तदस्यात्मेन्दुरुच्यते
इतीन्दोरुत्थितः सोग्निरग्निषोमौ हि देहकः (75)

राम ने पूछा :

इन भौतिक आँखों से देवी-देवताओं को देखना कैसे संभव होता है?

वसिष्ठ ने उत्तर दिया :

निश्चय ही कोई इन भौतिक आँखों से देवताओं को नहीं देख सकता। परंतु विशुद्ध ज्ञान की आँखों से (ज्ञानचक्षुओं से) देवता उसी प्रकार दिखाई पड़ते हैं जैसे स्वप्न में लोग दिखाई देते हैं। देवता किसी की इच्छा की पूर्ति करने में समर्थ होते हैं। यह देवदर्शन स्वप्नदर्शन से भिन्न नहीं होता। अंतर वस्तुतः मात्र इतना है कि देवदर्शन का प्रभाव चिरस्थायी होता है। इस प्रकार यदि कोई रेचक क्रिया के बाद प्राणशक्ति को द्वादशांत पर कुछ समय तक रोक रखता है तो प्राणशक्ति अन्य कायाओं में प्रवेश करने में समर्थ होती है। प्राणशक्ति में यह शक्ति अंतर्निहित होती है। यद्यपि यह प्रकृति से अस्थिर होती है परंतु इसे स्थिर किया जा सकता है। हर वस्तु को आवृत्त करनेवाला अज्ञान यद्यपि अशक्त तथा निस्सार होता है परंतु कुछ अपवाद भी ऊर्जा की गतिविधि में इस संसार में अवश्य दिखाई देते हैं। निश्चय ही ये सब ब्रह्म ही हैं और विभिन्नता तथा विभिन्न कार्य मात्र शब्द-क्रीड़ाएँ हैं।

राम ने पूछा :

सूक्ष्म नाड़ियों में प्रविष्ट होने तथा उसे जीवनशक्ति से पूरित करने के लिए अपनी काया को एक साथ पारमाण्विक और स्थूल दोनों बनाना होगा। यह कैसे संभव है?

वसिष्ठ ने उत्तर दिया :

जब लकड़ी और आरी का साथ होता है तो लकड़ी चिरती है परंतु जब लकड़ी के दोनों टुकड़ों का साथ होता है तो अग्नि (उत्पन्न) होती है। यह सब प्रकृति का खेल है।

इस भौतिक शरीर में दो शक्तियों का साथ उदर में होता है। दोनों मिलकर खोखली छड़ी में रूपायित होती हैं। इसी में कुंडलिनी विश्राम करती है। यह कुंडलिनी स्वर्ग और धरती के मध्य में स्थित होती है और सदा प्राणशक्ति से सक्रिय रहती है। जब हृदय में रहती है तो इसे सब का अनुभव होता है। सभी मानसिक केंद्रों को यह गतिशील रखती है। यह सब-कुछ खाती और पचाती है। प्राणों की हलचल से सभी मनोकेंद्रों को कंपित करती है। यह शरीर की अग्नि को तब तक बनाए रखती है जब तक उसके सारतत्त्व समाप्त नहीं हो जाते।

स्वभाव से यह शीतल है परंतु इसके फलस्वरूप शरीर गर्म रहता है। यह पूरे शरीर में व्याप्त है परंतु हृदय में अवस्थित रहती है जहाँ योगी इसका चिंतन करते हैं। यह ज्ञान की प्रकृति है और इसके प्रकाश में दूर का पदार्थ समीप दिखाई देता है। **जो भी शीतल है वह चंद्रमा है, आत्मा है। इस चंद्रमा से अग्नि उत्पन्न होती है। शरीर इसी चंद्रमा और इसी अग्नि से बना है।** सच तो यह है कि संपूर्ण संसार इन दोनों से बना है। तुम इस संसार को ज्ञान और अज्ञान, वास्तविक और अवास्तविक से बना भी मान सकते हो। चेतना, प्रकाश और ज्ञान ऐसी स्थिति में सूर्य या अग्नि माने जाएँगे और जड़ता, अंधकार और अज्ञान चंद्रमा माने जाएँगे।

अक्तूबर

पीत्वा मृतोपमं शीतं प्राणः सोममुखागमे
अभ्रागमात्पूरयति शरीरं पीनतां गतः (94)

वसिष्ठ ने कहा :

अग्नि और चंद्रमा का शरीर में अस्तित्व पारस्परिक कार्य-कारणात्मक रूप में होता है। कुछ वैसे ही जैसे बीज और पेड़ के बीच होता है (अर्थात् एक दूसरे को जन्म देने का)। हम यह भी कह सकते हैं कि जैसे प्रकाश और अंधकार का संबंध होता है (अर्थात् दोनों एक दूसरे को समाप्त कर देते हैं)। उक्त के संबंध में कोई इस प्रकार का प्रश्न करता है कि "जब इच्छा रूपी प्रेरक तत्त्व ही नहीं तब कारण भाव और कार्य भाव दोनों ही अतर्कसंगत नहीं हैं क्या?" तो उसे खारिज कर दिया जाना चाहिए। क्योंकि ऐसी क्रिया प्रत्यक्ष है और उसका अनुभव सबको होता है।)

प्राण (अग्नि) शीतल चंद्रमा के द्वार पर ही अमृतमयी शीतलता का पान करता है और अपने शरीर के संपूर्ण भीतरी आकाश को भर लेता है। योगियों का मत है कि तालु से अमृत प्रवाहित होता है और सौर (नाड़ियों के) जाल में जठर-अग्नि इसे निगल जाती है। 'इस प्रकार शीतल चंद्रमा ज्वलंत अग्नि का कारण हुआ। (अमृत की इस हानि को रोकने के लिए योगी 'विपरीतकारिणी' को आवश्यक बतलाते हैं।' –स्वामी वेंकटेसानंद।) अग्नि मरती है और चंद्रमा बनती है। ठीक वैसे ही जैसे दिन समाप्त होता है और रात होती है।

अग्नि और चंद्रमा के संगम पर, प्रकाश और अंधकार के संगम पर तथा रात और दिन के संगम पर जो सत्य प्रकट होता है वह ज्ञानियों की समझ में भी जल्दी नहीं आता।

जिस प्रकार दिन दिन और रात से बना होता है, उसी प्रकार जीव चेतना और जड़ता से बना होता है। अग्नि और सूर्य चेतना के प्रतीक हैं और चंद्रमा प्रतीक है अंधकार और जड़ता का। जिस प्रकार सूर्य के आकाश में दिखाई देने पर धरती का अंधकार दूर हो जाता है उसी प्रकार जब चेतना का प्रकाश दृष्टिगत होता है तो अज्ञान का अंधकार और जन्म-चक्र समाप्त हो जाता है। और यदि चंद्रमा (अज्ञान का अंधकार या जड़ता) जो है वही दिखाई दे तो सत्य के रूप में मात्र चेतना ही दिखलाई देती है। चेतना का प्रकाश ही जड़ काया को प्रकट करता है। चेतना अगतिशील और अद्वैत होने के कारण पकड़ में नहीं आती। फिर भी इसका बोध उसके अपने परावर्तन (अर्थात् शरीर) से होता है।

चेतना जब अपने अस्तित्व के प्रति जागरूक होती है तो संसार अस्तित्त्व ग्रहण करता है। जब यह विधेयीकरण (संसार-रचना का व्यापार) छोड़ दिया जाता है तो मोक्ष होता है। प्राण ताप (अग्नि) है, अपान शीतल चंद्रमा है और दोनों एक सी काया में प्रकाश और छाया के रूप में अवस्थित होते हैं। चेतना का प्रकाश और विषय का चंद्रमा दोनों मिलकर अनुभव कराते हैं। दृग्विषय (दृष्टि के विषय) ही सूर्य और चंद्रमा हैं जो सृष्टि की रचना के आरंभ से हैं तथा शरीर में भी अवस्थित हैं।

हे राम, उस स्थिति में रहो जिसमें सूर्य चंद्रमा को अपने में विलीन कर लेता है। उस स्थिति में रहो जिसमें चंद्रमा हृदय में सूर्य में विलीन होता है। उस स्थिति में रहो जिसमें बोध होता है कि चंद्रमा सूर्य का ही परावर्तन है। अपने अंदर के सूर्य और चंद्रमा के संगम-स्थल को जानो। बाहरी दृग्विषय पूर्णतः निरर्थक हैं।

25

अक्तूबर

सत्यभावनदृष्टोयं देहो देहो भवत्यलम्
दृष्टस्त्वसत्यभावेन व्योमतां याति देहकः (27)

वसिष्ठ ने कहा :

हे राम, अब मैं तुम्हें बताऊँगा कि योगी अपनी काया को कैसे अणु रूप में तथा विराट रूप में भी प्रस्तुत करते हैं।

अग्नि का एक स्फुलिंग (चिंगारी) हृतकमल के ऊपर प्रज्वलित रहता है। यह अग्नि तेजी से बढ़ाई जा सकती है। परंतु है यह वस्तुतः चेतना की प्रकृति ही। यह ज्ञान के प्रकाश के रूप में उत्पन्न होती है। जब यह क्षण में विशाल आकार-प्रकार धारण करती है तब यह पूरे शरीर का विलय करने में भी समर्थ होती है। अपने ही ताप से यह शरीर के जल-तत्त्व को वाष्प में बदल देती है। इस प्रकार दोनों कायाओं (स्थूल और सूक्ष्म) का त्याग करने के बाद यह जहाँ चाहे वहाँ जा सकती है। कुंडलिनी शक्ति अग्नि से उठनेवाले धुएँ की तरह ऊपर उठती है और फिर आकाश में मिल जाती है। मन, बुद्धि और अहंकार को कसकर थामे हुए यह कुंडलिनी धूलकण के समान तेजोद्दीप्त होती है। अब यह स्फुलिंग या कण किसी भी वस्तु में प्रविष्ट होने में समर्थ होता है। तब यह कुंडलिनी उस जल तत्त्व और भूतत्त्व को निस्सृत करती है जिन्हें उसने पहले अपने अंदर समाविष्ट किया होता है। और तब शरीर अपना मूल आकार-प्रकार प्राप्त कर लेता है। अब जीव में अणु के समान सूक्ष्म और पर्वत के समान विशाल रूप धारण की योग्यता होती है।

मैंने तुम्हें योग की पद्धति बताई है, अब तुम्हें ज्ञान मार्ग के संबंध में बताऊँगा।

चेतना एक ही है, वह शुद्ध है, अविभाज्य है, सूक्ष्म से सूक्ष्मतम है, शांत है परंतु यह न तो संसार है और न उसका क्रियाकलाप ही। यह अपने अस्तित्व के प्रति जागरूक है, परिणामतः जीवभाव उत्पन्न होता है। यह जीवभाव अवास्तविक शरीर को वास्तविक मान बैठता है। परंतु जब जीव आत्मज्ञान के प्रकाश में इसे देखता है तो यह भ्रम दूर हो जाता है और शरीर भी पूर्ण रूप से शांत हो जाता है। तब जीव शरीर को नहीं देखता। आत्मा को शरीर समझने का भ्रम सब से बड़ा भ्रम है, जिसे सूर्य का प्रकाश भी दूर नहीं कर सकता।

जब शरीर को वास्तविक स्वीकार किया जाता है तो शरीर वास्तविक बन जाता है। परंतु जब ज्ञान द्वारा उसे देखा जाता है कि वह अवास्तविक है तो वह आकाश में मिल जाता है। शरीर के संबंध में जैसी भी धारणा रखी जाए वह वैसा बन जाता है।

एक अन्य पद्धति है निश्वसन के अभ्यास की। जिसके सहारे जीव अपने आवास (कुंडलिनी) से ऊपर उठता है और शरीर को छोड़ देता है। फिर यह शरीर लकड़ी के कुंदे जैसा हो जाता है। तब जीव अन्य किसी शरीर में प्रवेश करता है और इच्छित अनुभवों को प्राप्त करता है। इस प्रकार अनुभव प्राप्त करने के बाद वह अपनी इच्छा के अनुसार पुनः अपने पुराने शरीर में प्रवेश करता है। वे चाहे तो सर्वव्यापक चेतना के रूप में भी रह सकता है और चाहे तो किसी शरीर में न भी प्रवेश करे।

अक्तूबर

उपदेशक्रमो राम व्यवस्थामात्रपालनम्
ज्ञप्तेस्तु कारणं शुद्ध शिष्यप्रज्ञैव राघव (13)

वसिष्ठ ने कहा :

इस प्रकार चूडाला रानी ने अतींद्रिय शक्तियाँ (सूक्ष्म और विराट् रूप धारण करने की योग्यता) प्राप्त कर लीं। अब वह बिना अपने पति का साथ छोड़े धरती, आकाश तथा गहरे समुद्रों में विचरण करने लगी। लकड़ी, शिला, पर्वत, घास, आकाश, जल आदि किसी भी पदार्थ में बिना किसी बाधा के प्रवेश करने लगी। वह देवी-देवताओं के साथ भी विचरण करती, मुक्त संतों के साथ भी उठती-बैठती और बातें करती।

यद्यपि उसने पति को आत्मबोध प्राप्त कराने के लिए हर प्रयास किया, परंतु उसने इसके प्रति उपेक्षा तो बरती ही उसकी मूर्खताओं पर हँसता भी रहा। वह अज्ञानी ही रहा। उसने अपनी अतींद्रिय शक्तियों का प्रदर्शन उसके सामने करना उचित नहीं समझा।

राम ने पूछा :

जब चूडाला जैसी सिद्ध-योगिनी भी राजा शिखिध्वज में न आध्यात्मिक जाग्रति ला सकी और न उसे आत्मज्ञानी बना सकी तो कैसे कोई आत्मज्ञान प्राप्त कर सकता है?

वसिष्ठ ने कहा :

गुरु का शिष्य को दीक्षा देना तो एक परंपरा है परंतु आत्मज्ञान की प्राप्ति का कारण तो शिष्य की चेतना की शुद्धि होता है। न श्रवण से और न पुण्यकार्यों के संपादन से ही आत्मज्ञान प्राप्त होता है। मात्र आत्मा ही आत्मा को जानती है, मात्र सर्प ही अपने चरणों को जानता है! तो भी...।

विंध्य की पहाड़ियों में एक धनी देहाती था। एक बार जंगल में घूम रहा था कि उसका ताँबे का एक पैसे का सिक्का खो गया। वह कंजूस था इसलिए वह उसे घनी झाड़ियों के बीच ढूँढ़ने लगा। हर समय वह गिनती में ही लगा रहा। 'एक पैसे से मैं व्यापार करूँगा। उससे एक के चार पैसे होंगे, फिर आठ होंगे आदि, आदि। तीन दिन तक वह उस पैसे को ढूँढ़ता रहा। दर्शक उस पर फब्तियाँ कसते रहे। तीन दिन की ढूँढ़-खोज के बाद उसे एक रत्न मिला। उसे लेकर वह घर चला आया और सुख से रहने लगा।

उस कंजूस को रत्न मिलने का क्या कारण था? निश्चय ही उसकी कंजूसी और ढूँढ़-खोज। इसी प्रकार गुरु से दीक्षा-प्राप्त शिष्य खोजता कुछ है और उसे मिलता कुछ और है। ब्रह्म तो मन इंद्रियों से परे की चीज है, इसे किसी अन्य के उपदेश से नहीं जाना जा सकता। तो भी बिना गुरु के उपदेश के वह जाना भी नहीं जा सकता। उस कंजूस को वह रत्न न मिलता यदि वह पैसे की ढूँढ़-खोज झाड़ियों में न करता। अतः गुरु का उपदेश आत्मज्ञान का कारण माना जाता है, जबकि यह कारण होता है नहीं। हे राम, माया के इस रहस्य को समझो। कोई ढूँढ़ता कुछ है और पाता कुछ है!

27

अक्तूबर

प्राप्तकालं कृतं कार्यं राजते नाथ नेतरत्
वसन्ते राजते पुष्पं फलं शरदि राजते (22)

वसिष्ठ ने कहा :

आत्मज्ञान के बिना राजा शिखिध्वज भ्रम से अंधा हो गया था। वह दुख में डूबा रहता था जिससे उसे त्राण पाना संभव न था। जल्दी ही तुम्हारी तरह वह भी एकांत चाहने लगा। परंतु वह वे राजसी कार्य करता रहा जो उसे मंत्री करने के लिए कहते। उसने खूब दान भी किया। उसने अनेक प्रकार की तपस्याएँ भी कीं। परंतु न उसका भ्रम ही दूर हुआ और न दुख ही कम हुआ। फिर एक दिन रानी चूडाला से राजा शिखिध्वज ने कहा :

प्रिये, दीर्घकाल तक मैंने शासन किया और राजसुख भी भोगा। संन्यासी के मन को न सुख ही विचलित करता है न दुख। न समृद्धि और न विपत्ति ही उसके मन में क्षोभ उत्पन्न कर पाती हैं। इसलिए मैं वन की राह लूँ और संन्यासी हो जाऊँ। मेरा प्रिय वन ठीक तुम्हारे जैसा है। वह मेरे हृदय को उसी प्रकार प्रसन्नता प्रदान करेगा जिस प्रकार तुम प्रदान करती हो। मुझे वन में जाने की अनुमति दो। अच्छी गृहिणी पति की इच्छापूर्ति में बाधक नहीं होती।

चूडाला ने उत्तर दिया :

स्वामी, वही क्रिया शोभन होती है जो उपयुक्त समय पर की जाए। फूल वसंत ऋतु में खिलते हैं और फल हेमंत ऋतु में। वन्य जीवन वृद्धावस्था के लिए उपयुक्त हैं, आपकी उम्र के लिए नहीं।। आपकी उम्र में गृहस्थ जीवन ही उपयुक्त है। जब हम बूढ़े होंगे तब दोनों एक साथ गृहस्थ जीवन का त्याग करेंगे और वन को चलेंगे। फिर आपके आकस्मिक संन्यास से प्रजाजन भी तो दुखी होंगे।

शिखिध्वज ने कहा :

प्रिये, मेरे मार्ग में बाधाएँ मत खड़ी करो। यह समझ लो कि मैं पहले ही वन के लिए चल पड़ा हूँ। तुम अभी बच्ची हो इसलिए तुम्हारे लिए न वन जाना ही उपयुक्त हैं और न कष्टमय जीवन बिताना ही उचित। तुम यहीं रहो और राज्य का शासन संभालो।

वसिष्ठ कहते हैं :

उसी रात, रानी अभी सो ही रही थी, राजा ने गश्त लगाने के बहाने से नगर का त्याग किया। दिन भर घोड़े पर सवार वह मंदर पर्वत के घने जंगल में जा पहुँचा। अब वह बस्ती से बहुत दूर था। उसने वहाँ कुटिया बनाई और संन्यासी के लिए जो सामान आवश्यक होते हैं उन्हें एकत्र किया। माला, कमंडल, दंड, फूलों के लिए तश्तरी, पानी के लिए घड़ा आदि आदि।

सुबह उठकर वह जप, ध्यान आदि करता। फिर फूल एकत्र करता, नहाता-धोता तथा देवताओं की पूजा करता। इसके उपरांत नाम मात्र का कंद-मूल ग्रहण करता। दिन का शेष भाग वह मंत्र जप में लगाता। इस प्रकार दीर्घ काल बिना अपने राज्य का चिंतन किए उसने उस कुटिया में बिताया।

28

अक्तूबर

उवाच चात्मनैवाहो यावज्जीवं शरीरिणाम्
न स्वभावः शमं याति ममाप्युत्कण्ठितं मनः (29)

वसिष्ठ ने कहा :

सुबह उठने पर जब चुडाला को ज्ञात हुआ कि राजा महल छोड़कर चला गया है तो वह भयभीत और दुखी हुई। उसने निश्चय किया कि पत्नी का धर्म है कि सुख-दुख में वह पति का साथ दे। शीघ्र ही खिड़की के रास्ते वह महल से बाहर निकलकर आकाश में उड़ने लगी और अपने पति को खोजने लगी। जल्दी ही उसने अपने पति को वन में घूमते हुए देखा। परंतु अपने पति के पास उतरने से पहले उसने अतींद्रिय दृष्टि से भावी घटनाओं पर विचार किया। उसने भावी घटनाओं को स्पष्ट रूप से ब्योरेवार देख लिया। अपरिहार्य के प्रति नतमस्तक होकर वह जिस आकाशीय मार्ग से गई थी उसी से वापस अपने महल लौट आई।

चुडाला ने घोषणा की कि महाराज ने एक महत्त्वपूर्ण उद्देश्य से राजमहल को छोड़ा है। तब से वह राज्य के कार्यों को देखने लगी। अठारह वर्ष तक रानी महल में रही और राजा वन में। इस बीच न रानी ने राजा को देखा और न राजा ने रानी को देखा। राजा में बुढ़ापे के लक्षण प्रकट होने लगे।

उस समय चुडाला को ऐसा लगा कि राजा का मन अब बहुत-कुछ परिपक्व हो चुका है इसलिए उनकी सहायता करूँ जिससे उन्हें आत्मज्ञान प्राप्त हो। यह सोचकर रात के समय वह राजमहल से बाहर निकली और आकाश में उड़ने लगी। रास्ते में उसे स्वर्ग के देवी-देवताओं और पूर्ण महापुरुषों के दर्शन हुए। वह बादलों के बीच उड़ती रही, स्वर्गीय गंध का पान करती रही और अपने पति के मिलन की उत्सुकतापूर्वक प्रतीक्षा करती रही। वह उत्तेजित भी थी और विक्षुब्ध भी। अपनी मानसिक स्थिति से अवगत होने पर उसने विचार किया। वह अपने से कहने लगी :

निश्चय ही जब तक शरीर में जीवन रहता है तब तक व्यक्ति की प्रकृति की सक्रियता नष्ट नहीं होती। मेरा मन भी तो इतना अधिक विक्षुब्ध है!

हे मेरे मन, तुम अपने प्रियतम को खोज रहे हो। इसके विपरीत विगत संन्यास जीवन में रहकर मेरा पति निश्चित रूप से अपने राज्य और मुझको पूरी तरह से भूल चुका होगा। मेरे मन, इसलिए पुनर्मिलन के लिए तुम्हारी यह उत्सुकता निश्चय ही निरर्थक होगी। मैं अपने पति के हृदय में संतुलन फिर से लाऊँगी जिससे वह अपने राज्य में पुनः लौट आए और फिर हम दोनों दीर्घ जीवन एक साथ बिता सकें। पूर्ण संतुलन की स्थिति में जो सुख प्राप्त होता है वह सभी सुखों से बढ़कर होता है।

इस प्रकार सोचते हुए चुडाला मंदर पर्वत पर जा पहुँची। अभी वह आकाश में ही थी कि उसने अपने पति को देखा जो अब दूसरा ही व्यक्ति था। सदा राजसी वस्त्रों में रहनेवाला राजा मात्र संन्यासी था और सूखकर काँटा हो चुका था। इस हृदय-विदारक दृश्य को देखकर चुडाला अत्यंत विषादग्रस्त हुई। शांत और एकांत राजा के सिर पर जटाजूट था, मोटे कपड़े थे, रंग उसका काला पड़ चुका था। क्षण भर के लिए उसने सोचा : "हाय, मूर्खता का परिणाम! कोई मूर्ख ही इस तरह अपनी हालत बनाता है। निश्चय ही भ्रम की वजह से इन्होंने एकांतवास किया और इस कुटिया में रहे। मैं इन्हें अभी और यहीं आत्मज्ञान की प्राप्ति में सहायता करूँगी। मैं वेश बदलकर उनके पास चलती हूँ।

29

अक्तूबर

जीवितं याति साफल्यं स्वमभ्यागतपूजया
देवदप्यधिकं पूज्यः सतामभ्यागतो जनः (82)

वसिष्ठ ने कहा :

चुडाला ने सोचा कि एक बार पुनः मुझे अज्ञानी लड़की मानकर राजा मेरी सीख की उपेक्षा न कर दे, इसलिए उसने युवा ब्राह्मण संन्यासी का रूप धारण किया और सीधे राजा के सामने अवतरण किया। शिखिध्वज युवा संन्यासी को देखकर हर्षित हुआ। युवा संन्यासी के मुखमंडल पर अत्यधिक तेज था इसलिए राजा उसे कोई देवता समझने लगा। राजा ने उसकी उचित ढंग से पूजा की। चुडाला ने प्रसन्नतापूर्वक पूजा स्वीकार की और कहा : "मैंने संसार की यात्रा की है परंतु भक्तिपूर्वक पहले कभी मेरी ऐसी पूजा नहीं हुई। मैं आपकी सौम्यता और तपस्या की प्रशंसा करता हूँ। आपने तलवार की धार पर चलने का बीड़ा उठाया है, इसीलिए आपने अपना राज्य छोड़ दिया है और वन्य जीवन अपनाया है।"

शिखिध्वज ने उत्तर दिया :

हे देवपुत्र, निश्चय ही आप सब-कुछ जानते हैं। आपकी दृष्टि मुझ पर अमृत की वर्षा कर रही है। मेरी सुंदर पत्नी इस समय मेरे राज्य का शासन सँभाले है। आपकी सूरत उससे बहुत-कुछ मिलती है। पूजा में जो फूल मैंने अर्पित किए हैं, वे संभवतः आशीर्वाद-प्राप्त हैं। **व्यक्ति किसी अज्ञात अतिथि की पूजा के द्वारा अपने जीवन का सुफल प्राप्त करता है। ऐसे अतिथि की पूजा देवताओं की पूजा से भी बढ़कर होती है।** प्रार्थना है कि कृपया बताएँ कि **आप कौन हैं और आपके शुभागमन के प्रति मेरा क्या कर्तव्य है।**

ब्राह्मण (चुडाला) ने कहा :

इस ब्रह्मांड में नारद नाम के परम संत थे। एक बार वे गंगा नदी के तट पर स्थित कंदरा में ध्यान कर रहे थे। ध्यान के बाद उन्हें कंगनों की खड़खड़ाहट सुनाई दी। उस समय कुछ लोग जल-क्रीड़ा में संलग्न थे। उत्सुकतावश उन्होंने उस ओर देखा कि कुछ अप्सराएँ जल में क्रीड़ा-रत हैं। वे नग्न थीं। उनका सौंदर्य वर्णनातीत था। उनके हृदय में सुख की अनुभूति हुई और कामवासना की प्रबलता के कारण उनका मन अभिभूत हो गया।

शिखिध्वज ने पूछा :

हे पवित्र आत्मा, नारद बहुत बड़े ज्ञानी थे, जीवन्मुक्त संत थे, इच्छारहित और मोहविहीन थे। उनकी चेतना आकाश के समान सीमाविहीन थी। ऐसा संत कैसे कामवासना से अभिभूत हुआ।

ब्राह्मण (चुडाला) ने कहा :

हे राजर्षि, (स्वर्ग, पाताल और धरती) इन तीनों लोकों के प्राणी द्वैत शक्तियों के अधीन होते हैं। चाहे वे अज्ञानी हों या ज्ञानी, जब तक शरीर धारण किए रहते हैं उन्हें सुख और दुख, प्रसन्नता और कष्ट प्राप्त होते हैं। संतुष्टिदायक पदार्थों में उन्हें सुख मिलता है और असंतोष देनेवाले पदार्थों से दुख। ऐसी ही प्रकृति तीनों लोकों की है।

अक्तूबर

स्वरूपे निर्मले सत्ये निमिषमपि विस्मृते
दृश्यमुल्लासमाप्नोति परावृषीव पयोधरः (111)

ब्राह्मण (चुडाला) ने कहा :

यदि शुद्ध और वास्तविकता रूपी आत्मा को एक क्षण के लिए भी भुला दिया जाता है तो अनुभव्य पदार्थ विस्तार प्राप्त कर लेते हैं। यदि जागरूकता अक्षुण्ण रहती है तो ऐसा नहीं होता। जिस प्रकार अंधकार और प्रकाश दृढ़तापूर्वक रात और दिन से संबद्ध होते हैं उसी प्रकार अज्ञानी व्यक्ति के शरीर के अस्तित्व के साथ सुख और दुख जुड़े होते हैं। ज्ञानी व्यक्ति के संबंध में कह सकते हैं कि उसकी चेतना में ऐसा परावर्तन भले ही झलक उठे पर वह उसपर अपनी कोई छाप नहीं छोड़ता। स्फटिक का उदाहरण लें। ज्ञानी व्यक्ति तभी उससे प्रभावित होता है जब वह उसके समीप स्थूल रूप में उपस्थित हो। परंतु अज्ञानी व्यक्ति तो उससे इतना अधिक प्रभावित होता है कि उसकी अनुपस्थिति में वह विलाप करने लगता है। ऐसे ही कुछ लक्षण हैं, मोक्ष की अवस्था में जिनकी संवेदनशीलता क्षीण हो जाती है और जो बंधन की अवस्था में मन को अपने रंग में रंग लेते हैं। शिखिध्वज के इस प्रश्न के उत्तर में कि "कैसे संबद्ध पदार्थ की अनुपस्थिति में भी सुख और दुख उत्पन्न होते हैं" ब्राह्मण (चुडाला) ने कहा : कारण वह प्रभाव या छाप है जिसे शरीर (आँखें आदि) हृदय के माध्यम से ग्रहण करता है। बाद में इसमें आप-से-आप विस्तार होता है। जब हृदय उद्वेलित होता है तो स्मृति जीव के कुंडलिनी-आवास को उद्वेलित करती है। इससे जाल की तरह पूरे शरीर में फैली हुई नाड़ियाँ भी प्रभावित होती हैं। सुखद और दुखद अनुभव नाड़ियों को भिन्न-भिन्न प्रकार से प्रभावित करते हैं। सुख में नाड़ियाँ फैलती और प्रफुल्लित होती हैं परंतु दुख में नहीं।

जब वह उद्वलित नाड़ियों में प्रविष्ट नहीं होता तो वह मुक्ति-प्राप्त (मोक्ष-प्राप्त) होता है। बंधन तो जीव के सुख-दुख की अधीनता के अतिरिक्त कुछ नहीं। जब इस तरह की अधीनता नहीं होती तब मोक्ष होता है। जीव तो सुख-दुख को देखकर उद्विग्न हो उठता है। परंतु आत्मज्ञान के द्वारा वह अनुभूत करता है कि सुख और दुख का सत्य में (यथार्थ में) अस्तित्व है नहीं। तब वह साम्यावस्था प्राप्त कर लेता है। या फिर उसे जब अनुभव होता है कि सुख-दुख का अस्तित्व जीव में नहीं है और न जीव ही सुख-दुख में स्थित है, वह पूर्ण स्वतंत्रता प्राप्त कर लेता है। यदि उसको यह अनुभव हो जाता है कि ये सब-कुछ चेतना के अतिरिक्त कुछ नहीं तब भी वह साम्यावस्था प्राप्त कर लेता है।

(शिखिध्वज के यह पूछने पर कि कैसे सुखद अनुभवों से ऊर्जा का ह्रास होता है) ब्राह्मण (चुडाला) ने कहा : मैंने पहले भी कहा है कि जीव प्राणशक्ति को उद्वेलित करता है। प्राणशक्ति की हलचल संपूर्ण शरीर से महत्त्वपूर्ण ऊर्जा आकृष्ट करती है। तब यह ऊर्जा शुक्रीय ऊर्जा के रूप में अवतरित होती है और इसका स्वभावतः क्षरण होता है।

(यह पूछने पर कि "प्रकृति क्या है") ब्राह्मण (चूडाला) ने कहा : मूलतः ब्रह्म ही ब्रह्म के रूप में विद्यमान होता है। इस ब्रह्म में अगणित पदार्थ उसी प्रकार प्रकट होते हैं जिस प्रकार समुद्र तल पर असंख्य लहरें प्रकट होती हैं। इसी को प्रकृति कहते हैं। इसका ब्रह्म से संबंध कौए के बैठने से नारियल के गिरने के जैसा संयोगजन्य संबंध नहीं। इस प्रकृति में विभिन्न प्राणी विभिन्न लक्षणों से युक्त होते हैं।

अक्तूबर

इमामखण्डितं सम्यक् क्रियां संपादयन्नपि
दु:खद गच्छामि दु:खौघममृतम् मे विषमस्थितम् (87/14)

ब्राह्मण (चूडाला) ने कहा :

आत्मा की इस प्रकृति से ब्रह्मांड प्रकट होते हैं। व्यवस्था और अव्यवस्था के अंतरण के फलस्वरूप होनेवाली बद्ध–मानसिकता या आत्म–परिमिति इस प्रकृति को स्थायित्व प्रदान करती है। जब यह आत्म–परिमिति या व्यवस्था और अव्यवस्था के बीच का ठहराव समाप्त हो जाता है तब प्राणी पुनः जन्म नहीं लेते।

(**नारद** की कथा को आगे बढ़ाते हुए) ब्राह्मण (चूडाला) ने कहा : जल्दी ही नारद संयत हुए। स्फटिक के पात्र में खंडित बीजों को एकत्र किया। फिर उन्होंने उस पात्र को दुग्ध–ऊर्जा से भरा जिसे उन्होंने अपनी विचार–शक्ति से उत्पन्न किया। समय पाकर उस पात्र ने एक शिशु को जन्म दिया जो सभी दृष्टियों से पूर्ण था। नारद ने उस बच्चे का नाम कुंभ रखा, उसे सुशिक्षित किया तथा उच्च ज्ञान प्रदान किया। वह बालक ज्ञान में नारद के समकक्ष था। बाद में नारद अपने पिता ब्रह्मा के पास उस बालक को ले आए। ब्रह्मा ने उसे परम ज्ञान का वरदान दिया। ब्रह्मा का यही पौत्र इस समय तुम्हारे सामने बैठा है। मैं आनंद से विश्व में भ्रमण करता हूँ। मुझे किसी से कुछ भी लेना नहीं है। जब मैं इस संसार में आया तब मेरे पैर धरती को नहीं छूते थे।

(वसिष्ठ ने जब यह कहा तब सत्रहवाँ दिन समाप्त हुआ। अगले दिन पुनः वसिष्ठ ने कथा जारी रखी।)

शिखिध्वज ने पूछा : पिछले जन्मों के अच्छे कर्मों का ही फल है जो आज मुझे आपका सत्संग और आपसे ज्ञानामृत प्राप्त हुआ है। संसार में जो शांति संत पुरुषों से प्राप्त होती है वह किसी और साधन से प्राप्त नहीं होती।

ब्राह्मण (चुडाला) ने कहा : मैंने आपको अपनी जीवन–कथा सुनाई। कृपया अब मुझे बताइए कि आप कौन हैं और यहाँ क्या कर रहे हैं? यहाँ कब से हैं? मुझे सचसच बतलाइए। संन्यासी सच ही कहते हैं सच के अतिरिक्त कुछ नहीं।

शिखिध्वज ने उत्तर दिया :

हे देवपुत्र, आप हर बात जानते हैं। और क्या मैं आपको बताऊँ? इस संसार (जन्म–मरण के चक्र) के भय से मैं इस वन में रहता हूँ। आप सब जानते ही हैं फिर भी मैं संक्षेप में अपनी कहानी कहता हूँ। मैं राजा शिखिध्वज हूँ। मैंने अपने राज्य का त्याग किया है। मैं इस संसार से भयभीत हूँ जिसमें व्यक्ति को बार–बार तथा बारी–बारी से सुख–दुख झेलना पड़ता है तथा जनमना और मरना पड़ता है। मैंने बहुत–से स्थानों की यात्रा की है और बहुत–सी गहरी तपस्याएँ भी की हैं परंतु मुझे शांति और साम्यावस्था प्राप्त नहीं हुई। मेरे मन को विश्राम नहीं मिला। मैं क्रियाओं में नहीं उलझता और न ही मुझे किसी प्रकार का लाभ ही चाहिए। मैं यहाँ अकेला हूँ और किसी से मेरा संबंध नहीं। परंतु फिर भी मुझे संतुष्टि नहीं। मैंने निरंतर सभी यौगिक क्रियाएँ की हैं। परंतु मेरी प्रगति एक दुख से दूसरे बड़े दुख में हुई है। यहाँ तक कि अमृत भी मेरे लिए विष सिद्ध हुआ है।

नवंबर

अनुपादेयवाक्यस्य वक्तुः पृष्टस्य लीलया
व्रजन्त्यफलतां वाचस्तमसीवाक्षसंविदः (42)

ब्राह्मण (चूडाला) ने कहा :

एक बार मैंने अपने दादा से पूछा था, "क्रिया और ज्ञान में कौन श्रेष्ठ है?" तो उन्होंने मुझे बताया था : "निश्चय ही ज्ञान श्रेष्ठ है। ज्ञान से ही उसका बोध होता है जिसकी एकमात्र सत्ता है। इसके विपरीत क्रिया को क्रीड़ा, खेल या मनोरंजन भी कहा जाता है। जब व्यक्ति को ज्ञान नहीं होता तभी वह क्रिया से चिपकता है। ठीक वैसे ही जैसे किसी के पास अच्छे वस्त्र न हों तो वह गुदड़ी ओढ़ता है।"

"अज्ञानी व्यक्ति अपनी वासना के फलस्वरूप कर्मों के फल में फँस जाते हैं। जब वासना का त्याग कर दिया जाता है तो कर्म अकर्म हो जाता है। भले ही उसे परंपरानुसार अच्छा कहें या बुरा। आत्म-परिमिति या इच्छा-शक्ति के अभाव में क्रिया का फल नहीं होता। क्रिया स्वतः प्रतिक्रिया या फल उत्पन्न नहीं करती। यह तो वासना या इच्छा-शक्ति है जो क्रिया को फल से जोड़ती है। जिस प्रकार भयभीत बालक भूत की कल्पना करता है और भूत उसे दिखाई देता है उसी प्रकार अज्ञानी व्यक्ति दुख की धारणा मन में लाता है और उससे प्रताड़ित होता है।"

"न वासना (आत्म-परिमिति या बद्ध-मानसिकता) ही वास्तविकता है और न अहंभाव ही। ये मूर्खता के कारण प्रकट होते हैं। जब मूर्खता का त्याग कर दिया जाता है तब इस बात का बोध होता है कि यह सब-कुछ ब्रह्म है आत्म-परिमिति है ही नहीं। जब वासना होती है तब मन होता है, जब मन में वासना का अंत हो जाता है तब आत्मज्ञान होता है। जिसे आत्मज्ञान प्राप्त होता है उसे जन्म नहीं लेना पड़ता।"

इस प्रकार ब्रह्मा आदि देवताओं ने घोषित किया है कि आत्मज्ञान ही सर्वोच्च है। फिर आप अज्ञानी क्यों हैं? आप क्यों सोचते हैं, "यह कमंडल है" और "यह दंड है" और अज्ञान में डूबे रहते हैं? इस बात का अनुसंधान क्यों नहीं करते कि "मैं कौन हूँ", "यह संसार कैसे उत्पन्न हुआ" और "इसका अंत कैसे होगा"? मोक्ष और बंधन की प्रकृति पर विचार करके आत्मज्ञान क्यों नहीं प्राप्त करते? क्यों आप अपना समय व्यर्थ की क्रियाओं में नष्ट कर रहे हैं? संत-महात्माओं की संगति करके, उनकी सेवा करके, उनसे जिज्ञासा प्रकट करके आप आत्मज्ञान प्राप्त करेंगे।

शिखिध्वज ने कहा : हे संत, सचमुच आपने मुझे जगा दिया है। मैं मूर्खता से मुक्त हो गया हूँ। आप मेरे गुरु हैं। मैं आपका शिष्य हूँ। कृपया मुझे बतलाएँ कि मुझे क्या जानना चाहिए और जिसके जान लेने पर पुनः दुख नहीं होता।

ब्राह्मण (चूडाला) ने उत्तर दिया :

हे राजर्षि, मैं तभी आपको शिक्षा दूँगा जब आप मेरी बातें ध्यान से सुनने और उनके अनुसार आचरण करने के लिए प्रस्तुत हों। **यदि कोई शिक्षा ग्रहण और आत्मसात् करने के लिए तैयार नहीं अथवा कोई खिलवाड़ के रूप में प्रश्न करे या उसका उत्तर दे तो वह शिक्षा व्यर्थ होती है।**

(शिखिध्वज से आश्वासन प्राप्त करने के बाद चूडाला ने कहा :) ध्यान से सुने। एक ऐसी कथा है जो आपकी कहानी से मिलती-जुलती है।

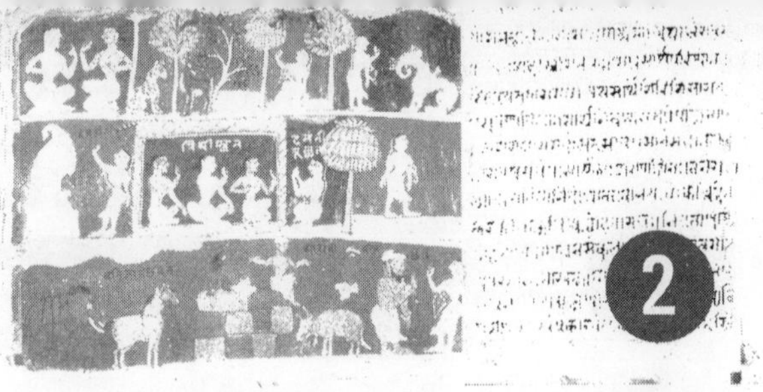

2 नवंबर

दुःखानि मौख्यविभवेन भवन्ति यानि नैवापदो न च जरामरणेन तानि
सर्वापदं शिरसि तिष्ठति मौर्ख्यमेकं कृष्णं जनस्य वपुषामिव केशजालं (27)

ब्राह्मण (चूडाला) ने कहा :

एक व्यक्ति था जिसके पास अथाह धन था और अथाह ज्ञान भी। उसमें सभी विशेषताएँ भी थीं। वह दुनियादार भी था। उसके सभी संकल्प पूरे हो चुके थे। परंतु उसे आत्मा का ज्ञान न था। वह इस तरह की क्रियाएँ करता जिससे उसे चिंतामणि प्राप्त हो। चिंतामणि उस रत्न को कहते हैं जो सभी तरह की इच्छाओं की पूर्ति करता है। उसने बहुत प्रयास किया। कुछ समय के बाद 'चिंतामणि' उसके सम्मुख उपस्थित हुआ। जो चरम प्रयास करता है उसके लिए कुछ भी प्राप्त करना असंभव नहीं होता। जिसने किसी काम का बीड़ा उठाया हो वह यदि कठिनाइयों की बिना परवाह किए और बिना कोताही बरते प्रयत्न करता है तो वह अपना अभीष्ट प्राप्त कर लेता है भले ही वह निर्धन क्यों न हो।

उस व्यक्ति ने अपने सामने रत्न देखा। वह उसकी पहुँच में था। परंतु वह उसके संबंध में किसी अंतिम निश्चय तक न पहुँच सका। वह इसके बारे में तरह-तरह की भ्रामक बातें सोचने लगा।" यह चिंतामणि है अथवा और कुछ? मैं इसे छुऊँ या न छुऊँ? ऐसा न हो कि मैं इसे छुऊँ और यह अदृश्य हो जाए? निश्चय ही इसे इतने थोड़े समय में प्राप्त करना संभव नहीं। धर्मग्रंथ कहते हैं कि पूरे जीवन की साधना द्वारा ही यह प्राप्त होता है। निश्चय ही मैं निर्धन हूँ, लोभी हूँ और अपने सम्मुख रत्न की उपस्थिति का भ्रम पाले हुए हूँ। मैं इतना सौभाग्यशाली कैसे हो सकता हूँ जो इसे इतने थोड़े समय में प्राप्त कर लूँ? कुछ ऐसे महापुरुष हो सकते हैं जो इस रत्न को थोड़े समय में प्राप्त कर लें परंतु मैं तो एक साधारण आदमी हूँ जिसने बहुत थोड़ा जप-तप किया है। इसे इतनी जल्दी प्राप्त कर लेना मेरे लिए कैसे संभव है?" इस प्रकार भ्रम में पड़े हुए उस व्यक्ति ने उसे हस्तगत करने का प्रयास न किया। उसके भाग्य में वह रत्न लिखा जो नहीं था। वही कुछ प्राप्त करता है जिसका वह अधिकारी होता है, सुपात्र होता है। मूर्ख व्यक्ति सामने रखे दिव्य रत्न की भी उपेक्षा करता है। रत्न की उपेक्षा हुई और वह अदृश्य हो गया। (सिद्धियाँ वह सब-कुछ प्रदान करती हैं जो उसके लिए प्रयत्नशील होते हैं परंतु उनका ज्ञान हर लेने के बाद वे उनसे दूर चली जाती हैं।)

वह व्यक्ति आगे भी चिंतामणि की प्राप्ति के लिए जप-तप करता रहा। (उद्यमी उद्यम से नहीं चूकते।) कुछ समय बाद उसने शीशे के एक टुकड़े को देखा जिसे देवताओं ने खेल-खेल में उसके सामने फेंका था। उसने सोचा कि यही चिंतामणि है। भ्रमित होने की वजह से उसने उसे उठा लिया। उसे विश्वास था कि उसकी सहायता से मैं वह सब-कुछ प्राप्त कर लूँगा जिसकी मुझे कामना होगी। फिर क्या था। उसने अपनी संपत्ति, परिवार आदि का त्याग कर दिया और वन में चला गया। अपनी मूर्खता के कारण वन में उसे कष्ट भोगने पड़े। **जो कष्ट मूर्खता से प्राप्त होता है उसकी तुलना में बड़ी विपत्तियाँ, बुढ़ापे और मृत्यु का कष्ट कुछ भी नहीं होता। मूर्खता कष्टों और विपत्तियों से अपना श्रृंगार करती है।**

नवंबर

मौर्ख्यं हि बन्धनमवेहि परं महात्मन् बद्धो न बद्ध इति चेतसि तद्विमुक्त्यै
आत्मोदयं त्रिजगदात्ममयं समस्तं मौर्ख्ये स्थितस्य सहसा ननु सर्वभूमिः (31)

ब्राह्मण (चूडाला) ने कहा :

हे राजन, तुम्हें एक और कथा सुनाता हूँ। वह भी तुम्हारी कहानी से मिलती-जुलती है। विंध्य के वनों में एक विशाल और शक्तिशाली हाथी रहता था। उसके बड़े-बड़े और मजबूत दाँत (गजदंत) थे। महावत ने उसे पिंजरे में बंद करके रखा था। हाथी इस कारण से तो दुखी था ही महावत के व्यवहार और उसके अंकुश से भी पीड़ित था।

एक दिन महावत कहीं गया हुआ था। हाथी ने अपने को पिंजरे से मुक्त करने के लिए प्रयास किया। तीन दिन तक लगातार वह उस प्रयास में लगा रहा। अंततः वह पिंजरे को तहस-नहस करने में सफल हुआ। ठीक उसी समय महावत भी वहाँ आ पहुँचा। उसने पिंजरे की दुर्दशा देखी। हाथी भागने के प्रयास में था और फिर महावत जल्दी से एक पेड़ पर चढ़ गया और उसने छलाँग लगाकर हाथी की पीठ पर सवार होना चाहा। परंतु इस प्रयास में वह हाथी के आगे गिर पड़ा। हाथी ने अपने शत्रु को असहाय रूप में देखा। पर उसमें दया उत्पन्न हुई और वह बिना महावत को क्षति पहुँचाए चला गया। इस प्रकार का दयाभाव पशुओं में भी देखने में मिलता है।

महावत उठा। उसे साधारण चोट लगी थी। (दुष्ट का शरीर जल्दी नष्ट नहीं होता। संभवतः बुरे कर्म उसके शरीर को पुष्ट करते हैं।) हाथी की हानि होने से महावत दुखी था। वह उस हाथी को पकड़ने के लिए जंगल-जंगल घूमता रहा। काफी समय बीतने पर उसने हाथी को घने जंगल में खड़े देखा। कुछ हाँकेवालों की सहायता से उसने जंगल में गड्ढा खोदा और उसे पत्तों आदि से ढँक दिया। इस प्रकार वह हाथी के गड्ढे में फँसने की प्रतीक्षा करने लगा।

कुछ ही दिनों बाद वह बलवान हाथी गड्ढे में गिर पड़ा और पकड़ा गया। हाथी फिर उस महावत के अधीन था।

हाथी ने तब महावत को मारा नहीं था जब महावत उसके आगे गिरा था। अतः उसे अब और कष्ट भोगने पड़ रहे थे। अपनी मूर्खता के कारण जो अवसर का लाभ नहीं उठाता, और इस प्रकार बाधाओं को दूर नहीं करता, उसे कष्ट भोगने पड़ते हैं। 'मैं मुक्त हूँ' की मिथ्या संतुष्टि के कारण हाथी को बंधन में पड़ना पड़ा। मूर्खता दुखों को आमंत्रित करती है। **हे पुण्यात्मा, मूर्खता बंधन है। बंधन में पड़ा हुआ व्यक्ति मूर्खतावश सोचता है कि मैं स्वतंत्र हूँ। तीनों लोकों में जिस की एकमात्र सत्ता है वह आत्मा ही है। परंतु जो मूर्खता में ही दृढ़तापूर्वक स्थित होता है उसके लिए सब-कुछ मूर्खता का ही फैलाव होता है।**

4 नवंबर

त्यागिता स्यात् कुतस्तस्य चिंतामप्यावृणोति यः
पवनस्पन्दयुक्तस्य निःस्पन्दत्वं कुतस्तरोः (14)

शिखिध्वज ने पूछा :

हे पवित्रात्मा, कृपया इन कथाओं का महत्त्व बतलाएँ।

ब्राह्मण (चूडाला) ने कहा :

दिव्य रत्न की खोज में जो धनी व्यक्ति लगा था वह आप हैं। हे राजन, आपको धर्मशास्त्रों का ज्ञान है फिर भी आपके मन में हलचल मची है। आप जल में पत्थर के समान स्थिर नहीं हैं। चिंतामणि हर वस्तु का पूर्ण परित्याग है। वह सब दुखों का अंत करता है। शुद्ध पूर्ण परित्याग से सब-कुछ प्राप्त होता है। चिंतामणि की उससे तुलना कैसी? आपने जिस अनुपात में अपने राज्य का त्याग किया उसी अनुपात में पूर्ण परित्याग अनुभूत भी किया।

सब-कुछ त्याग कर आप इस कुटिया में आए। परंतु एक वस्तु त्याग करने से रह गई। वह था आपका अहं। यदि हृदय मन को (विचार की हलचल को) छोड़ देता है तो परम तत्त्व का बोध होता है। परंतु आप पर तो परित्याग का विचार हावी रहा। आपके परित्याग ने ही इस विचार को उत्पन्न किया। अतः पूर्ण परित्याग से प्राप्त होनेवाला आनंद आप प्राप्त नहीं कर सके। **जिसने सब-कुछ त्याग दिया होता है वह चिंता से उद्‌विग्न नहीं होता। यदि आँधी पेड़ की शाखाओं को उड़ा ले जाए तो उस पेड़ को अचल नहीं कहा जा सकता।**

ऐसी चिंताओं (विचार की हलचलों) को ही मन कहा जाता है। विचार (धारणा या संकल्प) भी उसी का एक और नाम है। यदि विचार उठते हैं तो कैसे कहा जा सकता है कि मन का त्याग कर दिया गया है? जब मन विचारों (चिंताओं) से उद्‌विग्न होता है तो उसे तत्क्षण तीन लोक दिखाई देने लगते हैं। जब तक विचारों का अस्तित्व रहता है तब तक शुद्ध या पूर्ण परित्याग कैसे माना जा सकता है? अतः जब आपके हृदय में विचार उठते हैं तब आपका परित्याग आपके हृदय से चला जाता है (जैसे चिंतामणि व्यक्ति को छोड़ देता है)। क्योंकि आप परित्याग की भावना को न पहचानते ही हैं और न उसके प्रशंसक ही हैं। इसलिए उसने आपको छोड़ दिया है और साथ ही विचारों और चिंताओं की स्वतंत्रता का भी हरण कर लिया है।

जब रत्न (परित्याग की भावना) ने आपका साथ छोड़ दिया तब आपने शीशे के टुकड़े को उठा लिया। भ्रम के कारण आप उसका गुणगान भी करने लगे। खेद है कि आपने असंसक्त और असंबद्ध असीम आत्मा की जगह तपश्चर्या की आदि-अंत वाली निरर्थक क्रियाओं को दुख भोगने के लिए अपनाया। सहजतः उपलब्ध होनेवाले असीम आनंद को त्याग कर जो असंभव की प्राप्ति के लिए रत रहता है वह निश्चय ही जड़-बुद्धि तथा आत्मघाती है। आप वन्य जीवन के जंजाल में जा फँसे और पूर्ण परित्याग की भावना को उद्दीप्त न रख सके। आपने राज्य आदि का बंधन तो त्याग दिया परंतु संन्यासी जीवन का बंधन ओढ़ लिया। अब आप पहले की अपेक्षा गर्मी, सर्दी, आँधी-पानी से कहीं अधिक चिंतित रहते हैं। अतः और अत्यधिक दृढ़ता से बँधे हुए हैं। मूर्खतापूर्वक सोचते हैं, "मैंने चिंतामणि प्राप्त कर लिया", जबकि वास्तविकता यह है कि आपको स्फटिक भी प्राप्त नहीं हुआ।

नवंबर

यदा वनं प्रयातस्त्वं तदाज्ञानं क्षतं त्वया
पतितं सन्न निहतं मनस्त्यागमहासिना (14)

ब्राह्मण (चूडाला) ने कहा :

अब दूसरी कथा का महत्त्व सुनें।

विंध्य पर्वत पर जिस हाथी का वर्णन किया गया है वह आप ही हैं। दो शक्तिशाली गजदंत–विवेक और वैराग्य हैं। जिनके आप धारक हैं। हाथी को दुख देनेवाला महावत अज्ञान है। वही दुख का कारण है। यद्यपि हाथी शक्तिशाली है तो भी महावत के वश में है। इसी प्रकार आप हर तरह से श्रेष्ठ हैं परंतु अज्ञान या मूर्खता से अभिभूत हैं।

हाथी का पिंजरा इच्छाओं का पिंजरा है जिसमें आप बंदी हैं। अंतर मात्र यही है कि लोहे का पिंजरा समय पाकर क्षीण हो जाता है परंतु इच्छाओं का पिंजरा समय के साथ–साथ दृढ़तर होता चलता है। जिस प्रकार हाथी ने पिंजरा तोड़ डाला उसी प्रकार आप राज्य छोड़कर यहाँ आ गए। तो भी मानसिक परित्याग उतना सहज नहीं होता जितना कि भौतिक वस्तुओं का त्याग।

बचाव होने पर जिस प्रकार महावत सतर्क हो जाता है उसी प्रकार आपके अंदर का अज्ञान और मूर्खता परित्याग की भावना प्रकट होने पर काँप उठते हैं। जब ज्ञानी व्यक्ति सुखों का पीछा करना छोड़ देता है तो अज्ञान भाग खड़ा होता है। **जब आपने वनगमन किया तब आपने अज्ञान पर गंभीर चोट की, परंतु आप उसे नष्ट करने में सफल न हुए क्योंकि आप अपनी चेतना में मन या ऊर्जा की हलचल का त्याग उसी प्रकार नहीं कर पाए जिस प्रकार हाथी महावत को मारने से चूक गया।** इस प्रकार यह अज्ञान पुनः प्रकट हुआ और उसे स्मरण रहा कि किस प्रकार आप उस पर हावी हुए थे और इस बार उसने आपको संन्यास रूपी गड्ढे में ढकेल दिया।

यदि आपने राज्य त्याग के समय ही इस अज्ञान का अंत सदा के लिए किया होता तो आप संन्यास के फंदे में न फँसते।

आप हाथियों के राजा हैं। विवेक और ज्ञान आपके शक्तिशाली गजदंत हैं। परंतु खेद है कि इस घने जंगल में अज्ञान रूपी महावत ने आपको फँसा लिया है और संन्यास रूपी अंधकूप में आपको बंदी बनाकर रखा गया है।

हे राजन, आप अपनी पत्नी के ज्ञानपूर्ण कथन पर ध्यान क्यों नहीं देते। आपकी पत्नी चूडाला निश्चय ही सत्य की ज्ञाता है। आत्मज्ञानियों में वह श्रेष्ठ है और उसकी कथनी और करनी में भेद नहीं। वह जो भी कहती है वह सत्य होता है और उसे कार्य रूप दिया जना चाहिए। यदि भूतकाल में उसकी बातों पर आपने ध्यान नहीं दिया या उन्हें आत्मसात् नहीं किया तो कोई बात नहीं। आप क्यों नहीं हर चीज का त्याग करके पूर्ण वैराग्य प्राप्त करते?

नवंबर

धनं दारा गृहं राज्यं भूमिश्छत्रं च बान्धवः
इति सर्वं न ते राजन सर्वत्यागो हि कस्तव (5)

शिखिध्वज ने कहा :

मैंने राज्य, महल, देश और अपनी पत्नी का भी त्याग किया है। फिर आप कैसे सोचते हैं कि मैंने सब-कुछ त्यागा नहीं?

ब्राह्मण (चूडाला) ने उत्तर दिया :

हे राजा, धन, पत्नी, महल, राज्य, भूमि, छत्र और आपके बंधु-बांधव आपके नहीं हैं। उन्हें छोड़ देने से पूर्ण परित्याग या वैराग्य नहीं होता। कुछ और भी है जो आपका प्रतीत होता है और जिसका आपने परित्याग नहीं किया और वही वास्तविक परित्याग है। उसे पूर्णतः छोड़ो और बिना कुछ रखे अभी मुक्ति प्राप्त करो।

शिखिध्वज ने कहा :

यदि राज्य और उसमें सब-कुछ स्थित मेरा नहीं था तो मैं यह वन और इसमें स्थित सब-कुछ छोड़ता हूँ। (इतना कहते हुए राजा ने मन से वन आदि का त्याग कर दिया।)

(ब्राह्मण द्वारा बतलाए जाने पर, "ये सभी वस्तुएँ तुम्हारी नहीं हैं इसलिए इनके त्याग का कुछ अर्थ नहीं") शिखिध्वज ने कहा : निश्चय ही, यह आश्रम ही मेरे लिए सब-कुछ है। इस समय यह मेरा है। मैं इसका भी त्याग करता हूँ। (इसके बाद शिखिध्वज ने अपने हृदय से आश्रम में अपने होने का भाव निकाल दिया।) निश्चय ही, अब मैंने सब-कुछ त्याग दिया है।

ब्राह्मण (चूडाला) ने कहा :

निश्चय ही, यह सब-कुछ भी तुम्हारा नहीं है। फिर तुम इन्हें छोड़ कैसे रहे हो? कुछ और है जिसे तुमने नहीं छोड़ा और वही महत्त्वपूर्ण है। उसे छोड़ दो और दुख से मुक्ति प्राप्त कर लो।

शिखिध्वज ने कहा :

यदि ये दोनों मेरे नहीं हैं, तो मैं अपना दंड, मृगछाला, कुटिया आदि भी छोड़ देता हूँ।

वसिष्ठ ने कहा :

इतना कहकर वह अपने आसन से उठ खड़ा हुआ। उसने कुटिया में का सारा सामान निकाला और उसे आग के हवाले कर दिया। उसने भाला फेंकते हुए कहा : "अब मैं भ्रम से मुक्त हूँ, मंत्र का जप ही पवित्र है, इसलिए तुम्हारी मुझे आवश्यकता नहीं।" उसने मृगछाला को भी अग्नि में झोंक दिया।

उसने अपने आपसे कहा, "जिसका भी त्याग करना है उसका तत्क्षण और सदा के लिए त्याग करना है अन्यथा वह फिर फैल जाता है या एकत्र हो जाता है। इसलिए हर वस्तु को सदा के लिए अग्नि के हवाले करता हूँ।"

नवंबर

तवास्त्येवापरित्यक्तः सर्वस्याद् भाग उत्तमः
यम् परित्यज्य निःशेषं परामायास्मशोकतां (13)

वसिष्ठ ने कहा :

तब शिखिध्वज ने कुटिया में भी आग लगा दी। जिसे उसने अपनी पिछली मिथ्या धारणाओं से अभिभूत होकर अनावश्यक ही बनाया था। उसके बाद उसने वह सब–कुछ भी जला डाला, जो बचा–खुचा था। उसने अपने कपड़े भी फेंक दिए या जला डाले। इस अग्निकांड से भयभीत होकर वहाँ से पशु–पक्षी भी भाग निकले।

शिखिध्वज ने तब ब्राह्मण से कहा :

हे देवपुत्र, आप से जाग्रत होने पर मैंने उन सभी धारणाओं को छोड़ दिया है जिन्हें मैं अभी तक सँजोए हुआ था। अब मैं पूरी तरह से आनंदपूर्ण शुद्ध ज्ञान में अवस्थित हूँ। जो भी बंधन का कारण होगा उससे मन विमुख होगा और साम्यावस्था में स्थित रहेगा।

मैंने सब–कुछ त्याग दिया है। मैं हर प्रकार के बंधन से परे हूँ। मैं शांति में स्थित हूँ। मैं आनंद से परिपूर्ण हूँ। आकाश मेरा वस्त्र है, आकाश मेरा निवास है और मैं भी आकाश की तरह हूँ। हे देवपुत्र, कुछ परम परित्याग से परे है क्या?

ब्राह्मण (चूडाला) ने उत्तर दिया :

हे राजन, आपने सब–कुछ का त्याग नहीं किया। इसलिए ऐसा नहीं कि आपको पूर्ण परित्याग (वैराग्य) का आनंद प्राप्त हो। **आपके पास ऐसा भी है, जिसका आपने त्याग नहीं किया वही उत्तम परित्याग है। जब उसे भी पूर्णतः छोड़ दोगे तभी तुम्हें परम स्थिति प्राप्त होगी और वह दुख से मुक्त होगी।**

कुछ विचार करने के बाद **शिखिध्वज** ने कहा :

हे देवपुत्र, अब एक ही वस्तु शेष रह गई है, वह है यह शरीर, जो इंद्रियाँ रूपी सर्पों का आवास है और जो रक्त, मांस आदि से बना है। अब मैं इसका भी त्याग करता हूँ, इसे नष्ट करता हूँ और पूर्ण वैराग्य प्राप्त करता हूँ।

जैसे ही वह निश्चय को कार्यान्वित करने के लिए उद्यत हुआ, **ब्राह्मण (चूडाला)** ने कहा :

हे राजन, इस निरीह शरीर को व्यर्थ नष्ट करने का प्रयास क्यों कर रहे हो? इस क्रोध को छोड़ो यह क्रोध उस साँड़ के समान है जो बछड़े को मार डालना चाहता है। संन्यासी का यह शरीर निर्जीव और मूक है। इसने तुम्हारा बिगाड़ा ही क्या है? इसलिए इसे नष्ट करने का प्रयास मत करो। शरीर निर्जीव और मूक है और ऐसा ही रहता है। यह किसी अन्य शक्ति द्वारा प्रेरित तथा संचालित होता है। शरीर सुख–दुख के अनुभव के लिए उत्तरदायी नहीं होता। फिर शरीर का नाश पूर्ण परित्याग नहीं माना जाता। जो शरीर के अंदर सक्रिय होता है तथा उसे आंदोलित करता है उसका परित्याग करने में सफल हो जाओ तब आपके पाप और दोष छूट जाएँगे और तब आप परम त्यागी भी बन जाएँगे। यदि उसका परित्याग कर दो तो हर चीज का (यहाँ तक कि शरीर का भी) परित्याग हो जाएगा। अन्यथा पाप और दोष अस्थायी रूप से दब जाएँगे और पुनः प्रकट होंगे।

नवंबर

स्थितं सर्वं परित्यज यः शेते स्नेहदीपवत्
स राजते प्रकाशात्मा समः सनेहदीपवत् (52)

ब्राह्मण (चूडाला) ने कहा :

पूर्ण परित्याग सब-कुछ का परित्याग है, जो सब-कुछ का मूल कारण है उसका परित्याग है तथा सब-कुछ जिसका अनुसरण करता है उसका परित्याग है।

शिखिध्वज ने प्रार्थना की :

हे देव, कृपया बताएँ कि वह क्या है जिसका परित्याग करना चाहिए।

ब्राह्मण (चूडाला) ने कहा :

हे पुण्यात्मा, यह मन (या चित्त) ही है जो न निर्जीव ही है और न सजीव ही। इसे ही जीव, प्राण भी कहते हैं। इसे इस बात का भ्रम है कि मैं ही सब-कुछ हूँ। यही मन भ्रम है, यही मन मानव है, यही मन संसार है, यही मन सब-कुछ है। यही राज्य का बीज है, यही शरीर का बीज है, यही पत्नी तथा और सब-कुछ का भी बीज है। जब इस बीज का त्याग किया जाता है तो उस सब-कुछ का तो त्याग होता ही है जो वर्तमान है बल्कि उस सब-कुछ का भी होता है जो भविष्य में उत्पन्न होगा।

जिसमें चित्त (मन) होता है उसके हृदय में अच्छाई और बुराई, राज्य और वन दुख उपजाते हैं और जो मन विहीन होता है उसके हृदय में अत्यधिक आनंद उत्पन्न करते हैं। जिस प्रकार वृक्ष वायु द्वारा आंदोलित होता है उसी प्रकार यह मन इच्छाओं द्वारा आंदोलित होता है। बुढ़ापे, मृत्यु, जन्म आदि के तरह-तरह के अनुभव तथा संत-महात्माओं की दृढ़ता लोगों के मन में सचमुच सुधार लाते हैं। यह केवल मन ही है जिसे बुद्धि, ब्रह्मांड, अहं, प्राण आदि नामों से अभिहित किया जाता है। इसलिए इसका त्याग ही पूर्ण परित्याग है—वैराग्य है।

इसके विपरीत जिसे आप अपना नहीं समझते उसका परित्याग करते हैं तो आप अपने अंदर विभेद उत्पन्न करते हैं। यदि कोई हर वस्तु का परित्याग करता है तो हर वस्तु एक असीम चेतना के शून्य में स्थित होगी। जब कोई पूर्ण परित्याग की स्थिति में बिना ईंधन के दीपक की तरह विश्राम करता है तो वह ईंधनयुक्त दीपक की तरह ज्योतिर्मय होता है। राज्य आदि का परित्याग करके भी आप स्थित रहते हैं, इसी प्रकार जब मन को त्याग दिया जाता है तो वह असीम चेतना रहेगी। जब ये सब जल चुके हों तब भी आपमें कोई परिवर्तन नहीं आया होगा। जब आप मन का पूर्णतः त्याग कर देंगे, तब भी कोई परिवर्तन नहीं होगा। जिसने पूर्ण रूप से सब-कुछ छोड़ दिया होता है उसे बुढ़ापा, मृत्यु तथा जीवन की अन्य ऐसी घटनाएँ भयभीत नहीं करतीं। वही परम आनंद है। बाकी यह सब दुख है। ओम्, इस प्रकार सत्य को आत्मसात् करो और जो करना चाहते हो करो। उस पूर्ण परित्याग में उच्चतम ज्ञान या आत्मज्ञान अवस्थित होता है। पात्र की पूर्ण रिक्तता वह है जिसमें बहुमूल्य रत्न संगृहीत हों। इसी पूर्ण परित्याग से शाक्य मुनि (बुद्ध) निश्चय ही उस स्थिति से परे चले गए थे जिसमें उन्होंने दृढ़तापूर्वक अपने को स्थापित किया था। अतः, हे राजन, सब-कुछ परित्याग करने के बाद उसी रूप में रहो जिस रूप में मैं और आप अपने को देख रहे हैं। इस धारणा को भी छोड़ो कि 'मैंने सब-कुछ छोड़ दिया है' और परम शांति की स्थिति में रहो।

नवंबर

त्यागस्तस्यातिसुकरः सुसाध्यः स्पन्दनादपि
राज्यादप्यधिकानन्दः कुसुमादपि सुन्दरः (6)

शिखिध्वज ने कहा :

कृपया इस चित्त (मन) की यथार्थ प्रकृति से अवगत कराएँ और यह भी बताएँ कि इसे कैसे छोड़ें जिससे कि यह पुनः पुनः प्रकट न हो।

कुंभ (ब्राह्मण-चूडाला) ने उत्तर दिया :

इस चित्त (मन) की प्रकृति वासना (स्मृति, विगत सूक्ष्म प्रभाव अथवा बद्ध-प्रवृत्ति) है। वास्तव में ये सब पर्याय हैं। **इसका परित्याग अत्यंत सरल है, राज्य की प्रभुसत्ता से अधिक हर्षप्रद है और फूल से भी अधिक सुंदर है।** निश्चय ही किसी मूर्ख के लिए इसका परित्याग बड़ा ही कठिन है ठीक वैसे ही जैसे बुद्धू के लिए राज्य का शासन चलाना।

मन के पूर्ण परित्याग या नाश से अभिप्राय है संसार (सृष्टि-चक्र) का न रह जाना। इसी को मन का परित्याग कहते हैं। इसलिए उस वृक्ष का उन्मूलन शाखाओं, फलों और पत्तों के सहित करो जिसका बीज 'मैं' (विचार) है और हृदयाकाश में स्थित रहो।

जिसे 'मैं' कहते हैं वह मन के ज्ञान (आत्मज्ञान) के अभाव के कारण प्रकट होता है। यह 'मैं' उस वृक्ष का बीज है जिसे मन कहते हैं। यह परम आत्मा के क्षेत्र में विकसित होता है जिसे भी भ्रामक शक्ति (माया) ने घेर रखा है। इस प्रकार उस क्षेत्र में विभेद उत्पन्न होता है और अनुभव प्रकट होता है। इसके फलस्वरूप निश्चयकारी शक्ति बुद्धि उत्पन्न होती है। निश्चय ही इसका कोई अलग रूप नहीं। यह तो बीज का ही विकसित रूप है। इसका काम है संकल्प या धारणा धारण करना। और इसी का ही नाम है मन, जीव या शून्य।

इस वृक्ष का तना यह शरीर है। इसके अंदर होनेवाली ऊर्जा की हलचल से ही यह पनपता-फूलता है। यह ऊर्जा मनोवैज्ञानिक संसक्ति है। वासना से परिचालित वृक्ष की शाखाएँ लंबी हैं और दूर-दूर तक फैली हैं। इसके इंद्रियानुभव ससीम है जिनका अस्तित्व है भी और नहीं भी। इसके फल हैं अच्छाइयाँ और बुराइयाँ (सुख और दुख, प्रसन्नता और अप्रसन्नता)।

यह वृक्ष दूषित है। हर क्षण इसकी शाखाओं को काटने तथा इसे जड़ से उखाड़ने का प्रयास करो। इसकी शाखाओं की प्रकृति भी वासना, धारणा और संकल्प-प्रधान ही है। इन्हें भी यही सब फल लगते हैं। यदि आप अपनी चेतना के बल पर इनसे असंबद्ध रहें, इनके बारे में विचार न करें और इनसे एकात्मकता स्थापित न करें तो ये वासनाएँ अत्यंत दुर्बल हो जाएँगी। तब आप उस वृक्ष को उन्मूलित करने में सफल हो जाएँगे। शाखाओं का विनाश गौण है, प्राथमिक है उसे उन्मूलित करना।

इस वृक्ष का उन्मूलन कैसे हो? आत्मा की प्रकृति में अनुसंधान के द्वारा अर्थात् 'मैं कौन हूँ?' यह अनुसंधान ऐसी अग्नि है जिसमें वृक्ष का बीज और जड़ें सब जलकर नष्ट हो जाते हैं।

नवंबर

कारणं यस्य कार्यस्य भूमिपाल न विद्यते
विद्यते नेह तत्कार्यं तत्सं वित्तिस्तु विभ्रमः (54)

शिखिध्वज ने कहा :

मैं जानता हूँ कि मैं विशुद्ध चेतना हूँ। इसमें मलिनता अर्थात् अज्ञान कैसे उत्पन्न होता है मैं नहीं जानता। मैं इस मलिनता से अत्यंत दुखी हूँ, मैं इससे छुटकारा नहीं पा सका। मैं यह भी जानता हूँ कि यह आत्मा नहीं है और न ही वास्तविक है।

वुंभ ने कहा : मुझे बताएँ कि जिस मलिनता (अज्ञान) के कारण आप अज्ञानी हैं और सांसारिक बंधन में फँसे हैं वह वास्तविक है या अवास्तविक?

शिखिध्वज ने उत्तर दिया : यह अज्ञान अहं है और चित्त रूपी वृक्ष का बीज है। मैं नहीं जानता कि इससे छुटकारा कैसे पाऊँ। मैं जब इसका त्याग भी करता हूँ तो यह पुनः प्रकट हो जाता है।

वुंभ ने कहा : वास्तविक कारण का प्रभाव सदा सब जगह तथा स्वतः प्रत्यक्ष होता है। जब कारण वास्तविक नहीं होता तो उसका प्रभाव भी अवास्तविक होता है और उस दूसरे चाँद की तरह होता है जो द्विबिंदुकता (रोग) में दिखाई देता है। संसार का अंकुर अहं के बीज से उत्पन्न होता है। अब इसके कारण का पता लगाकर मुझे बतलाओ।

शिखिध्वज ने कहा :

हे ऋषि, मैं अनुभव को अहं का कारण देख रहा हूँ। परंतु बताएँ कि इससे छुटकारा कैसे पाऊँ?

वुंभ ने फिर पूछा : आप प्रभाव का कारण जान गए? अब बताएँ कि अनुभव का कारण क्या है? तब मैं बताऊँगा कि इससे छुटकारा कैसे पाया जाता है। जब चेतना ही अनुभवकर्ता और अनुभव दोनों है तो अनुभव के रूप में पदार्थ का उत्पन्न होना कारण नहीं हो सकता। तो अनुभव कैसे उत्पन्न हुआ?

शिखिध्वज ने उत्तर दिया : पदार्थ की वास्तविकता (शरीर आदि) के कारण है। मेरी समझ में नहीं आता कि पदार्थों की यह वास्तविकता कैसे मिथ्या है?

वुंभ ने कहा : यदि अनुभव शरीर आदि पदार्थों की वास्तविकता पर आधारित हो और शरीर आदि को मिथ्या सिद्ध कर दिया जाए तब अनुभव किस पर आधारित होगा? **जब कारण अनुपस्थित हो या अवास्तविक (मिथ्या) हो तो प्रभाव अविद्यमान होता है और इस प्रभाव से होनेवाला अनुभव भी मात्र भ्रम होता है।** तब शरीर आदि पदार्थों का कारण क्या है?

शिखिध्वज ने कहा : दूसरा चाँद निश्चय ही अवास्तविक होता है क्योंकि उसका कारण अक्षिरोग (द्विबिंदुकता) है। बाँझ स्त्री का पुत्र कभी देखा नहीं गया अर्थात् वह अवास्तविक होता है। शरीर के अस्तित्व का कारण पिता क्यों नहीं होता?

वुंभ ने उत्तर दिया : वह पिता अवास्तविक है क्योंकि उसका जन्म भी अवास्तविकता से हुआ है। यदि कोई कहता है कि प्रथम सृष्टिकर्ता बाद में उत्पन्न होनेवाले शरीरों का मूल कारण है, तो वह भी सत्य नहीं। सृष्टिकर्ता स्वतः वास्तविकता से भिन्न नहीं अतः उसकी वास्तविकता (यह सृष्टि आदि) से भिन्न प्रस्तुति भ्रम है। इस सत्य का बोध व्यक्ति को अज्ञान और अहं से छुटकारा प्राप्त करने में समर्थ बना देता है।

11

नवंबर

एवं जगद्भ्रमस्यास्य भावनं तावदाततं
शिली भूतस्य सीतेन सलिलस्येव रूक्षता (2)

शिखिध्वज ने कहा :

जब सृष्टिकर्ता से लेकर इस खंभे तक सब–कुछ अवास्तविक है तो यह वास्तविक दुख कैसे उत्पन्न हुआ?

कुंभ ने उत्तर दिया :

संसार की अवस्थिति का भ्रम बार–बार की स्वीकृति के फलस्वरूप विस्तार प्राप्त करता है। किसी पात्र में पिंड की तरह जमनेवाला पानी उसी पात्र को अपना आधार बना लेता है। जब अज्ञान दूर होता है तभी सत्य का बोध होता है। और तभी मूल अवस्था व्यक्त होती है। जब विभिन्नता का बोध क्षीण होता है तो संसार का अनुभव नष्ट होता है और आप मूल गौरव से ज्योतिर्मय हो जाते हैं।

इस प्रकार आप आदिकालीन परम पुरुष हैं। यह शरीर, यह रूप आदि अज्ञान या गलतफहमी के कारण अस्तित्व में आया है। सृष्टिकर्ता और सृष्टि–संबंधी विभिन्न प्राणियों की ये सब धारणाएँ वास्तविक सिद्ध नहीं होतीं। जब कारण ही असिद्ध हो तो कैसे उसका प्रभाव वास्तविक हो सकता है? ये सभी विभिन्न प्राणी मरीचिका के जल की तरह मात्र आकृतियाँ हैं। अनुसंधान करने पर ये भ्रामक आकृतियाँ नष्ट हो जाती हैं।

शिखिध्वज ने पूछा : ऐसा क्यों नहीं कहा जाता कि परमात्मा या असीम चेतना (ब्रह्म) ही कारण है जिसका परिणाम सृष्टिकर्ता के रूप में दिखता है?

कुंभ ने कहा :

ब्रह्म या परमात्मा एक ही है दो नहीं। न इसका कोई कारण है न परिणाम ही। वह कुछ करे–धरे इसका भी कोई कारण नहीं। उसकी न इच्छा है न आवश्यकता ही। अतः वह कर्ता नहीं है, न ही कोई क्रिया है, न उपकरण है और न किसी क्रिया के लिए बीज ही। अतः वह इस सृष्टि या सृष्टिकर्ता का कारण नहीं। फलतः ऐसी कोई चीज है ही नहीं जिसे सृष्टि कहा जाए। इस प्रकार आप न क्रियाओं के कर्ता ही हैं और न अनुभवों के भोक्ता ही। आप सब–कुछ हैं, सदा शांति में स्थित, अजन्मे और पूर्ण। क्योंकि कोई कारण (सृष्टि का कारण) नहीं है इसलिए उसका प्रभाव (संसार) भी नहीं हैं, अतः दृश्य संसार मात्र भ्रम है।

जब संसार की वास्तविकता ही अवास्तविक है तो फिर अनुभव भी किसका? जब अनुभव ही नहीं तब अनुभवकर्ता (अहं) भी नहीं। अतः आप विशुद्ध और मुक्त हैं। बंधन और मोक्ष शब्द मात्र हैं।

शिखिध्वज ने कहा :

स्वामी, आपने तर्कसम्मत और ज्ञानसम्मत शब्दों के द्वारा जो कहा है उससे मैं पूर्ण रूप से जाग गया हूँ। मुझे बोध हुआ है कि जब कोई कारण ही नहीं तब ब्रह्म न कर्ता ही है और न किसी वस्तु का रचयिता (सृष्टिकर्ता) ही। अतः न मन ही है और न अहं ही। ऐसी स्थिति में मैं विशुद्ध हूँ, मैं जाग्रत हूँ। मैं अपना अभिवादन करता हूँ। कुछ ऐसा है ही नहीं जो मेरी चेतना का विषय या उद्देश्य हो।

12 नवंबर

तत्सारमेकमेवेह विद्यते भूपते ततम्
एकमेकान्तचित्कान्तं नैकमप्यद्वितावशात् (24)

वसिष्ठ ने कहा :

इस प्रकार आध्यात्मिक दृष्टि से जाग्रत शिखिध्वज गहरे ध्यान में डूबा था कि कुंभ ने उसे जगाते हुए कहा, ''हे राजन, आप अब जाग्रत हैं और आत्मज्ञान-प्राप्त हैं। अब जो करना है वह करना ही है फिर भले ही संसार का ध्यान रहे या न रहे। जब एक बार आत्मा का प्रकाश दिखलाई पड़ जाता है तब आप तत्क्षण अवांछित बातों और मानसिक उथल-पुथल से मुक्त हो जाते हैं और जीवित अवस्था में मुक्ति प्राप्त कर लेते हैं।

अब आत्मज्ञान की प्राप्ति के फलस्वरूप तेजस्वी शिखिध्वज ने ब्रह्म कुंभ से और अधिक जानकारी प्राप्त करने के लिए पूछा, ''जब वास्तविकता अविभक्त असीम चेतना है तो फिर कैसे द्रष्टा, दर्शन और दृश्य का भेद उत्पन्न होता है।

कुंभ ने उत्तर दिया :

हे राजन, आपने अच्छी बात पूछी। यही बात आपके जानने के लिए शेष रही। इस ब्रह्मांड में जो कुछ है वह संसार-चक्र के अंत में नष्ट हो जाएगा। शेष सार रहेगा। परंतु वह न प्रकाश होगा और न अंधकार ही। वही शुद्ध चेतना जो असीम और परम शांति है। वह तर्क से तथा बौद्धिक पकड़ से परे है। उसे ही ब्रह्म या निर्वाण कहते हैं। वह सूक्ष्म से सूक्ष्मतम है, बड़े से बड़ी है, और श्रेष्ठ से श्रेष्ठतम है। जो दिखाई दे रही है वह उसके अनुपात में अणुकण भी नहीं।

जो मैं-चेतना के रूप में प्रकाशित है और जो ब्रह्मांडीय आत्मा है वही ब्रह्मांड के रूप में अवस्थित है। निश्चय ही उस ब्रह्मांडीय आत्मा और ब्रह्मांड में उसी प्रकार कोई वास्तविक अंतर नहीं जिस प्रकार वायु और उसकी गति में कोई अंतर नहीं होता। कोई कह सकता है कि लहरों और समुद्र में समय और स्थान के विचार से कार्य-कारण का संबंध है परंतु ब्रह्मांडीय आत्मा या असीम चेतना में ऐसा कोई संबंध नहीं। अतः ब्रह्मांड बिना कारण के है। उस असीम चेतना में यह ब्रह्मांड एक धूलकण के समान तिरता है। इसमें 'संसार' शब्द वास्तविकता से संपन्न हो जाता है।

वही (असीम चेतना) यहाँ सार है। वही सबमें व्याप्त है। वही चेतना है। वह सभी को एकजुट रखती है। परंतु फिर भी कोई इसे अभेद या द्वैत के पूर्ण अभाव के कारण एक नहीं कह सकता। अतः यह जानना यथेष्ट है कि मात्र आत्मा ही सत्य है और द्वैत की भावना को उत्पन्न होने दिया जाए। वही विभिन्न रूपों में सभी में हर जगह और हर समय है। वह दिखती नहीं (न ही मन या बुद्धि से उसका अनुभव होता है) और न ही वह ऐसा कोई पदार्थ है जिसे प्राप्त किया जा सके। वह अनुभव्य है (अनुभवकर्ता या अनुभव नहीं)। उसका इस प्रकार वर्णन किया जाता है परंतु वह है अवर्णनीय। अतः यह कहना कठिन है कि यही है या यह नहीं है। यह कैसे सृष्टि का कारण हो सकती है?

नवंबर

केवलं परमेवेत्थं परमं भासते शिवम्
अतो जगदहन्तादि प्रश्न एवात्र नोचितः (41)

कुंभ ने कहा :

जिसका बीज (कारण) नहीं और जिसका वर्णन भी नहीं हो सकता, वह किसी का कारण नहीं हो सकता और न उससे कोई उत्पन्न ही हो सकता है। अतः आत्मा न तो कर्ता ही है न कार्य ही और न कारण ही। यह सत्य है। यह शाश्वत परम चेतना है। यह आत्मज्ञान है। परम ब्रह्म में कोई सृष्टि नहीं। सैद्धांतिक दृष्टि से कोई समय और स्थान के विचार से लहरों का समुद्र में उठना सिद्ध कर सकता है। परंतु किसने ब्रह्म और सृष्टि में संबंध स्थापित करने का प्रयत्न किया है? जहाँ तक ब्रह्म का प्रश्न है उसमें समय और स्थान अवस्थित नहीं होते। इस प्रकार संसार का कोई आधार ही नहीं।

शिखिध्वज ने कहा :

निश्चय ही कोई समुद्र में लहरों की अवस्थिति तार्किक दृष्टि से सिद्ध कर सकता है। परंतु मैं नहीं समझ पाता कि संसार और अहं बिना कारण के हैं।

कुंभ ने कहा :

हे राजन, अब आपने सत्य को सही ढंग से समझा है। कोई ऐसी वास्तविकता है नहीं जो संसार और अहं के अनुरूप हो। जिस प्रकार रिक्तता (या दूरी की धारणा) अवस्थित होती है, आकाश से अभिन्न होती है उसी प्रकार यह दृश्य संसार असीम चेतना या ब्रह्म में अवस्थित होता है–फिर चाहे उसका वही रूप हो या कोई दूसरा।

जब संसार की वास्तविकता इस प्रकार समझ में आ जाए तब इसका बोध परम आत्मा (शिव) के रूप में होता है। जब ठीक से समझ लिया जाए तो विष भी अमृत होता है। यदि ठीक से न समझा जाए तो वह बुराई (अशिव) अर्थात् दुख का संसार बन जाता है। इस चेतना को अपने संबंध में जो भी बोध होता है यह वही बन जाती है। आत्मा में होनेवाले भ्रम के कारण यह चेतना अपने को सशरीर और संसार देखती है।

केवल वही परमात्मा (परम+आत्मा) ही यहाँ शिव के रूप में प्रकाश बिखेरता है। अतः संसार और अहं के संबंध में प्रश्न ही बेतुके हैं। प्रश्न तभी उपयुक्त होते हैं जो ऐसे पदार्थों से संबद्ध हों जो वास्तविक हों, जो पदार्थ अप्रमाणिक हों उनके संबंध में नहीं। परम आत्मा से अलग संसार और अहं का अस्तित्व नहीं। क्योंकि उनके अस्तित्व का कोई कारण नहीं है, अतः सच्चाई यह है कि परम आत्मा ही है जो एकमात्र अस्तित्व में है। यह तो ब्रह्म की शक्ति (माया) है जिसने पंचभूतों के मिश्रण से भ्रम उत्पन्न किया है। परंतु चेतना चेतना ही रहती है और इसका बोध भी चेतना से ही होता है। विभिन्नता विभिन्नता की धारणा से दिखती है। असीम अपने अंदर असीमता जुटाता है। असीम असीमता उत्पन्न करता है, असीम असीमता से उत्पन्न होता है और असीमता सदा असीम रहती है। चेतना चेतना की तरह देदीप्यमान होती है।

नवंबर

उपलंभस्तु यश्चायमेषा चित्तचमत्कृतिः
चित्तत्वमात्रसत्तास्ति द्वित्वमैक्यं च नास्त्यलम् (15)

कुंभ ने कहा :

स्वर्ण के संबंध में कहा जाता है कि किसी निश्चित समय पर निश्चित स्थान पर आभूषण का रूप प्राप्त करता है। परंतु आत्मा (जो पूर्ण शांति है) से कुछ रचा नहीं जाता न ही उसमें आकर कुछ मिलता है। ब्रह्म अपने में ही स्थित रहता है। अतः वह न तो बीज ही है और न ही इस संसार की सृष्टि का कारण, जो मात्र अनुभव का विषय है। इस अनुभव के अतिरिक्त कुछ और अस्तित्व में नहीं होता, जिसे संसार या अहं कहा जा सके। अतः असीम चेतना एकमात्र अस्तित्व में रहती है।

शिखिध्वज ने कहा :

हे ऋषि, मुझे बोध है कि परमात्मा में न संसार ही है और न अहं ही। फिर यह संसार और अहं अपनी अवस्थिति की चमक कैसे बिखेरते हैं?

कुंभ ने उत्तर दिया :

निश्चय ही यह अनादि और अनंत असीम चेतना है जो विशुद्ध अनुभवन है। यह ब्रह्मांड उसी का फैलाव है और यही उसका शरीर कहा जा सकता है और कोई ऐसा पदार्थ नहीं जिसे बुद्धि कहा जाए या शून्य कहा जाए। अस्तित्व का सार विशुद्ध अनुभवन है। अतः यही चेतना का सार है। जिस प्रकार द्रव्यता का अस्तित्व द्रव्य (जल) से अलग नहीं उसी प्रकार चेतना और अचेतना दोनों साथ-साथ रहती हैं। इस अस्तित्व का अन्य कोई तर्कसंगत आधार नहीं। वह जो है सो है। चेतना का न विभाजन होता है न खंडन ही, यह तो स्वतः प्रकट है।

यदि असीम चेतना किसी अन्य का कारण हो तब इसे कैसे अवर्णनीय या अतुल्य कहा जा सकता है? अतः ब्रह्म न तो कारण ही है और न बीज ही। तब हम उसका प्रभाव किस को कहें? इसलिए ब्रह्म के साथ सृष्टि का संबंधन अनुपयुक्त ही कहा जाएगा अर्थात् जड़ से असीम चेतना का संबंधन। यदि संसार या अहं प्रकट होते हैं तो ये मात्र रिक्त शब्द हैं और मनोरंजन के लिए हैं।

चेतना नष्ट नहीं होती। फिर भी यदि उसके नाश की बात कल्पना में लाई जाए, तो जो चेतना उसे आवृत्त किए हुए है वह विनाश और उत्पत्ति से मुक्त है। **यदि इस विनाश को जानने का प्रयास किया जाए तो यह निश्चित रूप से चेतना का छल कहा जाएगा। अतः चेतना की ही एकमात्र सत्ता है—न वह एक है न अनेक। बहुत हो गया विचार-विमर्श!**

जब यहाँ भौतिक सत्ता है ही नहीं, तो फिर चिंतन की भी सत्ता नहीं। यहाँ न संसार है और न अहं ही। शांति और साम्यावस्था में स्थित रहो, मन में किसी प्रकार की वासना न रहे—भले ही आप सशरीर हों या अशरीरी। जब ब्रह्म की सत्ता का बोध हो जाता है तो चिंता या दुश्चिंता के लिए कोई जगह नहीं रह जाती।

नवंबर

यत्किंचित्परमाकाश ईषत्कचकचायते
चिदादर्शेन जातत्वान्न चित्तम् नो जगत्क्रिया (15)

शिखिध्वज ने कहा :

हे ऋषि, मुझे इस प्रकार समझाएँ जिससे स्पष्ट हो जाए कि मन का अस्तित्व है ही नहीं।

कुंभ ने कहा :

हे राजन, निश्चय ही मन नाम की न कोई चीज है और न रही है। जिसे मन कहते हैं और जो अपनी चमक यहाँ बिखेरता है वह निश्चित रूप से असीम ब्रह्म (चेतना) है। उसकी वास्तविक प्रकृति के अज्ञान का ही परिणाम है जो मन की धारणा, संसार की धारणा और अन्य सब की धारणा उत्पन्न करता है। जब ये सभी आधारहीन धारणाएँ हैं तब 'मैं', 'आप' आदि कैसे वास्तविक कहे जा सकते हैं? अत: ऐसा कुछ नहीं जिसे संसार कहा जाए और जो कुछ दिखाई देता है वह वस्तुतः अनुत्पन्न है। वस्तुतः यह सब ब्रह्म है। तब वह कैसे जाना जाए और किस नाम से?

वर्तमान सृष्टि-चक्र के आरंभ में भी यह संसार उत्पन्न नहीं किया गया था। मैंने तुम्हें समझाने के लिए इसका सृष्टि रूप में वर्णन अवश्य किया है। कारणात्मक घटक का पूर्ण अभाव होने पर ये सब रचे ही नहीं गए होते। इसलिए यहाँ जो भी है वह ब्रह्म है और कुछ नहीं। यह कहना भी तर्कसंगत नहीं कि अनाम और अरूप परमात्मा ने इस संसार की रचना की। यह सत्य नहीं। इस प्रकार जब संसार की रचना मिथ्या दिखाई देती है तब निश्चय ही जो मन इस सृष्टि की धारणा करता है वह भी मिथ्या है।

मन उन धारणाओं का पुलिंदा है जो सत्य को सीमित करती हैं। परंतु तब विभाजन में विभाज्यता का अभाव छिपा होता है। जब असीम चेतना अविभाज्य है तो विभाज्यता भी नहीं। अत: विभाजन भी नहीं। कैसे विभाजन करनेवाला यह मन वास्तविक हो सकता है? जो कुछ यहाँ प्रकट होता है वह ब्रह्म में दिखता है और उसे देखनेवाला भी ब्रह्म ही है और इस प्रकार होनेवाला बोध सौजन्यवश मन मान लिया जाता है। यह असीम चेतना ही है जो ब्रह्मांड के रूप में व्याप्त है। तब इसे ब्रह्मांड क्यों कहा जाए? इस **असीम चेतना के धरातल या आयाम में जो आकृति दिखाई देती है वह चेतना का अपने में परावर्तन है। अतः न मन ही है और न संसार ही।** मात्र अज्ञानवश यह सब 'संसार' दिखाई देता है। अत: मन अवास्तविक है। इससे सृष्टि का खंडन मात्र होता है, उसका नहीं जो है। वास्तविकता के रूप में दिखनेवाला यह संसार अनादि है असृजित भी। अत: पदार्थों के प्रकटीकरण और विलोपन संबंधी वैयक्तिक अनुभवों और धर्मशास्त्रों की घोषणाओं को अवैध नहीं ठहाराया जा सकता। अज्ञानी ही अवैध ठहरा सकता है। जो इन घोषणाओं और अनुभवों की वैधता को अस्वीकृत करता हो उससे तो दूर ही रहना चाहिए। अतींद्रिय वास्तविकता शाश्वत होती है, संसार अवास्तविक नहीं है (मात्र सीमित करनेवाला कारक मन ही मिथ्या है)। इस प्रकार यह सब अविभाज्य असीम, अनाम, अरूप चेतना है। यह ब्रह्म का स्व-परावर्तन है जिसके अनंत रूप हैं, जो ब्रह्मांड के रूप में प्रकट होते हैं और उत्पत्ति-विनाश के चक्र के अंग होते हैं। यही ब्रह्म है जो अपने को एक क्षण के लिए इस ब्रह्मांड के रूप में जानता है और वैसा ही प्रकट होता है। मन तो है ही नहीं।

16

नवंबर

अवृमित्येव संकल्पो बन्धायाति विनाशिने
नाहमित्येव संकल्पो मौक्षाय विमलात्मने (11)

शिखिध्वज ने कहा :

मेरा भ्रम दूर हुआ। आपके अनुग्रह से मुझे ज्ञान मिला। मेरे सभी संदेह दूर हुए। मैंने जान लिया कि क्या जानना चाहिए। भ्रम के सागर को पार कर लिया है। अब शांति में स्थित हूँ। 'मैं' की धारणा से रहित शुद्ध ज्ञान हूँ।

वुंभ ने कहा :

जब संसार का अस्तित्व ही नहीं तब मैं कहाँ और आप कहाँ? अतः अपने अंदर शांति में रहें, किसी संकल्प के बिना कार्य करें और हर क्षण कार्य की उपयुक्तता पर दृष्टि रखें। यह सब ब्रह्म है, यह शांति है, 'मैं' और 'संसार' सारहीन शब्द हैं। जब इन शब्दों की सारहीनता का बोध होता है तब संसार के रूप में जो कुछ देखा होता है, उसका बोध ब्रह्म के रूप में होता है।

सृष्टिकर्ता ब्रह्म एक विचार या धारणा ही है। इसी प्रकार 'मैं' भी विचार या धारणा ही है। 'मैं हूँ' की धारणा बंधन और आत्म-विनाश की ओर ले जाती है। 'मैं नहीं हूँ' का बोध मुक्ति और विशुद्धता की ओर ले जाता है। बंधन और मोक्ष और कुछ नहीं बल्कि धारणाएँ ही हैं। कोई इन धारणाओं से अवगत है तो वह मात्र असीम चेतना ही है। 'मैं हूँ' की धारणा ही सब दुखों की जड़ है। इस भावना का अभाव ही परिपूर्णता है। ऐसा बोध प्राप्त करें कि "मैं अहं नहीं हूँ" और शुद्ध चेतना में अवस्थित हूँ।

जब ऐसी शुद्ध जाग्रति उत्पन्न होती है तब सभी धारणाएँ प्रशमित हो जाती हैं। परिपूर्णता आती है। विशुद्ध जाग्रति, परिपूर्णता या परमात्मा में न तो कोई दुर्घटना होती है और न उसके परिणामस्वरूप सृष्टि या पदार्थ होते हैं। पदार्थों के अभाव में न अनुभव उत्पन्न होता है और न उसका सहजात अहं ही। जब अहं अस्तित्व में नहीं होता तब संसार (जन्म-मरण का चक्र) कहाँ? जब संसार नहीं रहता तब मात्र परम पुरुष शेष रहता है। उसमें ब्रह्मांड उसी प्रकार रहता है जिस प्रकार बिन-उकेरे शिला खंड में मूर्ति। जो इस प्रकार ब्रह्मांड को देखता है बिना मन के हस्तक्षेप के तथा बिना ब्रह्मांड की धारणा के देखता है—वही सत्य के दर्शन करता है। इसी दर्शन को निर्वाण कहते हैं।

जब 'लहर' को अर्थविहीन समझें तो मात्र समुद्र की सत्ता रहती है। उसी प्रकार जब 'सृष्टि' को निरर्थक शब्द मान लें तो मात्र ब्रह्म का ही अस्तित्व रहता है। यह सृष्टि ब्रह्म है। मात्र ब्रह्म ही इस सृष्टि के प्रति जागरूक है। जब 'सृष्टि' का अर्थ छोड़ दिया जाता है तब उसका वास्तविक अर्थ शाश्वत ब्रह्म होता है। जब कोई ब्रह्म शब्द में अनुसंधान करता है तो सब-कुछ उसमें समाविष्ट होता है। ब्रह्म को उस चेतना द्वारा भी अभिहित किया जाता है जो सभी धारणाओं का आधार तथा अधोस्तर है। जब इस सत्य का स्पष्ट रूप से बोध होता है तथा ज्ञान के द्वैत का परिहार होता है तब शेष रहती है परम शांति। जो अवर्णनीय तथा अनाभिव्यक्त होती है।

17

नवंबर

चित्तं नाशस्वभावं तद्विद्धि नाशत्मकं नृप
क्षणनाशो यतः कल्पचित्तशब्देन कथ्यते (11)

शिखिध्वज ने कहा :

यदि परम पुरुष वास्तविक है और संसार भी वास्तविक है तब मैं मान लेता हूँ कि परम पुरुष कारण है और संसार उसका परिणाम है!

कुंभ ने उत्तर दिया :

यदि दुर्घटना होती है तो उसके परिणाम की कल्पना की जा सकती है। परंतु यदि दुर्घटना नहीं होती तो कैसे उससे परिणाम उत्पन्न होगा? ब्रह्म और ब्रह्मांड में कारण-कार्यात्मक संबंध नहीं है। जो भी है वह ब्रह्म है। जब बीज ही न हो तो कैसे कुछ पैदा हो सकता है? जब ब्रह्म का न नाम है और न रूप ही है तो निश्चय ही कोई दुर्घटना (बीज) भी उसमें नहीं है। अतः ब्रह्म अकर्ता है जिसमें दुर्घटना अवस्थित नहीं। अतः कोई परिणाम भी नहीं जिसे हम संसार कह सकें।

आप ब्रह्म ही हैं तथा मात्र ब्रह्म की ही सत्ता है। जब अज्ञानपूर्वक ब्रह्म को जाना जाता है तो वह ब्रह्मांड होता है। इस ब्रह्मांड को ब्रह्म का शरीर कहा जा सकता है। जब असीम चेतना अपने को अपनी वास्तविकता से भिन्न समझती है तो इसे आत्मविनाश या आत्मानुभव कहते हैं। **यही आत्मविनाश मन है। इसकी प्रकृति ही आत्मज्ञान का विनाश (आच्छादन) है। यदि यह आत्मविनाश क्षणिक हुआ तो भी यह मन के रूप में जाना जाता है और इसका कार्यकाल एक संसार-चक्र तक रहता है।**

इस धारणाजन्य सत्ता का अंत सद्ज्ञान के उदय से और सभी धारणाओं के अंत से होता है। क्योंकि यह धारणाजन्य अस्तित्व असत् है इसलिए यह सत्य का बोध ही प्रकृतिशः अपने आप नष्ट भी हो जाता है। जब संसार शब्द रूप में ही रहता है वास्तविक स्वतंत्र पदार्थ के रूप में नहीं तब इसे कैसे वास्तविक सत्ता के रूप में स्वीकार किया जा सकता है। इसकी स्वतंत्र सत्ता मरीचिका के जल की तरह है। यह कैसे वास्तविक हो सकता है? जिस भ्रामक स्थिति में यह अवास्तविक वास्तविक प्रतीत होती है वह है मन। सत्य को न समझना ही अज्ञान या मन है। ठीक से समझना ही आत्मज्ञान या आत्मबोध है। जिस प्रकार 'यह जल नहीं है' का बोध हमें मरीचिका का मरीचिका के रूप में बोध कराता है, उसी प्रकार इस बात का बोध कि 'यह विशुद्ध चेतना नहीं है, वरन् गत्यात्मक चेतना है, जिसे मन कहते हैं' उसका विनाश या अंत कर देता है।

जब मन के अनस्तित्व का बोध हो जाता है तो देखा जाता है कि अहं आदि का अस्तित्व नहीं रहता। मात्र असीम चेतना ही रहती है। सभी धारणाएँ समाप्त हो जाती हैं। ये धारणाएँ समाप्त होती हैं तो मन के उत्पन्न होने का मिथ्याभाव भी नष्ट हो जाता है। न मैं हूँ न कोई और है न आप हैं और न ये सब अस्तित्व-प्राप्त हैं। न मन ही है और न इंद्रियाँ ही। केवल एक है—विशुद्ध चेतना। कुछ भी इन तीनों लोकों में न कभी जन्म लेता है न मरता ही है। असीम चेतना मात्र अवस्थित रहती है। न एकता है और न अनेकता है, न भ्रम है और न विभ्रम ही। न कुछ नष्ट होता है और न कुछ फूलता-फलता ही। जो कुछ भी है (इच्छा और अनिच्छा के रूप में प्रकट होनेवाली ऊर्जा भी) आपकी आत्मा है।

18

नवंबर

वासनात्मसु यातेषु मलेषु विमलं सखे
यद्वक्ति गुरुरन्तस्तद्विशतीषुर् यथा बिसे (14)

कुंभ ने कहा :

मुझे आशा है कि आध्यात्मिक रूप से आप भीतर से जाग्रत हो चुके हैं। अब आपको जो जानना है वही जान रहे हैं और जो देखना है वही देख रहे हैं।

शिखिध्वज ने उत्तर दिया :

मेरे प्रभु, आपकी कृपा से मुझे परम अवस्था के दर्शन हुए हैं। वह कैसी है? उसे समझ पाना मेरे लिए कठिन है।

कुंभ ने कहा :

जब मन पूर्णतः शांत होता है, जब व्यक्ति सुख प्राप्ति की सभी इच्छाएँ पूरी तरह छोड़ देता है और इंद्रियाँ अपने विषय-भोगों से पूर्णतः उदासीन हो जाती हैं, तब गुरु के वचन सही ढंग से समझ में आते हैं। अब तक जो प्रयास किए गए हैं उनका फल आज प्राप्त हुआ है और शरीर के सभी दोष भी दूर हो गए हैं। **इस प्रकार जब कोई वासनाओं और दोषों के न रह जाने पर शुद्ध हो जाता है तब गुरु के वचन उसके अंतरतम में उसी प्रकार सीधे प्रवेश करते हैं जिस प्रकार तीर कमलों के डंठल को भेदता है।** आपने शुद्धता की वह अवस्था प्राप्त कर ली है और मेरे प्रवचन से आपको आत्मज्ञान भी प्राप्त हो गया है और आपका अज्ञान भी जाता रहा।

हमारे इस सत्संग से आपके कर्म नष्ट हो गए। अभी आज दुपहर तक आपमें अज्ञान के कारण 'मैं' और 'मेरा' की धारणाएँ भरी थीं। अब मेरे शब्दों के प्रकाश के फलस्वरूप आपके हृदय ने मन को छोड़ दिया है, आप पूर्णतः जाग्रत हो चुके हैं। अज्ञान तभी तक रहता है जब तक हृदय में मन क्रियाशील रहता है। अब आपने आत्मज्ञान प्राप्त कर लिया है, आप मुक्त हैं। असीम चेतना में स्थित रहें–दुख से मुक्त, प्रयत्न से मुक्त तथा आसक्ति से मुक्त।

शिखिध्वज ने कहा :

प्रभु, क्या मुक्त व्यक्ति का मन नहीं होता? वह बिना मन के कैसे रहता है?

कुंभ ने उत्तर दिया :

सचमुच मुक्त व्यक्ति में मन नहीं होता। मन है क्या? घनी वासना जो पुनर्जन्म कराती है वही मन है। यह मुक्त संतों में अनुपस्थित होता है। मुक्त संत उस मन के साथ रहते हैं जिसमें वासना नहीं होती और जो पुनर्जन्म नहीं कराता। वह वस्तुतः मन होता ही नहीं वरन् शुद्ध प्रकाश अर्थात् सत्त्व होता है। मुक्त संत यहाँ सत्त्व में रहते हैं मन में नहीं। अज्ञानी और निर्जीव का मन होता है ज्ञानी के मन को सत्त्व कहा जाता है। अज्ञानी अपने मन में रहते हैं और ज्ञानी सत्त्व में।

नवंबर

ब्रह्मचिन्मात्रममलं सत्त्वममित्यादि नामकम्
यद्गीतं तदिदं मूढाः पश्यन्त्यंग जगत्तया (101/55)

वुंभ ने कहा :

आपने परम त्याग के फलस्वरूप सत्त्व की अवस्था प्राप्त कर ली है और आपका वासनायुक्त मन पूर्णता छूट गया है, ऐसा मेरा विश्वास है। आपका मन विशुद्ध असीम आकाश के समान हो गया है। आपने पूर्ण साम्यावस्था प्राप्त कर ली है। इसे ही परिपूर्णता की स्थिति कहते हैं। यही पूर्ण परित्याग है जिसमें बिना कुछ रखे सब-कुछ त्याग दिया जाता है।

तपश्चर्या (कर्मकांड) से व्यक्ति को किस प्रकार का सुख (दुख का विनाश) प्राप्त होता है? परम और अटूट सुख तो साम्यवास्था द्वारा ही प्राप्त होता है। स्वर्ग में किस तरह का सुख मिलता है? जिसे आत्मज्ञान प्राप्त नहीं होता वह कर्मकांडों द्वारा थोड़ा-बहुत सुख छीन लेना चाहता है। जिसके पास सोना नहीं होता वह पीतल से चिपकता है।

हे राजर्षि, आप सहजता से चूडाला की सहायता से सद्ज्ञान प्राप्त कर सकते थे। आप क्यों इस व्यर्थ की तपस्या और कर्मकांडों में पड़े? इनका आरंभ और अंत है और मध्यम में सुख है। जो हो आपकी तपश्चर्या आध्यात्मिक जाग्रति में सहायक सिद्ध हुई है। अब ज्ञान में आपकी जड़ें जमी रहें।

असीम चेतना में ही सही वास्तविक तथा अवास्तविक धारणाएँ प्रकट होती हैं और उसी में विलीन भी होती हैं। 'यह किया जाना है' और 'यह नहीं किया जाना चाहिए, आदि विचार 'इसी असीम चेतना की बूँदें' हैं। इन्हें भी छोड़ो और विचारहीन स्थिति में रहो सभी प्रकार की तपश्चर्याएँ अप्रत्यक्ष या परोक्ष पद्धतियाँ हैं। क्यों न आत्मज्ञान की प्रत्यक्ष पद्धति अपनाई जाए।

जिसे सत्त्व कहा गया है उसे भी सत्त्व के द्वारा छोड़ देना चाहिए। उससे भी पूर्ण स्वतंत्रता होनी चाहिए, उसमें भी आसक्ति नहीं रहनी चाहिए। हे राजन, तीनों लोकों में चाहे जो भी दुख प्रकट हो वह प्रकट होता है मानसिक लालसा से। यदि आप भी साम्यावस्था की उस स्थिति में अवस्थित रहते हैं जो विचार की गति (हलचल) और अगाति (विचारहीनता) को एक समान ठहराती हैं तो आप शाश्वत में विश्राम करेंगे।

एक ही असीम चेतना है। ब्रह्म ही विशुद्ध चेतना है, वही सत्त्व भी है। अज्ञानी उसे संसार समझता है। असीम चेतना में होनेवाली हलचल (गति) और स्थिरता (अगति) भी ऐसी धारणाएँ हैं जो दर्शक के मन में उत्पन्न होती हैं। असीम चेतना की समग्रता यही सब हैं परंतु धारणाएँ उसका अंग नहीं। इसकी वास्तविकता शब्दों से परे है।

वसिष्ठ ने कहा :

इतना कहने के बाद कुंभ वहाँ से अंतर्धान हो गया। राजा उसे श्रद्धा के पुष्प अर्पित करते ही रह गए। कुंभ के वचन पर चिंतन करते हुए शिखिध्वज गहरे ध्यान में मगन हो गया। वह पूर्णतः इच्छाओं और लालसाओं से रहित था और पूर्णतः साम्यावस्था में स्थित था।

नवंबर

प्रबोधकारणं यस्य दुर्लक्ष्याणुवपुर्हृदि
विद्यते सत्त्वशेषोन्तर्बीजे पुष्पफलं यथा (24)

वसिष्ठ ने कहा :

बिना किसी प्रकार के मानसिक विकार या चेतना में हलचल के शिखिध्वज गहन ध्यान में रत हुआ। चूडाला ने अपना वेश बदला और राजमहल लौट आई और स्त्री रूप में अपने राज्य के काम-काज करने लगी। तीन दिन बाद वह फिर वहीं गई जहाँ शिखिध्वज था। और उसे यह देखकर प्रसन्नता हुई कि राजा अब भी ध्यान मग्न है। चूडाला ने सोचा, 'मुझे राजा को सांसारिक चेतना में वापस लाना चाहिए।' अभी उसे अपना शरीर नहीं त्यागना चाहिए। अभी उसे अपने राज्य का शासन-भार सँभालना चाहिए और फिर हम दोनों साथ-साथ शरीर त्याग करेंगे। मैंने उसे जो निर्देश दिए हैं उनका निश्चय ही ही वह पालन करेगा। अब मैं उसे योग की क्रिया से जगाती हूँ और सचेत करती हूँ।

वह फिर शेर की भाँति बार-बार गरजने लगी। तब भी उसने आँखें न खोलीं। चूडाला ने उसे हिलाया-डुलाया फिर भी वह आत्मा में लीन रहा। उसने सोचा, "यह तो पूर्ण रूप से आत्मा में लीन है। इसमें शरीर-चेतना में आखिर कैसे लाऊँ? या मैं ऐसा करूँ ही क्यों। यदि राजा अपना शरीर त्याग करता है तो करने क्यों न दूँ? मैं भी अपना शरीर अभी छोड़ देती हूँ।"

वह अपना शरीर छोड़ने की तैयारी में थी कि उसके ध्यान में आया, "मुझे शरीर छोड़ने से पहले यह देख लेना चाहिए कि वासना का कोई बीज उसके शरीर में तो शेष नहीं है। यदि नहीं है तो उसने अंतिम मोक्ष प्राप्त कर लिया है। मैं भी अपना शरीर छोड़ दूँगी।" चूडाला ने राजा के शरीर का निरीक्षण किया और इस परिणाम पर पहुँची कि राजा में पृथक् अस्तित्व का बीज अब भी विद्यमान है।

राम ने पूछा :

हे महर्षि, जब संत का शरीर लकड़ी के कुंदे की तरह पड़ा हो तो कैसे जाना जाता है कि इसमें सत्त्व (शुद्ध मन) का अंश अब भी है?

वसिष्ठ ने कहा :

उसके हृदय में अदृश्य लक्षण था जो शरीर-चेतना की पुनर्प्राप्ति का सूचक था। यह उस फूल अथवा फल की तरह होता है जो बीज में संभावना के रूप में विद्यमान होता है। जो संत विचार की हलचल से पूर्णतः मुक्त हो, जिसमें द्वैत या एकात्म की धारणा न हो, जिसकी चेतना पर्वत की तरह पूरी तरह से शांत तथा दृढ़ हो, उसका शरीर पूर्ण साम्यावस्था में रहता है, सुख या दुख के लक्षण प्रकट नहीं होते तथा उसका प्रकृति से तदात्म्य स्थापित होता है। शरीर में तभी तक परिवर्तन होते हैं जब तक द्वैत और एकात्मता की धारणाएँ मन में रहती हैं। विचार की हलचल ही है जो संसार के रूप में प्रकट होती है। इसके फलस्वरूप सुख, दुख, क्रोध, भ्रम आदि मन में अनियंत्रित अवस्था में रहते हैं। यदि मन साम्यावस्था में दृढ़तापूर्वक स्थिर हो जाता है तो इस प्रकार के विक्षोभ उत्पन्न नहीं होते। व्यक्ति विशुद्ध आकाश की तरह होता है।

नवंबर

देहे यस्मिन्स्तु नो चित्तं नापि सत्त्वं च विद्यते
स तापे हिमवद्राम पञ्चत्वेन विलीयते (33)

वसिष्ठ ने कहा :

जब सत्त्व पूर्ण साम्यावस्था में रहता है तब शारीरिक या मानसिक त्रुटियाँ अनुभूत नहीं होतीं। सत्त्व का त्याग संभव नहीं। वह समय पाकर अपने अंत तक पहुँचता है। **जब शरीर में न मन रहता है और न सत्त्व ही तब शरीर भी उसी प्रकार पंचभूतों में विलीन हो जाता है जिस प्रकार ताप पाकर बर्फ़ पिघल जाती है।**

शिखिध्वज का शरीर मन (विचार की हलचल) से मुक्त था परंतु उसमें सत्त्व के लक्षण विद्यमान थे। इसलिए वह पंचभूतों में विलीन नहीं हुआ। इस बात को जानकर चूडाला ने निश्चय किया, "मैं विशुद्ध सर्वव्यापी चित्त में प्रवेश करती हूँ और उसकी शरीर–चेतना को जगाने का प्रयत्न करती हूँ। यदि मैं ऐसा नहीं करती तो भी वह कुछ समय पाकर जाग्रत होगा ही। लेकिन मैं तब तक अकेली क्यों रहूँ?"

चूडाला ने तब अपना शरीर छोड़ दिया और शिखिध्वज के विशुद्ध मन (सत्त्व) में प्रविष्ट हुई। उसने उस विशुद्ध मन को आंदोलित किया और शीघ्रता से अपने उस शरीर में लौट आई जिसे उसने कुंभ संन्यासी का रूप दिया था। फिर कुंभ तत्क्षण वेद की ऋचाएँ मधुर स्वर में गाने लगा, जिन्हें सुनकर शिखिध्वज ने शारीरिक चेतना प्राप्त कर ली। उसने कुंभ को अपने सामने देखा। वह प्रसन्न था। उसने कुंभ से कहा : सौभाग्य से मैंने पुनः चेतना प्राप्त कर ली। हे देव, मेरा सौभाग्य है कि आप यहाँ मुझ पर कृपावर्षा करने के लिए पुनः पधारे हैं।

कुंभ ने कहा :

मैं जब से यहाँ गया तब से मेरा मन आप ही में लगा रहा। मेरे मन में स्वर्ग जाने की इच्छा नहीं, बल्कि आपके ही पास रहने की इच्छा है। इस संसार में मेरा कोई रिश्तेदार या मित्र नहीं, एक तुम्हीं शिष्य और विश्वसनीय व्यक्ति हो।

शिखिध्वज ने कहा :

मेरा कितना सौभाग्य है कि आप जैसा पूर्ण आत्मज्ञानी और अनासक्त संत मेरे साथ रहने की इच्छा जतलाता है। मेरी प्रार्थना है कि इस वन में आप मेरे साथ रहें।

कुंभ ने कहा :

कृपया बताएँ कि आप कुछ समय के लिए परम स्थिति में भी स्थित रहते हैं? क्या आपने 'यह भिन्न है', 'यह दुख है' आदि धारणाओं को छोड़ दिया है? क्या सुखभोग की लालसा खत्म हो गई है?

शिखिध्वज ने उत्तर दिया :

आपके अनुग्रह से मैं संसार के दूसरे छोर पर पहुँच गया हूँ। मुझे जो प्राप्त करना था वह मैंने प्राप्त कर लिया है। यहाँ और कुछ नहीं सिर्फ आत्मा है, न ज्ञाता है न ज्ञेय है, न उपलब्धि है न त्याग है, न त्याज्य है, न कोई ईकाई है और न सत्त्व (विशुद्ध मन) ही है। विशुद्ध आकाश की भाँति मैं अबद्ध मानसिक स्थिति में हूँ।

22 नवंबर

यावत्तिलं यथा तैलं यावद्देहं तथा दशा
यो न देहदशामेति सच्चिनत्यसिनाम्बरम् (42)

वसिष्ठ ने कहा :

एक घंटा वहाँ बिताने के बाद, राजा और कुंभ वन में गए और आठ दिन तक विचरण करते रहे। कुंभ ने सुझाव दिया किसी और वन में चलें जिसे राजा ने स्वीकार कर लिया। वे जीवन के सामान्य नियमों का पालन करते रहे और ऐसे धार्मिक कृत्य भी करते रहे जो देवताओं और पूर्वजों की प्रसन्नता के लिए किए जाते हैं। 'यह हमारा घर है', 'यह नहीं है' जैसी धारणाएँ उनके हृदय में उत्पन्न न हुईं। कभी वे भड़कीले वस्त्र धारण करते, कभी चिथड़े लपेटे रहते। कभी वे शरीर पर चंदन का लेप करते और कभी भभूत रमाते। कुछ दिनों के बाद राजा में भी वैसा तेज दिखने लगा जैसा कुंभ में था।

राजा का तेज देखकर कुंभ ने विचार किया : 'यह मेरा पति है जो कुलीन भी है और बलशाली भी। वन आह्लादकारी है। हम ऐसी स्थिति में हैं जिसमें थकान का प्रश्न ही नहीं। तब हृदय में सुख की कामना न जगे यह कैसे हो सकता है? जो कुछ बिना चाहे प्राप्त होता है उसका मुक्ति-प्राप्त संत स्वागत करता है। यदि वह नियमों के चक्कर में फँस जाता है तो उससे अज्ञान या मूर्खता को बढ़ावा मिलता है। कुलीन और बलशाली पति के सान्निध्य में तथा पुष्पोद्यान के बीच में रहते हुए यदि किसी का प्यार परवान नहीं चढ़ता तो वह मृतक के समान है। जो बिना प्रयास (अर्थात् अनायास) प्राप्त होता है उसका त्याग करके सत्य का ज्ञाता या आत्मज्ञानी आखिर क्या प्राप्त करेगा? मैं ऐसा प्रयत्न करती हूँ कि मेरा पति मेरे साथ दांपत्य सुख प्राप्त करे।' इतना सोच और निश्चय कर कुंभ ने शिखिध्वज से कहा : आज का दिन शुभ दिन है। आज मैं अपने पिता से मिलने के लिए स्वर्ग में होता। मुझे जाने की अनुमति दें। मैं सायंकाल फिर आ जाऊँगा।

दोनों मित्रों ने फूलों का आदन-प्रदान किया। कुंभ चला गया। चूडाला ने अपना बनावटी वेश बदला। राजमहल में गई। अपना राजकाज निपटाया। कुछ दिनों के बाद वह शिखिध्वज के पास फिर लौटी। इस बार भी वह कुंभ के वेश में ही आई। कुंभ के मुखमंडल में परिवर्तन देखकर राजा ने पूछा : "हे देवपुत्र, आज आप इतने दुखी क्यों लग रहे हैं? पवित्र आत्माएँ बाह्य प्रभावों से, साम्यावस्था में विचलित नहीं होतीं?"

कुंभ ने उत्तर दिया :

साम्यावस्था में रहते हुए जो अपने शारीरिक अंगों को सामान्य रूप से कार्य नहीं करने देते वे हठी और जिद्दी व्यक्ति होते हैं। जब तक तिल है तब तक तेल है, जब तक शरीर है तब तक विभिन्न भावदशाएँ भी हैं। जिन स्थितियों में स्वभावतः शरीर होता है उनके प्रति विद्रोह करना तलवार से आकाश को टुकड़े-टुकड़े करने के समान है। जब तक शरीर चलता है सभी अंगों को अपना कार्य करने देना चाहिए। हाँ इतना अवश्य ध्यान रहना चाहिए कि बुद्धि और इंद्रियाँ भी साम्यावस्था में ही रहें। ऐसा ही प्रकृति का नियम है जिसके अधीन देवता भी हैं।

नवंबर

सुहृदयावेदितं दुःखं परमायाप्ति तानवम्
घनं जडं कृष्णमपि मुक्तवृष्टिरिवांबुदः (3)

कुंभ ने कहा :

हे राजन, अब आप मेरी आपबीती सुनें। **यदि कोई अपने दुख की बात अपने मित्र पर प्रकट करता है तो उसका दुख उसी प्रकार हलका हो जाता है जिस प्रकार काले घने बादल बरस जाने के बाद हलके हो जाते हैं।** उस समय मन भी शांत और निर्मल हो जाता है जब मित्र उसकी व्यथा सुन लेता है। ठीक वैसे ही जैसे फिटकरी का टुकड़ा डाल देने से जल साफ हो जाता है।

जब मैंने तुम्हारा साथ छोड़ा तब मैं अपने कार्यों का निष्पादन करने के लिए स्वर्ग गया। स्वर्ग के रास्ते में दुर्वासा ऋषि के दर्शन हुए। वे सायं वंदना के लिए तेजी से उड़े चले जा रहे थे। बादल और बिजली उनके परिधान थे। ऐसा लग रहा था कि कोई स्त्री अपने प्रेमी से मिलने के लिए दौड़ते हुए जा रही हो। मैंने उन्हें प्रणाम किया और हँसी-हँसी में यह बात कह भी दी। वे मेरी धृष्टता से क्रुद्ध हुए और उन्होंने मुझे शाप दे डाला कि "अपनी इस धृष्टता के लिए हर रात को स्त्री हो जाया करो।" इस विचार से यद्यपि मैं विह्वल हुआ परंतु हर रात को मैं स्त्री हो जाता हूँ। यह त्रासदी ही है कि जो देवपुत्र सरलता से कामवासना पर विजय प्राप्त कर लेते हैं उन्हें संतों को अपमानित करने का दुख भोगना पड़ता है।"

शिखिध्वज ने कहा :

हे देवपुत्र, दुखी होने का कोई कारण नहीं। शरीर को कुछ भी हो आत्मा को उससे प्रभावित होने की आवश्यकता नहीं। जो सुख-दुख किसी के भाग्य में बदा है वह शरीर को प्रभावित करता है अंतरात्मा को नहीं। यदि आप जैसा देवपुत्र दुखी होता है तो सामान्य व्यक्ति की क्या दशा होगी। ऐसा लगता है कि आप अपनी आपबीती सुनाने के लिए उपयुक्त शब्दों और उक्तियों का प्रयोग कर रहे हैं।

वसिष्ठ ने कहा :

इस प्रकार वे एक-दूसरे को सांत्वना देते रहे, क्योंकि वे अभिन्न मित्र थे। सूरज डूब चुका था और पृथ्वी पर अँधेरा फैलने लगा था। उन्होंने सायं वंदना की। फिर कुंभ के शरीर में धीरे-धीरे परिवर्तन होने लगा। आँसू पोंछते हुए तथा अवरुद्ध कंठ से उसने शिखिध्वज से कहा : ऐसा लग रहा है कि मेरा शरीर पिघल रहा है और धरती पर गिर रहा है, मेरी छाती में से स्तन निकल रहे हैं। स्त्री के रूप में मेरे शारीरिक ढाँचे में परिवर्तन हो रहा है। देखो मेरे शरीर में से ही आभूषण और वस्त्र निकल रहे हैं। अब मैं क्या करूँ, मैं अपनी लज्जा को कैसे छिपाऊँ, अब तो मैं सचमुच की स्त्री बन गई हूँ।

शिखिध्वज ने कहा :

हे पवित्रात्मा, आप जानते हैं कि किस समय क्या करना चाहिए। जो अवश्यंभावी है उसके लिए रुदन क्यों! किसी का भाग्य उसके शरीर को ही प्रभावित करता है न कि उसके अंदर रहनेवाले को।

कुंभ ने भी सहमति व्यक्त करते हुए कहा : "आप ठीक कहते हैं। मुझे किसी प्रकार का भी दुख नहीं। कौन प्रकृति या सांसारिक व्यवस्था को ठुकरा सकता है।"

ऐसा कहते हुए वे सोने चले गए। एक ही बिस्तर पर सोए। इस प्रकार चूडाला दिन में संन्यासी (पुरुष) की तरह रहती और रात को स्त्री की तरह अपने पति के पास रहती।

24

नवंबर

कृतेनानेन कार्येन न शुभं नाशुभं सखे
पश्यामि तन्महाबुद्धे यथेच्छसि तथा कुरु (8)

वसिष्ठ ने कहा :

कुछ दिन के संग-साथ के बाद कुंभ (छद्मावेशी चूडाला) ने शिखिध्वज से कहा : हे राजन, अब मेरा निवेदन सुनें। कुछ समय से मैं रात के समय स्त्री हो जाती हूँ। रात के समय मैं स्त्री का कर्तव्य निभाना चाहती हूँ। मैं चाहती हूँ कि सुपात्र पति की पत्नी बन कर रहूँ। तीनों लोकों में कोई ऐसा नहीं है जो मुझे आप-सा प्रिय हो। मैं आपसे विवाह करना चाहती हूँ और आपके साथ दांपत्य जीवन व्यतीत करना चाहती हूँ। यह प्राकृतिक है, सुखद है और संभव है। इसमें दोष ही क्या है? हम दोनों ने इच्छा-अनिच्छा का त्याग किया हुआ है, हम दोनों की दृष्टि भी एक-सी है। इसलिए जो स्वाभाविक है वही इच्छा और अनिच्छा के बिना हम करें।

शिखिध्वज ने उत्तर दिया : **"हे मित्र, ऐसा करने में मुझे कोई अच्छाई या बुराई नहीं दिखाई देती। इसलिए हे ज्ञानी महानुभाव जो आप सोचें वहीं करें।**

कुंभ ने उत्तर दिया : "यदि आप ऐसा सोचते हैं तो आज का दिन बहुत ही शुभ है। देवी-देवता हमारे विवाह को देखेंगे।"

फिर दोनों ने विवाह के लिए सभी उपयुक्त सामग्री एकत्र की। अनुष्ठान करने से पहले दोनों ने पवित्र जल से एक-दूसरे को नहलाया। पूर्वजों और देवताओं का उन्होंने वंदन किया। इस समय तक रात्रि हो रही थी। कुंभ ने एक सुंदर स्त्री का वेश धारण कर लिया। उसने राजा से कहा : "हे प्रिय मित्र, अब मैं स्त्री हूँ। मेरा नाम मदनिका है। मैं तुम्हारा वंदन करती हूँ। अब मैं तुम्हारी पत्नी हूँ। शिखिध्वज ने तब मदनिका का पुष्प-मालाओं से श्रृंगार किया। रत्नों के आभूषण पहनाएँ। उसके रूप का वर्णन करते हुए राजा ने कहा : "तुम्हारा तेज लक्ष्मी के समान है। हमें धूप और छाया, नारायण और लक्ष्मी तथा शिव और पार्वती की तरह साथ-साथ रहने का वरदान प्राप्त हो।"

युगल ने अग्नि प्रज्वलित की और शास्त्रसम्मत ढंग से विवाह संबंधी सभी कृत्य किए। वेदी को फूलों, फूल-मालाओं तथा रत्नों से सजाया गया। चारों कोनों में कलश रखे गए। उनके ऊपर नारियल सजाए गए। ठीक मध्य में पवित्र अग्नि थी। उपयुक्त ऋचाओं का उच्चारण करते हुए उन्होंने अग्नि के फेरे लिए। बीच-बीच में राजा मदनिका का हाथ थाम लेते थे। इस प्रकार अपना प्रेम और आनंद प्रकट करते थे। तीन फेरे लेने के बाद उन्होंने लज होम किया। इसके बाद विश्राम करने के लिए उन्होंने कंदरा में एक भव्य कक्ष बना रखा था। चंद्रमा शीतलता की वर्षा कर रहा था। सुगंधित पुष्पों से शय्या सज्जित थी। वे उस पर आरूढ़ हुए और उन्होंने सुहाग रात मनाई।

नवंबर

नित्यं किञ्चिदेकत्र स्थितं स्वर्गकमीदृशम्
शक्र गन्तुं न जानामि त्वदाज्ञानं न करोम्यहम् (28)

वसिष्ठ ने कहा :

जैसे ही सूर्य निकला, मदनिका कुंभ बन गई। इस प्रकार दोनों दिन में मित्रों की तरह रहते और रात को पति-पत्नी की तरह। एक रात को शिखिध्वज अभी सोया ही था कि कुंभ (चूडाला) राजमहल गया। उसने वहाँ अपने राजसी कार्यों का निर्वाह किया और फिर जल्दी ही वहाँ (राजा के पास) लौट आया।

महेंद्र पर्वत की गुफाओं में वे एक महीने तक रहे। फिर अनेक वनों में भ्रमण करते रहे। कुछ दिनों तक देवताओं के उद्यान 'पारिजात' में भी रहे। यह उद्यान मैनाक पर्वत की ढाल पर स्थित है। वे कुरु और कौसल राज्यों में भी विचरण करते रहे।

महीनों इस प्रकार भ्रमण करते रहने पर चूडाला (छद्मवेशी कुंभ) ने सोचा कि राजा की प्रौढ़ता को परखने के लिए उसके सामने स्वर्ग के दृश्यों और आनंद को रखूँ। यदि वह उनसे अप्रभावित रहता है तो वह फिर पुनः सुखों को नहीं चाहेगा।

इतना सोचकर चूडाना ने अपनी जादुई शक्ति से इंद्रलोक की सृष्टि की। इंद्र और शचि सिंहासन पर विराजमान थे। चारों ओर अप्सराएँ विराजमान थीं। देवताओं की सहसा उपस्थिति से बिना विचलित हुए राजा ने उन्हें श्रद्धासुमन अर्पित किए। तब उन्होंने इंद्र से प्रार्थना की। शिखिध्वज ने पूछा : "इस शुभ अवसर की प्राप्ति का भाजन कैसे बना जो आपने स्वयं चलकर मेरे पास आने का कष्ट किया।"

इंद्र ने **शिखिध्वज** को उत्तर दिया :

हे पुण्यात्मा, हम आपकी उपस्थिति से खिंचे हुए यहाँ आए हैं। हमने आपका गुणगान स्वर्ग में सुना है। आपकी महिमा सुनकर स्वर्ग के देवता तथा अप्सराएँ आपके दर्शनों के लिए आए हैं। कृपया देवताओं की ओर से आधिकारिक चिह्न स्वीकार करें जिसके द्वारा पूर्ण संतों की तरह भी स्वर्ग की यात्रा कर सकेंगे। हे संत, आप जैसे मुक्त पुरुष उस सुख को ठुकराते नहीं जो अनचाहे ही उन्हें सुलभ होता है। आपकी यात्रा से स्वर्ग पवित्र होगा।"

शिखिध्वज ने कहा : "हे इंद्र, मैं स्वर्ग की स्थिति से परिचित हूँ। परंतु मेरे लिए स्वर्ग सब जगह है और कहीं नहीं है। मैं जहाँ भी रहूँ प्रसन्न रहता हूँ क्योंकि मेरी कोई इच्छा नहीं। तो भी, **जिस स्वर्ग की बात आप कर रहे हैं वहाँ जाने में असमर्थ हूँ क्योंकि वह एक स्थान पर सीमित है। अतः मैं आपकी आज्ञा का पालन करने में असमर्थ हूँ।**

इंद्र ने कहा : "मौं सोचता हूँ कि मुक्त संतों को आवंटित सुखों का भोग आवश्यक है।"

शिखिध्वज मौन रहा। इंद्र जाने के लिए तैयार हुए। शिखिध्वज ने कहा : "अभी स्वर्ग मैं नहीं जाऊँगा क्योंकि वहाँ जाने के लिए यह समय उपयुक्त नहीं।

राजा और कुंभ को आशीर्वाद देकर इंद्र अपने दल-बल के साथ चल दिए।

26

नवंबर

अहमेतेन चार्थेन नोद्वेगं यामि मानिनि
यद्यदिष्टतमं लोके तत्तदेवं विजानता (22)

वसिष्ठ ने कहा :

अपनी जादुई क्रीड़ा को समेटने के बाद चूडाला ने अपने आपसे कहा : ''सौभाग्यवश राजा आमोद-प्रमोद से आकृष्ट नहीं हुए, जबकि इंद्र आए भी और उन्हें स्वर्ग आने का निमंत्रण भी दे गए। राजा अप्रभावित रहे और शुद्ध आकाशवत् रहे। अब मैं एक परीक्षा और लूँगी और आकर्षण-विकर्षण की दोहरी शक्तियों का प्रभाव देखूँगी।

उसी रात चूडाला ने अपनी जादुई शक्तियों से अत्यंत सुखद उद्यान की अवतारणा की और उसमें अत्यंत रमणीक शय्या सजाई। उसने शिखिध्वज से भी अधिक बलिष्ठ तथा सुंदर युवा व्यक्ति का सर्जन किया। उस शय्या पर अपने प्रेमी के साथ गलबाँही दिए हुए जा बैठी।

शिखिध्वज ने सांध्य अर्चन-पूजन समाप्त किया और अपनी पत्नी मदनिका को देखने के लिए दृष्टि दौड़ाई। थोड़ी खोज-बीन के बाद उसने गुप्त स्थल पर इस जोड़ी को देखा। उसने उस जोड़ी को प्रेमाचार में पूरी तरह निमग्न पाया। मदनिका का बालों से शरीर आवृत्त था। दोनों हाथों से उसने अपने प्रेमी का मुख थाम रखा था। दोनों के मुख जुड़े थे। चुंबन की प्रगाढ़ मुद्रा थी। दोनों प्यार से अतिविह्वल हो रहे थे। हर क्षण उनका प्रेम बढ़ता हुआ ही दिख रहा था। उनके मुख-मंडल पर उनके हृदय की प्रसन्नता झलक रही थी। दोनों के हृदय धड़क रहे थे। आस-पास की परिस्थितियों से वे पूर्णतः बेखबर थे।

शिखिध्वज ने यह सब देखा परंतु वह जरा भी विचलित न हुआ। उसके मन में उस खेल में खलल डालने की इच्छा उत्पन्न न हुई। अतः उसने मुख मोड़ा और दूसरी ओर चलने लगा। परंतु उस जोड़ी को राजा के आने की जानकारी हो गई। राजा ने उनसे कहा : ''अपने सुख में मुझे खलल मत डालने दें।''

कुछ समय बाद मदनिका उद्यान से बाहर निकली और राजा से मिली। अपने आचरण के कारण वह पानी-पानी हो रही थी। परंतु राजा ने कहा : ''प्रिये, तुम इतनी जल्दी क्यों आ गई? निश्चय ही सभी प्राणी सुख के भोग के लिए जीते हैं। और इस संसार में ऐसी जोड़ी मिलना कठिन है जो इतनी अधिक समरस हो। **मैं इस व्यापार से ज़रा भी उद्विग्न नहीं हुआ, क्योंकि मैं जानता हूँ कि इस संसार में किस चीज को इस संसार के लोग सबसे अधिक पसंद करते हैं।** कुंभ और मैं घनिष्ठ मित्र हैं। मदनिका तो मात्र दुर्वासा ऋषि का फल है।''

मदनिका ने चिरौरी करते हुए कहा : ''मेरे स्वामी, ऐसी ही स्त्री की प्रकृति है। अपनी निष्ठा में स्त्रियाँ ढुलमुल होती हैं। पुरुषों की अपेक्षा आठ गुना अधिक उनमें दीवानगी होती है। वे दुर्बल होती हैं इसलिए किसी प्रिय पुरुष की उपस्थिति में अपना प्रेमभाव दबा नहीं पातीं। अतः मुझे क्षमा करें और मुझ पर क्रुद्ध मत हों।

शिखिध्वज ने कहा : ''प्रिये, मैं आपसे ज़रा भी अप्रसन्न नहीं हूँ। परंतु उचित यही है कि आगे से मैं आपको अपना प्रिय मित्र ही समझूँ, पत्नी नहीं।'' चूडाला राजा के व्यवहार से अति प्रसन्न थी जिससे यह सिद्ध होता था कि राजा काम और क्रोध से ऊपर उठ चुका है। उसने फिर तुरंत मदनिका का छद्मवेश त्याग दिया और चुडाला का अपना मूल वेश धारण कर लिया।

नवंबर

सखा भ्राता सुहृद्भृत्यो गुरूर् मित्रं धनं सुखम्
शास्त्रमायतनं दासः सर्वं भर्तु कुलांगनाः (27)

शिखिध्वज ने कहा :

हे सुंदर स्त्री, तुम कौन हो? और यहाँ कैसे आई हो? तुम यहाँ कब से हो? तुम तो मेरी पत्नी के जैसी दिखती हो!

चूडाला ने उत्तर दिया :

सचमुच मैं चूडाला हूँ। मैंने ही तुम्हें जाग्रत करने के लिए कुंभ का तथा अन्यों के रूप धरे थे। जिस मिथ्या संसार और उद्यान को आपने अभी देखा है वह मैंने ही रचा था। जिस दिन से आपने बिना विचारे राज्य का त्याग किया था और यहाँ आकर जप-तप आरंभ किया था मैं उसी दिन से आपकी आध्यात्मिक जाग्रति के लिए प्रयत्नशील रही हूँ। मैंने ही कुंभ का रूप धर कर आपको शिक्षा दी। आपने कुंभ आदि जो रूप देखें वे वास्तविक नहीं थे। अब आप पूर्ण रूप से जाग्रत हैं और आपको जो जानना है वह सब-कुछ जान गए हैं।

वसिष्ठ ने कहा :

शिखिध्वज गहरे ध्यान में मग्न हुआ और उसने अपने अंदर राजमहल छोड़ने से लेकर अब तक के सब व्यापारों को देखा। वह बहुत प्रसन्न हुआ और अपनी पत्नी के प्रति उसका प्रेम और भी अधिक उमड़ पड़ा। शारीरिक चेतना में लौटने पर जिस प्रकार उसे आलिंगन-बद्ध किया उसका वर्णन संभव नहीं। उनके हृदय एक दूसरे के प्रति होनेवाले प्रेम से द्रवित हो रहे थे। वे कुछ देर तक अति चैतन्य की स्थिति में रहे।

शिखिध्वज ने तब चूडाला से कहा :

अपनी प्रिय पत्नी का प्रेम अमृत से भी अधिक मधुर है! तुमने मेरे लिए कितने घोर कष्ट उठाए! तुमने अज्ञान के इस भयावह सागर से मेरा जिस प्रकार उद्धार किया उसका कोई जवाब नहीं। परंपरा से अनेक महान पत्नियाँ इस देश को प्राप्त हुई हैं परंतु तुम्हारी तुलना में वे कहीं नहीं ठहरतीं। तुम सभी गुणों में उनसे श्रेष्ठ हो। तुमने कठोर परिश्रम किया और मुझे आत्मज्ञान उपलब्ध कराया। मैं इसका प्रतिकार कैसे करूँ? निश्चय ही, प्रिय पत्नियाँ ही अपने पतियों को संसार रूपी सागर से मुक्ति दिलाने के लिए कठोर प्रयास करती हूँ। **पत्नी पति के लिए सब-कुछ है। वह मित्र भी है, भाई भी है, शुभचिंतक भी है, सेविका भी है, गुरु भी है, साथी भी है, धन भी है सुख भी है, धर्मशास्त्र भी है, आश्रयस्थल भी है और दासी भी है।** अतः ऐसी पत्नी का सदा और सब तरह से पूजन-आराधन किया जाना चाहिए।

मेरी प्रिया चूडाला, तुम संसार की स्त्रियों में निश्चय ही सर्वश्रेष्ठ हो। आओ, मेरे गले लग जाओ।

वसिष्ठ ने कहा :

इतना कहकर शिखिध्वज ने चूडाला को पुनः गले से लगा लिया।

नवंबर

न राजन मम भोगेषु वाञ्छा नापि विभूतिषु
स्वभावस्य वशादेव यथाप्राप्तेन मे स्थितिः (68)

चूडाला ने कहा :

स्वामी, जब मैंने देखा कि आप निरर्थक अनुष्ठानों में लगे हैं तो मुझे हार्दिक कष्ट हुआ। अपने उस कष्ट को दूर करने के लिए मैं यहाँ आई और आपको जाग्रत करने का प्रयास करने लगी। वैसे यह सब-कुछ अपनी प्रसन्नता और आनंद के लिए ही मैं करती रही। सच तो यह है कि आपकी प्रशंसा की मैं अधिकारी नहीं हूँ।

शिखिध्वज ने कहा : अब तो सभी स्त्रियों को अपने स्वार्थ की रक्षा के लिए अपने पतियों की आत्मा को जाग्रत करने का प्रयास वैसे ही करना चाहिए जैसे तुमने किया है।

चूडाला ने कहा : अब आपमें मुझे वे सब क्षुद्र लालसाएँ, विचार, भावनाएँ आदि दिखाई नहीं देतीं जो कुछ वर्ष पहले आपको त्रस्त रखती थीं। कृपया बताएँ कि अब आप क्या हैं, किसमें स्थित हैं और क्या देख रहे हैं?

शिखिध्वज ने उत्तर दिया : प्रिये, मैं उसमें स्थित हूँ जिसे तुमने मेरे अंदर उत्पन्न किया है। मुझमें कोई आसक्ति नहीं। मैं असीम और अविभक्त आकाश की तरह हूँ। मैं शांति हूँ। मैंने उस स्थिति को प्राप्त कर लिया है जिसे प्राप्त करना शिव और विष्णु जैसे देवताओं के लिए भी कठिन है। मैं पूरी तरह से भ्रम-विभ्रम से दूर हूँ। मुझे हर्ष या विषाद का अनुभव नहीं होता। मैं नहीं कह सकता कि 'यह है' या 'वह है'। मेरे सब आवरण हट चुके हैं और मेरी अंतरात्मा आनंदित है। मैं जो हूँ, सो हूँ इसे शब्दों में व्यक्त करना कठिन है। तुम मेरी गुरु हो। प्रिये, मैं तुम्हारा अभिवादन करता हूँ। प्रिये, तुम्हारे अनुग्रह से मैंने संसार रूपी सागर का संतरण कर लिया है। अब मुझसे कभी भूल न होगी।

चूडाला ने पूछा : ऐसी स्थिति में अब आप क्या करना चाहते हैं?

शिखिध्वज ने कहा : किसी निषेध या निषेधाज्ञा से अवगत नहीं। जो तुम करोगी उसे ही मैं उपयुक्त समझूँगा। जो उचित हो वह तुम करो, मैं तुम्हारा अनुकरण करूँगा।

चूडाला ने कहा : स्वामी, अब हम लोग मुक्त हैं। अब हमारे राग और द्वेष समान हैं। अब प्राणायाम और असीम चेतना के अभ्यास से क्या लाभ? अतः हम जो आरंभ में थे, मध्य में थे तथा अंत में रहेंगे। हमें वही होना चाहिए और उस एक वस्तु को छोड़ देना चाहिए जो इसके बाद रहेगी। हम लोग आरंभ में राजा और रानी थे, मध्य में थे और अंत में हैं। जिस चीज को भूलना है वह है भ्रम। अतः हमें अपने राज्य को पुनः लौट चलना चाहिए और उसे किसी ज्ञानी शासक के हवाले कर देना चाहिए।

शिखिध्वज ने कहा : तब हमें इंद्र का नियंत्रण क्यों नहीं स्वीकार कर लेना चाहिए?

चूडाला ने उत्तर दिया : **हे राजन, मुझे न राज्य का सुख चाहिए न वैभव ही। मैं उसी स्थिति में रहती हूँ जिसमें प्रकृति मुझे रखना चाहती है।** 'यह सुख है' और 'यह नहीं है' इन विचारों का जब सामना होता है तो दोनों नष्ट हो जाते हैं। 'मैं' उस शांति में रहती हूँ जो उसके बाद बनी रहती है।

तब दोनों मुक्त महानुभावों ने रात में दांपत्य सुख का लाभ उठाया।

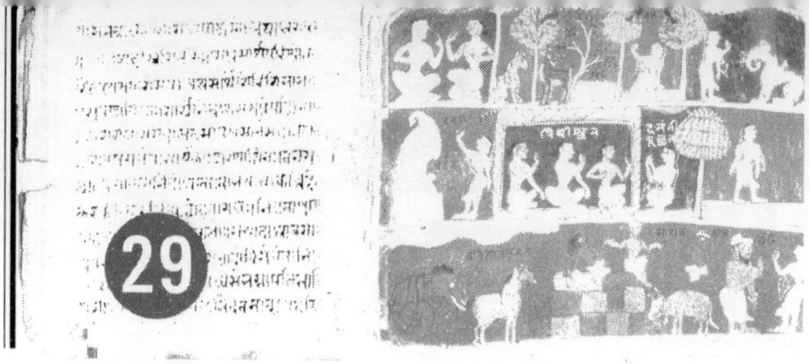

नवंबर

**भुक्त्वा भोगाननेकान् भूवि सकलमहीपालचूडामणित्वे
स्थित्वा वै दीर्घकालं परममृतपदं प्राप्तवान् सत्वाशेषः
एवं रामागतं त्वं प्रवृतमनुसरन् कार्यजातं विशोकस्
तिष्ठोत्तिष्ठ स्वयं वा प्रसभमनुभवत् भोगमोक्षादिलक्ष्मीः (110/30)**

वसिष्ठ ने कहा :

दिन चढ़ने पर दोनों उठे और उन्होंने नित्यकर्म संपादित किए। चूडाला ने अपनी विचार-शक्ति के बल पर स्वर्णपात्र का सर्जन किया और सात सागरों का जल एकत्र किया। इस जल से उसने राजा को स्नान कराया और उसका सम्राट रूप में अभिषेक किया। उसने कहा : "ब्रह्मांड के आठ दिव्य रक्षकों का तेज तुम्हें प्राप्त हो।"

बदले में राजा ने चूडाला को पुनः रानी के रूप में प्रस्थापित किया। उसने रानी को सुझाव भी दिया कि अपनी विचार-शक्ति से सेना का सर्जन करो। उसने ऐसा ही किया।

शाही हाथी पर दोनों सवार हुए और विशाल सेना के साथ अपने राज्य की ओर रवाना हुए। रास्ते में शिखिध्वज ने उन स्थानों की ओर संकेत किया जिनसे वह अपने संन्यास जीवन में जुड़ा रहा। वे शीघ्र ही अपने नगर के बाह्यांचल में प्रविष्ट हुए जहाँ नागरिकों ने उनका भव्य स्वागत किया।

दस हजार वर्षों तक राजा ने राज किया और चूडाला ने उनके कामों में सहायता की। इसके बाद उन्होंने निर्वाण प्राप्त किया जिससे आगे उनका जन्म न होगा। **संसार के सर्वप्रमुख राजा होने के नाते उस राजा ने संसार के सुखों का भोग किया और दीर्घकाल तक जीवन व्यतीत करने के उपरांत उसने परम पद प्राप्त किया। कारण यह कि उसमें ज़रा भी सत्त्व शेष नहीं था। हे राम, बिना किसी परेशानी के इसी प्रकार महान और प्राकृतिक क्रियाकलापों में लगे रहो। उठो! संसार के सुखों को भोगो और निर्वाण प्राप्त करो।**

हे राम, इस प्रकार मैंने तुम्हें शिखिध्वज की कथा सुनाई। इस पथ पर चलने से तुम्हें कभी दुख नहीं होगा। जिस प्रकार शिखिध्वज ने शासन किया वैसे तुम भी शासन करो। तुम इस संसार के सुख भी प्राप्त करोगे और अंतिम निर्वाण भी प्राप्त होगा। ऐसा ही कच ने भी किया था। कच देवताओं के गुरु बृहस्पति का पुत्र था।

राम ने पूछा :

हे महर्षि, कृपया बतलाएँ कि कैसे बृहस्पति के पुत्र कच ने आत्मज्ञान प्राप्त किया।

वसिष्ठ ने कहा :

युवावस्था में ही कच संसार से निर्वाण चाहने लगा था। एक दिन उसने अपने पिता से पूछा : "पिताजी, आप सब-कुछ जानते हैं। कृपया बताएँ : "कैसे संसार रूपी कारा से कोई अपने को मुक्त कर सकता है।"

30 नवंबर

चित्तं निजमहंकारं विदुश्चित्तविदो जनाः
अन्तर्योयमहंभावे जन्तोस्तच्चित्तुच्यते (28)

बृहस्पति ने कहा :

हे पुत्र, संसार रूपी इस कारागार से मुक्ति पूर्ण त्याग से ही संभव है।

वसिष्ठ ने कहा :

पिता के वचन सुनते ही सब-कुछ छोड़कर कच वन की ओर चला गया। बृहस्पति इस घटनाक्रम से अप्रभावित ही रहे। ज्ञानी व्यक्ति मिलन और विछोह में अप्रभावित रहते हैं। आठ वर्ष तक तपस्या में रत रहने के बाद पिता-पुत्र का पुनः मिलन हुआ। पुत्र ने पिता से पूछा : पिताजी, सब-कुछ त्याग कर मैं आठ वर्ष तक तपस्या करता रहा, परंतु मुझे परम शांति क्यों नहीं प्राप्त हुई?"

पिता बृहस्पति ने अपने पिछले वचन को दुहराया : "सब-कुछ त्याग दो।" पिता के इस संकेत से कच ने जो वल्कल शरीर ढकने के लिए ओढ़ रखा था उसे भी फेंक दिया। तीन वर्ष तक वह इस प्रकार तपस्या करता रहा। तीन वर्ष बाद वह फिर अपने पिता से मिला और कहा : "मैंने वस्त्र और दंड आदि का भी त्याग कर दिया है परंतु मुझे फिर भी आत्मज्ञान प्राप्त नहीं हुआ।"

इस पर पिता ने कहा : "पूर्ण से अभिप्राय केवल मन से है, क्योंकि मन ही सब-कुछ है। मन का त्याग ही पूर्ण त्याग है।" इतना कहकर बृहस्पति वहाँ से ओझल हो गए। कच ने मन को खोजने के लिए अपने अंदर देखने का प्रयास किया। जिससे वह मन का परित्याग कर सके। उसने अत्यधिक प्रयास किया परंतु इस बात का पता उसे न लग पाया कि मन है क्या ? मन को न खोज पाने पर उसने सोचा : "शरीर की तरह मन कोई भौतिक पदार्थ नहीं। फिर तो मैं व्यर्थ ही इस शरीर को कष्ट देता रहा हूँ। अब मैं अपने पिता के पास मन रूपी इस भयावह शत्रु का पता-ठिकाना जानने के लिए जाऊँगा। जान लेने पर इसे छोड़ दूँगा।

यह निश्चय कर कच पिता के पास गया और उसने कहा : कृपया बताएँ कि मन क्या है जिससे मैं इसका परित्याग कर सकूँ। बृहस्पति ने उत्तर दिया : **"जो लोग मन को जानते हैं वे कहते हैं कि मन ही 'मैं' है। जो अहंभाव आपमें उत्पन्न होता है वही मन है।"** कच ने कहा : "है यह कठिन भले ही असंभव न हो।" उत्तर में बृहस्पति ने कहा : "यह तो हथेली के फूल को मसलने से भी सरल है, यह आँखें झपकने से भी सहज है। अज्ञान के फलस्वरूप उत्पन्न होनेवाला यह मन ज्ञान का प्रभात होते ही विनष्ट हो जाता है। सच्चाई यह है कि अहंभाव नाम की कोई चीज नहीं है। यह अज्ञान और भ्रम के कारण दिखलाई पड़ता है। यह अहं कहाँ है, यह कैसे पैदा हुआ, यह है क्या? हर समय तथा हर वस्तु में जो एकमात्र तत्त्व है वह है विशुद्ध चेतना। अतः यह अहं मात्र शब्द है। मेरे पुत्र इसे छोड़ दो और साथ ही छोड़ दो आत्म-परिमिति या मानसिक आबद्धता। तुम मानसिक दृष्टि से आबद्ध नहीं, समय से आबद्ध नहीं, आकाश से आबद्ध नहीं आदि।"

1

दिसंबर

अहंकारमसद्विद्धि मैनमाश्रय मा त्यज
आसतः शशशृंगस्य किल त्यागग्रहौ कुतः (112/3)

वसिष्ठ ने कहा :

इस प्रकार उच्चतम ज्ञान से प्रशिक्षित होने पर कच आत्मज्ञानी हो गया। वह अहं से भी मुक्त रहा और संग्रह से भी। उसी की तरह रहो। **हे राम, अहं अवास्तविक है। न इस पर विश्वास करो और न इसे त्यागो ही। जो अवास्तविक है उसे कैसे ग्रहण किया या त्यागा जा सकता है?** जब अहंभाव ही अवास्तविक है, असत् है तो कैसा जन्म और कैसी मृत्यु? तुम सूक्ष्म और शुद्ध चेतना हो, जो अविभक्त है तथा विचारणा से परे है परंतु है जो सब प्राणियों को आवृत्त किए हुए। यह मात्र अज्ञान की स्थिति है कि संसार का आभास भ्रम रूप में होता है। ज्ञानी को तो सब-कुछ ब्रह्म ही दिखाई देता है। एकता और अनेकता की अवधारणाओं को छोड़ो और आनंद से रहो। भ्रमित व्यक्ति की तरह मस्त रहो और न ही दुख भोगो।

राम ने कहा : मुझे आपके अमृतमय वचनों से आनंद प्राप्त होता है। अब मैं इंद्रियातीत स्थिति में हूँ। तब भी संतुष्टि नहीं। यद्यपि मैं संतुष्ट हूँ, तो भी पुनः आपसे पूछता हूँ कि क्या अमृत से कोई संतुष्ट हो जाएगा? भ्रमित व्यक्ति किसे कहते हैं?

वसिष्ठ ने कहा : हे राम, भ्रमित व्यक्ति की कथा सुनो। एक व्यक्ति था जिसका निर्माण भ्रम रूपी यंत्र-समूह से हुआ था। वह रेगिस्तान में ही जनमा था और वहीं पला-बढ़ा भी था। उसमें यह भ्रम उत्पन्न हो गया "मेरा जन्म आकाश से हुआ है, मैं आकाश हूँ, आकाश मेरा है। अतः मुझे आकाश की रक्षा करनी चाहिए।" ऐसा निश्चय करके उसने आकाश की रक्षा करने के लिए घर बनाया। घर के अंदर आकाश को घिरा देखकर वह प्रसन्न हुआ। परंतु समय पाकर वह घर भहरा गया। वह जोर से चिल्लाया : "ओ मेरे आकाश, तुम कहाँ चले गए? हाय, वह खो गया है।"

तब उसने कुआँ खोदा, और ऐसा अनुभव करने लगा कि इसमें आकाश सुरक्षित हो गया है। समय पाकर वह कुआँ भी नष्ट हो गया। इसके बाद उसने बरतन, गड्ढा, तथा साल के चार वृक्षों की सहायता से कुंज भी बनाया परंतु वे सब भी समय पाकर नष्ट हो गए। भ्रमित व्यक्ति दुखी था।

अब इस कथा का अर्थ जानो। भ्रम से निर्मित व्यक्ति ही अहं है। यह उस हलचल के समान है जो वायु में उत्पन्न होती है। इसकी वास्तविकता है ब्रह्म। इसकी जानकारी न होने से अहं चारों ओर के आकाश को स्वयं तथा अपनी संपदा समझ बैठता है। इस प्रकार वह इसे अपने शरीर के रूप में पहचान करता है तथा इसकी रक्षा करना चाहता है। वह शरीर आदि अस्तित्व ग्रहण करता है और कुछ समय बाद नष्ट हो जाता है। इस भ्रम की वजह से अहं बार-बार यह सोचकर दुखी होता है कि आत्मा मर गई है और उसका अस्तित्व नहीं रहा। जब बरतन आदि नष्ट हो जाते हैं तब आकाश अप्रभावित रहता है। इसी प्रकार जब शरीर नष्ट हो जाता है तब आत्मा अप्रभावित रहती है। आत्मा विशुद्ध चेतना है और आकाश से भी अधिक सूक्ष्म है। हे राम, यह कभी नष्ट नहीं होती। यह अजन्मी है। यह नष्ट नहीं होती। और यह असीम ब्रह्म ही है जो दृश्य संसार के रूप में भासित होता है। इसे जानो और सदा प्रसन्न रहो।

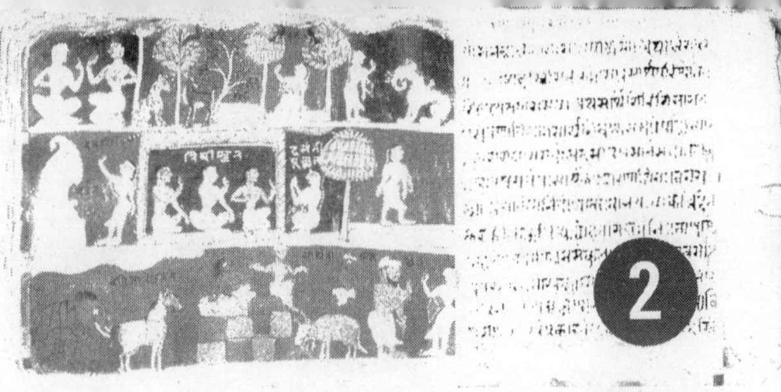

दिसंबर

एकदेशगता विष्वग्व्याप्य करमाणि कुर्वते
योगिनस्त्रिषु कालेषु सर्वाण्यनुभवन्त्यपि (124/8)

वसिष्ठ ने कहा :

एक समय की बात है। एक राजा था। उसका नाम था विपश्चित। उसके चार मंत्री उसके राज्य की चारों सीमाओं की रक्षा के लिए नियुक्त थे। एक दिन एक ज्ञानी व्यक्ति वहाँ आया और उसने सूचना दी : पूर्वी सीमा का रक्षक मंत्री मर गया है। दक्षिण सीमा की रक्षा करनेवाला मंत्री पूर्वी सेना की रक्षा के लिए आगे आया तो वह भी मारा गया। और जब पश्चिमी सीमा का मंत्री दक्षिण सीमा के मंत्री की सहायता के लिए दौड़ा आया तो वह भी मारा गया।" ठीक समय पर उत्तरी सीमा का रक्षक मंत्री वहाँ प्रविष्ट हुआ, उसने राजा का अभिवादन किया और कहा : "नगर को शत्रु-सेना ने घेर लिया है। केवल आपमें ही शत्रु को नष्ट करने की शक्ति है।"

रणभूमि में जाने से पहले राजा ने हवन किया और प्रभु से प्रार्थना की : "हे देव, आज मैं अपना सीस आपको चढ़ाता हूँ। चार शक्तिशाली प्राणी उत्पन्न हों जो शत्रु-सेना पर विजय प्राप्त करें।" राजा ने अपना सिर कलम कर दिया और तत्क्षण पाँच तेजस्वी प्राणी हवन की अग्नि से प्रकट हुए। यह स्पष्ट था कि उन पर सेना द्वारा किसी भी साधन से विजय पाना असंभव था। फिर चाहे वह क्षेप्यास्त्रों का प्रयोग करें, मंत्रों का अथवा नशीले पदार्थों आदि का ही। उन्होंने अग्नि देवता से प्रार्थना की वे ब्रह्मांड की हर वस्तु देख सकें जिसे वे देखना चाहें।

राजा अपने चार प्रतिनिधि रूपों में रणभूमि की ओर बढ़ा। शत्रु-सेना की पराजय हुई। बचे-खुचे सैनिक भाग निकले। चतुर्रूपी विपश्चित ने चारों दिशाओं में उनका पीछा किया। वे चारों समुद्र-तटों तक जा पहुँचे। वे सभी पृथ्वी की सीमाओं पर पहुँच चुके थे।

यद्यपि चेतना एक है, अद्वैत है और सर्वव्यापी है, तो भी स्वप्रद्रष्टा के मन की तरह विविधतापूर्ण दिखाई देती है। इस प्रकार यह विविध दिखाई पड़नेवाली भी एक ही है। अतः यह विविध भी है और अविविध भी। इस प्रकार विपश्चित के चारों रूपों के सम्मुख जो घटा वह उसकी चेतना में भी घटा और उसे अनुभूत भी हुआ। **योगी हर जगह क्रिया करने में समर्थ होता है और वह तीनों कालों में होनेवाली घटनाओं को अनुभूत करने में सक्षम होता है, भले ही देखने में वह एक ही स्थान पर स्थित क्यों न हो।**

जो विपश्चित पश्चिम दिशा में गया था, वह साक महाद्वीप के उद्दीची पर्वतों की ढालों पर सात वर्षों तक सोया था और उसने पत्थरों से निकलनेवाला जल पिया था और वह पत्थर-सा हो भी गया था। जो विपश्चित दक्षिण दिशा में गया था वह परियों के रूप में उलझ गया था। जो विपश्चित पूर्व दिशा में गया था वह कुछ समय तक भेस बदलकर जंगल में रहा। देवताओं की माया से वह बाघ बनकर दस दिनों तक रहा। जब वह राक्षस पराभूत हुआ तो वह दस वर्ष तक मेंडक के रूप में रहा। जो विपश्चित उत्तर दिशा में गया वह एक हजार वर्ष तक अंधकूप में पड़ा रहा। जो विपश्चित पश्चिम दिशा में गया था उसने देवता बनने की विधि सीख ली थी और फिर वह देवता बनकर चौदह वर्षों तक रहा।

उपयुक्त समय पर उन चारों ने एक दूसरे का उद्धार किया।

दिसंबर

प्रबोधमनुगच्छन्त्या अप्राप्त्याः परं पदं
एकस्या अप्यनेकस्याः सर्वं सर्वत्र युज्यते (**125/18**)

वसिष्ठ ने कहा :

चारों विपश्चित न आत्मज्ञानी ही थे और न अज्ञानी ही। ऐसे लोगों में आत्मज्ञान के लक्षण भी दिखाई देते हैं और अज्ञान तथा बंधन के लक्षण भी। जब अवस्था जाग्रत और अजाग्रत दोनों तरह की हो तो सभी बातें संभव होती हैं।

आंशिक जाग्रति होती है तो व्यक्ति को मनोवैज्ञानिक शक्तियाँ प्राप्त होती हैं। इस प्रकार चारों विपश्चितों को एक-दूसरे की स्थिति का ज्ञान था और वे एक-दूसरे के अनुभवों से अवगत रहते थे। इसी प्रकार चिंतनरत योगी को अनेक मनोवैज्ञानिक शक्तियाँ वरदान रूप में प्राप्त होती हैं परंतु उस पर भी अज्ञान हावी होता है। ऐसे जीवनमुक्त संत जो अभी जीवित हैं तथा नित्य व्यापारों में संलग्न हैं उनमें भी भौतिकता की समझ रहती है। मुक्ति या मोक्ष भी मन की अवस्था है। प्राकृतिक शारीरिक व्यापार चलते रहते हैं, समाप्त नहीं होते। तो भी ऐसे जीवनमुक्त संत के शरीर के हजारों टुकड़े कर दिए जाएँ अथवा उसे चक्रवर्ती सम्राट का मुकुट पहना दिया जाए तो भी मुक्त मुक्त ही रहता है भले ही वह रोता अथवा हँसता ही क्यों न दिखाई दे। अपने अंदर न वह गर्व ही अनुभव करता है न अवसाद ही। बाद में चारों विपश्चित एक के बाद एक विभिन्न परिस्थितियों में मारे गए। अपने सूक्ष्म शरीरों में उन्होंने अपना पहलेवाला शरीर देखा। पिछले प्रभावों के कारण उन्होंने सोचा कि हमने पुनः भौतिक शरीर प्राप्त कर लिया है और अग्निदेवता द्वारा प्राप्त वरदान के कारण हम संसार का रंग-ढंग देख रहे हैं। वे भ्रमण करने लगे।

सौभाग्य से पश्चिमी विपश्चित की भेंट भगवान विष्णु से हुई। उसको निर्वाण (मोक्ष) की प्राप्ति हुई। पूर्वी विपश्चित को चंद्रलोक प्राप्त हुआ। दक्षिणी विपश्चित ने शत्रुओं का नाश किया और अपनी स्मृति से जुड़े रहने के कारण अब राज्य पर शासन कर रहा था। उत्तरी विपश्चित का भक्षण मगरमच्छ ने कर डाला। एक दो जन्म के बाद उसने देवलोक में जन्म लिया और देवता बन गया। पुरानी स्मृति के आधार पर वह धरती की सीमाओं तक गया। जब उसका शरीर छूटा तो उसमें जन्म लेने की इच्छा नहीं थी। परंतु तब तक उसे आत्मज्ञान प्राप्त नहीं हुआ था। उसने अपने आपको मानसिक क्रियाकलापों तक ही सीमित रखना चाहा। यद्यपि वह सूक्ष्म शरीर की प्रकृति में अनुसंधान करता रहा पर अज्ञान की भ्रामक प्रकृति में उसने अनुसंधान नहीं किया। अतः वह उसी में स्थित रहा। एक अन्य विपश्चित की भी कुछ ऐसी ही दशा हुई। उनमें एक विपश्चित शरीर छोड़ने के बाद हिरन बना और पर्वत पर रहने लगा।

यद्यपि सभी में समान वासना थी फिर भी वे विभिन्न दिशाओं में खिंचे चले गए। वासना की पूर्ति के लिए किए गए बार-बार प्रयासों और उनके प्रभावों के कारण वह (वासना) धनी या दुर्बल होती है। समय, स्थान तथा क्रियाकलापों का भी उस पर प्रभाव पड़ता है। विपश्चित को इस सच्चाई का बोध हुआ। उसका अज्ञान (और उसका शरीर भी) नष्ट हुआ। अज्ञान भी उसी प्रकार असीम है जिस प्रकार ब्रह्म असीम है। असीम चेतना ही है जो यहाँ-वहाँ असंख्य ब्रह्मांडों को देखती है।

4

दिसंबर

येनैवाभ्युदिता यस्य तस्य तेन विना गतिः
न शोभते न सुखदा न हिताय न सत्फला (132/2)

वसिष्ठ ने कहा :

जो अंगों (अवयवों) से युक्त होता है, वह उन्हें (अंगों को) जानता है। मेरी आत्मा ही ब्रह्म है इसलिए ब्रह्म में जो कुछ है उसे मैं जानता हूँ। जो दो विपश्चित दूर-दराज के ब्रह्मांडों में विचरण करते हैं वे हमारी चेतना में दिखाई नहीं देते। परंतु जो हिरन बना वह हमारी समझ के दायरे के अंदर है। यह वही हिरन था जिसे त्रिगर्थ के राजा ने तुम्हें भेंट स्वरूप दिया था।

(चकित राम ने वह हिरन सभा में उपस्थित कराया।)

राजा विपश्चित ने पवित्र अग्नि प्रज्वलित की थी। वही इस हिरन के अस्तित्व में आने का मूल कारण थी। अग्नि में प्रवेश करके हिरन ने अपनी पूर्व स्थिति प्राप्त की। **मूल कारण का निरसन ही उद्धार है। वही पतन से उत्थान की ओर ले जाता है। कोई और मार्ग उपयुक्त प्रशंसनीय या फलदायक नहीं।** (वसिष्ठ ऋषि ने पवित्र अग्नि प्रज्वलित की और प्रार्थना की कि हिरन पुनः पूर्व स्थिति प्राप्त कर ले। हिरन पवित्र अग्नि में कूद पड़ा और उसमें तेजस्वी भाव प्रकट हुआ। उसने अपनी कथा सुनाई।)

भाष (विपश्चित) ने कहा : मैंने बहुत-सी चीजें देखीं और बहुत-से देशों में बिना थके भ्रमण भी किया। इस असीम आकाश में लंबे समय तक विभिन्न देशों में मैंने अनेक शरीरों में तरह-तरह के सुख प्राप्त किए और दुख भी झेले। हर वस्तु का अनुभव प्राप्त करने के लिए मैं निश्चयबद्ध था। यह प्रथम वरदान था जिसे मैंने अग्निदेवता से प्राप्त किया था।

एक हजार वर्ष तक मैंने वृक्ष के रूप में जीवन बिताया। मेरा मन पूर्णतः मुझमें केंद्रित रहा और बिना किसी मानसिक क्रिया के मैं फूल और फल उत्पन्न करता रहा। एक हजार वर्ष मैं हिरन रहा। एक जगह मैंने एक ऐसी स्त्री देखी जिसके शरीर में तीनों लोक ऐसे परावर्तित होते थे जैसे दर्पण में दिखाई देते हैं। उसने कहा : "मैं विशुद्ध चेतना हूँ और सभी संसार मेरे अवयव हैं। जिस प्रकार तुम चकित होकर मुझे देखते हो जब तक उसी प्रकार हर चीज को नहीं देखोगे तब तक तुम उनकी वास्तविक प्रकृति नहीं जान सकते।"

मैंने एक-दूसरे के विरुद्ध प्रकृति के संसार देखे हैं। कोई ऐसा संसार नहीं जिसका अनुभव न हो। एक बार एक परी के साथ मैं बगीचे में सोया था। सहसा नींद खुलने पर देखा कि मैं धारा में बहता चला जा रहा हूँ। उसने बतलाया : "पास ही चंद्रमणि पर्वत है जो चंद्रमा के उदय होने पर पिघलने लगता है और बाढ़ लाता है।" हम लोग उड़कर वहाँ से अन्यत्र चले गए। इसके बाद भी मैंने इस वस्तुनिष्ठ ब्रह्मांड रूपी अज्ञान की अभिव्यक्ति का अंत नहीं देखा। यह ऐसा भ्रम था जो मेरे हृदय में उसी प्रकार दृढ़तापूर्वक जड़ जमाए था, जिस प्रकार बच्चे के हृदय में भूत का भय जड़ जमा लेता है। तो भी मुझे अच्छी तरह इस बात का बोध था : 'यह सब वास्तविक नहीं।' गहन अनुसंधान के बाद भी 'यह है' की भावना नष्ट न हुई। क्षण-क्षण पर सुख और दुख के नए-नए अनुभव नदी की प्रवाहमान धारा के समान बनते और मिटते रहे।

दिसंबर

ब्रह्मादीनां तृणान्तानां द्विधा भवति संभवः
एको ब्रह्ममयोन्यस्तु भ्रान्तिजस्ताविभौ शृणु (136/22)

भाष ने कहा :

आकाश में तेजोमय एक लोक में मैं भ्रमण कर रहा था कि मैंने विशाल छाया को पृथ्वी को आवृत्त करते हुए देखा। शीघ्र ही एक भारी-भरकम वस्तु पृथ्वी पर गिरी। मैं भयभीत था, इसलिए मैं अग्नि में प्रविष्ट हो गया और अग्निदेवता से अपनी रक्षा की प्रार्थना करने लगा। उसकी सहायता से उस विशाल काया में छेद किया और उसमें होकर हम बाह्याकाश में जा निकले। वहाँ हमने दैत्याकार रूप देखा। गिरते ही उसने पृथ्वी सहित सभी दिव्य कायाओं को विक्षुब्ध तथा तहस-नहस किया। फिर सिद्धों, ऋषियों, देवताओं और भूत-प्रेतों ने सम्मुख उपस्थित कालरात्रि से प्रार्थना की। वह (कालरात्रि) सूखी और रक्तहीन थी। सिद्धों ने उससे कहा : "हे देवी, हमारी प्रार्थना स्वीकार करो। जल्दी से इसका भक्षण करो।" वह उसे खाने लगी। उसका अपना दुबला-पतला शरीर फैलने लगा। वह नाचने लगी।

जब कालरात्रि ने उस काया का भक्षण कर लिया तो धरती फिर से दिखने लगी। उसकी हड्डियाँ धरती पर पहाड़ जैसी लग रही थीं। क्योंकि धरती उस प्राणी के मांस से बनी थी इसलिए उसे मेदिनी कहा जाने लगा। अग्नि देवता ने उस भारी-भरकम जीव के संबंध में यह कथा सुनाई :

"किसी विशिष्ट ब्रह्मांड में एक विशाल जीव रहता था। उसका नाम था असुर। उसने किसी ऋषि के आश्रम को तहस-नहस कर दिया। ऋषि ने उसे शाप दिया : "तुम अपने विशाल शरीर पर अभिमान करते हो, मच्छर हो जाओ।" शाप से असुर जल उठा। जिस प्रकार उपयुक्त परिस्थितियों में बीज अंकुरित होता है उसी प्रकार उसमें आत्मजाग्रति उत्पन्न हुई। उस आत्मजाग्रति के पीछे था ऋषि का शाप और मच्छर की धारणा। इसलिए वह मच्छर बन गया।" (वसिष्ठ ने इसकी व्याख्या इस प्रकार की : **ब्रह्म से लेकर घास की पत्ती तक सभी प्राणियों का दुहरा जन्म होता है। एक तो ब्रह्मा की सृष्टि और दूसरा भ्रामक सृष्टि।**) "मच्छर उस घास की पत्ती पर रहता था जिसे हिरन ने खाया था। क्योंकि वह हिरन को देखते हुए मरा था इसलिए वह हिरन बना था। हिरन शिकारी द्वारा मारा गया था, अतः वह शिकारी के रूप में पैदा हुआ। वन में घूमते हुए वह ऋषि से मिला था। ऋषि ने उससे प्रश्न किया था : "तुम शिकारी के रूप में क्रूर जीवन क्यों व्यतीत कर रहे हो?" इस प्रश्न से उसमें आत्मजाग्रति आई। उसने शिकारी जीवन छोड़कर निर्वाण प्राप्त किया।

कुछ ही दिनों बाद उसने धर्मग्रंथों के अध्ययन द्वारा ज्ञान में उसी प्रकार प्रवेश किया जिस प्रकार फूल सुगंध के रूप में शरीर में प्रवेश करता है। एक दिन उसने ऋषि से पूछा, "कैसे अंदर होनेवाला स्वप्न बाहर दिखलाई देता है?"

ऋषि ने उत्तर दिया : इस प्रश्न का उत्तर प्राप्त करने के लिए मैंने एक बार चिंतन किया था। मैंने मन को प्राण के द्वारा शरीर के बाहर निकाला था। प्राण उस व्यक्ति के शरीर के अंदर चला गया जो मेरे सम्मुख था। मैंने भी प्राण के पीछे-पीछे उस व्यक्ति में प्रवेश किया। मैंने सभी अवयव देखे। मैं उस व्यक्ति के हृदय में प्रविष्ट हुआ। मुझे उस प्रकाश सिद्धांत का ज्ञान हुआ जिसमें तीनों लोक परावर्तित होते हैं। वहाँ रहकर मैंने संपूर्ण ब्रह्मांड को देखा।

6

दिसंबर

यदा स्वकर्मणि स्पन्दे व्यग्रः प्राणो भृशं भवेत्
तदा तदिहित व्यग्रः प्राणो नात्मोद्यमी भवेत् (139/12)

ऋषि ने कहा :

उस स्वप्न लोक में सूर्य, पहाड़ और समुद्र भी थे और देवता, दैत्य और मानव भी। मुझे लगा : "निश्चय ही यह चेतना से संबद्ध दिव्य रूप है। वह चेतना जिस रूप में अपने आपमें व्यक्त होती है वही यह संसार है।" अब मुझे लगता है कि स्वप्निल पदार्थ के रूप में जाना जानेवाला यह संसार इसी असीम चेतना का ही बोध है। इस बोध की अभिव्यक्ति है जाग्रत स्थिति। स्वप्न तो स्वप्न केवल जाग्रत स्थिति के विचार से है। परंतु स्वप्न अपने में जाग्रत स्थिति है। अतः जाग्रत अवस्था के दो पक्ष हुए। तब नींद क्या है? 'मैं शांति में रहूँ' जब यह धारणा मन पर छा जाती है, तब यह नींद है। यह जाग्रत अवस्था में भी उत्पन्न हो सकती है। चौथी अर्थात् तुरीय अवस्था पूर्ण प्रकाश की है। इसमें दृश्य संसार नहीं रहता।

मैंने उस प्राणी की ऊर्जा को त्यागकर उसकी चेतना में प्रवेश किया। आरंभ में दुहरी जाग्रति थी। दोनों ज्ञान शक्तियाँ समान थीं, एक-दूसरे में घुली-मिली थीं, दूध और जल की तरह मिश्रित थीं। तब मैंने उस प्राणी की चेतना को अपने अंदर आत्मसात् किया। अब मैं संसार को वैसा ही देख रहा था जैसा कि उसे दिखाई पड़ता था। कुछ समय बाद वह सो गया। उसने अपने मन की रश्मियों को एकत्र किया। जिस प्रकार कछुआ अपने अंगों को अंदर खींच लेता है उसी प्रकार उसकी इंद्रियाँ अपने व्यापारों के साथ हृदय में खिंच आईं। अब उसकी इंद्रियाँ मृत-जैसी थीं। मैं उसके अंदर था और मैंने उसके मन का पीछा किया और उसके हृदय में प्रविष्ट हो गया। उसके अंदर के सभी मार्ग थकावट, खाद्य पदार्थों, पेय पदार्थों आदि से भरे तथा सघन थे। प्राण-वायु उसके नथनों से धीरे-धीरे आ-जा रही थी। अब आत्मा ही उसका ध्येय था, इसके अतिरिक्त और कोई बाह्योन्मुखी क्रिया नहीं थी। अतः वह अपने अंदर आप ही प्रकाशित हो रहा था।

मन संसार का रचयिता है। प्राणी में प्राणों को प्रवेश करानेवाला मन है। मन सोचता है कि प्राण मेरी गति है और प्राणों के बिना मैं रहूँगा नहीं। **जब प्राण अपनी गति में व्यस्त रहते हैं तो वह आत्मज्ञान में शक्ति लगाने में असमर्थ होता है।**

प्राण और मन के बीच का संबंध सवार और वाहन के बीच के संबंध-जैसा है। जब मन और प्राणों के व्यापार में समरसता रहती है तो व्यक्ति अनेक प्रकार के कार्यों में व्यस्त रहता है। जब गड़बड़ी या उत्तेजना रहती है तो समरसता नहीं रहती। जब दोनों विश्राम में होते हैं तो नींद आती है। जब नाड़ियाँ खाद्य पदार्थों से बाधित होती हैं अथवा कमजोरी या थकावट होती है तो नींद आती है क्योंकि उस समय प्राणों की गति सही नहीं होती। मैं जिस व्यक्ति के हृदय में था, रात पड़ते ही वह सो जाता था। मैं भी सो जाता था। किया हुआ भोजन जब उसका पच जाता था और नाड़ियाँ स्वच्छ होती थीं तब प्राण-शक्ति प्रवाहित होने लगती थी और नींद कमजोर पड़ जाती थी। तब मैं संसार, उसका सूर्य आदि आदि देखता था। ऐसा लगता था कि मेरे हृदय में सब उदित हो रहे हैं। जहाँ मैं था वहाँ मैंने यह सब देखा था। संसार बाढ़ से प्लावित था। मैं भी बाढ़ में बह गया था। सौभाग्यवश मेरा पाँव शिला पर पड़ गया। परंतु भारी-भरकम लहर मुझे पुनः बहा ले गई।

दिसंबर

सर्गादावथ देहान्ते भातं यद्वेदनं यथा
तत्तथामोक्षमेवास्ते तदिदं सर्ग उच्यते (143/17)

ऋषि ने आगे कहा :

मैंने अब तक जो सुनाया वह स्वप्न था–है यह असंभव तथा स्वप्न की दृष्टि से मेल न खानेवाला। पिछली घटनाओं के आधार पर मैंने अपनेसे कहा : "मैं सोलह वर्ष का हूँ और गाँव में स्थित एक आश्रम में रहता हूँ।" यह सब मेरे लिए वास्तविक हो गया। पिछले अनुभव की स्मृति मुरझाने लगी। शरीर को ही मैं अपनी एकमात्र आशा समझने लगा। ज्ञान मुझसे बहुत दूर था। मेरा अस्तित्व वासना मात्र था और धन-संपदा के प्रति आसक्त था। मैं अपने सभी सामाजिक और धार्मिक कर्तव्यों का निर्वाह करता रहा । मैं जानता था कि क्या करना चाहिए और क्या नहीं करना चाहिए।

एक दिन अतिथि के रूप में एक संत मेरे यहाँ आए। मैं उनकी सेवा में लगा। उन्होंने ब्रह्मांड का वर्णन अत्यंत विस्तार से किया और सार रूप में यह बतलाया कि यह एक असीम चेतना है। मैं आध्यात्मिक रूप से जाग गया। एकदम मुझे याद हो आया कि मैं किसी अन्य शरीर में प्रविष्ट हुआ था। मैं उसके प्राणों के साथ एकाकार हो गया था और उसी के साथ बाहर आया था। मुझे बोध हुआ कि मैंने समाधि लगाई थी। मेरे शिष्यों ने बतलाया था कि समाधि लगाए मुझे अभी एक घंटा हुआ था कि जिसके हृदय में मैं प्रविष्ट हुआ था वह भी मेरी तरह यात्री ही था। उत्सुकतावश मैं उस व्यक्ति के हृदय में भी प्रविष्ट हुआ। उस समय वह सो रहा था। उसके अंदर ब्रह्मांडीय प्रलय का अंत अभी-अभी हुआ था।

परंतु कहाँ शरीर और कहाँ हृदय? क्या स्वप्न और कहाँ पानी, बाढ़ आदि? कहाँ जाग्रति और कहाँ जाग्रति की समाप्ति? कहाँ जन्म और कहाँ मृत्यु? केवल एक विशुद्ध आत्मा। इस चेतना के समक्ष लघुत्तम तथा सूक्ष्मतम आकाश भी ब्रह्मांड प्रतीत होता है। स्वप्न में दिखाई देनेवाले व्यक्तियों के विगत कर्म नहीं होते। इसी प्रकार जो जीव सृष्टि के आरंभ में उत्पन्न होता है उसके भी विगत कर्म नहीं होते क्योंकि वह विशुद्ध चेतना होता है। जब कोई इस दृश्य संसार की धारणा में वास्तविकता के रूप में दृढ़तापूर्वक बद्धमूल हो जाता है तब कर्मों की गति आरंभ होती है। तब जीव कर्मों से बँधकर यहाँ विचरण करता है। यदि इस बात का बोध हो जाए कि यह सृष्टि असृष्टि है और मात्र ब्रह्म की ही सत्ता है तो कर्म क्या और कर्म को करनेवाला कौन?

सर्जन (सर्गादि) के आरंभ में उत्पन्न होनेवाली जाग्रति या अनुभव तथा शरीर के जीवनकाल के अंत (देहांत) के समय तक होनेवाली जाग्रति या अनुभव का जो क्रम (मोक्ष की प्राप्ति होने तक) चला चलता है उसे सृष्टि कहते हैं। यह सृष्टि चेतना के हृदय में उसी प्रकार होती है जिस प्रकार तुम्हारे हृदय में स्वप्न होता है। यह कारण और कार्य दोनों होता है।

धर्म, अधर्म, वासना, क्रियाशील आत्मा, जीव में सभी उन धारणाओं के पर्याय हैं जिनका वास्तविकता से तालमेल नहीं। एक विशुद्ध चेतना ही स्वप्न में विविध स्वप्न-पदार्थों के रूप में दिखाई देती है। स्वप्न में दिखनेवाले लाखों की संख्या में ये सब पदार्थ गहरी नींद में पुनः एक हो जाते हैं। इसी प्रकार असीम चेतना में जब स्वप्नलोक दिखलाई देता है तब वह भी सृष्टि होता है और जब यह गहरी नींद की-सी स्थिति में प्रविष्ट होता है तब इसे ब्रह्मांडीय प्रलय कहते हैं।

8 दिसंबर

स्वप्ने तु जाग्रतसंस्कारो यस्तज्जाग्रत्कृतं नवं
अजाग्रज्जाग्रदाभाषं कृतमित्येव तद् विदः (19)

ऋषि ने आगे कहा :

जो जो अस्तित्व में है और जो जो अस्तित्व में नहीं है वह स्वप्नवत् अनुभव है। जब यही सच्चाई है तब बद्ध कौन है और मुक्त कौन? जिस प्रकार आकाश में बने बादल सदा अपना आकार और रूप बदलते हैं उसी प्रकार यह दृश्य संसार भी सदा परिवर्तित होता रहता है। अज्ञानवश ही यह स्थायी और अपरिवर्तनशील प्रतीत होता है। इस असीम आकाश में असंख्य लोक हैं। किसी एक व्यक्ति को जिस संसार का अनुभव होता है वैसा अनुभव दूसरे व्यक्ति को नहीं होता। कुएँ, झील और समुद्र में रहनेवाले मेंडकों का अनुभव एक-दूसरे से अलग-अलग होता है। वे एक-दूसरे के ज्ञान के भागी नहीं बनते। एक ही घर में सोनेवाले लोग भिन्न-भिन्न स्वप्न देखते हैं और भिन्न-भिन्न लोकों के जीवन का अनुभव प्राप्त करते हैं। इसी प्रकार एक ही आकाश (स्थान) में कुछ लोगों के भिन्न-भिन्न (संसार) होते हैं और कुछ के नहीं भी होते। यह सब रहस्यपूर्ण और दक्षतापूर्ण कार्य असीम चेतना का ही है।

चेतना में किसी चीज को धारण करने की शक्ति भी होती है। इस प्रकार धारण की हुई धारणा को संस्कार कहते हैं। परंतु जब इस बात का बोध होता है कि धारणा का परावर्तन असीम चेतना में होता है तो यह भी स्पष्ट हो जाता है कि स्वतंत्र कोई संस्कार नहीं। स्वप्न में पूर्व स्मृति नहीं होती वरन् उन पदार्थों का अनुभव होता है जो प्रस्तुत क्षण में अनुभूत किए जाते हैं। कोई स्वप्न में उसी प्रकार अपनी मृत्यु का भी अनुभव कर सकता है और उन पदार्थों से मिलते-जुलते पदार्थ भी देख सकता है जिन्हें उसने पहले देखा होता है।

आरंभ में यह सृष्टि अविभक्त चेतना में दर्पण के परावर्तन के सदृश होती है। अतः यह चेतना से भिन्न नहीं होती। ब्रह्म (असीम चेतना) ही इस संसार के रूप में प्रकाशित होता है। यह कुछ नया नहीं। इसका प्रभाव ही इसका कारण है। प्रभाव से पहले कारण मौजूद था और प्रभाव के समाप्त हो जाने के बाद भी सदा मौजूद रहेगा। क्योंकि कारण अपना प्रभाव उत्पन्न करने में सक्रिय है। इसे ही संस्कार कहते हैं।

जो स्वप्न के आने से पहले अस्तित्व में है। परंतु इस प्रकार प्रकाशित है जिस प्रकार उसे पहले प्रकाशित होते हुए देखा गया हो, तो वह संस्कार है। कोई बाह्य कारक संस्कार नहीं होता। देखे और अनदेखे पदार्थ चेतना में अवस्थित होते हैं जो चेतना के प्रकाश में ही प्रकाशित होते हैं। चेतना उन सबका अनुभव करती है जैसे उन्हें पहले से देखा हो। **जाग्रत अवस्था का संस्कार स्वप्न में उत्पन्न होता है परंतु स्वतः जाग्रत अवस्था में उसे पुनः उत्पन्न किया जाता है। परंतु जो सच्चाई को जानते हैं वे कहते हैं कि वस्तुतः वे उस स्थिति में उत्पन्न हुए हैं जो जाग्रत अवस्था प्रतीत होती है परंतु जो जाग्रत अवस्था है नहीं।** जैसे वायु में अनायास ही गति उत्पन्न होती है उसी प्रकार चेतना में धारणाएँ भी अनायास उत्पन्न होती हैं। संस्कारों को उन्हें उत्पन्न करने की आवश्यकता ही नहीं। जब हजारों वस्तुओं का अनुभव चेतना में उत्पन्न होता है तो उसे सृष्टि कहते हैं। और हजारों वस्तुओं का अनुभव चेतना में समाप्त हो जाता है तो उसे प्रलय कहते हैं।

दिसंबर

भात्यकारणकं ब्रह्म सर्गात्माप्यबुधं प्रति
तं प्रत्येव च भात्येष कार्यकारण दृग्भ्रमः (49)

ऋषि ने कहा :

असीम चेतना के पारमाण्विक कण में 'संसार' की अवधारणा या अनुभव उसी प्रकार विद्यमान होता है जिस प्रकार दर्पण में होनेवाला परावर्तन मात्र दर्पण ही होता है तो भी वह असीम चेतना से भिन्न नहीं होता। यह असीम चेतना अनादि भी है और अनंत भी, और स्वतः ही सृष्टि कहलाती है। जहाँ-जहाँ यह चेतना प्रकाशित होती है वहाँ-वहाँ सृष्टि अवस्थित रहती है, तथा जिस प्रकार शरीर से अवयव अलग नहीं होते उसी प्रकार यह भी उससे अलग नहीं होती। तुम भी चेतना हो, मैं भी चेतना हूँ, संपूर्ण संसार चेतना है। इस बोध से सृष्टि चेतना का ही अविभाज्य अंग है और इसलिए यह अनुत्पन्न है। मैं भी चेतना का पारमाण्विक कण हूँ इसलिए मैं भी असीम और सर्वव्यापी हूँ। मैं जहाँ भी होऊँ मैं वहाँ से स्वतः सब-कुछ देखता हूँ। मैं चेतना का कण हूँ साथ ही सत्य के बोध के फलस्वरूप असीम चेतना से उसी प्रकार एकात्म हूँ जिस प्रकार जल जल ही के समान होता है।

इस प्रकार 'ओज' में प्रविष्ट होने पर मैंने तीनों लोकों का अनुभव किया। ये तीनों उसके अंदर घटित हुए, और उसी के अंदर ही उसके बाहर नहीं—मैंने इन तीनों को देखा। इसे स्वप्न कहें या जाग्रति, भीतर हो या बाहर हो, है यह सब असीम चेतना के अंदर ही।

शिकारी ने पूछा : यदि यह सृष्टि अकारण है तो कैसे इसने अस्तित्व ग्रहण किया? और यदि यह सकारण है तो स्वप्न-सृष्टि का कारण क्या है?

ऋषि ने उत्तर दिया : आदि में सृष्टि का कोई कारण नहीं था। जब इस सृष्टि के पदार्थों का कोई कारण ही नहीं था तो पदार्थों की परस्पर विरोधी विभिन्नता भी नहीं थी। इन सब में एक परम ब्रह्म ही प्रकाशित होता है और इन्हें सृष्टि कहा जाता था। अतः यह कारणविहीन सृष्टि ब्रह्म है परंतु यह प्रतीत होती है उसी का हिस्सा जिसके हिस्से होते ही नहीं जो अविभाज्य होने पर भी विभिन्न होती है, रूपहीन होने पर भी जिसका रूप होता है। क्योंकि यह विशुद्ध चेतना है इसलिए चर और अचर पदार्थों की तरह विभिन्न रूप धारण करती हुई प्रतीत होती है। इस प्रकार यह देवता, संत आदि उत्पन्न करती है और संसार-चक्र को धारण करती है। अस्तित्व, अनास्तित्व, स्थूलता, सूक्ष्मता आदि सर्वव्यापी चेतना को किसी प्रकार प्रभावित नहीं करते। तो भी इससे आगे बिना कारण के परिणाम उत्पन्न नहीं होता। संसार-चक्र और ब्रह्म एक-दूसरे को उसी प्रकार प्रभावित करते हैं जिस प्रकार एक हाथ दूसरे हाथ को रोकता है यद्यपि दोनों हाथ होते एक ही व्यक्ति के हैं।

इस प्रकार यह सृष्टि बिना इच्छा के किसी मनोवैज्ञानिक कारण के हुई। संसार-चक्र (नियति) ब्रह्म में अवस्थित है। ब्रह्म नियति के अस्तित्व के बिना नहीं होता। इस प्रकार यह सृष्टि सकारण है, परंतु इसका संबंध मात्र उससे है जिसकी यह सृष्टि है। और यह तब तक बनी रहती है जब तक उससे संबद्ध रहती है। **अज्ञानी सोचता है कि ब्रह्म बिना कारण इस सृष्टि के रूप में प्रकट या प्रकाशित होता है** और वह (अज्ञानी) कार्य और कारण की इस गुत्थी या भ्रामक धारणा में भी फँस जाता है कि कार्य-कारण संबंध वास्तविक है तथा अनुल्लंघनीय है। सृष्टि का होना दैवयोग है।

दिसंबर

यदेन्द्रियाणि तिष्ठन्ति बाह्यतश्च समाकुलम्
तदा मलानानुभवनः संकल्पार्थोनुभूयते (2)

ऋषि ने कहा :

जीव बाह्य इंद्रियों से बाहरी जगत का अनुभव प्राप्त करता है और आंतरिक स्वप्न लोक का अनुभव आंतरिक इंद्रियों से। **जब इंद्रियाँ बाह्य जगत का अनुभव प्राप्त करने में रत रहती हैं तब आंतरिक धारणाओं का जगत अनिश्चित और अस्पष्ट रहता है।** परंतु जब इंद्रियाँ अंदर की ओर उन्मुख होती हैं तब जीव अपने अंदर जगत का अनुभव अत्यंत स्पष्टतापूर्वक प्राप्त करता है। इस दृश्य संसार में किसी भी प्रकार का तथा कभी भी कोई विरोध नहीं रहता। वह वैसा ही रहता है जैसा व्यक्ति देखता है। इस प्रकार जब आँखें बाह्योन्मुखी होती हैं तो जीव को संसार का अनुभव मानो असीम चेतना के बाहर होता है। आँख, कान, नासिका, त्वचा और रसना इन इंद्रियों और इच्छा के योगफल का नाम है जीव जो प्राणशक्ति से युक्त असीम चेतना की प्रकृति है। यह जीव अस्तित्ववान है और हर पदार्थ में तथा हर जगह हर पदार्थ के रूप में विद्यमान है। इसलिए वह (जीव) हर वस्तु को हर जगह अनुभूत करता है।

जब जीव (ओज या सार रूप) कफ या श्लेष्मा (शरीर के तीन दोषों में से एक) से भरा होता है तो उसके प्रभाव तत्क्षण देख लेता है। उसे लगता है कि मैं दुग्ध-सागर से ऊपर उठ रहा हूँ, उसे आकाश में चंद्रमा गिरता हुआ दिखाई देता है, उसे झीलें, कमल, उद्यान, फूल आदि दिखाई देते हैं, उसे मेले-त्योहारों में स्त्रियाँ नाचती गाती और खाती-पीती दिखाई देती हैं, नदियाँ समुद्र से गिर रही हैं, बड़े-बड़े राजमहल श्वेत रंग में चित्रित हैं, मैदान ताजा बर्फ से आच्छादित हैं, पार्कों में हिरन बैठे हैं और पर्वतमालाएँ हैं।

जब जीव पित्त से भरा होता है तब वह उसका प्रभाव भी तत्क्षण देखता है। उसे लपटें दिखाई देती हैं जो देखने में सुंदर हैं और स्नायुओं को पसीज रही हैं और आकाश में धुआँ और अँधेरा फैला रही हैं। वह सूर्यों को देखता है जो तेजी से चमक रहे हैं और जिनमें तीव्र ताप प्रवाहित हो रहा है। इनमें से समुद्र और कोहरा निकल रहे हैं। इनमें अगम्य वन और मरीचिकाएँ हैं जिनमें हंस तैर रहे हैं। उसे लग रहा है कि गर्म धूल से भरी सड़क पर दौड़ा चला जा रहा हूँ। उसे यह भी लग रहा है कि ताप से धरती झुलस उठी है। उसे जो भी दिखाई देता है वह जलता हुआ दिखाई देता है। यहाँ तक कि बादल भी उसे आग बरसाते दिखाई देते हैं। इसे व्यापक आग के कारण उसे सब-कुछ चटक दिखाई देता है।

जब जीव वात से भरा होता है तो उसे निम्नलिखित प्रभाव दिखाई देते हैं। उसे लगता है कि संसार बिल्कुल नया हो। उसे लगता है कि मैं उड़ रहा हूँ और शिलाएँ तथा पहाड़ भी उड़ रहे हैं। हर चीज घूम रही है और चक्कर काट रही है। देवदूत और अप्सराएँ उड़ रहे हैं। पृथ्वी तथा उसमें स्थित प्राणी कैं कैं कर रहे हैं। वह देखता है कि मैं अंधकूप में गिर पड़ा हूँ या किसी भयावह संकट से घिरा हूँ अथवा वृक्ष या पहाड़ की चोटी पर खड़ा हूँ।

दिसंबर

क्षुब्धैरन्तर्बहिश्चैव स्वल्पैः स्वल्पं प्रपश्यति
समैः सममिदं दृश्यं वातपित्तकफादिना (59)

ऋषि ने कहा :

जब जीव वात, पित्त और कफ से भरा होता है तो वह वात के प्रभाव के अंतर्गत आता है और इसका अनुभव करता है। उसे दिखाई देता है कि पत्थर और पहाड़ बरस रहे हैं। उसे चक्कर खाते हुए वृक्षों का आर्त्तनाद सुनाई देता है। जंगल का जंगल पशुओं के सहित उसे घूमता हुआ दिखाई पड़ता है। उसे लगता है कि वृक्षों में आग लगी है और चारों ओर फिर गुफाओं से हाहाकार स्वर सुनाई देता है। वह पर्वतों को टकराते हुए देखता है। वह देखता है कि समुद्र का उफान पूरे आकाश को भर देगा और बादलों के सहित वनों को सृष्टिकर्ता ब्रह्मा के लोक में ले जाएगा। इस रगड़ और घर्षण के फलस्वरूप पूरा आकाश उसे स्पष्ट और स्वच्छ दिखाई देता है। तीनों लोक उसे सैनिकों और योद्धाओं के शोरगुल से भरे हुए प्रतीत होते हैं।

जब जीव इन सब दृश्यों से क्षुब्ध और दुखी होता है तो वह अचेत हो जाता है। फिर वह अपने आप में उसी तरह विश्राम करता है जिस प्रकार कीटाणु धरती के अंदर दबे पड़े रहते हैं, मेंडक चट्टानों के नीचे छिपे रहते हैं, भ्रूण गर्भ में स्थित रहते हैं, बीज फल में रहते हैं, अजन्मे अँखुए बीज में छिपे रहते हैं, परमाणु अणु में रहते हैं और बिना तराशी हुई मूर्ति शिला में होती है। वह प्राणों की हलचल से परेशान नहीं होता क्योंकि उसके विश्राम-स्थल में छेद या सुराख नहीं होते। वह गहन निद्रा में प्रविष्ट रहता है क्योंकि वह अंधकूप या शिला के समान विश्राम-स्थल है।

जब मानसिक चेष्टा उस विशाल स्थल में छेद करती है तब प्राणों (प्राणशक्ति) की हलचल से वह जागरूक होता है और उसे अपने स्वप्नलोक का भान होता है। जब यह प्राणशक्ति एक नाड़ी से दूसरी नाड़ी में प्रवेश करती है तो ऐसा लगता है कि पहाड़ों की वर्षा हो रही है। यदि वात, पित्त और कफ का अत्यधिक वेग हो तो अनुभव भी अत्यधिक होते हैं और वेग कम होने पर अनुभव भी कम होते हैं।

वात, पित्त और कफ आदि दोषों के कारण जीव को अपने भीतर (स्वप्न आदि में) जो भी अनुभव होते हैं उन्हें वह बाहर भी अनुभूत करता है। बाहर अनुभूत होने की अवस्था में उसकी इंद्रियाँ भी सक्रिय हो उठती हैं। वात, पित्त और कफ का प्रकोप हलका होने पर उसे हलके विक्षोभ का अनुभव होता है और यदि उन तीनों दोषों में समरसता या संतुलन बना रहता है तो उसे भी समरसता में शांति प्राप्त होती है। जब तीनों दोष कुपित होते हैं तब जीव को बाहर जल में डूबने का, हवा में उड़ने का, शिलाओं और पर्वतों पर बैठने का, नरक में वास का, आकाश में ऊपर उठने और गिरने का, मैदान में डूबने की भ्रांति का, अर्धरात्रि में सूरज के चमकने का, बुद्धि में फेर होने का (कि अपने लोग अजनबी लगें और शत्रु मित्र लगें) आदि अनुभव प्राप्त होते हैं। आँखें बंद कर लेने पर ये सब अपने भीतर दिखाई देते हैं और आँखें खोल लेने पर बाहर दिखाई देते हैं। लेकिन ये सभी भ्रम तीनों दोषों के कुपित होने से ही होते हैं। तीनों दोषों के संतुलन की स्थिति में जब जीव उनमें रहता है तो संपूर्ण संसार उसे वैसा दिखाई देता है, जैसा वह है, जैसा वह सचमुच है, ब्रह्म से अभिन्न।

12

दिसंबर

तदेवं स्वप्न एवायं जाग्रद्धावमुपागतः
सर्वे वयमिह स्वप्नपुरुषास्तव सुव्रत (151/9)

ऋषि ने कहा :

अन्य लोगों के हृदय में रहते हुए जब अपने रिश्तेदारों आदि को मैंने देखा तो मैं थोड़े समय के लिए भूल ही गया कि ये लोग मेरी धारणाओं की ही उपज हैं। उनके साथ मैं सोलह वर्ष तक रहा। फिर मुझे एक संन्यासी मिला जिसने मेरी बुद्धि को जाग्रत किया। उसने मुझे समझाया कि हम सभी उस प्राणी के हृदय में स्थित हैं जिसे हम ब्रह्मांडीय प्राणी (ब्रह्म) मानते हैं। जब इस ब्रह्मांडीय प्राणी का ओज विक्षुब्ध होता है तो जीव उत्तेजित होता है और इसके प्रभाव का अनुभव हम सभी को होता है जो उसके हृदय में होते हैं। हम प्राकृतिक विपत्तियों के झेलते हैं और जिनका अंत तभी होता है जब उसका हृदय समरस और संतुलित हो जाता है। इस विशिष्ट सृष्टि की वास्तविकता है यह ब्रह्मांडीय प्राणी। संयोगवश यदि कुछ व्यक्ति बुरे कामों में संलग्न होते हैं तो उसका दुखद परिणाम हम सब को झेलना पड़ता है।

'मैं यह काम करता' इस प्रकार वैयक्तिक धारणा से कोई कार्य करता है तो चेतना उसे पुरस्कार प्रदान करती है और चेतना जब इस प्रकार की धारणा से मुक्त होती है तो ऐसे कार्य का कोई पुरस्कार या परिणाम नहीं होता। स्वप्न में भी किसी कार्य का परिणाम किसी निश्चित कारण से शासित नहीं होता। कभी-कभी स्वप्न के अनुभव का कारण होता है और अन्य अवसरों पर कारण नहीं भी होता।

संन्यासी द्वारा उद्‌बुद्ध किए जाने पर मुझे आत्मज्ञान प्राप्त हुआ। मैं उसे छोड़ना नहीं चाहता था। मेरे अनुरोध करने पर वह मेरे साथ रहने लगा। (वही संन्यासी ठीक तुम्हारी बगल में बैठा है।) मैं अपने शरीर के साथ-साथ उस शरीर को भी देखना चाहता था जिसमें मैंने अनुसंधान प्रारंभ किया था। मैं बहुत अधिक चिंतित था इसलिए जिस व्यक्ति के हृदय में था उससे बाहर न निकल सका। मैं घबराया हुआ था। संन्यासी ने रहस्य को उद्‌घाटित करते हुए कहा :"तुम यदि अपनी अंतर्दृष्टि से देखो तो निश्चय ही तुम सब-कुछ देख सकते हो। तुम्हारा यह व्यक्तित्व क्षुद्र-सा नहीं। तुम स्वयं ब्रह्मांडीय प्राणी हो। स्वप्न का अनुभव प्राप्त करने के लिए तुम प्राणी के हृदय में प्रवेश करने की इच्छा पहले ही कर चुके हो। तुमने जिसमें प्रवेश किया वह यही सृष्टि है। जब तुम उस शरीर में थे तब महाग्नि प्रकट हुई थी जिसने तुम्हारे शरीर को तो नष्ट कर ही डाला उस व्यक्ति के शरीर को भी नष्ट कर डाला। तुम उसी प्रकार स्पंदित होते रहे जैसे चेतना स्पंदित होती है। तुम्हें बाहर जाने का रास्ता न मिला। दोनों शरीर न मिलने के कारण तुम इस 'संसार' में अवस्थित हो। **इस प्रकार तुम्हारा स्वप्न जाग्रत स्थिति की वास्तविकता में परिणत हो गया। यहाँ हम सभी तुम्हारे स्वप्न के पदार्थ हैं।** जिसमें यह सब-कुछ हुआ वह शुद्ध चेतना है। यह चेतना हर जगह और हर समय अस्तित्व में रहती है।"

संन्यासी ने मुझे 'शिकारी का शिक्षक' कहकर संबोधित किया। मेरे प्रश्न करने पर उसने मेरे भविष्य के बारे में बताया : "कुछ वर्षों के बाद यहाँ भारी अकाल पड़ेगा। तुम्हारे सभी नातेदार नष्ट हो जाएँगे। फिर भी तुम्हें और मुझे कोई दुख नहीं होगा। कारण यह कि हम सत्य को जाननेवाले हैं। आगे चलकर यहाँ एक सुंदर वन होगा। एक दिन एक शिकारी शिकार की खोज में यहाँ आएगा। तुम अपने वचनों और कथाओं से उसे आत्मज्ञान प्रदान करोगे। इस प्रकार तुम शिकारी के शिक्षक बनोगे।

दिसंबर

अवश्यं भवितव्योर्थो न कदचन केनचित्
विधातुमन्यथा शक्यस्तन्न क्षरति यत्नतः (155/53)

शिकारी ने पूछा :

मैं कैसे आत्मा में स्थित हो सकता हूँ?

ऋषि ने उत्तर दिया : इसमें संदेह नहीं कि आत्मज्ञान की प्राप्ति के लिए तुम्हारी यात्रा आरंभ हो चुकी है। परंतु तुम्हारा आधार गंभीर ज्ञान नहीं है। तुम इस दृश्य संसार से बच निकलना चाहते हो और इसी ध्येय को ध्यान में रखकर तुम इस दृश्य संसार की सीमा जानना चाहते हो। इसका पता लगाने के लिए तुम तप में लगे हो। अनेक योनियों तक तुम्हारा तप चलता रहेगा। तब परमात्मा तुम्हारे सामने प्रकट होंगे। वे तुम्हें स्वस्थ और दीर्घ जीवन का वर प्रदान करेंगे और तुम्हें इच्छानुसार आकाश में यात्रा की शक्ति भी प्रदान करेंगे जिससे तुम सृष्टि के विस्तार को जान सको। तुम असंख्य ब्रह्मांड देखोगे और तब तुम्हें बोध होगा कि जैसे सब अवास्तविक हैं वैसे यह भी अवास्तविक है और अज्ञानी की दृष्टि में विभिन्नता भरा है जबकि आत्मज्ञानी की दृष्टि में वास्तविक और अविभाज्य है। तब तुम अपना शरीर छोड़ दोगे। **जो अनिवार्य है उसका कोई किसी भी समय परिहार नहीं कर सकता। चाहे कितना प्रयास क्यों न किया जाए वह बदला नहीं जा सकता।**

जिस प्रकार तुम स्वप्न में संपूर्ण संसार को देखते हो उसी प्रकार तुम्हारा जीव संपूर्ण संसार को देखेगा। तब वह अपने को सिंधु नरेश समझेगा। सिंधु नरेश के राज्य पर ही राजा विदुरथ ने आक्रमण किया था। इस विचार के आने पर तुम दोनों में घोर-युद्ध होगा। तुम विदुरथ को मार डालोगे और पूरे संसार के राजा बन जाओगे। आपका मंत्री आपको बताएगा कि विदुरथ के जीत न पाने का कारण है उसका मुक्ति की प्राप्ति के लिए प्रार्थना करना। परंतु तुमने तो मोक्ष के लिए प्रार्थना की ही नहीं थी। तुम्हारा हृदय भी शुद्ध नहीं था उसमें तो विदुरथ पर विजय प्राप्त करने की कामना आदि थी। मंत्री जोर देकर कहेगा : "आज के सुकर्म से कल के दुष्कर्म का परिवर्तन सुकर्म में होगा। इसलिए भला बनने और भला करने के लिए प्रयत्न करो।" जब तुम यह सुनोगे तो तुम संसार का त्याग कर दोगे और संत-महात्माओं की संगति से तुम ज्ञान और मोक्ष प्राप्त करोगे।

वसिष्ठ ने कहा : उस प्राणी की कथा कहकर अग्निदेवता चल दिए। वह व्यक्ति गिर पड़ा और फिर उसका शव जमीन पर पड़ा था। मैं अब भी हिरन के शरीर में था। स्वर्ग के देवता इंद्र से मैं मिला। उन्होंने मेरी वास्तविक पहचान कराई। एक बार एक शिकारी ने मेरा पीछा किया, मुझे दबोच लिया और पकड़कर आपकी सेवा करने के लिए ले आया। हे राम, इस अज्ञान की कोई सीमा नहीं।

यह माया भी विचित्र है। यह व्याकुल भी करती है और मन में भ्रम भी उपजाती है। मन में परस्पर विरुद्ध विचार बिना विरोध या संघर्ष के रहते हैं। आकाश का इंच-इंच भी 'मृत' जीवों की सृष्टि से भरा है। यह ब्रह्मांड ब्रह्म में दिखाई देता है और अगले ही क्षण नष्ट हो जाता है क्योंकि ब्रह्म ही तो अकेला वास्तविक है।

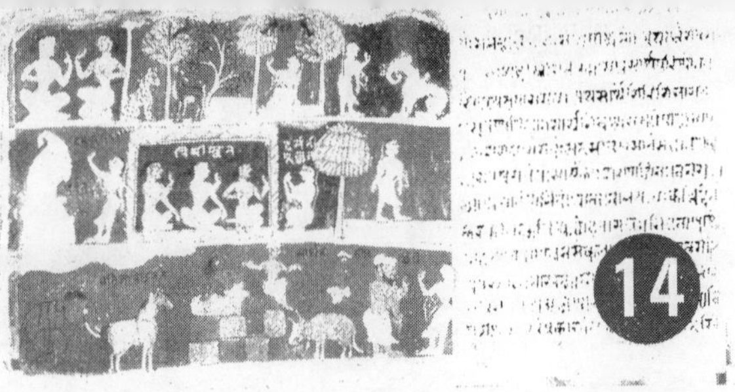

दिसंबर

जन्तोर्यथा मनोराज्यं विविधारंभभासुरम्
ब्राह्मं तथेदं विततं मनोराज्यं विराजते (21)

वसिष्ठ ने कहा :

सर्वप्रथम मन अपनी चिंतन और कल्पना–शक्ति के साथ परम ब्रह्म से उत्पन्न हुआ और यह मन उसी प्रकार ब्रह्म में रहा जिस प्रकार गंध फूल में, लहरें समुद्र में, और किरणें सूर्य में रहती हैं। अत्यंत सूक्ष्म और अदृश्य ब्रह्म तो भुला दिया गया और फिर दृश्य संसार की वास्तविक सत्ता की मिथ्या धारणा उत्पन्न हो गई।

यदि कोई कहे कि किरणें सूर्य से अलग और भिन्न हैं तो उसके लिए किरणों की सत्ता वास्तविक है। यदि सोने से बने कंगन को कोई कंगन समझता है तो उसके लिए कंगन स्वर्ण नहीं है।

परंतु यदि किसी को यह बोध हो कि किरणें सूर्य से अलग या भिन्न नहीं तो उसकी समझ को अपरिवर्तित या निर्विकल्प कहेंगे। यदि किसी को बोध हो कि लहरें समुद्र से भिन्न नहीं तो उसकी समझ को भी निर्विकल्प कहेंगे। यदि कोई कहे कि कंगन सोने से भिन्न नहीं तो उसकी समझ को भी निर्विकल्प कहेंगे।

चिंगारियों के प्रदर्शन का बोध जिसे अग्नि से भिन्न या अलग होता है तो उसका मन चिंगारियों के उड़ने और फैलने से प्रसन्नता या दुख का अनुभव करता है। यदि उसे यह बोध हो कि चिंगारियाँ अग्नि से अलग नहीं तो उसे केवल अग्नि दिखाई देती है और उसकी समझ निर्विकल्प कही जाती है।

जो इस प्रकार निर्विकल्प अवस्था में स्थित होता है वह महापुरुष होता है। उसकी बुद्धि कभी क्षीण नहीं होती। उसने वह सब प्राप्त कर लिया होता है जो प्राप्त करने के योग्य होता है। उसका हृदय पदार्थों के जाल में नहीं फँसता। हे राम, अतः विविधता या पदार्थ–भाव के बोध का त्याग करो और चेतना में स्थित रहो।

आत्मा जिसका भी चिंतन करती है, वह चेतना की अंतर्निहित शक्ति के फलस्वरूप मूर्तिमान हो जाता है। यह मूर्तिमान विचार फिर स्वतंत्र रूप से प्रकाशित होता है। इस प्रकार मन जो भी सोचता है तत्क्षण मूर्तिमान हो जाता है। यही विविधता का मूल है। इस प्रकार यह दृश्य संसार न वास्तविक ही है और न अवास्तविक ही। **जिस प्रकार जाग्रत व्यक्ति दिवास्वप्न में विभिन्न पदार्थ उत्पन्न तथा अनुभूत करते हैं उसी प्रकार ब्रह्म के लिए यह दृश्य संसार भी दिवास्वप्नवत् है।** जब इसका बोध ब्रह्म के रूप में होता है तो दृश्य संसार का विलय हो जाता है। पूर्णता की दृष्टि से इस संसार का अस्तित्व है ही नहीं। ब्रह्म ब्रह्म ही रहता है और वह कोई ऐसी चीज उत्पन्न हीं करता जो पहले से अस्तित्व में न हो!

हे राम, यह जान लो कि जो कुछ भी तुम करते हो। वह विशुद्ध चेतना के अतिरिक्त कुछ नहीं। यहाँ जो कुछ भी है उसमें मात्र ब्रह्म ही अभिव्यक्त होता है कुछ और नहीं। 'इस' और 'उस' के लिए यहाँ कोई गुंजाइश नहीं। इसलिए मोक्ष और बंधन की संकल्पना का भी त्याग करो। विशुद्ध अहंरहित स्थिति में रहो और अपने को प्रकृत क्रियाकलापों में लगाए रखो।

15

दिसंबर

तेषामन्तर्जनाः सन्ति जनं प्रति पुनर्मनः
पुनर्मनः प्रति जगज्जगत्प्रति पुनर्जनः (63/33)

वसिष्ठ ने कहा :

एक बार मेरे मन में आया कि संसार की सभी क्रियाओं का त्याग कर दूँ और पूर्ण एकांत में जाकर ध्यान धरूँ। एक एकांत स्थान ढूँढ़ निकाला, जिसमें मैंने आश्रम की कल्पना की। आँख झपकने में ही सौ वर्ष बीत गए। जब कोई गहरे चिंतन में मग्न होता है तो उसे समय के व्यतीत होने का भान नहीं होता।

जैसे ही मेरी शरीर-चेतना लौटी तो मुझे किसी की आह सुनाई पड़ी। इसकी जानकारी प्राप्त करने के लिए मैंने फिर समाधि लगाई। मैंने असीम चेतना में परावर्तित अगणित ब्रह्मांडों के बिंब देखे। उनमें से एक में मुझे वह स्त्री दिखाई दी जिसकी आह मुझे सुनाई पड़ी थी। उसने मुझे प्रणाम किया। मैंने उसकी ओर ध्यान नहीं दिया। मैं ब्रह्मांडों की विविधता के संबंध में अनुसंधान करने में लगा रहा। मैंने देखा कि आकाश और चेतना बस दो का ही अस्तित्व है। वहाँ किसी चीज को देखो और सोचो कि 'यह ऐसी है' तो उसका अनुभव वैसा ही होता है। इसी कारण से वहाँ असीम विविधता है। कुछ ब्रह्मांडों में चाँदनी गर्म होती है और धूप शीतल। कुछ में अंधेरे में दिखाई देता है और कुछ में उजाले में दिखाई ही नहीं देता। कुछ में भलाई ध्वंसात्मक है और कुछ में बुराई रचनात्मक। कुछ में विष जीवनदायी है और कुछ में अमृत मृत्युकारक। यह सब-कुछ चेतना में उत्पन्न होनेवाली धारणाओं के परिणामस्वरूप होता है।

ऐसा नहीं कहा जा सकता कि मैं एक ही स्थान पर अवस्थित रहा या मैं विचरण ही करता रहा। मैंने असीम चेतना प्राप्त कर ली थी। मैंने यह सब-कुछ आत्मा में ही देखा। आत्मा में ही इन सबने रूप धारण कर लिया था। यह अवलोकन मुझे वैसे ही हुआ जैसे तुम रात के समय आँखें बंद करके अपने शरीर के अंगों को देखते हो। उस स्त्री का और मेरा शरीर विशुद्ध काल्पनिक आकाश से बना था। यह सच सभी शरीरों का है। जबकि हम उन्हें इसी प्रकार ठोस और वास्तविक अनुभूत करते हैं जिस प्रकार स्वप्निल पदार्थों को ठोस और वास्तविक मान बैठते हैं। असीम चेतना की विशिष्ट प्रकृति के कारण ही ये आकाशपिंड अस्तित्ववान दिखाई पड़ते हैं। उनकी वास्तविकता निश्चय ही एकमात्र वास्तविक ब्रह्म है। हर वस्तु हर स्थान पर हर समय विशुद्ध अविभक्त चेतना के रूप में अस्तित्व में रहती है। उस असीम (ब्रह्म) की असीम क्रीड़ा में ससीम संसार और ससीम मन है। उनमें से हर एक में महाद्वीप, पर्वत, गाँव और नगर ऐसे लोगों से आबाद हैं जिनका समय-आकाश का अपना पैमाना है और अपना जीवनकाल है। जब ये जीव अपने जीवनकाल की समाप्ति पर पहुँचने के समय आत्मज्ञान प्राप्त नहीं कर पाते तो वे असीम आकाश में अवस्थित बने रहते हैं और अपने-अपने स्वप्न-संसारों का निर्माण करते रहते हैं। **इनमें ऐसे प्राणी भी हैं जिनके मन भी हैं और उन मनों में ऐसे संसार भी हैं जिनमें बहुत से प्राणी सदा-सदा के लिए भी हैं।**

इस भ्रामक दृश्य संसार का न आदि है और न अंत ही। यह ब्रह्म है और मात्र ब्रह्म है। हे राम, इन सब विविध पदार्थों में मात्र शुद्ध चेतना के अतिरिक्त और कुछ नहीं।

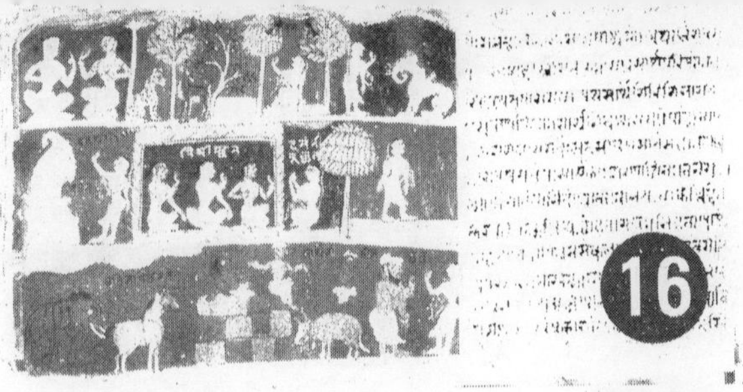

16 दिसंबर

इष्टवस्वर्थिनां तज्ज्ञसूपदिष्टेन कर्मणा
पौनः पुण्येन करणानेतरच्छरनां मुने (67/23)

वसिष्ठ ने कहा :

जब मैंने उस स्त्री (देवी) के बारे में पूछा तो उसने कहा : "आप इस ब्रह्मांड के एक कोने में रहते हैं। इससे परे तरह-तरह के ब्रह्मांड हैं जो इससे अत्यंत भिन्न हैं। दूर-दराज पर्वत-शृंखला की ढाल पर स्थित एक ठोस शिला के अंदर मैं रहती हूँ। इस शिला के अंदर का संसार ठीक आपके संसार जैसा है। इसके अपने निवासी हैं, देवदूत और दैत्य हैं, स्वर्ग और नरक हैं, सूरज और चाँद हैं और इसी प्रकार और भी सब-कुछ है। मैं अगणित युगों से अपने पति के साथ यहाँ रह रही हूँ। क्योंकि हम दोनों एक-दूसरे के प्रति अत्यंत आकृष्ट हैं, इसलिए हमने मोक्ष (निर्वाण) प्राप्त नहीं किया है। यद्यपि मेरे पति ब्राह्मण हैं, उच्च कुल के हैं, शिक्षित हैं पर हैं सुस्त। वे चाहते हैं कि मेरी पत्नी की प्रवृत्ति अध्यात्म में हो। इसी इच्छा से मैंने जन्म लिया। परंतु हमारा दांपत्य जीवन का आरंभ नहीं हुआ।

"कुछ समय के बाद पति के प्रति मेरी आसक्ति अनासक्ति में बदल गई। फिर भी मैं उसका त्याग न कर सकी। स्त्री इस संसार में सब-कुछ त्याग कर सकती है परंतु पति का त्याग नहीं करती? अब मेरे मन में एक ही इच्छा है। और वह यह कि आपसे शिक्षा ग्रहण करूँ। मेरा पति भी आत्मज्ञान प्राप्त करना चाहता है।"

उसकी प्रार्थना सुनकर मैं उसके साथ उसके शिला के अंदर के संसार में प्रविष्ट हुआ परंतु कुछ देख न पाया। मुझे शिला तो अवश्य दिखाई दी। उसने कहा : "पहले मैंने शिला में जो देखा था वह अब मुझे अपने में दिखाई दे रहा है। बार-बार शिला में संसार की पुष्टि के फलस्वरूप मैं उसका अनुभव करने लगी हूँ। **ओहो, मोक्ष का यही एक पथ है, व्यक्ति को पूर्ण रूप से अपने इच्छित कार्य के लिए समर्पित होना चाहिए। उसके लिए उचित प्रयास के लिए शिक्षित भी होना चाहिए और उसे बार-बार उस प्रयास में प्रवृत्त भी होना चाहिए।"**

इतना सुनने के बाद मैंने पुनः समाधि ली। जो शिला मेरे सामने थी वह विशुद्ध चेतना (चिदाकाश) के रूप में प्रकाशित थी। माया की रहस्यमय शक्ति के कारण बिना किसी कारण के विरोधाभासी रूप में जो अवास्तविक होता है वह प्रत्यक्ष लगता है और जो प्रत्यक्ष होता है वह अवास्तविक लगता है।

सूक्ष्म शरीर इन प्रत्यक्ष सत्यों में एक है। स्थूल भौतिक शरीर सूक्ष्म (आतिवाहिक) शरीर में उसी प्रकार स्थित होता है जिस प्रकार मरीचिका में जल स्थित होता है। जब तुम्हें बोध होता है कि जो प्रत्यक्ष है वह अवास्तविक है तब हमारे चिंतन के लिए योग्य है ही क्या? हम उसे वास्तविक कैसे मान लें जो अवास्तविक के द्वारा वास्तविक सिद्ध हुआ हो? अतः हमें शिला के अंदर जो अवास्तविक संसार दिखाई दिया वस्तुतः वह विशुद्ध चेतना थी। ऐसा संसार उस अज्ञानी को दिखाई देता है जो इस धारणा से चिपका होता है कि "मैं आत्मज्ञानी नहीं हूँ"।

वह दिव्य स्त्री शिला के अंदर के संसार में प्रविष्ट हुई। मैं भी प्रविष्ट हुआ। वह उस संसार में कर्ता के पास गई। वह उसका पति था। उसने मुझसे कहा कि हम दोनों को आत्मज्ञान प्रदान करें।

दिसंबर

एवं संपाद्यते ब्रह्मा तथा संपाद्यते हरिः
एवं संपाद्यते रुद्र एवं संपाद्यते कृमिः (73/37)

वसिष्ठ ने कहा :

'शिला के कर्ता' ने उत्तर दिया : "मैं ब्रह्मांडीय चेतना का मात्र एक स्पंदन हूँ। मैं उत्पन्न नहीं किया गया। मैं कुछ और देखता भी नहीं। यहाँ आप और मैं जो देखते हैं वे मात्र स्पंदन या धारणाएँ मात्र हैं। ऐसी ही यह स्त्री है। यह मेरी पत्नी के रूप में उत्पन्न नहीं हुई। अब मैं असीम चेतना के तल में विलीन होना चाहता हूँ। अतः मुझमें वैराग्य उत्पन्न हुआ है जो ब्रह्मांडीय प्रलय के आगमन का सूचक है। इसीलिए इस स्त्री में भी वैराग्य उत्पन्न हुआ है। यह स्त्री भी धारणा है। सभी धारणाएँ नष्ट होती हैं। जिस प्रकार धारणाएँ उत्पन्न होती हैं उसी प्रकार नष्ट भी होती हैं।

"काल, आकाश, पदार्थ, गति आदि चेतना के अंग हैं। मात्र चेतना का ही इस शिला में अस्तित्व है। असंख्य लोक इस चेतना में स्थित हैं। इतना कहकर 'शिला का कर्ता' ध्यान में मग्न हो गया। वह स्त्री भी ध्यान में लीन हो गई। मैंने भी ध्यान लगाया। जब ब्रह्मांडीय व्यक्ति ने 'पृथ्वी' की धारणा से अपनी चेतना हटा ली तब पृथ्वी विघटित होने लगी। प्राकृतिक तथा कृत्रिम आपदाओं के पहले घोर अन्याय का बोलबाला होता है। जब पृथ्वी विघटित हुई तो जो कुछ विद्यमान था वह सब-कुछ जल से प्लावित हो गया। जब सृष्टिकर्ता ने अपने प्राणों को रोक लिया तब वायु ने आकाश में अपनी प्राकृतिक गति त्याग दी। प्राण-वायु के बिना कौन जीवित रह सकता है? परिणामतः तारे और स्वर्ग भी, स्वर्ग का राजा इंद्र भी विघटित होने लगे। वे भी मात्रा धारणाएँ ही थीं जिन्हें सृष्टिकर्ता ने धारण किया था।

शाश्वत ही उत्तरजीवी होता है अर्थात् जो शाश्वत होगा वही प्रलय के बाद अस्तित्व में रहेगा। इसका वर्णन नहीं हो सकता। पर्वत की तुलना में उपपरमाणु कण छोटा होता है। इसी प्रकार उस असीम की तुलना में संपूर्ण ब्रह्मांड उपपरमाणु का कण होता है। सृष्टि स्वप्न के समान है। चेतना का कण आकाश में गतिमान हुआ तो पहले जो 'यहाँ' कर्ता था अब 'वहाँ' कर्ता है। इस प्रकार काल का सिलसिला भी चला और साथ ही स्थान के विचार से 'ऊपर', 'नीचे' आदि के भेद भी खड़े हुए। यद्यपि इसकी प्रकृति विशुद्ध आकाश (या शून्य) की है परंतु इसमें काल, आकाश, क्रिया, पदार्थ और जागरूकता शब्दों के अर्थ जुड़ गए। **इसी प्रकार यह चेतना ब्रह्मा अर्थात् सृष्टिकर्ता बनती है, हरि या विष्णु बनती है, रुद्र बनती है और कृमि भी बनती है।** संपूर्ण ब्रह्मांड एक उपपरमाणु कण में स्थित है और तीनों लोक एक बाल में पिरोए हैं।

ब्रह्मांडीय व्यक्ति के दो शरीर होते हैं। उत्तम शरीर तो विशुद्ध चेतना होती है और दूसरा शरीर यह संसार होता है। वह अंडे की तरह संसार को मुर्गी की भाँति देखने में सक्षम है। वह अंडे के दो भाग करता है। वह ऊपरवाले हिस्से को स्वर्ग या आकाश और नीचेवाले हिस्से को धरती कहता है। इस प्रकार स्वर्ग उसका सिर है और पैर उसके धरती। ब्रह्मांड के जो अन्य तत्त्व हैं वे उसके शरीर के विभिन्न अंग हैं। जो हो वही विशुद्ध चेतना है और शेष सब धारणाएँ। इस संसार में घटित होनेवाले सभी कार्य उसी में उद्भूत हैं। उसी के कारण यह संसार वास्तविक दिखता है। जिस प्रकार ध्यान के समय तुम अपने हृदय में रहते हो उसी प्रकार वह ब्रह्मांडीय शरीर में रहता है।

18

दिसंबर

काकुत्स्थ रुद्रनामा सावहंकारतयोस्थितः
विषमैकाभिमानात्मा मूर्तिरस्यामलं नभः (80/19)

वसिष्ठ ने कहा :

जब सृष्टिकर्ता ध्यान में लगे हुए थे तब मैंने चारों ओर देखा। मुझे चारों दिशाओं से सूर्य उगते हुए नज़र आए। दस सूर्य थे। ग्यारहवाँ सूर्य पृथ्वी के भीतरी भाग से निकलता हुआ दिखाई दिया। तीन और रुद्र तीन नेत्रों के समान लग रहे थे। इन तीनों को मिलाकर बारह सूर्य हुए। रुद्र के नेत्रों के फलस्वरूप ब्रह्मांड राख में परिवर्तित हो गया था। दो पदार्थ ही अप्रभावित रहे। एक आकाश जो सर्वव्यापी था और दूसरा स्वर्ण जो विशुद्ध था। और कुछ नहीं बचा था। भावी पीढ़ियाँ आश्चर्य करेंगी : "शायद पहले संसार, ब्रह्मांड या सृष्टि रही होगी!"

भयावह पवन ने सब-कुछ सुखा डाला था। इसके बाद बारी आई भयावह बादलों के हठपूर्वक गाज गिराने की। पूर्ण अंधकार व्याप्त था। पदार्थों को विघटित करनेवाली प्राणवायु ही विघटित पदार्थों को धारण किए थी। पूरा आकाश ढेरों मक्खियों और मच्छरों की तरह उड़ते हुए नगरों, दैत्यों, सर्पों, सूर्यों और आग से पटा पड़ा था। जल, अग्नि और वायु ये तीनों तत्त्व पूर्ण रूप से अनियंत्रित थे। पूर्ण अंधकार था।

सृष्टि के पूर्ण विनाश के बाद प्रच्छन्न खंडहर बचे थे। फिर वहाँ परिपूर्णता हुई। यह परिपूर्णता तब दिखाई दी जब विभिन्न जीव नष्ट हो गए। यह वह परिपूर्णता थी जो सदा वहाँ रहती थी। वहाँ आकाश नहीं था। दिशाएँ भी नहीं थीं। न वहाँ तत्त्व थे न सृष्टि ही। वहाँ मात्र चेतना का असीम सागर था। सृष्टिकर्ता के रूप में मैं ध्यान में बैठा था। मुख्य सहायक मुझे घेरे हुए थे। बारह सूर्य भी वहाँ आ पहुँचे। उन्होंने भी ध्यान लगाया। मैंने उन्हें उसी प्रकार देखा जिस प्रकार स्वप्न में दिखनेवाले पदार्थ हों या लालसा की अभिव्यक्ति हों न कि भौतिक दृष्टि से मूर्तिमान रूप में। तब मुझे बोध हुआ कि वे सभी विशुद्ध शून्य हैं। उसी क्षण वे दृष्टि से ओझल हो गए। 'सृष्टिकर्ता का संसार' भी नष्ट हो गया।

मैंने एक भयावह रूप भी देखा। जो ब्रह्मांड की विनाशक मूर्ति जैसा था। वह अपने ही तेज से चमक रहा था। मैंने सोचा : **"यह रुद्र है।"** फिर मैंने उसे प्रणाम किया। **हे राम, यह अहं है। इसका काम ही संतुलन को नष्ट करना है। इसका रूप शुद्ध आकाश या शून्य है।** इसलिए इसका रंग भी आकाश जैसा है। पाँचों इंद्रियाँ इसके मुख हैं। पाँच कर्मेंद्रियाँ और उनके कार्यक्षेत्र इसके दस हाथ हैं। रुद्र का रूप असीम चेतना के लघु कण के समान है। वह असीम चेतना (चिदाकाश) में हलचल के समान तथा भौतिक आकाश और जीवित प्राणियों में वायु के समान अवस्थित है। समय पाकर जब उसकी सभी हलचलें समाप्त हो जाती हैं तब वह परम संतुलन प्राप्त कर लेता है।

क्योंकि वह भले कर्मों से प्राप्त होता है और उसका अस्तित्व भी सभी की भलाई के लिए है इसलिए उसे शिव कहते हैं। जब वह परम शांति प्राप्त कर लेता है तो कृष्ण कहलाता है। वह स्वयं संपूर्ण ब्रह्मांड को उत्पन्न करता है, एक ब्रह्मांडीय समुद्र का पान करता है और उस परम शांति को प्राप्त करता है।

दिसंबर

चेतनत्वात्तथाभुतस्वभाव विभवादृते
स्थातुं न युज्यते तस्य यथा हेम्ना निराकृति (82/6)

वसिष्ठ ने कहा :

रुद्र आकाश में नृत्य करने लगा। उसके पीछे मुझे छाया दिखी। बिना सूर्य के छाया का अस्तित्व कहाँ? मैं इस संबंध में सोच ही रहा था कि छाया (स्त्री) रुद्र के सामने आ खड़ी हुई और वह भी नाचने लगी। वह पतली-दुबली भी थी और भारी भरकम भी। उसके मुख से अग्नि निकल रही थी। वह कालरात्रि थी। धर्मात्मा उसे काली कहते हैं। खेल-खेल में उसने अपने लिए पर्वतों की माला गूँथ ली थी। तीनों लोक उसके शरीर के तीन हिस्सों के दर्पण बन गए थे। संपूर्ण ब्रह्मांड निरंतर गतिशील था क्योंकि वह नृत्य कर रही थी। देखने में तीनों लोक उसके शरीर में दृढ़तापूर्वक स्थापित हो चुके थे। जब मैं देख रहा था तो वे (तीनों लोक) दिखे, अदृश्य हुए और पुनः दिखे। घूमता हुआ वातावरण ऐसा लग रहा था कि उसका वस्त्र लहरा रहा हो। परंतु वस्तुतः कुछ हुआ नहीं। अपने नृत्य से उसने क्षण-क्षण में ब्रह्मांडों की सृष्टि और विलय किया।

न वहाँ कोई पुरुष था न स्त्री ही और न उनका नृत्य ही। चिदाकाश स्वतः शिव (रुद्र) है। उसकी अपनी गत्यात्मक ऊर्जा न उससे अलग है और न उससे भिन्न ही। मात्र शाश्वत असीम चेतना अस्तित्व में है। प्रभु ने स्वतः रुद्र का आकार धारण किया था। परंतु है वह निराकार। **असीम चेतना के लिए वह आकार भी धारण करना उचति नहीं क्योंकि वह अपनी अंतर्निहित प्रकृति के फलस्वरूप पूर्ण भव्यता के साथ अभिव्यक्त हो चुकी थी। फिर सहसा वह उस आकार से रहित होगी ही क्योंकि स्वर्ण बिना आकार के नहीं रहता फिर भले ही वह आकार चाहे कैसा क्यों न हो।**

जो कुछ भी है और कार्य करता है वह आत्मा के विचार से वास्तविक है परंतु उसके लिए वास्तविक नहीं जो देख न रहा हो अथवा उससे बेखबर या अनभिज्ञ हो। काल्पनिक नगर कल्पना है, नगर नहीं। प्रभु के लिए कालरात्रि वही है जो वायु के लिए गति है। आकाश में उसका नृत्य चलता रहता है। आकस्मिक संयोग से प्रभु से उसका संपर्क होता है। तत्क्षण वह दुबली-पतली तथा पारदर्शी हो जाती है। जिस प्रकार नदी समुद्र में प्रवेश करने पर उसी का रूप धारण करती है उसी प्रकार वह प्रभु का ही रूप धारण करती है। प्रभु में अपना तेज है। चेतना की ऊर्जा तब तक नृत्य करती है जब तक वह निर्माण की महिमा का अवलोकन करती है। जब वह चेतना को देखती है तो वह विशुद्ध चेतना हो जाती है।

थोड़ी ही देर बाद रुद्र प्रकाश में परिवर्तित हुआ, फिर बादल में और फिर अणु से भी लघु हो गया। वह अदृश्य हो गया। वह पूर्ण ब्रह्म या विशुद्ध चेतना से मिलकर एकीकृत हो गया। मैंने दिव्य नेत्र (जाग्रत प्रज्ञा) से यह सब-कुछ उस शिला में देखा। यदि कोई भौतिक आँख से शिला को देखता है तो कुछ दूरी पर होने पर वह शिला ही दिखाई देगी। उस शिला के हर अंग में मैंने उत्पत्ति, पालन और विघटन होते देखा है। मैंने भूत, वर्तमान और भविष्य में ब्रह्मांड को देखा है।

20

दिसंबर

एवंरूपमहम् जालं भावयन् यत्तदास्थितः
तदहंकार इत्यद्य कथ्यते त्वादृशैर्जनैः (87/35)

वसिष्ठ ने कहा :

कुछ समय तक असीम चेतना पर विचार करते हुए मुझे सहसा बोध हुआ कि यह सारी सृष्टि उसी प्रकार मेरे अंदर है जिस प्रकार बीज के अंदर पेड़ होता है। सृष्टि के संबंध में इस प्रकार विचार करते करते मैं भी परमाणु रूप हो गया। प्रकाश की किरण के रूप में मुझे अपना बोध हुआ। जल्दी ही मैं स्थूल हो गया। उस स्थूलता में इंद्रियों के द्वारा अनुभव प्राप्त करने की शक्ति थी। जब चेतना ने 'अपनी आँख खोली' या वह अपनी अंतर्निहित शक्ति से अवगत हुई। तब तन्मात्राएँ (शुद्ध तत्त्व) उत्पन्न हुईं और उसके बाद सभी इंद्रियाँ अस्तित्व में आईं। वस्तुतः ये हैं विशुद्ध शून्य ही। पाँच तत्त्वों (भूतों) और पाँच इंद्रियों से संबद्ध ज्ञान और अनुभव मुझमें बरबस उत्पन्न हुआ। था यह सब भ्रम या मायाजनित ही। तो भी, **मेरी उस अवस्था को मैं-पन या अहंभाव के रूप में ही तुम जैसे लोगों ने जाना।** यद्यपि मैं विशुद्ध चेतना हूँ, तो भी ऐसा लगा कि मैंने सूक्ष्म शरीर, अंतःकरण आदि प्राप्त कर लिया है।

जब मुझे आकाश का अनुभव हुआ तब मुझे पता चला कि धरती क्या थी। मैं धरती बना। उस धरती में (पर) मुझे बेशुमार ब्रह्मांडों के अस्तित्व का अनुभव हुआ। परंतु मैं असीम चेतना हूँ, इसका मुझे भान भी सदा बना रहा। धरती-चेतना के रूप में मुझे धरती का अनुभव प्राप्त हुआ। यह था तो मानसिक ही कि मैं धरती बना हूँ परंतु यह भी उतना ही सच है कि यह मानसिक नहीं था और न ही मैं वस्तुतः धरती बना था। मन से अलग कोई धरती नहीं। चेतना में जो धारणा उत्पन्न होती है वह विशुद्ध चेतना होती है कुछ और नहीं। इस प्रकार कोई धारणा है ही नहीं न आत्मा की और न संसार की। जब इस प्रकार देखा जाता है तो संसार का अस्तित्व नहीं रहता। जब ध्यानपूर्वक नहीं देखा जाता तो वह अस्तित्व ग्रहण करता है।

विशुद्ध चेतना ही इस धरती के रूप में प्रकट होती है। तीन लोकों में असंख्य लोगों की यह धारणा मिथ्या है जिसने धरती नाम से अस्तित्वपरक सत्ता ग्रहण की है। "मैं ही सब-कुछ हूँ और वह सब इस में है।" इस बोध के आधार पर मैं सब-कुछ देखता हूँ।

जल की धारणा से मुझे जल-स्तर का अनुभव भी प्राप्त हुआ। जल का चिंतन करते हुए मैं जल हो गया। इसके बाद अग्नि का चिंतन करके मैं तेज हुआ। मैं सोने में सुवर्ण (अच्छा रंग) भी बना आदि आदि। मैं मनुष्यों में जीवंतता और शौर्य बना, रत्नों में चमक बना, वर्षा के बादलों में बिजली की चमक बना। पृथ्वी, जल और अग्नि की जिस स्थिति का भी मुझे अनुभव हुआ उसमें मैंने सिर्फ ब्रह्म का ही अनुभव किया। इस प्रज्ञा के द्वारा यदि कोई अन्य अवस्था में बिना किसी इच्छा के प्रविष्ट होता है, तो उसे सुख या दुख का अनुभव नहीं होता। जब कोई अपने मन में चिनगारियों की कल्पित नदी का स्पर्श करता है तो उसे कष्ट या दुख नहीं होता। ऐसे ही तात्त्विक अनुभव मुझे प्राप्त हुए हैं।

तब मैंने वायु का चिंतन किया और वायु (तत्त्व) बना। मैंने घास, पत्तों, लताओं और तिनकों को नृत्य की कला सिखाई। यद्यपि पाताल मेरे पैर थे, धरती उदर थी और सिर स्वर्ग था तो भी मैं वायु था। मैंने अपनी अधो-पारमाण्विक प्रकृति का त्याग नहीं किया था।

दिसंबर 21

स्वप्नसंकल्पसंशान्तौ स्वप्न संकल्पत्तनम्
यदा सा सुकुटी नष्टा मत्संकल्पोपशांतितः (93/15)

वसिष्ठ ने कहा :

इस सबके बाद मैं अंतरिक्ष में अपनी कुटिया या आश्रम में पुनः प्रविष्ट हुआ। अपने भौतिक शरीर को खोजा। वह वहाँ नहीं था। परंतु उस कुटिया में एक वृद्ध संत बैठा हुआ मिला। वह समाधि लगाए था। मेरी इच्छा थी कि वह यहीं रहे। **जब उस कुटिया में रहने की इच्छा समाप्त हो गई, तो वह कुटिया अदृश्य हो गई। जब किसी स्वप्न या धारणा का अंत होता है तो जो पदार्थ उसमें उत्पन्न होते हैं वे भी अदृश्य हो जाते हैं।**

कुटिया ध्वस्त हो गई, संत गिर पड़ा। और मैं भी उसके साथ धरती-तल पर उतर आया। वह संत जिस स्थिति में आश्रम में था उसी स्थिति में उसका धरती पर अवतरण हुआ। ऐसा इसलिए हुआ कि प्राण और अपान के योग से उसने गुरुत्वाकर्षण पर विजय प्राप्त कर ली थी। वह समाधि से उठा भी नहीं था। उसका शरीर शिला की तरह मजबूत था तथा रुई के समान हलका था। उस संत को जगाने के उद्देश्य से मैंने बादल का रूप धारण किया, गड़गड़ाया और बरसा। उसकी शरीर-चेतना लौटी। उसने मुझे अभिवादन किया और अपनी कथा सुनाई। "मैंने बहुत समय तक देवलोक में विचरण किया है। मैं इस संसार से तंग आ गया हूँ। जब यह सब विशुद्ध चेतना है, तो क्या है जिसे हम सुख कह सकते हैं। सुख भयानक दुख है, संपदा विपदा है, ऐंद्रिय सुख सब से बुरा रोग है और सुख के लिए दौड़ खिझाहट भरी होती है। अवस्था बढ़ने के साथ-साथ बाल सफेद होने लगते हैं, दाँत गिरने लगते हैं और शक्ति कम होने लगती है बस लालसा ही बढ़ती जाती है। लंबे समय के बाद मैंने अहं से मुक्ति पाई थी। मैं स्वर्ग के सुखों के लिए लालायित नहीं हूँ। हे संत, मैंने भी आपकी तरह अंतरिक्ष में वह आश्रम देखा।" मैंने उससे उसी कुटिया में रहने के लिए अनुरोध किया। हम दोनों अंतरिक्ष में गए। उसे जो स्थान भाया वह वहाँ गया और मैंने अपनी राह पकड़ी।

मैं भूत की तरह स्वर्ग में घूम रहा था। किसी ने भी मुझे न देखा। एक दिन मेरे मन में आया : "देवताओं के द्वारा देखा जाऊँ।" फिर वे मुझे देखने लगे। कुछ समय बीतने पर मुझे भौतिक शरीर प्राप्त हुआ। मेरी दृष्टि में भौतिक और सूक्ष्म शरीर में अंतर न था। दोनों ही वास्तव में विशुद्ध चेतना थे। यहाँ भी इसी शरीर से कार्य कर रहा हूँ। ब्रह्म के अतिरिक्त मेरी कोई धारणा नहीं। इस प्रकार जब मैं विविध कार्यों में लगता भी हूँ तो भी मेरा ब्रह्म का बोध नष्ट नहीं होता। आप सबके मन में और मेरे मन में भी बार-बार होनेवाले वायवीय वसिष्ठ के भाव के कारण मैं यहाँ बैठा प्रतीत होता हूँ। सच्चाई यह है कि यह सब विशुद्ध शून्य है, और ये सभी धारणाएँ हैं और सृष्टिकर्ता के मन में उत्पन्न होती हैं। जब सत्य का बोध होता है तो सृष्टि के ये तथाकथित दृश्य जल की तरह दिखाई पड़नेवाली मरीचिका की तरह ओझल हो जाते हैं। वास्तविक प्रकृति का ज्ञान होने पर ही ऐसा होता है।

मोक्ष मन को आभ्यांतरिक शीतलता (शांति) प्रदान करता है। बंधन मनोवैज्ञानिक संताप देता है। इस बात का बोध होने पर भी व्यक्ति मोक्ष के लिए प्रयत्न नहीं करता। लोग कितने मूर्ख हैं!

दिसंबर

सर्वाः शंकाः परित्याज्य धैर्यमालंब्य शाश्वतम्
महाबोक्ता महाकर्ता महात्यागी भवानघ (9)

वसिष्ठ ने कहा :

सभी शंकाओं का त्याग करो। नैतिक साहस धारण करो। कर्मों का परम कर्ता, सुखों का परम भोक्ता और परम त्यागी बनो। प्राचीन काल में ये तीन अनुशासन भगवान शिव ने भृंगीश को सिखलाए थे जिसके बल पर उसने पूर्ण स्वतंत्रता अर्जित की थी। भृंगीश सामान्य या पारंपरिक आत्मज्ञान का ज्ञाता था। वह भगवान शिव के पास गया और कहा : "प्रभु, मैं इस दृश्य संसार से भ्रमित हूँ। प्रार्थना है कि मुझे बताएँ कि मैं कैसे इस भ्रम से छुटकारा पा सकता हूँ।"

भगवान शिव ने कहा :

अपनी सभी शंकाओं को छोड़ो। नैतिक साहस अपनाओ। महाभोक्ता (आनंद का भोग करनेवाला) महाकर्ता (महान कर्म करनेवाला) और महात्यागी (पूर्ण त्यागी) बनो।

महाकर्ता वह है जो शंकाओं से मुक्त होता है, प्रकृत परिस्थितियों में धर्म-अधर्म, राग-द्वेष, सफलता-विफलता, अहं या ईर्ष्या से प्रभावित हुए बिना शांत मन और शुद्ध भाव से उपयुक्त कार्य में लगता है। उसकी किसी पर आसक्ति नहीं होती, वह हर बात का साक्षी अवश्य होता है, उसकी इच्छा या प्रयोजन में स्वार्थ की गंध नहीं होती, न ही उसमें दुख-संताप होता है, क्रिया प्रतिक्रिया के प्रति पूर्णतः उदासीन रहता है तथा बिना उत्तेजना या आह्लाद के शांत भाव से काम करता है। शांति और साम्यावस्था उसकी प्रकृति होती है जो जन्म, अस्तित्व, सर्वनाश में भी बनी रहती है।

महाभोक्ता वह होता है जो न किसी से घृणा करता है न उसमें जिसकी किसी के प्रति चाह होती है परंतु जो सभी प्राकृतिक अनुभवों का आनंद लेता है, वह किसी कार्य में लगने पर भी किसी चीज से न चिपकता है और न उसका त्याग ही करता है, होनेवाले अनुभव को वह अनुभूत नहीं करता, वह सब-कुछ सांसारिक खेल ही समझता है और उससे प्रभावित नहीं होता। जीवन में होनेवाले सुख-दुख से उसका हृदय प्रभावित नहीं होता और न ही उन परिवर्तनों से प्रभावित होता है जो भ्रम उत्पन्न करते हैं। वह बुढ़ापे, मृत्यु, सत्ता, गरीबी, सौभाग्य, दुर्भाग्य को प्रसन्न भाव से स्वीकार करता है। उसकी प्रकृति अहिंसक होती है, वह सद्गुणी होता है, मीठे और कड़वे पदार्थों का स्वाद समान रूप से लेता है। वह इस बात में भेद नहीं करता कि "यह आनंददायक है" और "यह नहीं"।

वह महात्यागी है जिसने अपने मन से धर्म-अधर्म, दुख-सुख, जन्म-मरण, सभी इच्छाओं, सभी शंकाओं, सभी अवधारणाओं को निकाल दिया हो जो शरीर, मन आदि की पीड़ा को मिथ्या समझता हो। जिसको यह बोध हो गया हो कि 'मेरा शरीर नहीं है न जन्म और न मरण होता है और न कुछ सही है और न गलत ही। और जिसने अपने हृदय से दृश्य संसार की भावना को पूरी तरह से निकाल दिया हो।'

वसिष्ठ ने कहा :

इस प्रकार भगवान शिव ने भृंगीष को उपदेश दिया। भृंगीश को आत्मज्ञान प्राप्त हुआ। हे राम, तुम भी यही ढंग अपनाओ और दुखों के पार पहुँचो।

दिसंबर

भावाभाव विरुद्धोपि विचित्रोपि महानपि
नानन्दाय न खेदाय सतां संसृतिविभ्रमः (116/10)

राम ने पूछा :

प्रभु, आप सभी सत्यों को जानते हैं। जब अहंभाव मन में विलीन हो जाता है तो किन लक्षणों से सत्त्व की पहचान होती है?

हे राम, घोर उत्तेजना की स्थिति में भी ऐसे मन को लोभ और भ्रम जैसे पापकर्म छू नहीं पाते। जिसका अहंभाव विलीन हो चुका होता है उसके प्रसन्नता (दूसरों की समृद्धि देखकर होनेवाली प्रसन्नता) आदि सद्गुण कभी उसका साथ नहीं छोड़ते। उसकी अभिवृत्तियों और बद्ध-प्रवृत्तियों की गाँठें खंड-खंड हो चुकी होती हैं। उसका क्रोध क्षीण और भ्रम अप्रभावी हो चुका होता है। उसकी इच्छा बेदम होती है। लोभ उड़ चुका होता है। उसकी इंद्रियाँ सुस्थिर रहती हैं न उत्तेजित होती हैं और न विषादग्रस्त ही। यदि सुख या दुख उसके मुख से झलके भी तो भी वह उसके मन को उत्तेजित नहीं करता। उसका मन सुख-दुख को महत्त्वहीन समझता है। हृदय उसका साम्यावस्था में रहता है।

उक्त गुणों से युक्त आत्मज्ञानी व्यक्ति अनायास और स्वभावतः शरीर धारण करता है। **संपदा या विपदा का होना या न होना, एक-दूसरे के बाद आना-जाना, विभिन्नताओं तथा परस्पर-विरोधी विषमताओं का होना धर्मात्माओं में सुख या दुख उत्पन्न नहीं करता।**

वह अभागा है जो आत्मज्ञान के पथ पर नहीं चलता। यदि कोई अपनी बुद्धि का सही प्रयोग करे तो यह पथ उसकी पहुँच के अंदर है। संसार-सागर (दृश्य संसार या जन्म-मरण का चक्र) को पार करने तथा परम शांति को प्राप्त करने के साधन हैं आत्मा, संसार और सत्य की प्रकृति का अनुसंधान।

तुम्हारे पूर्वज राजा इक्ष्वाकु ने एक दिन अपने से प्रश्न किया : "बुढ़ापा, मृत्यु, दुख, सुख, शोक-प्रसन्नता, भ्रम आदि संसार के तरह-तरह के भोग भोगने का मूल कारण क्या है?" उन्हें अपने से कोई उत्तर नहीं मिला। फिर वे अपने पिता मनु (ब्रह्मा के पुत्र) के पास गए और पूछा : आपकी प्रेरणा से आपके समक्ष एक समस्या रख रहा हूँ। संसार की उत्पत्ति का मूल क्या है? मैं कैसे इस संसार से मुक्त हो सकता हूँ।"

मनु ने उत्तर दिया : "मेरे पुत्र, तुम जो कुछ यहाँ देख रहे हो उसका अस्तित्व नहीं है-कुछ भी नहीं है। न ही कोई ऐसी चीज है जो देखने में न आई हो अथवा जो मन और इंद्रियों से परे हो। एक आत्मा ही है जो असीम और शाश्वत है। जो कुछ इस ब्रह्मांड में दिखाई देता है वह आत्मा में होनेवाला परावर्तन है। ब्रह्मांडीय चेतना की अंतर्हित ऊर्जा से युक्त होने के फलस्वरूप वह परावर्तन यहाँ ब्रह्मांड के रूप में दिखाई देता है और अन्यत्र जीवंत प्राणियों के रूप में इसे ही संसार कहते हैं। न यहाँ बंधन है और न मोक्ष ही। एक अकेली असीम चेतना है। न वह एक है न अनेक। बंधन और मोक्ष वे सभी विचार छोड़ो और शांति से रहो।"

दिसंबर

एतावदेव खलु लिंगमलिंगमूर्तेः संशान्तसंसृति चिरभ्रम निर्वृतस्य
तज्ञस्य यन्मदनकोषविषादयोह लोभापदामनुदिनं निपुणं तनुत्वम् (123/6)

वसिष्ठ ने कहा :

अंत में मनु ने कहा : आत्मज्ञान जिसे प्राप्त होता है उसके कार्य न किसी हेतु से परिचालित होते हैं और न इच्छाशक्ति से ही। अतः वह इन गुणों से विकृत या दूषित नहीं होता। वह व्यक्ति निंदा-स्तुति से परे होता है। वह दूसरों के कारण विक्षुब्ध नहीं होता और न ही किसी को विक्षुब्ध करता है। वह पूजा के योग्य अर्थात् पूज्य होता है। रीति-रस्मों से नहीं वरन् ऐसे ही संत की पूजा से कोई ज्ञान प्राप्त करता है।" इस प्रकार मनु से उपदेश प्राप्त कर इक्ष्वाकु को आत्मज्ञान प्राप्त हुआ। हे राम, ऐसी ही प्रवृत्ति अपनाओ।

राम ने पूछा : यदि आत्मज्ञानी की यही प्रकृति है तो इसमें असामान्य और आश्चर्यजनक क्या है?

वसिष्ठ ने उत्तर दिया :

तो क्या हवा में उड़ने की योग्यता जैसी अतींद्रिय शक्तियाँ प्राप्त करना ही असामान्य या आश्चर्यजनक है? अज्ञानी व्यक्ति की प्रकृति में समभाव नहीं रहता। ज्ञानी व्यक्ति में मन की शुद्धता रहती है और लालसा का अभाव होता है। **ज्ञानी व्यक्ति गुणों या विशेषताओं के आधार पर नहीं जाना जाता। वह भ्रम और भ्रांति से रहित होता है। संसार उसके लिए समाप्त हो चुका होता है। उसकी कामवासना, क्रोध, दुख, भ्रम, लोभ जैसे विनाशक गुण (अवगुण) अत्यधिक क्षीण हो चुके होते हैं।**

प्रभु वैयक्तिकता (अर्थात् जीव) की अवधारणा करता है। बिना किसी कारण के ब्रह्मांड में तत्त्व उत्पन्न होते हैं। प्रभु के अनुभवों से उद्भूत होनेवाला जीव समझ लेता है कि (उन) तत्त्वों (पदार्थों) को मैंने उत्पन्न किया है। इस प्रकार सभी जीव उत्पन्न होते हैं और बिना किसी प्रत्यक्ष कारण के क्रिया करते हैं। परंतु इसके आगे उनके वैयक्तिक कार्य ही उनके सुख-दुख के अनुभव के कारण बनते हैं। अपनी समझ की सीमितता ही वैयक्तिक कार्यों का कारण होती है।

अपनी सीमित समझ और अपनी धारणाएँ ही बंधन का कारण होती हैं और मोक्ष होता है उनका अभाव। अतः अपनी सभी धारणाएँ या संकल्प छोड़ दो। यदि तुम किसी चीज पर आकृष्ट हो तो तुम बंधन में हो यदि किसी चीज के प्रति तुममें आकर्षण है ही नहीं तो तुम मुक्त हो। तुम जो करो और जिसका भी भोग करो, वस्तुतः तुम न कुछ करते हो और न भोगते ही हो। इसे जान लो और मुक्त हो जाओ।

ये सभी धारणाएँ मन में रहती हैं। मन से ही मन को वशीभूत करो। मन को मन से शुद्ध करो। मन को मन से मारो। दक्ष धोबी गर्द से गर्द को काटता है। काँटे से काँटे को निकाला जाता है। ज़हर जहर की मार होता है। जीव के तीन रूप होते हैं—स्थूल, सूक्ष्म और कारण। भौतिक शरीर स्थूल होता है। मन अपनी धारणाओं और सीमिताओं के साथ सूक्ष्म शरीर होता है। इन दोनों रूपों को छोड़ो। तीसरा रूप ही वास्तविकता है—विशुद्ध अपरिवर्तित चेतना। यह ब्रह्मांडीय प्राणी है। इसी में स्थित रहो और अन्य दोनों का दृढ़तापूर्वक त्याग करो।

दिसंबर

निर्वाणवान्निर्मननः क्षीणचित्तः प्रशान्तधि
आत्मन्येवास्व शान्तात्मा मूखान्धवधिरोपमः (125/4)

राम ने पूछा :

कृपया तुरीय अवस्था के संबंध में बताएँ जो जाग्रत, स्वप्न और सुषुप्ति तीनों अवस्थाओं से अलग मानी जाती है।

वसिष्ठ ने कहा :

तुरीया अर्थात् चतुर्थ अवस्था (अन्य तीन–जाग्रत, स्वप्न और सुषुप्ति) वह है जिसमें अहं का भाव या अभाव नहीं होता, वास्तविकता या अवास्तविकता नहीं होती। जो मुक्त होती है उसे तुरीया अवस्था कहते हैं। मुक्त संत की यह स्थिति होती है। यह अविच्छिन्न साक्षी चेतना है। यह विचार की हलचल वाली जाग्रत तथा स्वप्न अवस्थाओं से भिन्न है। यह जड़ता और अज्ञान की सूचक सुषुप्ति की अवस्था से भी भिन्न है। जब अहंभाव का त्याग कर दिया जाता है तब साम्यभाव की स्थिति उत्पन्न होती है जिसमें तुरीया व्यक्त होती है।

मैं तुम्हें एक नीति–कथा सुनाता हूँ जिसे सुनकर तुम आत्मज्ञानी बनोगे, भले ही तुम पहले ही आत्मज्ञानी हो चुके हो। एक जंगल में एक महात्मा (महान संत) रहते थे। इस असाधारण संत को देखकर एक शिकारी इनके पास पहुँचा और कहने लगा : "हे महात्मा, मेरे तीर से घायल एक हिरन इधर आया था। कृपया बताएँ कि वह किधर गया है?" संत ने उत्तर दिया : "हम लोग साधु–संत हैं जंगल में शांति से रहते हैं। हम में अहंभाव नहीं होता। इंद्रियों को सक्रिय करनेवाले हमारे अहंभाव तथा मन शांत हो चुके हैं। मैं जाग्रत, स्वप्न तथा सुषुप्ति इन तीनों अवस्थाओं को नहीं जानता। मैं तुरीया अवस्था में रहता हूँ। उसमें कोई पदार्थ दिखता नहीं।" शिकारी की समझ में कुछ न आया। फिर वह अपने रास्ते चला गया।

हे राम, तुम्हें बताऊँ कि तुरीया के अतिरिक्त कुछ नहीं। तुरीया ही अपरिवर्तित अर्थात् विशुद्ध चेतना है और उसी की सत्ता है। जाग्रति, स्वप्न और सुषुप्ति मन की अवस्थाएँ हैं। जब ये नहीं रहतीं तब मन मर जाता है। सत्त्व शेष रहता है जिसे योगी प्राप्त करना चाहते हैं।

यही सभी धर्मग्रंथों का सार है। वास्तव में न अविद्या (अज्ञान) है न माया ही। ब्रह्म की मात्र सत्ता है। कुछ इसे शून्य कहते हैं, कुछ इसे विशुद्ध चेतना, अन्य इसे परमात्मा कहते हैं। ये लोग आपस में तर्क–वितर्क करते हैं। हे राम, तुम सभी धारणाएँ छोड़ो। **विचार की हलचल के बिना निर्वाण में रहो, मन अत्यधिक दुर्बल और बुद्धि शांत रहे। आत्म में उसी प्रकार स्थित रहो जैसे तुम बहरे, गूँगे और अंधे हो।** अंदर से सब–कुछ छोड़ दो, बाहर से उपयुक्त कार्यों में लगो। मन की सत्ता ही सुख है और मन की सत्ता ही दुख है। मन से बेखबर हो जाओ तो ये सब सुख–दुख खत्म हो जाएँगे। जो आकर्षक है उससे भी अप्रभावित रहो और जो अनाकर्षक है उससे भी अप्रभावित रहो। इतने से स्वप्रयास से इस संसार पर विजय पा लोगे। सुख और दुख तथा इन दोनों की बीच की स्थिति से भी बेखबर रहने पर तुम दुख से ऊपर उठ जाओगे। इस अल्प स्वप्रयास से तुम असीम को प्राप्त कर लोगे।

26 दिसंबर

यतः कुतश्चिदानीय ज्ञानशास्त्राण्यवेक्षते
एवं विचारवान्यः स्यात् संसारोत्तारणं प्रति (13)

राम ने पूछा :

कोई योग के सात सोपानों को कैसे पार करता है और इन सात सोपानों की क्या-क्या विशेषताए हैं।

वसिष्ठ ने कहा :

व्यक्ति या तो संसार में प्रवृत्त होना चाहता है या उससे निवृत्त होना चाहता है। जो प्रवृत्त होना चाहता है वह प्रश्न करता है : "मोक्ष क्या है? मेरे लिए तो यह संसार और उसका जीवन ही बेहतर है।" और वह विभिन्न सांसारिक कार्यों में व्यस्त रहता है। अनेक-अनेक जन्मों के बाद उसे ज्ञान प्राप्त होता है। उसे ज्ञात होता है कि सांसारिक क्रियाएँ निरर्थक पुनरावृत्ति मात्र हैं और इसलिए मुझे अपना जीवन व्यर्थ गँवाना नहीं चाहिए। वह विचारता है : "इन सब का अर्थ क्या है? मुझे इनसे विश्राम लेना चाहिए।" ऐसा व्यक्ति निवृत्त होता है।

"मैं कैसे अनासक्ति पैदा करूँ और कैसे इस संसार रूपी सागर का संतरण करूँ?" इस प्रकार वह निरंतर अनुसंधान में लगता है। दिन प्रतिदिन उसका विचार उसमें अनासक्ति उत्पन्न करता है और उसके हृदय में शांति और प्रसन्नता उत्पन्न होती है। वह भीड़-भाड़ के क्रियाकलापों से दूर रहता है और शुभ तथा सराहनीय कर्मों में लगता है। वह पापकर्मों से डरता है। अवसर के उपयुक्त वह बात करता है। उसकी बातों में माधुर्य और सच्चाई होती है। इस प्रकार योग के प्रथम सोपान "भूमिका" की ओर वह पग बढ़ाता है। वह संत-महात्माओं की सेवा करता है। **वह धर्मग्रंथों को एकत्र करता है, उनमें जो और जहाँ उसे मिलता है उसका अध्ययन करता है। उसकी अविच्छिन्न खोज संसार सागर को पार करती है।** वही साधक है अन्य तो स्वार्थी हैं।

फिर वह योग के दूसरे सोपान पर पग रखता है। यह विचार या अनुसंधान है। वह उत्सुकतापूर्वक ऐसे धर्मवेत्ताओं की संगति प्राप्त करता है जिन्हें धर्मशास्त्रों का ज्ञान है तथा अध्यात्म में जिनकी पैठ है। वह जानता है कि क्या करना चाहिए और क्या नहीं करना चाहिए। वह मिथ्याभिमान, ईर्ष्या, लोभ, भ्रम जैसी बुराइयों को छोड़ देता है। वह गुरु से योग के सभी रहस्य सीखता है।

फिर वह सरलता से योग के तीसरे सोपान की ओर बढ़ता है। इसे "असंगसंग" कहते हैं। आशय है—अनासक्ति या मुक्ति। वह निर्जन वनों में अपने मन को शांत करने के लिए भ्रमण करता है। धर्मशास्त्रों का अध्ययन तथा सदाचरण उसमें सत्य को देखने की शक्ति उत्पन्न करते हैं। यह अनासक्ति या मुक्ति दो प्रकार की होती है। एक सामान्य और दूसरी विशेष। पहले प्रकार की आसक्ति वाला अनुभव करता है : "न मैं कर्ता ही हूँ और न भोक्ता ही। न मैं दूसरों को हानि पहुँचाता हूँ और न दूसरे मुझे ही हानि पहुँचाते हैं। जो कुछ होता है वह पिछले कर्मों के कारण तथा ईश्वर की छत्रछाया में होता है। मैं कुछ नहीं करता भले ही सुख हो या दुख, सौभाग्य हो या दुर्भाग्य। ये सब तथा मिलना और बिछुड़ना, मानसिक व्यथा तथा शारीरिक वेदना आदि मात्र समय ही लाता है।" इस प्रकार सोचते हुए वह सत्य का अनुसंधान करता है। ऐसा व्यक्ति अनासक्ति या मुक्ति का अभ्यास करता है।

27 दिसंबर

संसारांबुनिधेः पारे सारे परमकारणे
णाहं कर्तेश्वरः कर्ता कर्म वा प्राक्कृतं मम (32)

वसिष्ठ ने कहा :

योग की इस पद्धति का अध्यवसायपूर्वक अनुसरण करने से, धर्मवेत्ता की संगति करने से तथा अधर्मियों का त्याग करने से सत्य का प्रकटीकरण होने लगता है। **इस प्रकार उसे उस परमात्मा का बोध होता है जो सत्य या सार रूप में है और इस संसार-सागर से परे है।** तथा उसे यह भी बोध होता है : "मैं कर्ता नहीं; परमात्मा ही एकमात्र कर्ता है और न मैंने भूतकाल में ही कुछ किया है।" वह व्यर्थ तथा निरर्थक शब्दों का त्याग करता है और भीतर से तथा मनसा मौन हो जाता है। यह विशेष या श्रेष्ठ अनासक्ति या मुक्ति है। उसने निराशा का त्याग कर दिया होता है। न उसमें ऊँच और नीच का, न अंदर या बाहर का, न मूर्त या अमूर्त का और न सचेत और अचेत का ही भाव शेष होता है। यही श्रेष्ठ मुक्ति है। इसमें उसे शांति और संतोष मिलता है, गुण और शुचिता तथा ज्ञान और स्वानुसंधान प्राप्त होते हैं।

योग का प्रथम सोपान तो आकस्मिक तथा संयोगजन्य होता है परंतु प्राप्त होता है शुभ कार्य करने और शुद्ध जीवन व्यतीत करने पर ही। जो इस ओर पग बढ़ाता है उसे प्रसन्नतापूर्वक इसमें लगना चाहिए और साथ ही उत्साहपूर्वक तथा तत्परतापूर्वक प्रयास करना चाहिए।

राम ने पूछा : ऐसा व्यक्ति जो अज्ञानी हो, अनैतिक परिवार में उत्पन्न हुआ हो, जिसे साधु-पुरुषों का कभी संग-साथ न मिला हो वह संसार-सागर को कैसे पार करेगा? और फिर जिसका योग के पहले, दूसरे या तीसरे सोपान में ही शरीर छूट जाता है उसका क्या होता है?

वसिष्ठ ने उत्तर दिया :

कहीं अनेक जन्मों के बाद अज्ञानी व्यक्ति आकस्मिक संयोग से जाग्रत होता है। तब तक वह इस संसार को अनुभूत करता है। जब हृदय में अनासक्ति उत्पन्न होती है तब संसार धूमिल पड़ जाता है। योग का अपूर्ण अभ्यास भी पिछले पापों के प्रभाव को नष्ट कर देता है। यदि कोई अभ्यासकाल के दौरान शरीर छोड़ता है, वह स्वर्ग सिधारता है और तब उसका जन्म ऐसी अनुकूल परिस्थितियों में होता है जिनमें वह अपना अभ्यास जारी रख सके। बहुत जल्दी वह योग के सोपान पर चढ़ने लग जाता है।

उक्त तीनों स्थितियाँ जाग्रत अवस्था के नाम से जानी जाती हैं क्योंकि इन तीनों में चेतना का विभाजन होता है। फिर भी अभ्यासकर्ता पूज्य (आर्य) होता है। उसे देखकर अज्ञानी प्रेरणा प्राप्त करता है। वह शुभ कर्मों में लगता है और बुरे कर्मों से बचता है। योग के पहले स्तर पर यह पूज्यनीय पवित्रता बीज स्थिति में होती है, दूसरे स्तर पर उसमें अँखुए निकलते हैं और तीसरे स्तर पर उसमें फल निकलते हैं। जो आर्य बनने के बाद शरीर त्याग करता है, तथा जिसने उत्तम विचारों को पल्लवित किया होता है वह दीर्घकाल तक स्वर्ग का सुख भोगता है। और तब वह योगी के रूप में जन्म लेता है। अध्यवसायपूर्वक योग के तीनों स्तर पर अभ्यास करने से अज्ञान नष्ट हो जाता है और हृदय में ज्ञान का प्रकाश उत्पन्न होता है।

28

दिसंबर

एतायानेव संसार इदमस्त्विति यन्मनः
अस्य तूपशमो मोक्ष इत्येवं ज्ञानसंग्रहः (85)

वसिष्ठ ने कहा :

योग के चौथे सोपान या स्तर पर योगी बिना भेदभाव वाले मन से सबमें एक ही को देखता है। भेदभाव खत्म हो गया है और एकता स्थिर है। और इस प्रकार वे योगाभ्यासी संसार को इस प्रकार देखते हैं कि जैसे स्वप्न देख रहे हों।

पाँचवें सोपान या स्तर पर मात्र अविभाजित वास्तविकता रहती है। अतः यह घोर निद्रा के समान है। जो इस स्तर तक पहुँचता है, वह भले ही विविध कार्य करता हो परंतु वह अपने में विश्राम करता है।

इस प्रकार एक-एक सोपान पार करते हुए योगी छठे सोपान पर पहुँचता है। यह तुरीया है। इसमें उसे बोध होता है : "मैं न वास्तविक हूँ न अवास्तविक और न अहंभाव से रहित ही। मैं द्वैत और एकता दोनों से परे हूँ। सभी शंकाएँ स्थिर हैं।" वह दीपक के चित्र के समान होता है। (उसे निर्वाण प्राप्त तो नहीं–बिना तेल का दीपक–अर्थात् वह बिना तेल के दीपक के समान होता है, क्योंकि दीपक मात्र चित्रित होता है)। वह भीतर से शून्य होता है, बाहर से भी शून्य होता है, रिक्त पात्र की तरह शून्य। साथ ही भीतर से पूर्ण होता है बाहर से भी पूर्ण होता है–ठीक समुद्र में डूबे हुए परिपूर्ण जहाज के समान।

जो लोग सातवें सोपान पर पहुँचते हैं वे अशरीरी मुक्त प्राणी होते हैं। यह स्तर ऐसा नहीं जिसे शब्दों में व्यक्त किया जा सके। यद्यपि बहुतों ने इसका वर्णन किया है।

जो इन सातों सोपानों का अभ्यास करते हैं उन्हें दुख नहीं होता। परंतु एक भयावह हाथी है जो वन में घूमता है और अनर्थ करता है। यदि इस हाथी को मार डाला जाए तब व्यक्ति इन सभी सातों स्तरों पर सफलता प्राप्त कर ले, अन्यथा नहीं। इच्छा ही वह हाथी है जो शरीर रूपी वन में घूमता रहता है। वह कामवासना से पगलाया रहता है। वासना के फलस्वरूप वह बेचैन रहता है। यह हाथी इस संसार में सबको नष्ट कर देता है। इसके अनेक नाम हैं–इच्छा, वासना, मन, विचार, भावना, मोह आदि। इसका वध उस साहस या दृढ़ निश्चय (संकल्प) रूपी शस्त्र से किया जा सकता है जो एकात्मता के बोध से उत्पन्न होता है। इच्छा तभी तक उत्पन्न होती है जब तक पदार्थ सत्ता में निष्ठा रहती है। **'यह है' की भावना का ही नाम संसार है। इसकी समाप्ति मोक्ष है। ज्ञान का यही सार है।** पदार्थों की पहचान इच्छा उत्पन्न करती है। पदार्थों की पहचान का अभाव इच्छा को समाप्त कर देता है। जब इच्छा नष्ट हो जाती है तो जीव अपनी स्व-सीमा का त्याग कर देता है। इसलिए महान लोग उन सभी विचारों का त्याग करते हैं, जिनका उन्हें अनुभव होता है अथवा नहीं भी होता। मैं भुजा उठाकर कहता हूँ कि विचारमुक्त गतिहीन स्थिति ही उत्तम है। यह संसार की प्रभुसत्ता से भी अत्यंत श्रेष्ठ और सर्वोत्तम है। चिंतन का अभाव ही योग कहलाता है। इस स्थिति में रहकर उपयुक्त कार्य करो अथवा कुछ न भी करो। जब तक 'मैं' और 'मेरा' के विचार बने रहेंगे तब तक दुख समाप्त नहीं होगा। जब ये विचार छूट जाएँगे, तब दुख भी समाप्त हो जाएगा। यह जानने के बाद तुम चाहो वैसा करो।

दिसंबर

बालान्प्रति विवर्तोयं ब्रह्मणः सकलं जगत्
अविवर्तितमानन्दमास्थितः कृतिनः सदा (28)

वाल्मीकि ने भारद्वाज से कहा :

श्रेष्ठ ज्ञान को सुनकर और शक्तिपात से अभिभूत राम कुछ समय के लिए आनंद-सागर में निमग्न रहे। न उन्होंने प्रश्न ही पूछा, न किसी उत्तर की प्रार्थना की और न कुछ समझने का प्रयास ही किया। वे आत्मज्ञान की उच्चस्थिति में अवस्थित हो चुके थे।

भरद्वाज ने पूछा :

हे गुरुदेव, यह सुनकर सचमुच प्रसन्नता हुई कि राम को परमपद की प्राप्ति हुई। परंतु उस पद को हम जैसे मूर्ख और अज्ञानी तथा पाप की प्रवृत्ति वालों के लिए प्राप्त करना कैसे संभव है? जिसे ब्रह्मा आदि देवता के लिए प्राप्त करना भी कठिन है?

वाल्मीकि ने कहा :

मैंने वसिष्ठ और राम में हुए संपूर्ण संवाद का वर्णन तुमसे किया है। जो रहस्य तुम्हें बतलाए गए हैं उनके द्वारा धारणा के विभाजन से बचो। जाग्रति और निद्रावस्था दोनों इस सृष्टि के अंग हैं। निर्वाण आभ्यांतिरक शुद्ध प्रकाश से लक्षित होता है। यह सृष्टि शून्य से उत्पन्न होती है और शून्य में ही इसका विलय हो जाता है। इसकी प्रकृति ही शून्य है और इसका अस्तित्व है नहीं। आरंभहीन और मिथ्या स्व-सीमितीकरण के फलस्वरूप यह सृष्टि अवस्थित होती है तथा अनेकानेक भ्रम उत्पन्न करती है। तुम इसलिए भ्रमित हो कि तुम असीम चेतना संबंधी सत्य का स्मरण पुनः पुनः और बहुधा नहीं करते। परंतु स्व-सीमा के विष को ग्रहण करते हो। परिणामस्वरूप मानसिक दृष्टि से आबद्ध रहते हो।

जब तक तुम आत्मज्ञानी संतों के चरणों की शरण नहीं लोगे और सद्ज्ञान प्राप्त नहीं करोगे तब तक भ्रम बना रहेगा। हे प्रिय, जिसकी आरंभ में सत्ता नहीं रही, अंत में नहीं रहेगी वह इस समय भी नहीं है। दृश्य संसार स्वप्न की नाईं है। जिस एकमात्र वास्तविकता में वह दृश्य और अदृश्य होता है वह है असीम चेतना। इस संसार या अज्ञान रूपी सागर में 'मैं' की धारणा स्व-सीमा की आत्मविहीन शक्ति से उत्पन्न होती है। इसके उपरांत विचार की हलचल अन्य धारणाएँ उत्पन्न करती है। 'मेरापन, आकर्षण, विकर्षण' आदि ऐसी ही धारणाएँ हैं। जब ये धारणाएँ किसी की चेतना में जड़ें जमा लेतीं हैं तो वह अंतहीन दुख और विपदा का अपरिहार्य रूप से शिकार हो जाता है।

हे भरद्वाज, विविधता के सागर में नहीं बल्कि आंतरिक शांति में डुबकी लगाओ। कौन जीता है, कौन मरता है, कौन आया है इस तरह की मिथ्या धारणाओं में क्यों पड़ते हो। जब एक आत्मा ही वास्तविकता है तो फिर किसी और की गुंजाइश ही कहाँ? **यह सिद्धांत कि ब्रह्म संसार के रूप में प्रकट होता है (जैसे रस्सी साँप के रूप में प्रकट होती है) केवल बच्चों और अज्ञानियों के मनोरंजन के लिए है। आत्मज्ञानी सदा सत्य में स्थित रहता है। यह सत्य कभी भिन्न प्रतीत नहीं होता।**

30 दिसंबर

यथा तृणादिकं क्षिप्तं रुमायां लवणं भवेत्
अचेतनं जगन्न्यस्तं चैतन्य चेतनि भवेत् (30)

भारद्वाज ने कहा :

हे प्रभु, अब मैं सूक्ष्म शरीर से छुटकारा पा चुका हूँ और आनंद-सागर में संतरण कर रहा हूँ। मैं अविभक्त आत्मा हूँ जो परमात्मा (परम आत्मा) है। जो स्वत: चेतना और अवचेतना की दो शक्तियों की धारक है। जैसे आग में छोड़ी हुई आग आग ही होती है, **जैसे समुद्र में फेंका हुआ तिनका नमक बन जाता है उसी प्रकार यह जड़ संसार असीम चेतना में समंजित होने पर उससे एकात्म हो जाता है।** जिस पर नमक की गुड़िया समुद्र में फेंके जाने पर अपना नाम और रूप खो बैठती है और समुद्र से एकात्म हो जाती है तथा जिस प्रकार पानी पानी में और घी में मिश्रित हो जाता है उसी प्रकार 'मैं' असीम चेतना में प्रविष्ट हो चुका हूँ।

'मैं वह परम ब्रह्म हूँ जो शाश्वत है, सर्वव्यापक है, विशुद्ध है, शांत है', अदृश्य है, अगति है, जो छितराता या समूह नहीं बनाता वरन् जिसके विचार मूर्तिमान हो जाते हैं, जो गुण-दोष से मुक्त हैं, जो इस ब्रह्मांड का स्रोत है और जो परम और अद्वितीय प्रकाश है।' इस प्रकार व्यक्ति को चिंतन करना चाहिए। ऐसा करने से मन क्षुब्ध नहीं होता। जब मन की हलचल समाप्त हो जाती है आत्मा अपने प्रकाश से चमकने लगती है। इस प्रकाश में सभी दुख समाप्त हो जाते हैं और आनंद उत्पन्न होता जिसे आत्मा अपने अंदर अनुभूत करती है। सत्य का सीधे ज्ञान होता है किसी और का नहीं। मात्र आत्मा का ही अस्तित्व रहता है।

वाल्मीकि ने कहा : मेरे बंधु, यदि तुम चाहते हो कि संसार रूपी भ्रम का अंत हो तो तुम सभी कर्मों का त्याग करो, और ब्रह्म के भक्त बनो।

भरद्वाज ने कहा : हे गुरुदेव, आपके ज्ञानप्रद उपदेश ने मुझे पूर्ण रूप से जाग्रत किया है। मेरा ज्ञान विशुद्ध है, तथा दृश्य संसार अब मेरे सम्मुख व्याप्त नहीं है। मैं जानना चाहता हूँ कि आत्मज्ञानी लोग क्या कहते हैं? क्या उनके कुछ कर्तव्य भी होते हैं अथवा नहीं?

वाल्मीकि ने कहा :

जो मोक्ष प्राप्त करना चाहते हैं, उन्हें ऐसे कर्मों में लगना चाहिए जो दोष-मुक्त हों। साथ ही उन्हें स्वार्थपूर्ण तथा पापमय कर्मों से भी बचना चाहिए। जब मन के गुणों को त्याग दिया जाता है तो व्यक्ति परमब्रह्म के गुणों को अपनाता है। जीव उस समय मोक्ष प्राप्त कर लेता है, जब वह सोचता है : "मैं शरीर, मन और इंद्रियों से परे हूँ", जब वह 'मैं कर्ता हूँ' और 'मैं भोक्ता हूँ' की धारणाओं से मुक्त होता है, तथा सुख और दुख की धारणाओं से रहित होता है, जब उसे बोध होता है कि सभी प्राणी आत्मा में हैं और आत्मा सभी प्राणियों में है, और जब व्यक्ति जाग्रत स्वप्न तथा सुषुप्ति की अवस्थाओं को त्याग देता है और इंद्रियातीत चेतना में स्थित रहता है। अपने को उस अमृत के सागर में डुबाओ जो शांति से पूर्ण है। विविधता में मत डूबो।

इस प्रकार मैंने वसिष्ठ ऋषि का प्रवचन तुम्हें सुनाया। अभ्यास के द्वारा अपने मन को स्थिर करो। ज्ञान और योग के पथ पर चलो। तुम्हें हर बात का बोध होगा।

31

दिसंबर

दर्शनात्स्पर्शनाच्छाब्दात्कृपया शिष्यदेहके
जनयेद्यः समावेशं शाम्भवम् सा हि देशिकः (61)

वाल्मीकि ने कहा :

राम को पूर्णतः आत्मा में निमग्न देखकर विश्वामित्र ने वसिष्ठ ऋषि से कहा : "हे सृष्टिकर्ता के पुत्र, हे पुण्यात्मा, आप सचमुच महान हैं। आपने शक्तिपात द्वारा सिद्ध कर दिया है कि आप गुरु हैं। **गुरु वही है जो अपने शिष्य में अपनी दृष्टि, स्पर्श, कथन या अनुग्रह से ईश-चेतना उत्पन्न करे।** फिर भी शिष्य का ज्ञान तभी जाग्रत होता है जब वह त्रिदोषों से छुटकारा पा लेता है और तीक्ष्ण बुद्धि प्राप्त कर लेता है। परंतु हे ऋषि, राम को पुनः शरीर-चेतना में लाओ क्योंकि उन्हें अभी बहुत से कार्य तीन लोकों की भलाई तथा स्वतः मेरे लिए करने हैं।'

सभी एकत्र ऋषियों आदि ने राम को नमन किया। तब वसिष्ठ ने विश्वामित्र से कहा :

"कृपया बताएँ कि वास्तव में राम है कौन?" विश्वामित्र ने ऋषियों से कहा : राम परमात्मा है। वे सृष्टिकर्ता, पालक और उद्धारक हैं। वे सबके स्वामी हैं और सब के बंधु भी। वे अनेक रूप में उपस्थित हैं, कभी आत्मज्ञानी के रूप में, कभी मूर्ख के रूप में। सत्य यह है कि वे देवताओं के देवता हैं और सभी देवता उनकी अभिव्यक्ति का अंग हैं। राजा दशरथ भाग्यशाली हैं जिनके पुत्र स्वयं राम हैं। भाग्यशाली रावन भी है जिसका पतन राम के हाथों से होगा। हे ऋषि, राम को शरीर चेतना में फिर से ले आओ।

वसिष्ठ ने राम से कहा : "हे राम, यह समय विश्राम करने का नहीं है। उठो और संसार में प्रसन्नता लाओ। जब लोग बंधन में हों तो योगी के लिए आत्मा में लीन होना उचित नहीं।" राम इन वचनों से बेखबर रहे। फिर वसिष्ठ राम के हृदय में सुषुम्ना नाड़ी के द्वारा प्रविष्ट हुए। राम में प्राणों की हलचल हुई और उनका मन कार्य करने लगा। अंतर्प्रकाश के रूप में जीव शरीर की सभी नाड़ियों को प्रकाशित करता है। राम ने कुछ-कुछ आँखें खोलीं और अपने सम्मुख वसिष्ठ को बैठे हुए देखा। राम ने वसिष्ठ से कहा : "कुछ ऐसा नहीं जिसे मैं करूँ या न करूँ। परंतु आप के वचन का सदा पालन होना चाहिए।" इतना कहकर राम ने वसिष्ठ ऋषि के चरणों में सिर रख दिया और घोषणा की : "सब लोग सुने, आत्मज्ञान से बढ़कर कुछ नहीं और कोई भी गुरु से बढ़कर नहीं।"

वहाँ एकत्र हुए सभी ऋषियों तथा देवी-देवताओं ने राम पर फूल बरसाए और उन्हें आशीर्वाद दिया। फिर सभी सभा से विदा हुए।

हे भरद्वाज, इस प्रकार मैंने तुम्हें राम की कथा सुनाई। इस योग के अभ्यास द्वारा परम आनंद प्राप्त करो। जो राम और वसिष्ठ के बीच हुए संवाद को सुनता है वह मुक्त हो जाता है। उसके जीवन की परिस्थितियाँ चाहे कैसी भी हों, वह ब्रह्मज्ञान प्राप्त कर लेता है।